METODOLOGIA

PEMD

Planejamento
Estratégico de
Marketing na Era
Digital

DVS Editora Ltda 2023 – Todos os direitos para a língua portuguesa reservados pela Editora.

Nenhuma parte deste livro poderá ser reproduzida, armazenada em sistema de recuperação, ou transmitida por qualquer meio, seja na forma eletrônica, mecânica, fotocopiada, gravada ou qualquer outra, sem a autorização por escrito dos autores e da Editora.

Coordenadoria Editorial: Índice

Edição, Preparação e Revisão de Textos: Lidyane Lima

Revisão Técnica: André Miceli e Frederico Carvalho

Leitura Final: Renan Silvestre

Design de capa, projeto gráfico e diagramação: Bruno Ortega

```
      Dados Internacionais de Catalogação na Publicação (CIP)
               (Câmara Brasileira do Livro, SP, Brasil)

    Carvalho, Nino
       Metodologia PEMD : planejamento estratégico de
    marketing na era digital / Nino Carvalho. -- São
    Paulo : DVS Editora, 2023.

       Bibliografia.
       ISBN 978-65-5695-092-1

       1. Administração de empresas 2. Marketing
    3. Marketing digital 4. Metodologia 5. Mídia social
    6. Planejamento estratégico I. Título.

    23-154177                                    CDD-658.85
                    Índices para catálogo sistemático:

       1. Marketing : Planejamento estratégico    658.85

        Eliane de Freitas Leite - Bibliotecária - CRB 8/8415
```

Nota: Muito cuidado e técnica foram empregados na edição deste livro. No entanto, não estamos livres de pequenos erros de digitação, problemas na impressão ou de uma dúvida conceitual. Para qualquer uma dessas hipóteses solicitamos a comunicação ao nosso serviço de atendimento através do e-mail: atendimento@dvseditora.com.br. Só assim poderemos ajudar a esclarecer suas dúvidas.

Nino Carvalho

introdução por **Rafael Rez**

METODOLOGIA

PEMD

Planejamento
Estratégico de
Marketing na Era
Digital

Passo a passo para atuar em alto nível e se diferenciar em um mercado cada vez mais competitivo

www.dvseditora.com.br
São Paulo, 2023

Marketing takes a day to learn.
Unfortunately, it takes a lifetime to master.

*(Tradução livre: Marketing se aprende em um dia.
Infelizmente, leva uma vida para dominá-lo.)*

Philip Kotler

Dedicatória

À minha esposa, Lilli, que foi uma guerreira incansável durante todo o meu percurso, particularmente no incentivo essencial para a confecção deste livro.

Aos meus filhos, José Frederico e Henrique; à minha família (mãe, pai, irmãos) e ao Pixo. Amo-os muito.

Aos que lutam pelo verdadeiro Marketing.

Agradecimentos

Muitíssimo obrigado aos colaboradores da obra, especialmente aos revisores técnicos, André Miceli e Frederico Carvalho, ao autor da introdução, Rafael Rez, aos colegas que assinaram os boxes complementares, aos que cederam suas declarações e opiniões, bem como aos demais contribuidores deste livro. Obrigado pelos depoimentos de Karla Passeri, Camila Renaux, Rafael Coimbra e Marcos Facó.

Muito obrigado aos meus alunos, particularmente os que estudaram nos meus cursos no Marketing Elevation: Formação de Consultores, Programa Avançado em Marketing e na Formação em PEMD. Obrigado aos alunos do IPAM, IPOG, Karel de Grote e de todas as instituições pelas quais passei ao longo da carreira docente.

Obrigado aos professores que mais me marcaram – Marcos Alexandre, Boanerges Lopes, Flávia Cavazotte, Colin Gilligan, Philadelpho Gomes, Leonardo "Testa" Leopoldino –, além de meu irmão Zeca (José Luis Felicio dos Santos de Carvalho) e de meu pai (Frederico Carvalho), dos quais tive a sorte de ser aluno em cursos de mestrado.

Muito obrigado a todos que fizeram parte das minhas equipes, tanto em projetos acadêmicos quanto executivos. Especial agradecimento aos membros dos meus times em trabalhos de consultoria e aos meus parceiros inestimáveis Renan Silvestre, André Gildin e Karla Menezes.

Obrigado a todos os que foram muito importantes em minha vida e carreira (ainda que talvez não tenham ciência disso!):

Luis Sá, Julia Chinelli, Felipe Mamede, Felipe Girão, Sital Dhilon, Neeta Patel, Sumathi Jayaraman, Lizabete Coelho, Mariana Ferraz de Toledo, José Fernando Monteiro, Luiz Moreira Junior, Valdecy Leite, Juliana Saad, Carlo Guizellini, Jorge Duarte, Carla Geraldes, Paulo Meira, Moe Bagheri, João Miguel Lopes, Flávio Horta, Lluis Altes, Mafalda Nogueira, Ricardo Mena, Rui Rosa Dias, Ana Barros, Rui Ribeiro, Bruno Rodrigues, Henrique Souccar, Eric Shaw, Francisco Coelho, Fernando Pinto Santos, Pedro Aguiar, João Rego, Antônio Freitas e Nanci Homa.

E mais um agradecimento à Lidyane Lima, minha consultora editorial, que trabalhou incansavelmente comigo, por dois anos, para ajudar a fazer deste livro uma realidade.

SOBRE O AUTOR

Nino Carvalho,
FCIM, Prof. Ms., PgDip in Marketing

Com mais de 25 anos de experiência, é considerado um dos **pioneiros em Marketing Digital** no Brasil, atuando na área desde 1997. Ocupou posições de destaque em projetos executivos e acadêmicos, em mais de 30 países.

Seu papel no Mercado Digital brasileiro foi fundamental para a evolução do que há hoje em termos de Marketing Online. Considerado referência nacional em Estratégias de Marketing na Era Digital, foi o idealizador e coordenador acadêmico do primeiro programa de MBA em Marketing Digital do Brasil (Facha/IGEC, 2008-10).

Em 2010 criou e assumiu a Coordenação Acadêmica dos cursos de Marketing Digital em programas de MBA, Pós-MBA e Ensino a Distância (EAD) da Fundação Getulio Vargas em todo o Brasil, se tornando o coordenador mais jovem da história da instituição e liderando o maior programa educacional de Marketing Digital da América Latina. Foi homenageado em duas ocasiões pela instituição, ambas em 2013.

Como consultor, Nino Carvalho fundou, em 2008, o primeiro escritório exclusivamente dedicado à Consultoria em Estratégias de Marketing na Era Digital do país, com foco em organizações públicas e privadas de grande porte.

Seu portfólio e experiência incluem marcas de renome internacional, tendo muitos projetos realizados em âmbito de toda a América Latina:

- **Setor Privado**

Toyota, National Football League (NFL-EUA), British American Tobacco (Souza Cruz), Ericsson Latin America, Ipiranga, DuPont Latin America, Dow Latin America, Embratel, EDP, GS1 Brasil, Grupo Multiplan, Grupo Boticário, Claro, Net, Qualcomm, Johnson & Johnson Latin America, Rutgers Business School (EUA), Aperam South America, IBM, Wyeth (Centrum e Advil), MDS Group, Grupo Ultra, eConsultancy (UK), entre tantas outras.

- **Setor Público e outros setores**

Governo Federal de Angola (Anip), Governo do Reino Unido (British Council), Presidência da República, Senado Federal, Embrapa, Finep, FNDE, Superior Tribunal de Justiça, Ministério Público Federal, Procuradoria Geral da República, Tribunal Superior Eleitoral, Exército Brasileiro, Anvisa, Caixa, Banco do Nordeste, Furnas, Ministério da Economia, Instituto Brasileiro de Petróleo, Gás e Biocombustíveis, Comitê Internacional da Cruz Vermelha América Latina, Banco Interamericano de Desenvolvimento, entre tantas outras.

Como executivo, foi Diretor de Marketing no British Council para América Latina e Caribe, onde liderou projetos para dezenas de países em todo o mundo. Foi também responsável pela área de Estratégias Digitais da In Press Porter Novelli, uma das maiores agências de comunicação do Brasil. Mais recentemente, foi Diretor Executivo da MIT Technology Review em Portugal.

Nino Carvalho é graduado em Comunicação Social, mestre em Administração pelo IBMEC e pós-graduado em Strategic Marketing pelo Chartered Institute of Marketing (CIM, no Reino Unido). Também tem cursos pela ESPM (BR), Universidade do Porto (PT), University of Notre Dame (AUS), Liverpool John Moores University (UK), British Chamber of Commerce, entre outras instituições.

Desde 1999, atua como palestrante e docente, tendo ministrado mais de dois mil cursos, workshops e palestras no Brasil, Chile, Argentina, Venezuela, Colômbia, Reino Unido, Portugal, Espanha, Itália, Hungria, Bélgica, Polônia, Estados Unidos e Hong Kong. Atualmente, leciona regularmente em diversos programas no Brasil, em Portugal e na Bélgica.

No Instituto Português de Administração de Marketing (IPAM), tido como a principal escola executiva de Marketing de Portugal, dá aulas em cursos de graduação, pós-graduação e mestrado. Na Karel de Grote Hogeschool (KDG, Bélgica), é professor de Digital Marketing Strategy no programa global Business for Exchange. É também professor convidado na Universidade Europeia (PT), Universidade de Coimbra (PT), e foi professor visitante na IULM (Itália), Kodolányi Janos University (KJU, Hungria) e Kozminski University (Polônia). Desde 2016 é membro do comitê da International Conference on Business Information Systems, da Universidade de Leipizig (Alemanha), e desde 2023 é membro da Comissão de Acompanhamento e Avaliação do curso de Licenciatura em Marketing do Instituto Politécnico de Setúbal (Portugal). No Brasil, é professor e coordenador de diversos programas de MBA no IPOG, desde 2018.

Também desde 2018, passou a oferecer três cursos em seu site – dois voltados para Marketing e outro focado na carreira de consultoria: "Formação em PEMD",

"Programa Avançado em Marketing" e "Formação de Consultores". Os cursos já formaram centenas de alunos no Brasil, Portugal, Angola, Moçambique, Cabo Verde, Estados Unidos, Espanha, França, Bulgária, Inglaterra e Holanda, entre outros países. Em 2023, ao lado de Renan Silvestre, lançou a Marketing Elevation, uma escola apaixonada por Marketing, dedicada a ajudar a elevar as competências de seus alunos, bem como elevar a barra do mercado de Marketing.

Foi palestrante de diversos eventos nacionais (no Brasil e em Portugal) e em alguns dos mais importantes eventos internacionais da área, como o Digitalks e o Digital Enterprise Summit (DES). Em 2023, foi convidado pelo professor Philip Kotler para palestrar no maior evento de Marketing do planeta, o e-World Marketing Summit (eWMS). Também em 2023, se tornou parceiro oficial da Kotler Impact Inc. para projetos no Brasil e em Portugal, a convite da Country Head da organização, Karla Menezes.

É coautor de e-books, livros e artigos científicos publicados no Brasil e no exterior. Já contribuiu regularmente para matérias e entrevistas de veículos tais como Exame, Época, Estado de Minas, O Globo, Deutsch Welle, America Economia, Consumidor Moderno, Mundo do Marketing, Estado de São Paulo, UOL, Terra, Valor, Globo News, entre outros.

O Nino pelo olhar do Nino

Nasci em Louvain, Bélgica, no mesmo dia de um de meus maiores ídolos, Elvis Presley: 8 de janeiro de 1979. Apesar de ter nascido no exterior, sou brasileiro e português, filho de pais acadêmicos, ambos também brasileiros, que foram fazer seus doutorados na Université Catholique de Louvain. Sou casado com a mineira Lillian e pai do petropolitano José Frederico e do portuense Henrique. Vivemos no Porto, em Portugal, com mais três cães, desde 2015. Sou muitíssimo caseiro, levo uma vida simples e privilegio a qualidade de vida e o futuro dos meus filhos. Leio muito, principalmente livros técnicos e profissionais. Em romances, nos seriados ou em filmes, prefiro temas ligados a biografias, ficção científica e terror. Estudei por pouco tempo piano e violino e, quando jovem, pratiquei por muitos anos judô, luta-livre esportiva e basquete.

Sinta-se a vontade para me contatar. Sempre me esforço para responder a todos, compartilhar materiais de estudo e conhecer melhor os seguidores, leitores e alunos.

- **Blog** > ninocarvalho.com
- **LinkedIn** > @ninocarvalho
- **Instagram** > @ninocarvalhoconsultoria
- **YouTube** > @ninocarvalho
- **E-mail** > contato@ninocarvalho.com

Revisores Técnicos

Uma de minhas principais preocupações ao fazer um livro para ser utilizado por estudantes e profissionais da área era ter certeza de que seu conteúdo estaria conceitual e tecnicamente correto, atual e que fosse verdadeiramente útil para os leitores. Assim, convidei dois gigantes em suas áreas focais para ajudar no árduo e essencial trabalho de revisar tecnicamente esta obra.

Os dois têm larga experiência no mercado executivo e no ambiente acadêmico, além de produzirem e compartilharem conhecimento regularmente. Essas foram premissas na escolha dos revisores, pois é fator essencial assegurar que você, leitor, terá segurança ao seguir as orientações do livro e atingirá seus objetivos ao adotar a Metodologia PEMD.

Adicionalmente, cabe dizer, tanto o professor Frederico Carvalho quanto o professor André Miceli, ambos me conhecem muito bem e acompanham de perto minha trajetória há muitíssimo tempo, de maneira que não apenas entendem e valorizam a qualidade e a solidez que pretendo imprimir no livro, como também certamente foram extremamente criteriosos na desafiadora tarefa de assinar a revisão técnica da obra.

Acima de tudo, ambos são sensíveis aos desafios da área de Marketing. Eles reconhecem o quão importante é fomentar iniciativas educacionais de qualidade – com vistas a fortalecer nossos estudantes e profissionais, elevando o nível das práticas e reflexões em relação ao papel do Marketing nas organizações – e o quanto precisamos, todos, de profissionais mais bem qualificados atuando na área.

André Miceli

Mestre em Administração pelo IBMEC, com MBAs em Gestão de Negócios e em Marketing, também pelo IBMEC. Pós-graduado no programa Advanced Executive Certificate Program in Management, Innovation & Technology, do Massachusetts Institute of Technology (MIT), e cursou o programa de Negociação da Harvard Law School. Graduado em Tecnologia em Processamento de Dados pela PUC-RJ. Atualmente, é CEO e editor-chefe da MIT Technology Review Brasil. Presidente do conselho da Infobase. Já ganhou mais de 20 prêmios de internet e tecnologia, incluindo o melhor aplicativo móvel desenvolvido no Brasil em 2014. Autor dos livros "Startups: nos mares dos dragões", "Planejamento de Marketing Digital", "Estratégia Digital: vantagens competitivas na internet" e "UML Aplicada: da teoria à implementação".

Frederico Carvalho

Economista (UFRJ) e Estatístico (ENCE-IBGE). Mestre em *Planification du Développement* (University of Antwerpen) e doutor em *Sciences Économiques* (Université Catholique de Louvain), ambos os títulos em universidades da Bélgica. Atualmente é professor colaborador no Programa de Pós-Graduação em Ciências Contábeis da Universidade Federal do Rio de Janeiro. Foi Pesquisador do CNPq e Especialista Visitante na Fiocruz. Foi professor de graduação e pós-graduação em diversas instituições – FGV, COPPEAD, IBMEC, PUC-RJ, UERJ, entre outras. Foi Diretor em instituto de pesquisa de mercado e Diretor de Marketing em instituição educacional. Atuou também como Secretário Geral e Superintendente da Fundação de Comércio Exterior (Funcex). Tem experiência de pesquisa e de consultoria em diversas áreas, com ênfase em Marketing de Serviços, Gestão de Serviços, Organizações Públicas e Avaliação Organizacional. Publicou mais de 70 artigos em periódicos indexados, nacionais e internacionais. Recebeu diversos prêmios acadêmicos no Brasil e no exterior.

Sumário

Prólogo – O que é PEMD? 15
Prefácio 18
Apresentação 30
Introdução 33

PARTE I
CRIANDO AS BASES PARA O PENSAMENTO ESTRATÉGICO 36

CAPÍTULO 1 – O Impacto da Era Digital no Mundo dos Negócios 37
CAPÍTULO 2 – Fundamentos Essenciais 44
CAPÍTULO 3 – Afinal, o que é o Marketing? 53
CAPÍTULO 4 – Comunicação Digital 61
CAPÍTULO 5 – O Marketing na Era Digital 66
CAPÍTULO 6 – Segmentação 74
CAPÍTULO 7 – Segmentação, sim; "Persona", NUNCA! 83
CAPÍTULO 8 – Posicionamento 91
CAPÍTULO 9 – Gestão de Marcas: Branding 94
CAPÍTULO 10 – Marketing de Relacionamento 100
CAPÍTULO 11 – Marketing Direto 108
CAPÍTULO 12 – Estratégia 110

PARTE II
INTRODUÇÃO À METODOLOGIA PEMD –
PLANEJAMENTO ESTRATÉGICO DE MARKETING NA ERA DIGITAL 117

CAPÍTULO 13 – Noções Elementares de Planejamento 118
CAPÍTULO 14 – Processos e Etapas para um PEMD Eficiente 132
CAPÍTULO 15 – As Etapas do PEMD Dispostas em um Horizonte de Tempo 137
CAPÍTULO 16 – Dicas Valiosas para o Sucesso do seu PEMD 141
CAPÍTULO 17 – Barreiras e Desafios para o PEMD 153

PARTE III
METODOLOGIA PEMD – ETAPA 0: SETUP 162

CAPÍTULO 18 – Orientações Gerais para o Desenvolvimento, a Apresentação e a Defesa do PEMD 163
CAPÍTULO 19 – Definição da Marca-alvo (Organização, Produto ou Serviço) 168
CAPÍTULO 20 – Definição de Stakeholders (Públicos de Interesse) 171
CAPÍTULO 21 – Definição dos Competidores 179
CAPÍTULO 22 – Definição do Portfólio de Canais 192

PARTE IV
METODOLOGIA PEMD – ETAPA 1: ONDE ESTAMOS? 196

CAPÍTULO 23 – Diagnóstico: uma Fotografia do Cenário Atual 197
CAPÍTULO 24 – Análise do Macroambiente 207
CAPÍTULO 25 – Metodologia PESTE 216
CAPÍTULO 26 – Análise do Microambiente 238
CAPÍTULO 27 – Passo 1 > Auditoria das Capacidades de Relacionamento com os Stakeholders 242
CAPÍTULO 28 – Passo 2 > Auditoria do Atendimento 254

CAPÍTULO 29 – As Auditorias do Site: Passos 3, 4 e 5 da Análise do Microambiente 269
CAPÍTULO 30 – Passo 3 > Auditoria do Site > Tráfego 272
CAPÍTULO 31 – Passo 4 > Auditoria do Site > Experiência do Cliente 276
CAPÍTULO 32 – Experiência do Cliente > Arquitetura da Informação 287
CAPÍTULO 33 – Experiência do Cliente > Usabilidade 300
CAPÍTULO 34 – Experiência do Cliente > Acessibilidade 309
CAPÍTULO 35 – Passo 5 > Auditoria do Site > Análise de SEO 321
CAPÍTULO 36 – Passo 6 > Auditoria Social 336
CAPÍTULO 37 – Auditoria Social > Análise de Sentimento 360
CAPÍTULO 38 – Matriz SWOT: Organizando e Priorizando o Diagnóstico Estratégico 365

PARTE V
METODOLOGIA PEMD – ETAPA 2: PARA ONDE VAMOS? 378

CAPÍTULO 39 – Direcionamento: Traçando a Rota do seu PEMD 379
CAPÍTULO 40 – Definindo os Objetivos Organizacionais para o PEMD 387
CAPÍTULO 41 – Orientações Estratégicas para Marketing na Era Digital 395
CAPÍTULO 42 – Fatores Críticos de Sucesso 404
CAPÍTULO 43 – Indicadores-chave de Performance (KPIs) 410

PARTE VI
METODOLOGIA PEMD – ETAPA 3: COMO CHEGAREMOS LÁ? 420

CAPÍTULO 44 – Plano Tático: a Última Etapa do PEMD, não a Primeira (ou Única) 421
CAPÍTULO 45 – Desenvolvimento do Plano Tático de Ações de Marketing na Era Digital 426
CAPÍTULO 46 – Recomendações Táticas por Stakeholder – Cliente 431
CAPÍTULO 47 – Recomendações Táticas por Stakeholder – Prospects 448
CAPÍTULO 48 – Recomendações Táticas por Stakeholder – Imprensa e Influenciadores 459
CAPÍTULO 49 – Recomendações Táticas por Stakeholder – Colaboradores 471
CAPÍTULO 50 – Recomendações Táticas por Stakeholder – Talentos 479
CAPÍTULO 51 – Recomendações Táticas por Canal 489
CAPÍTULO 52 – Recomendações Táticas por Canal – Site 493
CAPÍTULO 53 – Recomendações Táticas por Canal – Redes sociais 508

PARTE VII
REFLEXÕES FINAIS E CONTEÚDO COMPLEMENTAR 510

Reflexões e Perspectivas 511
Conteúdo Complementar 521
Obras e leituras recomendadas 522
Referências Bibliográficas 525
Índice de Figuras 536
Índice de Quadros 540
Índice de Dicas 542

PRÓLOGO
O que é PEMD?

Vamos começar pelo início, para deixar claro o que é esse tal de "PEMD" que iremos trabalhar ao longo de todo o livro.

Em uma frase, **PEMD** é um acrônimo para **Planejamento Estratégico de Marketing na Era Digital**.

Mas, PEMD vai muito além de uma sigla. É uma sólida e bem-sucedida metodologia de Planejamento Estratégico de Marketing, para empresas de qualquer setor e de qualquer porte, que combina as principais referências teóricas à forte experiência de mercado. A **Metodologia PEMD** já foi aprendida e adotada por centenas de profissionais e organizações em diversos países.

Os primeiros passos da Metodologia PEMD

Em 2007, eu era Diretor de Marketing para o British Council para a região da América Latina e Caribe, e precisei montar um plano de marketing completo e complexo, profundo, contemplando vários mercados, diferentes produtos, concorrentes e públicos.

O desafio era planejar o Marketing de um projeto que, olhando para trás, provavelmente foi uma das **primeiras iniciativas de Transformação Digital** em âmbito global. Entretanto, a expressão "Transformação Digital" ainda não existia à época e, assim, chamamos o projeto de OTP – *Online Transformation Programme* (Programa de Transformação Online), cujo objetivo era definir um modelo para as iniciativas de Marketing na Era Digital do British Council.

Já tinha feito, anos antes, um mestrado com foco em Marketing e Estratégia, incluindo uma disciplina específica de Estratégia com um famoso professor de Harvard. Mas **não me sentia seguro**.

Diversas dúvidas martelavam minha mente: "Quais são os primeiros passos? Como definir as prioridades? Devo estudar os concorrentes de cada mercado/país? Devo ter ações específicas ou uma linha geral? Como fazer um diagnóstico de um mercado tão diferente, como o da Jamaica ou o de Trinidad e Tobago?..." Deu para entender que não era qualquer planinho, né?

Assim, logo busquei estudar e me capacitar. Fui me respaldar em clássicos como o **Planos de Marketing** (de Malcolm McDonald, o pai do planejamento moderno de Marketing) e nas aulas da Especialização em *Strategic Marketing* do

Chartered Institute of Marketing (casa de feras como Dave Chaffey, Chris Fill e Colin Gilligan). Com toda essa base, fiquei mais seguro e dei início ao desafio que recebi do British Council.

Entretanto, na hora de adaptar as metodologias consagradas às pressões e impactos do **ambiente digital**, super recentes e em constantes mudanças, vi que teria problemas. Não ia funcionar. Eu precisava de algo diferente, algo melhor.

Acontece que não havia "algo melhor"! Eu já tinha estudado todos os top feras da área! Ou eu me contentava com as metodologias tradicionais ou me baseava no que fosse só para o Digital, e aí piorava tudo... Como ocorre até hoje, o que chamam de "Planejamento de Marketing Digital" é basicamente focado no **tático**, em quais ações devo fazer no LinkedIn, qual hashtag funciona melhor no Instagram ou quais as boas ferramentas de e-mail, o modelo de funil a replicar e assim por diante.

Isso não me importava e continua me importando muito pouco. O sucesso de um Planejamento Estratégico de Marketing não está na campanha de redes sociais. Isso é tático. Operacional. Braçal.

O desafio reside nas questões **estratégicas**, definições precisas de públicos-chave, auditorias corretas da concorrência, bom alinhamento entre ações e objetivos, entre outras.

Em razão desse claro gap acadêmico e de o foco digital estar voltado exclusivamente ao tático e ao operacional, decidi desenvolver **minha própria metodologia**. Ela precisaria ter **validade científica**, para atender às minhas necessidades do momento, mas também servir para futuros trabalhos de **mercado** – meus e de meus alunos. Ao mesmo tempo, precisaria ser algo flexível, adaptado aos impactos da tecnologia e que utilizasse ao máximo as facilidades e possibilidades do Digital. Em terceiro, deveria ter solidez para ajudar na **tomada de decisões estratégicas**, tendo em vista os pilares estruturais da organização, e não em que dia devo postar o quê.

Esse foi o embrião da **Metodologia PEMD – Planejamento Estratégico de Marketing na Era Digital**.

Metodologia PEMD atinge a maturidade

O primeiro sinal de que o PEMD era uma **metodologia vencedora** veio ainda em 2007, com a aprovação do OTP (*Online Transformation Programme* – Programa de Transformação Online) pelo então *board of trustees* do Governo do Reino Unido (uma espécie de Conselho, com membros do governo e especialistas de

CAPÍTULO 29 – As Auditorias do Site: Passos 3, 4 e 5 da Análise do Microambiente 269
CAPÍTULO 30 – Passo 3 > Auditoria do Site > Tráfego 272
CAPÍTULO 31 – Passo 4 > Auditoria do Site > Experiência do Cliente 276
CAPÍTULO 32 – Experiência do Cliente > Arquitetura da Informação 287
CAPÍTULO 33 – Experiência do Cliente > Usabilidade 300
CAPÍTULO 34 – Experiência do Cliente > Acessibilidade 309
CAPÍTULO 35 – Passo 5 > Auditoria do Site > Análise de SEO 321
CAPÍTULO 36 – Passo 6 > Auditoria Social 336
CAPÍTULO 37 – Auditoria Social > Análise de Sentimento 360
CAPÍTULO 38 – Matriz SWOT: Organizando e Priorizando o Diagnóstico Estratégico 365

PARTE V

METODOLOGIA PEMD – ETAPA 2: PARA ONDE VAMOS? 378

CAPÍTULO 39 – Direcionamento: Traçando a Rota do seu PEMD 379
CAPÍTULO 40 – Definindo os Objetivos Organizacionais para o PEMD 387
CAPÍTULO 41 – Orientações Estratégicas para Marketing na Era Digital 395
CAPÍTULO 42 – Fatores Críticos de Sucesso 404
CAPÍTULO 43 – Indicadores-chave de Performance (KPIs) 410

PARTE VI

METODOLOGIA PEMD – ETAPA 3: COMO CHEGAREMOS LÁ? 420

CAPÍTULO 44 – Plano Tático: a Última Etapa do PEMD, não a Primeira (ou Única) 421
CAPÍTULO 45 – Desenvolvimento do Plano Tático de Ações de Marketing na Era Digital 426
CAPÍTULO 46 – Recomendações Táticas por Stakeholder – Cliente 431
CAPÍTULO 47 – Recomendações Táticas por Stakeholder – Prospects 448
CAPÍTULO 48 – Recomendações Táticas por Stakeholder – Imprensa e Influenciadores 459
CAPÍTULO 49 – Recomendações Táticas por Stakeholder – Colaboradores 471
CAPÍTULO 50 – Recomendações Táticas por Stakeholder – Talentos 479
CAPÍTULO 51 – Recomendações Táticas por Canal 489
CAPÍTULO 52 – Recomendações Táticas por Canal – Site 493
CAPÍTULO 53 – Recomendações Táticas por Canal – Redes sociais 508

PARTE VII

REFLEXÕES FINAIS E CONTEÚDO COMPLEMENTAR 510

Reflexões e Perspectivas 511
Conteúdo Complementar 521
Obras e leituras recomendadas 522
Referências Bibliográficas 525
Índice de Figuras 536
Índice de Quadros 540
Índice de Dicas 542

Sumário

Prólogo – O que é PEMD? 15
Prefácio 18
Apresentação 30
Introdução 33

PARTE I
CRIANDO AS BASES PARA O PENSAMENTO ESTRATÉGICO 36

CAPÍTULO 1 – O Impacto da Era Digital no Mundo dos Negócios 37
CAPÍTULO 2 – Fundamentos Essenciais 44
CAPÍTULO 3 – Afinal, o que é o Marketing? 53
CAPÍTULO 4 – Comunicação Digital 61
CAPÍTULO 5 – O Marketing na Era Digital 66
CAPÍTULO 6 – Segmentação 74
CAPÍTULO 7 – Segmentação, sim; "Persona", NUNCA! 83
CAPÍTULO 8 – Posicionamento 91
CAPÍTULO 9 – Gestão de Marcas: Branding 94
CAPÍTULO 10 – Marketing de Relacionamento 100
CAPÍTULO 11 – Marketing Direto 108
CAPÍTULO 12 – Estratégia 110

PARTE II
INTRODUÇÃO À METODOLOGIA PEMD –
PLANEJAMENTO ESTRATÉGICO DE MARKETING NA ERA DIGITAL 117

CAPÍTULO 13 – Noções Elementares de Planejamento 118
CAPÍTULO 14 – Processos e Etapas para um PEMD Eficiente 132
CAPÍTULO 15 – As Etapas do PEMD Dispostas em um Horizonte de Tempo 137
CAPÍTULO 16 – Dicas Valiosas para o Sucesso do seu PEMD 141
CAPÍTULO 17 – Barreiras e Desafios para o PEMD 153

PARTE III
METODOLOGIA PEMD – ETAPA 0: SETUP 162

CAPÍTULO 18 – Orientações Gerais para o Desenvolvimento, a Apresentação e a Defesa do PEMD . . . 163
CAPÍTULO 19 – Definição da Marca-alvo (Organização, Produto ou Serviço) 168
CAPÍTULO 20 – Definição de Stakeholders (Públicos de Interesse) 171
CAPÍTULO 21 – Definição dos Competidores 179
CAPÍTULO 22 – Definição do Portfólio de Canais 192

PARTE IV
METODOLOGIA PEMD – ETAPA 1: ONDE ESTAMOS? 196

CAPÍTULO 23 – Diagnóstico: uma Fotografia do Cenário Atual 197
CAPÍTULO 24 – Análise do Macroambiente 207
CAPÍTULO 25 – Metodologia PESTE 216
CAPÍTULO 26 – Análise do Microambiente 238
CAPÍTULO 27 – Passo 1 > Auditoria das Capacidades Internas 242
CAPÍTULO 28 – Passo 2 > Auditoria do Atendimento e do Relacionamento com os Stakeholders . . . 254

mercado). Em 2008, **lecionei** o PEMD pela primeira vez em um curso de MBA, no Brasil. A recepção dos alunos não poderia ter sido melhor: muitos implementaram a Metodologia PEMD em suas empresas e houve um que passou a vender para os clientes de sua agência.

Cerca de um ano depois, deixei o British Council e comecei minha carreira como **consultor**. Logo para os primeiros dois clientes – a Souza Cruz e a Embratel –, vendi e implementei a Metodologia PEMD com sucesso.

Pronto! O PEMD havia sido **bem recebido tanto no ambiente acadêmico quanto no mercado**. Estava claro que era uma metodologia eficiente e, a partir de então, segui estudando, ensinando e praticando. Melhorando sempre, ajustando ponteiros, aparando arestas...

Desde então, os casos de sucesso foram-se acumulando e, atualmente, só contando meu próprio portfólio, são dezenas e dezenas de organizações públicas e privadas em que a Metodologia PEMD foi desenvolvida. Em muitos casos, treinei a equipe dos clientes para que eles mesmos pudessem fazer seus PEMDs de maneira autônoma. Alguns **exemplos a destacar**: National Football League (NFL), Toyota, Ericsson, Dupont, Wyeth (Centrum e Advil), MDS Group, GS1, EDP, Ministério Público Federal, Procuradoria Geral da República, Senado Federal, entre tantas e tantas outras.

Apesar de minha atuação de mercado ter sido sempre internacional, foi a partir de 2018 que o PEMD veio a ser ensinado também em escolas fora do Brasil. A Metodologia é passada aos meus alunos do IPAM (a melhor escola executiva de Marketing em **Portugal**) e em minha experiência como professor visitante na Karel de Grote Hogeschool, em Antuérpia, na **Bélgica**. Hoje, tenho alunos de mais de 20 países diferentes que aprenderam e aplicam a Metodologia PEMD em seus mercados.

Portanto, PEMD é algo **vivo, atualizado, embasado cientificamente**, e com **aplicação prática comprovada** em diversos tipos de organizações, dos mais variados portes e áreas de atuação e em diferentes mercados.

Este livro vai ensiná-lo a **como colocar em prática a Metodologia PEMD**. Do passo zero à entrega final, independentemente se você for aplicar o Planejamento Estratégico de Marketing na Era Digital para seu próprio empreendimento, na empresa em que trabalha, ou se for vender para clientes de sua agência ou consultoria.

Prefácio

O livro que você tem em mãos traz, detalhadamente, a **Metodologia PEMD**. São anos de estudos, pesquisas, aplicação de conceitos e da própria atuação junto a organizações de grande relevância internacional, tanto no setor privado como no público. Em outras palavras, a exata Metodologia que vendo para meus clientes e que ensino em MBAs e mestrados no Brasil e na Europa é a que você irá aprender aqui.

Além de ser uma sólida fonte de estudos, o livro pretende capacitar profissionais em uma área ainda incipiente nos mercados lusófonos: Planejamento Estratégico de Marketing na Era Digital (PEMD).

Atualmente, é possível observar uma experiência mais madura no mercado no que se refere ao planejamento de campanhas de publicidade e no planejamento tático de ações para as mídias sociais. No entanto, a concentração das habilidades para pensar o rumo estratégico da organização no turbulento cenário cheio de constantes inovações ainda é fragmentada, rasa e, não raro, amadora. O papel do estrategista evoluiu para um executivo vital à organização, que deverá pensar a alocação de recursos, o aprimoramento das capacidades estratégicas de outros profissionais e equipes em áreas-chave da empresa, além de gerar e disseminar insights sobre a influência das forças externas e trabalhar de olho nas tendências de longo prazo do mercado.

Tendo isso em foco, acredite, você está agora se capacitando em um campo não somente com amplas oportunidades no ambiente digital, mas, muito além disso: **os estudos o prepararão para atuar como um executivo vital para o desenvolvimento e a sobrevivência de sua organização, seja qual for o segmento.**

Quem vai se beneficiar com o livro

O conteúdo deste livro é particularmente voltado a profissionais que trabalham na área digital ou em Marketing. Mas os benefícios de sua leitura se estendem a todos aqueles que buscam manter-se atualizados nesse campo de atuação, incluindo alunos e profissionais de gestão, vendas/comercial, design e áreas correlatas à comunicação e à tecnologia, uma vez que, de uma maneira ou de outra, participarão das decisões e atividades ligadas ao Planejamento Estratégico de Marketing.

Trata-se exatamente da mesma abordagem que utilizei e que é adotada até hoje tanto em dezenas de atendimentos a clientes nos setores público e privado por mais de 15 anos quanto em todos os cursos em que lecionei ou coordenei – IGEC/Facha, FGV, IPOG e UFRJ, no Brasil; Universidade do Minho e IPAM, em Portugal; Karel de Grote, na Bélgica, entre outros.

Profissionais que figuram na gestão de organizações de pequeno e médio portes, bem como empreendedores, também precisam desenvolver suas competências em Planejamento Estratégico de Marketing na Era Digital e, certamente, sentirão o quão útil será contar com a Metodologia PEMD para o sucesso de seu negócio.

Consultores, agências e outros especialistas também poderão vender o PEMD como parte de sua oferta de serviços, incrementando suas atividades e prestando serviços de forma mais correta e embasada, o que levará a resultados mais concretos e satisfatórios para seus clientes.

O livro, portanto, é direcionado para aqueles que são responsáveis ou agentes ativos do Planejamento Estratégico de Marketing (on e offline) das organizações, sejam públicas ou privadas, independentemente de seu porte ou setor de atuação.

Uma vez que esteja seguro, dominando a Metodologia PEMD, você conseguirá aplicá-la e adaptá-la a diferentes contingências, setores e organizações de portes e naturezas distintas. A Metodologia é tão flexível que alguns alunos desenvolveram suas próprias variações, como os fundadores da MetaClick, Rodrigo Barreto e Julia Simek, que criaram e aplicam o que chamam de "Lean PEMD" (PEMD Enxuto) para médias empresas na Europa e nos EUA. Outro exemplo é do aluno e consultor Leonardo Duarte, que utiliza o PEMD em centenas de micro e pequenas empresas, por meio de parcerias com o Sebrae em diferentes cidades brasileiras. Em mais um caso, Maurício Faganelo, também aluno e sócio de uma consultoria focada em Gestão, adaptou várias atividades do PEMD em seus serviços consultivos em diversos projetos estratégicos.

Acima de tudo, **este livro pretende municiar os profissionais e futuros profissionais com uma sólida e valiosa Metodologia de Planejamento Estratégico de Marketing na Era Digital**.

Por que uma abordagem que atenda aos mundos público e privado?

De 2009 a 2014, sem deixar a experiência com marcas privadas, dediquei grande parte de meus estudos e projetos de consultoria e de educação (treinamentos, palestras, workshops) a organizações do Setor Público. Em ambos os casos, meu foco compreende majoritariamente grandes organizações, como Presidência da República, Senado Federal, Anvisa, Ministério Público Federal, Ministério da Economia, Exército Brasileiro e Embrapa (como exemplos na área pública), NFL, Toyota, Ericsson, Ipiranga, British American Tobacco, MDS Insure, EDP e Dupont (no mundo privado), entre tantas outras.

Uma das características mais peculiares e interessantes que vêm despertando meu interesse é a crescente percepção sobre o quanto as organizações dessas áreas, aparentemente tão distintas, têm a aprender umas com as outras. Infelizmente, a realidade mostra um repúdio despropositado das empresas privadas em relação às marcas públicas e vice-versa.

Nos últimos anos tenho treinado profissionais das mais diversas instituições sobre como podem aplicar conceitos do "outro mundo" em suas realidades. *Cases*, frameworks e recomendações já foram passados em cursos a executivos do Ministério da Justiça, Conselho Nacional do Ministério Público, Universidade Federal do ABC, Furnas, Johnson & Johnson, Pernod Ricard, W/McCann, Havas Brasil, Grupo Ultra, entre tantas outras organizações.

Ambos os ambientes possuem qualidades excepcionais para o sucesso no Marketing na Era Digital e que podem servir de inspiradores exemplos um para o outro. Veja só:

O Setor Público...

- possui DNA propício à comunicação online por ter a função de informar, dar publicidade, relacionar-se e entregar serviços ao cidadão

- não está preso ao mandato da lucratividade, que força as empresas privadas a tomar decisões sob pressão ou com foco no extremo curto prazo

- visa trabalhos em longo prazo, o que facilita que as incursões estratégicas no mundo conectado possam estar embasadas em relacionamento e construção de marca

- reconhece e incentiva a necessidade de capacitação das equipes de comunicação / assessoria de imprensa / marketing para fazer bons projetos de comunicação

O Setor Privado...

- investe muito mais, e de modo mais consciente, em marketing, devido à grande pressão da concorrência e às acirradas disputas pelo mercado-alvo

- possui marcas mais ousadas e mais abertas à inovação e a experimentos, o que é demasiadamente importante em uma área tão nova quanto a do Digital

- tem mais acesso, mais facilidade e flexibilidade na contratação de boas equipes e de bons fornecedores

- consegue disseminar a cultura digital de maneira mais fluida e veloz por toda a organização, em diferentes setores e junto a níveis hierárquicos distintos

Tendo em vista esse mix de oportunidades de intercâmbio de experiências e as similaridades em termos de formas de trabalho e boas práticas em Marketing na Era Digital, este livro não teria a mesma relevância se ignorasse um dos dois lados.

É válido reforçar – como tenho dito já há alguns bons anos para meus alunos – que vale muito a pena que abram suas cabeças para investir em soluções de Comunicação Digital para o Setor Público, bem como a organizações do terceiro setor.

Em adição a ser um interessante segmento de mercado, posto que focaliza o atendimento às demandas de organizações públicas, emerge, ainda, uma sensação de estar contribuindo para algo maior.

Por exemplo, em um artigo sobre o governo eletrônico na Tailândia, constata-se que as ferramentas de Comunicação Digital e, particularmente, as mídias sociais são aliadas do setor público para estreitar laços com seus stakeholders e para concretizar os ideais de um governo aberto, participativo e transparente (Gunawong, 2015). Já pesquisadores brasileiros afirmam que as plataformas digitais são eficazes para o setor público, potencializando a entrega de informações, a interação com os cidadãos e a prestação de serviços governamentais (Neves e Silva, 2021).

Unir as experiências com os dois mundos sempre me ajudou a ter uma visão mais refinada e diferenciada em meus trabalhos profissionais. Acredito que isso possa servir de estímulo para profissionais da área privada ficarem mais permeáveis tanto às possibilidades quanto aos ensinamentos dos organismos públicos e de setores sem fins lucrativos.

PEMD para microempresas e empresas de pequeno porte

Você também pode estar pensando que Planejamento Estratégico de Marketing na Era Digital é algo mais cabível às grandes empresas e que, talvez, por trabalhar em uma pequena organização familiar ou em uma marca de menor porte, seus estudos para o desenvolvimento da Metodologia PEMD podem ser em vão. Ledo engano...

Talvez as grandes empresas tenham mais verba para investimentos e mais fôlego financeiro para sustentar esses investimentos. Talvez algumas das grandes sejam bem assessoradas por excelentes agências. Talvez, por serem líderes em seus segmentos de negócio, ou por atuarem à frente de mercados muito competitivos, sejam mais evoluídas no mundo digital. No entanto, até hoje fico surpreso quando sou convidado para uma reunião em uma megamarca e ouço de seus principais executivos que a empresa precisa de um planejamento, pois está subaproveitando o potencial das novas tecnologias e ainda engatinha nesse "novo mundo".

Nos últimos anos, tive ao menos três oportunidades de desenvolver atividades de Marketing Digital para marcas Top 10 dos rankings da Fortune e da Forbes, em seus braços no Brasil ou na América Latina.

Em 2010, ajudei a desenvolver uma comunidade virtual para consumidores bem especiais (os desenvolvedores de soluções usando as aplicações web da empresa) de uma das maiores marcas do planeta, da área de tecnologia. Jamais imaginaria que uma empresa de tecnologia daquele porte estaria ainda iniciando suas atividades de uso do Digital para estreitar laços com seus principais consumidores e influenciadores. Em 2012, tive a chance singular de conceber o Planejamento Estratégico de Marketing Digital de outra Top 10, que similarmente se encontrava em um momento de virada no mercado brasileiro. Em 2017, fui consultor de uma megamarca norte-americana que buscava suas primeiras atividades digitais junto ao público do Brasil.

Situações mais recentes também ilustram bem esse ponto. Em um caso, em um dos principais organismos federais brasileiros (e com uma das três maiores verbas públicas do país), tive que sugerir a adoção de ferramentas extremamente básicas, como Google Analytics, para acompanhamento das métricas do site, e o MailChimp, como recomendação de uma boa ferramenta gratuita de e-mail marketing. Já no setor privado, uma multinacional portuguesa presente em mais de cem países não sabia sequer puxar um relatório das redes sociais e lutava para ter um aplicativo para dispositivos móveis...

Isso quer dizer que todos, mesmo as megamarcas, estão lutando de modo a conseguir sobreviver no complexo e dinâmico mercado moderno, altamente influenciado pelo cenário digital e por tecnologias de ficção científica (robotização, inteligência artificial, metaversos, realidade virtual e aumentada, entre outros). O momento em que vivemos é uma oportunidade singular para o estrategista de Marketing na Era Digital. Pense que, dentre as grandes empresas dos EUA (com faturamento superior a US$ 1 bilhão), as dificuldades são ainda maiores, ironicamente, pois apresentam estruturas organizacionais, cultura e processos pouco flexíveis, além de grande dificuldade no recrutamento e manutenção de talentos, como apontado em uma pesquisa da McKinsey, de 2020[1].

Mudar um colosso de grande porte pode ser muito mais desafiador do que apontar bons direcionamentos a um *player* menor. Assim, acredite, seja você um profissional de uma microempresa ou empresa de pequeno ou médio porte, seja de uma megacorporação, uma agência, organização pública ou do terceiro setor, a competência para desenvolver um robusto PEMD o colocará em posição privilegiada hoje e nos anos por vir.

Objetivos do livro

Este livro sobre a Metodologia PEMD demanda e merece ser estudado com calma, degustando (não engolindo!) o conteúdo. É importante que aprenda os conceitos e coloque o conhecimento em prática. Assim, lhe asseguro, será perceptível quão mais bem estruturado você é, frente a seus competidores, e como suas entregas são sólidas, bem embasadas e geradoras de bons resultados.

Após o estudo deste livro, espera-se que você:

- Perceba que o Planejamento Estratégico de Marketing na Era Digital é um conjunto de decisões complexas, cujo detalhamento tático está racionalmente relacionado a todos os elementos que compõem o Mix de Marketing, aos objetivos e às limitações organizacionais (tais como recursos humanos, financeiros e de tempo).

- Possa detectar mudanças no macroambiente, avaliar a posição competitiva de sua empresa e responder rapidamente, por meio de estratégias eficazes no ambiente online, às oportunidades e riscos que o mercado apresenta.

- Esteja apto a construir e implementar o PEMD de uma marca, produto ou serviço, para uma organização privada ou pública, independentemente de seu porte ou segmento de atuação.

- Consiga utilizar o melhor potencial do rol de possibilidades de Marketing disponíveis na internet para lhe auxiliar a alcançar seus objetivos corporativos.

---

1   Veja mais sobre a pesquisa em *"Managing the fallout from technology transformations"*. Disponível em: https://www.mckinsey.com/business-functions/mckinsey-digital/our-insights/managing-the-fallout-from-technology-transformations. Acesso em: 9 mar. 2023.

Acima de tudo, o livro sobre a Metodologia PEMD contribuirá para você desenvolver uma mentalidade estratégica ao longo de seus estudos. Chamo de "mentalidade estratégica" a capacidade da empresa (ou do estrategista) para compreender os movimentos do mercado, prever tendências e investir esforços em se preparar hoje para sobreviver e prosperar amanhã.

Naturalmente, há aqueles que, em vez de investir no desenvolvimento de uma sólida mentalidade estratégica, optam por usar a "rota do malandro": copiar cegamente ações bem-sucedidas de outras empresas sem qualquer racional estratégico mínimo. Os resultados podem ser catastróficos!

E asseguro que, após estudar e praticar tendo este livro como um aliado, você se encontrará bem distante de qualquer possibilidade de pensar, fazer ou mesmo participar de alguma iniciativa desastrosa de Marketing na Era Digital.

Por fim, também espero que você fique feliz com o investimento de tempo e de dinheiro em seus estudos e práticas.

Estrutura da Metodologia PEMD e do livro

Um dos principais desafios de qualquer organização é conseguir conceber estratégias e táticas que permitam alcançar os objetivos organizacionais de maneira eficiente também no mundo digital.

Há mais de 25 anos tenho colecionado experiências em Marketing com foco no ambiente digital, tanto em âmbito acadêmico quanto na atuação como executivo. Ao longo desse tempo, tive a oportunidade de trabalhar com algumas das maiores marcas do Brasil e do mundo. Como consequência, cheguei a um modelo de quatro grandes etapas para conceber, do início ao fim, um sólido Planejamento Estratégico de Marketing na Era Digital, conforme você verá no **Quadro 1** a seguir.

QUADRO 1 – Etapas da Metodologia PEMD

N	ETAPA	OBJETIVO DA ETAPA	FOCO	EIXOS DE ATIVIDADE	
0	Setup	Definir as limitações do Planejamento e guidelines para condução/gestão	Definição do Objeto do PEMD	Escopo	Start
1	Onde Estamos?	Raio-X do momento atual; Ter uma fotografia do cenário	Diagnóstico Estratégico	Macro--ambiente	Micro--ambiente
2	Para Onde Vamos?	Horizonte/Visão desejável, bem como indicadores para avaliar o percurso	Direcionamento Estratégico	Objetivos e KPIs	Estratégia
3	Como Chegaremos Lá?	Proposição de ações e orientações para implantação e controle	Plano Tático	Ações Táticas	Gestão Operacional

Observe, na **Figura 1**, como fica o modelo mental da Metodologia PEMD, refletindo as etapas e os desdobramentos necessários à sua consecução:

FIGURA 1 – Modelo Mental da Metodologia PEMD

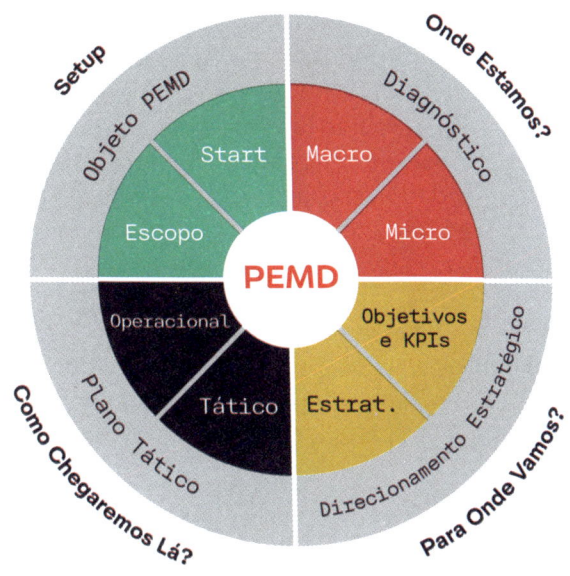

Este livro está, portanto, estruturado com base nessas quatro etapas, detalhadas na Parte III (Etapa 0 – Definição do Objeto do PEMD), Parte IV (Etapa 1 – Diagnóstico Estratégico), Parte V (Etapa 2 – Direcionamento Estratégico) e Parte VI (Etapa 3 – Plano Tático), que compreendem o *core* dos ensinamentos aqui passados, bem como a maior quantidade de páginas e capítulos.

O momento preliminar – as Partes I e II – trata de alguns conceitos fundamentais para a compreensão do Marketing na Era Digital e seus desdobramentos, além da introdução à Metodologia PEMD. A Parte VII conclui o livro e traz um compilado de referências para consulta e estudos complementares, com indicações de livros, artigos, sites e blogs, além de perfis de profissionais relevantes. Você encontrará ainda materiais atualizados e complementos ao livro no **Espaço aPEMDiz**.

Escopo e limitações da obra

Qualquer livro, trabalho acadêmico ou profissional atual tem limitações. No mundo digital, dada a novidade inerente ao próprio tema e seus desdobramentos, bem como a relação íntima com tecnologia e com outras características específicas da internet, as limitações certamente são ainda mais expressivas. Aliás, a aparência de ser um meio "barato" de se investir e de que "qualquer jovem sabe mexer em redes sociais" pode conduzir a equívocos. Não se engane: as limitações da empresa sempre estarão lá e devem ser consideradas na concepção de um Planejamento Estratégico de Marketing na Era Digital.

Apesar de tanto tempo de pesquisa, do aprimoramento da Metodologia (nos últimos 15 anos tenho aplicado a Metodologia PEMD em dezenas e dezenas de organizações e orientei, literalmente, milhares de trabalhos, acadêmicos e profissionais, sobre o tema), e mesmo com a vasta quantidade de fontes consultadas durante todo esse percurso (literatura acadêmica, artigos de internet, notícias jornalísticas, infográficos, pesquisas secundárias, entre outros), é tarefa vã acreditar que os dados apresentados continuarão valendo por longo tempo, ou que não aparecerão mais *cases* fantásticos para ilustrar uma série de tópicos aqui abordados.

Sendo assim, não há qualquer pretensão de escrever um livro atemporal, imutável, impermeável ou infalível. Na verdade, já destaco alguns pontos que serão, inerentemente, limitados (ou limitadores) nesta e em eventuais futuras edições dessa obra, ou mesmo de livros sobre temáticas similares:

Dados: de mercado, do Digital, de tendências

É absurdamente rica e avassaladora a quantidade de dados disponíveis sobre o mundo digital e suas inúmeras ramificações. As pesquisas emergem desde grandes grupos internacionais até pequenas agências locais. A todo momento, a toda hora. Sendo assim, a preocupação aqui foi não utilizar números e dados (em alguns momentos eles estão até bem presentes) como verdades herméticas, mas apenas como ilustrações, como fotografias de uma realidade específica. Os números ajudarão o leitor a compreender conceitos e a aplicar a Metodologia. Naturalmente, na condução de seu próprio PEMD, é esperado que você busque dados sempre atuais, frescos, que, similarmente, serão também ilustrações de "fotografias momentâneas" da sua própria realidade organizacional.

Vale dizer que essa é a parte mais fácil para você se virar sozinho. Para praticamente qualquer necessidade de dados e pesquisas, há vasta oferta disponível (gratuitamente, na maior parte das vezes) online e basta um pouco de paciência e destreza em buscas no Google ou no ChatGPT e você encontrará o que precisa.

Oferta de *cases*

Em linha com o que disse sobre os dados e pesquisas apresentados no livro, diariamente temos dezenas de bons casos acontecendo e sendo documentados no mundo inteiro. Lembro-me de que, em dada ocasião, quando propus em sala o estudo de um caso sobre a criação da marca de bebidas alcoólicas Absolut, um aluno queixou-se dizendo que o *case* era "velho".

Tente não se prender a isso. Tente não se preocupar com a "idade" dos *cases*, seja ao longo deste livro, seja em outros que ler, bem como em cursos que fizer a qualquer momento de sua trajetória. Claro que há exemplos recentes e bem relevantes em muitas áreas (principalmente em Digital), mas a função dos estudos de caso é ilustrar ou exemplificar certos conceitos para que fiquem bem solidificados na mente do leitor. Assim, preocupe-se em compreender as mensagens que aquele caso pretende passar e em como você, em sua própria vida profissional, poderia utilizar as soluções expostas no *case* para seu próprio benefício.

Teoria e prática

A relação entre teoria e prática sempre será alvo de preferências particulares, dependendo do perfil do leitor. O interessante é que, quando falamos de Marketing na Era Digital, dado o quão recente é a área, apesar de termos muitas bases teóricas antigas que nos são úteis hoje, também existem novas linhas teóricas sendo debatidas e aprimoradas neste exato momento, além do fato de que novas teorias são criadas empiricamente por executivos do mercado e que, às vezes sim, às vezes não, poderão ser eventualmente estudadas e formalizadas pela academia.

Minha recomendação, portanto, é que você não se limite a ter somente acesso a (ou respaldo da) teoria ou (d)a prática, muito menos sinta qualquer preconceito em aceitar "o outro lado". Na minha experiência (e você verá que tenho uma carreira que une o mercado e a academia há mais de 25 anos), o que ficou muito claro é que os melhores profissionais são aqueles que congregam os dois mundos: conhecem bem as teorias e sabem como aplicá-las na prática.

E bem como Narciso...

Lembro bem de ter conversado com quatro pessoas muito caras para mim acerca da atividade de escrever um livro: André Miceli (que é um dos revisores técnicos da obra), Jorge Duarte (que foi o responsável involuntário por me abrir as portas do Setor Público), Rafael Rez (a maior referência do mundo de Marketing de Conteúdo em língua portuguesa) e Sandra Turchi (com quem já tive a oportunidade de trabalhar em projetos internacionais para grandes marcas). Todos concordaram com o fato de que, inevitavelmente, conforme o passar do tempo (e com o acúmulo de mais experiências, mais consultorias, mais aulas, mais leituras) nossas concepções e ideias vão mudando, de forma que, invariavelmente, os autores de livros sempre pensarão que há algo a acrescentar aqui ou acolá, pode-se mexer nisso ou naquilo. O professor André chegou a dizer que, ao escrever um livro, chega-se a um ponto em que você não o termina, mas simplesmente desiste! Realmente é uma tarefa hercúlea, principalmente com o cuidado que tive em não medir esforços para deixar cada ponto bem amarrado e referenciado, e cada recomendação e cada metodologia consolidadas, de forma a assegurar o seu sucesso, leitor, ao aplicar as técnicas aqui propostas.

Certamente senti (e sofri, por vezes!) esse efeito. Para fechar esse bloco necessário das limitações da obra, antecipo que você também irá notar e sentir essa permanente angústia (muito positiva, no entanto) conforme for lendo o livro, compreendendo a Metodologia e aplicando o PEMD em sua organização ou junto a seus clientes. Minha dica é a seguinte: aceite que somos e vivemos essa bela "metamorfose ambulante" e utilize essa lacuna interior para continuar buscando constantemente seu aprimoramento pessoal e profissional.

PARTE I

CRIANDO AS BASES PARA O PENSAMENTO ESTRATÉGICO

O objetivo do **PEMD** é garantir que, apropriadamente executado, os fundamentos estejam em seus devidos lugares e o Marketing de sua empresa possa ser construído sobre bases sólidas.

Num mundo extremamente dinâmico, com novos concorrentes surgindo o tempo todo, planejar adequadamente é mais importante do que nunca. Exemplos disso não faltam: o lobby de hotéis em Manhattan luta até hoje para bloquear a entrada do Airbnb na ilha mais famosa de Nova Iorque. Eles sabem que, com as opções disponibilizadas pelo Airbnb, suas margens de lucro serão achatadas. Um cenário clássico de concorrência no microambiente.

A TV a cabo demorou a reagir ao *streaming*, enquanto a Netflix ganhou mercado. Com novos concorrentes no cenário das plataformas de filmes e séries (HBO Max, Star+, Disney+, Apple TV, GloboPlay, Prime Video, entre muitos outros), agora é a própria Netflix que precisa se mexer para não perder assinantes.

No primeiro cenário, o desenho de novo entrante de um mercado limítrofe num mercado consolidado. No segundo cenário, a entrada de novos concorrentes diretos num mercado em expansão. Ambos os cenários já foram descritos por mestres como Levitt, Kotler, Drucker e Porter.

Com a **Metodologia PEMD** em mãos, você não poderá frear o ímpeto dos seus concorrentes, mas terá como se antecipar a eles ou reagir adequadamente caso isso se faça necessário. Em cenários complexos, é sempre útil ter clareza dos objetivos, das estratégias e das táticas para utilizar, da melhor forma possível, as ferramentas disponíveis. No final das contas, você estará em poder de ferramentas testadas e comprovadas em grandes marcas e nos mais diversos cenários para agir e reagir conforme a necessidade.

Tive a oportunidade de conhecer o **PEMD** em primeira mão e vê-lo amadurecendo ao longo dos anos, e posso garantir: **meu arsenal ficou muito mais poderoso com esse recurso em mãos.**

Que seu planejamento seja vigoroso!

> *Rafael Rez*, *pai da Carolina e do Pedro. Autor do livro "Marketing de Conteúdo: A Moeda do Século XXI", com mais de 20.000 exemplares vendidos, publicado no Brasil e em Portugal. É fundador da Web Estratégica, consultoria de Marketing Digital, que atende clientes de porte nacional no Brasil. É cofundador da Nova Escola de Marketing, escola de Marketing Digital que já formou mais de 5.000 alunos. Possui MBA em Marketing pela Fundação Getúlio Vargas (FGV) em 2013. Foi professor de MBA, pós-graduação e extensão em diversas instituições, entre elas: IPOG, HSM Educação, ESPM, ESALQ/USP, INSPER e FGV.*

formatos, de públicos, de gerações, de linguagens, num volume muito superior ao que conhecíamos até o século passado.

Quando falamos sobre como lidar com essa complexidade, procuramos criar processos de trabalho, os chamados frameworks, modelos, ou estruturas-base. Um framework permite seguir um processo relativamente padronizado, que facilita a construção do pensamento de forma organizada e gradual, seguindo etapas que se tornam cada vez mais conhecidas e familiares, facilitando a comunicação entre equipes e permitindo que a qualidade do resultado final seja melhor.

A função do framework não é engessar e sim criar um padrão do mínimo esperado em termos de um entregável de qualidade. Ele pode ser adaptado e personalizado, mas mantém uma essência de pensamento organizado que segue uma lógica.

Foi nesse contexto que o Nino me apresentou o **PEMD**, sua Metodologia de Planejamento Estratégico de Marketing na Era Digital.

Logo de cara me lembrei do Planejamento Estratégico clássico de Igor Ansoff, nas décadas de 1950/1960; da visão de Peter Drucker sobre a importância do Planejamento Estratégico dinâmico e do Planejamento Estratégico de Marketing de Philip Kotler, de 1975, que se tornou uma premissa para os departamentos de Marketing no mundo todo nas décadas seguintes.

O objetivo desses consagrados modelos de Planejamento nunca foi enquadrar todas as empresas nas mesmas regras, mas criar modelos de pensamento que ajudassem a implementar suas estratégias. Perguntei ao Nino se era essa a mesma visão dele para o **PEMD**, e, como bom carioca, ele me respondeu com um sorriso: "na mosca!"

Manejar toda a complexidade do Marketing na Era Digital é um trabalho difícil. Vejo muitos profissionais preocupados com o post de amanhã para o Instagram, com a hashtag que está bombando nos *trending topics* ou com qual influencer conversa com seus clientes da geração X, mas se esquecendo de monitorar suas fraquezas competitivas, de monitorar a lucratividade das linhas de produto em cada canal, de entender o melhor mix para diferentes públicos em diferentes redes sociais.

Para alguns profissionais da nova geração, termos clássicos de Marketing, tais como SWOT, Mix de Marketing ou macroambiente, parecem de outro mundo. Muitas vezes, são esquecidos na hora de um planejamento e levam a erros grosseiros na execução, justamente pela falta de fundamentação.

A analogia é simplória, mas não deixa de ser útil: a fachada é o elemento mais atraente de uma construção, mas, sem uma fundação, uma casa não para em pé.

Introdução

Conheci o mestre Nino Carvalho em meados de 2011, muito antes de ele me conhecer. Ouvi falar de um brasileiro que estava brilhando pelo mundo, atendendo grandes marcas, e que publicava material de qualidade no SlideShare, site popular à época, no qual se compartilhava slides de palestras e apresentações. Passei a consumir material do Nino.

Pouco tempo depois, ouvi falar que ele havia criado o primeiro MBA em Marketing Digital do Brasil e estava dentro da FGV. Passei a admirá-lo cada vez mais, sem nunca ter trocado uma palavra com ele.

Foi só em 2018 que tive a oportunidade de encontrá-lo pessoalmente, depois de termos nos comunicado por meio de muitas mensagens pelo LinkedIn e por e-mail. Nos conhecemos na cidade do Porto, em Portugal, quando lancei meu livro por lá. Tomamos um café no maravilhoso Mercado Bom Sucesso e conversamos longamente sobre o mercado de Marketing Digital.

Somos hoje o que os mais jovens chamam de "dinossauros" do Marketing Digital; e entendemos isso como um tremendo elogio! Quando ingressamos na área, não havia muitos livros, não havia guias, não havia frameworks a seguir.

Nossa geração fez a transição entre os conhecimentos do Marketing clássico para o chamado Marketing Digital, mais contextualizado para o mundo online. Nós nos apoiamos em autores clássicos, que desenvolveram o mundo do Marketing ao longo do século XX, para criar as bases do Marketing do século XXI.

Uma das coisas sobre as quais conversamos naquele café lá no Porto foi sobre o "Comportamento do Consumidor", um dos importantes desdobramentos da área de Marketing. Como seres humanos, queremos interagir, receber atenção, nos expressar e estabelecer vínculos.

As marcas são símbolos de status, de pertencimento, de poder, de sucesso, de autoexpressão. Marcas constroem narrativas que conectam as necessidades básicas humanas, tão bem descritas por Maslow em 1943, e representam esses símbolos para seus consumidores.

Quando olhamos para o universo digital, a narrativa midiática prega que tudo é novo, diferente, tudo é inovador e sem precedentes. Mas o ser humano permanece o mesmo. Suas necessidades básicas permanecem as mesmas. Logo, seu comportamento também tende a ser muito similar.

No entanto, analisar esses comportamentos e traduzi-los em ações de Marketing é bem mais complexo no mundo digital. Há uma multiplicidade de canais, de após muita pesquisa, reflexão, debates com profissionais-chave do mercado e também da academia. O material foi profundamente revisto e modernizado em 2014 e novamente em 2016, com vistas a se adequar ao mutante mercado e para certificar que seria de larga utilidade para profissionais e estudiosos do tema. A todo momento, o foco principal sempre foi o de preencher essa lacuna do mercado, ao oferecer uma sólida e completa obra sobre o Planejamento Estratégico de Marketing na Era Digital, contendo metodologias amplamente consagradas e frameworks adotados no âmbito acadêmico e no executivo em todo o planeta.

Atualmente, sigo firme na saga de colaborar com a educação do mercado. Desde 2018, ao lado do professor e consultor André Gildin, ofereço diversos cursos em pós-graduação e MBA no IPOG em todo o Brasil. Já em Portugal, naquele mesmo ano, passei a integrar o corpo docente do Instituto Português de Administração de Marketing (IPAM) – a primeira escola portuguesa a oferecer cursos de Marketing no país.

Os mercados – português e brasileiro – são muito distintos, mas se assemelham em uma triste questão: em ambos, a fala mansa e rasa dos gurus segue proliferando e corroendo oportunidades de empresas e profissionais.

Depois desses anos todos, olho para trás e me sinto seguro em dizer que, não fosse a Metodologia PEMD, não teria chegado aonde estou. Meu patrimônio, minhas ocupações profissionais e acadêmicas, meus produtos, meu posicionamento... a Metodologia PEMD está lá, como coautora dessa jornada. O último teste, por assim dizer, foi a consolidação na Europa, seja por meio de aulas, cursos e palestras, seja por meio de projetos 100% em território europeu, incluindo os sucessos que alunos portugueses, franceses, espanhóis, ucranianos, belgas, húngaros, entre outros, têm tido em suas próprias jornadas acadêmicas e executivas.

O maior prêmio, entretanto, não tem a ver com ego, sucesso financeiro ou fama no mercado. O *grand prix* é ter tido a oportunidade de conceber e lhe entregar todo o ferramental para que você também desenhe a sua jornada, aquela que faz sentido para VOCÊ, e que você seja muitíssimo bem-sucedido por todo o percurso.

Antes de virar a próxima página, acho importante reforçar que você terá pela frente muito trabalho, muitos estímulos e desafios para a mente, muita inspiração e, espero, muita diversão. Sendo assim, boa sorte, boa leitura e muito sucesso em sua carreira e em seu Planejamento Estratégico de Marketing na Era Digital!

O que testemunhamos, cerca de 30 anos após o início da internet comercial no Brasil[4], é um cenário que revela jovens profissionais com pouca formação acadêmica na área digital, de um lado, e, em outro extremo, executivos mais experientes no mercado de marketing online, que até bem recentemente se viam impelidos a buscar sua formação ou de forma empírica, ou autodidata, ou em cursos no exterior.

Gosto de pensar que tenho contribuído com parte da solução a esse problema. Além de já ministrar palestras, workshops e cursos de extensão desde 1998 (e atuar na área desde 1997), tive a felicidade de dar um passo importante na área de Educação em Marketing Digital no país ao ter criado, em 2007, o primeiro curso de MBA em Marketing Digital do Brasil, sendo a primeira turma oferecida em 2008, na Facha/IGEC, no Rio de Janeiro. Nesse momento vale uma menção de reconhecimento e agradecimento ao colega Bruno Rodrigues, que foi o verdadeiro responsável por abrir as portas que possibilitaram essa evolução na Educação Digital brasileira, ao lado dos empreendedores pioneiros responsáveis pelo financiamento e administração do projeto, Cláudio Moreira e Rodrigo Goeks.

Alguns anos depois, em 2010, iniciei um trabalho com o professor Luis Carlos Sá, na Fundação Getulio Vargas (FGV). Cerca de 20 anos antes, o professor Luis já havia sido um visionário ao colaborar para a estruturação e coordenar os cursos de MBA em Marketing da FGV no Brasil. Ao criarmos em conjunto os programas de MBA e Pós-MBA em Marketing Digital da Fundação em todo o país, demos juntos mais um passo de vanguarda e de suma importância para o mercado digital nacional. Em pouco tempo nosso programa se tornou o maior de toda a América Latina. Desde 2016, com minha mudança para Portugal, os cursos da FGV foram ampliados e estão sob a zelosa tutela da Coordenação Acadêmica do professor André Miceli.

Ainda assim, mesmo tendo observado várias outras escolas seguindo o exemplo e montando cursos de diversas naturezas na área digital, continuei sentindo falta de algo que atendesse àqueles que não pudessem, por qualquer motivo, assistir aos cursos de excelência da FGV, e que fosse muito além tanto das fórmulas mágicas para o sucesso nas mídias sociais quanto da criação aleatória e infundada de frameworks vazios e milagrosos para gerenciar as atividades de marketing no mundo online.

No final de 2012, portanto, iniciei o rascunho do que se tornaria eventualmente a estrutura deste livro. Nos anos seguintes, o conteúdo foi amadurecendo

---

4   A internet comercial (ou seja, para uso privado de pessoa física) iniciou-se no Brasil em 1995, embora já fosse usada com alguma regularidade pela academia desde inícios da década de 1990.

Apresentação

O mercado digital sempre foi carente de estratégia e, acredito, assim ficará por mais alguns bons anos. O que comumente é chamado de "estratégia", particularmente em agências e pequenas e médias empresas, costuma ser uma lista de ideias táticas para se chegar a objetivos rarefeitos e pouco claros.

Similarmente, o mercado digital também sempre foi carente de planejamento. Sim, fazer um cronograma de postagens ou planejar uma campanha de mídia é mais comum e menos importante para a estratégia. Mas e quanto a planejamentos sistemáticos e estruturados de longo prazo? Isso segue em falta...

Por efeito desses gaps, a atividade de Planejamento Estratégico parece ser algo exclusivo a grandes empresas, bem estruturadas e com acesso a excelentes fornecedores. Na maior parte das organizações, sequer há um direcionamento estratégico. Aí, é demais esperar que alguém da equipe saberá fazer um correto Planejamento Estratégico de Marketing.

Os principais cursos formadores de profissionais da área Digital – em especial, os de Comunicação Social (Jornalismo, Relações Públicas, Publicidade...), os de Administração (principalmente as vertentes ligadas ao Marketing) e os de Tecnologia – pouco tratam do assunto em suas grades curriculares. Normalmente, a disciplina de Planejamento Estratégico de Marketing segue os passos tradicionais do marketing de produto e/ou ignora completamente os impactos e oportunidades consequentes da Era Digital.

Como agravante, a ilusão de sucesso fácil ou barato tem levado particularmente as pequenas e médias empresas a repetidas frustrações em suas investidas no ambiente digital, eis que, geralmente sendo assessoradas de forma precária, são levadas a acreditar que os resultados na internet vêm sem esforço ou com muitíssimo pouco trabalho.

Nesse cenário, observamos que a demanda por bons profissionais não para de crescer, de forma que a lacuna deixada pelas universidades vem sendo preenchida por cursos de curta duração que, na maioria das vezes, são falhos ou extremamente simplórios. Há, ainda, uma enxurrada de gurus, charlatães e empreendedores de palco oferecendo "formações" rápidas e prometendo fortuna, fama e glória indiscriminadamente. Como resultado da falta de boas opções formais de educação, o jovem aspirante ao mercado digital vê no próprio mercado sua escola.

Espaço aPEMDiz

Para ajudar seu desenvolvimento e aprendizado ao longo do livro, desenvolvi uma área online com mais materiais explicativos e complementares, como novas referências, *cases*, vídeos, arquivos para download e até templates e modelos para você usar em sua empresa ou com seus clientes.

No **Espaço aPEMDiz**[2] você terá acesso a uma seleção de profissionais, sites, blogs e outras recomendações para seguir. Verá também indicações de acadêmicos importantes em Marketing para acompanhar no Research Gate[3], como autores e professores que são ativos e deixam seu conteúdo integral ou parcialmente aberto no site. Contará ainda com sugestões de sites de busca de artigos acadêmicos do Brasil, de Portugal e internacionais, não só em Marketing, como também em áreas correlatas, como Comunicação, Tecnologia, Economia, Inovação e Gestão.

O espaço será regularmente atualizado com materiais adicionais e muitas novidades. Portanto, acesse, cadastre-se e consulte frequentemente o canal: https://marketingelevation.org/livropemd.

---

[2] Um crédito importante a fazer é que a ideia de "aPEMDiz" partiu de alunos da primeira turma do meu curso "Formação em PEMD", iniciada em dezembro de 2021. O aluno Tim Silva criou o termo e passou a usar no grupo de alunos da turma. Adorei desde o primeiro momento e diversos outros estudantes passaram a usar "aPEMDiz" e "aPEMDizes".

[3] O Research Gate (www.researchgate.com) é um portal acadêmico no qual professores, pesquisadores e alunos compartilham seus trabalhos. Se não encontrar algum autor ou alguma publicação nesse site, tente o Academia.edu.

CAPÍTULO 1
O Impacto da Era Digital no Mundo dos Negócios

Você já deve ter lido ou ouvido que levou quase 40 anos para o rádio alcançar 50 milhões de usuários. A televisão chegou a esta marca em 13 anos e a internet precisou somente de quatro anos para ter 50 milhões de pessoas conectadas.

Atualmente, segundo diversas fontes compiladas em tempo real pelo Internet Live Stats (2023[5]), há mais de 5,3 bilhões de usuários no ambiente virtual (e o contador não para!). O Facebook, em 2010, chegou a 600 milhões de usuários e contava com 3,6 bilhões em 2023[6] (contabilizando os diversos produtos da empresa, que incluem Instagram e WhatsApp – os primeiros 100 milhões de usuários foram alcançados em menos de nove meses).

As compras, fusões e parcerias com cifras e proporções astronômicas vão além das fronteiras do mundo da internet, e alcançam também as grandes marcas de mídia em âmbito global. Como há tempo nos alerta Iosifidis (2014), devido à evolução da tecnologia, à convergência das mídias e ao relaxamento dos órgãos regulamentadores internacionais, estamos cada vez mais caminhando para uma concentração do controle dos meios de comunicação de massa. O autor aponta que alguns dos maiores grupos de mídia do planeta (tais como Disney, News Corp, WarnerMedia e Viacom) estão há anos envolvidos em grandes fusões e aquisições, dominando plataformas diversas tais como cabo, satélite, IPTV, internet, redes móveis, entre outros.

A forma como o debate político tem ocorrido (por exemplo, no Brasil e nos EUA) e os impactos da pandemia de Covid-19 mostram como a internet pode ter influência em questões econômicas, sociais, culturais e legais mesmo em países tão distintos como Afeganistão ou Argentina. Se o domínio dos gigantes tradicionais de mídia já não bastasse, também percebemos o poder que *players* como Google, Meta e Amazon têm no ambiente virtual. Naturalmente, isso não

---

[5] O Internet Live Stats usa um algoritmo para compilar dezenas de fontes globalmente e gerar seus dados de forma dinâmica. Os dados são acessíveis abertamente no site da organização. Disponível em: http://www.internetlivestats.com/internet-users. Acesso em: 22 mar. 2023.

[6] Dados atualizados podem ser obtidos na seção "Investor Events" da Meta Investor Relations. Disponível em: https://investor.fb.com/investor-events/event-details/2022/Q1-2022-Earnings/default.aspx. Acesso em: 22 mar. 2023.

é nada saudável para a competição e, consequentemente, para os consumidores, espectadores e, em última análise, para a sociedade.

Os números que exemplificam a evolução do Marketing e do Digital são sempre estimulantes e assustadores ao mesmo tempo. Por um lado, é fantástico ver como, cada vez mais, o mundo inteiro se conecta a esse universo maravilhoso e cheio de oportunidades. Por outro lado, nos espantamos com o volume de empresas de olhos arregalados com a velocidade das mudanças nas sociedades, nos consumidores e nos hábitos das pessoas de todas as partes do mundo. É como se todos esses atores (pessoas, organizações, governos, escolas, profissionais) estivessem vivendo um momento singular da história, em que todos estão contribuindo para a construção de novas regras de comunicação, consumo e relacionamento.

Nesse mundo dinâmico, provavelmente os profissionais de Marketing estão entre os que mais são impactados e que também mais se destacam por atuarem ativamente na utilização das novas mídias como ferramentas-chave para ajudar nas interações entre as mais diversas organizações (de pequenas empresas familiares a grandes instituições governamentais) e seus diferentes públicos.

A internet como geradora de negócios e de inteligência competitiva

Do ponto de vista das organizações, a internet é uma potente ferramenta de comunicação e de vendas, que pode ser usada (e já está sendo!) para estreitar laços de relacionamento, fortalecer marcas, prever e mitigar crises, colecionar conhecimento sobre os públicos de interesse, atrair e reter clientes, entre outras funções e aplicações. No entanto, muito mais relevante é entender que, acima de tudo, a internet é essencial para geração de negócios e de inteligência competitiva.

De acordo com várias pesquisas (tais como De Faria e colaboradores, 2012; Berbeglia *et al.*, 2021; Dwivedi *et al.*, 2021), as empresas se interessam pela internet por diversos motivos, dentre os quais o vasto acesso a consumidores, o acesso a mercados internacionais, o estabelecimento de comunicação de mão-dupla e as possibilidades comerciais e de conhecimento dos seus públicos. No setor público, o foco nas interações entre a organização e o cidadão também gera bons frutos, e muitos são os exemplos de organismos públicos utilizando inteligência artificial, automação, tecnologia de sensores, entre outras abordagens inovadoras (Lindgren *et al.*, 2019).

É na internet que as decisões dos clientes vêm sendo tomadas cada vez mais frequentemente. Por meio de indicações de contatos virtuais, pesquisas sobre a marca e seus produtos ou serviços, sites de relacionamento organizacional, portais de compras e opiniões coletivas, entre outros mecanismos de interação online, as pessoas conseguem munir-se com informações relevantes para ajudá-las a decidir se comprarão determinado produto, se continuarão com aquele fornecedor ou se trocarão para a opção A ou B. A teoria do ZMOT[7], proposta por pesquisadores do Google, revela quanto o digital está afetando as relações entre as marcas e seus públicos (Lecinski, 2011).

FIGURA 2 – Modelo mental do processo de compra proposto pelo Google

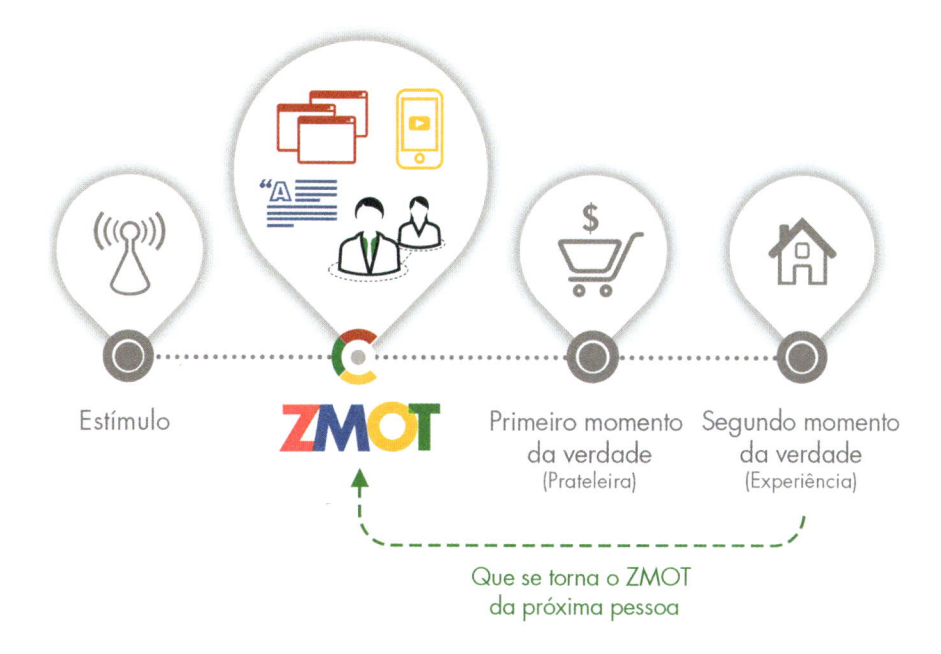

Estímulo — ZMOT — Primeiro momento da verdade (Prateleira) — Segundo momento da verdade (Experiência)

Que se torna o ZMOT da próxima pessoa

Fonte: ZMOT – Conquistando o momento zero da verdade (2011)

O modelo do Google mostra que, mesmo antes de ir até a loja (on ou off) da empresa, o potencial cliente já terá tido contato com a marca por meio de depoimentos em redes sociais ou em sites com *reviews* de produtos. Ora, se é no novo ambiente digital onde tudo acontece, é lógico supor que as empresas que não estiverem bem colocadas no mundo online correm sérios riscos de

---

7   ZMOT significa "*Zero Moment of Truth*" (do inglês, Momento Zero da Verdade) e, infelizmente, o Google não faz menção ao criador original do conceito de Momento (ou Hora) da Verdade. O então presidente da SAS (Scandinavian Airlines), Jan Carlzon, foi quem cunhou o termo em 1985 em um livro publicado na Suécia e traduzido em 1987 para o inglês.

sequer serem cogitadas como uma alternativa para seu público. Lembre-se, por exemplo, do que aconteceu com o mercado de turismo. Será que você vai a um hotel ou pousada sem checar o site do local ou outros sites de turismo antes da viagem? Aliás, você deve procurar por hotéis, mas provavelmente vê alternativas no Booking ou no Airbnb, né?

E mais: será que, além de visitar esses sites, não buscará também a opinião de outras pessoas, que já passaram por lá, para ver como foi a experiência delas? E que, ao se deparar com depoimentos negativos, fotos de colchões rasgados e paredes de banheiro mofadas, não é provável que você desista daquele lugar e busque uma opção que seja mais bem comentada e avaliada nas redes sociais e sites especializados? Por outro lado, ao se deparar com impressões positivas de outros usuários, o quanto isso pesaria em sua decisão favorável à compra de determinado produto ou serviço?

É justamente essa a ideia. Se sua empresa não está na internet, ela provavelmente não será reconhecida como uma opção para o seu público-alvo. Em outras palavras, a depender do ramo de atuação, sua marca sequer será cogitada no rol de possibilidades do processo de decisão de compra de seus públicos.

Aqui vale uma ressalva: há negócios que são menos ou pouco afetados pela falta de presença digital. Por exemplo, comércios locais tais como supermercados e padarias, que, em geral, estão bem localizados e são menos alvo de pesquisas online – ao menos até hoje. Portanto, não estou defendendo que todo e qualquer negócio, **obrigatoriamente**, necessita estar na internet para sobreviver. Isso seria uma afirmação incorreta.

É talvez provável, entretanto, que, ainda nesses casos em que há menos impacto, a internet/o digital pode impulsionar o negócio. Por exemplo, mesmo os tais "supermercados e padarias" podem se beneficiar com serviços como iFood, UberEats, Rappi e afins. Profissionais tão variados tais como encanadores ou designers freelancers aproveitam ferramentas a exemplo do GetNinjas para vender seus serviços. Assim, embora haja uma vasta gama de negócios que não precisam, obrigatoriamente, estar online, é também verdade que a internet foi essencial para a sobrevivência de vários estabelecimentos, especialmente durante a pandemia.

Por outro lado, foquei a escrita do livro na grande maioria dos negócios, que já são, ou muitíssimo em breve serão, amplamente afetados pela internet e outros avanços tecnológicos.

Pense por um momento em nosso passado recente, com a pandemia de Covid-19 e seus nefastos impactos. Houve empresas que tiveram que migrar à força (e às pressas) suas operações para o online de maneira a continuar funcionando. Em alguns casos, já estar bem estruturado na internet foi a chave da sobrevivência de outras tantas organizações. Como expõem Kotler, Kartajaya e Setiawan (2021) no livro de referência "Marketing 5.0", mudanças de perfil e comportamento, de empresas e pessoas, impostas ou aceleradas pela pandemia, seguirão impulsionando os negócios digitais mesmo quando/se as questões sanitárias forem solucionadas.

Se sua organização já está na internet, mas de maneira amadora e incipiente, o efeito é o mesmo: você não conseguirá clientes ou resultados. A competição no mundo virtual é mais vasta, mais diversa e muito mais agressiva. Não dá para ter um site e não o manter atualizado. Não dá para ter um perfil no Instagram e postar a cada 20 dias. Não, isso não é aceitável. E pode ser inclusive muito negativo para a imagem. Para se manter vivo em um ambiente cada vez mais competitivo, você deve existir no mundo online. Isso mesmo: **existir**[8]. Isso não significa apenas ter um perfil nas principais redes sociais. Existir na internet significa investir recursos em um sólido planejamento, que se preocupe com as estratégias de comunicação, vendas, relacionamento e branding que sua empresa utilizará nesse universo novo, desafiador, mas também tão repleto de oportunidades.

Benefícios do Marketing Digital para os negócios

Há muitas vantagens em conceber e explorar ações de marketing no ambiente digital para organizações públicas e privadas, que vão desde aumentar a receita até propagar imagens positivas da marca. Destaco a seguir alguns dos mais relevantes:

- **Aumento de receita** – agregando valor às ofertas da empresa, maximizando o aproveitamento da atual base de clientes (usando inteligência para estimular *cross selling* e *upselling*, por exemplo). O portfólio de ofertas da empresa também pode ser alargado com os e-produtos, infoprodutos ou bens virtuais. Vale dizer que, em geral, os produtos virtuais também apresentam maiores margens. Além de tudo isso, ainda é possível a elevação dos lucros via redução de custos e produção em escala.

---

[8] O consultor brasileiro Roney Belhassof já utilizava o conceito de "existir na internet" no início dos anos 2000.

- **Redução de custos** – que pode ser alcançada através da necessidade de menos recursos, menos presença física, menos promoções/publicidade tradicional e até mesmo com o uso mais eficiente de processos e recursos tecnológicos (por exemplo, com automações) e humanos. Fazer melhorias incrementais de acordo com os resultados percebidos nos analytics também o ajudará a otimizar seus recursos financeiros.

- **Penetração e desenvolvimento de mercados** – por poder reduzir ou mesmo anular barreiras físicas/geográficas, bem como pela redução de intermediadores no processo transacional, a empresa pode conquistar mercados que seriam impossíveis de serem alcançados antes da Era Digital.

- **Desenvolvimento de produtos** – ao ter acesso vastíssimo a informações sobre clientes, competidores e a opiniões positivas e negativas acerca de seus produtos, serviços e projetos, a internet oferece uma oportunidade singular de as organizações desenvolverem novos produtos ou aprimorarem sua atual oferta, inovando de forma mais rápida e de acordo com as demandas e tendências do mercado.

- **Comunicação** – o uso dos sites, e-mail, mídias sociais, aplicativos, assistentes pessoais virtuais e outros canais digitais são as ferramentas mais potentes para comunicação que qualquer empresa jamais teve.

- **Conveniência** – ao deixar a organização sempre disponível, atuando como *one-stop shop* (compras em um único local, em tradução livre), sem restrições de horários ou condições geográficas, a conveniência é um dos principais valores que a marca pode oferecer a seus stakeholders (Rust *et al.*, 2001, Chaffey *et al.*, 2019).

- **Controle** – embora muitos gestores ainda temam a internet por receio de questões como receber muitas críticas ao abrir um canal online de atendimento ou a perda do foco de produtividade de seus funcionários, dadas as possibilidades inigualáveis de rastreamento, coleta e análise de dados, a internet é uma potente ferramenta de controle para as empresas no que tange à gestão de suas estratégias e táticas.

As oportunidades para as organizações se desdobram em benefícios para todo o mercado e não seria incorreto afirmar que, em muitas ocasiões, tais benefícios têm reflexos positivos para a sociedade como um todo.

Um exemplo que ilustra bem tanto as vantagens para o mercado quanto para a sociedade é a Luckie Tech, uma startup brasileira que desenvolve *patches* (uma espécie de adesivo, como um band-aid) que monitoram a saúde de bebês e crianças com câncer. O aparelhinho fica na pele do paciente e emite informações importantes para seus médicos e responsáveis. O impacto social positivo é claro: milhares de crianças já se beneficiaram e muitas não faleceram por efeito dos alertas do monitoramento em tempo real. Já sob o prisma do mercado, essa inovação da startup envolve parceiros de peso, sejam empresas (tais como Embraer, Amazon, Google) e universidades (por exemplo, alunos do IPAM, em Portugal, desenvolveram estratégias de Marketing Digital para a empresa), sejam instituições e profissionais de saúde (médicos, hospitais). Pense nesse baita ecossistema todo envolvido na iniciativa da Luckie Tech!

Nesse contexto, as possibilidades para o profissional de Marketing na Era Digital estão apenas começando a explodir. Muita coisa boa ainda vem por aí, particularmente para profissionais com competências gerenciais, analíticas e estratégicas que tanto faltam no mercado nacional, ainda tão focalizado em soluções meramente operacionais.

CAPÍTULO 2
Fundamentos Essenciais

Um dos principais problemas do mercado (talvez atingindo boa parte dos profissionais da área digital) é a falta de fundamentos sólidos sobre os principais campos e temas pertinentes ao Marketing. Me refiro aos alicerces mesmo, ou seja, àquelas aulas da graduação que normalmente achamos chatas, teóricas, cheias de leituras pesadas, mas que, certamente, acabam por revelarem-se úteis e necessárias (e cada vez mais serão) no competitivo mercado em que vivemos.

O Marketing é uma área jovem e historicamente repleta de problemas de identidade. Ao longo de sua história, inclusive, a academia de Marketing produziu conteúdos muito relevantes, específicos a essa questão (veja, por exemplo, El-Ansary e outros, 2018; Skinner, 2008; Brady e Davis, 1993; Bartels, 1974). Esses conflitos identitários contribuem para que nosso campo seja tão recheado de falácias, entendimentos equivocados e de tal forma permeável a charlatões.

A proliferação de gurus que vendem "sacadas vencedoras" e "fórmulas de sucesso" tão somente contribui para a deterioração do cenário já frágil. Por vezes, em busca de um caminho fácil, curto ou imediato, as pessoas se deixam levar por essa prática que consiste em enlatar alguns conhecimentos e apresentá-los como a solução para alcançar o sucesso por meio de passos simples.

É chocante o volume de profissionais bem-posicionados que desconhecem conceitos rudimentares ou que caem no encanto dos gurus-sereia sem conseguir filtrar informações e separar o joio do trigo. Então, antes de tratar sobre a Metodologia PEMD em si, precisamos passar pelo essencial.

Para deixar o leitor com uma base sólida e segura, por vezes vou recorrer a alguns autores e pesquisadores respeitados em suas áreas de especialidade. Não se preocupe. É provável que você não goste de ler um livro cheio de "segundo Fulano", mas, acredite, nos momentos em que usar esse artifício quero garantir que você tenha e carregue consigo os conceitos fundamentais, que serão hoje e sempre pilares vitais para seu sucesso no extremamente concorrido mercado na Era Digital. Além disso, poderá você mesmo consultar as fontes e aprofundar seus estudos, lembrando que ter um alicerce conceitual o colocará à frente de seus pares, seja no ambiente executivo, seja em trabalhos de consultoria, agência ou freelancer.

Comunicação como elemento do composto de Marketing

Quase tudo o que se vê por aí sobre Marketing, e particularmente sobre Marketing Digital, é restrito a um pequeno pedacinho do universo que é nossa disciplina. Quando você estuda conteúdos sobre como melhorar seu site, técnicas de SEO, como ganhar mais seguidores no Instagram, boas práticas de e-mail marketing, publicidade online, entre tantos temas similares, tudo isso faz parte do que chamamos de **Comunicação de Marketing**. Dentro do paradigma dos Ps de Marketing, estamos falando do P de Promoção. Certamente trata-se de um pedaço muito importante do nosso trabalho, mas também é correto dizer que é apenas uma diminuta parcela de tudo o que é e de tudo o que é possibilitado pelo Marketing.

Para nossa abordagem, portanto, é válido começar com uma distinção bem importante. A **comunicação** de que trataremos nesta obra (a não ser nos momentos em que esteja claro o oposto) **não é** o que em geral se ensina em cursos de Comunicação Social, ou seja, formas de Jornalismo ou de Relações Públicas, conforme compreendidas pelas escolas de Comunicação Social no Brasil ou em Portugal.

A comunicação, no sentido que iremos trabalhar neste livro, é o conjunto das interações entre a organização e seus públicos, nas duas vias: empresa > público, e público > empresa. É tudo o que diz respeito a comunicar sobre produtos, serviços, marcas, ou sobre quaisquer iniciativas da empresa, para seus públicos de interesse.

Na Era Digital, mais do que nunca, o processo de comunicação deve ser de mão dupla. É uma exigência do mercado atual, um imperativo. As organizações devem pensar na comunicação para falar com seus clientes (antes, durante e depois da compra, da transação), mas também devem estimular e facilitar, proativamente, a conversa franca e regular entre o cliente e a empresa. A organização deve fazer-se conhecida por seus públicos, bem como facilitar maneiras para estabelecer diálogos e relacionamentos.

Aqui, nosso foco é então a Comunicação de Marketing. Vamos explicar melhor um pouco à frente, mas é importante neste momento entender que, para trabalhar com internet, você deverá ver a comunicação como **um** (de sete) elemento do Composto de Marketing (o Mix de Marketing ou Marketing Mix), ou seja, como os procedimentos e artifícios para comunicar um produto, serviço ou marca para determinado público. Mesmo quando tratar de, por exemplo, Assessoria de Imprensa, que está debaixo do guarda-chuva de Comunicação Social na perspectiva tradicional dos mercados lusófonos, estaremos na verdade nos referindo a funções ou ferramentas incluídas no rol de opções do mix promocional de Marketing.

De onde vem o Marketing e como chegamos aqui?

Apesar de não ser o foco deste livro, cabe tecer uns parágrafos breves sobre a história do Marketing. O Marketing não começou com Kotler, não foi na década de 1960 e nada tem a ver com a prensa de Gutenberg. Isso é o que normalmente aparece nos principais blogs, sites verticais brasileiros e portugueses e na Wikipedia. Está errado!

Todos os desenvolvimentos que antecederam aos estudos formais sobre Marketing se referem às **Práticas de Marketing**, ou seja, o período anterior ao nascimento oficial do Marketing como o entendemos hoje.

Pode-se dizer que as práticas de Marketing existem desde que há um contexto de trocas (Sheth e Parvatiyar, 1995), o que provavelmente ocorre há cerca de sete ou oito mil anos. Conforme a civilização foi evoluindo, também foi o Marketing, e, bem como no caso de outras áreas, as pessoas começaram a praticar atividades que, eventualmente, foram formalizadas em disciplinas do conhecimento.

Os exemplos do valor do relacionamento entre comprador e vendedor ao longo da história são muitos. Como apontado por Edwards e outros (2020), a percepção da importância dos relacionamentos nas transações já estava presente, por exemplo, desde as civilizações pré-industriais (a maior parte das cidades não tinha mais de dois ou três mil habitantes), quando a amizade pessoal era central para o sucesso das trocas entre partes, ou nas guildas da Era Medieval, quando o relacionamento com outros grupos profissionais e com os soberanos dos países era essencial para o sucesso da guilda (veja mais na **Dica PEMD #1**).

Em outro exemplo também muito antigo, passado há cerca de 2.500 anos, temos evidências de discussões sobre ética nos negócios em Platão (Shaw, 1995). Há orientações detalhadas sobre como lidar com a concorrência no Talmud (Friedman, 1984) e diversas fontes mostram práticas de Marketing na Roma Antiga (Dixon, 1995), além de outros exemplos de práticas de Marketing em Jogos de Gladiadores (Minowa e Witkowski, 2012) e no comércio das grandes navegações portuguesas (Sá, 2009), entre tantas outras evidências.

Os avanços no comércio sofisticaram e ampliaram as práticas de Marketing, particularmente em países como Inglaterra, Portugal, Alemanha, Itália, França, Espanha, Holanda e Estados Unidos. Em vários aspectos, os antigos comerciantes compartilhavam de muitas similaridades com os atuais gestores de Marketing: tinham que tomar decisões sobre quais produtos oferecer e para qual tipo de consumidor; desenvolviam técnicas de precificação e de vendas; concebiam formas de distribuir seus produtos da maneira certa e nos canais mais apropriados, e até se preocupavam com a reputação de sua marca e com o relacionamento com públicos-chave.

Nesse cenário nasceu o nosso Marketing. Por um lado, o mercado evoluía e criava seus próprios caminhos no "mundo real". Por outro, no "mundo acadêmico", alguns estudantes e professores de Economia começaram a perceber que as teorias econômicas pareciam ser insuficientes para saciar a curiosidade daqueles que queriam estudar as mudanças do mercado não sob o prisma da Economia, mas por alguma pulguinha atrás da orelha que incomodava, gerava curiosidade e parecia ser algo diferente do que era contemplado pelos estudos econômicos. A disciplina de Economia estava mais preocupada em estudar/ definir políticas econômicas públicas, mas houve um grupo que se interessou por olhar para as empresas e os consumidores.

A maioria das obras publicadas sugerem ter sido somente em 1902 que surgiu o curso *The Distributive and Regulative Industries of the United States* (algo como "As Indústrias de Regulação e Distribuição dos Estados Unidos", em tradução livre), ministrado pelo professor E. D. Jones, da Universidade de Michigan, nos EUA[9]. Sairíamos, portanto, das Práticas de Marketing e, de 1902 em diante, com os primeiros cursos, estudiosos e publicações sobre a disciplina, passamos a ter o que chamamos de **Pensamento de Marketing**.

Na virada do século XX, os Estados Unidos estavam em franco crescimento. Houve um rápido aumento da migração do campo para as cidades, melhorias nos serviços postais, ampliação de publicações jornalísticas e de diversas revistas temáticas, bem como o surgimento das primeiras empresas de atuação nacional. O país desenvolveu uma vasta malha ferroviária e os automóveis e caminhões mereceram mais e melhores estradas. Essa evolução toda permitiu que os produtores rurais alcançassem os consumidores melhor, mais rapidamente e a menores custos. Toda a cadeia foi beneficiada: produtores, distribuidores, intermediários, fornecedores, varejistas, comerciantes e consumidores.

A preocupação inicial dos pioneiros de Marketing era relativa à distribuição de produtos agrícolas. Ora, agora que as pessoas estão concentradas em cidades e os EUA têm dimensão continental, como fazer para que o algodão cultivado no sudoeste do país pudesse ser transportado, armazenado, comercializado, viajar e se transformar num belo casaco a ser vendido em uma rua de Nova Iorque?

---

[9] O entendimento da maioria dos estudiosos de Marketing converge para esse marco (curso de Jones, em 1902, nos EUA) como sendo a origem de nossa disciplina; o chamado nascimento do Pensamento de Marketing. Veja referências tais como Maynard (1941), Bartels (1951), Bartels (1976), Wilkie e Moore (2003), Jones (2011), Ferrel *et al.* (2015), Jones e Tadajewski (2015), entre outros.

Vale ressaltar que, mesmo com o nascimento da área e a rápida atração de nomes da Economia para estudar esse novo campo, a palavra "Marketing" ainda não existia. Bem, ao menos não como a entendemos hoje! O termo era adotado como um tempo do verbo *to market*, significando algo como "comercializar". Foi apenas entre 1906 e 1911[10] que a palavra foi usada como substantivo, da mesma maneira como empregamos atualmente.

O nosso Marketing, portanto, tem pouco mais de cem anos de idade, ou seja, é uma área ainda muito jovem (a Medicina, por exemplo, nasceu logo com as primeiras universidades, ainda no século XII). E desde a primeira metade do século passado já se percebiam alguns questionamentos que fragilizaram a área. A dissidência da Economia, o uso de conhecimentos de outras áreas (tais como Psicologia, Sociologia, Geografia ou Estatística) e o fato de que atividades de Marketing já eram praticadas antes de se formalizar a área (vendas e publicidade são formas antiquíssimas de se praticar Marketing) são alguns exemplos de fatores que têm contribuído para a confusão sobre o que é, verdadeiramente, o Marketing.

Hoje estamos trabalhando com inteligência artificial, *big data*, mundos virtuais, e-produtos, *blockchain,* inovações e disrupções frequentes, e tudo cada vez mais conectado. Interessantemente, a despeito da brutal evolução da tecnologia, nunca foi tão relevante conhecer e aprimorar as mais seminais estruturas conceituais de nossa disciplina.

---

10 É provável que o primeiro a utilizar o termo com o sentido moderno tenha sido um dos mais relevantes pioneiros de nosso campo: Ralph Starr Butler. Em um depoimento a Robert Bartels, ele conta como chegou à terminologia, e afirma que não tinha conhecimento de nenhum outro colega ter adotado a palavra antes dele (Bartels, 1976).

Dica PEMD #1

Guildas Medievais e lições de Marketing

Um dos momentos mais marcantes para a História do Marketing talvez tenha sido a Era Medieval (entre os séculos V e XV[11]) quando ocorreram muitos desenvolvimentos tanto dos comerciantes, mercadores e organizações relacionadas, bem como dos consumidores. Embora possa soar um tanto simplório para nossos padrões atuais, a época guardou algumas evoluções que seguem influenciando o mundo de negócios até hoje. Um dos epicentros das mudanças foi o nascimento das chamadas Guildas Medievais, na Europa, a partir do século XI.

Na Era Medieval, não era permitido que um cidadão abrisse uma loja ou mesmo praticasse uma profissão remunerada se não fosse membro de uma guilda. As guildas eram organizações de artesãos ou mercadores (do inglês, *merchants*), que se formaram para ajudar e proteger seus membros, e se tornaram elementos muito relevantes para a sociedade, a economia e a política da época.

Segundo a Enciclopédia Britannica[12], as guildas dos mercadores eram formadas por comerciantes de uma cidade e atuavam com comércio local, externo (à cidade de atuação), e poderiam ser atacadistas ou varejistas. Já as guildas dos artesãos eram associações que incluíam todos os artesãos de um setor específico, como (guilda dos): pintores, ferreiros, padeiros, açougueiros, comerciantes de lã, comerciantes de couro, costureiros, fazedores de velas, sapateiros e a dos pedreiros ou construtores[13], entre outras. Em diversos sentidos, como aponta Shaw (2002), a organização em guildas ajudou no desenvolvimento das nações ao facilitar e estreitar o elo entre produtores, distribuidores, vendedores e consumidores.

---

11   A Idade Média, ou Era Medieval, iniciou após a queda do Império Romano, em 476, e durou até a vitória do Império Turco-Otomano sobre Constantinopla, em 29 de maio de 1453.

12   *Britannica, The Editors of Encyclopedia. "guild". Encyclopedia Britannica, 7 Aug. 2021.* Disponível em: https://www.britannica.com/topic/guild-trade-association. Acesso em: 9 mar. 2023.

13   Curiosamente, foi com grande inspiração na Guilda dos Construtores que, a partir do século XV (por volta de 1425), começou a se formar a organização fraterna chamada de Maçonaria. Os graus da maçonaria até hoje seguem os três níveis das guildas medievais: aprendiz, companheiro e mestre.

Para se entender melhor o porte e a importância dessas organizações, a guilda dos alfaiates de Florença (Itália), por exemplo, chegou a ter cerca de trinta mil funcionários sob sua administração.

Por que as guildas surgiram?

O aumento da concentração de pessoas em cidades foi fundamental para o crescimento das nações e, a partir do século X, na Europa, diversas cidades começaram a surgir e a prosperar, com um vasto volume de pessoas deixando o campo e se concentrando em áreas mais urbanas.

Até esse momento, o comércio era mantido por mascates, que viajavam por diversas terras comprando, vendendo e trocando produtos dos mais diversos. Esses comerciantes passaram a se unir em grupos, de maneira a obter proteção (contra bandidos, ataques de animais selvagens, senhores feudais locais). Conforme a população passou a migrar e se estabelecer em cidades, o mesmo fizeram os mascates, que seguiram se unindo e se organizando. As associações, ou guildas, ficavam cada vez mais sofisticadas e impactavam a distribuição e comercialização de comida, roupas e outros bens essenciais à época.

A evolução dos grupos seguiu, cada vez com mais controle e mais membros, de maneira que, já no século XIII, as guildas eram compostas por grupo de cidadãos, espalhados por diversas cidades, em diferentes países, capazes de influenciar em questões públicas importantes. Assim, em pouco mais de 200 anos, o movimento passou de pequenos grupos de mascates que buscavam se proteger do ambiente hostil da Era Medieval até poderosas associações, as chamadas guildas, que contavam com dezenas de milhares de membros e detinham forte influência social, política e econômica.

Funcionamento das guildas e as atuais práticas de negócios

Um dos principais avanços das guildas foram suas regras rígidas e meticulosas, seja para admissão de novos membros, seja nas punições para quem saísse das normas, na regulação de qualidade ou no preço de produtos. As associações eram baseadas em um forte sistema hierárquico, dividido em três castas: Aprendizes, Companheiros e Mestres.

O sistema de recrutamento era muito rigoroso e o jovem aprendiz podia passar muitos anos aprendendo as técnicas de confecção de produtos e de gestão comercial antes de ser aceito como mestre e ter seu próprio negócio, sempre sob a tutela da guilda da qual fazia parte. De maneira similar ao que fazem as franquias aos seus franqueados, a guilda descrevia em detalhes a forma com que as lojas deveriam operar e as condições de produção, além de determinar limitações de preços mínimos que poderiam ser praticados – inclusive como forma de dificultar a entrada de novos competidores (Brown e Cassady, 1947). Mesmo o caráter educacional era um negócio por si só e guarda similaridades com o que temos hoje no mercado. Por exemplo, certos mestres eram tão renomados que algumas famílias chegavam a pagar grandes somas para que seus filhos fossem aceitos e treinados como seus aprendizes.

Tanto o produto quanto o preço eram altamente regulamentados. As guildas tinham padrões de qualidade, pois entendiam que qualquer problema com o produto ou com o lojista poderiam ter significativos impactos negativos em toda a organização. Há uma preocupação com a reputação da guilda, o que é amplamente tratado atualmente na área de Branding, por exemplo.

As práticas das guildas de regulamentar seus profissionais, conduzir investigações e julgamentos para averiguar queixas sobre concorrência desleal, produtos de má qualidade ou preços abusivos, entre outros, encontram similaridade, por exemplo, na autorregulamentação de algumas profissões atualmente. A área de publicidade no Brasil conta com o CONAR (Conselho Nacional de Autorregulamentação Publicitária) e o mercado financeiro com a Anbima (Associação Brasileira das Entidades dos Mercados Financeiros e de Capitais).

Outras práticas interessantes de Marketing podem ser vistas nas guildas, como atividades de Relações Públicas. As associações eram muito importantes na comunidade e chegavam a construir e manter igrejas para uso da população local. Além disso, eram conhecidas por fazer caridade, auxiliando doentes, pobres e necessitados em geral. Há casos de guildas que investiram na construção de escolas e rodovias, o que claramente ajudou no desenvolvimento social das cidades e países nos quais se encontravam. Já para stakeholders mais influentes, como agentes públicos ou parceiros comerciais, as guildas mantinham espaços (algo como um auditório ou salão) para grandes eventos, com banquetes e música.

Fim das guildas

Apesar de suas tradições seculares, com rituais e códigos secretos, as guildas também demonstravam ser instituições com alguma flexibilidade e atentas às mudanças sociais e econômicas ao longo dos anos. Por exemplo, no final do século XVII, já na era pós-medieval, a Guilda dos Costureiros de York, na Inglaterra, reconheceu a primeira mulher na posição de mestre. Em 1693, Mary Blyth precedeu Mary Yeoman (aceita em 1699), Grace Priestley (em 1704), e quase 140 outras mulheres até o ano de 1776 (Smith, 2005).

De fato, as guildas foram peças-chave no desenvolvimento econômico e social europeu, ampliando e sofisticando as práticas comerciais em países como Inglaterra, Itália, Espanha, Alemanha, França e Holanda. Sem dúvidas, ajudaram o velho continente a migrar de uma economia feudal para as sementes que eventualmente germinariam no capitalismo. Entretanto, seu caráter extremamente fechado e conservador, as constantes acusações de monopólio, entre outros fatores, contribuíram para a perda de utilidade econômica, principalmente a partir do final do século XV. As guildas frequentemente repudiavam inovações tecnológicas que pusessem suas práticas em risco e os conflitos entre as guildas e os governos locais e nacionais passaram a ser frequentes. Com o nascimento das primeiras empresas, a partir dos anos de 1600, as guildas gradualmente cessaram de existir até a completa extinção, com decretos governamentais na França (em 1791), Espanha (1840), Áustria e Alemanha (1860) e Itália (em 1864).

Interessantemente, podemos enxergar lições de Marketing não apenas ao estudar as origens, as funções e operação das guildas, mas também é possível notar que algumas das razões que levaram ao declínio e eventual morte das guildas também são ilustrativas ao mercado atual. Na Itália, por exemplo, no final do século XVI, o governo passou a associar as guildas ao crime de monopólio e abuso de seu poder às custas do consumidor.

CAPÍTULO 3
Afinal, o que é o Marketing?

Tanto no mercado quanto na academia, há diferentes entendimentos sobre o que é o Marketing e qual sua função. Em razão disso, muitos pensam que o Marketing é só a parte de Comunicação, ou seja, sites, redes sociais, fazer PPTs bonitinhos, imagens chamativas e por aí vai. Outros veem o Marketing sob a ótica de transações comerciais, sendo útil apenas para empresas privadas, com fins lucrativos. Falamos um pouco dessas questões identitárias do Marketing há algumas páginas e agora vamos entender exatamente **o que é o Marketing**.

Antes, é importante ressaltar que se pode enxergar o Marketing sob várias perspectivas, e claro que isso pode ser confuso aos leigos e iniciantes. Por exemplo, nossa área pode ser olhada do ponto de vista empresarial (talvez a mais tradicional e comum) ou até sob o prisma de Marketing como um importante agente social, que influencia e é influenciado por outros agentes e instituições da sociedade.

É fácil ser seduzido pela ideia de McKenna (1991), que prega que *"Marketing is Everything"* (do inglês, Marketing é tudo). Assim, para ser mais didático, meu foco aqui será no Marketing praticado em organizações, sejam públicas ou privadas, que contarão com as competências de nossa disciplina na desafiadora missão de gerar resultados (seja com foco em resultados financeiros ou não).

De forma mais livre (vou trazer algumas definições logo a seguir), Marketing é a área formalmente responsável pelo cliente. Isso inclui todos os esforços (atividades, ações, recursos) necessários para trazer um novo cliente para a empresa, deixá-lo satisfeito e fazer com que retorne – seguidas vezes e por longo tempo – a transacionar com a organização, preferindo-a em detrimento de outras alternativas.

Uma das definições que mais me inspira sobre o que é Marketing foi proposta por Theodore Levitt, um dos principais pensadores da área em toda a história: "Marketing é atrair, conquistar e manter clientes" (Levitt, 1969). Além de simples e direta, o leitor atento irá perceber que, nessa definição, cada um dos três momentos – Atrair, Conquistar e Manter – está intimamente ligado e é extremamente (embora não exclusivamente) dependente de atividades de comunicação, vendas e relacionamento.

Em outro exemplo, Kotler e Keller (2019) propõem que Marketing é um processo por meio do qual pessoas obtêm aquilo de que necessitam ou que desejam por meio da criação, oferta e negociação de produtos e serviços. Interessantemente, a ideia de que "Marketing é um processo" está presente desde a primeira definição de nossa disciplina ("Marketing é matéria em movimento", em Shaw, 1912), até mais recentemente, em textos sobre Marketing de Serviços (como no Mix Estendido de Marketing, os 7 Ps, onde há mesmo um P para Processos). A ideia de Experiência do Cliente é outro exemplo que traz no âmago a questão da dinâmica das atividades de Marketing e a importância do entendimento holístico da disciplina de forma a facilitar e otimizar a gestão do Marketing nas organizações.

O conceito de Marketing não raro é confundido e usado como sinônimo da área comercial ou de vendas. É ainda mais comum encontrar Marketing sendo entendido meramente como Publicidade[14]. Com a chegada da internet, as coisas ficaram ainda mais confusas. Marketing Digital é entendido como aquele pessoal que gerencia as redes sociais, bota fotinho no Face e faz videozinhos engraçados de 15 segundos. No Setor Público, além de um comum desconhecimento sobre o que contempla a área de Marketing, há um distanciamento, quase um tabu, envolvido no conceito.

Por isso, gosto dos esclarecimentos de Rezende (2018), que tenta mostrar que o Marketing, na área privada, pode incluir as seguintes funções: planejamento e gestão de marketing, clientes, prospects e consumidores; gerenciamento de vendas, contratos, distribuição, faturamento e relacionamento com stakeholders; e pesquisas, entre outras. Já na área pública, é mais comum, ainda segundo o autor, encontrar a função de Marketing sendo tratada como Comunicação Pública ou Comunicação Institucional, não raro dentro de uma Secretaria de Comunicação Social. Algumas funções contempladas dentro dessa área em uma organização pública seriam: divulgação e comunicação de informações públicas, gestão de imagem institucional, relacionamento com cidadãos e outros públicos de interesse, gestão de crise, assessoria de imprensa, planejamento e gestão de marketing público, projetos de marketing social, pesquisas, gestão de contratos públicos e de parcerias público-privadas, dentre outras.

A interpretação sobre o que é Marketing e como essa função é desenhada irá depender de cada instituição, independentemente do setor ou segmento de atuação. De todo modo, nunca se esqueça: o Marketing é quem zela pelo cliente. É o Marketing que se preocupa em conhecer e atender às necessidades dos clientes. Essa função basal do Marketing deve sempre ser central à empresa e quem deve levantar a bandeira é o profissional ou o departamento de Marketing.

Acima de tudo, é importante entender que um bem-sucedido Planejamento Estratégico de Marketing na Era Digital (PEMD) se preocupa em usar as táticas de

---

14 As razões para essa confusão de conceitos têm origem em meados do século XIX e foi sendo perpetuada até os dias atuais. Acredito que a má formação de estudantes e profissionais da área, bem como a atuação das agências de publicidade, contribuem para esse entendimento, tão comum quanto prejudicial.

Marketing na Internet para ajudar a organização a identificar seus públicos-alvo, a trazê-los para próximo da empresa (de seus produtos e serviços), a persuadi-los a escolher de preferência suas ofertas às opções oferecidas pelos concorrentes e a convencer a organização a permanecer com o relacionamento sólido com o público, isolando-o das constantes táticas utilizadas pela competição.

Considero que essa temática, sobre o que é Marketing e as razões para tanta confusão, desentendimentos e equívocos, é de extrema importância para todos que estudam, lecionam, praticam e se envolvem em atividades de Marketing. Entretanto, por não ser o foco central deste livro, me limitarei a esses breves parágrafos aqui no início deste capítulo.

De todo modo, selecionei alguns dos mais relevantes estudos (incluindo trabalhos assinados por grandes nomes do Marketing) que tratam da questão, para que você mesmo compreenda não apenas os desafios que temos em nosso campo, mas também o tanto de pontos controversos que o Marketing carrega.

Você terá as referências completas ao final do livro, mas destaco no **Quadro 2** a seguir algumas boas sugestões para ajudá-lo:

QUADRO 2 – Guia básico para os fundamentos de Marketing

Tema central	Autores recomendados
Conflitos entre Academia x Prática de Marketing	Grapentine, 1998 Cornelissen, 2002 Repsold e Hemais, 2018
Problemas da terminologia usada em Marketing	Nevett, 1995 Lazer, 2000 Hunt, 2014
Guerra entre departamentos e funções de Marketing x Vendas	Kotler et al., 2006 Homburg et al., 2015
Crises de identidade no Marketing	Bartels, 1974 Brady e Davis, 1993 El-Ansary et al., 2018

Como resultado das percepções errôneas, nossa área sofre com baixos salários, descrédito e paulatinamente parte das atividades de Marketing fica a cargo de pessoas desqualificadas, ignorantes do que realmente é o Marketing. Na verdade, acredito que, não muito longe no futuro, os robôs passarão a substituir muitos profissionais da área, devido ao quanto estamos sendo reduzidos a meros pilotos de computador, digitadores de luxo. Portanto, invista tempo em estudar essas recomendações, melhorar suas competências estruturais em Marketing, de maneira a se distanciar do oceano de "mais do mesmo" que assola nosso mercado.

Como gerenciar o Marketing

Para cumprir bem seu papel, o Marketing precisa ter como ponto de partida e centro focal de suas atividades, sempre, o cliente. Tudo em Marketing precisa ser feito tendo o cliente como norte. E, para gerenciar de maneira mais robusta e segura as estratégias e táticas de Marketing, o profissional tem à sua disposição uma seleção de ferramentas, sendo a mais conhecida e difundida o chamado **Mix de Marketing**.

É provável que você conheça o mix tradicional de Marketing, composto pelos chamados **4Ps** – Produto, Preço, Praça (ou Ponto) e Promoção –, tal como definido pioneiramente por McCarthy, em 1960. A ideia de "mix" (mistura) nasceu um pouco antes, em 1948, quando Cullington sugeriu que o profissional de Marketing era como um misturador de ingredientes (*mixer of ingredients*, em inglês). Anos depois, em 1953[15], Borden criou a expressão "Marketing Mix" para definir os elementos de um programa de Marketing. McCarthy foi, portanto, o felizardo que juntou os estudos anteriores e agrupou os elementos em quatro fatores, todos começando com a letra "P", criando, assim, o mix que conhecemos atualmente.

O sucesso e a utilidade do Marketing Mix foram imediatos e o modelo segue predominante até os dias de hoje. Com o crescimento do setor de serviços, entretanto, sentiu-se a necessidade de rever os 4Ps e adequar o modelo às particularidades da gestão de serviços (em vez de bens ou produtos físicos, como era o foco até então). Portanto, cresceu entre os estudiosos a percepção de que esses elementos não eram suficientes (ou tão eficientes) para gerenciar serviços tal como para a gestão de atividades de Marketing ligadas a produtos. Por isso, dois pensadores super relevantes da área de Marketing de Serviços, Booms e Bitner, em 1981, propuseram uma extensão ao mix tradicional de Marketing – o chamado Mix Estendido ou **7Ps** – adicionando mais **3Ps:** Processos, Pessoas e Evidências Físicas (*Physical Evidence*).

Alguns estudiosos fizeram paralelos dos **7Ps** para o ambiente online e, com isso, chegamos a exemplos de como o profissional digital deve organizar os elementos para que sejam bem trabalhados nas particularidades impostas pela internet. Na **Dica PEMD #2**, você poderá consultar uma lista dos Ps de Marketing na

---

15 Neil Borden foi quem concebeu o termo "Marketing Mix", em seu discurso de posse como presidente da American Marketing Association (AMA), em 1953. Posteriormente, em 1964, Borden formalizou a ideia em um artigo no *Journal of Advertising Research*.

qual mostro exemplos do que está incluído em cada elemento do mix e ilustro como podem ser entendidos e aplicados no ambiente digital.

McCarthy levou anos de muito trabalho árduo para chegar ao modelo dos 4Ps (e não Kotler, a quem muitos, inadvertidamente, atribuem a proposição do modelo). Mesmo antes de ele propor os famosos 4Ps, foram muitas pesquisas, proposições à academia, discussões acaloradas, testes e mais testes, até que conseguisse chegar a um framework amplamente válido para gestores de Marketing em diferentes situações e com diferentes necessidades.

O mesmo aconteceu com a sugestão do mix ampliado de Marketing (incluindo os 3Ps motivados pelo Marketing de Serviços) e com todas as metodologias de Marketing utilizadas por executivos e acadêmicos do mundo inteiro. Tudo é resultado de ciência: pesquisas, estudos, publicações acadêmicas, debates. Por isso, fique de olho aberto às pretensas e vãs propostas de novos Ps ou de modelos de trabalho sem qualquer fundamento – nem teórico, nem prático. É extremamente provável que esses novos frameworks sejam inaplicáveis diante das particularidades de seu segmento de atuação e, não raro, podem levá-lo a insights errados, direcionamentos pouco sólidos e consequentes riscos gravíssimos para sua organização e sua equipe.

Nosso campo foi tomado de assalto por charlatões e encantadores mágicos. Adicionalmente, as fazendas de posts criadas por grandes blogs ou empresas se beneficiam com a lógica do Google de priorizar os conteúdos populares, não os de mais qualidade. Portanto, se você, seu chefe ou seu cliente procurarem no Google temas como "o que é Marketing", "funil de vendas", "persona", "jornada do cliente", "sucesso do cliente", o mais provável é cair em um dos primeiros resultados da busca e se informar com conteúdo total ou parcialmente errado[16]. Minha sugestão, portanto, é que você busque fontes confiáveis, com embasamento científico, e seja sempre muito crítico para não cair, inadvertidamente, no conto do vigário.

Sou mesmo um apaixonado pelo Marketing. Gosto de estudar as teorias, a história da área. Entretanto, esse não é o foco do livro. Assim, essa breve parte sobre o Marketing foi apenas para que você entenda que a raiz do trabalho no ambiente online está sempre ligada a algum conceito de Marketing (Ritson, 2018). Portanto, quando os meus alunos perguntam como consigo ter tantos *cases* de sucesso na área digital, não é exagero quando respondo que o segredo está em estudar Marketing, muito além do Digital.

---

16 Há muitas pesquisas científicas que tratam dos problemas, compreensões e uso equivocados, e falhas conceituais ou metodológicas em todas essas áreas. Para além de algumas sugestões que trago ao longo do livro, você poderá estudar e quebrar os mitos por você mesmo, em publicações tais como Beard *et al.* (2021) e Tueanrat *et al.* (2021).

Dica PEMD #2

Elementos do Mix de Marketing e exemplos de aplicação no ambiente digital

As atividades de comunicação, vendas, captação de leads, relacionamento, publicidade, retenção e recuperação de clientes na internet são todas atividades de Marketing, aplicadas ao ambiente online.

Por isso, é essencial compreender os conceitos de Marketing, para que possa usá-los e gerenciá-los da melhor maneira no mundo online. Veja a seguir no **Quadro 3** alguns exemplos dos elementos do Composto de Marketing se manifestando em canais e plataformas virtuais.

QUADRO 3 – Mix de Marketing na Era Digital

Elemento do Mix de Marketing	O que compõe	Aplicação para o Marketing no ambiente digital
Preço	Níveis de preço, descontos e abatimentos; crédito, formas de pagamento (online, offline, cartões, app, dinheiro, cheque, entre outras); elementos de valor agregado (grátis ou cobrados).	Sites de comércio eletrônico comumente disponibilizam preços dos produtos, bem como diferentes formas de pagamento (boleto, cartão, débito, criptomoeda, entre outras). Algumas organizações oferecem preços diferenciados para compras online em comparação com os praticados em suas lojas físicas (ou formas de pagamento mais atrativas). Comparadores de preços (como o Buscapé, Kuanto Kusta ou Priceline) e de leilões (como Mercado Livre e eBay) afetaram demasiadamente o mix de Preço. Sites têm usado precificação dinâmica, e mesmo bots, para que o usuário negocie o preço[17].

---

17 "'Buyer Bots' negotiating with 'Seller Bots'". Disponível em: https://medium.com/innovation-machine/a-buyer-bot-negotiating-with-a-seller-bot-7026f79ac51e. Acesso em: 9 mar. 2023.

Elemento do Mix de Marketing	O que compõe	Aplicação para o Marketing no ambiente digital
Praça (ou Ponto ou Distribuição)	Canais (quantidade, variedade); suporte a vendas; canais segmentados; distribuição; logística; entregas e devoluções; intermediários; local da loja; transporte e armazenagem; gestão de estoque.	O próprio site da empresa, ou seus canais em redes sociais, são exemplos de Praça. Além destes, a preocupação com a logística, ou seja, em garantir que os produtos/serviços sejam entregues como prometido (seja por meio físico, como via Correios, seja por download) pode representar um importante diferencial para as empresas. O fato de a internet ter promovido ou potencializado a desintermediação claramente foi uma das formas mais profundas de se afetar o elemento "Praça" (Distribuição) no Marketing. Aqui, também cabe lembrar das entregas via drones, o metaverso e a impressão 3D, por exemplo.
Produto	Qualidade do produto, imagem, marca, funcionalidades e características; embalagem, acessórios, suporte e atendimento ao cliente; garantias.	Muitas empresas criaram produtos somente digitais (como games, cursos ou aplicativos) e outras desenvolveram versões de seus produtos para o mundo online (como as versões de revistas e jornais para mobile, por exemplo). Uma potente forma de usar a internet no elemento de Produtos é a customização da oferta ao cliente, ou seja, permitir que ele personalize os produtos ou serviços da organização. Em outra linha, hoje já é realidade a impressão 3D de produtos, o que também irá afetar outros elementos do Mix.
Promoção	Comunicação (publicidade, RP, assessoria, digital); comunicação pessoal; equipe de vendas (seleção, treinamento e incentivos); promoção de vendas.	Esse costuma ser o foco principal dos esforços do profissional de Marketing na Era Digital e, por isso, o cerne deste livro também está mais concentrado no "P" de Promoção. Promoção, para Marketing, é comunicação e as ferramentas e canais à disposição do profissional (RP, site, redes sociais, Marketing Direto – como Telegram ou e-mail –, entre tantas outras) ficam incluídas neste elemento do mix.
Processos	Focado no cliente e auxiliado por tecnologia; pesquisa e desenvolvimento; fluxos das atividades; envolvimento do cliente.	Os processos se referem aos passos ou etapas pelos quais o internauta passará ao interagir ou realizar transações com a empresa, via internet. É importante que esses passos (e eventuais problemas de percurso) sejam bem comunicados. Similarmente, a organização precisa tratar de seus processos internos para que os serviços online sejam bem entregues e percebidos pelos stakeholders.

Elemento do Mix de Marketing	O que compõe	Aplicação para o Marketing no ambiente digital
Pessoas	Trabalho em equipe; educação do cliente; recrutamento; treinamento e cultura; remuneração.	Todas as pessoas envolvidas nos processos, interações e relacionamento com os públicos devem ser geridas dentro deste "P". Aqui estão incluídos os próprios clientes, as pessoas que respondem aos e-mails, interagem nas redes sociais, atendem diretamente o usuário. Recrutamento e seleção, a cultura da empresa, treinamento e competências de colaboradores são bons exemplos. Se a interface com o cliente for feita por intermédio de um robô, essa máquina também estará sujeita ao "P" de Pessoas.
Evidências Físicas (ou Palpáveis ou Evidências Tangíveis)	Uniformes; materiais entregues ao cliente (panfletos, livros, brindes, relatórios, cartões de visita); equipamentos; sinalização; local e ambiente da prestação de serviços; experiência de consumo do serviço.	Talvez um dos elementos do mix mais difíceis de ser gerenciado. É preciso tangibilizar a comunicação e as promessas de serviço. Se sua empresa diz ter produtos de alta tecnologia, por exemplo, é importante que as evidências tangíveis, como o *look-and-feel* do site ou os conteúdos em vídeo ou os bots de atendimento reflitam essa mensagem. A área de Experiência do Cliente (também referida como *User Experience*, ou Experiência do Usuário) se encaixa neste elemento do composto de Marketing. Cabe lembrar, o conceito de *Phygital*[18] aponta a importância de, por exemplo, as evidências online estarem sempre em linha com as offline.

Se o seu foco for o Digital, cabe sempre lembrar que o ambiente virtual (e aqui incluo site, e-commerce, rede social, app, metaverso etc.) está sujeito às regras, por assim dizer, de Marketing de Serviços. Dada a intangibilidade da internet, a visão do Mix Estendido (ou Mix de Serviços) é a mais apropriada (Zeithaml, Bitner e Gremler, 2017).

Por fim, esteja seguro de que os Ps de Marketing irão, sim, ajudá-lo a gerir suas atividades de Marketing no ambiente Digital. Não caia na cilada de acreditar que o mix é "coisa do passado" ou que há um mix específico para a internet. Como nos alerta o australiano Mark Ritson, o digital ampliou o horizonte do profissional de Marketing e deixou nossos desafios mais complexos; mas as bases do que fazemos seguem em harmonia com as essências do Marketing.

---

18 *Phygital* é a junção das palavras, em inglês, Físico e Digital. Para além de buscar assegurar uma fluidez na Experiência do Cliente em ambos os "mundos" (virtual e de tijolo), a empresa pode adotar opções híbridas, como os quiosques digitais nas lojas do McDonald's, ou as pulseiras inteligentes adotadas em alguns resorts, que ajudam a controlar a conta, acesso aos quartos, entre outras facilidades.

CAPÍTULO 4
Comunicação Digital

No contexto das interações intermediadas pela tecnologia, o trabalho de comunicação é um pouco mais desafiador. De um lado, a relação entre o ser humano e a máquina (computador, celular, iPad, geladeira, carro, relógio...) é fria por natureza. De outro, o consumidor exige que a comunicação seja verdadeiramente um **diálogo** (Rez, 2018).

Kent e Theunissen (2021), renomados investigadores de como as organizações utilizam o diálogo junto a seus públicos, afirmam que dialogar transforma a natureza das relações entre as empresas e seus stakeholders, dando honesta ênfase no relacionamento verdadeiro. Além disso, diversas pesquisas apontam que há uma relação direta entre capacidade de diálogo e resultados financeiros (Caprioti et al., 2021; Ingenhoff e Koelling, 2009; Bruning et al., 2007), e também com a lealdade à marca (Khoa, 2020; Aaker, 2020; Almeida et al., 2011).

Principalmente em culturas tais como as latinas, que valorizam a comunicação pessoal, o toque, a presença, os gestos, o olhar, o calor e tudo que advém do contato próximo e presencial com outras pessoas, aproximar o internauta, iniciar e manter uma conversa pode ser mais complicado – mas é primordial.

As empresas que insistem em atuar no ambiente digital com a postura de falar "de cima para baixo", sem se importar com o que seus clientes estão pedindo, sem ouvir seus stakeholders, estão fadadas ao insucesso – muitas vezes sofrendo ferozes retaliações ou cancelamentos devido à postura autocentrada ou egocêntrica do tipo "eu falo e vocês ouvem". Torna-se imperativo que os gestores conheçam os fundamentos do diálogo para estreitar laços ainda mais sólidos com os diversos públicos da marca.

É curioso pensar que, há cerca de um século, em 1923, o engenheiro Percival White já dizia: "a organização deve ser centrada no cliente". Quer coisa mais atual do que isso? Ora, se o cliente é o centro de tudo, se é ele que me traz dinheiro, me indica a outros, compra de mim e usa meus produtos, eu deveria ser o primeiro a fazer o possível para ter a oportunidade de falar com ele e de escutá-lo.

A comunicação, no entanto, vai além dessas conversas propriamente ditas. Para além das trocas de e-mails, dos comentários, dos atendimentos, outras questões são essenciais nas iniciativas de comunicação com o cliente. A forma como a empresa escolhe as cores e a arquitetura de seu site, as imagens usadas como avatares em canais sociais, bem como o nome do perfil escolhido para cada rede social, o tom de voz em uma newsletter, o vocabulário adotado, tudo isso influencia em como a comunicação pode ser percebida no meio online.

Segundo Fill e Turnbull (2019), todas as atividades de comunicação tendem a desempenhar uma ou mais das seguintes funções:

- **Informar** e deixar os stakeholders cientes das ofertas e das atividades da organização.

- **Persuadir** atuais ou futuros clientes a iniciar uma relação de troca (transações, compra e venda) com a empresa.

- **Reforçar experiências**, lembrando as pessoas sobre os benefícios de transações passadas ou oferecendo conforto e segurança imediatamente antes ou depois de uma compra ou interação.

- **Atuar como diferencial**, especialmente destacando produtos e marcas frente a seus competidores, e posicionando-se de maneira diferenciada na mente de seus públicos-alvo.

Cada uma dessas funções não é limitada nem ao ambiente tradicional, nem ao digital. Trata-se de uma lista de atividades essenciais que são desenvolvidas comumente pelo profissional de comunicação, independentemente do ambiente em que atua, do setor em que a marca se encontra ou do porte de sua organização.

Como a comunicação é uma atividade centrada no cliente, tudo o que a organização faz (externa ou internamente) deve ser totalmente focalizado em seus públicos de interesse. Em muitas ocasiões, a comunicação de Marketing é o meio pelo qual as marcas e as empresas são introduzidas aos stakeholders, que, então, poderão engajar-se em relacionamentos duradouros com elas.

Enquanto o periférico de simulação de odores (sim, há pessoas desenvolvendo um aparelho para simular cheiros enviados via internet, uma espécie de impressora de cheiros!) ainda não está disponível ou acessível, assim como também hologramas e mesmo formas mais simples para facilitar a comunicação (tais como conferências por vídeos, haja vista as dificuldades online enfrentadas por larga parcela da população durante a pandemia de Covid-19) continuam inacessíveis ou difíceis para boa parte dos usuários de internet no Brasil, a empresa precisa caprichar em alguns aspectos básicos de sua presença online para facilitar o processo de comunicação:

- **Visual, usabilidade e arquitetura da informação do website:** um dos fatores mais relevantes para a comunicação fluir bem entre a organização e seus públicos é ter um site que permita uma boa experiência do usuário. Isso significa que você deve pensar em cada detalhe, como a escolha de cores, nomenclatura das seções, disposição das informações, *features* utilizadas, acessibilidade. As páginas devem ser fáceis de navegar e, o conteúdo, fácil de encontrar, compreender e consumir. É a velha máxima do "não me faça pensar", proposta e imortalizada por Steve Krug (2014). A mesma premissa vale se você tiver uma plataforma de *e-commerce*, intranet, blog ou aplicativo para dispositivos móveis.

- **Identidade visual harmônica:** é importante que seus perfis nas redes sociais estejam alinhados entre si e com o layout do site (e, necessariamente, com as peças offline utilizadas pela empresa). Se o cliente estiver no Instagram da empresa ou vendo uma publicidade em uma revista impressa, não importa, ele tem que perceber, rapidamente, que aquela peça de comunicação pertence à mesma marca.

- **Tom de voz:** algumas empresas contratam diferentes fornecedores para gerenciar áreas distintas no marketing. Uma agência gerencia o Twitter do departamento de Relações com Investidores, a equipe interna publica conteúdo no blog corporativo, enquanto outra agência mantém o canal no YouTube. Essa salada, em geral, resulta em diferenças perceptíveis no tom de voz da empresa. Na verdade, as mensagens, palavras, forma de escrita (ou de fala), uso de "nós", "a empresa" ou "a gente" – enfim, a falta de alinhamento passa má impressão para os clientes e prejudica o trabalho de construção e fortalecimento da marca institucional.

É importante adiantar um pouco do que será tratado em mais detalhes nos próximos capítulos: para desenvolver, implementar e gerenciar uma estratégia de Marketing eficiente e de sucesso, é fundamental que o profissional conheça e esteja muito atualizado quanto aos objetivos estratégicos da empresa, às diretrizes das principais áreas da organização e às mensagens-chave que devem ser passadas a cada um dos diferentes públicos de interesse. É somente dessa forma que terá a capacidade de atender às premissas básicas de comunicação digital e a utilizar o ambiente online de forma inteligente para ajudar a atingir os desafios propostos pela gestão de sua organização.

A comunicação interna também é essencial

O público interno com frequência é ignorado nas ações de comunicação e marketing. Poucas são as empresas que possuem uma área dedicada à comunicação interna (muitas vezes esse papel cai no colo de algum profissional júnior do departamento de Recursos Humanos). Menor ainda é o número de organizações que investem em campanhas, ações e ferramentas para melhorar a comunicação interna dentro da própria empresa.

Se pensarmos que é justamente o público interno que será o último responsável pelas entregas aos clientes finais (sejam lá quais forem as entregas ou quais forem os clientes!), parece insensato ignorar a comunicação para esse importante stakeholder. Mais irônico é ver empresas da área de comunicação (agências de publicidade, assessorias de imprensa, consultorias...) que pecam na atenção ao público interno em suas próprias estratégias de comunicação e marketing. É a velha história da "casa de ferreiro, espeto de pau".

De maneira geral, a principal função da comunicação interna é manter o público de dentro da organização bem-informado e alinhado acerca das atividades da empresa, independente das barreiras físicas (tal como estar em um escritório distante da matriz, ou em outro departamento).

Existem diversas ferramentas online e canais para ajudar a organização a trabalhar melhor a comunicação interna, das quais vale destacar: newsletters, mensageiros instantâneos, *webcastings*, mensagens diretas (por exemplo: e-mails, SMS, WhatsApp, Telegram), fóruns de discussão, *web drivers* (como Google Drive, Dropbox, One Drive) e diversos outros. Há, ainda, elementos que podem ser mais distantes do profissional de marketing, mas afetam demasiadamente o sucesso da comunicação interna, tais como processos, estrutura organizacional e cultura da empresa.

Vale destacar, entretanto, que, apesar de as atividades de comunicação interna normalmente serem conduzidas por profissionais de Comunicação Social ou de Recursos Humanos na maior parte das empresas, prefiro entender que tais atividades fazem parte do rol de Marketing e estão incluídas particularmente na literatura sobre Marketing Interno.

Essa visão mais abrangente acerca do que é se comunicar e se relacionar com o público interno, bem como sua importância, foi inicialmente proposta em vários estudos na área de Marketing de Serviços (ver, por exemplo, Zeithaml *et al.*, 1990; Berry e Parassuraman, 1998; Grönroos, 2009; Zeithaml *et al.*, 2017; Grönroos e Gummerus, 2014).

Marketing Interno

Antes de começarmos, vale deixar bem claro sobre o que estamos falando. No Brasil é muito comum usar o termo "Endomarketing" para se referir ao Marketing Interno. Isso não é correto. O termo equivocado foi criado pelo tradutor da primeira edição brasileira do célebre livro de Christian Grönroos, intitulado *Service Management and Marketing* (o título em português ficou como "Marketing: gerenciamento e serviços"). Por algum motivo inusitado, o tradutor optou deliberadamente por utilizar Endomarketing como tradução de *Internal Marketing*, utilizado na obra original de Grönroos. Com uma rápida pesquisa online, você facilmente perceberá que Endomarketing é um termo que existe apenas no Brasil, uma invenção tupiniquim que só contribui em nos distanciar da academia e do mercado internacional. A edição mais recente do livro já foi corrigida; pode comprar tranquilamente qualquer exemplar publicado a partir de 2009. Portanto, deixe as falácias de lado e passemos a adotar Marketing Interno.

E aqui vamos ver questões que vão além da comunicação com funcionários. Atividades como treinamento e capacitação, empoderamento, aculturamento, seleção de colaboradores, entre outras, também fazem parte do escopo do Marketing Interno. Para nosso fim, para os objetivos deste livro, entretanto, o foco será majoritariamente nas ações ligadas à comunicação com os públicos internos.

Nesse contexto, a mais comum e importante de todas as ferramentas de Marketing Interno na Era Digital talvez seja a intranet (por vezes chamada de "portal corporativo" ou similar). A intranet tomou diferentes formas ao longo do tempo e há empresas que usam as possibilidades do Google (Drive, Docs, Meet, Calendário, entre outros) como sendo a intranet da empresa.

Independentemente do formato que tomam – com as possibilidades de integração com softwares de mensagens em tempo real, banco de dados de documentos, produção colaborativa de conteúdo, apps de gestão de projetos e redes sociais internas –, as intranets são cada vez mais utilizadas e mais importantes para auxiliar as empresas a lidar com um volume cada vez mais incomensurável de informações, alto índice de turnover e custos altos de viagens e programas de capacitação. Novas soluções para colaboração e gestão de projetos na nuvem têm se popularizado dia após dia, como o Trello, Asana, Slack ou Basecamp, entre outros.

Você verá um pouco mais sobre o impacto das atividades de comunicação e marketing interno em outros momentos deste livro.

CAPÍTULO 5
O Marketing na Era Digital

Está claro que as tecnologias mudam completamente indústrias inteiras e, em última análise, modificam as sociedades e todo o mundo em que vivemos. Na evolução da disciplina de Marketing e em seus desdobramentos práticos não poderia ser diferente. Conforme conquistam mais espaço como protagonistas na evolução social e nos negócios, as tecnologias transformam profundamente o contexto estratégico das organizações, alterando a forma como as empresas competem e se desempenham, independentemente de seus setores de atuação. Vemos o impacto da tecnologia ao longo de toda a história do pensamento de Marketing, desde a evolução das ferrovias até a inteligência artificial.

De cerca de 30 anos para cá, a evolução do marketing, partindo de uma abordagem de massa para um foco mais individualizado, potencializado pelas novas tecnologias e pelas crescentes necessidades de interação entre as organizações e seus públicos, desdobra-se no que hoje entendemos por Marketing Digital.

Em seus estudos sobre o ambiente online, Chaffey e Ellis-Chadwick, dois autores internacionalmente renomados, propuseram uma definição para Marketing Digital em que, basicamente, as técnicas e conceitos de marketing são aplicados de diversas maneiras na internet. Segundo os autores, trata-se de alcançar os objetivos de marketing através da aplicação de tecnologias digitais (Chaffey e Ellis-Chadwick, 2019).

Prefiro, entretanto, a definição de Kannan e Li (2017), que são mais completos ao dizer que Marketing Digital é um **processo adaptativo, viabilizado pela tecnologia**, pelo qual as empresas colaboram com clientes e parceiros para criar, comunicar, entregar e **sustentar valor** para todos os stakeholders.

Os pontos destacados em negrito são o "pulo do gato". É essencial entender que a **adaptação ao meio** será tão fundamental para o sucesso de sua organização quanto é para a teoria da evolução das espécies, de Charles Darwin, para todos os seres vivos.

A **tecnologia** é um mero viabilizador, que está sempre presente no Marketing, mas também foi marcante para a evolução da área em outros momentos da história. Imagine o impacto que o motor a vapor, utilizado nas locomotivas, teve para o Marketing no início do século passado! Os desafios e oportunidades de distribuição de produtos mudaram drasticamente em razão daquela inovação tecnológica.

E, acima de tudo, as iniciativas de Marketing Digital precisam, sempre, entregar e sustentar **valor** para os públicos da organização. É essa percepção de valor que irá separar sua empresa dos concorrentes e que ajudará a manter sólidos relacionamentos com seus stakeholders.

QUADRO 4 – Seis exemplos de como adotar
táticas digitais em sua empresa

1. **Meio de respostas diretas**

A Netflix envia newsletters diretamente a seus assinantes comunicando sobre os novos lançamentos e sugerindo que você favorite as estreias futuras. O cliente clica e pode ver mais sobre o filme ou série, ler as sinopses, compartilhar com os amigos nas redes sociais e até mesmo ter promoções ou descontos na hora. Os e-mails são feitos sob medida, ou seja, customizados de acordo com as preferências do usuário.

O eBay frequentemente envia e-mails para os clientes que deixaram itens favoritados, lembrando-os de comprá-los.

A rádio Band News utiliza o WhatsApp para comunicação de mão-dupla, inclusive usando o feedback do ouvinte para informar sobre o trânsito.

No segmento B2B, a Focus Têxtil adota o WhatsApp para comunicação em tempo real junto à sua força de vendas, dando agilidade nas negociações.

2. **Canal para construção e gestão de relacionamento**

Na internet, a empresa pode interagir melhor e compreender com mais detalhe as necessidades e o comportamento de seus públicos. Em alguns casos, pesquisas formais ou mesmo enquetes são aliadas às estatísticas dos softwares de tráfego dos sites para ajudar a organização a maximizar seus esforços de relacionamento com o cliente. Muitas marcas já possuem diversas peças de comunicação pré-feitas, que são enviadas automaticamente a clientes e prospects com vistas a manter um relacionamento.

O Conselho Nacional de Justiça (CNJ) usa bem o Facebook com enquetes e mesmo imagens que despertam o interesse pela interação. Dessa forma, o CNJ angaria informações sobre as preferências, opiniões e necessidades dos cidadãos.

A Toyota do Brasil investiu pesado na construção de um novo site cujo foco principal era o relacionamento com seus clientes, oferecendo, por exemplo, agendamento de serviços e mais opções de contato com a empresa.

Os sites de bancos são também bons exemplos sobre quão importante é utilizar o digital para manter e fomentar relacionamentos. As páginas fornecem informações sobre o perfil e relacionamento do cliente, sugerem alternativas de investimento ou novos produtos bancários, além de possibilitar a interação mais célere entre cliente e banco.

Empresas de varejo, como a Worten ou a Fnac na Europa, também atendem a clientes diretamente por bate-papo, mesmo quando estão comprando fisicamente numa loja.

3. Serviço de atendimento ao cliente/consumidor

Atender bem ao cliente no digital é bastante desafiador devido a uma série de fatores, como a informalidade da comunicação, a dificuldade de controle, problemas ligados à integração de sistemas e outras dificuldades, principalmente operacionais. Talvez um bom exemplo de uso efetivo dos canais digitais para atendimento ao cliente seja o Banco do Brasil. O banco possui mais de 30 perfis nas principais redes sociais (fora chatbot, e-mail, 0800 e afins), sendo alguns exclusivos para atendimento ao correntista e a prospects.

Vale destacar também o Ponto (que antes era "PontoFrio") e a Magazine Luiza como alguns dos mais bem falados *cases* de uso das redes sociais para atendimento ao consumidor. Ambos adotaram um avatar fictício, sustentado por inteligência artificial. O Ponto usa uma personagem (um pinguim) para fazer a interface com seus públicos de maneira tão lúdica quanto eficiente, enquanto a Magalu faz sucesso com sua atendente virtual, a Lu, que atualmente é reconhecida como "a maior influenciadora virtual do mundo" tendo, inclusive, participado de parcerias com Anitta, Alok e com diversas outras marcas[19].

Empresas tais como a Net ou a Vodafone exploram o potencial dos canais digitais (em boa parte dos casos, com foco nas redes sociais) para atender diretamente ao cliente, checar pendências no relacionamento ou tirar dúvidas e dar suporte ao usuário.

Durante a pandemia de Covid-19, consulados de diversos países mantiveram todo o atendimento por meio de canais digitais, utilizando desde formulários no site até interação via aplicativo móvel.

4. Plataforma para vendas

Em 2010 as Casas Bahia lançaram seu portal de comércio eletrônico, passando a vender produtos diretamente na internet a pessoas de todo o país. Foi um marco na internet brasileira. Esse pode ter sido o prenúncio de quanto as organizações com foco nas classes C e D podem se beneficiar da internet como plataforma de comércio. O *e-commerce* no Brasil tem crescido muito desde então.

O Instituto Brasileiro de Petróleo, Gás e Biocombustíveis (IBP) ampliou suas plataformas online para transacionar mais e melhor com alunos de seus cursos, bem como com visitantes e expositores em seus eventos, que provêm de dezenas de países.

Mesmo organizações tradicionais de B2B, como a BASF ou a John Deere, possuem iniciativas nesse sentido.

O governo também tem trabalhado bem com o comércio eletrônico. Há anos, muitas licitações públicas são conduzidas integralmente online, e ainda há o Portal de Compras do Governo Federal[20], onde pode-se, para além de transações financeiras, validar documentos e assinar digitalmente contratos.

---

19 "Por que a Lu, do Magalu, tornou-se a maior influenciadora virtual do mundo?". Disponível em: https://forbes.com.br/forbes-tech/2022/05/por-que-a-lu-do-magalu-tornou-se-a-maior-influenciadora-virtual-do-mundo/. Acesso em: 22 mar. 2023.

20 Portal de Compras do Governo Federal. Disponível em: https://www.gov.br/compras/pt-br. Acesso em: 22 mar. 2023.

5. Canal de distribuição

Você já comprou um programa de antivírus em uma loja física (com CD de instalação, manual de instruções)? Provavelmente não. A internet atua como canal de distribuição principalmente para organizações que trabalham com produtos digitais (software, aplicativos, programas educacionais, livros, música e vídeo, entre outros). Uma nova forma de fazer o produto chegar de A a B.

Os marketplaces se espalharam e é possível encontrar verdadeiros shopping centers online dos segmentos mais particulares, como material de construção ou serviços de design.

Com a vasta adoção do Inbound Marketing, muitas marcas estão utilizando os meios digitais para disseminação de conteúdo relevante, seja em troca de valores financeiros (uma venda propriamente dita), seja para captação de dados de públicos qualificados que serão, posteriormente, ativados em ações de marketing. A Conversion XL (CXL) e a HubSpot são excelentes exemplos de uso inteligente e eficiente das melhores práticas de Inbound Marketing do mercado.

FIGURA 3 – Flywheel ("Roda Voadora"), o modelo de Inbound Marketing da HubSpot[21]

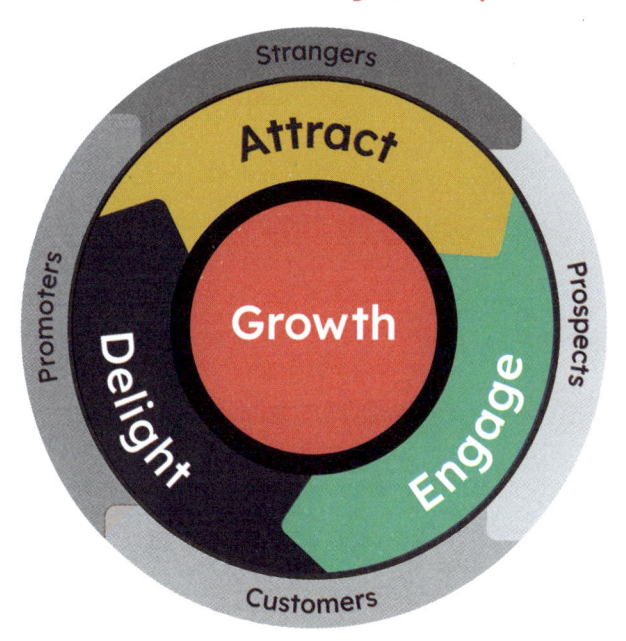

Fonte: HubSpot – What Is Inbound Marketing

---

[21] Conheça mais sobre a metodologia de Inbound Marketing da HubSpot. Disponível em: https://www.hubspot.com/inbound-marketing. Acesso em: 15 mar. 2023.

6. Canal para publicidade

Diversas empresas exploram a flexibilidade do meio online para criar formatos publicitários que só são possíveis na internet. Tudo muda muito rapidamente e novas formas surgem a todo momento. O limite é a criatividade e os recursos financeiros à disposição do anunciante.

Os banners em sites e grandes portais perderam seu encanto há muito e as estrelas da publicidade online atualmente são, sem dúvidas, o Google e as redes sociais, com destaque particular para o crescimento da publicidade em vídeo. Os investimentos nesse formato chegaram a quase US$ 90 bilhões em 2021 e espera-se que ultrapassem os US$ 120 bi até 2024, de acordo com a Statista, empresa alemã especializada em dados de mercado e consumidores[22]. Outro destaque vai para a mídia em dispositivos móveis. Dados, da mesma fonte, apontam que os gastos globais em publicidade móvel podem chegar a meio trilhão de dólares até 2025.

A facilidade de se criar campanhas, a baixa exigência de recursos financeiros, a capacidade de customização e controle, e os tutoriais e cursos gratuitos são alguns dos atrativos para se anunciar online. Na prática, é totalmente possível que um leigo completo consiga rapidamente colocar um anúncio no Google ou promover um post no Instagram. Ah, e gastando só uns cinco ou seis reais... A despeito de tamanha facilidade, claro que o sucesso da empresa não residirá nas mãos de leigos. É preciso experiência, investimento e estudos estruturados para se trabalhar de forma profissional.

Para os meus próprios cursos, costumo utilizar diversas campanhas diferentes, com peças variadas, focadas em públicos específicos. Na prática, ampliamos as chances de atingir o segmento pretendido, da forma correta.

Vale dizer, as campanhas que integram on e offline são as tidas como mais eficientes em diversos mercados. As formas mais atuais de publicidade de performance, como o remarketing, estão revolucionando o mercado de compra e venda de publicidade em todo o país e no mundo.

O novo perfil do consumidor na Era Digital

Algumas mudanças no ambiente têm criado um novo tipo de cliente e um novo tipo de cidadão. Fatores tais como o excesso de inovação, a eterna procura por encantamento, o comércio e a interação em qualquer lugar, a economia do imediatismo (do inglês, *Nowconomy*) e a autopercepção de ser o centro do universo estão fazendo com que pessoas e marcas, consumidores e fornecedores, cidadãos e organismos públicos estejam vivenciando muitos desafios para alcançar um relacionamento mutuamente benéfico em longo prazo.

Esse novo e-Cliente ou e-Cidadão é muito mais inclinado a reclamar, muito mais exigente, mais discriminador, menos fiel, conhecedor de tecnologia, mais promíscuo em relação às marcas e supervaloriza seu poder de influência e seu impacto em relação às organizações.

---

22 "*Online video advertising spending worldwide from 2020 to 2024*". Disponível em: https://www.statista.com/statistics/246567/global-online-advertising-revenue. Acesso em: 15 mar. 2023.

Ao observar e refletir sobre essa nova dinâmica do mercado, sobre o novo e-Cliente e seus impactos nas organizações, perceba na **Figura 4** como o Marketing Digital pode influenciar no processo de decisão do comprador em um modelo consagrado por diversos nomes das áreas de Marketing e de Comportamento do Consumidor. Seja com ações de divulgação da marca; com táticas de aumento de relevância (para destaques em SEO e nas redes sociais, por exemplo); por meio de comparativos de preços, funcionalidades e benefícios da oferta de produtos/serviços; pela venda direta por meio de *e-commerce*; seja pelo atendimento e suporte ao cliente (com canais de ajuda online, formulários em site ou atendimento via bot em mídias sociais, por exemplo). Note, particularmente, as possibilidades oferecidas pelo Marketing na Internet em cada uma das etapas:

FIGURA 4 – Processo de tomada de decisão de compra

1. Reconhecimento da Necessidade
2. Busca por Informação
3. Ponderação de Alternativas
4. Decisão de Compra
5. Comportamento pós-compra

Fonte: Sheth et al. (2001); Kotler e Lee (2008); Kotler e Keller (2019); Solomon (2020)

Sim, a internet provavelmente é, hoje, a principal aliada para os que trabalham com comunicação e marketing, mas, ainda assim, é uma **ferramenta**, um meio para que a empresa alcance seus objetivos, sejam eles quais forem.

Um dos profissionais que mais admiro no mercado de internet, Dave Chaffey, nos lembra que, acima de tudo, a estratégia de internet é similar às estratégias de canal no Marketing tradicional. Chaffey e Ellis-Chadwick (2019) apontam que, por exemplo, as atividades realizadas por uma empresa para distribuir e promover seus produtos em suas lojas físicas será conceitualmente semelhante à distribuição de produtos no digital – seja por meio de venda de produtos físicos online (como um livro em um *e-commerce*), seja na comercialização de produtos exclusivamente virtuais (como um app).

Sendo assim, é essencial que o candidato a posições no mercado de internet ou o executivo que precisa hoje entregar projetos, soluções e resultados no ambiente online entenda que, se não conhecer adequadamente as bases de conceitos como relacionamento, construção de marca, interação, planejamento e estratégia, comportamento do consumidor, entre outros, estará fadado ao insucesso e, no caminho certo para o fracasso, talvez conheça o desprazer de criar campanhas-aberrações para figurarem no eterno ranking dos *anticases*[23] propagados em salas de aula, congressos e entre os colegas de trabalho na mesa do bar.

Ferramentas e canais de Marketing na Era Digital

Os profissionais (principalmente a geração dos que já entraram nas universidades, ou os que atuam como estagiários ou *trainees* nas empresas – mas não só eles!) ficam deslumbrados com as possibilidades do mundo digital e com todo o alvoroço provocado pela grande mídia sobre esse fantástico cenário de interações, redes sociais e outras possibilidades tecnológicas como automação ou inteligência artificial, esquecendo o mais básico: a internet é uma **ferramenta** de Marketing, enquanto site, Facebook, YouTube etc. são **canais** de Marketing. Nada mais. Trata-se meramente de **uma** das diversas possibilidades para que a organização atinja seus objetivos, colecione inteligência, gerando e estimulando negócios.

Um **canal** de Marketing é um conjunto de organizações, pessoas e atividades que atuam em certa harmonia para levar um produto ou serviço de um ponto a outro. Por exemplo, um *e-commerce* é um canal no sentido de que o comprador se conecta e transaciona (produtos ou serviços) com o vendedor. O site também é um canal, pelo qual a organização distribui informações sobre suas iniciativas. Ao oferecer um curso online pela plataforma Hotmart, você igualmente está utilizando um canal de Marketing, que leva seu serviço (curso) diretamente ao cliente (o aluno). Nesse sentido, os canais tradicionais (lojas físicas, por exemplo) são similares aos canais digitais, uma vez que ambos servem de conduíte para que duas ou mais partes realizem transações, comerciais ou não.

Portanto, é interessante enxergar a internet como uma **ferramenta**, porque o Marketing pode usar suas possibilidades exatamente desta forma: como um instrumento para potencializar as atividades do Marketing. Contudo, a internet vai além das mídias sociais e sites. São diversos dispositivos conectados em uma rede global.

O uso tanto da internet quanto de outras ferramentas de Marketing Digital para agregar inteligência competitiva à organização – como ferramentas de analytics, de SEO, de mapas de calor, plataformas para otimização de conversão, para captação de leads, e-mail marketing, planejador de palavras-chave e outras – é particularmente relevante quando a empresa observa as interações de seus públicos nos estágios inicial ou final do ciclo de vida do produto, de maneira que consiga realmente elevar o sucesso de sua oferta e, não raro, evitar que um produto pereça ou dando um novo e bem-sucedido rumo à sua trajetória.

---

23 Para uma seleta compilação de *anticases* em Marketing, consultar o material adicional no **Espaço aPEMDiz**.

Particularidades do Marketing na Era Digital

Como vimos até aqui, para ter sucesso em Marketing Digital é preciso, antes e acima de tudo, ser muito forte em Marketing. Por trás de toda ação prática que você for realizar (como interagir com um prospect no WhatsApp) há alguma teoria de Marketing. Tudo que é feito no Digital tem lá na base e em seu íntimo o suporte de algum conceito estrutural de Marketing.

Portanto, tendo em mente os alicerces de Marketing, as implicações para o estrategista e os elementos do mix à disposição do profissional digital, pode-se destacar particularidades específicas do Marketing focalizadas no ambiente virtual:

- **Identificação**: a internet é a principal ferramenta de marketing para pesquisas e para compreender as necessidades e demandas dos clientes, bem como os movimentos dos concorrentes.

- **Antecipação**: o meio digital é um canal adicional em que os consumidores podem procurar informações – eventual ou principalmente provenientes de outros consumidores – e tomar decisões de compra. Mecanismos de busca e sites de *reviews* são exemplos de que o cliente entra em contato com produtos e serviços, mesmo antes de contactar diretamente a empresa. Já do ponto de vista das organizações, é possível antecipar a demanda e prever comportamentos por intermédio de inteligência de negócios e análises preditivas.

- **Satisfação**: a presença online de determinada empresa irá afetar a satisfação ou insatisfação do cliente em relação à marca, produto ou serviço. A experiência do usuário no site, o relacionamento nas redes sociais, as interações, tudo isso está relacionado com as percepções dos clientes e afetará diretamente seu processo de satisfação. Tenha em mente que atrair clientes pode ser muito difícil e caro, de forma que manter seu público satisfeito e focar em retenção é vital para o sucesso sustentável da organização.

Perceba que nos três tópicos acima podemos identificar, de maneira mais ou menos direta, o peso que a internet tem em municiar a organização em termos de inteligência acerca do mercado, públicos e competidores. Esse valor singular e inigualável da internet – sua capacidade de nutrir a inteligência do negócio – irá permear boa parte do nosso livro e, certamente, é ponto essencial para o estrategista competente e bem-sucedido.

CAPÍTULO 6
Segmentação

Até aqui você aprendeu sobre alguns dos conceitos de Marketing que são estruturais para o sucesso da Metodologia PEMD. Tudo de Marketing deveria ter foco e girar em torno do cliente. Aliás, toda a organização deveria ser centrada no cliente, como previsto por Percival White há cerca de um século e consolidado pelas palavras de Peter Drucker: "toda organização é, em primeiro lugar, uma organização de Marketing".

As marcas de sucesso são o que são, e estão na posição que estão, porque são muito competentes em Marketing. A Chevrolet (General Motors) no Brasil oferece uma vasta gama de produtos para diferentes segmentos de clientes. O segmento popular é atendido, por exemplo, pelo Joy. Já para o público que irá usar o veículo em uma fazenda, a empresa pode sugerir a picape S10, enquanto o Novo Bolt EV atende aos clientes que buscam alternativas de carros elétricos. Todos os exemplos atendem a diferentes segmentos e tentam ocupar seu próprio espaço na mente do cliente, sempre disputando protagonismo em relação aos competidores.

Os casos ilustrativos não se restringem à área privada. O Ministério da Economia, por exemplo, precisa considerar diferentes segmentos da sociedade em suas políticas econômicas. Desde interesses do trabalhador, passando pelos anseios das startups, dos sindicatos ou das Federações das Indústrias nos diferentes estados, é preciso entender as características e necessidades de cada grupo e traçar estratégias para atendê-los da melhor forma possível.

Esteja certo de que algumas das marcas mais valiosas do mundo, tais como Amazon, Microsoft, Mastercard, entre outras de sucesso, entendem muito bem quem são seus principais públicos e o que eles querem. Em outras palavras, elas sabem segmentar o mercado e escolher exatamente quem são seus públicos focais. Em seguida, as empresas bem-sucedidas marcam seu território na mente dos alvos e buscam ser lembradas no momento em que o cliente vai decidir a compra. A maneira com que elas alcançam o sucesso é por meio do Marketing e, especificamente, com ótimas estratégias de segmentação e um sólido posicionamento.

Veremos que os conceitos de segmentação e de posicionamento estão intimamente ligados, uma vez que, inicialmente, o estrategista deve definir quais são os segmentos em que irá atuar para, posteriormente, definir um posicionamento sólido de sua marca. A escolha de como segmentar seu mercado pode ser a linha separadora entre sucesso ou fracasso. Primeiro, irei tratar de segmentação e destacar um ponto crucial: segmentação, sim; persona, nunca! Na sequência, tratarei de posicionamento.

A importância da segmentação para o estrategista

As decisões das empresas devem sempre ser focadas no cliente. Quando a organização vai escolher qual produto lançar, quanto irá cobrar por seus serviços, em qual geografia irá atuar, entre tantas outras decisões, ela levará em consideração seus clientes, de maneira que possa atendê-los melhor e, assim, maximizar suas chances de retorno.

Ao tomar essas decisões, é essencial definir quem é o tal "cliente" que a empresa gostaria de ter. Qual o perfil e as características do tipo de público que ela pretende atender. Não dá para tentar vender tudo para qualquer pessoa. É necessário definir quem é aquele grupo ou grupos de clientes que potencialmente irão se interessar pelas ofertas da organização. Na verdade, os produtos que a empresa desenvolve só existem pois há um grupo (de pessoas ou de outras empresas) com alguma carência, alguma necessidade que precisa ser atendida. Ao perceber essa oportunidade, a organização irá desenvolver uma solução especificamente para aquele grupo carente.

É justamente isso que é o trabalho de Segmentação; trata-se de separar o mercado em grupos. Cada grupo deve ser composto de membros (pessoas ou empresas) com características semelhantes entre si, mas diferentes das dos membros de qualquer outro grupo. Ou seja, José e Maria, do grupo "A", compartilham certas similaridades, mas são diferentes de Ana e Henrique, do grupo "B". Essa divisão pode se dar por diferentes fatores. Por exemplo, você pode separar (segmentar) o mercado por características como idade ou gênero, o estilo de vida, o motivo que leva o cliente à compra, o benefício que procura na oferta da empresa, entre tantas outras possibilidades.

Kotler e Keller (2019) dizem que a segmentação do mercado normalmente é feita com base em dois grupos de variáveis, as descritivas (fatores geográficos, demográficos e psicográficos) e as comportamentais (a percepção e avaliação dos benefícios, hábitos de leitura, acesso aos vídeos de informação e de propaganda, a finalidade da compra ou a maneira como o produto será utilizado pelo consumidor). A noção de que a segmentação pode ser feita com base nessas variáveis é importante, pois recentemente muitos profissionais têm esquecido os ensinamentos básicos de Marketing e migrado para alternativas equivocadas e potencialmente perigosas.

No próximo capítulo, vou comentar mais sobre as "Personas", mas, neste momento, vale destacar que um dos argumentos para o uso de Personas é que o "antigo Marketing" não se preocupava em identificar e tirar proveito das características comportamentais dos públicos. Como se pode ver até aqui, o processo de segmentação de mercado contempla tanto as variáveis descritivas quanto as de comportamento.

Para ter ideia da importância da segmentação para o estrategista, perceba que, desde a publicação de um dos mais marcantes textos da história do Marketing, em 1956[24], os principais acadêmicos e executivos de estratégia do mundo entendem que qualquer estratégia de marketing tenderá sempre a estar, em maior ou menor grau, ligada à segmentação.

Segmentar o mercado é uma prática muito antiga. Por exemplo, Fullerton (2012) encontrou evidências sofisticadas de segmentação no mercado editorial da Alemanha no início do século XIX. Um determinado editor percebeu que havia um grupo de clientes que buscava o Velho Testamento para usar no seu dia a dia, rezar fervorosamente, mas tinha pouco dinheiro para o livro. Outro grupo, abastado, queria exibir bíblias caras, para denotar status social, respeito e proximidade à Igreja. Pois bem, para o primeiro segmento, o editor criou bíblias muito simples, em papel fininho, e as vendia a preços bem acessíveis. Já para o segundo grupo, cada livro era feito artesanalmente, com desenhos a mão, páginas de bordas douradas e uma linda capa de couro envernizado. Ou seja, desde muito tempo já se sabe que segmentos diferentes, com características diferentes, precisam de abordagens de marketing específicas.

Já um dos pioneiros da publicidade, Claude Hopkins, no início do século passado, também segmentava suas famosas campanhas publicitárias. Ele escrevia diversas versões de cartas com cupons de desconto que seriam enviadas para segmentos diferentes de potenciais clientes. Hopkins, na década de 1920, percebia haver diferenças significativas entre os consumidores norte-americanos. O apelo para vender um xampu para um homem era muito diferente do que seria interessante para uma mulher, e isso o fazia tomar decisões distintas ao pensar em suas peças (formato e conteúdo do texto, usar ou não imagem, qual imagem usar, onde veicular a peça e assim por diante).

A Estratégia do Oceano Azul

Anteriormente, neste capítulo, apontei que muitos dos principais estudiosos de Marketing acreditam que toda estratégia de Marketing deve ser baseada em uma sólida segmentação. A Estratégia do Oceano Azul é um excelente exemplo. Apesar de ser um tema normalmente tratado quando se fala de Estratégia (seja Corporativa, seja de Marketing), você perceberá que o grande barato reside na Segmentação.

---

24 O clássico de 1956, *Product Differentiation and Market Segmentation as Alternative Marketing Strategies*, de Wendell Smith, marcou a área ao apontar que as estratégias de Marketing de uma empresa devem estar embasadas em questões de segmentação e/ou de diferenciação.

A mensagem central de Kim e Mauborgne no célebre *A Estratégia do Oceano Azul* (2019) prega que sua organização deve evitar ou sair dos oceanos vermelhos, recheados de sangue devido à acirrada e agressiva competição, e buscar, identificar ou mesmo construir oceanos azuis, com águas límpidas, calmas, sedutoras e cheias de possibilidades incríveis. Para alcançar esse paraíso descrito pelos autores, é necessário muito estudo e muita estratégia, e o processo de segmentação irá se revelar particularmente rico para ajudar sua organização na busca do chamado Oceano Azul. Em outras palavras, os autores recomendam que a empresa identifique segmentos pouco ou mal atendidos, com muitas possibilidades de atuação e crescimento, além de poucos concorrentes. A tal Estratégia do Oceano Azul, portanto, é fundamentada em segmentação, e evoca o que se conhece como segmentação de nichos.

A ideia de Kim e Mauborgne é tão sólida que você poderá aplicá-la a qualquer mercado. Veja na **Figura 5**, por exemplo, o que Schweitzer e eu fizemos no modelo dos segmentos de atuação de Consultores de Marketing.

FIGURA 5 – Modelo dos segmentos de atuação de consultores de Marketing

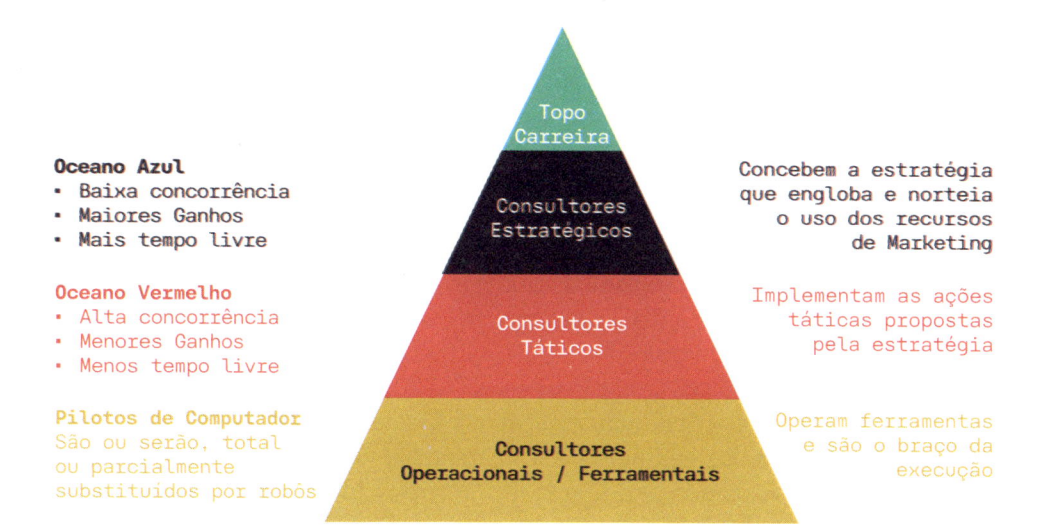

Oceano Azul
- Baixa concorrência
- Maiores Ganhos
- Mais tempo livre

Oceano Vermelho
- Alta concorrência
- Menores Ganhos
- Menos tempo livre

Pilotos de Computador
São ou serão, total ou parcialmente substituídos por robôs

Topo Carreira

Consultores Estratégicos — Concebem a estratégia que engloba e norteia o uso dos recursos de Marketing

Consultores Táticos — Implementam as ações táticas propostas pela estratégia

Consultores Operacionais / Ferramentais — Operam ferramentas e são o braço da execução

Fonte: Nino Carvalho e Leonardo Schweitzer

O que fizemos foi olhar para o mercado de consultoria e identificar onde estavam as melhores oportunidades. Dividimos os consultores em três[25] grupos ou segmentos, de acordo com o foco que os consultores colocam em seus trabalhos:

- **Operacional / Ferramental** – são os consultores que atuam operando ferramentas (como na publicação de conteúdo, edição de fotos e vídeos, programação). Este é um segmento **vermelho**, como um cenário de guerra medieval! Super cheio de consultores se matando para disputar espaços apertados.

    Esse segmento é lotado e com competição agressiva, pois não há praticamente nenhuma barreira de entrada! Qualquer um consegue aprender sobre como usar as ferramentas de Marketing Digital! Não é preciso grande experiência para postar nas redes sociais ou usar o Google Ads. E pior: as ferramentas são cada vez mais automatizadas e, em breve, os trabalhos e decisões operacionais serão realizados sem intervenção humana. A Unilever já usa inteligência artificial para criar, publicar e gerir mídia online.

- **Táticos** – são os consultores que ajudam as empresas no elo entre a estratégia da empresa com a ponta operacional. Esse segmento é formado por profissionais que recebem o direcionamento estratégico almejado pela organização e ajudam a colocar em prática, usando táticas de Marketing no ambiente digital.

    Esse grupo ainda está num oceano, digamos, **sujo**, devido à competição de "zilhares" de outros consultores similares, mas não vermelhão, cheio de sangue.

- **Estratégicos** – aqui encontram-se os consultores que definem ou ajudam a definir as decisões estratégicas que irão nortear todos os movimentos da empresa. É certamente um segmento com pouquíssima concorrência e muita oportunidade boa.

Esse segmento é **azul**, com águas cristalinas e calmas, pois é muito difícil desenvolver competências realmente estratégicas. É necessário muito estudo e prática. São poucos os que chegam lá. Por outro lado, as empresas tendem a investir muito em suas definições em nível estratégico, pois são de essencial importância à sua sobrevivência. Com poucos consultores capacitados a atender a uma necessidade tão importante e valiosa, as empresas acabam tendo que pagar muito caro pelos serviços.

---

[25] O segmento "Topo da Carreira" é apenas ilustrativo e o uso com fins didáticos em minhas aulas, quando digo aos meus alunos que, após alcançar a Casta Estratégica, o consultor passa a ter a liberdade de escolher em quais projetos quer se envolver e de que maneira.

A segmentação potencializa a precisão do Marketing

Diversos autores enfatizam quão relevante é uma sólida segmentação de mercado. Muitos apontam que o grande desafio que as organizações enfrentarão à medida que o digital for tendo mais e mais importância para a sociedade será justamente trabalhar com grupos extremamente bem segmentados de públicos e desenhar ofertas específicas para microssegmentos, ou mesmo indivíduos, com base em suas preferências e comportamentos (McDonald e Dunbar, 2012). A Amazon, por exemplo, já consegue ser muito bem-sucedida ao exibir uma "loja" totalmente construída para cada pessoa. A loja da Amazon que eu vejo ao entrar no site é perfeita. Foi construída para mim, com base nos meus comportamentos e perfil. Já a sua loja, leitor, poderá não ter qualquer apelo para outros, mas também será ideal para você. Com essa ultra individualização do serviço, cada usuário da Amazon tem a loja certa para seus gostos e preferências.

Essa capacidade incrível de segmentação altamente personalizada é algo sempre desejável em Marketing. Quanto melhor for seu esforço de segmentação, mais chances você terá de atingir as pessoas certas de forma mais assertiva, o que aumentará suas possibilidades de conversão. Note, entretanto, que a hipersegmentação[26] trabalhada em empresas como Amazon, Google e Meta são uma espécie de "desejo platônico" para a esmagadora maioria das organizações. As capacidades tecnológicas e de Marketing desse seleto grupo privilegiado de empresas é algo muito distante da realidade das marcas. Assim, apesar de a hiperpersonalização ser algo sempre desejável, acredite que fazer o trabalho de segmentação correto, dentro das suas limitações, já será muito mais eficiente do que não fazer nada ou adotar a prática falaciosa das personas.

Segmentação de mercado, portanto, é uma iniciativa para potencializar a precisão dos esforços de Marketing de uma organização (Littler, 1995). Idealmente, segundo os clássicos McCarthy e Perreault (1997) e Kotler e Keller (2019), uma segmentação certeira e útil para a empresa deve atender os seguintes quesitos:

- **Mensuráveis** – deve ser possível mensurar as características que definem o segmento.

- **Similaridade** – os clientes de um segmento devem ser, o melhor possível, similares entre si.

---

[26] Para entender mais sobre a chamada hiperpersonalização e conhecer alguns *cases*, como o da Netflix e o da Accenture, leia "Por que a personalização é o novo campo de batalha", publicado na MIT Technology Review Brasil. Disponível em: https://mittechreview.com.br/por-que-a-personalizacao-e-o-novo-campo-de-batalha/. Acesso em: 15 mar. 2023.

- **Heterogeneidade** – ao mesmo tempo, devem também ser os mais distintos quanto possível dos clientes nos demais grupos (outros segmentos).

- **Substancialidade** – o segmento deve ter dimensão suficiente para ser rentável.

- **Operacionalidade** – as características do segmento devem ser "acionáveis", quer dizer, devem possibilitar a identificação e o alcance dos consumidores por meio de ações e decisões específicas e de iniciativas concretas em termos de Marketing.

Algumas das formas de segmentação mais comumente adotadas no marketing tradicional também podem ser utilizadas no ambiente digital, tais como as segmentações por estilo de vida, renda, localização, escolaridade, gênero ou faixa etária (Solomon, 2020). Ainda de acordo com o mesmo autor, exemplos de segmentação em mercados B2B podem ser: porte da empresa, cultura/familiaridade com marketing, área de atuação, tipos de produtos oferecidos, localização, entre outros.

Naturalmente, no entanto, existem possibilidades diversas e você poderá utilizar os segmentos que mais fizerem sentido para sua marca. Em todo caso, tenha em mente que segmentações eficazes provavelmente vão funcionar melhor quanto mais estruturado for seu conhecimento do mercado, especialmente em termos das reações às ações de marketing.

Uma maneira interessante para segmentar seu público, e que cabe muito bem no digital, foi proposta em 1969, por Sherry Arnstein, em uma pesquisa sobre organizações públicas. Apesar da idade avançada desse modelo, Arnstein não poderia ser mais atual e segue em franco uso até hoje, em exemplos variados, tal como na participação comunitária durante a pandemia de Covid-19 (Bispo Júnior e Morais, 2020); mapeamento e gestão de stakeholders (Roxas *et al.*, 2020); risco e comunicação (Balog-Way *et al.*, 2020); consumo sustentável e o direito de reparação (Hernandez *et al.*, 2020); tecnologia para envolvimento de jovens (Gibbs *et al.*, 2020); até mesmo em assuntos muito de ponta, como *blockchain* neural (Benítez-Matrinez *et al.*, 2021).

Em seu artigo, a autora aponta oito níveis para participação social em iniciativas governamentais. Seu modelo é chamado de "escada de participação cidadã" e, dada a evolução das mídias sociais online, muito se tem usado e adaptado esse framework para segmentação de públicos em comunidades virtuais, tal como em grupos no LinkedIn ou Facebook, ou em relação aos seguidores de marcas em redes sociais.

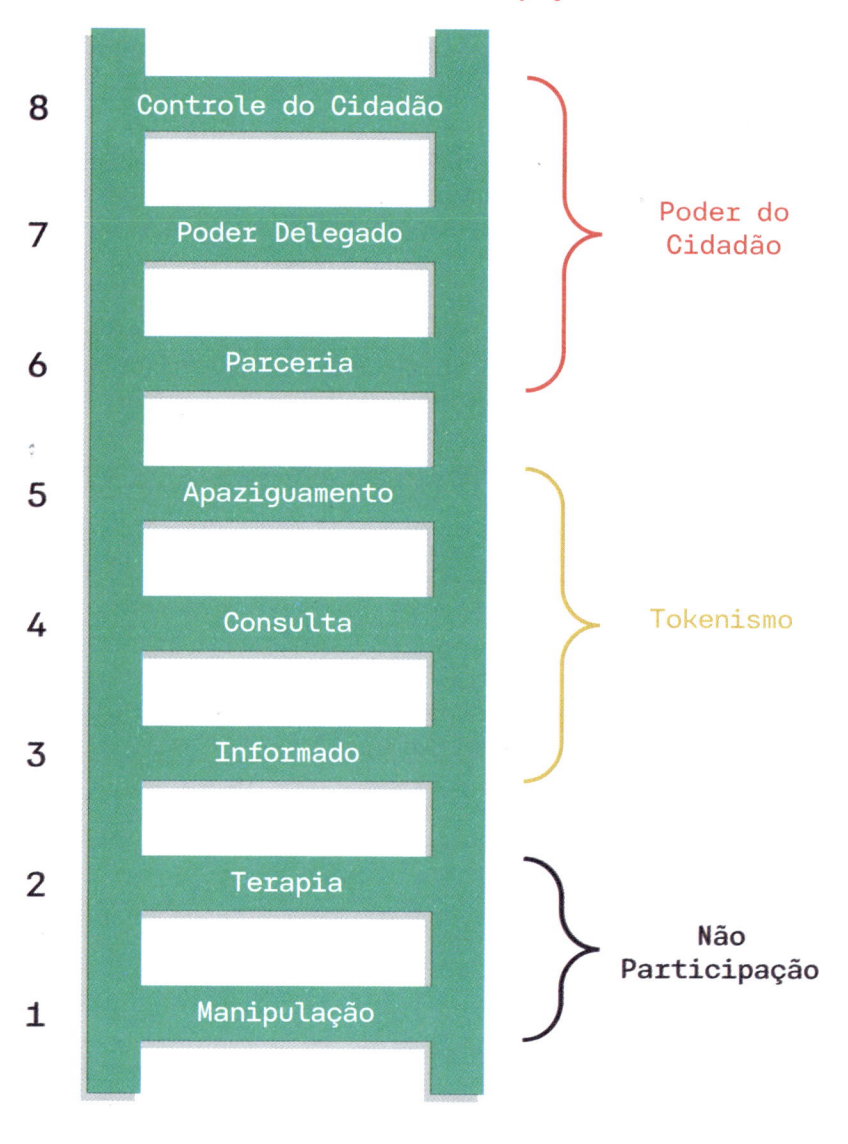

FIGURA 6 – Escada de Participação Cidadã

Degrau	Nível	Categoria
8	Controle do Cidadão	Poder do Cidadão
7	Poder Delegado	Poder do Cidadão
6	Parceria	Poder do Cidadão
5	Apaziguamento	Tokenismo
4	Consulta	Tokenismo
3	Informado	Tokenismo
2	Terapia	Não Participação
1	Manipulação	Não Participação

Fonte: Adaptado de Arnstein (1969)

Apesar de a ideia da autora ser a de mostrar os diferentes níveis possíveis de engajamento entre os cidadãos e os organismos públicos, podemos propor facilmente ligações entre cada degrau e o nível de envolvimento de um cidadão que segue sua organização no ambiente de mercado, mesmo que seu foco seja no setor privado.

Os primeiros cinco momentos talvez tenham mais similaridade com o formato tradicional de comunicação, embora ainda seja extremamente comum as mídias sociais serem usadas como apenas mais um canal para influência e informação de mão única, não havendo espaço para uma conversa em duas vias, nem para aproveitar outras virtudes específicas do canal digital. No mundo ideal, alcançar os últimos degraus (e, especialmente, os dois últimos) pode significar que sua marca não somente envolve os consumidores como parceiros, mas os integra para tomada de decisão conjunta acerca de quais caminhos a organização deve seguir.

Como apontei no início deste capítulo, há muitas décadas já se sabe que as estratégias de Marketing são intimamente dependentes de uma segmentação bem-feita. Aliás, na área de Marketing, a definição da estratégia obrigatoriamente deverá passar pelos passos conhecidos como SAP – Segmentação, Alvo e Posicionamento. Portanto, depois de definir quais são os segmentos que podem ser atendidos pela organização, será necessário escolher os alvos (de todos os segmentos, são aqueles principais, que poderão dar melhor chance de retorno à empresa) e, para cada segmento-alvo, definir o posicionamento da marca.

Tratarei já sobre posicionamento, mas, antes, é preciso desconstruir um mito, descontaminar a sua mente de um mal que assola muitos profissionais de Marketing e os impede de trabalhar com o modelo SAP para brincar com uma falácia deplorável. Estou falando da praga das "Personas".

CAPÍTULO 7
Segmentação, sim; "Persona", NUNCA!

Antes de fecharmos toda essa apresentação sobre Segmentação e entrarmos no conceito de Posicionamento, penso ser relevante abrir um momento de reflexão crítica sobre uma prática que contaminou boa parte dos profissionais que atuam em marketing, digital, publicidade, design, conteúdo, comunicação e áreas relacionadas. É a hora de tratarmos das **Personas**.

Ao ler meu texto sobre Segmentação, talvez você tenha pensado "Ei, mas isso é ultrapassado, lá na firma a gente só trabalha com Personas!". De fato, são muitos os profissionais que baseiam seu trabalho total ou parcialmente em Personas. Claro! Parece ser mais simples e mais divertido. Mas, de que adianta ser algo legal de fazer se o resultado é completamente inútil e, potencialmente, prejudicial à sua marca? Entretanto, é fato que as Personas estão por todo lado e questionar sua validade pode ser muito difícil para boa parte dos profissionais.

É como na Alegoria da Caverna, de Platão: os prisioneiros passaram toda sua vida ali, acorrentados na caverna e achando que o mundo era feito de sons e sombras projetadas na parede à sua frente. Como dizer aos prisioneiros que existe todo um mundaréu lá fora? É difícil colocar em xeque aquilo que você toma por verdade. Portanto, neste momento, o que lhe peço é cabeça aberta e muita atenção na leitura.

As Personas são utilizadas e ensinadas em universidades, livros, vídeos no YouTube, nas agências e em palestras em grandes eventos da área. Algumas referências populares em Marketing Digital irão ter definições do conceito segundo a ideia de que:

> *Persona é a representação fictícia do cliente ideal de um negócio, baseada em dados reais, com as principais características dos compradores.*

O resultado da Persona é exemplificado por Neil Patel, um popular blogueiro da área Digital, conforme **Figura 7** a seguir:

FIGURA 7 – Exemplo de Persona

PERSONA 1

Ana Clara

17 anos

Estudante - 3º ano

Classe A

Características:
- Fortemente influenciada pela família que possui boa condição financeira e sempre fez de tudo para que Ana tivesse a melhor educação possível e não será diferente na faculdade.
- Estudou sempre no mesmo colégio (Colégio X – particular e alto padrão) e está insegura sobre o novo ambiente de estudo que a faculdade configura.
- Participa ativamente de redes sociais e possui um blog literário/ jornalístico/ musical.
- Seu namorado estuda na mesma sala que Ana e deseja estudar na Universidade Y, apesar de ter escolhido outro curso.
- Está muito indecisa sobre o curso. Ana deseja estudar Jornalismo, porém os pais, que são administradores, disseram que Administração seria a melhor opção, em virtude dos baixos salários do mercado jornalístico.
- Está tendo dificuldades em provar para os pais que o mercado para o profissional de jornalismo, principalmente no ambiente digital, é altamente promissor.
- É uma pessoa introvertida e está ansiosa para saber como é o ambiente social da Universidade Y. É acolhedor? Os alunos são metidos?
- Tem conversado muito com amigos e professores sobre o futuro na faculdade, porém tem achado as opiniões e os conselhos muito genéricos e superficiais.

Fonte: Neil Patel – Tudo sobre Persona[27]

Antes de continuarmos, vale voltar uns anos no passado para entender como as Personas foram criadas. O inventor do termo foi Alan Cooper, um programador de software norte-americano. Cooper publicou o livro "*The Inmates are Running the Asylum*", em 1999, e rapidamente o modelo de Personas foi incorporado ao mercado de Marketing por intermédio das agências de publicidade (que entendem de Marketing tanto quanto Cooper entendia!). De todo modo, a ideia e o uso das Personas pelo Cooper já ocorriam alguns anos antes da publicação de seu livro.

Em um artigo de 2020 escrito por Cooper sobre o nascimento das Personas[28], o próprio autor conta que, na década de 1980, precisava criar um sistema de computador para uma empresa cliente, e percebeu que poderia ser útil em seu trabalho se ele dividisse os futuros usuários do sistema em grupos, de acordo com a forma como cada grupo iria utilizar o programa. Basicamente, você vê essa separação de usuários quando vai, por exemplo, compartilhar uma pasta no

---

27 "Persona: O que é, benefícios, como usar e exemplos". Disponível em: https://neilpatel.com/br/blog/tudo-sobre-persona/. Acesso em: 15 mar. 2023.

28 "*The Long Road to Inventing Design Personas*". Disponível em: https://onezero.medium.com/in-1983-i-created-secret-weapons-for-interactive-design-d154eb8cfd58. Acesso em: 15 mar. 2023.

Google Drive. Há o grupo de "comentadores", que só podem ver o documento e adicionar comentários. Os "editores" podem ver, comentar, mas também criar e editar conteúdo. Já os usuários do tipo "admin" podem fazer tudo isso e mais, tal como adicionar novos usuários ou mudar a permissão de acesso à pasta.

O que o Cooper fez foi tão somente segmentar. Ele viu o universo de consumidores ou usuários (os funcionários da empresa que iriam usar o sistema) e os dividiu em grupos, segmentos, de acordo com as necessidades de uso do software. Para chegar lá – ou seja, para, em algum momento, ter os grupos de usuários bem segmentados – ele usou algumas das mesmas ferramentas que você poderia utilizar, tal como entrevistas aos clientes, por exemplo.

Isso não é novo, é segmentação! Acabamos de ver, no capítulo anterior, que uma das possibilidades de segmentação é dividir o grupo de clientes com base no seu comportamento e uso do produto. Foi exatamente o que Cooper fez, dividiu os funcionários da empresa de acordo com a necessidade no uso do programa informático.

Não vejo qualquer problema em Cooper ter inventado as Personas. Foi curiosamente interessante ver como ele, empiricamente, chegou a conclusões utilizadas pelo Marketing há décadas. Cooper certamente não tinha os fundamentos de Marketing e reagiu para atender à sua necessidade de fazer um produto (o software) que fosse relevante para seu cliente. Golaço!

O problema é quando pessoas de Marketing, que deveriam conhecer conceitos tão rudimentares quanto segmentação, mostram total desconhecimento da área ao se deslumbrar e utilizar copiosamente a tal da Persona. Isso sim é grave. Quem estuda Marketing não poderia ter qualquer dúvida sobre a ineficácia das Personas.

Considerado talvez o maior "papa" do Marketing, Kotler tratou de persona brevemente em seu livro Marketing 5.0[29]. A questão da persona é mencionada quando Kotler e seus coautores falam do incrível potencial de segmentação à disposição das empresas dados os avanços tecnológicos. Nas palavras dos autores, não resta qualquer dúvida de que o importante é segmentar. Entretanto, para aquelas empresas privilegiadas que dispõem de enorme volume de dados sobre seus clientes e têm acesso a tecnologias de inteligência artificial, além de contar com profissionais altamente qualificados, é possível segmentar de forma tão sofisticada e detalhada que, teoricamente, seria possível criar

---

29. O termo persona é mencionado em duas páginas, talvez para atender ao clamor popular de parte dos leitores. Entretanto, incentivo a buscar você mesmo no livro. Claramente perceberá que a recomendação é segmentar, seguindo os mesmos passos de segmentação já amplamente conhecidos há décadas.

personas representativas de cada cliente da organização. Interessantemente, no entanto, são muitíssimo poucas as empresas que realmente dispõem dos recursos necessários (ferramentas, tecnologia, capital, capacidades técnicas e afins) para atingir um nível tão sofisticado de segmentação (Kotler *et al.*, 2021).

Klepek (2009) tentou validar cientificamente a ideia de Persona. Ele pegou a metodologia de Cooper, adaptada para o Marketing, e fez diversos testes. Dentre os resultados de sua pesquisa, Klepek aponta que a falta de evidências validadas empiricamente (com testes práticos e controlados) deveria levantar alertas e preocupações. O autor vai além e fala o óbvio: é **inacreditável que profissionais pensem que existe um único método** que irá resolver questões de Estratégia, Segmentação e Criatividade de uma só tacada.

Em outro exemplo, em estudos feitos por dois executivos da Microsoft, os autores apontam diversas dificuldades metodológicas e práticas, bem como apresentam dados que revelam ser impossível determinar quantos (se é que haveria algum!) usuários podem ser representados por uma Persona. A pesquisa conclui que as Personas não podem ser validadas e que, o mais prudente, é não as usar em nenhuma iniciativa em sua empresa.

Sobre as tais dificuldades metodológicas e práticas, escolhi uma em específico para ilustrar e embasar parte das críticas sobre Personas. Segundo as orientações dos blogs populares sobre como fazer uma Persona, uma das regras básicas para ser bem-sucedido em sua empreitada é buscar entender seus clientes, entrevistando de 8 a 12 pessoas. Que é importante entender seus clientes você já sabe... aliás, o próprio Marketing nasceu justamente em razão disso: ajudar as empresas a entender melhor seus clientes. Bem, então meu foco aqui será levantar questões simplesmente e exclusivamente sobre as dificuldades da tal entrevista.

Mesmo sob essa ótica específica, veja quantos alertas podemos acender especificamente no que tange às entrevistas com clientes (tomei por base os fundamentos de Pesquisa de Marketing e você pode se aprofundar no tema em várias fontes, como, por exemplo, o livro de Malhotra, 2019):

- **Quem será entrevistado?**
  Que tipo de cliente você vai entrevistar? Os que compram mais? Os que moram na cidade onde fica seu escritório? Mulheres que acabaram de se formar? O problema já começa ao escolher quem serão os representantes de sua clientela. Como irá tomar a decisão? E se, por qualquer motivo, você selecionar clientes de um mesmo segmento. Será que suas observações poderão ser extrapoladas para um outro segmento?

- **Quantos serão entrevistados?**
Os gurus de Persona tendem a sugerir o intervalo cabalístico de "8 a 12 entrevistas", baseando-se na proposta de Adele Revella (2015), uma profissional-ícone no tema. Pois bem, 8 a 12. Mas, e se minha empresa tem 3 milhões de clientes? E se tem só 20 clientes... para todo e qualquer cenário, independentemente do porte da empresa, segmento de atuação, posicionamento, portfólio de produtos, localização ou nacionalidade da organização etc., nada disso importa, né? Seja a padaria aí da esquina da sua casa, seja a holding The Walt Disney Company, são 8 a 12 entrevistas. Não parece fazer qualquer sentido, certo?

- **Quais perguntas serão feitas?**
As perguntas feitas em uma pesquisa de Marketing não são aleatórias. Um questionário ou guia para perguntas não é concebido em uma reunião de *brainstorming*. Aliás, já dizia o sábio: "a pergunta certa é a base para a resposta". É preciso escolher muito bem as perguntas para que você assegure que terá as respostas que precisa para guiar sua tomada de decisão.

E outra, perguntar "Você está satisfeito com meu livro?" é diferente de perguntar "Qual o seu grau de satisfação com meu livro?". As palavras escolhidas são também muito relevantes e podem mudar – às vezes para o sentido oposto – o rumo da resposta do entrevistado.

- **Quem irá entrevistar?**
Provavelmente você já viu ou até já foi abordado na rua por pessoas querendo fazer pesquisa. Chega uma pessoa e quer lhe questionar sobre suas intenções de voto para próxima eleição, ou sua opinião em relação a alguns produtos no supermercado. Agora, imagine que, em uma dessas pesquisas, o entrevistador quer saber algo bem íntimo, como a frequência com que você tem relações com seu parceiro. Pense e me diga: a idade, aparência e até a forma como o entrevistador está vestido poderia influenciar sua resposta? Será que você responderia a verdade (ou, que seja, daria a mesma resposta) independentemente do entrevistador?

- **Qual local ou formato da entrevista?**
O formato, por exemplo, a entrevista ser presencial, por telefone ou por e-mail, impacta muito nas respostas de qualquer pesquisa. Talvez você não se importe em falar por dez minutos com alguém ao telefone, mas pode não ter paciência de redigir dois parágrafos para uma pesquisa online. Na mesma linha, se, ao ser abordado, você estiver na fila do banco, na praia, dentro do carro ou no consultório de seu dentista sádico, suas respostas também serão impactadas.

- **Em que momento irá entrevistar?**
  O momento em que você abordará o cliente para ser entrevistado é muito relevante. Imagine o quanto poderá haver discrepâncias na resposta no caso de o cliente ter acabado de comprar e instalar seu produto, em contraste com um momento em que ele já esteja há três semanas buscando, em vão, contato com a empresa para ter uma reposição de um produto defeituoso. Ainda que seja o mesmo entrevistado e as mesmas perguntas, as respostas serão bem distintas, não é?

Seria possível pegar linha por linha do que se prega sobre Personas e quebrar cada ponto. De todo modo, a questão central que busquei ilustrar aqui, destrinchando diversos problemas e senões apenas no que tange a uma pequena parte do processo de criação de Personas, é que o tal "conceito" é extremamente equivocado, não se sustenta em pé.

O curioso é perceber que muitos dos conteúdos que tratam de Persona são recheados dos conceitos básicos de SAP. Os gurus falam de segmentação, definição do alvo e a importância do posicionamento, mesmo quando dizem que Persona é algo mais evoluído e eficaz do que a forma tradicional abordada pelo Marketing. Os mais populares blogs brasileiros na área de Marketing Digital ajudam a disseminar os equívocos. Você mesmo poderá procurar por "O que é Persona" no Google e constatar que, para além dos textos similares (irá encontrar até parágrafos repetidos entre os posts dos blogs e da Wikipedia!), os autores parecem desconhecer exatamente o que é segmentação, segmento, segmento-alvo, público-alvo, entre outros conceitos básicos de Marketing.

Alguns dos erros mais comuns no entendimento popular sobre Personas se deve, especialmente, ao fato de os adeptos da falácia confundirem Segmentação com definição do Público-alvo e, adicionalmente, entenderem que Público-alvo é algo antigo, limitado e ruim, de forma que as Personas vieram para salvar o planeta.

Por exemplo, Braga (2018) diz que o público-alvo caiu em desuso, pois as Personas são mais ricas em detalhes. Entretanto, ao se referir a quais são as tais características aprofundadas e adicionais das Personas, o autor exemplifica com variáveis que já são consideradas em segmentação e na definição do público-alvo, como hábitos de compra, valores e ambições.

Em outro exemplo, Benetti (2021) diz que público-alvo é "uma fatia da sociedade para a qual os serviços e produtos da sua empresa podem ser úteis". Com alguma boa vontade, poderíamos aceitar que o autor está tentando explanar sobre o que é um potencial segmento.

O Dicionário de Marketing do IPAM (Instituto Português de Administração de Marketing) indica que público-alvo pode ser entendido como "o segmento específico que se pretende alcançar com uma ação publicitária" (Alves e Bandeira, 2014). O dicionário, portanto, destaca a aplicação específica em uma ação comunicacional (nesse caso, de publicidade).

Kotler e Keller (2019) abordam público-alvo em seu capítulo sobre "Planejamento e Gestão da Comunicação Integrada de Marketing". Os autores destacam que é possível traçar o perfil do público-alvo segundo qualquer segmento identificado, embora seja aconselhável fazer isso com base em fatores ligados ao uso do produto ou a fidelidade à marca.

Em mais um exemplo, em seu livro de referência sobre Comunicação Empresarial, Argenti (2014) ilustra alguns potenciais públicos-alvo que devem ser considerados nas ações de comunicação de uma organização, tais como funcionários, clientes e acionistas.

Como se percebe, o conceito de público-alvo é usado, em Marketing, no momento de se traçar ações de **comunicação** entre a organização e seus principais públicos, e não no momento estratégico de fatiar o mercado em segmentos relevantes para a empresa.

A falta de embasamento teórico foi o que levou à criação original da Persona (lá na década de 1980, pelo Cooper) e é o que segue dando espaço para a adoção das Personas, além de contribuir para a confusão dos leitores menos atentos.

Na Academia, a Persona é *non grata*

Se ainda segue em dúvida, vou trazer agora um respaldo ainda mais sólido, evidenciando que o mundo acadêmico ignora largamente a existência das Personas. Você poderá pensar que isso é normal, pois a academia é ultrapassada. Talvez você não saiba, mas muitos acadêmicos de ponta costumam ser executivos de topo em grandes empresas. Para além de dar aulas e publicar artigos científicos, os acadêmicos prestam consultorias e angariam fundos para suas pesquisas. Várias grandes marcas, tais como a Pepsi, L'Óreal, Mercedes e Petrobras, investem milhões em pesquisas que as ajudem a entender melhor seus públicos e concorrentes, ou a perceber como melhor adotar inteligência artificial para orientar as decisões estratégicas de Marketing.

Para ter sua pesquisa publicada em uma revista acadêmica relevante, o autor (ou os autores) precisa submeter seu trabalho, muito bem estruturado e defendido, a outros acadêmicos de ponta, que irão revisar, avaliar e aprovar o material. Mesmo conceitos e práticas tão recentes (tais como o uso de robôs no atendimento a clientes) possuem artigos e pesquisas publicados e acessíveis para consumo da comunidade científica.

Como exemplo, para facilitar sua compreensão, procurei em uma base acadêmica conteúdo sobre Segmentação e Marketing publicado no primeiro semestre de 2021. Apliquei um filtro, para ser ainda mais preciso e rigoroso: a palavra "segmentação" deveria aparecer no título do material. O resultado foi de 593 artigos.

Depois, busquei por qualquer artigo que mencionasse a palavra Persona em qualquer local (no título, no resumo, corpo do texto). Deixei a busca aberta pelo período de 1994 a 2021, ou seja, um intervalo de quase 30 anos. O resultado foi de 24 artigos.

Se ainda não está convencido, fique com as palavras do inventor das Personas: "Meu livro nunca foi pensado em um guia do tipo 'como fazer'. Personas, como outras ferramentas, podem ser aprendidas em um instante, mas pode levar anos até se dominar a técnica" (Cooper, 2020). O autor vai além e diz que mesmo os profissionais de sua própria empresa de consultoria "investem meses de estudo e prática antes de serem considerados aptos a criar e usar Personas em nível profissional".

Voltando a Platão, é preciso jogar luz nas Personas. O que é falado por aí e, eventualmente, tem algum sentido, é porque já é previsto em Marketing (como em segmentação ou definição de público-alvo). O resto é invenção de quem ainda está preso na caverna.

CAPÍTULO 8
Posicionamento

Deixando de lado então as Personas, e uma vez que você já conhece os segmentos em que sua organização atua, agora é o momento de refletir sobre que posicionamento tomar. Sua empresa, seus produtos ou serviços, obrigatoriamente terão **algum** posicionamento. Sempre! Por isso, é melhor que seja você a definir como quer se posicionar do que deixar a sorte lançada ao bel prazer do cliente. O posicionamento é o que vai diferenciar você de seus competidores, e essa distinção é o que ajudará na tomada de decisão dos clientes.

A Amazon soube marcar a mente dos clientes com seu posicionamento de ser a loja perfeita para cada consumidor. Desde seus primórdios, como uma das pioneiras do *e-commerce* mundial, a empresa se destaca de outros *players* por oferecer uma experiência customizada a seus usuários, com o suporte da tecnologia, incluindo uso de inteligência artificial e de robôs.

O posicionamento é desafiante tanto para ser concebido quanto para ser gerido. Parte dessa dificuldade se deve ao fato de que tudo (tudo!) da organização ajuda a construir e reflete o posicionamento das marcas da empresa; desde suas peças de comunicação, até o comportamento dos colaboradores.

A Dove tem uma longa história de sucesso na construção de seu posicionamento como uma marca que vai além de oferecer um mero xampu ou sabonete, e realmente respeita as diferenças e individualidades[30]. Seu mote de "a real beleza" ajudou a solidificar sua imagem. Entretanto, a Dove não conseguiu sustentar suas promessas e isso desconstruiu seu posicionamento. Em dois movimentos, em meados da década de 2010, a empresa colocou em risco seus anos de investimentos em Marketing.

Primeiramente, a marca lançou, na Índia, um sabonete que prometia deixar a pele das indianas mais clara. Depois, publicou uma campanha em que uma mulher negra, depois de usar o produto Dove, virava uma mulher branca. Mesmo com as tentativas de retratação da marca, os impactos foram muito negativos

---

30 *"The Dove Effect: Ogilvy on Positioning – Chapter 2: How to Produce Advertising that Sells, Part II"*. Disponível em: https://medium.com/ogilvy-on-digital-advertising/the-dove-effect-ogilvy-on-positioning-4a88f68c48bc. Acesso em: 15 mar. 2023.

e a recepção da campanha, desastrosa. Por este segundo caso, por exemplo, adicionalmente aos problemas de Marketing, a empresa viu-se imersa em problemas legais[31].

A internet trouxe muitos desafios, mas também muitas oportunidades para o Marketing e não poderia ser diferente em relação ao posicionamento das empresas e suas ofertas. Chaffey e Smith (2017) destacam que o Digital inovou e potencializou as possibilidades para o posicionamento de novos produtos e em novos mercados. Mesmo passados alguns anos e com as mudanças e instabilidade do mercado, Miceli e Salvador (2017) seguem a mesma linha, afirmando ser imperativo que o Digital contribua ativamente para ajudar a organização a se posicionar de forma correta e bem-sucedida na internet.

Os Pilares Estratégicos para o posicionamento

O resultado de um posicionamento bem-feito é estarem claras na mente do cliente as respostas a questões tais como: quem é sua empresa? O que ela faz? Por que devo comprar com você? E, acima de tudo, quais são seus diferenciais em relação à concorrência?

Gosto de chamar essas perguntas de Pilares Estratégicos, pois são mesmo muito essenciais tanto para a empresa quanto para seus públicos. Voltaremos a elas, em mais detalhes, quando tratarmos das fases de Diagnóstico e do Plano Tático da Metodologia PEMD.

Segundo os "papas" desse conceito, Ries e Trout (2009), posicionamento não é a forma como você trabalha seus produtos e serviços, mas sim qual o espaço e a imagem que sua marca ocupa na mente do cliente. Posicionamento é, portanto, o ato de desenvolver a oferta e a imagem da organização de forma a ocupar um lugar na mente de seu público que o diferencie dos demais *players* do mercado (Kotler e Keller, 2019).

Por exemplo, a Disney se posiciona como uma empresa que realiza sonhos. A Pepsi se posiciona nos EUA como a escolha da nova geração, enquanto no Brasil se coloca como uma escolha alternativa em relação à Coca-Cola, líder no mercado local. O Itaú há alguns anos investe em um posicionamento de banco inovador, sempre à frente na adoção de tecnologias, particularmente devido ao crescimento dos bancos exclusivamente online.

---

31 "*Dove's 'racist' ad might have cost the brand an advantage it spent 13 years Building*". Disponível em: https://www.businessinsider.com/doves-racist-ad-10-9-2017-10. Acesso em: 15 mar. 2023.

Não há um posicionamento específico que seja melhor do que outro. Não é problema se posicionar como "o mais barato", e certamente não é preciso buscar um posicionamento de "o mais caro". Nada disso. O importante é que você ocupe o lugar que deseja ocupar na mente de seu cliente, de maneira que, muito claramente, ele distinga você de seus competidores.

De forma resumida e pragmática, pense nos conceitos de segmentação e de posicionamento como consistindo em um processo integrado, interligado e vital para trabalhar de maneira mais eficiente em seus esforços de estratégias de Marketing na Era Digital.

CAPÍTULO 9
Gestão de Marcas: Branding

A área de Gestão de Marcas está dentro do guarda-chuva de Marketing e é responsável pela construção e pelo gerenciamento das marcas, incluindo a própria marca da empresa, ou de um determinado produto/serviço, ou ainda a marca de uma pessoa – celebridades, atletas, políticos, executivos – assim também como de lugares – tais como parques, bairros, cidades, regiões ou países. No mundo virtual costuma-se chamar essa linha de trabalho de e-Branding ou Branding Digital.

Embora já houvesse práticas de branding há muitos séculos, os estudos formais e específicos de branding são relativamente recentes. Scheiner e Menezes (2019) nos lembram que foi somente a partir da década de 1980 que publicitários e profissionais de Marketing passaram a tratar o branding como uma área que merecia atenção especial, tendo sua raia própria dentro do Marketing, tal como acontece com Marketing de Relacionamento ou Marketing de Serviços.

Gosto do significado que Jeff Bezos, fundador da Amazon, deu ao conceito de branding, quando afirmou que "branding é o que falam de sua marca quando você não está na sala". A American Marketing Association (AMA) diz que a palavra **marca** é definida como um nome, sinal, design ou termo ou um conjunto de todas essas palavras, com o intuito de diferenciar um produto ou serviço de um grupo de fornecedores. Em linha similar, Strauss e outros (2006) sustentam que branding é a percepção que uma pessoa tem de um conjunto de informações e experiências que distinguem uma empresa e/ou seus produtos em relação à oferta da concorrência. Gerir uma marca é um enorme desafio e este capítulo irá tratar de forma breve do tema.

Nessas definições de branding, fica perceptível a importância da correta gestão da marca para o sucesso da empresa, particularmente em questões ligadas ao posicionamento e aos diferenciais da empresa ou do produto.

Estrategicamente, gerir bem a marca é fator-chave para o sucesso das iniciativas de Marketing de qualquer organização. A marca representa o potencial de sucesso futuro de determinada organização e gerenciar marcas significa gerir a complexa teia de relações que criam valor para seus stakeholders (Sá *et al.*, 2014).

Marcos Hiller, um dos mais renomados consultores de branding em língua portuguesa, aponta algumas "Lições essenciais para o Branding no Digital", que você pode conferir na **Dica PEMD #3**.

Apesar de, normalmente, muitas empresas B2B e as organizações públicas não darem muita relevância à gestão de suas marcas, os esforços de branding são tão relevantes que afetam totalmente a forma como percebemos as diversas alternativas de produtos ou serviços em qualquer segmento.

No Setor Público, por exemplo, uma imagem de marca confiável pode fazer com que um cidadão tenha mais chances de seguir **normas** e leis, tal como passar a separar o lixo adequadamente, por exemplo (Kotler e Lee, 2008).

Mesmo cidades e países investem em suas marcas. Nos últimos anos, a "marca Brasil" tem lutado contra os impactos negativos das políticas ambientais do país, com vistas a atrair parceiros e reter investidores internacionais. A cidade do Porto, em Portugal, consolidou sua marca como um importante destino europeu e, como resultado de seus investimentos, tem recebido diversos reconhecimentos e premiações. Por exemplo, foi agraciada como o melhor destino europeu para se conhecer em 2019 (pela Culture Trip) e reconhecida pelo World Travel Awards como a melhor opção para turismo urbano em 2020.

Já no segmento B2B, em empresas que transacionam com outras empresas, a confiança na marca pode influenciar contratos vultosos, tal como vemos nos exemplos de sucesso da IBM, Oracle, SAP e Intel. Em um caso recente, o Pentágono (nos EUA) teve que chegar ao ponto de cancelar um contrato de armazenagem em nuvem no valor de US$ 10 bilhões com a Microsoft. Ocorre que, quando se trata da indústria de computação em nuvem, a principal marca mundial, de acordo com diversos especialistas, é a Amazon. Nesse setor específico, a Amazon é tão forte que conseguiu barrar judicialmente o negócio com a Microsoft e pede para que o contrato seja revisto e que ela, Amazon, seja a vencedora da oportunidade bilionária.

Mesmo quando usamos exemplos de produtos aparentemente muito similares, fica fácil notar o peso da marca. Consideremos o produto água mineral, por exemplo. Uma garrafa de 1,5L de Minalba ou Crystal custa cerca de R$ 3,00 em supermercados das principais capitais do Brasil. Mas os extravagantes ou muito endinheirados podem sonhar com a ultraexclusiva Aurum 79. São 500ml de água com flocos de ouro comestível, em uma garrafa feita do melhor cristal, adornada com ouro puro e 113 diamantes. Somente três unidades foram produzidas, disponíveis para colecionadores ao preço de 900 mil dólares. Outra garrafa de água para ostentar como a mais cara do mundo é também verdadeiramente um achado. Um frasco da *Acqua di Cristallo Tributo a Modigliani* pode chegar a 99 mil dólares. Cada garrafa, de 750ml, contém água de três pontos da Terra (França, ilhas Fiji e geleiras da Islândia), além de 5mg de pó de ouro de 24 quilates.

Em uma palestra na John Moores University, em Liverpool, Inglaterra, ouvi um consultor repetir as palavras de um renomado especialista em branding: "No mundo on ou offline, branding é o processo de transformar uma pessoa que não conhece sua marca (ou até alguém que a odeie!) em um advogado, um defensor daquela marca". A alusão foi na mosca e é exatamente essa a ideia!

Um dos maiores erros das empresas é pular o estágio de construção da marca e ir direto às vendas e aos resultados financeiros. O esforço será sempre em vão. É como criar uma loja online e esperar vender produtos na semana seguinte, sem qualquer trabalho de aproximação e relacionamento com o público-alvo. Quando uma organização não se preocupa com sua marca, um dos efeitos negativos mais comuns é ver a fragmentação dos esforços de Marketing e o consequente desperdício de recursos.

Como expõem Kotler e Pfoertsch (2007), a marca deve ser algo vivo, com emoção, personalidade, deve cativar e seduzir os públicos da organização. Os autores ainda afirmam que:

- Cada marca é uma promessa.

- As marcas são o resultado consolidado de percepções (tudo que se vê, ouve, sente, sabe, pensa, conhece sobre uma organização, um produto ou um serviço).

- Cada marca ocupa uma posição específica na mente de seus públicos, com base em opiniões de terceiros, experiências anteriores e futuras.

O branding na Era Digital

Na internet, a importância do branding é maximizada, principalmente pelo fato de o mundo online ser, em grande parte, baseado em relacionamentos entre os diversos atores sociais. As mais relevantes vantagens em comparação às formas tradicionais de comunicação passam frequentemente pela construção da marca, forjando vínculos sólidos com o público e isolando os stakeholders da concorrência. A empresa consegue comunicar e construir melhor sua marca na internet; sempre que esse trabalho de e-branding for bem-feito, a conversão (por exemplo, o ato final de um cliente comprar o produto da empresa) será uma consequência natural.

É fundamental compreender que aquilo que outros pensam de sua organização (ou de seus produtos e serviços) é algo que pode ser extremamente influenciado por suas atividades e propriedades no mundo digital. A forma como seu site é desenhado, o que você posta no TikTok ou no Vimeo, o conteúdo de suas campanhas de e-mail, o tempo que leva para responder via Instagram, a qualidade das imagens em seu Facebook, tudo isso irá formar, na cabeça de seus stakeholders, quem é sua marca e que lugar ela merece naqueles corações e mentes.

Para ficar mais complicado, criar, nutrir e crescer sua marca online é tarefa particularmente difícil devido ao excesso de alternativas. O digital é muito poluído. Quando seu potencial cliente vai fazer uma busca na internet, sua marca estará disputando espaço com uma infinidade de outras opções – boas, ruins, mais ou menos – afins com sua oferta de produtos.

Quer um exemplo? Então faça um teste aí no seu Google. Procure pelo seu produto (por exemplo, "prótese dentária", "curso de consultoria", "reparação de ar-condicionado"). Em seguida, abra todos os links da primeira página dos resultados da busca. Independentemente de qual for sua área de atuação, certamente o Google irá trazer de tudo: desde bons concorrentes que oferecem soluções de qualidade, similares às suas, até charlatões que distorcem fatos, não têm experiência, mas que posicionam sua marca como sendo "a" solução incrivelmente maravilhosa que o cliente precisa para resolver suas necessidades de maneira muito mais rápida, simples e barata do que qualquer outro *player* do mercado.

Dica PEMD #3

Lições essenciais para o branding no Digital

A importância estratégica de se fazer uma devida gestão de sua marca torna-se um dos desafios mais vitais no atual contexto empresarial. Seja qual for a indústria, tipo de cliente, segmento de mercado, país de atuação, B2B ou B2C etc., não importa. As estratégias de branding devem ser cada vez mais encaradas como um dos passos mais importantes no processo de gestão de uma empresa. Fazer um trabalho de branding, ou seja, efetuar um trabalho de construção de relevância de marca, gera diferenciação.

O branding determina que as interferências sobre uma marca devem ser cirurgicamente planejadas e executadas, e ações de branding bem ou malsucedidas são automaticamente sentidas e refletidas na imagem que uma marca tem na mente do consumidor. Todos os passos que sua marca dá devem sempre levar em conta resultados de longo prazo, pois uma marca não se constrói em semanas, ou em seis meses, uma marca se consolida em anos e décadas de um trabalho consistente. Construir marca não é fácil, dá trabalho e leva tempo.

O branding é uma postura empresarial com foco na marca e prega que tudo comunica a sua marca. Por exemplo, a forma como seus funcionários se vestem está comunicando sua marca, o jeito que sua recepcionista atende o telefone está comunicando sua marca, o que você conversa sobre a empresa com seu colega durante um chope está comunicando sua marca, o jeito como você trata seus fornecedores, a velocidade ou a demora de reembolso de uma despesa de um funcionário, ou seja, absolutamente tudo isso comunica sobre a sua marca. E tudo isso deve estar alinhado ao seu posicionamento de marca, isto é, ao ponto de vista da sua marca sobre a vida das pessoas. A partir desse mantra, você desenha todas as ações táticas de comunicação, ações de RH e assim por diante.

Cuidado quando se lê o termo "branding" por aí. De cada dez empresas que usam esse bonito termo no seu nome hoje em dia, quatro delas talvez sejam empresas de pesquisa, quatro provavelmente são agências de design, uma certamente não sabe o que faz e talvez apenas uma trabalhe efetivamente com branding. Lembrando que a pesquisa de mercado e o design podem ser, e geralmente são, importantes atividades do processo de branding, mas construção de marca é um conceito um pouco mais amplo. Branding nada mais é do que uma filosofia de gestão que coloca a marca no centro de todas as decisões da organização. Branding é um jeito de se pensar processos de negócio dentro de uma companhia. Lembrando que a marca vai muito além daquele símbolo no topo da sua loja, ou aquele logo no canto superior esquerdo de seu site.

Marcos Hiller, *fundador da Hiller Consulting, uma consultoria full-service que atua com projetos de posicionamento de marcas, pesquisa e educação executiva em clientes como Ambev, Pirelli, Accor, Bauducco, Habibs, Fujitsu, Aché, Bayer, Sodexo e Renault. Doutorando e mestre em comunicação e consumo pela ESPM e pesquisador nas áreas de tendências, branding e cultura digital. Seu currículo reúne diversas especializações, entre elas, cursos na Santa Fé University (Novo México/EUA) e na Universidad Andres Bello (Santiago/Chile). Professor convidado do MBA executivo de escolas de negócios como ESPM, FGV Management, FIA USP. Ministra palestras pelo Brasil e exterior sobre inquietantes temas desse ecossistema digital que habitamos. É autor de 5 livros.*

CAPÍTULO 10
Marketing de Relacionamento

Como vimos no Capítulo 2, a origem das práticas de marketing se deu há cerca de sete ou oito mil anos, desde que houve as primeiras trocas entre duas partes, e o foco em "troca" seguiu dando o tom do Marketing até os dias de hoje.

Entretanto, a mudança do foco meramente transacional (trocas comerciais: um compra, outro vende) para a importância do relacionamento ganhou força a partir dos anos 1990, como aponta Marques (2012). Com o aumento da oferta (de produtos e marcas), o crescimento dos mercados e da demanda (mais pessoas, maior poder aquisitivo) e as evoluções tecnológicas (informatização de empresas, advento da internet, acesso a sistemas de banco de dados), a arena de Marketing foi tomando formas diferentes. O excesso de possibilidades ao acesso do consumidor também fez crescer o interesse das empresas, o que aumentou a competição. A necessidade por saber mais acerca dos consumidores e de outros agentes sociais potenciou avanços no campo do Marketing de Relacionamento.

A tecnologia foi particularmente útil no que tange à coleta, armazenagem e uso de dados de clientes, concorrentes e outros públicos de interesse. Hoje, por exemplo, qualquer organização pode ter acesso a informações valiosas do mercado procurando no Google e há ferramentas de gestão de relacionamento, como HubSpot CRM, Agendor ou Pipedrive, que oferecem até mesmo versões gratuitas de suas plataformas para apoiar marcas que almejam estreitar os laços com seus públicos. Todos esses fatores nos ajudaram a chegar ao atual momento, em que o relacionamento entre as organizações e seus diferentes stakeholders é cada vez mais relevante.

Provavelmente, um dos conceitos mais importantes para o profissional de Marketing na Era Digital é o de relacionamento, principalmente agora que o uso de ideias tais como "engajamento" está tão banal quanto tomar água.

Esse conceito muito comum, engajamento, pode ser entendido como o ato de manter interações regulares que fortalecem o investimento emocional, psicológico ou físico que uma pessoa possa ter com uma marca. Para Sterne (2010), engajamento ocorre quando uma pessoa se interessa por algum conteúdo e interage com ele. O autor diz, no entanto, que é possível o usuário gostar de um vídeo, uma enquete ou uma promoção e mesmo assim não se identificar com a marca. Indo além, Sterne propõe que existe uma série de estágios de engajamento, que vão desde simplesmente ver um conteúdo até recomendar a marca após ter feito uma compra, conforme podemos ver na **Figura 8**.

FIGURA 8 – A Cadeia Alimentar do Engajamento

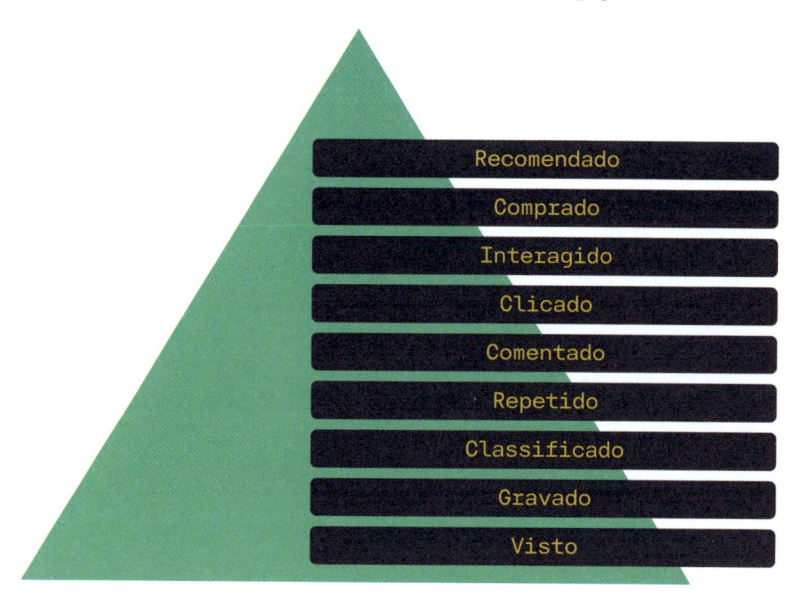

- Recomendado
- Comprado
- Interagido
- Clicado
- Comentado
- Repetido
- Classificado
- Gravado
- Visto

Fonte: Adaptado de Sterne (2010)

Do ponto de vista de Marketing, engajamento certamente é diferente de relacionamento. Na prática, o engajamento acontece quando um usuário interage com a sua marca, em qualquer grau. Curtir, comentar, compartilhar, guardar, favoritar, entre outros, tudo isso é entendido como engajamento. Perceba, entretanto, que não se fala sobre a **qualidade** do engajamento. E se eu tiver uma taxa de engajamento super boa, mas que decorre de comentários negativos? E se tiver altíssimo engajamento, mas for por causa de simples curtidas, sem ter algo mais substancial, como comentários, por exemplo. Isso é bom? Certamente, não. Assim, apesar de ser muito importante medir e elevar o engajamento com seus seguidores, esteja sempre atento ao tipo (curtir, comentar, compartilhar), à qualidade (positivo, neutro, negativo) e ao teor (de qual assunto o usuário está tratando?). De todo modo, em linhas gerais, ter uma taxa de engajamento alta é muito útil para seu trabalho no ambiente virtual.

A ideia de relacionamento, para Marketing, vai além do engajamento, particularmente em um ambiente cada vez mais *omnichannel*[32], em que os clientes esperam poder ter contato com as marcas em diversos canais, on e offline, de forma simples e fluida. É como nos relacionamentos pessoais, é algo que

---

32 O termo omnichannel vem do inglês, e se refere ao fato de que as experiências dos clientes têm sido cada vez mais por meio de múltiplas plataformas (como online, presencial, pelo telefone, por aplicativo etc.).

leva tempo e é muito mais complexo e profundo do que apenas alguns likes ou compartilhamentos de conteúdo. Cabe aqui um alerta: enviar uma newsletter mensal ou ter fãs novos no TikTok não é relacionamento.

Relacionamento é quando duas partes estão consciente e voluntariamente ligadas e ambas acreditam que estão a se beneficiar com aquela relação (Gumesson, 2009). Réguas (sequências automáticas) de e-mails, mensagens diretas, oferecer um bot no Facebook, mostrar presteza e celeridade nos contatos do cliente, e realmente se preocupar com sua satisfação, são alguns exemplos de ferramentas disponíveis às organizações para que nutram um relacionamento saudável com seus diferentes stakeholders.

Não confunda, no entanto, Marketing de Relacionamento com CRM (acrônimo de *Customer Relationship Management* ou, do inglês, Gestão do Relacionamento com o Cliente). Para que você consiga compreender e separar os conceitos corretamente, veja o conteúdo da **Dica PEMD #4**, assinado pelo Andrei Scheiner, consultor de Marketing Digital e professor do IPOG, que aborda não somente o CRM, mas também sobre sua adaptação para o ambiente digital, em que é tratado como e-CRM ou Social CRM.

Relacionamento é uma via de mão dupla

O principal ativo da maioria das organizações em suas estratégias de Marketing na Internet é o relacionamento que estabelecem e nutrem com seus diferentes públicos. Um bom relacionamento, baseado em confiança e respeito, leva à lealdade, ajuda a reter clientes e facilita a cobrança de valores mais elevados pelos seus produtos.

Confiança, elemento vital para o sucesso de empreendimentos quaisquer, é alcançada conforme as empresas atendam às expectativas de seus clientes (Haythornthwaite, 2009, e Zeithaml *et al.*, 2017). E, como Gummesson (2009) salienta, para marketing, a lealdade está ligada à fidelidade emocional, que também pode ser potencializada com atividades online e offline entre a empresa e seus públicos. Ironicamente, no entanto, mesmo pesquisas recentes, utilizando amostras das maiores marcas do planeta, mostram que, na internet (e, em particular, nas redes sociais), os canais que deveriam ser focados em relacionamento são adotados como meras formas de comunicação de mão única, quando a empresa fala para a audiência, passiva, ouvir.

O conceito de Marketing de Relacionamento foi proposto pela primeira vez em 1983, por Leonard Berry (sim, o mesmo que, em 1976, criou o termo Marketing Interno), mas os acadêmicos nórdicos provavelmente tiveram mais destaque na matéria. Gummesson, um dos principais ícones de Marketing e também um dos pais de Marketing de Relacionamento, diz que Marketing de Relacionamento é o marketing baseado em interações dentro de uma rede de relacionamentos (Gummesson, 2009).

O autor propõe que o profissional de marketing reflita sobre uma mudança no modelo tradicional dos 4Ps para que esteja mais alinhado com a nova dinâmica da sociedade em rede, tendo o **relacionamento** como centro, conforme ilustrado na **Figura 9**.

FIGURA 9 – Mudança dos 4Ps para os 3Rs: Relacionamentos, Rede e Interação

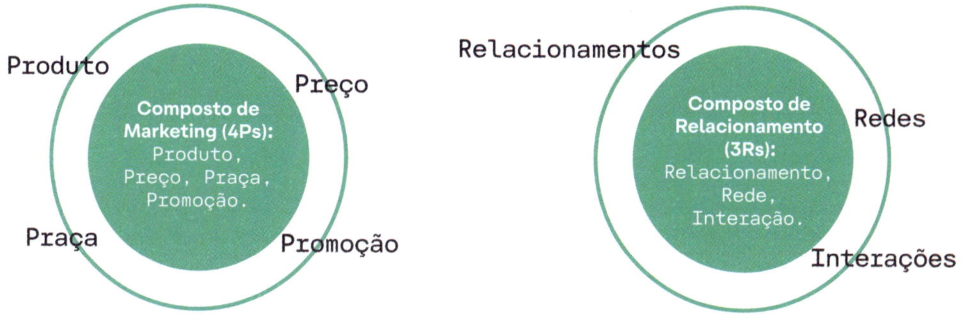

Produto, Preço, Praça, Promoção — Composto de Marketing (4Ps): Produto, Preço, Praça, Promoção.

Relacionamentos, Redes, Interações — Composto de Relacionamento (3Rs): Relacionamento, Rede, Interação.

Fonte: Gummesson (2009)

Na internet, essa forma de pensar proposta por Gummesson se manifesta na própria definição do ambiente digital. O mundo online é baseado em relacionamento: entre pessoas, de empresas com outras empresas, das organizações com seus públicos, o governo e o cidadão etc. Como vimos brevemente no capítulo anterior sobre e-branding, o relacionamento irá ajudar a organização a construir e gerenciar sua marca. O trabalho correto nas duas áreas terá, como consequência natural, a conversão (em cadastros, seguidores, vendas).

Na verdade, mesmo sem ter consciência formal, o leitor poderá perceber que as redes sociais – palco principal das atividades online nos dias de hoje – nada mais são do que redes de relacionamentos entre os diversos atores sociais dentro do mundo virtual. Nessa lógica e sob a luz da definição que vimos há pouco, de Gummesson, é fácil perceber que para ter sucesso no Digital é preciso compreender e investir corretamente em Marketing de Relacionamento.

Com a chegada da pandemia de Covid-19, pessoas e organizações tiveram que ficar, em maior ou menor intensidade, confinadas ou mantendo distanciamento social. Essa distância física potencializou a importância do digital como meio para forjar e nutrir relacionamentos.

As organizações públicas e a prestação de serviços aos cidadãos foram particularmente prejudicadas desde o início da questão sanitária. Entre 2020 e 2021 eu e minha família precisávamos de vários documentos tanto do Consulado-Geral do Brasil na cidade do Porto quanto do governo português. Certamente outros muitos milhares de estrangeiros estavam em situação similar à minha. Por alguns meses, era tarefa hercúlea conseguir sequer contactar as instituições. Levou um bom tempo até estas e outras organizações públicas conseguirem estabelecer rotinas factíveis e seguras de atendimento aos cidadãos.

O relacionamento em instituições de ensino também foi muito impactado. A troca que existe entre professores e alunos, e entre os próprios alunos, foi radicalmente modificada devido à necessidade de aulas a distância. Em cursos para executivos, por exemplo, um dos fatores relevantes na tomada de decisão do aluno é a possibilidade de networking com outros colegas discentes: formam-se amizades e até parcerias de negócios. Com a pandemia de Covid-19, certamente os laços de relacionamento foram severamente afetados.

Quando se fala em "relacionamento", acima de tudo, é muito importante que o estrategista de Marketing na Era Digital tenha consciência de que a resposta, a solução para os problemas da empresa, nem sempre é "internet", "digital", "redes sociais". Também não é obrigatoriamente a única resposta ou o melhor caminho. É preciso ter calma, racionalizar e embasar suas análises e recomendações para ter certeza de que seu PEMD será golaço. O caminho das pedras, como propõem Zeithaml, Bitner e Gremler (2017), é entender o Marketing de Relacionamento como **uma filosofia de fazer negócios**, com foco em manter e aprimorar o relacionamento com os clientes atuais da organização, em vez de se preocupar em converter novos clientes.

Nas minhas próprias práticas, seja ao vender consultoria ou meus cursos, adoto a diretriz de priorizar a manutenção de clientes. Por exemplo, regularmente limpamos nossa base de contatos, eliminando os que não têm as características de nossos segmentos, bem como adicionando ou atualizando informações demográficas ou comportamentais aos contatos. Adicionalmente, percebo claramente que o foco em assegurar um bom relacionamento com os clientes atuais aumenta muito a taxa de recompra: cerca de 70% dos clientes de consultoria fazem um segundo contrato, e mais da metade dos alunos faz outros cursos meus.

No decorrer de todo o livro, o leitor irá perceber e se remeter a este ponto fundamental: o sucesso em marketing (incluindo na internet) deve ser firmemente baseado em relacionamento, visando a conquistas mutuamente benéficas em longo prazo entre a organização e seu cliente.

Dica PEMD #4

Conceitos fundamentais de CRM, eCRM e Social CRM

Em meados da década de 1970, nos Estados Unidos, empresários começaram a perceber que focar seus negócios nos clientes era muito mais lucrativo do que pensar apenas nos produtos que fabricavam ou serviços que ofertavam. Esse foi o resultado prático da aplicação dos ensinamentos de pensadores como Theodore Levitt que, anos antes, afirmara que o negócio mais importante das empresas era gerar e manter clientes.

Nesse contexto começava a nascer o conceito de CRM (*Customer Relationship Management ou Gestão do Relacionamento com Clientes*), um conjunto de processos e uma filosofia de gestão proativa para implementar estratégias destinadas a ajudar as empresas a adquirir novos clientes, vender mais aos clientes existentes, analisar a eficácia das atividades de marketing e prestar um melhor serviço para aumentar a retenção de clientes.

E qual a diferença entre CRM e e-CRM?

Nos dias de hoje, nenhuma. Não há como desvencilhar a Tecnologia da Informação (TI) ou o uso de ferramentas digitais dos processos das organizações. Num contexto no qual as atividades de vendas, conversas e relacionamentos se dão cada vez mais no ambiente digital de forma quase simbiótica com o ambiente dito "offline", CRM e e-CRM podem ser vistos como sinônimos.

Por mais que tenhamos softwares integrados rodando "na nuvem", aglutinando bilhões e bilhões de dados recebidos das mais diferentes fontes de informação, é importante entendermos que CRM não é apenas um software, uma solução de TI, uma ação nas redes sociais implementada pelo departamento de marketing ou aquele conjunto de e-mails respondidos pela área de atendimento ao cliente.

Na verdade, é tudo isso, e muito mais. **O CRM deve ser entendido como uma decisão estratégica de negócios com total foco nos clientes:** afinal, sem benefícios para eles não pode haver benefício para a empresa. E, se CRM também é processo, deve estar focado na obtenção de resultados.

Dentro do Marketing de Relacionamento, que cuida da gestão estratégica das relações com todas as partes interessadas de uma organização, o CRM foca a gestão estratégica de relacionamento com os clientes – aqueles que adquirem (ou pretendem adquirir) os produtos ou serviços vendidos pela empresa – envolvendo o uso adequado da tecnologia em um ambiente de marketing que passa por constantes mudanças.

O CRM foca os diversos momentos de contato entre clientes e a organização. Desde a prospecção, passando pela venda (ou fechamento de contratos), considerando todas as situações do pós-venda e até quando o cliente resolve encerrar seu relacionamento com a empresa (normalmente quando solicita que seus dados sejam excluídos da base da organização, considerando a LGPD – Lei Geral de Proteção de Dados, por exemplo).

Como funciona o CRM

O CRM possui três componentes principais que se alimentam mutuamente, seja em corporações com foco em transações B2B, seja B2C:

a. **CRM Operacional** – diz respeito à automação de processos de negócio com pontos de contato com o cliente como a automação de vendas, automação de marketing e automação de atendimento.

b. **CRM Analítico** – envolve a captura, armazenamento, organização, análise, interpretação e utilização de dados criados a partir do lado operacional do negócio.

c. **CRM Colaborativo** – trata-se da utilização de serviços de colaboração para tornar possível a interação entre a empresa e os seus múltiplos canais: clientes, a própria empresa e seus funcionários.

Nas estratégias focadas no digital, o CRM Colaborativo permite que os clientes mantenham contato com a organização através de diferentes canais, o que facilita o relacionamento dos clientes com a marca e a entrega de valor. Enquanto isso, o CRM Analítico permite que os clientes certos sejam atingidos com ofertas adequadas, na frequência adequada, permitindo a personalização e a entrega de ações direcionadas conforme o comportamento ou preferências destes.

Para auxiliar os processos de CRM, as empresas recorrem às soluções de software que integram estes três componentes em plataformas SaaS ("*Software as a Service*"), baseadas em nuvem. Tais soluções são compostas por aplicativos e ferramentas digitais para a integração das áreas de vendas, marketing e atendimento ao cliente. Alguns dos sistemas utilizados por organizações incluem, por exemplo: Salesforce, Microsoft Dynamics 365, Oracle Siebel CRM, TOTVS, Pipefy, HubSpot, Pipedrive, entre outros.

O exemplo do iFood – CRM aplicado

O iFood, maior marketplace de delivery online da América Latina, utiliza soluções de CRM da Salesforce desde sua fundação em 2011. Sistemas como Sales Cloud, para automação de vendas, e Service Cloud, para atendimento ao cliente, ajudaram a organização a crescer exponencialmente e são empregados para gerenciar o relacionamento tanto no B2B (restaurantes parceiros) como no B2C (usuários dos aplicativos iFood e SpoonRocket).

No caso do B2B, uma estratégia de CRM aliada a uma ferramenta de e-CRM proporciona aos representantes comerciais visitarem futuros parceiros (restaurantes) tendo em mãos todos os dados necessários para uma negociação. Durante a visita, é possível utilizar um smartphone para coletar dados do parceiro, completar informações faltantes, colher a assinatura do cliente no contrato e enviar documentos de forma digital. O restaurante se transforma em parceiro do iFood e passa a integrar sua base de CRM. Do outro lado, os clientes finais (usuários do aplicativo) também possuem seus dados cadastrados nos sistemas de CRM e podem receber ofertas personalizadas deste novo parceiro quase que imediatamente.

> **Andrei Scheiner**, *fundador e consultor estratégico da Metodik, com 25 anos de experiência nas áreas de Planejamento Estratégico, Gestão de Projetos, Transformação Digital, Marketing, Inovação, Branding e Gestão do Conhecimento. Como professor, atua há 20 anos em cursos de graduação, pós e MBA em instituições de primeira linha no Brasil. Liderou projetos para organizações tais como: Comgás, British Council, Vale (Brasil e Canadá), TCU, Estácio / Yduqs, Enel Brasil, Embratel, Bradesco, Petrobras, entre outras. Mestre em Comunicação Social (PUC-Rio), especialista em Marketing Digital (ESPM) e bacharel em Publicidade (ESPM). Autor do livro "Gestão da Marca e Reputação Corporativa" (2019) e colaborador do livro "Startups: nos mares dos dragões" (2019). Finalista como "Profissional de Gestão de Projetos" no Prêmio Abradi Digitalks 2021 e como "Profissional de Social Media" no prêmio ABCOMM de Inovação Digital 2018.*

CAPÍTULO 11
Marketing Direto

É curioso, mas há exemplos da prática do Marketing Direto – de forma muito sofisticada, bem semelhante a algumas técnicas que usamos hoje – há mais de um século. Claude Hopkins, um dos pioneiros da publicidade, escrevia e enviava cupons de desconto a dezenas de milhares de pessoas nos Estados Unidos. Hopkins chegava a customizar algumas campanhas (escrevendo o nome do recipiente no cupom que ele receberia) e até fazia testes AB! Em seu livro, "Publicidade Científica", de 1923, o publicitário conta que redigia alguns modelos de cartas e enviava cada um a mil pessoas. Ele marcava os cupons para saber quais lotes haviam sido mais utilizados. Com os resultados, Hopkins enviava o modelo de carta de melhor performance aos demais destinatários.

A Associação Nacional de Anunciantes dos Estados Unidos (*Association of National Advertisers – ANA*) entende que Marketing Direto trata de qualquer forma de contato direto entre a marca e o público final, do qual se espera uma resposta em forma de um pedido direto (em inglês, *Direct Order*), um pedido de contato ou de mais informações (também chamado no mercado brasileiro de Geração de Lead) e/ou uma visita a uma loja ou a outro local com vistas a gerar um negócio (Geração de Tráfego)[33]. Já segundo o *Common Language Marketing Dictionary – CLMD*[34] (do inglês, Dicionário da Linguagem Comum em Marketing), alguns exemplos de Marketing Direto são o uso de telemarketing, venda direta, venda por catálogo, visita ao domicílio, e envio de correio e e-mail em geral.

A internet é repleta de opções muito eficientes e interessantes de Marketing Direto para organizações de diferentes portes ou setores. Exemplos comuns, que você provavelmente já usa, são o e-mail marketing, salas de bate-papo, SMS, ou fóruns (muito utilizadas para suporte e ativação na navegação ou na compra) e aplicativos de mensagens instantâneas. A maior parte dessas opções é financeiramente acessível, fácil de usar e ainda permite alguma mensuração. Frequentemente eu uso meus grupos de alunos no WhatsApp para promover meus cursos ou divulgar meus conteúdos. Adicionalmente, toda semana envio um e-mail (uma newsletter semanal) para os cadastrados em minha base, convidando os contatos para assistir a um vídeo, ler um artigo ou participar de uma *live*.

---

33 Site da Associação de Marketing Direto dos EUA. Disponível em: https://ana.net.

34 Definição de "*Direct Marketing*" no *Common Language Marketing Dictionary*. Disponível em: https://marketing-dictionary.org/d/direct-marketing/. Acesso em: 15 mar. 2023.

Por sua própria natureza, o foco principal das ações de Marketing Direto é o cliente e idealmente deve-se trabalhar com permissão, respeito à privacidade, personalização da mensagem ou da experiência e agilidade nas interações, sempre com o desejável suporte de inteligência de banco de dados, para assegurar que essas boas práticas sejam, de fato, entregues. Especialmente, profissionais e organizações que atuem no Brasil (dada a LGPD[35]) ou na Comunidade Europeia (por conta do novo RGPD[36]), são obrigados a respeitar diversas regulamentações acerca da privacidade, armazenagem, distribuição, uso e segurança de informações sobre os usuários na internet.

Infelizmente, dado o avanço da tecnologia e o barateamento das formas de customização, entrega e mensuração das ações de Marketing Direto (o que deveria ser ótimo!), muitas organizações e pseudo-profissionais têm aplicado e até mesmo ensinado técnicas obscuras, que incluem uso de banco de dados de terceiros, envio de campanhas sem permissão, táticas de prevenção contra os filtros AntiSpam (que visam a proteger o usuário), promessas de retorno rápido e sem esforço, enfim, uma série de abordagens que acabam por deteriorar as possibilidades de sucesso de concorrentes que praticam Marketing Direto de acordo com as melhores práticas do mercado (além de muita ética, é claro) e por mitigar os resultados positivos para todas as partes envolvidas.

---

[35] Lei Geral de Proteção de Dados – Lei nº 13.853, de 2019. Disponível em: http://www.planalto.gov.br/ccivil_03/_ato2015-2018/2018/lei/l13709.htm. Acesso em: 15 mar. 2023.

[36] Regulamento (UE) 2016/679 do Parlamento Europeu e do Conselho. Disponível em: https://eur-lex.europa.eu/legal-content/PT/TXT/HTML/?uri=CELEX:32016R0679. Acesso em: 15 mar. 2023.

CAPÍTULO 12
Estratégia

O conceito de estratégia tem origem militar e até hoje algumas terminologias desse primórdio são adotadas no mundo corporativo (forças, fraquezas, atacar o concorrente, táticas, defesa, explorar vulnerabilidades, inteligência competitiva). Você poderá ver a **Dica PEMD #5** o significado e a história do termo Estratégia, bem como a interpretação ou compreensão de autores consagrados sobre o conceito.

De todo modo, para fins de seu desenvolvimento como profissional de Marketing na Era Digital e dentro do escopo desta primeira grande Parte do livro, vamos nos restringir a definir, de forma simplificada e direta, o conceito de Estratégia segundo dois consagrados ícones da área: Michael Porter e Peter Drucker.

Começando por Drucker, referência em temas de Marketing e de Gestão, o conceito de estratégia diz respeito à capacidade de o estrategista saber onde a empresa se encontra, o que ela pretende alcançar e qual a melhor forma para atingir seus objetivos (Drucker, 2021). Em linha similar, Porter, tido como o papa mundial da Estratégia, diz que se trata de desempenhar atividades de modo diferente dos competidores, ou de desempenhar atividades similares, mas de maneira diferenciada (Porter, 1996). É interessante perceber que, de forma menos direta em Drucker, e de maneira bem transparente em Porter, ambos os autores fazem alusão à importância da **diferenciação** para o sucesso da empresa. Discorreremos sobre o conceito de diferenciação em outros momentos deste livro.

Tive a sorte de ter um exemplo de professor na minha especialização no Chartered Institute of Marketing, no Reino Unido. Fui aluno do professor Colin Gilligan que, para além de ser doutor pela Sheffield-Hallam University e Fellow CIM (considerada a maior chancela em Marketing na Comunidade Europeia), também atuou como consultor internacional de marcas tais como Coca-Cola, Mercedes, Microsoft e Canon. Com ele – e com o livro dele – passei a desenvolver verdadeira paixão por Planejamento Estratégico de Marketing, e aprendi sobre Estratégia de uma maneira muito marcante. Gilligan certamente transmitiu sua paixão contagiante pelo tema e martelou na cabeça dos alunos o quanto é importante fazer o Planejamento Estratégico de Marketing, sempre com um olho no cliente e outro na competição. Desde então, fiquei contaminado tanto com o brilho no olhar quanto com a paranoia pelo foco no cliente e no concorrente.

No livro de referência a todo estrategista, *"Strategic Marketing Planning"*, Gilligan, Wilson e Hines (2019) atestam que, dentro do contexto da área de marketing, a estratégia está baseada em quatro dimensões fundamentais, que funcionam como pilares estruturais e um porto seguro para a organização, conforme detalho no **Quadro 5**:

QUADRO 5 – Quatro dimensões fundamentais para a Estratégia de Marketing

1. Estar perto do mercado

Evidentemente, no mundo virtual essa dimensão está menos ligada à proximidade física: trata-se de estar presente onde seus públicos, seus competidores e fornecedores estão. Parte do tempo dos principais profissionais do mercado digital (no Brasil, em Portugal e em tantos outros países) é investida em participar de eventos, networking e em manter interações regulares nas redes sociais com seus públicos. Consultores e executivos investem diversas horas por dia estreitando seus relacionamentos nos canais virtuais e alimentando seus blogs, além de manter uma agenda regular de contatos pessoais. Além disso, novas possibilidades de rastreamento e monitoramento permitem que as marcas identifiquem os canais utilizados por seus públicos e criem ações de relacionamento para forjar mais e melhores laços de forma altamente personalizada.

"Estar perto do mercado", portanto, significa manter-se próximo do campo de batalha, sentir as dores e curtir as vitórias, bem como permanecer atento aos movimentos dos atores e das forças que dinamizam o mercado.

2. Desenvolver premissas sólidas sobre o ambiente e as tendências de mercado

Em um ambiente tão mutante e veloz como o atual é essencial investir no conhecimento e na compreensão das tendências e dos macroacontecimentos. É fundamental que o estrategista oriente a empresa a monitorar o mercado por meio de fontes primárias e secundárias. A Souza Cruz, por exemplo, já há uns bons anos, mantém uma equipe dedicada a essas funções dentro de sua diretoria de Corporate Affairs (Assuntos Corporativos). De forma similar, o consultor português Luis Madureira é especializado em desenvolver equipes e projetos de Inteligência Competitiva em empresas, tendo implementado sua metodologia em megamarcas como Heineken, Pernod Ricard, Galp, Red Bull e Ogilvy.

3. Explorar as competências da organização

As bases de sustentação da empresa são, naturalmente, suas pessoas. Muitas organizações insistem em ignorar essa iminente revolução que os nativos digitais provocarão no mercado de trabalho nos próximos anos. Se olharmos mais para o curto prazo, é fácil notar que poucos são os esforços que as empresas fazem para consistentemente avaliar, conhecer e utilizar suas competências internas. Em geral, preferem gastar o tempo apagando incêndios e reagindo às turbulências do mercado de maneira despreparada, reativa e, por vezes, ingênua. Certamente há organizações com excelentes políticas de gestão de pessoas e gestão da inovação, que já têm trabalhado para alinhar suas necessidades de mercado com as competências organizacionais.

É necessário que o estrategista conheça, respeite e use bem as características mais íntimas da empresa. Ao caminhar no sentido oposto, temos visto algumas marcas protagonizarem verdadeiros *anticases* no cenário global. A rede de *fastfood* KFC incorreu em um enorme erro ao dizer que doaria 50 centavos de dólar para pesquisas de combate ao câncer de mama a cada compra feita em sua cadeia de restaurantes. Imediatamente, consumidores de diversas partes do mundo ridicularizaram e retalharam a ação, alegando que se a organização estivesse, de fato, preocupada com o bem-estar dos jovens, simplesmente deveria rever todo o seu cardápio ou, em última hipótese, simplesmente fechar as portas! Não satisfeita, apenas um ano depois a empresa voltou a marcar um fiasco ao tentar arrecadar recursos para pesquisas relativas ao diabetes juvenil, utilizando uma pequena porcentagem do lucro de seus refrigerantes (que, a cada meio litro, possuem 54 gramas de açúcar). Foi, uma vez mais, uma iniciativa sofrível que gerou uma repercussão muito negativa à marca.

4. Adotar fundamentos realistas para ganhar e sustentar vantagem competitiva

A empresa deve preocupar-se em formar bases sólidas para, em longo prazo, crescer de maneira mais sustentável. É comum perceber que as organizações utilizam táticas pontuais e investimentos astronômicos para aumentar resultados. É o que chamo de "estratégia do anabolizante". Os esforços dedicados a esses momentos serão muito mais úteis e com retorno muito mais atraente se direcionados para o longo prazo. Note que, aqui, falamos de **vantagem competitiva sustentável,** o que significa que não basta fazer um chamado "marketing viral" com milhões de *views* no YouTube se depois o público sequer irá se lembrar de sua marca.

Fonte: Adaptado de Gilligan, Wilson e Hines (2019)

Tendo como inspiração essas dimensões, propostas por Gilligan, Wilson e Hines, é possível perceber algumas particularidades específicas do ambiente online quando olhamos exclusivamente para estratégias digitais. Assim, podemos defini-las como abordagens com as quais o Marketing Digital irá auxiliar os objetivos gerais de comunicação, marketing e corporativos, potencializando o Mix de Marketing para, no meio virtual, colaborar com as metas organizacionais.

Dica PEMD #5
A questão da estratégia

Embora o termo estratégia e todos os seus derivados sejam extensamente conjurados em confabulações cotidianas, em proclamações midiáticas e em relatórios profissionais, segundo French (2009), sua definição ainda parece volátil, não havendo um enunciado universalmente aceito. Contudo, mesmo que a busca de uma definição comum venha desafiando alguns desassossegados acadêmicos, uma melhor compreensão do conceito de estratégia é fundamental para teóricos e praticantes no campo da administração. Lamentavelmente, o termo parece ser usualmente proferido de forma displicente ou superficial por gestores e gerentes que o tomam por sinônimo de objetivo ou tática, ou como um eufemismo para algo muito importante que precisa acontecer em uma organização. Analogamente, a ideia de administração estratégica também se mostra contaminada por tais imprecisões, tanto no que se refere a seus processos práticos quanto à sua estruturação como área científica.

Para alguns autores (por exemplo, Barney, 2007, e Rangnekar, 2018), a administração estratégica constitui um dos campos de pesquisa menos maduros e uma das disciplinas menos desenvolvidas dentre todas as matérias que compõem os currículos das escolas de negócios.

Até meados da década de 1980, a disciplina não contava com bases teóricas robustas e, em sala de aula, as discussões costumavam girar em torno de óbvios exemplos de decisões tomadas por integrantes da cúpula organizacional, sob a batuta de executivos aposentados alçados à posição de professores.

Em paralelo, a maturidade tardia do campo pode ser parcialmente explicada pela natureza multifacetada e interdisciplinar da administração estratégica: para que pudesse ocorrer o amadurecimento dessa área do saber, seria preciso que outras especialidades em administração (tais como finanças e marketing) pudessem evoluir de seu estágio pré-acadêmico para configurações teórico-empíricas mais avigoradas. Assim, pode-se demarcar o início do processo de consolidação da administração estratégica como campo do conhecimento com sustentação teórica reconhecida a partir da publicação de dois livros: "*Strategy, Structure and Economic Performance*", de Richard Rumelt, e "*Competitive Strategy*", de Michael Porter, editados respectivamente em 1974 e 1980.

Desde então, o interesse pela área parece potencializar-se à medida que a ideia de estratégia organizacional se confunde com a inexata concepção de um tipo particular de administração da qual se encarregariam aqueles que, de fato, seriam capazes de decidir tudo aquilo que realmente importa sobre o destino de uma organização. Sob essa ótica, em última instância, a estratégia governaria a tudo e a todos no contexto organizacional e, em seu inigualável grau de importância, poderia ser confundida com a própria administração. A esse respeito, Motta (1995) marca uma posição teórica carregada de ironia. Para o autor, já que o termo estratégia serviria para qualificar todas as funções e dimensões da administração, ou ele seria extremamente útil, por definir toda a essência e relevância da administração, ou viria a mostrar-se "inútil ou inócuo devido à generalidade do seu uso".

Nesse contexto, os devaneios de grandeza dos candidatos a estrategistas organizacionais são alimentados pela etimologia da palavra "estratégia", que deriva do grego "*strategos*" (general ou comandante de exército) – no original στρατηγός – a partir dos termos "*stratos*" (exército) e "*agos*" (liderar). Curiosamente, a origem da palavra traz duas importantes consequências para a prática da administração estratégica. Em primeiro lugar, Viljoen (1994) pondera que a alta patente da palavra – bem como a voz de comando que ela evoca – serviu para banalizar seu uso, conferindo a certas decisões ou ações a propriedade de parecerem mais relevantes ou respeitáveis. Segundo, historicamente o termo vem incentivando o predomínio de jargões militares no âmbito organizacional e, em decorrência desse palavreado, a primazia da marcialidade em diversos discursos e atos administrativos, tais como "destruir o inimigo", "combater a concorrência", "guerra das marcas", "recrutar soldados para a força de vendas" e "marketing de guerrilha".

Tanta beligerância também pode ser explicada por meio de dois eternos fenômenos de vendas em literatura popular de gestão: "A Arte da Guerra[37]", livro redigido pelo general chinês Sun Tzu por volta de 400 a.C., e "Da Guerra", escrito pelo general prussiano Carl von Clausewitz entre 1819 e 1831. Trazendo absolutamente **nenhum** ensinamento diretamente relacionado ao contexto organizacional contemporâneo, os dois títulos seguem como livros de cabeceira obrigatórios para executivos que, mesmo sem ter lido mais do que vinte ou trinta páginas de cada um desses supostos manuais de conduta, foram capazes de chegar à conclusão de que empreender administração estratégica significa discorrer de forma livre e despreocupada sobre manobras militares, e comportar-se como um marechal de campo, mesmo quando se está confortavelmente instalado num asséptico escritório da Faria Lima.

---

[37] Acesse o vídeo "A Arte da Guerra - primeiro livro de estratégia da História (Sun Tzu)", disponível no **Espaço aPEMDiz**.

Sem embargo, à exceção da origem helênica e marcial do conceito, curiosidade etimológica largamente difundida que pode ser recitada por qualquer Capitão Nascimento, definições completamente diferentes para estratégia vêm sendo produzidas nas últimas décadas. Ansoff (1977), por exemplo, acreditava que a estratégia fosse um conjunto de regras de tomada de decisão em condições de desconhecimento parcial, enquanto Drucker (1975) defendia que a estratégia seria uma função organizacional que busca respostas para as seguintes questões: o que é nosso negócio, o que será e o que deveria ser? Posteriormente, enfatizando o ponto de vista teórico, Drucker (1994) aventava que se compreendesse a estratégia organizacional como o conjunto de teorias que seriam capazes de explicar como uma organização poderia atingir níveis elevados de desempenho nos mercados e nas indústrias em que ela opera. Já no parecer de Wright, Kroll e Parnell (2000, p. 24), "estratégia refere-se aos planos da alta administração para alcançar resultados consistentes com a missão e os objetivos gerais da organização", enquanto Greenwald e Kahn (2006, p. 1) optam por uma aproximação mais intuitiva ao termo, sugerindo que as decisões estratégicas envolvem "algo grande", com impactos de longo prazo na organização e que comprometem um volume substancial de recursos.

Dentre tantas proposições, destaca-se a abrangente e oportuna abordagem de Mintzberg, Ahlstrand e Lampel (2010), por meio da qual se pode caracterizar a estratégia organizacional a partir de cinco elementos distintivos: planos, padrões, posições, perspectivas e manobras.

Uma estratégia pode então ser um plano, um curso de ação para o futuro, mas também pode se configurar como um padrão, como um comportamento consistente no tempo. Quando envolve a localização de determinados produtos em dados mercados, a estratégia se refere a uma posição. A estratégia pode igualmente se apresentar como perspectiva, como uma maneira fundamental de uma organização conduzir sua ação. Por fim, define-se estratégia também como uma manobra para urdir um oponente no mercado.

Alguns exemplos dessas diferentes dimensões da estratégia organizacional podem ser contemplados em Drska e Manzoni Jr. (2015). Segundo os autores, a Amazon tornou-se um gigante do varejo online confiando em um plano que previa que o negócio não dependesse de intermediários, a partir de uma estrutura totalmente digital, em que tudo pudesse ser resolvido diretamente no site.

O aplicativo WhatsApp, por sua vez, parece seguir um padrão de ganhar escala sem necessidade de contar com investimentos muito expressivos. Por fim, sob os parâmetros da Agência Nacional do Cinema (Ancine), o serviço de vídeo sob demanda Netflix vale-se de uma manobra para garantir seu mercado: por não pagar taxas e não ter a obrigação de gerar conteúdos nacionais, a empresa pode praticar preços mais atraentes para os consumidores.

Em consonância com os conceitos previamente apresentados, por mais peculiares que sejam, tanto o plano da Amazon, quanto o padrão do WhatsApp, bem como a manobra do Netflix constituem movimentos estratégicos.

Para concluir, conforme assevera Singer (2008, p. 211), a experiência estratégica comporta uma unidade bem distinta: em qualquer contexto, independentemente da diversidade de opções táticas, "estratégia é estratégia". Em outras palavras, a administração estratégica guarda uma natureza complexa e representa uma importante função que, no mundo organizacional, não se modificou muito ao longo do tempo, nem de acordo com suas aplicações. A estratégia opera no nível do sistema organizacional, perseguindo o equilíbrio e a coerência entre as dimensões sociais, políticas, tecnológicas, operacionais e econômicas contidas em um todo.

José Luis Felicio dos Santos de Carvalho, professor Associado IV na Faculdade de Administração e Ciências Contábeis da Universidade Federal do Rio de Janeiro (FACC/UFRJ). Cumpriu pós-doutoramento na Universidade de Lisboa e detém os títulos de doutor e mestre em Administração pela PUC-Rio.

PARTE II

INTRODUÇÃO À METODOLOGIA PEMD – PLANEJAMENTO ESTRATÉGICO DE MARKETING NA ERA DIGITAL

CAPÍTULO 13
Noções Elementares de Planejamento

Ao longo da primeira parte, vimos as bases e os fundamentos essenciais para você desenvolver não só um Planejamento Estratégico de Marketing na Era Digital (PEMD) de sucesso, como qualquer outra atividade na área de Marketing. Por isso foi importante apresentar alguns conceitos e ajudar a criar uma sólida estrutura basal sobre a qual você irá crescer e se sustentar. Os conceitos aqui trazidos são fundamentados em teorias e em investigações científicas de grandes autores. É indispensável que os tenha em mente ao longo de todo o PEMD e fique permanentemente alerta para não se deixar levar pelo canto da sereia, que, por caminhos curtos, conduz a resultados medíocres.

Com esse alicerce, agora já podemos avançar nas etapas da Metodologia PEMD, que, como você viu no Prólogo deste livro, é resultado de muita teoria, pesquisa e aplicação prática ao longo da minha carreira tanto no ambiente acadêmico quanto no mercado de consultoria para organizações públicas e privadas, no Brasil e no exterior.

Vamos agora demonstrar como colocar em prática essa Metodologia eficiente, que tenho estudado, ensinado e praticado por cerca de 25 anos, sempre acompanhando a dinâmica do mercado e do cenário global e nunca deixando de lado o embasamento científico.

Tudo começa pelo planejamento

É irreal imaginar ser possível alcançar sucesso no concorrido mercado atual sem planejar, de maneira organizada e bem estruturada, qual caminho a empresa percorrerá em dado período de tempo. Ocorre, porém, que, em boa parte das vezes, os profissionais alegam que a demanda corrida do dia a dia não permite dedicar tempo para planejar. É o velho problema de ficar sempre "apagando incêndio".

Conforme as novas tecnologias vão-se tornando cada vez mais comuns nas organizações e na sociedade, mudanças profundas estão ocorrendo no cenário do mercado, seja alterando a forma de competir ou de conduzir os negócios, seja afetando até mesmo a performance das marcas em diferentes segmentos.

A Era Digital impõe às empresas algumas forças que estão redefinindo a forma como devem atuar em um mundo cada vez mais conectado:

- Competição que surge de lugares inesperados
- Velocidade de adaptação e inovação irão definir os líderes de mercado
- Novos modelos de negócio "*plug-and-play*" e "faça você mesmo"
- Postos de trabalho vão sendo cada vez mais automatizados
- Falta de mão-de-obra qualificada para cargos que não são (ou não podem ser) automatizados
- Mercados evoluindo em velocidades extremas
- Oferta e demanda se tornam globais
- Pressão nos preços e nas margens de lucro
- Ferramentas e canais de distribuição e vendas estão acessíveis a qualquer um

Justamente por tratar-se de um ambiente extremamente dinâmico e instável, mais sujeito a mudanças do que muitos outros setores da sociedade (e, talvez, principalmente por isso!), o planejamento das ações de Marketing na Internet é cada vez mais essencial para minimizar as possibilidades de eventuais erros e para maximizar a probabilidade de ações de sucesso para seu público-alvo e em comparação a seus competidores. São exatamente as organizações mais bem preparadas, em termos de robustos planejamentos estratégicos, que conseguem suportar mesmo os momentos ruins com menos impactos negativos (Carvalho e Salgado, 2015).

Há alguns anos ministrei um workshop para a equipe de Assessoria de Imprensa do Grupo Boticário e apresentei um breve estudo sobre o relacionamento da empresa e de seus principais concorrentes com a mídia. Apesar de O Boticário ser, de longe, o que melhor explorava os recursos da internet para estreitar os laços com a imprensa em seu mercado, quis saber por que a empresa não investia mais, com força e por várias vertentes no mundo digital para se distanciar ainda mais da competição. Um dos gestores da empresa me deu uma resposta fantástica: "nós já estamos na internet, quer a gente queira, quer não. A questão é que estamos investindo muito em planejar nossas atividades online para estarmos bem-preparados e estruturados para a demanda da cultura digital".

O executivo não poderia estar mais correto. Não se trata de querer ou não competir ou investir na internet. É um fato: **qualquer empresa privada ou instituição pública já está na internet.** Você e seus concorrentes. Essa presença online "obrigatória" pode não se dar por iniciativa da própria organização, mas, talvez, por meio de uma comunidade de fãs numa rede social, de comentários raivosos em um marketplace, de registros em sites de reputação de empresas, ou mesmo por meio de um blog criado por funcionários. Isso quer dizer que, ainda que sua organização não esteja investindo propriamente no ambiente online, outros já estão construindo (ou destruindo!) e nutrindo (ou asfixiando!) a reputação da sua marca nos diversos canais digitais. O problema é que, nesse caso, você não tem o menor controle (e talvez sequer saiba sobre o que falam de seus produtos e serviços).

Por se tratar de um ambiente tão desafiador, é fundamental que a organização não saia criando perfis nas redes sociais e jogando a tarefa de administrar para estagiários que gostem de tecnologia, de forma impensada ou impulsiva. Não. Para ter sucesso na Era Digital é imprescindível um estudo elaborado, uma análise realista do mercado online, uma visão clara de futuro, e táticas certeiras para alcançar os objetivos. É necessário ter um planejamento.

O que é planejamento

Para qualquer atividade de Marketing (não importa quão trivial ela seja) é necessário um planejamento correto. Peter Drucker (2021), um dos maiores nomes mundiais do Marketing moderno, afirma que o planejamento não é uma tentativa de predizer o que vai acontecer, mas sim um instrumento para raciocinar agora sobre quais trabalhos e ações serão necessários para que a organização mereça sucesso no futuro. Segundo o autor, o produto final do planejamento não é a informação; é o trabalho.

Essa visão de Drucker nos remete à multidão de organizações que caem em dois erros muito comuns: algumas pensam que o planejamento ajudará a prever o futuro e assegurar o sucesso por meio de uma bola de cristal; outras, igualmente equivocadas, usam o planejamento como um objeto final quando, muito além disso, o planejamento é um processo fluido, contínuo e que, tal como proposto por Drucker, irá gerar trabalho. Muito trabalho!

Planejar é um processo vital para assegurar que a estratégia seja concebida e implementada com sucesso, que os requisitos e recursos necessários para que os objetivos de Marketing sejam alcançados estejam disponíveis. Trata-se de minimizar as possibilidades de falhas. Não se iluda, "é impossível acabar com a neblina!" (veja a **Dica PEMD #6**). Entretanto, ao menos, você terá certeza de que não irá cometer erros bobos ou desperdiçar recursos à toa. Sendo assim, é o planejamento que mostrará quais rotas são mais eficientes, quais caminhos você deve evitar e para quais problemas você já deve se preparar mesmo antes de entrar com seu projeto em campo.

Dica PEMD #6

A Fábula da Neblina

A cada inverno, em uma ilha nos fiordes da Escandinávia, a paisagem é típica – costa acidentada, penhascos, ondas batendo contra os rochedos negros e uma densa neblina sempre pairando no ar, nos finais de tarde, impedindo que se veja a um palmo de distância... Durante um desses invernos, um grupo de engenheiros foi chamado para construir um farol nesse local improvável.

Dentre o grupo de engenheiros, um jovem profissional percebeu que, do alto de uma colina próxima, um nativo olhava os trabalhadores na costa e, balançando a cabeça, ria... ria sem parar.

O tempo foi passando e o jovem sempre reparava naquele nativo, que, rindo um monte, se divertia com o grupo de engenheiros. O jovem foi ficando indignado e, certo dia, resolveu ir lá, no alto do morro, tirar satisfações com o nativo.

— E aí, companheiro da colina?

O nativo olhou para o rapaz e esperou que o jovem lhe perguntasse:

— A gente está aqui há meses. Há pessoas que deixaram a família, houve acidentes e até uma morte nas obras! Tudo para construir um farol para vocês, que vivem aqui, para melhorar a sua vida!

Mirando bem o rapaz, o nativo deu uma baforada em seu cachimbo e disse:

— Meu jovem, minha família está aqui há dezenas e dezenas de gerações, e a gente nunca conseguiu acabar com a neblina...

Moral da história: o jovem (e seus colegas engenheiros) nunca tiveram a menor pretensão de acabar com a neblina. Isso é impossível! O que podiam fazer seria construir um farol, para ajudar a apontar os melhores cursos a seguir.

A neblina representa os nossos problemas reais. Sempre vão existir problemas, não há como acabar com os desafios das organizações. O que podemos fazer – e esse é o papel do estrategista de Marketing – é construir "faróis" – planos, ações, táticas, metodologias – que irão nos ajudar a caminhar melhor pela neblina. Ou seja, fundamentos, conhecimento para nos guiar quando deparados com os diversos e constantes obstáculos de nossa carreira profissional.

Ouvi essa história em 2005, de meu orientador no mestrado – um dos melhores mentores que tive na minha vida acadêmica e profissional desde sempre! – e repasso a mensagem religiosamente a cada nova turma de alunos. Naturalmente, quem conta um conto aumenta um ponto. Assim, sinta-se à vontade para adaptar a fábula da forma que preferir para propagar essa importante mensagem a seus clientes ou dentro de sua organização.

O planejamento já está na sua vida

Talvez você fique um pouco mais à vontade com o desafio de desenhar o Planejamento Estratégico de Marketing na Era Digital de sua organização, marca, produto ou serviço se entender que, a bem da verdade, você já executa constantemente (e, muitas vezes, de maneira automática ou inconsciente) processos semelhantes de planejamento em diversas áreas de sua vida. Curiosamente, é possível que até já use, ainda que sem perceber, algo próximo à Metodologia PEMD.

Pense um pouco e imagine quantas, dentre as coisas que estão passando ou que passaram pela sua vida, são ou foram alvo de planejamentos:

- **Constituição familiar** – normalmente (!!) os casais se planejam para se casar, ter filhos e pensar no futuro da família.

- **Viagem** – mesmo uma simples viagem de final de semana precisa ser minimamente planejada.

- **Estudos** – muitas pessoas investem boa parte de seus recursos (principalmente tempo e dinheiro) em cursos de graduação, pós-graduação e capacitações, e isso requer muito planejamento em sua vida pessoal, profissional e financeira.

- **Mudanças** – de um modo geral são muito bem planejadas, seja mudar de casa, seja de emprego, de país...

- **Investimentos financeiros** – às vezes leva muitos anos o planejamento da compra da casa própria, de um carro ou a abertura de uma empresa.

Pode ser até que você tenha alcançado resultados sem ter-se planejado de forma consciente ou estruturada. São muitas as empresas que também sobrevivem (e até prosperam) por anos sem Planejamento Estratégico. Como se vê, ter resultados sem planejar é possível, sim. Entretanto, o "chegar lá" sem planejamento irá consumir muito mais tempo, muito mais recursos e será muitíssimo mais arriscado. Posso até mesmo dizer que, ao faltar com o devido Planejamento Estratégico, a organização estará contando com a sorte, com a benevolência do destino. Em contraste, para não ficar à mercê do acaso, é essencial que sua empresa invista esforços em desenhar um sólido Planejamento Estratégico.

Vantagens de um planejamento bem estruturado

As organizações estão, cada vez mais, dando importância ao processo de planejamento. Diversos autores propuseram motivos para essa mudança cultural no mundo corporativo, principalmente na Era Digital, dentre os quais vale destacar:

- Análise estruturada e consistente do mercado.
- Adaptação a um ambiente cada vez mais dinâmico e competitivo.
- O planejamento dá um direcionamento claro para a organização e seus stakeholders.
- Um bom plano ajuda na gestão e mensuração do sucesso.
- Um plano bem comunicado integra de modo mais sólido os diferentes atores organizacionais.
- Os atores envolvidos (colaboradores, parceiros, fornecedores) sentem-se mais seguros sobre o que devem fazer e quais objetivos precisam alcançar.

Converso muito sobre os desafios e oportunidades do Planejamento Estratégico com diversos colegas do mercado e da academia. Gosto de ouvir diferentes opiniões e de sentir mais a temperatura daqueles que estão sempre na frente de batalha, concebendo e implementando planos estratégicos. Em uma dessas conversas, a executiva Mariana Ferraz Toledo compartilhou um pouco de sua visão bem holística. Atualmente como superintendente de Growth do Banco BV, Mariana foi também diretora do Qsaúde e já passou por renomadas agências (Publicis Groupe, Click/Isobar, entre outras), além de ter assinado soluções para marcas de ponta no mercado nacional (Santander, Banco Original, Webmotors, C&A, Fiat, Toyota, Natura, Habib's, entre outras).

Na ocasião, ela me dizia que o planejamento, seja em que área for, é **crucial** para qualquer atividade empreendida pela organização. A executiva sustenta que, mesmo com os prazos sempre apertados e a constante busca frenética por inovação, o profissional de Marketing não deve deixar de priorizar o que realmente é importante: o cliente no centro da estratégia. Toledo complementa afirmando que, para ter sucesso na agressiva dinâmica do mercado, o mais sensato e correto é investir em um planejamento bem estruturado, o que irá minimizar os problemas e maximizar os ganhos da organização.

A visão da executiva é certeira: a organização – seja pública, seja privada – que não investir em um planejamento estruturado e correto está conscientemente potencializando suas chances de fracasso na internet. Assim, lembre-se de não se dedicar a nenhuma incursão no mundo online sem estar certo do caminho proposto, além de bem respaldado e preparado para sua implementação e gestão.

De todo modo, acho irresistível fazer um breve parêntesis para uma lição de um livro seminal de Marketing Digital, intitulado *"E-Marketing",* de Strauss, El-Ansary e Frost (2006), que sempre ocupou um lugar especial em minha mente. Em determinado ponto, após também discorrer seriamente sobre a relevância de ter um plano estruturado, abrangente e complexo, os autores evocam sua teoria do *Napkin Plan* (ou Plano de Guardanapo), atestando que esses planos, aleatórios e informais, muitas vezes podem ter seu espaço e funcionar, dependendo de algumas contingências e da cultura da organização. São momentos de ócio criativo, que podem gerar bons frutos, mas que, de forma alguma, substituem o PEMD e que, ainda segundo os autores, não são recomendados quando muitos recursos ou riscos estão envolvidos.

FIGURA 10 – Plano de guardanapo: como a maior parte das empresas faz seus "planejamentos"

Mas, voltando ao objetivo de ter um Planejamento de Marketing eficaz, você precisará saber que há alguns fatores que influenciarão muito para obter resultados bem-sucedidos. Profissionais e acadêmicos costumam concordar que quatro fatores são particularmente relevantes: Pessoas, Cultura, Processos e Ferramentas. Confira os detalhes no **Quadro 6**.

QUADRO 6 – Quatro fatores que influenciam os resultados do Planejamento de Marketing

1.	Pessoas	» "Planejamentos" são elaborados, gerenciados e entregues por pessoas » Clientes são pessoas » É preciso reconhecimento das pessoas envolvidas no processo » Compartilhar Conhecimento / Aprendizagem » Crescimento pessoal e profissional » Muitas vezes os concorrentes se concretizam em pessoas – "eles", "os outros"
2.	Cultura	» A Cultura influencia MUITO – depende das pessoas, sim, e mais ainda de como a organização se comporta (hoje e no futuro!) » Ética » Conhecimento tribal » Personalidade coletiva » Riscos » Timing
3.	Processos	» Muito importantes, são muitas vezes o foco principal dos gerentes (!!!) » Coordenação » Institucionalização » Gerenciamento » Padronização » Fluxos » Inovação » Ganho de produtividade » Mais agilidade » Diminuição de riscos
4.	Ferramentas	» No final das contas, são meros instrumentos para entrega do planejamento, estratégias e táticas (mas fundamentais!) » Automação é fundamental » Produtividade e controle » Eficiência » Eficácia » Robustez » Credibilidade

Há diferentes tipos de planejamento, bem como diferentes níveis de estratégia e planos operacionais. O planejamento corporativo se inicia no topo da organização e dá o direcionamento que ela deve seguir como um todo. *A posteriori*, essa orientação irá guiar o planejamento nas diferentes áreas funcionais (Finanças, Recursos Humanos, Operações).

Para iniciar bem seu Planejamento Estratégico de Marketing na Era Digital, pode ser útil você fazer uma breve reflexão sobre os quatro tópicos do **Quadro 6** e seus subitens (Pessoas, Cultura, Processos e Ferramentas). Pense sobre como você, sua equipe e sua organização tratam cada um desses elementos e liste pontos problemáticos e áreas passíveis de melhorias.

Problemas e riscos em não planejar

Há alguns bons anos tive que conceber uma landing page para um cliente mais ansioso e impaciente que uma criança de cinco anos querendo sair da mesa para assistir seu desenho animado favorito. Íamos fazer a primeira campanha "a sério" da empresa e, verdade seja dita, todos estavam muito animados e com aquele friozinho na barriga.

Com a pressão de prazo – e acreditando na minha experiência e na da minha equipe –, não quis perder tempo planejando a landing page. Desenhamos a estrutura básica, passamos correndo para o *designer*, que, também pressionado, entregou rapidamente ao desenvolvedor e, dentro do prazo pedido, pronto; lá estava a página no ar!

Dois dias depois o cliente me liga preocupado. Ele perguntava por que não estava recebendo nenhum e-mail: "acho que a captação de leads não está funcionando...", disse ele. Achei a situação estranha e fui testar o site. Preenchi todo o cadastro na página e, na hora de clicar em "Enviar"... nada! Na pressa, sem um planejamento adequado, cortando etapas, e ainda com aquela adrenalina generalizada, todos nos esquecemos de dizer à equipe de programação o que aconteceria com o formulário: seria enviado por e-mail para algum membro da equipe do cliente? Seria armazenado em um banco de dados? Haveria um alerta via WhatsApp? Um erro bobo, desatenção ridícula, daquelas que fazem você sentir vergonha por séculos...

Por mais que situações assim soem como fictícias, são casos muito comuns, mesmo em organizações de grande porte e em equipes competentes. Provavelmente você também já cometeu erros básicos em projetos de Marketing por não ter investido algum tempo planejando suas ações. Os riscos de não fazer um planejamento correto vão desde um mero esquecimento no envio de comentários no blog ou falta de críticas[38] no formulário de cadastramento para a newsletter, até falhas mais graves, que podem impedir, por exemplo, que o internauta faça uma compra segura em seu site.

---

38 As "críticas" em formulários asseguram que o usuário não cometa erros. Um exemplo é quando o formulário exige que o internauta coloque apenas números no campo de telefone.

Em última instância, erros podem levar a sérios danos à sua marca. Mesmo organizações de peso já sofreram os impactos de um planejamento incompleto ou descuidado. Pode soar estranho, mas – a despeito do acesso a orçamentos fenomenais, a equipes invejáveis e a fornecedores de primeira linha – mesmo grandes organizações estão sujeitas a atropelos. Marcas de peso como Vodka Belvedere, Apple, Nissan, McDonald's, Zara, Kenneth Cole, entre tantas outras, já protagonizaram casos de equívocos grosseiros em ações online. A causa? Inevitavelmente, seja em maior ou menor grau, estava no planejamento.

Naturalmente, não são apenas organizações privadas que estão potencialmente expostas a percalços no ambiente online. Especialista em Marketing Digital, Rômulo Abdalla destaca os problemas decorrentes de falhas no Planejamento Estratégico, utilizando como pano de fundo o caso da Polícia de Nova Iorque, conforme detalhado na **Dica PEMD #7**. O que era para ser uma interessante iniciativa de interação com os cidadãos, transformou-se em verdadeiro vexame para a instituição.

Vale ressaltar que uma parte bastante relevante do processo de planejamento é a fase de homologação, ou seja, a etapa em que o projeto (site, blog, formulário, aplicativo) é insistentemente testado. Essa fase fundamental irá prevenir vários erros, além de dar a oportunidade de correção de qualquer rumo a ser tomado.

De modo mais amplo, podemos destacar alguns dos principais riscos da falta de planejamento:

- Incertezas em todo o desenrolar do projeto
- Despreparo frente às mudanças tecnológicas frequentes (no mundo digital então...)
- Falta de controle
- Ausência de padronização de processos e fluxos de trabalho
- Falta de integração entre as áreas da empresa
- Estimativas de gastos precariamente concebidas
- Desperdício de todo tipo de recursos (dinheiro, tempo, pessoas)

Em suma: sem planejamento, alguma coisa certamente irá dar errado e aí seu projeto, tempo e investimento vão pelo ralo abaixo...

Dica PEMD #7

Anticase da Polícia de Nova Iorque — #MyNYPD

Quanto vale um mau planejamento nas redes sociais?

Com o objetivo de melhorar o relacionamento e a imagem institucional com a população local, a polícia de Nova Iorque lançou uma campanha em seu perfil oficial do Twitter com a seguinte hashtag #MyNYPD ("Minha Polícia de Nova Iorque"). A proposta da campanha era simples: "você tem uma foto com um membro da NYPD? Tuite para nós com a hashtag #MyNYPD". A ideia inicial (ou talvez, a expectativa preliminar da organização) era exibir e compartilhar fotos e vídeos positivos da interação entre policiais e a comunidade. No entanto, o tiro saiu pela culatra.

Muitos cidadãos começaram a utilizar a hashtag para tuitar mensagens que demonstravam a Polícia de Nova Iorque em ações de violência, além de comentários sobre racismo, homicídios e outras agressividades cometidas por policiais. Segundo o jornal inglês "The Guardian", em curtíssimo tempo, mais de 70 mil pessoas haviam tuitado sobre a violência da polícia, ridicularizando o NYPD.

O fato teve repercussão internacional e foi noticiado em diversos canais na internet, impressos e em programas televisivos. O caso motivou usuários de vários países a falar negativamente sobre as polícias de suas próprias regiões, se solidarizando com os cidadãos do maior centro comercial norte-americano. Hashtags semelhantes foram criadas em outros países, como no México (#MiPolicíaMexicana), na Grécia (#myElas) e na Alemanha (#DankePolizei). No Brasil, internautas resolveram criar um Tumblr para fazer algo similar.

Planejar é preciso

A ideia inicial de criar campanhas temáticas com depoimentos, fotos, vídeos e conteúdos que elevam o grau de reputação de uma marca é bem interessante e muito utilizado principalmente por empresas privadas. As redes sociais são munidas de um turbilhão de informações, interações e relações. É recomendado aprofundar em pesquisas e estudos fundamentados em informações relevantes ao público-alvo e desenhar possíveis cenários adversos. A polícia de Nova Iorque acreditava que conhecia seu público através de uma falsa percepção da realidade, e o resultado deu no que deu.

É de fundamental importância conhecer, ouvir e principalmente estabelecer um diálogo aberto e constante com os principais stakeholders no mundo digital. O grande erro da campanha #MyNYPD foi justamente ignorar um planejamento estruturado, prevendo possíveis problemas, riscos, limitações e ajustes. A polícia sempre deve responder a perguntas difíceis publicamente através de uma ação-chave programada para confrontar com qualquer crise nas redes sociais. Isso é básico.

Polícias de todo o mundo sempre foram instituições polêmicas, pois têm a função de lidar com bandidos, mocinhos, conflitos sociais e violação de direitos. É muito arriscado se expor em um ambiente aberto como a internet, onde os limites entre mentiras e verdades facilmente ficam nublados. Não adianta esconder ou camuflar o que realmente somos e até onde podemos chegar. A internet tem memória e nada é escondido ou esquecido. Para marcas com características similarmente polêmicas ou de história dúbia, as atividades em canais sociais devem ser ainda mais bem planejadas.

A polícia de Nova Iorque não soube administrar a e-crise e, portanto, talvez tenha perdido a oportunidade de trazer a verdade de maneira aberta, rápida e objetiva, quiçá abrindo um canal de diálogo franco com a população com vistas ao desenvolvimento de melhores serviços policiais ao cidadão.

Havendo monitoramento e plano de contingência dos fluxos de interpretação, os impactos negativos e danos causados pela campanha #MyNYPD poderiam ter sidos estrategicamente minimizados, aumentando ainda mais a probabilidade de desdobrar a ação em outras plataformas. A falta de planejamento pode transparecer como prepotência, amadorismo, desinformação e despreparo para lidar com questões relevantes ao Marketing Digital e às atividades de relações públicas.

Existem outras formas de utilizar a internet em detrimento da boa imagem da polícia nova-iorquina e da melhor prestação dos serviços básicos de segurança. É necessário utilizar criatividade, sim, mas, acima de tudo, é vital lançar mão de um planejamento firme para desenvolver uma melhor comunicação com os públicos de interesse.

Rômulo Abdalla Teixeira Dias, *profissional sênior com mais de 25 anos de experiência como empreendedor, professor universitário, diretor de Negócios e Gestão, Marketing, Treinamento e Liderança de Equipes em diferentes áreas. Graduado em Administração de Empresas, pós-graduado em Marketing e MBA em Marketing Digital pela FGV. Atuou em grandes projetos estratégicos como HyperloopTT, Toyota, Volkswagen, Vale, Alelo, Vivo, Tim, Claro, Oi e Banco do Brasil. Atualmente é CEO na mLearn Educação Móvel e conselheiro em startups e empresas de tecnologia.*

CAPÍTULO 14
Processos e Etapas para um PEMD Eficiente

Um dos pioneiros no sucesso dos programas de MBA em Marketing da Fundação Getúlio Vargas (FGV), o professor Luis Carlos Sá foi responsável por criar e orientar alguns bons milhares de Planejamentos Estratégicos de Marketing durante seus mais de 30 anos de vida acadêmica. Ele diz que o Planejamento Estratégico de Marketing é um processo que visa levantar e organizar atividades, em uma sequência lógica, que levam à definição do objetivo de marketing e à formulação de estratégias e planos de ação. Outro amigo e colega, também um dos revisores técnicos deste meu livro, André Miceli, adiciona que o Planejamento Estratégico de Marketing, particularmente no ambiente online, é voltado para organizações que compreendem quão importante é o relacionamento de suas marcas no mundo online (Miceli e Salvador, 2017).

Tendo o raciocínio de ambos os professores como norte, podemos sustentar que a Metodologia PEMD visa o resultado desejado do processo de Planejamento de Marketing, com foco específico em atividades no ambiente online. É um **mapa** que apontará todo o caminho: o ponto em que sua organização se encontra agora, em qual destino ela quer chegar e quais as melhores alternativas para chegar lá.

Para cumprir bem sua função, o horizonte de tempo contemplado em um PEMD deve ser algo entre 12 e 24 meses, dependendo do setor, prioridades, limitações e intenções da organização. Mais comumente, faço PEMDs de 12 meses, mas não é incomum pensar em ações para um cronograma de 18 meses. É raro, e muito complexo, desenhar planos para 24 meses. Nossa, em dois anos, tanta coisa muda...

Acredito que o mercado atual está tão dinâmico, turbulento e imprevisível que é tarefa hercúlea tentar fazer planos de mais longo prazo, tal como era tão comum há quase duas décadas, quando grandes organizações – por exemplo, Petrobras, British Council, Furnas, IBM, Dow, Tata Steel, BBC, Eletrobras, entre outras – faziam planejamento pensando em 15 ou 20 anos à frente.

Sendo assim, tanto pelo dinamismo da atual situação de mercado, quanto pelo fato de estarmos visando atividades no ambiente online (ainda mais veloz e demandante), proponho que o PEMD não ultrapasse uma visão de 24 meses (e repito: tenho a preferir desenhar PEMDs com horizontes de 12 meses, com revisões e debates sobre os rumos a cada quatro ou seis meses).

Para o ponto de partida do seu PEMD, relaciono algumas perguntas-chave que devem ser estudadas, tratadas e respondidas:

- Quem somos?

- O que nos propomos a fazer?

- Onde estamos?

- Qual o nosso horizonte/futuro?

- O que precisamos fazer para chegar a ou para merecer esse futuro?

- Como saberemos se ou quando chegamos lá?

Naturalmente, para tratar esses desafios existem diversas metodologias de Planejamento Estratégico que podem ser adotadas e adaptadas. Alguns autores propuseram formatos específicos para o meio online. No entanto, tendo a preferir metodologias já consagradas e utilizadas vastamente por empresas e acadêmicos do mundo todo, ainda que tenham sido originalmente pensadas para um mundo sem internet, mas em linha com a ideia de que Marketing Digital nada mais é do que os conceitos mais íntimos de marketing aplicados ao ambiente online.

De qualquer forma, independentemente da maneira como sua estratégia é planejada, existem sempre algumas fases ou estágios básicos. Na Metodologia PEMD, conforme irei detalhar logo mais à frente, adoto um modelo de quatro etapas amplamente aceitas no mercado:

✓ **Etapa 0 – Setup**

✓ **Etapa 1 – Onde Estamos?**

✓ **Etapa 2 – Para Onde Vamos?**

✓ **Etapa 3 – Como Chegaremos Lá?**

FIGURA 11 – Sequência lógica das quatro etapas fundamentais da Metodologia PEMD

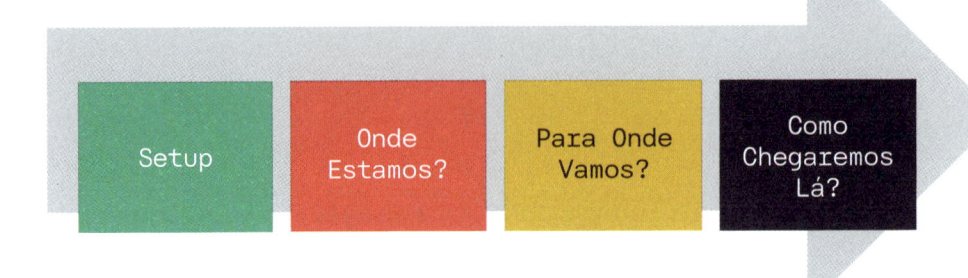

[Setup] → [Onde Estamos?] → [Para Onde Vamos?] → [Como Chegaremos Lá?]

Essas fases dão conta de municiar o estrategista com uma visão clara, organizada, gerenciável e abrangente do mercado em que a instituição está inserida, quais os objetivos e o horizonte almejados pela organização e como se pretende alcançar esses objetivos e ter sucesso na visão de futuro.

A **Figura 12**, que veremos na sequência, ilustra, de forma ampla, como as etapas se desdobram em fases que ajudarão o estrategista a montar e gerenciar seu PEMD. Costumo recomendar aos meus alunos que imprimam a imagem e a coloquem sempre à vista em seu ambiente de trabalho. Isso reduzirá a amplitude da curva de aprendizado e o ajudará a dominar mais rapidamente a Metodologia. Com o tempo, todo o processo vai estar dentro de você. No automático. Você usará menos tempo na confecção do trabalho, desde apresentar a proposta para iniciar um PEMD até a própria condução das atividades. Então, veja, reveja e tenha na ponta da língua o modelo a seguir:

FIGURA 12 – Desdobramento das quatro etapas da Metodologia PEMD detalhadas em subfases

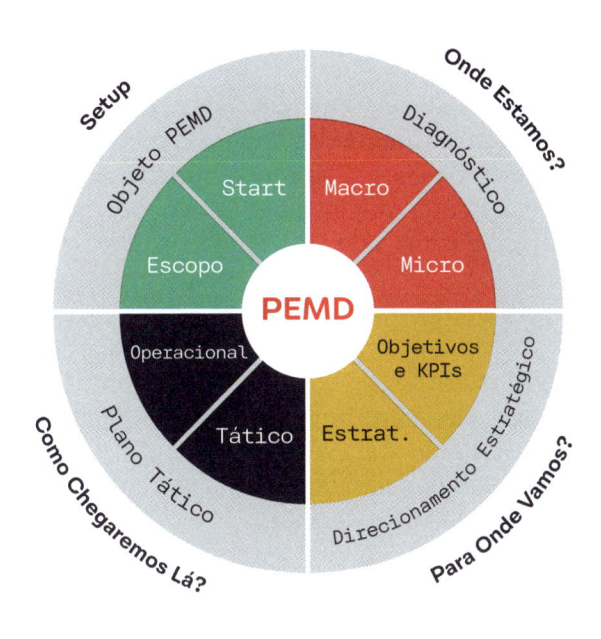

Ironicamente, muitos profissionais e planejadores se esquecem de, após o término da etapa que envolve o Plano Tático de Ações, orientar sobre como implementar, gerir e controlar/mensurar o PEMD. Apesar de reconhecer a importância desse tema, não será foco deste livro guiar o estrategista nas fases subsequentes à entrega das táticas digitais. Eventualmente, em outra oportunidade, tratarei sobre maneiras específicas de mensuração e controle. Portanto, um guia sobre a Implementação e Gestão do PEMD, quem sabe, será tema para outro livro...

Ilustrando o conceito do PEMD

Os conceitos que embasam o Planejamento Estratégico de Marketing podem ser comparados a um projeto pessoal para emagrecer (que quase toda a população mundial adota em alguma segunda-feira ao longo do ano...), como podemos ver no exemplo, a seguir, de um planejamento pessoal hipotético de uma pessoa que não está satisfeita com sua condição física atual:

Etapa 0 – Setup

O "objeto" do Plano, nesse caso, sou "eu" mesmo! Devo fazer uma breve reflexão acerca do que me trouxe até aqui, olhar para meus semelhantes, os recursos que tenho e identificar o que preciso para dar início ao meu projeto de emagrecimento.

Etapa 1 – Onde Estamos?

Estou fora do peso. Sinto-me indisposto, sempre cansado, sem paciência para fazer exercícios físicos. Sei que passo por uma fase de muito estresse no trabalho e isso afeta também meu relacionamento com minha família e esposa. Trabalho 12h por dia e mal tenho tempo de dormir. Se continuar assim, minha autoestima continuará a baixar, talvez me afaste dos amigos e pode ser que minha produtividade caia bastante, prejudicando o meu trabalho e o dos meus colegas. Tenho receio de que, se não melhorar rapidamente essa condição, possa perder uma promoção na empresa. Peso mais de 100kg, me alimento mal e durmo pouco.

Etapa 2 – Para Onde Vamos?

Quero perder 10kg em um ano e ter melhor qualidade de vida! Como estratégias, vou dedicar mais tempo aos meus amigos e à minha família fora do trabalho. Preciso estar mais bem disposto para produzir mais no meu dia a dia. Quero estar mais relaxado e ser uma melhor companhia para os que estão à minha volta. Ah, e aquela promoção será minha!

Etapa 3 – Como Chegaremos Lá?

Para alcançar tudo que listei na Etapa 2, vou usar algumas táticas:

- Voltarei a dormir pelo menos 6h ou 7h por noite para estar mais bem disposto nos próximos seis meses.

- As noites e os fins de semana serão dedicados à família. Vou passar a brincar mais com meu filho.

- Começo a academia amanhã! Além de musculação três vezes por semana, vou aproveitar o domingo para passear de bicicleta com minha esposa. Nos primeiros dois meses, vou concentrar-me em atividades aeróbicas.

- Já marquei nutricionista para iniciar imediatamente uma dieta alimentar que me ajudará a emagrecer e me sentir mais bem disposto.

Esse exemplo (sim, sei que você se identificou com muitas das coisas que estão aí!) ajuda a entender como cada etapa funciona e como o planejamento está presente em diversas áreas da nossa vida pessoal e profissional, mesmo que não nos demos conta disso.

Cada uma das próximas partes do livro tratará de uma das etapas-chave e explicaremos com mais detalhes os processos e objetivos de cada fase.

CAPÍTULO 15
As Etapas do PEMD Dispostas em um Horizonte de Tempo

É muito comum ter dúvidas sobre como explorar os diferentes passos da Metodologia PEMD dentro de um cronograma, principalmente sob a pressão constante que há em qualquer organização. Quanto tempo gastar em cada etapa? Como posso saber se minha equipe ou fornecedor estão sendo realistas quanto ao tempo de desenvolvimento do PEMD?

Errar na montagem do cronograma do Planejamento pode custar muito caro – tanto no lado financeiro quanto em outros tipos de custos. Fazer um PEMD não é fácil, principalmente em suas primeiras tentativas. Como em tudo, você vai ficando melhor com a prática. Eu adoraria ter tido uma melhor orientação acerca de quanto tempo deveria dedicar a cada etapa e a cada atividade do PEMD. Teria me poupado muita dor de cabeça!

Depois de tantos PEMDs desenvolvidos ao longo de anos, cheguei a uma estimativa empírica que tem se mostrado bastante adequada para diferentes tipos de organizações, produtos ou serviços – seja nos atendimentos aos meus clientes, normalmente grandes empresas e multinacionais, seja nos casos de meus alunos, que tendem a ter foco em micro, pequenas e médias empresas. A **Figura 13** ilustra um PEMD de quatro meses (o projeto inteiro, tem cerca de 10 meses), elaborado para uma empresa B2B de grande porte que precisava de um Planejamento Estratégico para seus principais produtos e uma eventual entrada no mercado de varejo, via comércio eletrônico.

No exemplo a seguir, apenas para meros fins didáticos e comerciais, uni na Entrega 1 a Etapa 0 (Setup) e a Etapa 1 (Diagnóstico), o que funcionou como um artifício para facilitar a compreensão do trabalho por parte do cliente. Isso contribuiu para minha venda do PEMD e o acompanhamento de Consultoria.

FIGURA 13 – Exemplo do framework das etapas do PEMD em um cronograma

Tempo **estimado** total do projeto: ~10 meses

| 71 DIAS | 20 DIAS | 33 DIAS | 180 DIAS |

ENTREGA 1 — Setup e Diagnóstico Estratégico da XPTO e de seus principais concorrentes

ENTREGA 2 — Definição dos Objetivos do Negócio e dos KPIs para o Marketing na Era Digital

ENTREGA 3 — Planejamento Tático e Operacional de Ações de Marketing na Era Digital

ENTREGA 4 — Consultoria Estratégica para acompanhamento e suporte à gestão dos projetos de Marketing

RESULTADO: Claro cenário atual da empresa, seus principais públicos e concorrentes

RESULTADO: Segurança que o Digital focará na entrega dos objetivos organizacionais

RESULTADO: Plano eficiente, mensurável e sólido, que aponte como entregar as metas demandadas

RESULTADO: Celeridade nas entregas, otimização de custos e maximização de resultados para a XPTO

Fonte: Nino Carvalho Consultoria

Note que as Etapas 0 e 1 (Setup e Diagnóstico Estratégico) duram mais de 25% do tempo total do projeto inteiro. Como verá ao longo deste livro, um diagnóstico bem-feito é o principal fator que assegura o sucesso do plano como um todo. É vital uma auditoria sólida, dado que o profissional de marketing atua em um ambiente extremamente mutante, de forma que a análise do ambiente interno mostrará o que é desejável, enquanto o estudo do macroambiente dirá o que é possível, de forma a maximizar as probabilidades de sucesso da organização.

Claro que você não é obrigado a seguir exatamente esse cronograma ou essa divisão do tempo. Na verdade, o importante é ter em mente a lógica por trás do exemplo:

- **As Definições Iniciais (Etapa 0 – Setup)** servem para delimitar o escopo que será tratado ao longo do PEMD. Para que tudo corra bem, de forma transparente e com menos chances de afetar o cronograma acordado, é importante definir bem qual será o Objeto de estudo do PEMD, o que será contemplado e quais as "regras do jogo" antes de começar.

- **O Diagnóstico Estratégico (Etapa 1 – Onde Estamos)** é o momento mais relevante por se tratar do levantamento de informações que guiará o estrategista ao longo de todo o processo. É aqui que você deve investir mais tempo, ferramentas, pessoas e dinheiro.

- **A Definição dos Objetivos, KPIs e Estratégias (Etapa 2 – Para Onde Vamos)** é relativamente mais simples e direta, uma vez que você utilizará o norte proposto em âmbito organizacional como direcionador dos seus esforços de marketing.

- **O Plano Tático de Ações (Etapa 3 – Como Chegaremos Lá)** costuma ser percebido como muito valioso para a empresa (e, claro, é mesmo!), mas será conduzido de maneira muito natural e lógica desde que suas etapas anteriores tenham sido bem pensadas.

Recomendações sobre o cronograma do seu PEMD

Eventualmente, pode ser que você seja pressionado a apertar muito o cronograma do PEMD. Seu chefe ou o cliente têm pressa, estão ansiosos, mas também preocupados com o investimento. É normal, não se preocupe. Nesses casos, se não houver saída e você realmente tiver que espremer tudo possível para deixar a concepção do PEMD mais enxutinha, há algumas recomendações que certamente serão úteis.

A primeira delas é evitar, ao máximo, mexer na duração do Diagnóstico. Como verá mais à frente, essa etapa tende a ser a principal para o estrategista ter sucesso em suas atividades. Em segundo, seja parcimonioso nos cortes que fizer ao prazo da última etapa, o Plano Tático. Você pode, sim, reduzir o tempo aqui, mas o cliente dá muito valor ao tático. Na cabeça do leigo, o importante é o que ele vai ver "na prática": o site novo, os posts nas redes sociais, um evento online etc. O cliente não imagina que você só conseguirá propor ações realmente úteis e eficientes caso tenha feito as etapas anteriores de forma correta.

Portanto, minha recomendação é que, sempre que for inevitável e você tiver que cortar prazo, tire tempo da etapa de Direcionamento Estratégico, quando irá definir os Objetivos e Indicadores-chave de Performance que guiarão o desdobramento tático do PEMD. Conforme você for trabalhando no Setup (Etapa 0) e no Diagnóstico (Etapa 1), os estudos e, particularmente, as entrevistas e reuniões com as equipes da empresa irão te municiar com muitas informações e insights sobre o que a organização enxerga para seu futuro. Especialmente nas conversas com os líderes (CEO, presidente, board), pergunte sobre os objetivos, as pretensões e como a empresa se enxerga no futuro. Em suma, com todas essas informações, será mais fácil conceber o Direcionamento Estratégico da empresa (Etapa 2).

Mais uma dica que pode ajudá-lo não apenas a economizar tempo na Etapa 2, mas também marcar pontos positivos com a liderança da empresa, é fazer um workshop de definição dos objetivos. Costumo convidar os decisores da empresa e os guio em discussões e atividades para construirmos em conjunto a proposta de objetivos. A mesma abordagem, um workshop, pode ser também adotada em relação à definição dos KPIs (indicadores-chave de performance), embora com outro público. Normalmente, você definirá os KPIs do PEMD com a equipe de Marketing e, eventualmente, representantes de áreas próximas, como Comercial, Tecnologia, Recursos Humanos, ou Produto.

Confesso que, infelizmente, é difícil e demandante o processo de convencer seu cliente ou a alta gestão da empresa a investir todo esse tempo e capital para seguir as Etapas da Metodologia PEMD de forma correta e paciente. Uma das perguntas que faço para meus clientes (e você deve fazer o mesmo) é questionar se algo que a empresa ou seus concorrentes fizeram na internet realmente foi impactante no mercado de forma a justificar que a organização tenha pressa para sair fazendo as coisas como sempre fez ou como acha correto fazer.

A resposta, via de regra, é um sonoro "não". Isso porque não há quaisquer justificativas nem para correr com alguma solução, nem para continuar fazendo as coisas do jeito como são feitas – do contrário, o mundo já seria maravilhoso e você não precisaria se preocupar com mais nada a não ser colher os louros do sucesso! Assim, pela primeira vez, mostre ao seu cliente ou gerente que é preciso empreender o processo de PEMD de forma integral, com calma e com a devida atenção que cada etapa requisita.

Com vistas a ajudá-lo na difícil tarefa de investir na concepção do PEMD (seja dentro de sua própria organização, seja desenvolvendo um PEMD para um cliente), aponto, no próximo capítulo, algumas barreiras que você possivelmente encontrará em sua jornada.

CAPÍTULO 16
Dicas Valiosas para o Sucesso do seu PEMD

Conceber um Planejamento Estratégico de Marketing na Era Digital é bastante desafiador, e certamente a Metodologia PEMD irá ajudar como um farol a guiá-lo no meio da neblina. Ao longo dos últimos 25 anos tenho estudado, ensinado e praticado o PEMD em dezenas de instituições de ensino, empresas privadas e organizações públicas. Essa coletânea de experiências me ajudou a identificar alguns obstáculos comuns, que afetam marcas e profissionais na concepção e gestão do PEMD, independentemente de seu foco ou setor de atuação.

Conceber um Planejamento Estratégico de Marketing na Era Digital é bastante desafiador, e certamente a Metodologia PEMD irá ajudar como um farol a guiá-lo no meio da neblina. Ao longo dos últimos 25 anos tenho estudado, ensinado e praticado o PEMD em dezenas de instituições de ensino, empresas privadas e organizações públicas. Essa coletânea de experiências me ajudou a identificar alguns obstáculos comuns, que afetam marcas e profissionais na concepção e gestão do PEMD, independentemente de seu foco ou setor de atuação.

Especificamente na Era Digital, dada a velocidade e dinâmica das transformações, os desafios tendem a ser ainda mais similares entre as empresas – particularmente quando são organizações que atuam em um mesmo setor.

Esse fenômeno (as similaridades) ocorre em grande parte por conta de uma mistura de "efeito manada" com ignorância da liderança nas empresas. Por exemplo, imagine que um executivo do Google dá uma palestra em um grande evento e diz que sua empresa utilizou a metodologia XYZ para conquistar ótimos resultados em um projeto. Essa fala é publicada nas redes sociais, em blogs especializados e vai sendo compartilhada, atingindo cada vez mais pessoas. Em pouco tempo outras empresas já estão adotando a tal XYZ, pois, afinal, "o próprio Google usa, e o Google é o Google!!". Assim, conceitos, ideias e metodologias vão se proliferando e contaminando milhares e milhares de organizações. Todas na esperança de ter sucesso em suas iniciativas.

O lado ruim é que seu competidor provavelmente está usando muitas das informações que você também está. O lado positivo é que conseguimos prever alguns movimentos no mercado. Por conta disso, ao longo da minha carreira, identifiquei problemas, ou erros, similares e muito comuns nas empresas.

Assim, consegui listar no **Quadro 7** a seguir os cinco pontos que entendo serem particularmente relevantes para quaisquer marcas que estejam no processo de estruturar seu Planejamento Estratégico de Marketing na Era Digital:

QUADRO 7 – Quatro erros que poderão afetar seu PEMD

1. Erro de Conteúdo

O conteúdo deve não só ser alinhado à marca, mas **agregar real valor ao negócio**. Feito isso, deve-se preocupar com **entregas** frequentes, interativas e com volume. Não produza qualquer conteúdo (imagem, áudio, texto, vídeo...) sem estar certo sobre como cada peça está contribuindo com o objetivo final de sua estratégia. Lembre-se de que, na internet, o conteúdo é rei: ele será responsável pela captação e retenção de tráfego qualificado, bem como pela conversão dos públicos corretos em suas páginas. Se não souber responder como seu post no TikTok ou seu stories no Insta vai contribuir ou está contribuindo para a entrega de objetivos organizacionais, simplesmente não publique.

2. Erro de Integração

O velho problema do **Triângulo de Serviços** (veremos esse conceito detalhadamente mais à frente), com o agravante de que o mundo digital parece existir **isolado** do resto do universo da organização... Sem integração, os departamentos não se ajudarão, não estarão focados no cliente, nem nos objetivos organizacionais, de modo tal que os processos da empresa também não estarão focalizados, nem priorizando as entregas aos públicos da marca. Não bastasse a falta de integração entre importantes agentes dentro da empresa, por vezes o caso é mais grave, existindo verdadeiras guerras entre Marketing e Comercial, Marketing e RH, ou Marketing e Financeiro. Por fim, adicione aqui as falhas de integração de canais. O cliente demanda, cada vez mais, uma experiência *omnichannel*, ou seja, quer ser considerado (ser bem atendido, poder interagir, comprar, se informar) nos canais on e offline, de forma fluida e complementar.

3. Erro de Mensuração

O Erro de Mensuração acontece principalmente em dois momentos comuns. **Primeiro**, o erro ocorre quando não se colocam metas realistas e alcançáveis (não raro, as organizações sequer estabelecem metas para suas ações e equipes de marketing). **Segundo**, ocorre quando se deixa de medir o que está sendo feito e de agir em cima dos resultados (sucesso ou não). Você e sua equipe devem regularmente gerar e refletir sobre relatórios de performance, que vão desde o comportamento de acesso ao site da empresa até as taxas de conversão nos funis de metas pré-estabelecidos. Errar não é nem o principal problema, desde que você tenha mensurado tudo, saiba exatamente como errou e dedique esforços para não falhar no mesmo ponto novamente, bem como para buscar melhores caminhos em uma próxima ocasião.

4. Erro do Avestruz

Assim como essa peculiar ave faz quando se percebe em situação adversa, o Erro do Avestruz diz respeito à reação comum de executivos ao ignorarem a avalanche digital e optarem por fingir ou achar que "esse problema" ou "essa moda" irá passar logo ou que as questões serão resolvidas por si sós. No atual mercado, ditado por novas regras e recheado de transparência e interação, infelizmente a tática de fingir que não é com você ou de colocar os problemas para baixo do tapete, empurrar os investimentos em tecnologia com a barriga... não, isso não irá funcionar. É vital que as organizações abracem as possibilidades da Era Digital com vistas à inovação e à transparência, e também a fomentar melhores vínculos com seus públicos.

5. Erro de Conceitos

Em qualquer situação, não saber a teoria irá torná-lo um prático menos eficiente. No PEMD, é comum a falta de embasamento teórico impactar negativamente na consecução de um planejamento de sucesso. Para começar, é muito normal confundir estratégia com tática, o que irá contaminar todos os seus esforços[39]. Outro problema comum é errar nos conceitos de objetivos e KPIs. Os profissionais tendem a propor objetivos que são indicadores ou vice-versa. Adicionalmente, KPI é uma coisa e as metas que os acompanham são outra coisa[40]. Há também casos em que se confunde objetivos com estratégias. Seja como for, desconhecer os conceitos estruturais de Marketing sempre será um potencializador negativo em seus empreendimentos com o PEMD.

O Planejamento Estratégico precisa ser de cima para baixo

Quando comecei a me envolver em questões estratégicas de Marketing, uma frase de um professor me marcou. Foi durante minha especialização no Chartered Institute of Marketing, no Reino Unido, quando tive a felicidade de ter aulas com Colin Gilligan, autor de diversos livros sobre Planejamento Estratégico de Marketing e consultor internacional de grandes empresas. Gilligan disse que os esforços estratégicos de Marketing nas empresas só funcionam se forem "de cima para baixo". Mas, afinal, o que o professor quis dizer exatamente?

As recomendações que você fizer em seu PEMD terão sempre o cliente no centro (afinal, é esse é papel do Marketing). Para conseguir atender bem os clientes, se posicionar corretamente e superar a concorrência, os esforços demandados à organização vão muito além do Marketing; irão também impactar o Comercial, RH, Financeiro, TI, entre tantos outros setores da empresa. Portanto, quando o

---

39 Saiba mais em meu artigo "Qual a diferença entre Estratégia e Tática" e assista também ao vídeo, disponíveis no **Espaço aPEMDiz**.

40 Como verá mais à frente, no Capítulo 43, eu opto por unir os indicadores e as metas ao trabalhar os KPIs para uma empresa. Essa opção se dá por conta de acreditar ser mais fácil pensar dessa maneira.

estagiário do Marketing for pedir a um gerente de produto ajuda para responder a um cliente, que enviou suas dúvidas pelo Instagram, seria esperado que o tal gerente prontamente desse atenção ao estagiário. Na verdade, o executivo está atendendo ao cliente, e não ao estagiário!

Entretanto, o que acontece na realidade é que as ações de Marketing (por exemplo, atender satisfatoriamente a um cliente via redes sociais) nem sempre recebem a devida atenção dos demais departamentos e profissionais da empresa. Já até ouvi, de um executivo de logística de uma multinacional brasileira, algo como "Aí veio o rapazinho do Marketing aqui, querendo que eu parasse meu trabalho para responder a mensagenzinha de internet... eu tenho que trabalhar, não posso ficar brincando de influencer!". Ora, por favor! Seria melhor você atender ao cliente em primeiro lugar e, se tiver tempo sobrando, aí vai brincar de trabalhar... A questão é que, se o PEMD não estiver intimamente respaldado pelos líderes da empresa, pode ter certeza de que seu plano irá falhar.

Conforme ilustrado no **Quadro 8**, conseguimos perceber facilmente como o sucesso da empresa no ambiente online é influenciado pelo grau de maturidade que a organização tem em relação ao devido Planejamento de Marketing na Era Digital.

QUADRO 8 – Matriz da Maturidade Digital

	Nascente	Em desenvolvimento	Intermediário	Avançado	Maestria
Estratégia	Sem estratégia, mas o comércio digital é considerado uma oportunidade.	Visão estratégica de curto prazo (1 ano), KPIs e roadmap de curto prazo em vigor.	Estratégia de médio prazo (1-2 anos) para dimensionar o existente e explorar o novo valor digital.	Estratégia e roteiro de longo prazo (3-5 anos) para impulsionar o portfólio atual e novos valores digitais.	O comércio digital é um pilar fundamental da estratégia geral de negócios.
Cultura	Mentalidade fixa que afeta a crença na oportunidade de comércio digital.	Construção de crenças de liderança por meio de projetos de transporte e logística multifuncionais.	Liderança que defende o comércio digital, transporte e logística estabelecidos, oportunidades focadas no digital exploradas.	O comércio digital tem impulsionado a mentalidade de crescimento para explorar novas oportunidades de crescimento focadas no digital.	Todos são defensores de comércio digital responsáveis pelo sucesso digital.
Organização	Nenhuma estrutura de comércio digital formalizada ou líder reconhecido.	Líder designado para dirigir o Centro de Excelência de Comércio Digital com suporte de parceiros externos e funções de negócios.	Começa a estabelecer um modelo de Comércio Digital híbrido entre Centro de Excelência e negócios.	A organização mudou totalmente para um modelo operacional híbrido de comércio digital.	Nenhum Centro de Excelência digital. Funções e responsabilidades do comércio digital integradas às principais funções de negócios.
Execução	Pouca execução de comércio digital em andamento com investimento mínimo ou está acontecendo em silos.	A execução é ad hoc / não estruturada, o desempenho é inconsistente e sem lucros e perdas.	Execução estruturada em canais principais que oferecem ROI consistente.	Plano multicanal estabelecido com claros KPIs e lucros e perdas. Atividades de inovação seletiva executadas.	A melhor execução da classe, entregando metas comerciais com investimento agressivo.
Operações	Pouca ou nenhuma capacidade operacional de comércio digital em vigor.	Desenvolvimento de práticas recomendadas / processos-chave críticos. Existem lacunas críticas nas capacidades de tecnologia.	Melhores práticas críticas e processos-chave incorporados. Tecnologia / análise crítica em vigor.	Todos os recursos operacionais de comércio digital estão em vigor, mas ainda estão sendo incorporados.	Todos os recursos de comércio digital estão operacionais e totalmente integrados.

Fonte: Traduzido e adaptado de Gartner (2021)[41]

---

41 *"Gartner Digital Commerce Maturity Framework"*. Disponível em: https://emtemp.gcom.cloud/ngw/globalassets/en/marketing/documents/marketing_dig_commerce_maturity_model_one-page-template.pdf. *"Gartner One-Page Digital Commerce Maturity Framework"*. Disponível em: https://www.gartner.com/en/marketing/research/digital-commerce-marketing-maturity-framework. Acesso em: 3 abr. 2023.

Muitos estudos apontam para linhas similares a essa matriz, tal como ocorre nas propostas da eConsultancy, Smart Insights, McKinsey ou da Deloitte, por exemplo. Para ajudá-lo a perceber a ideia aqui, compare o primeiro estágio ("Nascente", quando não há planejamento) com o último ("Maestria", quando a empresa tem um planejamento integrado e otimizado). Perceba que as empresas mais maduras, com um processo sistemático e bem resolvido de Planejamento Estratégico de Marketing na Era Digital, parecem ter tudo funcionando de forma harmônica. Particularmente, veja a importância de se ter um comprometimento integral da Alta Gestão da empresa.

Em um outro exemplo, uma pesquisa do MIT com a Deloitte, percebeu-se que ter o grupo de líderes da organização envolvido e comprometido com a visão da importância do Digital para a empresa é fundamental para o sucesso do negócio: 90% dos executivos de empresas evoluídas digitalmente afirmam que a liderança da instituição (donos, CEOs, board de diretores etc.) acredita que os negócios sociais podem ser fundamentais para a evolução da organização.

Vale complementar, a ideia de entender a maturidade da organização em relação ao Digital, e a relevância da participação ativa dos líderes no sucesso da empresa, também é algo pertinente às marcas do Setor Público. A FutureGov também destaca a importância dos gestores de topo como ponto fundamental para o sucesso das iniciativas e organizações públicas[42].

Tive a oportunidade de trabalhar com algumas organizações altamente evoluídas nesse sentido, ou seja, em que os altos gestores se envolviam diretamente com as atividades de Marketing Digital da organização. Na Toyota, a maior montadora do mundo, o Diretor de Marketing estava pessoal e diretamente conectado aos trabalhos da equipe, consultores e fornecedores, bem como o próprio Vice-presidente de Marketing da empresa, que também participava ativamente dos momentos e decisões mais importantes dos trabalhos da área. Um comportamento não somente estimulante, mas também muito correto e evoluído.

Em outro caso semelhante, no Instituto Brasileiro de Petróleo, Gás e Biocombustíveis (IBP), as interações com o board de executivos da organização e o envolvimento direto do Secretário Executivo (algo similar a um CEO, em uma empresa privada) eram patentes. Pude perceber quanto isso impactava positivamente todos os desenvolvimentos da instituição na área de marketing como um todo.

---

42 *"An update on our Digital Maturity Assessment"*. Disponível em: https://blog.wearefuturegov.com/an-update-on-our-digital-maturity-assessment-cade2c1ce2a8. Acesso em: 3 abr. 2023.

Em mais um exemplo bem ilustrativo, em 2021 a RBR Asset criou um Comitê de Marketing composto de alguns dos principais executivos das diferentes áreas da empresa. O objetivo era ter um grupo que pudesse não apenas direcionar as ações de Marketing da empresa, mas também assegurar que todos os departamentos estivessem alinhados e integrados nas atividades de Marketing. Para dar o exemplo e demonstrar a importância da estratégia de Marketing no sucesso da RBR, o próprio CEO integrava e colaborava de perto com os trabalhos do Comitê. A ideia de o CEO ou Presidente da empresa serem os principais agentes a assegurar um Planejamento Estratégico bem-sucedido certamente não é nova (veja, por exemplo, Daniel, 1992), mas seguem como grandes desafios, particularmente em pequenas empresas (LeCounte, 2020), em momentos de grandes instabilidades (Weston, 2020) ou em processos de Transformação Digital (Bresciani e outros, 2021).

Entretanto, acredito que nenhum de meus clientes contava com o board e/ou sócios tão engajados quanto a Focus, a maior importadora e distribuidora têxtil da América Latina. Na apresentação do Diagnóstico Estratégico do PEMD, por exemplo, o Presidente voltou de reuniões em Londres especialmente para a ocasião. Que exemplo fantástico de reconhecimento à importância do Marketing na Era Digital! Adicionalmente, todo o board estava intimamente envolvido com todo o projeto ao longo dos muitos meses de atividades. Não é à toa que todas essas marcas aqui citadas estão anos-luz à frente dos demais *players* em seus respectivos segmentos de atuação.

Estou certo de que o apoio da alta gestão é tão importante que, de uns anos para cá, tenho alertado e formalmente exigido que meus clientes nomeiem um executivo de alto escalão da organização para ser o interlocutor diretamente responsável pelas atividades de consultoria. Esse executivo (um Diretor, Vice-presidente ou, em alguns casos, o CEO ou dono da empresa) deve, no mínimo, participar das principais reuniões, da apresentação quinzenal de evolução dos projetos, bem como envolver-se direta e ativamente nas principais decisões e entregas (tais como distribuição de orçamento para o Digital, contratação de fornecedores, entre outros). Os resultados têm sido excelentes para ambos os lados e recomendo fortemente que você considere fazer o mesmo em seus trabalhos ao longo do PEMD.

Desenvolvimento de uma mentalidade estratégica

O mercado atual requer um olhar abrangente para inúmeras questões: macroambiente, clientes, funcionários, competidores, recursos... A habilidade de pensar – e agir – estrategicamente é o amparo do profissional para decidir como os fatores observados impactam direta e indiretamente sua empresa e/ou cliente.

Essa é uma competência que os consultores e profissionais de marketing DEVEM exercitar diariamente. É uma construção. À semelhança entre o que aconteceu com o *Neo*, em Matrix, é como se você desenvolvesse uma habilidade especial de ver o mundo com olhos que revelassem uma nova camada de realidade. Quase um superpoder!

Na **Dica PEMD #8**, você poderá conferir uma relação de exemplos de mentalidade estratégica e verificar como as empresas utilizam a internet como ferramenta de inteligência competitiva, de modo a capacitá-las para traçar estratégias que irão assegurar seu próspero futuro. A explicação é simples: o impacto da internet no mundo dos negócios é análogo ao advento da mídia impressa ou das ferrovias, transformando o mundo em aspectos financeiros, sociais e de comunicação. Interessante notar que esse fenômeno, guardando-se em conta as particularidades de cada contexto, está presente há décadas em estudos muito relevantes de Marketing (por exemplo: Levitt, 1960; Bylinsky e Moore, 1987; Sharma e Sheth, 2004; Fernandes e Oliveira, 2021).

A falta de mentalidade estratégica bem estruturada pode gerar muitos inconvenientes para as organizações, desde expor a marca a situações ridículas até o desperdício de recursos financeiros, eventualmente levando a organização a uma morte lenta e dolorosa.

Um dos exemplos mais grotescos no Brasil talvez seja o da rede carioca de supermercados Zona Sul. A empresa, na tentativa de cópia irracional de uma sólida e bem estruturada estratégia da Tesco (rede de supermercados do Reino Unido) na Coreia do Sul[43], instalou uma gôndola virtual em uma estação de metrô no Rio de Janeiro. Basicamente, colocaram painéis em que o usuário podia escolher os produtos de interesse com a leitura de QR Codes (códigos QR), finalizar a compra no *e-commerce* da empresa e receber os produtos em casa.

Em razão de, claramente, não ter feito um trabalho estruturado de Planejamento Estratégico, a empresa só se esqueceu de alguns fatores um tanto quanto

---

43 Entenda o caso e assista ao vídeo explicativo *"Tesco Homeplus Virtual Subway Store in South Korea"*. Disponível em: https://www.youtube.com/watch?v=fGaVFRzTTP4. Acesso em: 3 abr. 2023.

relevantes: o metrô carioca tem desde casos de arrastão até episódios de estupro, sem mencionar o fato de que a adoção de *e-commerce* ainda era baixa no Brasil; o *mobile commerce* era quase inexistente e a qualidade da conexão móvel ainda é carente e inconstante (muito mais dentro de uma estação subterrânea do metrô).

Por mais que soe como um bizarro episódio de filme de segunda categoria ou mesmo uma piada entre amigos à mesa do bar, trata-se de um dentre tantos outros casos de falta de mentalidade estratégica e de um trabalho sério, sólido e estruturado de Planejamento Estratégico de Marketing Digital.

Um profissional com visão e pensamento estratégico consegue enxergar o que está acontecendo, digerir todas as informações e saber como usá-las para tomar as melhores decisões para sua empresa ou para seu cliente (Mações, 2019).

Dica PEMD #8

Cinco exemplos de empresas que desenvolveram uma mentalidade estratégica

Veja a seguir alguns exemplos de mentalidade estratégica desenvolvida por empresas, compreendendo os movimentos do mercado, prevendo tendências e se preparando no presente para os desafios do futuro. Perceba como todas utilizam a internet como "mera" ferramenta de inteligência competitiva, para capacitá-las a traçar estratégias que irão assegurar sua sustentabilidade.

» **Google no topo do mundo**
Desde 2006, o Google tem investido bilhões de dólares em projetos e indústrias de energias renováveis[44] (particularmente energia solar). Em uma primeira visão, talvez você pense que isso se dá pelo fato de a empresa gastar fortunas com servidores e infraestrutura de tecnologia em geral. Para ciência, segundo matéria do *Data Center Frontier*[45], os gastos do Google nessa área chegam, em média, aos US$ 13 bilhões por ano. Seria, portanto, esse investimento alocado para otimizar os investimentos da empresa em tecnologia? Correto, mas não é só isso. Talvez seja para melhorar sua imagem em tempos de maior consciência ambiental? Quem sabe, responsabilidade social? Hum... ainda não... pensemos mais um pouco.

O Google é uma das empresas que mais investe em estudar e prever tendências nas áreas mais diversas (de medicina quântica a nanotecnologias). Não é difícil imaginar que, prevendo a eventualidade de algum colapso social ou econômico, talvez algum desastre natural que leve a economia mundial à loucura, será o Google que estará pronto para oferecer energia ao planeta, ajudando a ordenar novamente a sociedade pós-colapso – e lucrando muito com isso. Que tal isso para dar poder a uma organização, hein?

---

[44] Veja mais sobre os investimentos da empresa em energia no site Google Sustainability. Disponível em https://sustainability.google/progress/. Acesso em: 15 mar. 2023.

[45] "Google Building More Data Centers for Massive Future Clouds". Disponível em: https://datacenterfrontier.com/google-building-more-data-centers-for-massive-future-clouds/. Acesso em: 15 mar. 2023.

» **Meta e Skynet**
Skynet é a empresa fictícia do filme Exterminador do Futuro que irá virar a página da Inteligência Artificial (IA) dando posteriormente o controle do planeta às máquinas. Stephen Hawking, talvez o mais relevante físico da Modernidade, achava que não estamos muito distantes desse momento (Hawking, 2018); uma ruptura que irá fazer com que as IAs passem a tomar decisões de forma independente do controle humano.

Não acho que a Meta (empresa dona do Facebook, Instagram, WhatsApp, pioneira no atual Metaverso, entre outros) tenha esse foco ou pretensão, mas o fato concreto é que a empresa direciona larga parte de seus esforços para a área de Inteligência Artificial. A compra do WhatsApp[46], em fevereiro de 2014, teve como foco principal os dados da empresa, colecionados e armazenados em uma infinidade de zeta bytes produzidos por nós, meros mortais usuários do aplicativo. Várias outras aquisições e desenvolvimentos de aplicações com foco em inteligência se seguiram desde então.

Na rede social Facebook já deixamos muitas informações sobre nossa vida e a plataforma já utiliza muito (e muito bem) esses dados para gerar ativos para a companhia. No entanto, é no WhatsApp que trocamos conversas mais íntimas, secretas e reveladoras. Esse conjunto de "quem somos abertamente para o mundo" somado a "quem somos em nossos momentos mais privativos e íntimos" dará ao Facebook um conhecimento sobre os indivíduos do planeta que certamente nenhuma organização jamais teve em nenhum momento da história. A adição do Instagram, em 2012, já mostrava um pouco das intenções da empresa em colecionar mais inteligência sobre o mercado. Bem, agora cabe a você imaginar como a polêmica empresa de Mark Zuckerberg usará essas informações e quais serão os próximos passos, para além dos investimentos no metaverso.

» **Ipiranga: visão e inovação**
Acredito ser um dos mais ilustrativos exemplos de inteligência e pensamento estratégico do cenário brasileiro. Sabendo que o petróleo está nas últimas (a própria British Petroleum diz que temos pouco mais de 50 anos de reservas no mundo), a Ipiranga se tornou uma empresa que, em meio a um vasto leque de produtos e serviços, por acaso também trabalha com combustíveis.

Já faz tempo que os postos Ipiranga não servem só para encher o tanque de seu veículo. Além de outros tantos serviços automotivos, a empresa tem

---

46 Entenda melhor a compra do WhatsApp pelo Facebook e seus desdobramentos no site *Gizmodo*. Disponível em http://gizmodo.uol.com.br/facebook-dono-WhatsApp. Acesso em: 15 mar. 2023.

parcerias com diversas marcas para ampliar sua oferta nos postos: lavanderia, padaria e minimercado são apenas alguns exemplos. Marcas tais como Itaú, Americanas, Correios, Bob's, Burger King e Subway são parceiras da Ipiranga. Mas a visão da empresa não se limita nem a petróleo, nem aos postos.

A Ipiranga é a líder em programas de fidelidade na América Latina (o *KM de Vantagens* chegou a 35 milhões de membros em 2021), possui site de *e-commerce*, loja de vinhos na internet e é possível até mesmo comprar combustível online (isso mesmo, quebrando paradigmas, o consumidor decide qual é o posto em que ele irá abastecer antes mesmo de estar na rua com tanque baixo!).

Há alguns anos, outra sacada da empresa, o ConectCar, uma tag de cobrança automática, como o Via Fácil ou Sem Parar, somou-se ao portfólio estratégico da empresa. Com esse dispositivo, além de entrar em mais um mercado e estreitar os laços com seus clientes, a Ipiranga passará a conhecer as rotas dos usuários e terá a possibilidade de geolocalizá-los para ações em tempo real.

» **Alibaba**
O Alibaba é quase onipresente na China. Muito além do famoso *e-commerce*, a empresa tem uma Academia com cursos abertos a profissionais de Digital, Marketing e Tecnologia, o que a coloca no próspero e rentável mercado de educação executiva.

A empresa também atua em muitas outras frentes, que vão desde protótipos de produtos inovadores, frutos de investimentos em pesquisas acadêmicas, passando por hotéis 100% robotizados (sem qualquer humano no atendimento) e lojas experimentais de moda, além de dezenas de lojas de conveniência no mundo de tijolo, sem falar de seus tecnológicos supermercados Hema, que combinam muito bem a integração entre o físico e o digital (em inglês, é usado o termo *phygital*). Ah, e tudo isso é pago via aplicativo próprio do Alibaba e monitorado por algoritmos inteligentes.

Dessa maneira, a gigante chinesa coleciona um universo de informações demográficas e comportamentais sobre centenas de milhões de clientes no mundo todo. Especificamente na China, é bem provável que a empresa conheça mais sobre o perfil e os hábitos da população local do que o próprio governo!

CAPÍTULO 17
Barreiras e Desafios para o PEMD

O planejamento – não só de marketing, mas em qualquer área – e suas consequências deveriam ser um almejado e benéfico processo natural de qualquer organização. No entanto, o que percebo ao longo de todos esses anos trabalhando junto a inúmeras marcas públicas e privadas é que não é raro ver empresas sem qualquer planejamento formalizado e, mais comum ainda, sem ter qualquer plano na área Digital.

O PEMD requer trabalho, custa para a empresa (tempo, dinheiro, recursos humanos) e exige esforço em questionar e mudar os processos e a cultura da organização.

Assim, compilei de alguns autores algumas das principais barreiras que você poderá encontrar para o desenvolvimento e a implementação do PEMD, conforme o **Quadro 9**.

QUADRO 9 – Barreiras que podem ser encontradas para o desenvolvimento e a implementação do PEMD

Cultura organizacional	Pode não ser aberta ou flexível a planejamentos, principalmente se a empresa não for orientada a Marketing.
Poder e política	As empresas são sujeitas (por vezes, movidas!) a políticas, guerras feudais internas, de forma que o planejamento vira um excelente motivo para as disputas entre diferentes partes da organização.
Foco equivocado	Não raro o foco fica sendo a coleta e análise de dados (sim, trata-se de um momento superimportante) em vez de visar o desenho tático ou, muito menos, a implementação do planejamento.
Recursos	A dificuldade de ter acesso a informações sobre recursos corretos, ou mesmo a falta concreta de recursos, pode afetar o sucesso de seu PEMD. Nesse ponto, os "recursos" dizem respeito não somente à verba disponível para as atividades, mas também às competências dos diferentes atores sociais para assegurar o bem-estar do plano.
Previsão e orçamento	Muitas empresas consideram que o planejamento é focalizado basicamente em fazer previsões para um período futuro e alocar recursos financeiros para lidar com o cenário imaginado.

Falta de suporte da alta gestão	Nenhum esforço de marketing funcionará se não tiver o aval e, melhor ainda, a participação ativa da alta gestão. Em minhas experiências de consultoria, alerto sobre esse ponto vital e recomendo fortemente que o responsável pelos trabalhos seja um executivo de alta patente, tal como um diretor ou vice-presidente.
Números x objetivos	É comum ver a utilização de metas em detrimento de objetivos. Veremos na Etapa 2 da Metodologia PEMD (Para Onde Vamos) que a organização deve definir seus objetivos e, em seguida, especificar os indicadores ou metas que irão, então, direcionar o plano tático.
Evento anual	Boa parcela das organizações (principalmente as privadas) transforma o processo de planejamento em um eventual anual, executado em um belo spa, quando alguns executivos participam de dinâmicas lideradas por um animador de festas. Planejamento não é isso! Ele é dinâmico, contínuo e deve ser um objeto de consulta frequente entre os diversos atores organizacionais.
Trocar as bolas	Existe um processo racional para o planejamento, mas muitos profissionais começam pelo meio, ou pelo fim, aí voltam ao início, depois esquecem uma coisinha aqui, outra ali. É comum ver planejamentos iniciando com a Matriz SWOT, por exemplo, ao passo que, como vemos aqui neste livro, existem etapas claras e ordenadas a seguir.
Não reinvente a roda	Evite pensar que o que sua empresa está passando – os problemas no Digital, as limitações – é algo exclusivo ou inédito. Marcou-me muito (e positivamente!) a leitura de dois pesquisadores de Kellogg, uma das melhores escolas de marketing do planeta, que sugerem que o sucesso pode ser emulado e inspirado a partir de experiências (boas e ruins) de outras marcas (Dranove e Marciano, 2017). Desde então, sempre que vou iniciar um novo PEMD, invisto um bom tempo estudando como outras marcas superaram dificuldades parecidas ou resolveram problemas similares aos que estou enfrentando.

Desafios dos Quatro Ecossistemas de Marketing Digital

Tendo desenvolvido e orientado uma vasta sorte de PEMDs para organizações no Brasil e no exterior, ao longo do tempo identifiquei alguns padrões (ou pontos em comum) de desafios na concepção dos trabalhos elaborados para marcas públicas e privadas. Assim, a partir de 2014, comecei a compartilhar o conceito com alunos e clientes. Trata-se tão somente de refletir acerca de quatro grupos de desafios, ou obstáculos, muito alinhados com as particularidades das instituições atuantes no Brasil, a que chamo de Desafios dos Quatro Ecossistemas de Marketing na Era Digital.

Desafio 1: Foco Estratégico

O primeiro problema é a organização não ter concretamente um foco estratégico para o Digital. Isso quer dizer que as ações de Marketing no ambiente digital parecem soltas, descoladas dos direcionamentos e objetivos da empresa. Por outro lado, em uma organização sem esse problema, cada vírgula, cada imagem, cada post é reflexo de uma orientação maior, alinhada com os objetivos organizacionais. Em outras palavras, você deveria saber responder como aquele post no Instagram está contribuindo para o alcance dos objetivos da marca.

Desafio 2: Adesão da Alta Gestão

A questão principal nesse segundo desafio é que a alta gestão (donos, investidores, board de diretores, o que for) não apoia as iniciativas de Marketing como deveria. Se não há esse apoio, consequentemente não há verba, não há prioridade e todo o resto irá falhar. Quando não há participação próxima e ativa dos mais graduados gestores, os processos começam a ruir.

Imagine que você precisa colocar uma informação no seu site. Para conseguir essa informação, é preciso que um colega de outra área a forneça para você. Pois bem, se a alta gestão não dá suporte ao marketing e/ou às ações de Digital, muito provavelmente todas as áreas e profissionais da empresa vão fazer o mesmo, de maneira que você não vai receber o conteúdo que precisa, pois ele não é prioridade de seu colega.

Logo no início da carreira, cheguei a ouvir de uma grande empresa privada, líder na área de Entretenimento em âmbito nacional, a seguinte frase: "Nino, não venha me incomodar com esse negócio de internet. Eu preciso trabalhar e, se tiver tempo, te envio o conteúdo. Nosso negócio é televisão!". O irônico aqui é que, na verdade, a internet é um canal que é a melhor e mais potente ferramenta para auxiliar a organização a estreitar laços com seus públicos. Assim, é uma ferramenta que atende e pertence a todos dentro de uma empresa e você, estrategista de marketing, nada mais é do que o facilitador da organização para o uso correto e consciente das possibilidades do ambiente virtual. Com isso em mente, passei a adotar uma frase engraçada, que ajuda a quebrar o gelo, mas mostra o quanto é importante o foco e a atenção dos gestores nos esforços de Marketing Digital na empresa: "primeiro, faça internet. Se sobrar tempo, trabalhe!".

Em um projeto de consultoria para a DuPont, uma das maiores e mais antigas organizações do planeta, tive a oportunidade de conhecer Ricardo Abellan, um especialista em Marketing Digital. Hoje, Abellan é Diretor de Estratégia e Resultados da Agência GDM, mas, na altura dos trabalhos que conduzimos juntos, o executivo era Head de Digital da DuPont para a América Latina. Em um de nossos papos, Abellan disse algo bem interessante em relação ao posicionamento e importância das atividades relacionadas ao PEMD dentro da empresa:

> Quase tão importante quanto conhecer sobre marketing digital, é ser habilidoso em lidar com os anseios e descréditos da alta gestão em torno de sua efetividade e capacidade de causar real impacto nos resultados do negócio.
>
> É crucial ser capaz de demonstrar com clareza e riqueza de detalhes como e onde o marketing digital se conecta com os objetivos mais críticos do negócio, de preferência com respaldo dos benefícios palpáveis.
>
> Também é muito importante entender o ritmo da organização. Marketing digital é uma transformação organizacional e, como tal, exige mudanças de estrutura e de comportamento que podem ser inicialmente traumáticos para organizações complexas.

O grande problema aqui é que, por vezes, a alta gestão não percebe o valor, o retorno sobre o investimento (do inglês, ROI – *Return On Investment*) no Digital – ou mesmo no Marketing como um todo. Isso é compreensível. Por isso, municie-se de paciência, além de muitos dados bem embasados e argumentos robustos para elucidar e convencer os gestores sobre os impactos positivos do investimento nas atividades de Marketing Digital.

Desafio 3: Desalinhamento de Processos

Para que as atividades de Marketing na Era Digital funcionem de forma correta e gerem bons resultados, particularmente em uma realidade cada vez mais *omnichannel*, é preciso que as diversas áreas dentro da organização entendam como cada uma delas influencia e se envolve (ou deveria se envolver) nos processos de Marketing. Isso quer dizer que, para ser possível enviar uma resposta a um e-mail de um cliente, por exemplo, são muitos os profissionais e departamentos envolvidos. O mesmo acontece com interações nas redes sociais ou com ações executadas no mundo de tijolo.

Dentro de qualquer organização certamente existem e se desenvolvem diversos processos. No que se refere ao Digital, alguns dos principais processos são:

- **Processos de gestão de conteúdo**
  Trata-se das atividades que a organização deve empreender para apurar, redigir, editar, publicar e promover o conteúdo, independente do formato (de posts diários nas redes até landing pages ou eventos online).

- **Processos de gestão de e-crises**
  São todas as iniciativas necessárias para que, em uma eventualidade de crise no ambiente digital, a marca esteja preparada para gerir e superar as dificuldades. Sistematicamente, especialistas na área de Gestão de Crises tendem a recomendar que a empresa invista esforços em tentar prever e prevenir crises, em vez de ter que conter e gerenciar crise quando uma bomba estourar (Teixeira, 2019; Forni, 2019).

- **Processos de atendimento**
  Nesse momento você deverá pensar nas interações (via redes sociais, e-mails, SMS, app, formulário ou qualquer outro meio digital) para responder e atender aos públicos nos canais online. O atendimento vai desde curtir comentários dos internautas ou compartilhar post de um parceiro, até ajudar o cliente no passo-a-passo para realizar uma compra em seu *e-commerce*.

- **Processos internos**
  Todos os outros três processos sempre serão altamente dependentes dos processos internos que a organização oferece (ou, mais comumente, deixa de ter) para tratar de questões de marketing no ambiente virtual. As orientações das equipes, a disponibilidade de ferramentas e aplicações adequadas, as dificuldades de orçamento ou morosidade em trâmites internos, todas essas questões são relevantes e irão afetar suas entregas – mas, muito provavelmente, não estarão sob sua alçada direta.

Aconselho que, caso sua realidade seja a de uma organização com muitos processos e muito complexos, pode ser que valha a pena contar com o auxílio de um profissional especializado em mapear processos de comunicação. Costumo preferir profissionais da área de Gestão de Projetos, que costumam ter mais familiaridade com a identificação, mapeamento e melhoria de processos diversos, incluindo os que irão influenciar seus trabalhos ao longo do PEMD.

Desafio 4: Integração

Muitos profissionais de marketing, comunicação, publicidade, RP se questionam se devem ou não integrar seus esforços. O fato é que essa discussão não faz qualquer sentido: é o cliente, e não o profissional ou a organização, quem já decidiu. O consumidor buscará enxergar os esforços de marketing da organização de forma integrada, quer ela deseje isso ou não (Grönroos, 2016; Schultz e Schultz, 2003). Falhar na integração irá prejudicar a compreensão das entregas de Marketing da empresa.

A integração entre departamentos e entre funções de Marketing é vital, pois todo contato que um stakeholder tem com a organização impacta na percepção de marca. Esse impacto irá desdobrar-se na forma como o público avalia aquela empresa em particular. Raramente, no entanto, as organizações trabalham de maneira integrada, muito menos no que tange às atividades de Marketing e de vendas. Não raro você verá marcas utilizando vídeos no YouTube aproveitando as mesmas peças que foram transmitidas na televisão. Similarmente, verá *banners* que nada mais são do que formas menores de imagens usadas em jornais ou revistas. Ora, se esse tipo de integração – ou seja, as campanhas de comunicação estarem alinhadas de acordo com as características de diferentes meios – comumente não funciona, imagine outros tipos mais complexos...

Em meus trabalhos identifiquei três tipos de integração que precisam acontecer para assegurar o bom funcionamento dos processos e, consequentemente, maximizar as chances de sucesso de seu PEMD:

1. **Integração entre canais**

   Esse ponto diz respeito a integrar os canais online com os offline, bem como os canais online entre si, no que se refere às campanhas e às mensagens de comunicação e aos esforços comerciais. O cliente tem exigido experiências e relacionamento *omnichannel*, o que torna a integração entre canais mais desafiadora e essencial.

   Existe um framework amplamente disseminado entre profissionais de internet (o modelo ficou particularmente conhecido pelo uso e compartilhamento entre profissionais de agências entre si e com seus clientes) que ilustra bem como os canais pagos, proprietários e conquistados devem coexistir de forma integrada nos ambientes on e offline. Você verá versões similares do diagrama com outros nomes: *Digital Marketing Trifecta*, Triângulo de Marketing Digital (*Digital Marketing Triangle*), *Big Three* (Os Três Grandes) ou simplesmente *Earned, Paid and Owned Media* (Mídia Conquistada, Paga e Proprietária). Seja como for, já há alguns anos tenho trabalhado e ensinado a seguinte interpretação particular:

QUADRO 10 – Triângulo de Marketing Digital

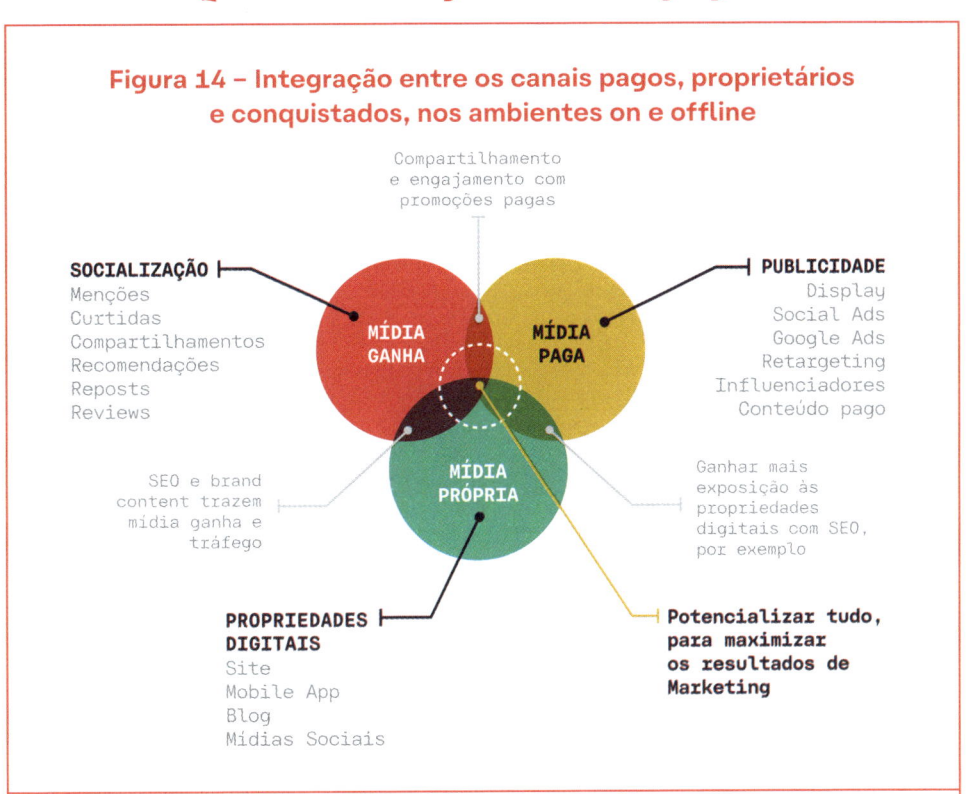

Figura 14 – Integração entre os canais pagos, proprietários e conquistados, nos ambientes on e offline

Compartilhamento e engajamento com promoções pagas

SOCIALIZAÇÃO
Menções
Curtidas
Compartilhamentos
Recomendações
Reposts
Reviews

MÍDIA GANHA

MÍDIA PAGA

MÍDIA PRÓPRIA

PUBLICIDADE
Display
Social Ads
Google Ads
Retargeting
Influenciadores
Conteúdo pago

SEO e brand content trazem mídia ganha e tráfego

Ganhar mais exposição às propriedades digitais com SEO, por exemplo

PROPRIEDADES DIGITAIS
Site
Mobile App
Blog
Mídias Sociais

Potencializar tudo, para maximizar os resultados de Marketing

As **Mídias Pagas** são as que requerem investimento financeiro da empresa para que seu conteúdo seja publicado em determinado canal. Tradicionalmente, são as campanhas publicitárias, os vídeos publicitários, as promoção de posts, os links patrocinados, remarketing e os social ads, entre tantas outras.

Alguns profissionais classificam as "Mídias Sociais" como uma mídia proprietária, como se a sua empresa fosse dona daquele perfil social. Não se engane: você está meramente "alugando" um espaço na casa de outra empresa. Seu canal no YouTube, Twitter, Instagram, Pinterest, enfim, não tem quase nada de "seu", na verdade. No Facebook, por exemplo, os conteúdos postados por organizações ou pessoas físicas, uma vez que são incluídos na página passam a pertencer a essa rede social.

Em adição a essa sugestão sobre como encarar as Mídias Sociais, lembre-se que também há riscos de que, do dia para a noite, sua marca perca tudo que ela cultivou. Quando o MySpace foi vendido e cessou suas operações (em 2011), muitas marcas, incluindo artistas de renome internacional, se viram sem chão, pois boa parte mantinha apenas o MySpace e sequer tinha site. Ironicamente, ainda há marcas que seguem utilizando perfis sociais (principalmente no Facebook e algumas até no Pinterest) em vez de websites. De qualquer forma a mensagem é: não se trata de um local proprietário e há possibilidade de ação tanto em Mídia Paga (em formatos publicitários), quanto de forma conquistada (com o uso de ações de RP junto a influenciadores, por exemplo).

As **Mídias Conquistadas** são aquelas em que sua marca consegue exposição sem necessidade de incentivos financeiros diretos. Vale dizer, no entanto, que não raro a organização precisa, sim, investir, ainda que de forma indireta, para atingir os resultados almejados.

Isso quer dizer que a organização investirá, por exemplo, em ações de relacionamento com influenciadores online, tal como blogueiros, *instagramers*, articulistas de sites verticais etc. A crença é que o fortalecimento dos laços de relacionamento com esses stakeholders irá potencializar ao máximo as probabilidades de os influenciadores promoverem conteúdo sobre sua organização, seus serviços, projetos e assim por diante.

É interessante também refletir sobre certos resultados, digamos, indesejáveis de possíveis ações em cada tipo de canal. As atividades pagas atraem estranhos, desconhecidos, particularmente nas opções offline, ainda que você tenha feito um excelente trabalho em segmentar seus clientes e ao escolher os canais de divulgação. Não é errado atrair desconhecidos, mas também não é valioso e pode ser uma aposta fatal para empresas de menor porte, com muitas limitações financeiras. Ao atrair públicos que potencialmente não têm interesses em sua marca, certamente sua organização terá um vasto volume de pessoas, mas com pouca qualidade. Por isso, para ser interessante esse tipo de ação, normalmente é preciso investir grandes somas de dinheiro e utilizar profissionais qualificados na concepção das ações táticas, a fim de maximizar o número de pessoas qualificadas atraídas.

As **Mídias Proprietárias** certamente são mais escassas, mas essenciais para qualquer organização, sem restrições e, não raro, as mais eficientes para conversão direta. É preciso investir muito em seu site – seja como canal de comunicação, de atendimento ao cliente, de vendas e, não se esqueça, como fonte inestimável de Inteligência Competitiva – coletando informações diversas sobre o comportamento de uso e de compra de seus serviços na internet. O seu site é, provavelmente, a principal mídia de sua inteira propriedade. Você é o dono e faz o que quiser. Isso vale para blogs, landing pages, e-mail, grupos de sua administração, entre outros exemplos.

2. **Integração com atores internos**

    Trata-se de integrar os diferentes profissionais e equipes dentro da organização. Isso tem muito a ver com ter os processos funcionando bem. É preciso que a área de marketing fale bem com os colegas de vendas, de produto, com a alta gestão, com o chão de fábrica, enfim, os esforços de Marketing precisam permear a organização e seus atores para que o PEMD seja bem-sucedido.

3. **Integração com atores externos**

   Uma organização tem de ter bom relacionamento com o mundo externo e se alinhar a atores que estão fora da organização. Fornecedores e parceiros precisam estar bem integrados entre si para que as ações deem certo. É comum em empresas que trabalham com mais de uma agência que esses fornecedores não trabalhem bem quando em conjunto (e, não raro, se tratam como se estivessem em guerra!). No caso das marcas públicas, deve-se aproveitar a inexistência de pressão de lucros e de concorrência para trabalharem de forma mais parceira, trocando links e recomendações umas para as outras.

Perceba como os desafios são quase que evoluções um do outro, embora não necessariamente todos precisem estar presentes ou acontecer em uma ordem específica. Durante a **Etapa 1 do PEMD – Diagnóstico Estratégico**, você irá retornar a esses desafios, identificando como os temas acontecem na sua empresa para depois traçar formas de melhorar e otimizar os processos.

PARTE III

METODOLOGIA PEMD – ETAPA 0: SETUP

DEFINIÇÃO DO OBJETO

Marcando os limites e o escopo de seu PEMD

VOCÊ ESTÁ AQUI ▼

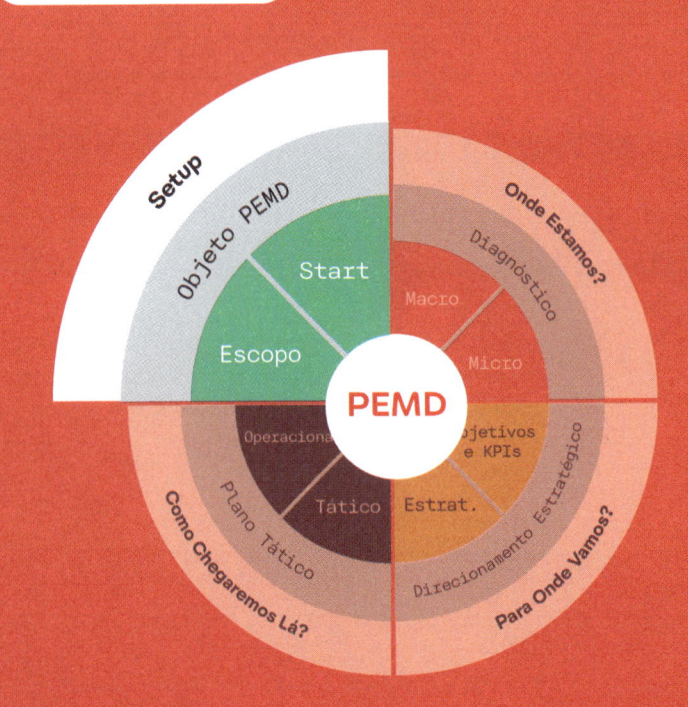

CAPÍTULO 18
Orientações Gerais para o Desenvolvimento, a Apresentação e a Defesa do PEMD

A partir de agora, as próximas partes deste livro irão focalizar todo o processo de desenvolvimento do Planejamento Estratégico de Marketing na Era Digital propriamente dito. Assim, as páginas a seguir tratarão cada etapa em detalhes e o orientarão sobre como executar um PEMD de qualidade para organizações públicas ou privadas, de diversos portes.

Note que, dependendo do perfil da instituição em que o PEMD será executado – limitações, cultura, processos internos, foco e expertise em Marketing, relevância do Digital na empresa, disponibilidade de recursos humanos e financeiros etc. – você poderá adaptar a Metodologia de forma a caber melhor em sua própria realidade.

De todo modo, seja qual for o setor de atuação ou porte da empresa, algumas recomendações são muito apropriadas e úteis para ajudar seus trabalhos ao longo do desenvolvimento e defesa do PEMD, conforme veremos a seguir:

- **TUDO em Marketing começa e é focado no cliente**
  Se formos ainda mais radicais (corretos, talvez??), poderíamos mesmo afirmar que qualquer decisão da empresa (e não apenas do Marketing) deveria ser sempre tomada tendo o cliente em primeiro lugar, como centro e foco em quem paga as contas. Portanto, nunca perca de vista o básico: quais os segmentos de clientes que a organização atua ou pretende atuar.

- **As análises e decisões do PEMD só são válidas se estiverem relacionadas à concorrência**
  Nunca faça nada em suas iniciativas em Marketing sem contrastar seu raciocínio com os demais *players* de mercado. Se sua organização for da área pública e não tiver concorrentes, faça pontes com os benchmarks. A questão é que você não terá condições de saber se está bem ou mal se não estiver se comparando a seus "semelhantes". Essa orientação é particularmente válida para ajudá-lo durante o levantamento e a análise de informações do Diagnóstico Estratégico (Etapa 1) e, posteriormente, para o desenho de seu Plano Tático de Ações (Etapa 3).

- **Para todas as análises, sempre faça uma longa lista de opções para que, *a posteriori*, possa filtrar e selecionar as melhores alternativas**
  Há testes usados em psicologia que revelam que, quando encontramos o que pensamos ser uma resposta certa a uma questão, damo-nos por satisfeitos e paramos de buscar ou de refletir sobre o problema. Isso quer dizer, por exemplo, que se você precisar identificar cinco públicos prioritários para sua marca, provavelmente você conseguirá chegar rapidamente a uma conclusão listando sete ou oito públicos. Talvez os cinco primeiros que você identificou possam estar corretos, mas não necessariamente são a melhor alternativa.

  No entanto, se você se forçar a fazer um longo rol com 20, 30, 40 stakeholders diferentes e investir tempo para refletir sobre cada um deles, a rever a lista diversas vezes e ordenar por importância, é mais certo que os cinco que finalmente selecionar sejam realmente os mais indicados, prioritários e melhores quanto possível.

- **Sustente sempre muito bem suas colocações e recomendações**
  Fundamente muito bem suas análises, seus achados e suas orientações ao longo do PEMD. É trabalhoso e toma tempo, claro, mas será que você pretende apresentar para seu chefe ou para um cliente um planejamento superficial, sem embasamento, com dados vazios, recomendações frouxas e argumentação questionável?

  Utilize-se sempre de fontes confiáveis, busque dados, números, exemplos, o que for necessário para deixar seu trabalho sólido, redondo e fortemente embasado em evidências, sem brechas para questionamentos perigosos, o que irá minimizar sua margem de erro e eventuais riscos, potencializando suas chances de sucesso.

- **Apresente adequadamente o conteúdo**
  Nunca "jogue" o conteúdo simplesmente, exagerando em gráficos, como se qualquer pessoa que fosse ler seu projeto ou assistir à sua apresentação fosse entender facilmente suas colocações. Recomendo que, ao apresentar cada tópico do PEMD, você adote os seguintes passos para ter mais chances de ser entendido e, como consequência, aprovar e implementar seu planejamento com mais facilidade:

QUADRO 11 – Quatro passos para apresentar seu PEMD

1. **Introduza o que foi feito** – comece a apresentação de seu conteúdo dizendo de que se trata o momento em que está do PEMD (por exemplo: "Agora, apresentaremos a análise dos sites dos concorrentes").

2. **Explique a metodologia utilizada** – em seguida, deixe claro que o trabalho tem uma estrutura metodológica séria e explique mais sobre o que fez (por exemplo: "Estudamos os sites das empresas X, Y e Z, analisando aspectos quantitativos e qualitativos, como 1, 2 e 3, utilizando ferramentas pagas e gratuitas tais como o Google Analytics, SimilarWeb e ComScore, em um intervalo de 12 meses").

3. **Apresente os dados** – nesse momento você pode apresentar os dados coletados, exibindo tabelas, prints, gráficos etc. Não se esqueça de sempre deixar claro qual foi a fonte consultada e o período de tempo abordado.

4. **Analise / comente os dados** – por fim, você poderá fazer as análises dos dados apresentados, apontando os problemas, os pontos positivos, comentando como sua organização está em relação à concorrência, sugerindo caminhos a seguir e fazendo reflexões sobre possíveis caminhos que poderiam ser abordados para alcançar os objetivos da empresa.

Seja didático

Lembre-se de que a maior parte das pessoas em uma organização não está familiarizada com Marketing, e muito menos com o que é Marketing Digital. Há pessoas que simplesmente não são íntimas de tecnologia ou podem mesmo ter outros obstáculos mentais (pouco interesse no tema, enxergar seu trabalho como um concorrente interno para alocação de recursos ou algo do tipo). Além disso, os altos executivos dispõem de pouco tempo "livre". Sendo assim, ao apresentar e defender seu PEMD, é muito importante que seja o mais didático possível. Tente ser claro, simples, objetivo. Exemplifique, apresente prints de telas, tangibilize suas análises e recomendações, mas sem ser prolixo.

Uma das abordagens que gosto de adotar é ilustrar as apresentações do PEMD com imagens de fácil compreensão, utilizando comparativos, tal como no exemplo da **Figura 15**, que mostra como está atualmente o aproveitamento da tela do site estudado e como deveria, ideal e corretamente, ser:

FIGURA 15 – Exemplo de apresentação do PEMD, ilustrando a situação atual (incorreta) e apontando como deveria ser a abordagem correta

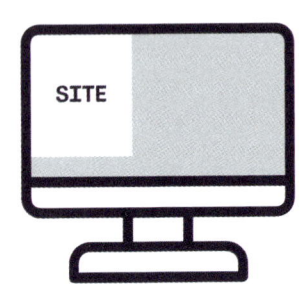

✗ **INCORRETO**
Situação atual: a resolução é bem baixa. A largura da página é de 790 pixels (fora das melhores práticas do mercado). Esse modelo se aplicava há alguns anos, quando a tendência era que os usuários tivessem monitores menores.

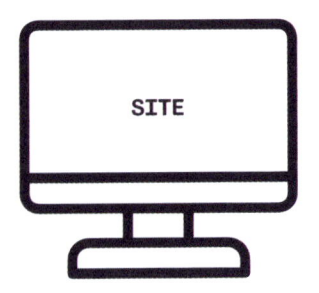

✓ **CORRETO**
Solução: atualmente, os monitores têm, no mínimo, a resolução de 1024px x 768px, o que já é maior do que a do site atual. O ideal é que a página seja estruturada para que se adapte a qualquer tamanho de tela, tendo um melhor aproveitamento para fornecer uma experiência mais prazerosa ao usuário.

Acredito que essas dicas serão muito úteis tanto para você seguir de forma tranquila os estudos para desenvolvimento de seu PEMD, quanto para o momento de preparar seus relatórios, propor o Plano Tático e apresentar o planejamento para seus gerentes ou clientes, defendendo os pontos que está expondo de forma segura, serena e assertiva.

Preparando o terreno: Definição do Objeto do PEMD

É muito importante que esteja claro – para você e para os demais atores organizacionais envolvidos no PEMD (gerentes, board de diretores, sua equipe ou seu cliente, se você atuar em uma agência ou como consultor) – qual será o universo contemplado no Planejamento Estratégico de Marketing na Era Digital. Todos os envolvidos precisam estar cientes sobre exatamente o que será estudado e o que ficará de fora, ou seja, os limites do que você trabalhará em seu PEMD.

Há quatro pontos que servirão de delimitadores do objeto a ser estudado, conforme apresentado no **Quadro 12**:

QUADRO 12 – Quatro pontos delimitadores do Objeto do PEMD

1. **Definição da marca-alvo:** empresa, marca, produto ou serviço que será o **alvo principal** do PEMD.

2. **Definição de stakeholders:** seleção dos públicos contemplados, incluindo priorização dos stakeholders e os segmentos focais que serão trabalhados durante o horizonte de tempo do PEMD.

3. **Definição de competidores:** levantamento dos principais concorrentes e/ou benchmarks, além de priorizar os mais relevantes para o PEMD.

4. **Definição do portfólio de canais:** identificação e classificação dos canais atualmente utilizados por sua organização e seus principais competidores e benchmarks.

Cada uma dessas quatro definições será tratada nos próximos capítulos. Leia atentamente as explicações e, em seguida, tente colocar em prática, retornando ao texto e fazendo as análises e reflexões pertinentes. O resultado da Definição do Objeto é ter, de forma clara e simples, todo o universo, ou seja, o escopo, que será contemplado em seu PEMD.

CAPÍTULO 19
Definição da Marca-alvo (Organização, Produto ou Serviço)

Como você deve ter imaginado, o primeiro passo é saber qual será o foco de seu estudo. Você pode optar por fazer o PEMD relacionado diretamente à organização como um todo (foco institucional ou corporativo), de uma determinada linha de atuação específica ou ainda de um produto ou serviço, conforme exemplificado nas possibilidades expostas no **Quadro 13** a seguir:

QUADRO 13 – Exemplos de definição da marca-alvo para o PEMD

Setor / Segmento	Marca Focal	Linha de Produtos / Atuação	Produto ou Serviço
Setor Automobilístico / Montadora de Automóveis	Toyota	Serviços ao Cliente	Revisão Programada
Setor Público	Fundo Nacional de Desenvolvimento da Educação (FNDE)	Programas Educacionais	Merenda Escolar
Setor Financeiro / Bancos	Itaú	Investimentos	Previdência Privada
Setor Têxtil / Importador e Distribuidor	Focus Têxtil	Tecidos Estampados	Estampas Florais
Serviços Profissionais / Escritório de Consultoria	Nino Carvalho Consultoria	Programas de Capacitação	Formação de Consultores

Perceba que há diferenças no foco de estudo para o PEMD. Quanto mais macro o foco, mais árduo e complexo será, pois haverá mais marcas para trabalhar e mais concorrentes a considerar. Se o estrategista está tratando de uma organização como um todo, precisa quebrar suas linhas de produto para saber quais são os públicos e competidores específicos.

Observe no **Quadro 14** exemplos de empresas de Consultoria de Marketing e veja os desdobramentos que o estrategista poderia levar em consideração ao montar o PEMD para uma organização desse mercado.

QUADRO 14 – Exemplos de diferentes Objetos para o foco do PEMD

Opção A (marca da própria empresa) **PEMD = Planejamento Estratégico de Marketing na Era Digital para a Nino Carvalho Consultoria**	É preciso observar quem são os concorrentes da marca como um todo, bem como os diferentes públicos. Um PEMD desse porte irá exigir que o estrategista desdobre as várias linhas de atuação da empresa, ou seja, o portfólio de produtos/serviços (neste exemplo: Planejamento Estratégico Digital, Consultoria em Marketing, Programas de Capacitação etc.), os diversos clientes de cada área (por exemplo, para Consultoria em Marketing seriam organizações de grande porte e multinacionais) e as particularidades de cada serviço específico, além dos competidores respectivos a cada área de atuação.
Opção B (foco em determinada linha de produtos) **PEMD = Planejamento Estratégico de Marketing na Era Digital para a linha de serviços de Treinamento e Capacitação da Nino Carvalho Consultoria**	Nesse caso o foco é em uma linha específica de produtos ou serviços da empresa. Os concorrentes podem não ser os mesmos que para a organização como um todo, pois o estrategista precisará ir mais a fundo e entender exatamente quais são os players que podem ser considerados no processo decisório de compra quando um cliente quiser adotar um treinamento/curso qualquer na área de Comunicação e Marketing Digital.
Opção C (foco em um produto específico) **PEMD = Planejamento Estratégico de Marketing na Era Digital para serviço de Curso de Formação de Consultores**	Por fim, o PEMD mais focado tende a ser mais assertivo, rápido e barato de ser conduzido (embora nem sempre é o que você precisa, principalmente se sua organização nunca tiver desenhado um PEMD de forma correta ou se for uma marca de grande porte, que tenderá a querer desenvolver um Planejamento na íntegra). O foco aqui seria destrinchar quais são os clientes específicos daquele produto em particular, bem como quais os concorrentes que também oferecem o mesmo serviço para o mesmo segmento de clientes. Por exemplo, um professor pode ser muito focado na área de gestão de crises na internet, mas não necessariamente também oferece um leque maior de produtos em seu portfólio para ser considerado um competidor da empresa como um todo, embora o seja em relação àquele produto específico.

Todas essas possibilidades são factíveis, apesar de demandarem esforços diferentes. Por isso, esteja certo de fazer a escolha que mais se adeque à sua situação para que possa montar seu PEMD a contento.

A definição da marca-alvo costuma ser muito simples e indolor. Normalmente, o seu chefe ou cliente já vai ter em mente exatamente o que precisa. Portanto, sua preocupação aqui deve estar mais ligada com a diferença do volume de trabalho e o tempo de confecção do PEMD, uma vez que desenhar um planejamento para uma Nestlé (uma mega organização) é muito mais demandante do que algo com foco mais afunilado, como o PEMD para as rações para cães idosos (uma linha de produtos da Purina, parte do grupo Nestlé), por exemplo.

CAPÍTULO 20
Definição de Stakeholders (Públicos de Interesse)

Os stakeholders podem ser definidos como todo e qualquer público de interesse real (concreto, que já existe hoje) ou potencial, que possa causar impacto na consecução dos objetivos da empresa (Pinheiro e Gullo, 2014). Pode-se entender que são todos aqueles que impactam ou que podem impactar as atividades da organização.

A identificação correta dos stakeholders da empresa é fundamental para entender como cada grupo afeta a organização, quais são os grupos de maior importância e como o planejamento irá tratar cada um deles, propondo ações táticas para maximizar o relacionamento com os públicos-chave e mitigar eventuais crises, além de potencializar oportunidades. Pesquisas revelaram que falhas em compreender e atender corretamente aos interesses dos stakeholders comumente levam a organização ao desastre.

É muito comum ver organizações iniciando seu processo de planejamento por meio de KPIs[45], mas os stakeholders (ao menos parte deles!) são a razão de sua marca existir e de permanecer viva, de forma que entender quais são os públicos que afetam seu sucesso é essencial. Com esse foco em mente, observe a **Figura 16**, que ilustra, de maneira genérica, os principais e mais comuns grupos de interesse de uma empresa.

---

[45] KPI é um acrônimo do inglês *Key Performance Indicator*, que é comumente traduzido como Indicadores-Chave de Performance.

FIGURA 16 – Alguns exemplos de possíveis stakeholders de uma empresa

Existem diversos stakeholders que costumam ser contemplados com frequência em Planejamentos Estratégicos de organizações de diferentes setores e portes. Podemos destacar:

- investidores/acionistas (cada vez mais relevantes com o estímulo a investimentos por pessoas físicas ou a busca de capital por startups e empreendedores)

- talentos (profissionais que devem constantemente ser captados para integrar a força de trabalho da organização, costumeiramente estagiários e *trainees*)

- colaboradores (os funcionários, de qualquer departamento e hierarquia)

- órgãos governamentais (agências reguladoras, por exemplo)

No caso dos órgãos governamentais, muito embora nem sempre seja possível às empresas privadas tratá-los no ambiente online, pode-se, por exemplo, utilizar ferramentas de monitoramento a fim de colecionar inteligência sobre os movimentos desses atores públicos para ajudar em ações preventivas ou para rápidas reações.

Talvez o público mais relevante para qualquer empresa seja o público interno – embora, compreensivamente, é comum focar mais nos clientes e/ou competidores. Kotler e Keller (2019) sugerem um "ciclo perfeito" de tratamento dos públicos interessados na organização. Segundo os autores, uma empresa inteligente cria um alto nível de satisfação em seus colaboradores, o que leva a um esforço de trabalho maior por parte desse público, que leva a produtos e atendimento melhores, criando, portanto, maior satisfação dos clientes para, finalmente, entregar melhores resultados aos investidores que, como consequência, tendem a investir mais na organização.

No **Quadro 15** sugiro, como exemplos, alguns stakeholders para diversos tipos de organizações.

QUADRO 15 – Exemplos de diferentes stakeholders para vários tipos de organizações

Exemplo de Organização	Exemplo de alguns stakeholders
Instituições de Ensino	Alunos, ex-alunos, professores, conveniados ou polos (ramificações locais da instituição), influenciadores (sites como Universia, Guia do Estudante, blogs de acadêmicos ou de estudantes), órgãos governamentais (MEC, FNDE, Secretarias de Educação e afins).
Organizações Sem Fins Lucrativos	Doadores (pessoa física e pessoa jurídica), Fundações (de fomento, investimento), voluntários, comunidade local, porta-vozes, público interno, imprensa.
Empresas do Setor de Telecom	Anatel, usuários (clientes), prospects, fornecedores (de tecnologia, infraestrutura, prestadores de serviços), colaboradores de linha, parceiros comerciais.
Serviços Profissionais (por exemplo, dentistas)	Pacientes, fornecedores de material, órgãos de classe (como o Conselho Regional/Federal de Odontologia), órgãos reguladores (Anvisa), colaboradores (enfermeira, secretária).

Vale ressaltar que, embora o público interno seja eleito por muitos profissionais e pesquisadores como o número 1 em relevância para a empresa, existe outra corrente que prega que, para toda e qualquer organização, sempre, o público prioritário deve ser o seu grupo de clientes, ou seja, aqueles que já transacionam com a empresa. Alguns autores chegam mesmo a sugerir que o estudo dos clientes receba uma atenção exclusiva, à parte da análise dos demais stakeholders. Em seguida, você deve se preocupar com seus prospects, que são os potenciais clientes – aqueles que hoje não transacionam com você, mas que têm o potencial de fazê-lo em um futuro próximo. No mercado, os clientes e potenciais clientes costumam ter a atenção quase que integral dos gestores da empresa. Portanto, aconselho que nunca deixe de contemplar esses dois públicos (e, claro, poderá segmentá-los para ser mais preciso) em seu PEMD.

Para compreender melhor quem são seus clientes, em termos de comportamento, preferências, opiniões em relação às suas marcas e às dos concorrentes, entre outros, há uma larga sorte de ferramentas que o estrategista pode utilizar, sendo as pesquisas quantitativas e qualitativas talvez as mais comuns no ambiente de marketing tradicional. Este livro, no entanto, não pretende ensinar a fazer ou contratar pesquisas tradicionais de marketing (para tanto, há diversas boas recomendações[46] de literatura disponíveis no mercado).

Naturalmente, tenha em mente que você também aprenderá sobre seus stakeholders ao fazer as análises das redes sociais e do site da empresa, que também revelarão mais sobre o perfil, preferências e comportamento desse público em específico.

Interesse dos stakeholders

Uma vez que você conseguiu listar seus diferentes públicos, priorize-os de acordo com dois critérios: o que seus stakeholders querem de você e o que você quer de seus stakeholders. Para ajudar nessa filtragem e priorização, Eden e Ackermann (1998 e 2011) recomendam a utilização da Matriz de Poder x Interesse, que irá elucidar quão relevante cada público é para sua instituição.

Dito isso, você verá logo na sequência uma figura e um quadro. Os dois são complementares: primeiramente, deverá refletir sobre os seus stakeholders usando a Matriz de Poder x Interesse (**Figura 17**) e, de acordo com as características que encontrar em cada quadrante, você deve checar o **Quadro 16** para ter algumas recomendações de como tratar cada um dos públicos.

---

[46] Para conhecer mais sobre o tema "Pesquisa de Marketing", recomendo os livros (nesta ordem de preferência): Kumar *et al.* (2018); Wilson (2018), Housden (2012) e Malhotra (2019).

FIGURA 17 – Matriz de Poder x Interesse

Interesse dos Stakeholders
(em sua organização)

	Baixo	Alto
Alto	Manter Satisfeitos / Bloqueador	Principais Públicos / Entusiasta
Baixo	Esforço Mínimo / Opositor	Manter Informados / Apoiador

Poder / Influência dos Stakeholders

Fonte: Adaptado de Eden e Ackermann (1998)

Como tenho sugerido ao longo do livro, o processo de desenvolvimento do PEMD é permeado de limitações. Dado o período que você irá contemplar, assim como seus recursos financeiros e humanos, será preciso tomar algumas decisões conscientes acerca de quais serão os stakeholders focais, quais serão outros contemplados em menor plano e quais serão os públicos que você não irá tratar ao longo do período de vigência do PEMD.

A **Matriz de Poder x Interesse** ajuda o estrategista a entender o poder de influência dos stakeholders na organização, bem como seu interesse nas atividades da empresa. Veja, no **Quadro 16**, como classificar os públicos de acordo com cada quadrante:

QUADRO 16 – Classificação de públicos segundo a Matriz de Poder x Interesse

Esforço Mínimo	São stakeholders que tendem a influenciar pouco e se interessar pouco por sua organização. Não aplique esforços nesses casos.
Manter Informados	Esses públicos se interessam muito pelo que a sua organização faz, mas não têm muito poder. Use a comunicação para deixá-los informados e saiba que, em grupo (principalmente com as possibilidades do ambiente digital), esses stakeholders podem causar impacto. Então, fique de olho.
Manter Satisfeitos	Aqui é necessário fazer esforços para mantê-los felizes. Os stakeholders desse quadrante têm poder de impacto e o nível de interesse deles pode mudar rapidamente se não estiverem satisfeitos.
Principais Públicos	É preciso gerenciar de perto esse grupo. Seu foco certamente deve estar aqui e seus esforços em Marketing devem priorizar sempre os públicos que se encontram nesse quadrante.

A matriz apontará quem são seus públicos principais. Isso está acima e antes de qualquer reflexão sobre o Marketing ou o Digital. A importância de classificar corretamente seus stakeholders é que a matriz revelará a relevância de cada público para a organização e isso não deve ser alterado quando o estrategista começar a filtrar e selecionar os públicos que serão priorizados no PEMD. A matriz não irá mudar depois que você tiver refletido e decidido em qual quadrante cada público deve figurar. Não revise a matriz daqui para frente para não se deixar contaminar pela pressão de suas ações táticas. Assim, apesar de a classificação dos públicos se manter, sua seleção final (a filtragem para escolha derradeira dos stakeholders que serão contemplados no PEMD) deve levar em consideração dois pontos relevantes que são mais detalhadamente descritos nos parágrafos a seguir.

O **primeiro ponto** relevante é perceber que alguns públicos podem até figurar como sendo principais (primeiro quadrante à direita da **Figura 17**), mas pode não haver muito elo entre eles e as ações de Marketing, particularmente se seu foco for o ambiente digital. Portanto, pode acontecer de você identificar um público importante, mas que não seria bem atendido por suas iniciativas de Marketing.

Por exemplo, para a American Express talvez a Abecs (Associação Brasileira de Empresas de Cartões de Crédito e Serviços, responsável pela autorregulação desse setor) possa ter um poder de impacto alto na empresa, bem como um elevado interesse nos passos por ela tomados. No entanto, pode ser demasiadamente complicado imaginar ações eficientes para lidar com esse stakeholder no ambiente online, ao passo que há uma série de esforços claros e efetivos para desenvolvimento offline (investir em mais reuniões, lobby, produção e apresentação de relatórios, patrocínio de eventos, entre outros).

Quando se deparar com esse tipo de obstáculo, lembre-se que, se seu foco for o Digital, os públicos prioritários não deixam de ser prioritários, mas talvez não sejam passíveis de tratamento (total ou parcial) por meio de ações de Marketing online. Se perceber essa característica em seu processo de definição de stakeholders, jamais volte à matriz e a "corrija". Os graus de poder de influência e de interesse dos públicos em relação à sua organização não devem mudar. O stakeholder A, que você classificou como "Manter Informado", continua com a necessidade de ser mantido informado. O público B, que figurou como "Esforço Mínimo", também continua necessitando de pouquíssimo esforço. Em suma, as classificações não vão mudar, mas a seleção final dos públicos-chave que serão seu foco para o PEMD deve estar limitada tão somente aos stakeholders passíveis de influências das suas capacidades de execução das atividades de Marketing.

O **segundo ponto** relevante a ser considerado diz respeito aos stakeholders do quadrante "Manter Satisfeitos". Você irá se recordar que os públicos classificados nesse quadrante têm alto poder de influência e de impacto na instituição e que seu interesse pode flutuar de acordo com contingências diversas. Em adição a isso, a satisfação do cliente é uma indicação da performance futura da empresa que é muito mais confiável do que dados financeiros, por exemplo. Perceba, portanto, quão relevante é manter esses stakeholders sempre satisfeitos.

Como acabamos de ver, não é pelo fato de certo stakeholder estar classificado como "Principal *Player*" que se deve, obrigatoriamente, contemplá-lo em seu PEMD. Imagine uma marca que tem alta dependência de influenciadores digitais em seus negócios. Por exemplo, empresas ligadas à tecnologia (LG, Samsung, Apple, entre tantas outras) percebem que os influenciadores são importantíssimos para impactar seus consumidores finais, que, ao cogitarem sobre qual produto irão comprar (por exemplo, uma TV ou um aparelho celular), navegam, leem e são muito impactados pelas opiniões e *reviews* daqueles influenciadores. Em termos de classificação na Matriz de Poder x Interesse, esses stakeholders poderiam ser classificados como "Manter Satisfeitos" (quadrante superior à esquerda da **Figura 17**) e não como "Principais *Players*". No entanto, provavelmente será uma boa ideia que sua organização (se cair nesse caso, naturalmente) considere os influenciadores digitais como públicos a serem selecionados como prioritários para seu PEMD, uma vez que, na eventualidade de seu interesse aumentar, o impacto nos seus clientes finais será imenso.

Como você irá deduzir, não é fácil fazer um Planejamento Estratégico de Marketing na Era Digital, que irá durar cerca de 12 meses, talvez 18 ou 24, e contemplar tantos públicos distintos. Costumo brincar com alguns alunos quando eles, na hora de pensar nos públicos mais importantes para a organização, saem listando um monte de alternativas, com receio de não deixar ninguém de fora... De tão vasto que é o rol dos stakeholders identificados, praticamente se propõem a falar genericamente com "brasileiros"! Ou seja, entra público de todo tipo, de A a Z!

Evidentemente, a ideia está muito longe de pretender falar com todos os públicos, pois, na prática, será muitíssimo provável que você não consiga comunicar-se bem com nenhum deles. Lembre-se que trabalhar com Marketing é sempre fazer escolhas difíceis, com base nos recursos limitados à sua disposição. Portanto, ainda que você deseje que "qualquer brasileiro" compre seu produto, na vida real você irá precisar decidir em quem focar. Priorizar A em detrimento de B.

CAPÍTULO 21
Definição dos Competidores

Ao longo do livro estamos insistindo na ideia de que nada deve ser feito no PEMD sem levar em consideração a concorrência. Ora, de que adianta ter uma suposta força em sua empresa se todos os competidores possuem a mesma ou têm maior qualidade? De que vale estar contente de ter bons perfis no Instagram e no TikTok se seus concorrentes estão indo bem nessas e em muitas outras redes sociais?

Durante todo o processo do PEMD você precisa ser denso, detalhista e profundo nas comparações com os concorrentes. Deve sempre questionar-se sobre se, de fato, aquela ação "fantástica" que você está pensando vai fazer efeito contra a concorrência. Sempre se certifique de que haja claros motivos que o diferencie das demais ofertas do mercado. Indague-se: por que o cliente irá comprar comigo (ou visitar meu site, ou se cadastrar na minha newsletter) e não com o concorrente? O que só eu tenho e ninguém mais tem?

Uma boa sugestão é refletir sobre o status competitivo da organização, marca, produto ou serviço no ambiente digital para identificar em que **posição** a empresa se encontra em relação à concorrência:

- **Liderança** – Uma ou mais vantagens consideráveis.

- **Confortável** – Várias pequenas vantagens que adicionam a uma grande e melhor vantagem.

- **Atenção** – Temos vantagens, mas não são reconhecidas e/ou bem exploradas.

- **Alerta vermelho** – Não há nenhuma vantagem óbvia ou sustentável.

- Há **desvantagens** competitivas – nesse caso, **repense totalmente** sua empresa antes de fazer qualquer coisa dentro ou fora da internet!

Esse primeiro momento de estudo de competidores serve não somente para identificar quais são as marcas que você deve focalizar com mais atenção ao longo do Planejamento Estratégico, mas também irá ajudá-lo a assegurar que você está tratando e priorizando de maneira correta os *players* que incluirá nos estudos para o seu PEMD.

Em um segundo momento, particularmente durante a Análise do Microambiente na **Etapa 1 – Diagnóstico Estratégico**, já seguro do universo de marcas que será estudado, você irá aplicar diversas metodologias e análises para entender, mais em profundidade, quais interfaces, gaps, vantagens e desvantagens esses *players* exibem em comparação à sua própria marca.

Os mercados lusófonos estão, lamentavelmente, rudimentares no que tange ao uso inteligente das possibilidades da internet para construir melhores vínculos com os stakeholders, bem como para aumentar a conversão em negócios. É surpreendente perceber que poucas são as organizações que usam a internet para entrega de produtos digitais, bem como notar que uma parte significativa das empresas ainda não oferece nenhum tipo de venda, lista de preços ou suporte de vendas aos seus clientes.

Conheça bem seus competidores

Para assegurar uma sólida análise da concorrência, o primeiro passo certamente é identificar de forma precisa e segura seus competidores. Para tanto, é necessário saber diferenciar seus concorrentes diretos e indiretos.

Vamos começar com alguns alertas. Tente não dar por certas as atuais concepções sobre quem são seus competidores. Tenho visto muitas organizações que, ao migrarem ou investirem de forma verdadeiramente estruturada no mundo digital, percebem que a competição está muito mais vasta e agressiva. É engano pensar que seus competidores de ontem são os mesmos de hoje e serão iguais aos de amanhã. Vivemos em um mercado dinâmico, repleto de disrupções constantes, tendo o mutante ambiente tecnológico como centro de nossas ações. Será que a HBO pensaria que o Netflix iria ser seu competidor? Será que o Submarino ou a Livraria Cultura[47] pensariam que teriam a Amazon como concorrente? Qual o tamanho do sufoco que as redes de hotéis já passaram por causa do Airbnb? E os bancos, veriam opções online (como o Nubank, o Banco Original ou mesmo o Remessa Online) como afrontadores de seus serviços?

Em 2010 fui convidado para fazer alguns trabalhos para a InPress Porter Novelli, uma das três principais agências de Relações Públicas do Brasil, parte de um dos maiores grupos de comunicação do planeta, o OmniCom Group. Rapidamente percebi que, no mercado brasileiro de agências de comunicação (leia-se "Agências

---

[47] Vale destacar, após seguidos problemas financeiros e de gestão, a Livraria Cultura teve sua falência decretada em fevereiro de 2023. Veja mais em: "Justiça de São Paulo decreta falência da Livraria Cultura". Disponível em: https://g1.globo.com/economia/noticia/2023/02/09/livraria-cultura-tem-falencia-decretada-pela-justica-de-sao-paulo.ghtml. Acesso em: 20 mar. 2023.

de Relações Públicas"), havia um seleto grupo de grandes *players* – InPress Porter Novelli, FSB Comunicação, Máquina CW e CDN Comunicação (as "Big Four" – como elas mesmas se intitulam[48]). Essa segregação é amplamente conhecida no meio e validada informalmente por associações nacionais de comunicação e profissionais da área.

Os *players* dessa casta privilegiada percebiam (talvez ainda percebam!) como concorrentes somente uns aos outros. Naturalmente, essa visão é facilmente reconhecida como incompleta e limitada. O **Quadro 17** a seguir representa a relação genérica de concorrência entre os quatro *players*.

QUADRO 17 – Exemplos de relacionamento competitivo entre as "Big Four" de Relações Públicas do Brasil

Empresa	Concorrente 1	Concorrente 2	Concorrente 3
InPress Porter Novelli	FSB Comunicação	CDN Comunicação	Máquina CW
FSB Comunicação	In Press Porter Novelli	CDN Comunicação	Máquina CW
CDN Comunicação	In Press Porter Novelli	FSB Comunicação	Máquina CW
Máquina CW	In Press Porter Novelli	CDN Comunicação	FSB Comunicação

Se fôssemos olhar para cada organização desse exemplo como uma grande entidade, talvez concluíssemos que somente outros grandes seres similares poderiam representar oponentes à altura uns dos outros. No entanto, as empresas são um ecossistema, formado por um leque de produtos, serviços e marcas, cada uma com suas especificidades: clientes específicos, posicionamentos distintos e, naturalmente, concorrentes próprios.

Exploremos o exemplo de alerta. Ainda com base no caso das agências de comunicação, se formos destacar linhas de serviços específicos (excluindo os serviços de Assessoria de Imprensa) oferecidos por cada um dos *players*, claramente vemos que os concorrentes mudam bastante, conforme ilustrado no **Quadro 18**:

---

[48] Em alusão à forma como são conhecidas as quatro maiores empresas de consultoria do mundo: Deloitte, PricewaterhouseCoopers (PwC), Ernst & Young (EY) e KPMG.

QUADRO 18 – Exemplos de empresas concorrentes das "Big Four" em linhas de serviços específicas

Linhas de Serviço	Concorrente 1	Concorrente 2	Concorrente 3
Gestão de Mídias Sociais	Web Estratégica	Sapient AG2	Infobase Interativa
Eventos Corporativos	SafeTrip Brazil	DMC Brazil	Infinitá
Treinamentos em Comunicação	Associação Brasileira de Comunicação Empresarial (Aberje)	Comunique-se	ESPM
Pesquisas em Comunicação	Ideia Consumer Insights	We Plan Before	TNS Interscience Research Brasil

Veja então como podemos identificar concorrentes totalmente distintos quando colocamos uma lupa na linha de serviços de uma organização. Portanto, fuja do erro comum de pensar que seus concorrentes são apenas aqueles que se assemelham, como um todo, à sua organização. Tente refletir sobre quais seriam os possíveis competidores de cada linha de produtos que você oferece.

Entenda que concorrente é qualquer organização que atenda às necessidades de seu público-alvo em troca do mesmo recurso. Por exemplo, se você tem duas horas por dia para se informar sobre o mercado de Martech (junção de Marketing e Tecnologia), *players* como Techtudo, Mashable, Mundo do Marketing, Business Insider, eConsultancy, Midiaria, Digital de Tudo ou a MIT Technology Review[49], entre tantos outros, são concorrentes entre si.

Concorrentes diretos e indiretos

Dada essa introdução acerca da relevância de conhecer muito bem os competidores de sua organização, vamos agora entender o que são concorrentes diretos e indiretos. Essa distinção será menos relevante se você estiver fazendo seu PEMD para uma micro ou uma pequena empresa. Nesses casos, os recursos

---

49 Vale dizer, a MIT Technology Review (a publicação de tecnologia mais antiga no mundo, desde 1899) lançou sua presença local no Brasil, em 2020, e em Portugal, no ano seguinte. A publicação oferece, desde então, conteúdos em português focados especificamente nos públicos brasileiro e português.

são tão limitados que não há muita escolha a fazer; é preciso focar nos principais concorrentes, aqueles que, muito diretamente, afetam os negócios da sua instituição.

Os **concorrentes diretos** são aquelas empresas que fornecem produtos ou serviços similares aos seus e que estão sempre no rol de escolha dos clientes. São as marcas que possuem o mesmo intervalo de variação de valor, são ofertadas nos mesmos locais e atendem ou satisfazem às mesmas necessidades. Confira exemplos na **Quadro 19** a seguir:

QUADRO 19 – Exemplos de concorrentes diretos em diferentes segmentos

Produto	Segmento	Preço	Local de Venda	Concorrente Direto 1	Concorrente Direto 2
Bombons sortidos	Chocolates	De R$ 10 a R$ 17 (caixa de 250g)	Supermercados, lojas de conveniência	Caixa de bombons Garoto	Caixa de bombons Nestlé
Ferramenta de E-mail Marketing	Software	De R$ 200 a R$ 10.000 (dependendo do pacote)	Internet (sites dos fabricantes / desenvolvedores)	MailChimp	e-Goi
Curso de Estratégias de Mídias Digitais em Goiás	Educação	Por volta de R$ 1.200 para cursos de 16h (presencial)	Empresas de educação com cursos livres	IPOG	FGV

Por outro lado, os **concorrentes indiretos** englobam empresas que fornecem produtos ou serviços alternativos ao seu, mas que satisfazem similarmente à mesma necessidade. Imaginando que seu cliente tem um determinado recurso (tempo, dinheiro) e que está disposto a gastá-lo para satisfazer uma certa necessidade, qual produto ou serviço pode ser escolhido, ainda que não seja dentro do mesmo segmento em que você trabalha? Veja alguns exemplos na **Quadro 20** a seguir:

QUADRO 20 – Exemplos de concorrentes indiretos em diferentes segmentos

Necessidade	Segmento	Preço[50]	Concorrente Indireto 1	Concorrente Indireto 2
Presente para namorado(a) / esposa, marido	Presentes	R$ 150	Perfume de O Boticário	Chocolates Kopenhagen
Celebrar o casamento	Serviços / Festas / Ocasiões Especiais	R$ 30.000	Festa para convidados íntimos	Viagem do casal de uma semana na Europa

É comum ter dúvidas sobre quem exatamente são seus competidores e quais são diretos e indiretos. Minha recomendação é que, se não estiver seguro, pare por um instante e volte ao básico, ou seja, se coloque nos sapatos de seus clientes e raciocine como eles.

O cliente tem uma necessidade a qual ele deseja satisfazer (comprar algo, ter uma experiência, informar-se sobre determinado tema...). Para atender a essa necessidade, ele dispõe de determinado recurso (dinheiro, tempo). Com isso em mente, fica mais fácil, pois toda empresa que conseguir atender àquela necessidade em troca dos recursos disponíveis, será seu competidor.

Organizações públicas e Terceiro Setor também têm competidores

As organizações públicas comumente consideram que não têm competidores. Isso é apenas "semi-verdade". Imagine, por exemplo, que o Tribunal Regional do Estado da Bahia (TRE-BA) quer conscientizar a população de jovens de primeiro voto (entre 16 e 18 anos, normalmente) sobre quais os papéis e responsabilidades dos deputados e senadores. Suponha que esse jovem gaste, talvez, 1h por semana buscando conteúdo informativo sobre o tema. Nessa hipótese, a necessidade do jovem é informar-se sobre o que fazem esses representantes políticos e o recurso de que ele dispõe para alcançar esse fim é de 1h semanal. Com isso em mente, o site do TRE-BA estará concorrendo, por exemplo, com a landing page sobre eleições da CNN Brasil, ou com notícias educacionais sobre as eleições disponíveis diretamente nos sites da Câmara dos Deputados e do Senado Federal. Todos esses *players* (TRE, CNN, Câmara e Senado) são potenciais concorrentes no atendimento à necessidade de informação do jovem eleitor.

---

50   Valores meramente ilustrativos.

Nessa linha, também podemos imaginar como funciona a competição em organizações do Terceiro Setor. Essa é até mais fácil! Peguemos uma instituição de caridade, por exemplo. O público-alvo dispõe de R$ 50 para fazer uma doação que beneficie crianças. A Unicef, a Saúde Criança e a Casa do Caminho, todas organizações dedicadas a atividades ligadas à melhoria de vida de crianças e adolescentes, são competidores entre si, já que disputam o mesmo recurso (a doação), vindo do mesmo público, para fins semelhantes (contribuir com uma causa, por exemplo).

Benchmarks

Benchmarks são referências para sua organização como um todo ou para partes dela, seja uma área específica, seja um produto, serviço, uma função ou atividade. É um modelo "ideal" de uma instituição que faz muito bem algo em que você também desejaria ser bom. Pense em que tal organização seria um exemplo a seguir ou em quem espelhar-se em termos de suas atividades de Marketing.

Acredito ser muito saudável e recomendável que o estrategista considere, pelo menos, um benchmark para cada dois ou três concorrentes em seu PEMD. Ou seja, se decidir analisar seis concorrentes, inclua também o estudo de dois benchmarks.

Como afirmado anteriormente, você deve levar em conta ao menos outras duas ou três marcas para comparar com a sua. Nessa lista, procure incluir um benchmark, tentando manter essa proporção se optar por escolher o estudo de mais marcas (a cada três concorrentes, um benchmark). Em outras palavras, o mínimo a ser considerado em seu PEMD é um total de dois competidores e um benchmark. Em casos de muita limitação de recursos (por exemplo, você não tem tempo ou dinheiro para fazer um PEMD mais robusto), basta olhar para sua empresa e a do principal competidor. Não é o ideal, mas, por vezes, é preciso ser realista e trabalhar com as limitações impostas pela organização.

Para definir quem são seus benchmarks, basta pensar em organizações que são exemplos de primeira linha em alguma área específica em que você quer se destacar, estudar ou em que imagina trabalhar. Por exemplo, se julgar relevante o uso do Facebook como canal de atendimento ao cliente, pode escolher como benchmark marcas como BestBuy ou hotéis da bandeira Mariott. Se seu foco for usar o site como repositório de informações relevantes para a imprensa, poderá espelhar-se na Sala de Imprensa da Vale. Em uma palestra que assisti em Londres, o responsável pela renovação de Marketing do Sistema Nacional de Saúde do Reino Unido (*National Health System – NHS*, em inglês) disse que se espelhou em exemplos de ponta em seus estudos de benchmark. Para desenhar os quartos dos hospitais, foi visitar hotéis cinco estrelas. Já para a cozinha, espelhou-se em excelentes restaurantes.

Resumindo, os benchmarks servem para definir padrões de excelência em pontos específicos em que você pretende fazer um bom trabalho. Se você está desenhando o PEMD para uma instituição pública e chegar à possibilidade de não ter competidores, então seus esforços de estudos na **Etapa 1 – Diagnóstico Estratégico** deverão conter apenas análises de benchmarks.

Colocando em prática

Como tudo que veremos ao longo da **Etapa 1 – Diagnóstico Estratégico**, para analisar os competidores ou os stakeholders, entre outros, você precisará, inicialmente, fazer uma longa lista de opções para, em seguida, elencar quais são os concorrentes ou benchmarks prioritários. O processo de seleção sempre é o mesmo: inicie com um *brainstorming* com sua equipe listando todos os nomes que forem propostos pelos membros do grupo. Depois, classifique-os de forma ainda pouco formal, apontando quem você julga os mais relevantes, os melhores e assim por diante. Quando estiver satisfeito com essa primeira listagem mais informal e fluida, você conseguirá destacar os *players* que serão estudados, descrevendo um pouco mais sobre suas características e relevância para o estudo do Diagnóstico.

Bem, agora que você já conhece quem são as marcas que usará em sua comparação, pode analisar como sua organização está frente à marca dos concorrentes em relação aos principais **atributos competitivos**. Observe o **Quadro 21** a seguir, que ilustra um *case* dos principais *players* do mercado de fast food no Brasil e como exploram, particularmente, seus websites, e acompanhe a explicação em seguida:

QUADRO 21 – Matriz de Atributos Competitivos: resumo dos principais *players* do mercado de fast food no Brasil

	1º Impacto	Acesso a Produtos	Sociabilidade	Oferta de Atendimento	E-commerce	Experiência Geral
HABIB'S	Positivo. Dissonante da Loja Física	Bom, mas com muitos cliques	Insuficiente, discreta	Muito boa	Complicado, demandante	Boa
SUBWAY	Pouco efetivo, ruim	Muito bom	Insuficiente, discreta	Boa, mas confusa e difícil acesso	Inexistente	Insatisfatória

	1º Impacto	Acesso a Produtos	Sociabilidade	Oferta de Atendimento	E-commerce	Experiência Geral
BOB'S	Positivo, atraente, vendedor	Muito bom, fácil	Vasta, mas mal-empregada, confusa	Ruim	Bom, mas com alguma confusão	Muito boa
GIRAFFAS	Excelente, atraente, alegre	Bom, mas com muitos cliques e pouco atraente	Insuficiente, discreta	Muito boa, mas ineficiente e mal preparada	Arquitetura boa, mas com erros de usabilidade e navegação	Inicialmente muito boa, mas o uso deixa a desejar
BURGER KING	Positivo	Muito ruim, confuso	Insuficiente, discreta	Muito ruim	Inexistente	Fraquíssimo
MC DONALD'S	Boa, mas deixa a desejar	Demora, difícil, mas apelativo	Insuficiente	Ruim, confusa	Difícil de achar, muitos cliques, ruim	Ruim, longe das expectativas

Essa matriz serve para ajudá-lo a ter um primeiro olhar sobre o cenário competitivo. Chego mesmo a sugerir que meus alunos e clientes imprimam esse resumo, de maneira a sempre ter ali bem visível, na parede do escritório, quem são os concorrentes focais e como eles se comparam a você. Claro que é uma visão preliminar, uma vez que você irá se aprofundar nos estudos da concorrência ao longo da **Etapa 1 – Diagnóstico Estratégico do PEMD**. Assim, o foco aqui é ter esse resumo inicial e aproveitar o levantamento para checar se esses competidores são, de fato, os mais relevantes para sua estratégia.

Na Matriz de Atributos Competitivos, note que, basicamente, você deve cruzar dois tipos de variáveis: as marcas estudadas e os atributos competitivos propriamente ditos. Esses atributos devem ser adaptados de acordo com a realidade de cada organização e de seu segmento, e irão variar a cada situação. Por exemplo, em uma marca do setor público, dificilmente faria sentido analisar como é a oferta de comércio eletrônico ou quais as formas de pagamento disponíveis. Nesse caso, seria mais interessante, por exemplo, incluir um item tal como "Facilidade de Acesso a Prestações de Contas da Organização", que está alinhado com as práticas de transparência e acesso à informação que devem ser seguidas por qualquer instituição pública.

O ponto-chave para ser certeiro na sua matriz é definir bem os atributos competitivos. Depois, basta fazer uma análise preliminar (nessa etapa do PEMD, pode ser algo mais subjetivo; os detalhes aprofundados virão na próxima etapa).

Para definir quais são os atributos competitivos que serão trabalhados em seu PEMD, pense da seguinte maneira: quais são os fatores ou variáveis que o cliente de sua empresa leva em conta na hora de tomar a decisão de compra (ou a decisão de se relacionar com a marca, de se cadastrar no site, de ler o conteúdo, de recomendar a um amigo – seja qual for seu foco de conversão final)? São exatamente essas variáveis que você deverá considerar na tabela de comparação de atributos competitivos, independentemente de serem do mundo online ou não. O importante é assegurar que são fatores fundamentais para que a decisão de compra/relacionamento seja feita.

Veja alguns exemplos de possíveis atributos competitivos para diferentes organizações no **Quadro 22** a seguir:

QUADRO 22 – Exemplos de Atributos Competitivos para organizações de diferentes naturezas

Organização	Atributos Competitivos (fatores importantes para tomada de decisão do cliente)
Casa de Festas	Localização, preço, atenção e controle às crianças, estacionamento, opções de cardápio, sorte de atividades para crianças, seguro contra acidentes.
Escritórios Compartilhados (Co-working)	Atendimento e suporte ao cliente, infraestrutura física (salas, cafeteria, internet, segurança...), localização, networking com outros utilizadores.
Loja / Indústria de Moda	Durabilidade e conforto das roupas ou calçados, reputação da marca, pós-venda, atendimento ao cliente, qualidade do produto.
Oficina Mecânica e Afins	Credibilidade, formas de pagamento, tempo de entrega do veículo, garantias, ambiente da oficina, presteza dos funcionários, atendimento ao cliente.

Então, sinta-se à vontade para utilizar um modelo mais genérico e aberto, conforme ilustrado na tabela, adaptando-o sempre à situação particular da marca focal de seu Planejamento Estratégico de Marketing na Era Digital. Como já mencionado, tente trabalhar com ao menos três outras marcas (de concorrentes e/ou benchmarks) além da sua própria, e algo em torno de cinco a dez dos principais atributos competitivos mais utilizados e valorizados pelos públicos de seu segmento de atuação.

QUADRO 23 – Framework genérico de comparação de concorrentes diretos e indiretos no ambiente online

Atributos Competitivos	Sua Organização	Concorrente / Benchmark 1	Concorrente / Benchmark 2	Concorrente / Benchmark 3	Concorrente / Benchmark 4
Oferta de Canais de Atendimento					
Qualidade do Comércio Eletrônico					
Download de aplicativos					
Volume e frequência de novos conteúdos					
Outro Atributo Competitivo 1					
Outro Atributo Competitivo (n)					

Fonte: Nino Carvalho Consultoria

A identificação e priorização correta dos competidores é tão relevante quanto o preenchimento correto da Matriz de Atributos Competitivos, pois revelará que seu raciocínio e escolhas estavam certos, além de deixar clara uma visão inicial e muito relevante dos *players* dos quais seu sucesso dependerá. Como já destacado, minha recomendação para que você consiga conceber essa tabela de forma bem-sucedida é, em primeiro lugar, refletir sobre os atributos. Pense e defina as razões pelas quais os clientes tomam a decisão de negociar com você e não com a marca ao lado. Se você conseguir listar de forma adequada os atributos, o restante do trabalho será mais fluido, fácil e natural.

O **Quadro 24** ilustra uma avaliação dos Atributos Competitivos do mercado de semijoias. O material foi desenvolvido como parte do PEMD para a Vika, marca de referência no segmento, por alunos do MBA em Marketing Digital da FGV[51]:

QUADRO 24 – Exemplos de comparação entre os Atributos Competitivos

Atributos Competitivos	VIKA	M.Sebrian	FRANCISCA	VIVARA	Benchmark
Preço	Os valores variam de R$ 50,00 a R$ 2.325,00	Os valores variam de R$ 44,00 a R$ 299,00	Os valores variam de R$ 30,00 a R$ 220,00	Os valores variam de R$ 50,00 a R$ 18.990,00	**ALI EXPRESS** Os valores variam de R$ 0,94 a R$ 18.000,00
Qualidade dos Produtos	As peças são confeccionadas utilizando prata, banhos em ouro 18k, ródio, pedras naturais e pedras exclusivamente brasileiras.	Todas as peças são banhadas com uma espessa camada de ouro 18k, ouro rosê, ródio (ouro branco) ou ródio negro (ouro negro). A maioria das pedrarias são zircônias cúbicas da mais alta qualidade (AAA), cravadas, e não coladas, garantindo fino acabamento, qualidade e durabilidade. Algumas peças recebem cravação pavê ou micropavê, reproduzindo com perfeição diamantes.	As peças são feitas com metais nobres, revestidas de ouro 18k. Algumas peças utilizam em sua confecção pedras naturais ou Zircônias com acabamento antialérgico.	As peças são produzidas em fábrica própria certificada com ISO 9001, utilizando-se a pureza dos metais e com design exclusivo.	VIVARA

---

51 Exemplo do PEMD desenvolvido e apresentado por Lucas Torres, Flávio Moreira, Fernando Mendes Hirose, Marcelo Doratiotto e Thales Calipo (VIKA Semi Jóias), como parte do trabalho final da disciplina de Planejamento Estratégico de Marketing Digital no curso de MBA em Marketing Digital da Fundação Getúlio Vargas (FGV) em São Paulo, março de 2015.

Atributos Competitivos	VIKA	M.Sebrian	FRANCISCA	VIVARA	Benchmark
Informações Sobre Trocas	O site da empresa possui um link na home denominado "Política de Trocas ou Desistências" que remete para uma página inteira dedicada a explicar ao cliente os procedimentos para realizar uma troca.	Não possui.	O site da empresa possui dois links na home denominados "Política de Trocas" e "Trocas e Devoluções" que remetem a uma página dedicada a explicar ao cliente os procedimentos para realizar uma troca ou devolver o produto.	O site da empresa contém informações sobre a política de trocas nas páginas "Política de Troca" e "Perguntas Frequentes", dentro das sessão "Ajuda", localizada no rodapé do site.	**AMERICANAS** Informações **claras** e em **diversos locais** do site
Canais de Atendimento	Mensagem de e-mail, chat e telefone, sendo que esses dois últimos com funcionamento de segunda a sexta-feira, das 09h às 18h.	Mensagem de e-mail e telefone, com funcionamento de segunda a sexta-feira, das 09h às 19h.	Mensagem de e-mail e telefone, com funcionamento de segunda a sexta-feira, das 09h às 18h.	Mensagem de e-mail, chat e telefone, com funcionamento de segunda a sexta-feira, das 08h30 às 18h.	**PONTO FRIO** Ao todo são **12 pontos de contato**
Assistência Técnica Pós-venda	SIM	Não informado.	Não informado.	Não informado.	**APPLE** Troca **imediata**, suporte **universal**
Garantia?	De 6 meses para o banho da peça.	Não informado.	De 6 meses pela qualidade do banho.	De 1 ano.	**VIVARA**

Fonte: PEMD de alunos do MBA em Marketing Digital da FGV (2015)

Além dessas análises iniciais e fundamentais de seus principais concorrentes (ou benchmarks, no caso de organizações públicas), não esqueça da máxima segundo a qual "nada do que você fizer em seu PEMD será válido se não se colocar, sempre, em relação à concorrência". Por isso, durante todo e qualquer estudo ou pesquisa, assegure-se de que você, além de analisar sua própria marca, também aplicou a mesma metodologia analítica para seu rol de competidores.

CAPÍTULO 22
Definição do Portfólio de Canais

Durante toda a **Etapa 1 – Diagnóstico Estratégico** você irá avaliar tanto a oferta online de sua própria empresa quanto a oferta de concorrentes e/ou benchmarks. Sendo assim, nesses primeiros movimentos necessários para o PEMD, seu objetivo é identificar e definir o rol de canais que serão o foco dos estudos em seu Diagnóstico Estratégico.

Muitos de meus alunos se apressam um pouco aqui. Isso porque imaginam que já é necessário colocar dados sobre os canais da empresa e de seus concorrentes (como o número de curtidores, likes etc.). Lembre-se de que estamos ainda no Setup, definindo o escopo do projeto do PEMD. O chefe, ou o cliente, ainda precisará aprovar suas recomendações, de forma que se apressar nesse ponto pode confundir o meio de campo e fazer você perder tempo.

Essa parte da **Etapa 0 – Definição do Objeto** é extremamente simples, pois basta que o estrategista levante quais canais online serão considerados. Para tanto, desenvolva uma tabela que aponte os *players* que serão estudados, bem como quais são os canais (site, blog, landing pages, mídias sociais) utilizados por cada um. Você pode fazer uma tabela em algum dos formatos exemplificados a seguir. No primeiro exemplo, em um PEMD realizado para a Integra.MD em um projeto acadêmico[52], vemos o portfólio de canais digitais de três agências brasileiras, conforme **Quadro 25** a seguir:

---

[52] O PEMD foi realizado em 2021 pelos alunos Ana Pereira, Bruna Tavares, Cecília Canavilhas, Francisco Ferreira e José Batista, como projeto de minha disciplina de Planejamento Estratégico de Marketing na Era Digital, no curso de Licenciatura em Marketing do IPAM, no Porto (Portugal).

QUADRO 25 – Exemplo de Portfólio de Canais

CANAL	Integra.MD	KIFE	agência|mestre
Site	🟢	🟢	🟢
E-mail	🟢	🟢	🟢
Facebook	🟢	🟢	🟢
Instagram	🟢	🟢	🟢
Telefone	🟢	🟢	🟢
Youtube	🟢	🟢	🟢
Blog	🟢	🔴	🟢
Linkedin	🟢	🟢	🟢
WhatsApp	🟢	🟢	🔴
Newsletter	🔴	🟢	🔴
Twitter	🔴	🟢	🟢
Dispositivo móvel	🟢	🔴	🟢

Fonte: PEMD de alunos de Licenciatura em Marketing do IPAM (2021)

Veja só, não tem mistério. Basta listar todos os canais que ao menos algum *player* utilize (primeira coluna), depois identificar, em cada uma das marcas estudadas, se existe presença naqueles canais. Pronto! Trabalho mole, que pode ser feito por alguém recém entrante no mercado.

A seguir, a **Quadro 26** mostra outro exemplo, uma alternativa, de como você pode montar seu quadro de portfólio de canais. Nesse caso, ilustro um trabalho sobre as principais empresas privadas da Indústria Química no Brasil. Perceba que, sempre que necessário, você deverá destacar quaisquer observações importantes – por exemplo, o fato de a marca não possuir um perfil em português ou de só oferecer canais digitais de abrangência genérica, em vez de estar focalizada no público brasileiro.

QUADRO 26 – Exemplo de Portfólio de Canais

Presença Social Online	DUPONT	BAYER	BASF	syngenta	Braskem	Dow	MONSANTO	GE
Site	Sim	Sim	Sim	Sim	Sim	Sim	Sim	Sim
Blog	Não	Não	Não	Não	Não	Não	Sim[a]	Sim
Twitter	Sim[a]	Sim[b]	Sim	Sim[b]	Sim	Sim	Sim	Sim
Facebook	Sim[a]	Sim[b]	Sim	Sim[b]	Sim	Sim	Sim	Sim
Youtube	Sim[a]	Sim[b]	Sim[a]	Sim[b]	Sim	Sim[c]	Sim[a]	Sim

Dados compilados em 19/09/2012

[a] Dupont, Basf e Monsanto: Os perfis marcados são internacionais
[b] Bayer e Syngenta: Não têm perfis sociais específicos para o público brasileiro
[c] Dow: O perfil da empresa no YouTube é global, porém há uma lista específica para o público brasileiro

Fonte: Nino Carvalho Consultoria (2012)

Note que, nesse segundo exemplo, colocamos links para os canais online das empresas. Isso pode facilitar para o estrategista em eventuais dúvidas durante a apresentação do PEMD, além de simplificar o consumo das informações por qualquer outro leitor. Sempre destaque também a data da coleta de dados, já que a internet é extremamente dinâmica e os dados podem variar muito em pouco tempo.

Vale dizer que é importante que você só estude os canais oficiais de cada organização contemplada no PEMD – a sua empresa, os competidores e benchmarks. Todas as marcas abordadas.

É tão fácil criar um perfil falso de uma empresa, produto ou personalidade que, não raro, tanto você quanto os públicos da organização poderão ficar confusos ao entrar no perfil. Lembro de um caso engraçado quando fiz um trabalho com o Lenine, o carismático cantor pernambucano. Havia um perfil de um fã no Twitter que era tão viciado no Lenine que, antes mesmo de os trabalhos de consultoria começarem, chegava a ter mais seguidores do que o canal do próprio cantor. O curioso é que até mesmo parentes do Lenine seguiam, inadvertidamente, o perfil falso.

Em outro caso (dessa vez nada engraçado!), fui fazer uma palestra para uma das maiores marcas nacionais na área de Saúde e Beleza. Para a preparação da apresentação, pedi aos meus assistentes que levantassem os números dos perfis da marca e de seus concorrentes nas principais redes sociais. Pois bem, ao discorrer sobre minhas percepções acerca do canal da marca no Facebook, um dos executivos da empresa me interrompe e diz: "Nino, a gente não tem perfil no Facebook". Você não vai querer passar essa vergonha...

Minha dica para você distinguir, facilmente e com segurança, quais são os canais oficiais de cada organização é validar a informação no site oficial da empresa. Ou seja, se está na dúvida se aquele perfil de um determinado concorrente no TikTok é o oficial, vá no site do tal concorrente e veja se há algum link para a rede social.

Uma excelente alternativa ao modelo de Portfólio de Canais que utilizo, e que também irá ajudá-lo a filtrar e priorizar quais canais você irá adotar em sua organização, é a Planilha de Priorização de Canais Digitais[53], criada por Miceli e Salvador (2017), ambos executivos da premiada agência IInterativa. Para além de seu fácil uso (são três etapas consecutivas e muito simples), essa metodologia é muito pragmática e matemática, o que será essencial na hora de o estrategista priorizar os recursos finitos da organização (hora-homem, tempo e investimento financeiro).

Nesta etapa da Metodologia PEMD, portanto, nosso foco foi em estabelecer os limites do que será contemplado em seu planejamento. Você começou definindo qual é a marca-alvo do seu PEMD, depois olhou para os stakeholders e apontou quais são os mais relevantes, em seguida, fez o levantamento dos concorrentes principais e, por último, listou qual o rol de canais utilizados pela organização. As informações levantadas até aqui são as que irão guiar seu Diagnóstico Estratégico (lembre-se de sempre fazer análises contrastando a sua marca e a dos competidores).

Findas as atividades ligadas à **Etapa 0 – Definição do Objeto do PEMD**, você deve ter em mãos quais as marcas (a da sua empresa e a de concorrentes ou benchmarks) que serão contempladas, os públicos de interesse, os competidores, bem como quais são os canais oferecidos por cada *player*, de maneira que já podemos seguir em frente com os estudos do ambiente de Marketing.

Estamos prontos para seguir para a **Etapa 1 – Diagnóstico Estratégico do PEMD**, que tende a ser a mais demandante etapa de todas. No Diagnóstico, você irá se aprofundar nos estudos sobre sua empresa, bem como no que tange sua posição frente à concorrência, analisando informações sobre as marcas competidoras e suas atividades de Marketing.

Logo na sequência, entraremos nas etapas de **Direcionamento Estratégico** (Etapa 2), quando você irá definir os objetivos contemplados e respectivos indicadores de performance, e do **Plano Tático de Ações** (Etapa 3), que é justamente o momento de dizer o que deve ser feito para a organização alcançar sucesso por intermédio de seus esforços integrados de Marketing.

---

53 A Planilha de Priorização de Canais pode ser baixada gratuitamente por meio do link disponível no **Espaço aPEMDiz**.

PARTE IV

METODOLOGIA PEMD – ETAPA 1: ONDE ESTAMOS?

DIAGNÓSTICO ESTRATÉGICO

Análise do Micro e do Macroambiente

VOCÊ ESTÁ AQUI ▼

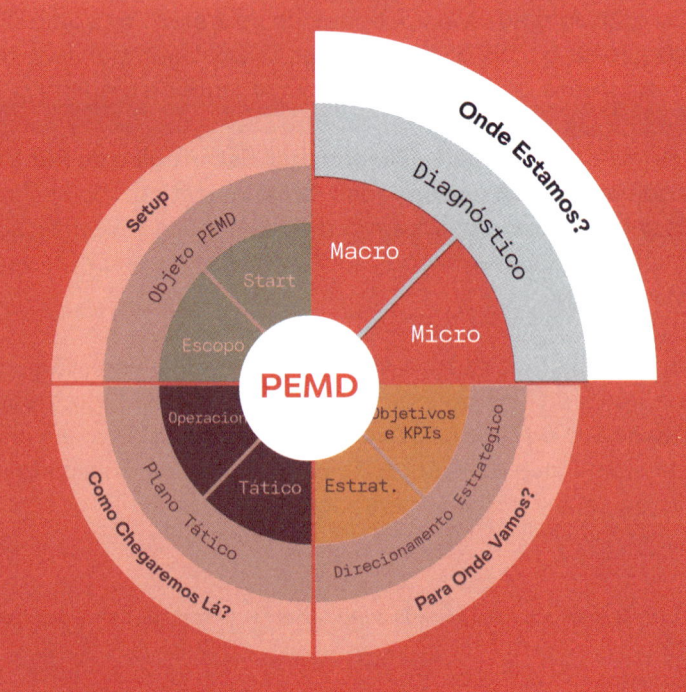

CAPÍTULO 23
Diagnóstico: uma Fotografia do Cenário Atual

A partir de agora abordaremos as demais três etapas fundamentais para a construção de seu PEMD. A primeira será **o Diagnóstico Estratégico**, seguida das definições de Objetivos e de KPIS (mensuradores de performance) – **Direcionamento Estratégico** – e, por fim, o desenho do **Plano Tático de Ações**.

Recomendo que leia atentamente cada seção e prossiga tentando aplicar os conceitos aprendidos em seu próprio Planejamento Estratégico de Marketing na Era Digital. Ao seguir essas etapas, você culminará no PEMD de sua organização, pronto para ser implementado.

A primeira fase do processo de Planejamento Estratégico de Marketing na Era Digital propriamente dito é entender o cenário em que sua organização se encontra. É como tirar uma fotografia do presente, talvez com uma leve incursão ao passado recente (para dar um pouco mais de contexto a esse cenário). Aqui, o objetivo é elucidar o estrategista sobre como os atores sociais e públicos de interesse da empresa a influenciam e são influenciados por ela.

Basicamente, o diagnóstico é a forma de a empresa compreender como ela se relaciona com o ambiente em que atua, identificando suas forças e fraquezas e como estas se ligam às oportunidades e ameaças externas (Gilligan, Wilson e Hines, 2019; McDonald e Wilson, 2016).

O Diagnóstico Estratégico é também comumente chamado de Auditoria Ambiental, Auditoria de Marketing ou Auditoria do Ambiente de Marketing. De fato, você irá empreender diversas auditorias ao longo do processo, que lhe darão uma clara imagem da situação atual da organização em relação ao ambiente em que está inserida. A **Figura 18** ilustra os elementos que formarão a imagem situacional:

FIGURA 18 – Componentes essenciais do Diagnóstico Estratégico que resultarão em uma clara imagem da situação atual da organização

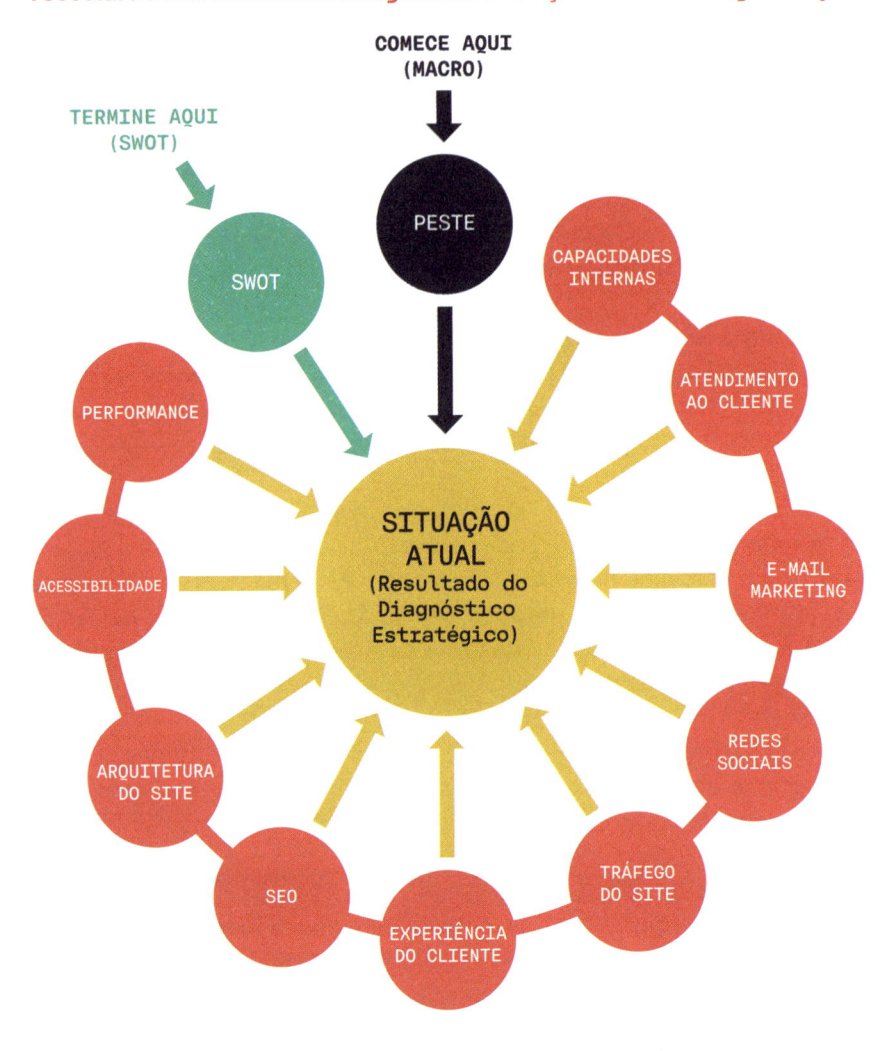

COMECE AQUI
(MACRO)

TERMINE AQUI
(SWOT)

PESTE
SWOT
CAPACIDADES INTERNAS
PERFORMANCE
ATENDIMENTO AO CLIENTE
ACESSIBILIDADE
SITUAÇÃO ATUAL
(Resultado do Diagnóstico Estratégico)
E-MAIL MARKETING
ARQUITETURA DO SITE
REDES SOCIAIS
SEO
TRÁFEGO DO SITE
EXPERIÊNCIA DO CLIENTE

ESCOLHA O QUE FAZ SENTIDO PARA VOCÊ
(MICRO)

Ao final desta Etapa 1, você será capaz de entender quais são seus pontos fortes e fracos nas redes sociais e em seu site, como os competidores e/ou os benchmarks utilizam o Digital (o que fazem bem, o que fazem mal), como seus públicos interagem com sua marca no ambiente online, quais as forças e deficiências de sua equipe, entre outros elementos. Beamish e Ashford (2007) reforçam que o foco essencial que o estrategista deve almejar ao empreender as atividades do Diagnóstico Estratégico é assegurar que o processo de tomada de decisões da empresa seja bem-informado, racional e consciente.

Considero esta a principal parte de qualquer planejamento. Não é difícil entender o porquê: se não soubermos onde nos encontramos hoje, como podemos imaginar o horizonte que almejamos e, mais do que isso, como podemos saber qual o tamanho do esforço para alcançar os objetivos?

Portanto, antes de você começar a leitura desta Parte IV do livro, tenha a todo o momento uma lembrança insistente na sua mente: **o Diagnóstico Estratégico, ou seja, o desenho de onde sua organização está hoje, é a parte mais sensível do Planejamento Estratégico**. Falhar ao levantar as informações necessárias e compreender o ambiente em que a empresa está inserida fatalmente levará a estratégias e táticas falhas, incompletas e duvidosas.

O estrategista deve estudar, pesquisar, ler artigos, conteúdo social e garimpar dados diversos sobre o ambiente competitivo. Em grande parte, as informações necessárias para um bom planejamento estão disponíveis abertamente na internet. Basta procurar com calma e nos locais certos – bons blogs e sites de *reviews*, além de publicações especializadas – que você estará bem respaldado. Poderá ser um sólido diferencial o conhecimento mínimo do idioma inglês, já que boa parte das informações invariavelmente estará disponível nessa língua – principalmente estudos de comportamento do internauta, tendências do mercado e dados sobre alguns elementos do macroambiente.

O que é e quais os passos da Auditoria de Marketing na Era Digital

Todas as atividades relacionadas na Etapa 1 – Diagnóstico Estratégico podem ser encaradas como uma grande auditoria de marketing no ambiente digital de sua organização e do mercado do qual faz parte.

Naturalmente, antes de começar a analisar qualquer coisa, é necessário definir qual é o tamanho do seu universo de estudo e quais são suas limitações. Este momento preliminar é chamado de **Definição do Objeto do PEMD** e está compreendido na Etapa 0 – Setup, que você já concluiu na parte anterior deste livro.

Em seguida à concreta definição dos limites de sua auditoria, o estrategista irá analisar os ambientes de marketing, externo e interno, para entender o papel e a posição de sua organização no ecossistema ao qual pertence. Esta é justamente a Etapa 1, que compreende o Diagnóstico Estratégico, e que você irá iniciar agora.

A análise do ambiente consiste em levantar informações relevantes sobre os diversos fatores ambientais e seus diferentes níveis de impacto na organização. Esse estudo é dividido comumente em dois momentos. Inicialmente, você deverá entender como as forças do macroambiente (algo que você não controla) impactam nas diferentes atividades da organização. Em seguida, será preciso saber quais os impactos dos fatores do microambiente (os mais próximos da empresa) e como todo o ambiente de marketing se relaciona com seu negócio.

Os estudos do ambiente formarão, portanto, o núcleo de seu Diagnóstico Estratégico. Esse momento é dividido em duas grandes etapas: Análise do Macroambiente e Análise do Microambiente.

Com isso em mente, a **Etapa 1 > Onde Estamos > Diagnóstico Estratégico** pode ser detalhada com a seguinte estrutura:

A. **Análise do Macroambiente**

   Com base na metodologia dos fatores PESTE[54] para entender como o macroambiente influencia e poderá influenciar no PEMD.

B. **Análise do Microambiente**

   Com foco específico em seis áreas:

   1. Auditoria das Capacidades Internas
   2. Auditoria do Atendimento e Relacionamento com os públicos de interesse no ambiente online (clientes, imprensa, investidores, entre outros)
   3. Auditoria do Site > Tráfego
   4. Auditoria do Site > Experiência do Cliente
   5. Auditoria do Site > SEO
   6. Auditoria Social

C. **Matriz SWOT**

   Conforme veremos, essa matriz nada mais é do que um modelo de organização e priorização das variáveis encontradas nas análises do Macro e Microambientes de Marketing na Era Digital. Ela será uma espécie de "clímax" e irá fechar os trabalhos relacionados à Etapa 1.

---

54 Conforme será visto no Capítulo 25, PESTE é um acrônimo que se refere a cinco fatores com nomes derivados do inglês: *Political* (Políticos e Legais), *Economic* (Econômicos), *Social* (Socioculturais), *Technological* (Tecnológicos) e *Environmental* (Naturais, do Meio Ambiente ou Ambientais).

Agora que você já sabe o que iremos fazer ao longo desta Etapa, vou lhe orientar sobre como deverá montar e apresentar o Diagnóstico para seu chefe ou cliente. Como verá, é muito importante produzir um bom relatório, para facilitar a compreensão das informações e ajudar, tanto o estrategista quanto a empresa, a utilizar de forma otimizada os insights derivados das auditorias.

Entregáveis: como será o produto final do seu Diagnóstico

Talvez, tão importante quanto fazer as auditorias de forma tecnicamente correta, seja a maneira como você monta o relatório e apresenta o Diagnóstico Estratégico. Costumo dizer que vale a pena imaginar qualquer cliente ou chefe como o Homer Simpson e partir do princípio de que ele não sabe de Marketing e nem de Digital como você, de forma que, em princípio, terá dificuldades para compreender e valorizar o trabalho que você fez.

Por conta disso, preparar um bom relatório, de forma clara e didática, é essencial para que todos os seus esforços ao longo do Planejamento Estratégico de Marketing na Era Digital tenham os efeitos positivos desejados.

Costumo apresentar meus diagnósticos em slides, no formado PPT (faço no PowerPoint ou no Google Apresentações), sempre me preocupando com o visual e com questões de forma, como ter títulos claros nos slides, numerar e usar muitas imagens (prints de telas e gráficos). Além disso, outra dica super útil é deixar em verde tudo que você precisar destacar de positivo e em vermelho os pontos negativos. Como trata-se de um código universal (verde = positivo, vermelho = negativo), quem for ler seu trabalho rapidamente perceberá como você avaliou determinada informação. Em alguns casos, poderá haver informações que não são nem positivas nem negativas. Nesses momentos, uso a cor laranja ou cinza.

Outro ponto que faz toda a diferença é iniciar a apresentação de cada auditoria com um resumo do que você encontrou. Como verá ao longo deste capítulo – e conforme for preparando o relatório –, você vai coletar uma enormidade de informações no decorrer do diagnóstico e é provável que seu chefe ou cliente não queira (ou não se importe, ou não tenha tempo para) ler cada detalhe. Por isso, ao apresentar os resultados de cada auditoria, eu inicio com um resumo e só depois entro nos pormenores.

Veja exemplo na **Quadro 27** com um dos slides do resumo da Auditoria de SEO:

QUADRO 27 – Parte do resumo da Auditoria de SEO de empresas do mercado financeiro

Legenda: Bom, Médio, Ruim

INDEXAÇÃO	RBR	Kinea	VINCI	giant steps CAPITAL	Blackstone
Redirecionamento de URL	✓	✗	✗	✓	✗
Robots.txt	✓	✓	✗	✓	✓
XML Sitemap	✓	✓	✗	✓	✓
Validade dos Sitemaps	✗	✓	✗	✓	✓
Parâmetros de URL	✓	✓	✗	✓	✓
Tags Canônicas	✗	✓	✓	✓	✓
Robots Tags	✓	✓	✓	✓	✓
Tags Hreflang	✓	-	-	✓	-
Links quebrados	✓	✓	✓	✓	✓
Underscores nas URLs	✓	✓	✓	✓	✓

Dados obtidos via Woorank, em 27/06/2021.

Fonte: *Nino Carvalho Consultoria (2021)*

Nesse exemplo, há outros dois detalhes que o leitor atento terá percebido. Primeiro, a coluna mais à direita, com dados da Blackstone, está com fundo cinzento. Faço isso para destacar quem é o benchmark. Ou seja, as primeiras quatro marcas incluem o seu cliente, sempre em primeiro, depois os competidores estudados e, somente ao final o benchmark, que servirá como uma espécie de modelo de comparação para sua empresa ou mesmo para o mercado estudado.

O segundo ponto que você deve ter notado fica ali no cantinho inferior à esquerda (*Dados obtidos via Woorank, em 27/06/2021*). Você sempre deve ter muito zelo pelo seu trabalho e se preocupar em fazer suas análises e sugestões, ao longo de todo o PEMD, de maneira muito bem embasada. Particularmente no Diagnóstico, é mesmo vital que você diga de qual fonte está tirando aquela informação. É comum, especialmente quando confrontado com dados negativos, que lhe perguntem algo como "Ei! Espera lá! Como você chegou a essa conclusão? De onde tirou isso?". Assim, esteja sempre "blindado" e embase suas colocações, destacando as fontes que utilizou para seus apontamentos.

Pontos de atenção ao apresentar e defender seu Diagnóstico

Bem, agora, ainda antes de enveredar pelas análises ambientais, vale passar uma última recomendação preliminar que diz respeito à forma como você deve apresentar, explicar e defender todos os estudos empreendidos ao longo do Diagnóstico Estratégico. É importante que, em todos os momentos, o estrategista fique atento para:

(a ordem a seguir é proposital, justamente para passar a ideia lógica que você deve ter em mente e deixar transparecer em seu PEMD)

- **Contemplar sua marca e as dos demais *players***
  Lembre-se que nada no PEMD é válido se não se colocar em relação à concorrência e/ou aos benchmarks. Sua organização não existe única no mundo, ela faz parte de um ecossistema.

- **Tecer introduções aos assuntos**
  Seja didático. Seu PEMD irá circular e ser apresentado a várias pessoas na organização. É preciso que seja fácil compreender seus trabalhos, mesmo para os leigos em marketing ou em tecnologia. Assim, introduza o tema, diga o que irá fazer naquela análise, qual o propósito de estudar isso e aquilo, bem como exponha a metodologia empregada, destacando as ferramentas utilizadas e os períodos cobertos. Coloque fontes de referências em tudo que apresentar – tal como você tem visto ao longo deste livro, em algumas citações, *cases* e em todas as figuras, tabelas e gráficos.

- **Fazer uma apresentação dos dados**
  Em seguida à introdução do assunto, apresente os dados coletados – sempre com fontes e datas. Esse é o momento de apresentar os gráficos, imagens, *prints* de telas de sites e das ferramentas, tabelas comparativas etc. Adicionalmente, você poderá destacar os pontos mais relevantes dos dados (calma, ainda não é o momento de interpretar ou analisar nada, apenas deixar a informação mais digerível e atraente para os "consumidores" de seu PEMD). Observe o exemplo a seguir na **Figura 19**:

FIGURA 19 – Exemplo de PEMD sobre o Senac-SP em slide que trata da apresentação dos dados

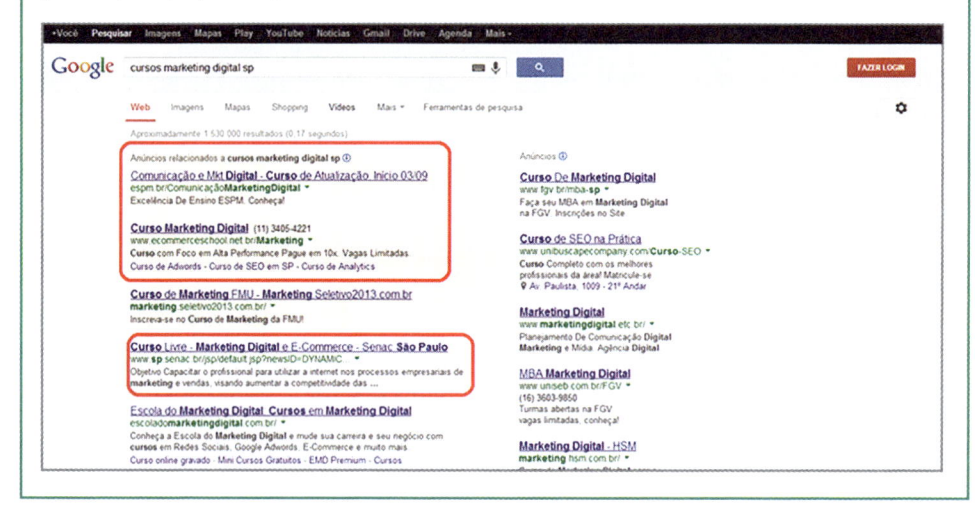

Fonte: PEMD de alunos do MBA em Marketing Digital da FGV (2013)

Perceba que não há qualquer interpretação sobre as informações. Os autores[55] apenas destacaram e relataram pontos importantes que serão, *a posteriori*, devidamente digeridos e analisados, em conjunto com outros dados das auditorias.

---

55 PEMD desenvolvido e apresentado por Carlos Budin, Felipe Targa, João Pedro Lisboa, Kalyl Rachid e Luiz Semine (Senac-SP), como parte do trabalho final da disciplina de Planejamento Estratégico de Marketing Digital no curso de MBA em Marketing Digital da Fundação Getúlio Vargas (FGV) em São Paulo, setembro de 2013.

- **Fazer a análise dos dados**
  Nesse momento, o estrategista deve analisar as informações que coletou ao longo das auditorias. A análise já traz interpretações, faz pontes entre diversas informações angariadas e, principalmente, já dá espaço para suposições bem orientadas e recomendações embrionárias acerca do que poderia ser feito no Plano Tático de Ações Digitais. Imagine que, nesse ponto de análise dos dados, é como se você estivesse refletindo sobre as informações postas e pensando alto.

  Veja um exemplo na **Figura 20** a seguir, baseado em uma pesquisa sobre "Os Governos Estaduais e o Facebook", que conduzi como parte de um trabalho de consultoria para um órgão público federal do Brasil.

FIGURA 20 – Perfil dos Governos Estaduais no Facebook

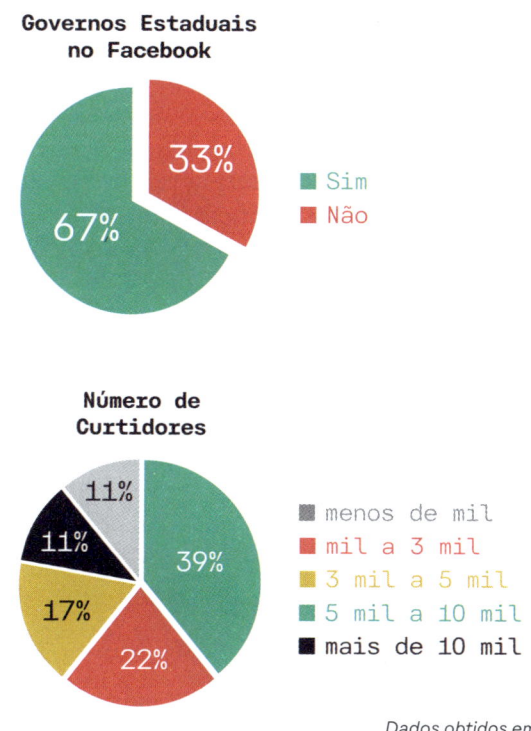

Governos Estaduais no Facebook
- Sim: 67%
- Não: 33%

Número de Curtidores
- menos de mil: 11%
- mil a 3 mil: 22%
- 3 mil a 5 mil: 17%
- 5 mil a 10 mil: 39%
- mais de 10 mil: 11%

Dados obtidos em 18/09/2012.

Fonte: *Nino Carvalho Consultoria (2014)*

Para mero efeito didático, ao ilustrar como você poderia conduzir o momento de "Análise dos Dados", imagine que eu fosse consultor do Governo do Acre, e que o estado ainda estivesse fora do Facebook:

> "Mais de um terço dos Governos Estaduais ainda não possui Facebook, o que pode representar a falta de atenção e valorização dessas instituições acerca das possibilidades da área social para estreitar laços com o cidadão. Para nós, do Governo do Acre, pode ser encarado como um estímulo a não ficarmos para trás nesse movimento que, em breve, atropelará qualquer instituição pública nas esferas Federal, Estadual ou Municipal.
>
> Dos governos presentes no Facebook, a atuação ainda é tímida: metade dos perfis possui menos de cinco mil curtidores. Um dos motivos pode ser justamente a falta de priorização da gestão, que leva a orçamentos diminutos e incompatíveis com as necessidades de investimento em Comunicação Digital, bem como a equipes carentes, com claros gaps nas competências dos servidores ligados às atividades de comunicação na internet. Portanto, é recomendável que, ao entrarmos no Facebook, em adição a um treinamento da equipe, se analise preparar um processo licitatório para contratação de uma agência digital que nos assessore nas incursões de nosso Governo do Acre rumo à construção de um estado melhor para todos os acreanos."

Note que o texto do exemplo passa por uma exposição dos dados, breves interpretações e até sugestões de possíveis caminhos de ação (melhores investimentos, treinamento da equipe, licitação para nova agência). Apesar de ser somente no momento do Plano Tático de Ações que o estrategista se preocupará em desenhar táticas para a organização, não se prive de fazer algumas colocações, jogar sementes de ideias e provocações em sua apresentação do Diagnóstico Estratégico. Na verdade, isso dará um gostinho para a plateia, despertará o interesse e poderá ajudá-lo a ter suas ideias mais bem recebidas, de maneira mais leve e com mais chances de aprovação.

- **Finalizar com uma consistente conclusão**
O último passo, naturalmente, é a conclusão sobre suas colocações. Os momentos de Introdução, Apresentação dos Dados e Análise dos Dados ocorrem a cada grupo de informações que você estudar: quando estiver estudando os Fatores Tecnológicos, dentro do macroambiente, seguirá esses passos; quando for analisar o tráfego no site, idem; o LinkedIn, idem, e assim sucessivamente.

A Conclusão irá consolidar todas as suas análises, como se estivesse fazendo um grande resumo do Diagnóstico Estratégico, contemplando os principais achados das análises, bem como tecendo nortes e direcionamentos, que serão tratados de modo mais sólido no Plano Tático.

Agora que você já tem em mente como será o entregável das suas análises ambientais, vamos iniciar os estudos do Macroambiente, seguidos das auditorias do Microambiente.

CAPÍTULO 24
Análise do Macroambiente

Qualquer organização está sujeita a ser impactada, bem como a impactar o ambiente à sua volta. Os fatores do macroambiente costumam estar mais distantes da empresa, de maneira que mudanças nesses elementos podem atingir pouco ou demorar a afetar a organização, principalmente dentro do horizonte de tempo contemplado no PEMD (algo entre 12 e 24 meses).

O **Macroambiente** é, portanto, um sistema amplo em que a empresa está inserida, cujas variáveis não podem ser por ela diretamente controladas, mas que interagem com a organização de modo dinâmico. Ou seja, você não tem poder ou controle no macroambiente. Pode até tentar influenciar algumas variáveis, mas não as controla.

Essas variáveis configuram oportunidades e impõem ameaças para as empresas que atuam em um mesmo setor econômico ou segmento da sociedade, o que quer dizer que as alterações do macroambiente irão afetar não apenas a sua organização, mas todos os *players* que atuam em um mesmo mercado.

Tome, por exemplo, a vertiginosa desvalorização do real nos últimos anos (uma questão ligada a fatores econômicos do macroambiente). Em 2020, a moeda brasileira foi a que mais perdeu valor em todo o mundo[56] e, com a continuidade dos desastres provocados pelo governo, o real voltou a ocupar essa posição vergonhosa, tendo perdido o dobro de valor comparativamente às moedas de outras nações semelhantes ao Brasil[57]. Esse fato provavelmente foi uma péssima notícia para empresas que precisam comprar insumos ou serviços cotados em dólar, mas, para outra parcela de organizações, que vendem produtos para o exterior, a desvalorização do real pode ter sido uma boa oportunidade.

Naturalmente, há instituições que podem estar mais sujeitas a alterações no macroambiente, ou mesmo serem total, direta e gravemente afetadas por ele. O **Quadro 28** a seguir ilustra alguns casos claros de empresas que tendem a ser mais sensíveis à dinâmica dos fatores macroambientais. Leia também, atentamente, a **Dica PEMD #9**, que apresenta as agências reguladoras no Brasil e quais são os setores por elas impactados.

---

[56] "Por que o real é a moeda que mais se desvalorizou em 2020". Disponível em: https://www.bbc.com/portuguese/brasil-54549137. Acesso em: 27 mar. 2023.

[57] "Real é a moeda que mais perdeu valor no mundo com reação a caso Silveira, mostra levantamento". Disponível em: https://www.cnnbrasil.com.br/business/real-e-a-moeda-que-mais-perdeu-valor-no-mundo-com-reacao-a-caso-silveira-mostra-levantamento/. Acesso em: 27 mar. 2023.

QUADRO 28 – Alguns exemplos de marcas públicas e privadas que tendem a ser demasiadamente impactadas por fatores do macroambiente

Exemplos de Organizações	Exemplos de Impactos do Macroambiente
BAT Brasil[58], Phillip Morris, Ambev, Pernod Ricard	Empresas altamente regulamentadas pela Anvisa, com restrição extremamente rigorosa de comunicação com principais stakeholders, bem como foco de pesadas críticas de vários segmentos da sociedade civil. Particularmente sensível às questões trabalhistas e também muito afetada pela evolução de uma sociedade que preza mais hábitos saudáveis e uma vida com menos vícios. Os fatores Políticos e Legais serão muito relevantes aqui.
Novartis, GSK, Bayer, Roche, Pfizer, Hebron	Marcas ligadas à área farmacêutica ou médica são, também, muitíssimo regulamentadas. Suas ações de marketing tendem a acontecer por intermédio de influenciadores (como médicos, para o Setor Farmacêutico), mídia (com forte trabalho de assessoria de imprensa) ou divulgações com foco meramente institucional.
Furnas, Petrobras, Eletrobrás, Correios	Algumas organizações públicas ou mistas são muito dependentes de variações na Política, pois seus principais gestores (por vezes, o próprio presidente e seus diretores) podem ser, mais direta ou indiretamente, indicações políticas. A cada novo grupo de líderes eleitos, essas organizações sentem pesados abalos.
Instituições Públicas em geral	As marcas 100% públicas sofrem com excesso de regulamentos, políticas e legislações específicas, além de impactos mais profundos a cada novo período eleitoral. Muitas têm sofrido na migração para o mundo digital por dificuldades na contratação de fornecedores ou equipes capacitadas.
Nestlé, Unilever, P&G	Grandes marcas de bens de consumo / varejo, principalmente as que trabalham com produtos focados em públicos jovens são altamente demandadas para evoluir de maneira muito constante e extremamente veloz, dadas as mudanças nos fatores socioculturais e nas exigências de apelos de comunicação e tecnológicos.

---

58 Depois de mais de um século de história, a Souza Cruz passou a se chamar BAT Brasil, em 2020, seguindo a diretriz global da British American Tobacco.

Exemplos de Organizações	Exemplos de Impactos do Macroambiente
Samsung, Dell, HP, LG, Microsoft, Bosch, Ford, Fiat, Toyota, Tesla, Huawei, Mitsubishi	Corporações ligadas à produção de componentes/produtos de tecnologia de ponta (computadores e eletrodomésticos, por exemplo) têm sofrido com o rigor da legislação e fiscalização trabalhista, bem como a forte pressão sindical (claramente percebida no caso de montadoras, por exemplo). No entanto, oportunidades aparecem na medida em que a tecnologia evolui como símbolo de status e a facilidade de crédito permite mais acesso da população a certos produtos. Adicionalmente, essas empresas foram sensivelmente afetadas com a crise de fornecimento e complicações logísticas, decorrentes da pandemia de Covid-19 (um fator natural).
Kraft Foods, Itambé, McDonald's, Subway, Nestlé, Syngenta, Embrapa	Empresas que atuam direta ou indiretamente com produtos alimentícios (de gado e sementes até produtores de insumos para a cadeia do agronegócio) estão sujeitas às variáveis do meio ambiente (ou naturais). Doenças em plantas e nos animais, chuvas, geadas, secas e outros fenômenos naturais podem mudar totalmente o mercado e as organizações ligadas a ele.

Dica PEMD #9

Conheça as principais agências reguladoras nacionais do Brasil

Há no Brasil diversos organismos reguladores, cuja função principal é fiscalizar e/ou regular as atividades de determinado setor social ou da economia. São autarquias para as quais o próprio Presidente da República (após aprovação do Senado Federal) deve apontar quem serão os dirigentes principais.

A tabela a seguir ilustra as principais instituições de regulação federal, de acordo com o artigo 2º da Lei nº 13.848, de 2019. No país, ainda há outras agências reguladoras de abrangência estadual (como a ARSESP – Agência Reguladora de Saneamento e Energia, de São Paulo) e municipal (como a AGERSA – Agência Municipal de Regulação dos Serviços Públicos Delegados de Cachoeiro de Itapemirim, cidade do Espírito Santo).

QUADRO 29 – Relação das agências reguladoras do Brasil e suas áreas de atuação

Agência Reguladora	Sigla	Site	Setor regulado
Agência Nacional de Vigilância Sanitária	ANVISA	https://www.gov.br/anvisa	Saúde, Farmacêutico, Médico, Laboratórios
Agência Nacional de Águas	ANA	https://www.gov.br/ana	Meio ambiente, Recursos hídricos
Agência Nacional do Cinema	ANCINE	https://www.gov.br/ancine	Cultura, Cinema, Televisão
Agência Nacional de Telecomunicações	ANATEL	https://www.gov.br/anatel	Telefonia, Transmissão, Comunicação de Dados

Agência Reguladora	Sigla	Site	Setor regulado
Agência Nacional de Saúde Suplementar	ANS	https://www.gov.br/ans	Saúde, Médico, Laboratórios, Hospitais
Agência Nacional de Aviação Civil	ANAC	https://www.gov.br/anac	Aviação, Aeroportos, Passageiros
Agência Nacional de Energia Elétrica	ANEEL	http://www.aneel.gov.br	Energia Elétrica, Produção, Transmissão, Distribuição
Agência Nacional do Petróleo, Gás Natural e Biocombustível	ANP	https://www.gov.br/anp	Petróleo, Gás Natural e Biocombustível
Agência Nacional de Transportes Aquaviários	ANTAQ	https://www.gov.br/antaq	Transportes Aquaviários, Navegação, Portos
Agência Nacional de Transportes Terrestres	ANTT	https://www.gov.br/antt	Infraestrutura, Transportes, Ferroviário, Rodoviário, Dutoviário
Agência Nacional de Mineração	ANM	https://www.gov.br/anm	Gestão da atividade de mineração e dos recursos minerais brasileiros, exceto hidrocarbonetos e substâncias nucleares
Banco Central do Brasil	BACEN	https://www.bcb.gov.br	Economia, Finanças, Câmbio

A depender de seu setor de atuação, pode ser essencial conhecer as normas e funcionamento dos órgãos de regulamentação. A maioria dos países do mundo terão algum tipo de organismo similar, com vistas a regular e/ou fiscalizar as atividades de alguns setores da economia.

Olhando, por exemplo, para outros países lusófonos, podemos destacar que em Portugal há atualmente 11 agências reguladoras, algumas similares às brasileiras, e a listagem completa pode ser vista no site do Centro Europeu do Consumidor[59].

Em Cabo Verde, há apenas cinco agências de regulação[60], mas não foi possível localizar dados oficiais sobre os organismos reguladores em outros países lusófonos, a saber: Angola, Moçambique, Timor Leste, Guiné Bissau e São Tomé e Príncipe.

---

59 O papel das entidades reguladoras é vital para consumidores, empresas e serviços públicos. Saiba quais são e o que fazem. Disponível em: https://www.cgd.pt/Site/Saldo-Positivo/protecao/Pages/entidades-reguladoras.aspx. Acesso em: 29 mar. 2023.

60 Lista das agências de regulação em Cabo Verde. Disponível em:https://reformadoestado.gov.cv/index.php/regulacao-e-inspeccao/enq-regulacao-inspeccao?showall=&start=1. Acesso em: 29 mar. 2023.

De fato, não é tarefa simples desenvolver ações de Marketing em ambientes muito regulados. Em 2021, fiz um trabalho para a holding Ultra (controladora da Ipiranga, Oxiteno, ExtraFarma, entre outras empresas) e lembro de ter ouvido algo muito pertinente sobre os desafios de comunicação de organizações sob forte regulamentação. Na altura, a Head of Communications do Grupo Ultra, Rosângela Nucara, comentou algo na linha de:

> O mercado de petróleo e gás, por exemplo, é muito árido. O público em geral só conhece o combustível que chega aos postos de gasolina e alguns poucos derivados. Existe um desconhecimento grande do que é necessário, de quanta tecnologia é envolvida e quanto tempo é investido para que o produto final chegue aos postos, à indústria e às casas dos consumidores. Trazer ao conhecimento do público essas informações seria bem interessante, até porque é um mercado que pode gerar muitos empregos, apoiar o país no seu desenvolvimento e existe muito a contar sobre tecnologia, geologia e temas de interesse geral. No entanto, essa promoção enfrenta entraves políticos que estão acima dos interesses de um Estado que verdadeiramente quer ficar mais competitivo e que deseja sair do status de um país emergente para um desenvolvido.
>
> Esse cenário faz com que a estratégia de comunicação precise ser bem integrada e, na maioria das vezes, focada nos desafios que a indústria precisa vencer, o que tira um pouco da leveza, descontração e beleza que uma comunicação poderia carregar para encantar e engajar o público. Então, o principal desafio é fazer uso de uma linguagem simples, com encantamento, mas que ao mesmo tempo seja forte o suficiente para mobilizar a opinião e o poder público.

Segundo o professor da Rutgers Business School, Mark W. Schaefer, as companhias que atuam em setores muito regulamentados também podem ter muito sucesso no Digital, adotando algumas técnicas bem acessíveis (Schaefer, 2016):

- Assegure-se do apoio dos gestores (presidente, dono, acionistas, board de diretores etc.)

- Implemente processos e aloque recursos de maneira correta (os principais problemas estarão aqui)

- Aproxime-se e torne-se parceiro do departamento jurídico (será bom para você e seu plano, para os clientes, para a área jurídica da organização e para a própria empresa)

- Seja paciente (nem sempre será fácil ou rápido conseguir dar passos em ambientes muito regulados)

- Tenha uma estratégia para partilhar conteúdo, e não apenas cria-lo (muitas organizações possuem excelentes conteúdos, mas falham em passá-los à frente)

Outro ponto que pode ser bem útil para o estrategista conduzir seu PEMD (particularmente superando os melindres dos feudos e da cultura organizacionais) é entender como seu setor, em especial, encara o valor do Marketing e do Digital em termos do sucesso do negócio como um todo.

Com base na minha experiência empírica – fortalecida em estudos e conversas frequentes com literalmente centenas de acadêmicos, alunos e profissionais, de organizações públicas, privadas e agências – acredito que, tanto no Brasil quanto em Portugal, ainda estamos em um momento em que todos os setores estão crescendo em termos de percepção de valor do Digital em seus negócios. Se olharmos para o mercado lusófono africano, haverá ainda mais espaço de crescimento. Sim, certamente há exceções, mas as organizações em geral seguem usando uma diminuta fração do potencial do Digital em suas atividades.

Pelos clientes que atendo e por trocar muitas informações com outros profissionais de diferentes mercados, posso afirmar que os setores de Entretenimento, Mídia e Editorial, Financeiro e Tecnologia estão em sentido inverso no Brasil, elevando seus investimentos em Digital e com uma percepção muito positiva acerca da relevância da área de Marketing Online (e de tecnologias e mídias digitais em geral) para suas atividades.

Note que os fatores do macroambiente deverão ser utilizados para nortear as potenciais oportunidades e ameaças da organização. Quando o estrategista desenhar a Matriz SWOT, listando e priorizando itens relevantes para a empresa na concepção do Planejamento Estratégico e Tático, serão exatamente os itens levantados durante a análise do macroambiente que deverão estar dispostos no rol de oportunidades e ameaças da marca/produto estudado, para além de outros fatores externos (mas pertencentes ao microambiente) como elementos relacionados aos concorrentes e aos clientes.

Perceba que, apesar de, normalmente, se achar que não vale a pena investir em analisar o macroambiente por ser algo que está distante da organização e que foge ao seu controle, há diversos casos em que você enxergará possibilidades de aproveitar as mudanças no macroambiente para tomar ações táticas imediatas, transformando os movimentos ambientais em oportunidades muito tangíveis e de aplicação rápida.

Tivemos recentemente com a pandemia de Covid-19 um claro exemplo do enorme impacto que os fatores macroambientais podem ter nas organizações, independentemente de seu porte ou segmento de atuação.

Os fatores econômicos, por exemplo, foram fortemente afetados pela Covid. Houve muitas empresas que quebraram ou que ainda seguem sofrendo reflexos dos impactos financeiros causados pela pandemia.

De todo modo, ainda que as movimentações do macroambiente possam ser mais distantes da maior parte das organizações, e também passíveis de pouquíssima influência, e nenhum controle pela empresa, na maioria dos casos há muitos exemplos de possibilidades concretas mostrando como as mudanças do macroambiente podem ser aproveitadas por marcas de diversos setores.

A fim de ajudá-lo a compreender melhor o que é e como fazer a Análise do Macroambiente, disponibilizei uma miniaula (em vídeo e com PPT para download). Recomendo que leia este capítulo do livro e depois reforce seus estudos com a miniaula. Você poderá acessar todo o material, na íntegra e gratuitamente, no **Espaço aPEMDiz**.

CAPÍTULO 25
Metodologia PESTE

Nesta etapa do PEMD, você deverá inicialmente fazer um esforço de pesquisa e listagem de diversas variáveis de impacto na empresa para cada fator da metodologia PESTE. Esse modelo é amplamente utilizado na literatura de estratégia de marketing e em empresas em todo o mundo, e se utiliza de categorias para facilitar a organização da análise.

O nome da metodologia "PESTE", ilustrada na **Figura 21**, nada mais é do que um acrônimo que possui variações e adaptações sobre as quais você também poderá encontrar referências (tais como SLEPT ou PESTEL, por exemplo). Em Portugal e na África lusófona, é mais comum ver como PESTAL.

Esse acrônimo se refere a cinco fatores com nomes derivados do inglês:

Political (Políticos e Legais)

Economic (Econômicos)

Social (Socioculturais)

Technological (Tecnológicos)

Environmental (Naturais, do Meio Ambiente ou Ambientais)

Por diversas questões, como a falta de investimento das empresas em monitorar o macroambiente, o tempo demandado nessa auditoria, e a complexidade que exige, muitos autores e práticos tendem a aglutinar os fatores Políticos e Legais em um só – como fiz aqui acima.

Por isso, você verá livros com referência a PESTEL (com o L, de Legais, ao final). Entretanto, justamente dados os desafios inerentes à análise do macroambiente, e com vistas a otimizar o seu trabalho como responsável pelo PEMD, a linha que iremos adotar é a de aglutinar os fatores Políticos e Legais em um só, chegando, assim, ao formato PESTE. Se, no seu caso específico, você julgar que é mais cabível analisar os dois fatores separadamente, sinta-se à vontade e siga dessa maneira.

FIGURA 21 – Modelo ilustrativo dos fatores de impacto do macroambiente

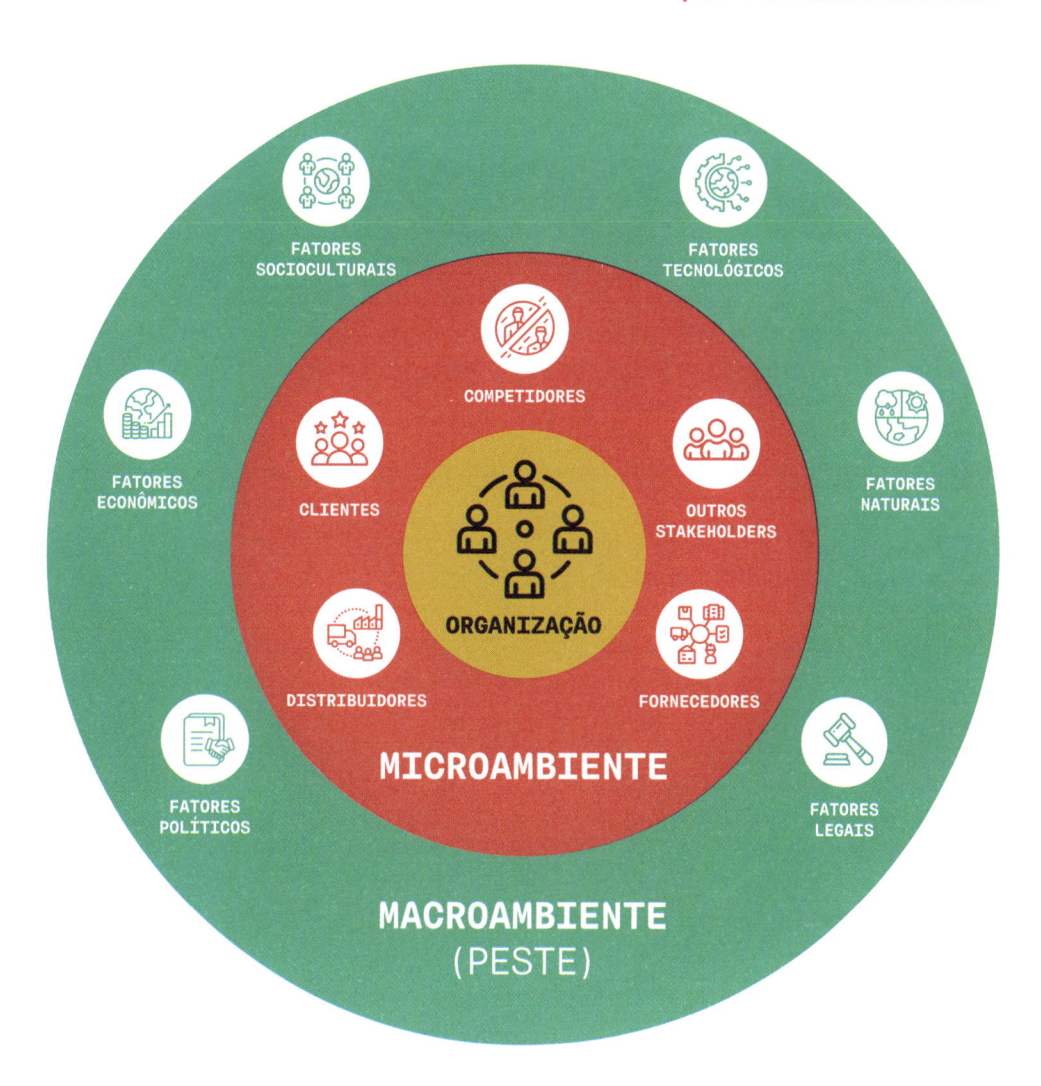

O primeiro passo é identificar quais variáveis irão afetar sua marca dentro de cada fator do PESTE. Uma vez que chegar a uma longa lista, o estrategista deverá ordenar e priorizar as variáveis. Essa priorização é necessária porque – independentemente de quanto tempo, de quantos profissionais em sua equipe e de quais recursos financeiros você dispuser – será tarefa hercúlea tentar solucionar todos os problemas ou se preparar para cada possibilidade derivada de cada item. Além disso, nunca perca de vista que seu dever é ajudar a organização a atingir seus objetivos por intermédio de estratégias e táticas de marketing (e, talvez ainda mais especificamente, de Digital).

Com isso em mente, apesar de ser vital que você reconheça os diversos fatores do macroambiente que afetam sua marca, entenda e aceite que haverá pontos que fogem à influência que você pode exercer por meio de suas atividades de marketing. Naturalmente, quando seu foco for justamente o Digital, os eventuais pontos que, por qualquer motivo, não devam ou não possam ser contemplados dentro de suas responsabilidades na área online, devem ser tratados da seguinte maneira: repasse as informações relevantes para seu par (por exemplo, o Gerente ou Diretor de Marketing da organização) ou para seu cliente. Explique que encontrou algum dado que pode ser útil para a empresa, mas que, por não se tratar de algo diretamente de sua alçada, não cabe a você a tarefa de refletir sobre o tema (ao menos não individualmente ou sem o suporte da área responsável) e que você sugere que os profissionais cabíveis tratem a informação da maneira propícia.

Tente gerar, inicialmente, uma lista com ao menos oito a 12 variáveis de impacto para cada fator do PESTE. No plano, reconheça e identifique todas as variáveis, mas foque somente nas três a cinco principais para detalhar e gerar cenários, descrevendo como elas impactarão a organização.

A seguir, listo alguns exemplos que podem auxiliá-lo na adequação da metodologia PESTE à sua realidade, tendo como foco específico itens ligados tanto quanto possível ao mundo digital. Perceba que, a depender da situação de sua companhia, os fatores deverão ser classificados como positivos ou negativos, ou seja, haverá itens em seu levantamento do macroambiente que se desdobrarão em oportunidades e outros em ameaças para a organização e para o mercado em que está inserida.

Fatores Políticos e Legais

Como já mencionamos, se for mais propício para o seu PEMD separar os fatores Políticos e Legais, sinta-se à vontade para seguir nessa linha. Reitero, entretanto, que, para nossos estudos, vou aglutinar os dois elementos em um só. Esses fatores são relacionados com leis, normas, convenções sociais, apoiados ou influenciados pelo governo ou não. Rezende (2018) define esses fatores como o espaço relacionado às leis, incluindo organismos governamentais ou não, normas, regras e forças sociais que podem influenciar ou limitar as organizações e seu ambiente de atuação. O autor ainda pondera que os fatores aqui alocados podem ter ou não conotação político-partidária.

Aqui também estão contempladas as variáveis de impacto provenientes da sociedade civil, dos partidos políticos e das organizações sociais (formais ou não). Alguns exemplos incluem: sindicatos, agências governamentais e grupos de pressão que influenciam e limitam várias organizações e indivíduos em uma dada sociedade – por exemplo, em termos de controle de preços e salários, regulamentação de comércio exterior, forma de governo, ideologia política, instabilidade política, órgãos regulatórios e blocos como o Mercosul. Incluem-se também as legislações e regulamentações que podem afetar a empresa e seu relacionamento com seus públicos – leis trabalhistas, regulamentações do negócio, legislação comercial, eficácia do sistema legal, leis tributárias, leis de proteção ambiental, lei de acessibilidade, Lei Geral de Proteção de Dados (LGPD) – e todos os conselhos profissionais e organizações de classe (OAB, OCCC, ABI, CONAR[61], entre outros).

Na eventualidade de sua organização trabalhar com negociações ou relacionamentos internacionais, é essencial incluir e compreender os impactos da legislação dos outros países.

A LAI (Lei de Acesso à Informação – Lei nº 12.527/2011) mudou a vida de todas as instituições públicas e, como vimos desde 2018, tem sido foco de ataques sucessivos de diversos órgãos governamentais, o que vem afetando a relação entre organismos públicos e veículos de comunicação e de diversas outras entidades sociais.

Em casos de instituições públicas, ao serem obrigadas a abrir, de forma transparente, todos os seus gastos, procedimentos e organização, entre outros, muitos foram os casos claros de impactos devastadores de um fator do macroambiente nas atividades da marca. Por exemplo, o site da CGU já ficou várias horas fora do ar devido a consultas de cidadãos aos salários dos servidores públicos.

Há alguns anos, tivemos no Brasil um excelente exemplo de como um fator do macroambiente pode afetar muito e muitos setores diferentes. Em 2014, o Marco Civil da Internet foi aprovado, o que impactou todos os atores envolvidos no uso, consumo ou venda de serviços de internet.

Ainda mais recente, a LGPD também impôs mudanças muito tangíveis e práticas às empresas, que foram obrigadas a ser mais rigorosas em sites, landing pages, relacionamento por e-mail e gestão de dados dos clientes. Um movimento similar acontece, desde 2018, com a RGPD (Regulamento Geral de Proteção de Dados), em Portugal e em outros países membros da União Europeia.

---

61 OAB: Ordem de Advogados do Brasil. OCC: Ordem de Contabilistas Certificados de Portugal. ABI: Associação Brasileira de Imprensa. CONAR: Conselho Nacional de Autorregulamentação Publicitária. CGU: Controladoria Geral da União

Dica PEMD #10

Impactos da nova Lei Geral de Proteção de Dados para o Marketing

A Lei Geral de Proteção de Dados Pessoais inseriu o Brasil no cenário mundial de regulação da privacidade dos cidadãos. Uma mudança radical de paradigma, pois se aplica aos setores público e privado e alcança empresas de qualquer porte e de qualquer segmento que lidem com dados pessoais de terceiros.

A sociedade digital se alimenta de dados, sendo a informação o ativo mais importante de sua economia. Até então, os dados pessoais eram capturados e rentabilizados sequer sem o conhecimento e o consentimento de seus titulares. No trânsito livre de informações pessoais identificáveis, somos nós a mercadoria. Não existe empecilho no uso desses dados, desde que o titular tenha conhecimento da forma em que será utilizado. Os tempos de uso massivo e indiscriminado de dados pessoais de terceiros ficou no passado.

Essa mesma mudança dramática aconteceu na Europa. Os profissionais perceberam novas oportunidades para transformação dos negócios, estabelecendo novas bases de relacionamento com os clientes, fincadas na confiança e na correta informação de seu uso.

No Brasil, a Lei nº 13.709/2018 aplica-se a qualquer operação de tratamento de dados pessoais, inclusive os armazenados em meio digital, com o objetivo de assegurar proteção aos direitos fundamentais de liberdade e de privacidade. Funda-se nos princípios da boa fé, finalidade, adequação, necessidade, livre acesso, qualidade dos dados, transparência, segurança, prevenção, não discriminação, responsabilização e prestação de contas.

A norma protege de forma ampla os dados pessoais, cria direitos do titular, elenca as hipóteses autorizadas para tratamento e prevê responsabilidades e sanções de ordem administrativa e pecuniária de ressarcimento de danos por vazamentos, que podem chegar a R$ 50 milhões, além de outras de ordem civil e penal.

As empresas são obrigadas a nomear agentes de tratamento de dados, responsáveis por adotar medidas de segurança, técnicas e administrativas para proteção dos dados pessoais, de acessos não autorizados e de situações acidentais ou ilícitas. O 'controlador' tomará as decisões relativas ao tratamento, o 'operador' realizará o tratamento em nome do controlador e o 'encarregado' atuará no canal de comunicação entre o controlador e o titular dos dados.

Ocorrendo violação à legislação de proteção de dados pessoais, os agentes de tratamento que causarem danos ao titular – de ordem patrimonial e moral, individual ou coletiva – serão obrigados a repará-lo.

A aplicação da LGPD na publicidade digital trouxe o desafio da mudança comportamental e da correta gestão da publicidade personalizada, visando o exercício da atividade com a transparência exigida.

Ana Amelia Menna Barreto, *advogada e docente pioneira no Direito Digital, mestre em Direito, consultora legal em privacidade e proteção de dados. Presidente da Comissão de Inteligência Artificial e Inovação do Instituto dos Advogados Brasileiros.*

Fatores Econômicos

O ambiente econômico compreende as variáveis da micro ou da macroeconomia que podem afetar de forma positiva ou negativa as organizações (Rezende, 2018; Mações, 2019). Padrão de dispêndio e poder de compra dos consumidores – e seus influenciadores: política monetária, juros, salários, impostos, inflação, taxa de desemprego, renda pessoal, custo da energia, custo de banda de conexão, PIB, taxa de câmbio, globalização, entre outros, são alguns exemplos impactantes do ambiente econômico.

Muitos dos impactos para sua organização poderão vir de fatores econômicos. Isso pode se dar não somente pela volatilidade e fragilidade da economia brasileira e pelo efeito dessas características sobre toda a sociedade, mas também devido às consequências diretas e indiretas do momento vivido em âmbito mundial e às questões preocupantes em outras economias, tais como a chinesa (que em meados de 2015 apresentou quedas gigantescas na bolsa), a dos Estados Unidos (que enfrentou a bolha imobiliária e seus desdobramentos), ou mesmo as incertezas econômicas na Europa, derivadas da situação dos imigrantes e de tremores financeiros, como no caso da Grécia há alguns anos).

Mais recentemente, a guerra na Ucrânia também repercutiu na economia de diversos países. Por exemplo, quando a Rússia cortou o fornecimento de gás à Polônia e à Bulgária[62] (Orgaz, 2022), impactando no preço do produto não apenas naqueles dois países, mas em outras nações europeias. Ainda por conta da guerra, a comercialização de várias matérias-primas também foi comprometida, o que também elevou preços do petróleo, ouro, trigo, óleo de girassol e fertilizantes.

Os fatores econômicos foram muito afetados devido à pandemia de coronavírus. É particularmente interessante perceber que a forma como diferentes organizações são impactadas pelo macroambiente varia imensamente. Por um lado, o poder de compra de pessoas e empresas foi drasticamente reduzido e muitos não conseguiram se sustentar (tanto indivíduos quanto corporações). Organizações focadas em segmentos de baixa renda foram particularmente prejudicadas. Entretanto, empresas do mercado de luxo cresceram durante o mesmo período, inclusive com recorde de vendas de joias e iates no Brasil.

---

[62] "Por que Rússia cortou gás da Polônia e da Bulgária — e quais as consequências disso". Disponível em: https://www.bbc.com/portuguese/internacional-61261639. Acesso em: 27 mar. 2023.

Fatores Socioculturais

Entre esses fatores encontram-se variáveis peculiares a cada cultura, sociedade e aos atores nela inseridos. Aqui se encontram os costumes e a maneira como as pessoas vivem e coexistem em sociedade e como indivíduos. Alguns exemplos incluem as barreiras sociais à adoção da internet (falta de percepção de benefício, falta de confiança, segurança, falta de habilidade para usar, custo, facilidade de uso), as preferências e os comportamentos da sociedade (valores, crenças, instituições sociais, expectativa de vida, taxa de natalidade, preocupação com qualidade de vida, alterações populacionais, atitudes em relação à inovação de produtos, estilo de vida), a customização cultural (particularidades culturais de determinado país ou mesmo as diferenças culturais em regiões dentro de um mesmo país ou estado). Incluem-se também as diferentes dimensões da exclusão social/digital, aspectos relativos à linguagem e ao tom de voz, as práticas sociais no tratamento/relacionamento entre pessoas e entre pessoas e empresas. Consideram-se ainda o tamanho e a taxa de crescimento da população, sua distribuição em faixas etárias e o grau de escolaridade.

Os impactos das diferenças culturais na comunicação e no relacionamento entre organizações e seus públicos são amplamente estudados por investigadores e executivos em todo o mundo. Talvez um dos mais marcantes trabalhos sobre como a cultura pode influenciar (positiva ou negativamente) o relacionamento entre marcas e seus stakeholders no ambiente digital seja o de Singh e Pereira, de 2005. A pesquisa dos autores foi replicada e atualizada em outras ocasiões (por exemplo, Singh, Park e Kalliny, 2012; Benmamoun *et al.*, 2016; Cowan, 2019; e Shi e Xu, 2020) e tornou-se um framework muito útil para quem trabalha em organizações que atuam em diferentes países/culturas.

Essas e várias outras pesquisas buscam entender como as características de diferentes culturas impactam nas ações de comunicação digital de empresas privadas. Os resultados mostram que a maior parte das empresas ignora as diferenças culturais e que não oferecem websites culturalmente customizados. Na verdade, a maioria das empresas estudadas se contenta em oferecer uma mera tradução do site, ignorando quaisquer outros fatores culturais.

Em um exemplo positivo, o McDonald's oferece sites customizados para cada país, respeitando as particularidades culturais de cada local. Como ilustrado na **Figura 22**, no Brasil, por exemplo, além de o site ser em português, a empresa brinca com a forma abrasileirada de pronunciar o nome da lanchonete ("Méqui").

FIGURA 22 – Exemplo do site do McDonald's no Brasil em março de 2023

Na **Figura 23** a seguir, ilustrando como o site da empresa na Nova Zelândia estava em março de 2023, perceba que há diferenças significativas em relação à versão brasileira. Para se adaptar à cultura neozelandesa, o site é desenhado priorizando a navegação em dispositivos móveis, além de chamadas para produtos locais e campanhas específicas. Por exemplo, há apelos promocionais ligados a esportes, leitura e sustentabilidade. Em adição a isso, a URL (endereço do site) é sempre personalizada (mcdonalds.com.br para o Brasil, mcdonalds.co.nz para Nova Zelândia, mcindia.com para a Índia e assim por diante).

FIGURA 23 – Exemplo de área personalizada do site do McDonald's na Nova Zelândia em março de 2023

CAPÍTULO 25 | METODOLOGIA PESTE

Perceba agora um exemplo de outra marca global, a GAP, que também goza de larga reputação em sua área e que possui consumidores em inúmeros países, incluindo o Brasil e Portugal. Desde a pesquisa Singh e Pereira, em 2005, e de minha dissertação de mestrado, em 2006, quando também naveguei pelos sites da GAP, tenho eventualmente monitorado o site da empresa e o problema persiste há quase 20 anos: a GAP ignora as particularidades de cada cultura, oferecendo apenas sites genéricos, muitas vezes sem sequer ter uma simples tradução de conteúdo para o idioma local.

Em 2019, ao buscar pelo site da GAP em Portugal, Itália, Suécia, Dinamarca e Alemanha, independentemente da opção por país, o usuário era direcionado para um site genérico da empresa na União Europeia. A GAP nem mesmo se preocupava em zelar pelos domínios específicos – por exemplo, gap.it ou gap.com.it não redirecionam ao site da empresa. Em uma nova pesquisa, no final de 2021, apesar de ainda haver um único site genérico para países europeus, a empresa já havia criado domínios específicos para Portugal e Itália. Contudo, o domínio do site italiano foi realmente perdido e a GAP precisou fugir de seu padrão e utilizar o www.gap-italia.it. Os sites, entretanto, nada mais eram do que uma tradução parcial para idiomas locais.

Novamente, em 2023, busquei pelos sites da GAP na Europa. Houve pouquíssima melhora em todos esses anos. Agora, há alguns poucos sites com tradução parcial do conteúdo (parte em inglês, parte no idioma local), como em português e em espanhol. Entretanto, os sites europeus são exatamente iguais entre si, seja quanto à estrutura ou quanto o conteúdo e oferta de produtos.

FIGURA 24 – Site genérico da GAP para a União Europeia em 2023

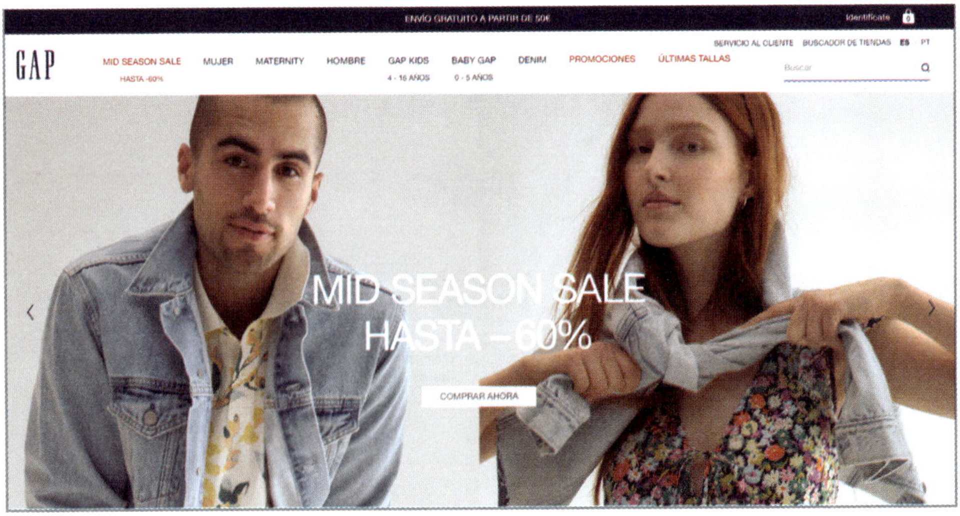

FIGURA 25 – Site genérico da GAP para usuários da América do Sul em 2023

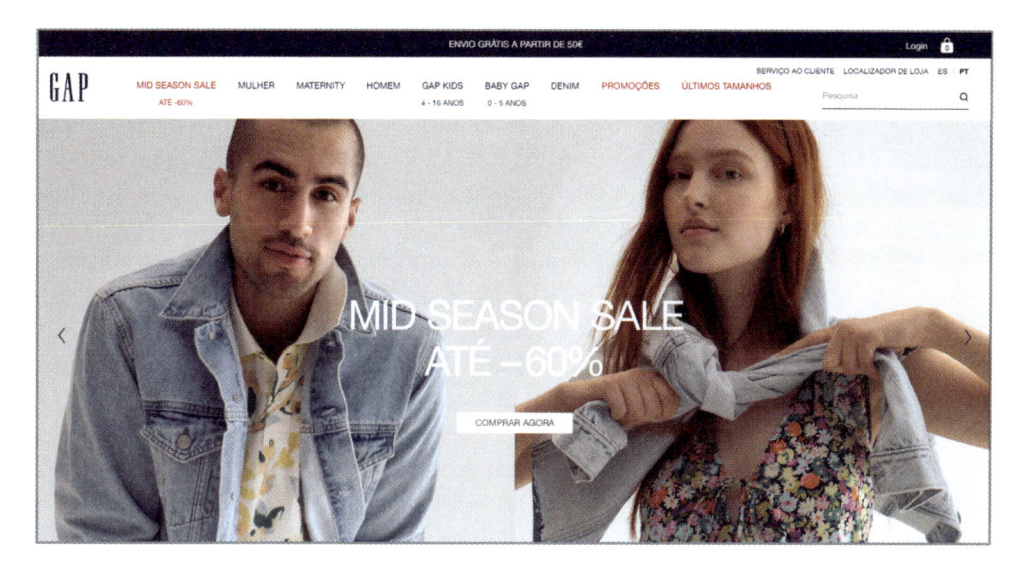

Já na América do Sul, também em 2019 procurei por sites locais da marca. Similarmente ao caso europeu, ao buscar pela GAP no Brasil, Chile, Colômbia, Peru, Venezuela, Bolívia e Argentina, o que encontrei foram sites que ignoravam o país do usuário e, pior, se contentavam em trazer todo o conteúdo em inglês. Em uma segunda tentativa, ao final de 2021, percebi que a empresa havia criado sites específicos somente para o Brasil e para o Chile. E, como no caso italiano, a GAP desperdiçou a oportunidade de assegurar um único padrão global para os endereços dos sites. A versão brasileira ficou com gapbrasil.com, enquanto a chilena é thegap.cl. Ou seja, para além de ignorar as particularidades das diferentes culturas, a empresa fragmentou a marca ao falhar em algo tão básico (e relevante!) quanto ter um padrão para seus domínios. Pior ainda, ao checar os sites novamente, em 2023, constatei que o domínio brasileiro havia sido perdido e gapbrasil.com ou gapbrasil.com.br não levam a lugar algum, enquanto gap.com.br direciona a um site de uma pequena empresa de tecnologia baseada no interior de São Paulo.

Uma vez, conversando com Cássio Brandão (foi meu aluno na FGV, assinou vários projetos tops na América Latina e, hoje, é executivo sênior do Google) sobre sua experiência de sucesso no gigante global dos esportes ESPN, ele me compartilhou que, após o frustrado lançamento do site da ESPN "em português", ele havia conseguido convencer a matriz de que era preciso desenvolver um website totalmente novo, localizado, customizado para o público brasileiro, com o que ele chamou de "*brazilian flavor*"[63]. O site reformulado foi

---

63   Em uma tradução livre do autor, "*brazilian flavor*" poderia ser algo como "gostinho brasileiro".

sucesso absoluto, servindo de estopim para a organização adotar o mesmo processo de criar sites novos, customizados, para diferentes países em sua operação global.

Outro exemplo pertinente aos fatores socioculturais e que tem grande relevância para o Marketing é a questão da diversidade. Muitas marcas têm buscado indicar que estão preocupadas com a diversidade e que sabem que se trata de algo importante para seus públicos. Nos meus cursos de Formação de Consultores e de PEMD, tento facilitar a inclusão de segmentos que, acredito, poderiam ser melhor representados no rol de alunos. Assim, as mulheres, os estudantes africanos e os de baixa renda têm condições especiais na matrícula. Entretanto (e infelizmente!), não faltam exemplos negativos. Desde 2021, a Sony tem sido frequentemente acusada de casos de misoginia[64]. Em mais um exemplo, a Zara, com muita regularidade, demonstra ser uma empresa racista, como o visto em episódios diversos no Brasil e na China, entre outras ocasiões. Confira no **Espaço aPEMDiz** situações que abalaram a reputação da marca.

Fatores Tecnológicos

Os fatores do ambiente tecnológico compreendem as diversas variáveis de tecnologia e de inovação, que podem eventualmente afetar, para o bem ou para o mal, as organizações (Rezende, 2018). Ainda segundo o autor, esse ambiente também contempla as atividades de pesquisa e desenvolvimento (P&D), bem como as diferenças tecnológicas entre empresas. Trata-se certamente de um dos mais impactantes tópicos do macroambiente no que tange às atividades de Marketing na Era Digital.

Forças que afetam a tecnologia e a inovação, variáveis que criam ou ajudam o desenvolvimento de novos produtos e oportunidades de marketing (automação, robótica, gastos em P&D, introdução de novos produtos), melhoria em processos (*collocation* x virtualização, cloud), automação de marketing, inteligência artificial, alternativas tecnológicas (wireless, convergência de tecnologia, SMS, *m-commerce*, rádio online, TV digital, TV interativa, adoção do 5G), gastos em TI e áreas correlatas são fatores que exemplificam a influência do ambiente tecnológico. Em mais uma ilustração, podemos destacar as recentes discussões relacionadas ao metaverso e o impacto que terá na sociedade, governos e no mundo dos negócios (Suzuki *et al.*, 2020).

---

[64] "Mais 8 mulheres acusam a Sony de assédio e discriminação". Disponível em: https://canaltech.com.br/games/mais-8-mulheres-acusam-a-sony-de-assedio-e-discriminacao-211207/. Acesso em: 27 mar. 2023.

Outra tendência que irá afetar demasiadamente não só as organizações mas as sociedades é o avanço da computação quântica, que deve impulsionar o progresso de pesquisas médicas, além de impactar questões ligadas à cibersegurança[65], à mudança climática[66], entre outras tantas áreas.

Ainda no que concerne aos impactos dos fatores tecnológicos, tome, por exemplo, o caso dos aplicativos de transporte (como os apps 99, Uber ou Bolt) e considere como estão afetando as cooperativas de táxis, o comportamento de passageiros e mesmo as discussões políticas e legais nos principais centros urbanos de diversos países. O sucesso desses aplicativos está sendo tão grande que muitos taxistas profissionais estão saindo das cooperativas e migrando para uma atuação mais independente, utilizando um conjunto de vários apps ao mesmo tempo para maximizar suas chances de conseguir uma corrida.

Em 2014 houve muita pressão das cooperativas para que os aplicativos fossem regulamentados, alegando que as prefeituras precisam fiscalizar melhor quem são os taxistas cadastrados e que restrinjam a área de atuação do motorista[67]. Indo mais além, relembre a entrada do Uber no Brasil, que começou com muita polêmica, brigas e passeatas, até culminar em discussões estruturadas envolvendo as diversas partes interessadas e até em conflitos de rua. Na verdade, a Uber despertou de revoltas a palmas em diversos países – França, Estados Unidos, México, Índia, Equador, entre outros[68]. No Brasil, já existe uma lei para regulamentar os aplicativos de transporte desde 2018. Por outro lado, em Portugal, propostas para a chamada "Lei Uber" foram lançadas também em 2018 e, três anos depois, o país já pensava em formas de atualizar a legislação.

---

65 *"Four Ways Quantum Computing Could Change the World"*. Disponível em: https://www.forbes.com/sites/forbestechcouncil/2021/07/30/four-ways-quantum-computing-could-change-the-world/?sh=c1144854602a. Acesso em: 27 mar. 2023.

66 *"Will Quantum Computers Truly Serve Humanity?"*. Disponível em: https://www.scientificamerican.com/article/will-quantum-computers-truly-serve-humanity/. Acesso em: 27 mar. 2023.

67 "Sobe uso de aplicativos para táxi e cooperativas pedem regulamentação". Disponível em: https://g1.globo.com/economia/noticia/2014/02/sobe-uso-de-aplicativos-para-taxi-e-cooperativas-pedem-regulamentacao.html. Acesso em: 27 mar. 2023.

68 "Uber: Conheça as polêmicas globais e onde já foi regulamentado". Disponível em: https://www.bbc.com/portuguese/noticias/2015/08/150812_uber_regulamentacao_pai_ac. Acesso em: 27 mar. 2023.

As novas aplicações de tecnologias revolucionaram setores inteiros: transportes (Uber e semelhantes), hotelaria e turismo (Airbnb, Booking, entre outros), alimentação (iFood, Glovo, entre outros). Entretanto, é importante ser muito consciente ao investir seus recursos em tecnologias, uma vez que algumas podem até ser promovidas na linha de "todo mundo está lá" ou "se você não adotar essa tecnologia, estará fora do mercado".

O instituto Gartner publica há alguns anos seu "Hype Cycle for Emerging Technologies", no qual aponta o grau de adoção de tecnologias na sociedade. A empresa mostra que há tecnologias que, apesar de serem muito faladas (na mídia, por profissionais de mercado), ainda não estão sendo realmente usadas de forma abrangente. Veja a **Figura 26**:

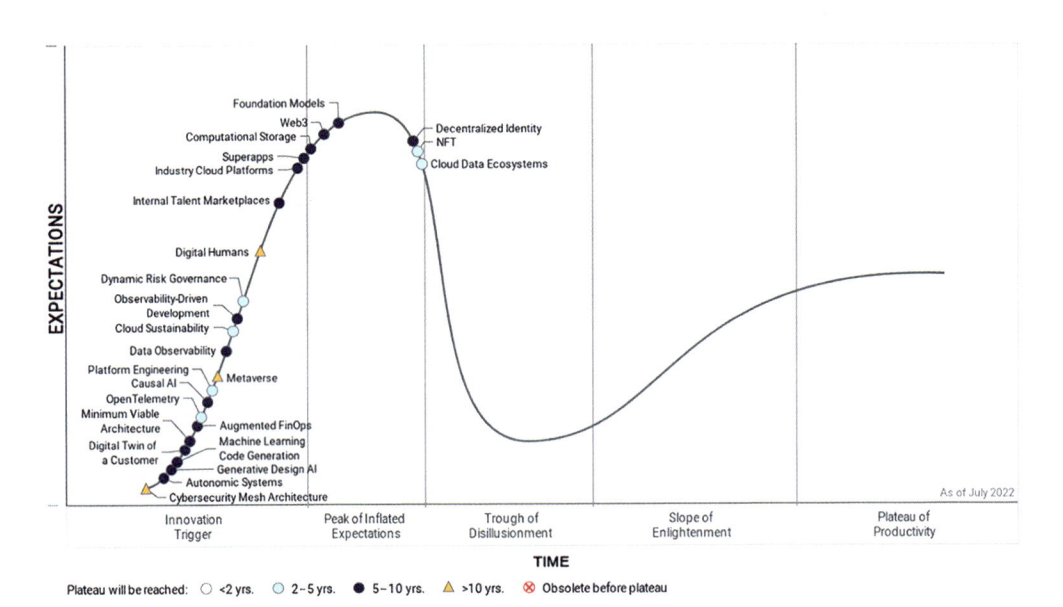

FIGURA 26 – Hype Cycle for Emerging Technologies

Fonte: Gartner (2022)[69]

É importante frisar que há tecnologias em ascensão mais óbvias (as chamadas "tendências"), como a Inteligência Artificial, enquanto outras ainda são perspectivas remotas que, eventualmente, podem ser essenciais para a empresa sair

---

[69] *"Gartner Identifies Key Emerging Technologies Expanding Immersive Experiences, Accelerating AI Automation and Optimizing Technologist Delivery"*. Disponível em: https://www.gartner.com/en/newsroom/press-releases/2022-08-10-gartner-identifies-key-emerging-technologies-expanding-immersive-experiences-accelerating-ai-automation-and-optimizing-technologist-delivery. Acesso em: 27 mar. 2023.

na frente de seus concorrentes ou, quem sabe, se manter competitiva, como no caso dos NFTs[70].

Algumas tecnologias que valem a pena ficar de olho são Web3, criptomoedas, automação (por exemplo, de carros, atendentes virtuais, eletrodomésticos, entre outros), impressão 3D e os chamados *insideables,* que são implantes já usados largamente – tais como chips para rastrear seu animal de estimação ou para reconhecer você ao chegar em sua casa, além de aplicações na área médica, ajudando a monitorar as alterações de saúde do paciente.

Como você já deve ter percebido, seja pela extensão que dei a esse fator macroambiental, seja pelas novas palavras, os fatores tecnológicos cada vez mais serão relevantes para as estratégias organizacionais, e especialmente impactantes aos profissionais de Marketing e a seu PEMD. Portanto, para além de acompanhar a evolução do "Hype Cycle" do Gartner, fique sempre de olho nos conteúdos da MIT Technology Review (com edições segmentadas em diversos países, inclusive no Brasil e em Portugal), do Techtudo e de outros canais especializados.

Fatores Naturais

Os fatores *Environmental* são traduzidos como naturais, ambientais, ecológicos ou do meio ambiente. Qualquer forma que você vir ou usar está correta. Trata-se, segundo Mações (2019), dos Recursos Naturais que as organizações usam como insumos ou mudanças ambientais que podem afetar as atividades de marketing ou da empresa como um todo. Matérias-primas como petróleo, madeira e ferro já sofrem com possibilidades de escassez e mudanças naturais do clima (tormentas, furacões, maremotos, fortes chuvas), e também podem impactar fortemente diversos tipos de negócios. Incluem-se ainda flora, fauna e recursos naturais (água, ar, energia), além dos custos mais elevados de energia e de água, os níveis de poluição e as preocupações com mudanças climáticas.

Tive um aluno, em Florianópolis, que era executivo de uma empresa de venda de roupas, calçados e acessórios de moda em geral. O principal centro de distribuição da empresa, juntamente a uma pequena fábrica, ficava em uma pacata cidade no interior do estado de Santa Catarina. Todos os anos, a cidade era vítima de rigorosas enchentes, o que não só comprometia a produção e a

---

70   NFT é um acrônimo para *Nonfungible Tokens.* Segundo Garret (2021), é "uma espécie de certificado digital", que opera com base em *blockchain* (uma forma de segurança criptografada de informações, que garante a sua validade), para assegurar que determinado dado é original, exclusivo e confiável. Saiba mais em: https://www.techtudo.com.br/noticias/2021/03/o-que-e-nft-entenda-como-funciona-a-tecnologia-do-token.ghtml. Acesso em: 27 mar. 2023.

estocagem dos produtos, como também suas vendas e relacionamentos no comércio eletrônico.

Uma questão recente e muito ilustrativa dos potenciais impactos de fatores naturais é a pandemia de coronavírus, que causou alterações consideráveis no nosso dia-a-dia desde o início de 2020. Embora tenha gerado imensas repercussões gravíssimas para a sociedade, a pandemia facilitou os estrategistas a defender a importância de se estudar o Macroambiente.

O interessante de se perceber é que, ainda que seja uma questão sanitária natural, a pandemia foi tão impactante que afetou os outros elementos macroambientais. Por exemplo, novas leis foram necessárias para conter o alastramento do vírus, de forma que uma grande variedade de negócios simplesmente teve que parar de funcionar do dia para a noite. Em termos socioculturais, as restrições sanitárias fizeram com que os hábitos das pessoas também mudassem. Muitos começaram durante o período a fazer compras online (como em supermercados ou farmácias), além de terem que se adaptar no trabalho, na escola e nos relacionamentos para cumprirem com suas atividades de forma remota.

Como trabalhar com a PESTE

Uma vez que você tiver compilado sua relação, contendo 8 a 12 variáveis para cada fator do PESTE, será necessário identificar como elas poderão afetar sua organização e quais medidas você precisa tomar para assegurar que está pronto para lidar com os potenciais impactos.

Uma forma simples de trabalhar cada variável é utilizar o modelo de Crenças e Implicações, conforme exemplo do **Quadro 30** a seguir:

QUADRO 30 – Orientação genérica sobre como priorizar e utilizar os insumos da Análise do Macroambiente de Marketing — PESTE

Crenças Básicas (de hoje para frente)	Quais Implicações?	Must Do's (elementos vitais da estratégia)
Nos próximos dois anos, acredito que *isso* vai acontecer	Uma vez que *isso* acontecer, minha empresa vai sofrer/ganhar **dessa maneira**, o mercado será impactado **dessa forma**	Assim, tenho que fazer **A e B** na minha estratégia para que, quando *isso* acontecer, eu esteja preparado e possa caminhar com tranquilidade

Com base no modelo, entenda como as colunas devem ser tratadas e utilizadas:

- **Crenças Básicas** – detalhamento da variável que o estrategista acredita que irá afetar a organização (lembre-se de embasar muito bem suas crenças).

- **Implicações** – relacionadas às crenças básicas. Uma vez que as crenças se concretizem, imagine quais serão as implicações, os impactos, na sua organização. De que maneira sua empresa (ou o mercado) poderá ser afetada?

- **Must Do's** – por fim, tendo em mente o que o estrategista acredita que acontecerá (crenças básicas) e o impacto (implicações) para a organização, pense sobre o que você deverá fazer para poder cooperar com esse cenário. Ou seja, como você poderá estar preparado para aproveitar as oportunidades ou proteger-se (por vezes, evitar!) das ameaças vindouras?

Esta fase do PEMD (Análise do Macroambiente) é uma das mais complicadas de tratar, já que exigirá muita pesquisa, discussões com outros atores organizacionais e do mercado, reflexão e questionamentos críticos por parte do estrategista. Pelos mesmos motivos, também não é fácil convencer seu chefe ou cliente de investir nesta etapa. Entretanto, como você perceberá (particularmente agora, que a pandemia de Covid-19 deixou mais nítido o quão relevante pode ser o macroambiente), analisar e refletir acerca dos fatores macroambientais pode ajudar sua empresa a estar mais bem preparada para aproveitar potenciais oportunidades ou ainda reduzir os impactos negativos de eventuais riscos.

Portanto, dedique-se ao levantamento das variáveis e tente, em um primeiro momento, não se limitar a uma pequena lista com três ou quatro itens. O mais indicado, tal como ocorreu em outros momentos do PEMD, é iniciar com um leque mais vasto para, no decorrer das análises e aprofundamentos, você ir afunilando seus achados, até ter mais clareza acerca de quais pontos são mais ou menos relevantes.

Uma boa sugestão é que o estrategista, munido dos achados da análise macroambiente, desenhe **cenários** para ajudá-lo a pensar sobre como os fatores poderão/irão interferir em sua organização. Se for nessa linha, minha recomendação é que tente traçar ao menos três diferentes tipos de cenários, conforme destacado no **Quadro 31**:

QUADRO 31 – Os três tipos básicos de cenários

Horrível (pessimista)	Aqui estariam as piores hipóteses que puder imaginar, de maneira que você terá uma noção do que poderá acontecer com sua marca se tudo for de mal a pior.
Realista	Aqui tente pintar o que você acha mais provável ou possível de acontecer.
Maravilhoso (otimista)	Nessa última hipótese, fique aberto às melhores possibilidades e desenhe um fantástico mundo de magia, encantamento e tudo de positivo que puder imaginar.

Antes de encerrarmos nossos capítulos sobre o Macroambiente, lhe convido a ler a **Dica PEMD #11**, assinada pelo professor e consultor Fábio Flatschart, que trata da evolução da tecnologia. O interessante de se refletir é que os avanços tecnológicos normalmente impactam outros fatores macroambientais. Ao ler essa Dica, tente fazer pontes entre o avanço das mudanças com os reflexos em questões socioculturais, políticas/legais, econômicas e naturais.

Ao chegar neste ponto, você estará com a primeira análise do PEMD terminada. É hora de deixar momentaneamente os achados do macroambiente de lado e focar nas forças referentes ao ambiente interno.

Dica PEMD #11

A evolução da tecnologia até a Internet das Coisas

A rápida ascensão e obsolescência de tecnologias, ferramentas e processos cria ciclos de vida cada vez mais curtos para produtos e serviços. No século XXI, a noção do *continuum* do tempo é contraposta ao imediatismo da sociedade contemporânea na qual a sensação do presente eterno descolado do passado e ligado diretamente ao futuro nos faz, muitas vezes, tratar os meios de comunicação como uma constante sobreposição de formatos, canais e veículos que "matam" seus antecessores e apagam suas origens.

Mas essas mudanças não são cartesianas, não são decretadas através de uma data de início com validade pré-determinada e uma nova prática não elimina por completo a anterior. Na verdade, elas se mesclam e se complementam durante um período até que a mais confortável, a mais viável e principalmente aquela que permite a adoção de modelos de negócios claros e mensuráveis se consolide como uma nova solução. Uma nova tecnologia só se consolida como tal quando se integra no contexto cotidiano das relações entre homem e sua cultura; esse é o momento em que ela se torna invisível, é assimilada e passa a ser uma extensão do ser humano.

Gosto de pensar nas mudanças de paradigmas tecnológicos como ciclos evolutivos, como uma cadeia de inovação na qual ondas se sucedem e são incorporadas:

- *Mainframe* - 1950/60
- Minicomputador - 1960/70
- Computação pessoal - 1980
- Computador conectado (Internet) - 1990
- Computador móvel (Mobile) - 2000
- Internet das Coisas - 2010

Muitos ainda enxergam a Internet das Coisas como uma tergiversação acadêmica ou como a promessa de um mundo conectado que "gurus do amanhã" tentam vender para revistas e portais de tecnologia. Internet das coisas não é o futuro, é o presente!

Apesar do nome "Internet das Coisas" ainda causar espanto no mercado, ela já se faz presente em muitos objetos do nosso uso cotidiano como automóveis, pulseiras, óculos, automação residencial e eletrodomésticos. Todos eles se baseiam em um princípio simples:

**objetos + controladores e sensores + internet =
internet das coisas**

São infinitas ações e situações que podem ser automatizadas e controladas. Por exemplo, a área da saúde vem fazendo uso de objetos e dispositivos (pode ser uma pulseira, um relógio, um adesivo) conectados que auxiliam no controle e prevenção de doenças, monitorando um paciente em tempo real e enviando estes dados a uma equipe médica ou hospital.

Quando você retira um pote de iogurte da geladeira, um sensor pode detectar essa ação e sugerir uma receita com esse produto, via um aplicativo. A fronteira entre o produto e o serviço desaparece, surgem novos modelos de negócio que integram forma, função e conteúdo. A sua garrafa térmica pode mandar uma mensagem para sua cafeteira avisando que o café acabou e acionando-a para fazer mais quatro xícaras. Por que não?

Grandes empresas como IBM, Google, Microsoft, Apple, Intel já trabalham e investem pesado em novos produtos e serviços, integrando estratégias que começam a aparecer em cenários denominados de:

» Smart homes
» Smart cities
» Smart environment
» Smart autonomous vehicles
» M2M (Machine-to-Machine)

Não só as grandes empresas estão nesse "novo mundo", mas milhares de pequenas startups, desenvolvedores, comunidades DIY (faça você mesmo), entre outros, já apostam nesse mercado no qual os objetos ao seu redor agora podem falar com você e sobre você em um mundo conectado pois, por incrível que pareça, o preço da tecnologia ou dos aparelhos não é um limitador, uma vez que o custo de processadores cai vertiginosamente a cada ano, serviços de internet na nuvem estão cada vez mais disponíveis, controladores/sensores como "Arduino" ou "Raspberry Pi" são vendidos no varejo em forma de kits do tipo "faça você mesmo". Outro fator que impacta no baixo custo é que podemos construir uma plataforma ou produto apenas usando tecnologias e linguagens abertas (*open source*).

O impacto de vários bilhões de dispositivos conectados ao redor do planeta ultrapassa uma questão de infraestrutura e equipamentos e afeta o modo de criar e gerir estratégias de negócios, comunicação e marketing capazes de lidar com questões de comportamento, privacidade, disrupção e sustentabilidade

Estamos, no presente, desenhando um futuro para pessoas que acreditam na tecnologia a serviço da construção de uma sociedade ética e sustentável apoiada em soluções abertas, acessíveis, inclusivas e colaborativas, para pessoas que enxergam a tecnologia como um meio e não como um fim, para pessoas visionárias e empreendedoras.

Fábio Flatschart, *formado pela Escola de Comunicação e Artes da USP, possui especialização em Criação Visual e Multimídia e MBA em Marketing pela FGV. Desenvolveu programas de capacitação e inovação em grandes corporações, tais como Instituto TIM, Editora Pearson, Editora Moderna, Adobe Systems Brasil e Senac-SP. É membro do Conselho Consultivo TIM Tec, projeto com mais de 60 mil alunos em acordo de cooperação com a Secretaria de Educação Profissional e Tecnológica do Ministério da Educação (Setec/MEC). Autor das Editoras Brasport, Senac-SP e FGV com mais de 35.000 livros vendidos.*

CAPÍTULO 26
Análise do Microambiente

Em sua obra pioneira sobre o retorno de investimentos em comunicação, Yanaze *et al.* (2013) destacam que um dos maiores erros dos gestores da área de comunicação é entender e utilizar o estudo de dados sobre internet sob a ótica da antiga perspectiva de mídias offline, ou seja, quanto mais volume tenho (por exemplo, maior número de ouvintes, leitores ou espectadores), melhor estou. Irônica e infelizmente, no entanto, os autores apontam que não apenas empresas, mas mesmo agências de comunicação têm insistido em coletar, analisar e apresentar seus resultados com a perspectiva que prioriza a quantidade em detrimento da qualidade.

Reflita sobre o que um olhar despreparado poderia ocasionar na tomada de decisão de determinada organização. Devemos nos preocupar não somente em levar muito a sério o exercício de desenhar um sólido **Diagnóstico Estratégico**, mas também o quanto precisamos buscar de informações diversas e muito completas para termos segurança em apontar os caminhos que nossa marca precisa seguir no ambiente competitivo.

Durante a análise do microambiente do PEMD, vamos olhar para o Digital como algo específico que, naturalmente, demanda estudos e análises próprias. Buscaremos compreender e responder questões acerca de tópicos tais como: quais são os pontos fortes da minha marca? Quais fraquezas temos? Como os clientes se relacionam com minha empresa no ambiente digital? O que estamos fazendo bem / mal? Como estão nossos canais online? Quais os problemas do site? Como trabalhamos as ferramentas sociais? O que os concorrentes fazem melhor do que nós? O que eles têm que nós não temos?

O microambiente é composto das forças (ou agentes/atores sociais) que estão mais próximas (inclusive internas, literalmente) da organização e que, portanto, terão mais chance de impactar a empresa mais rapidamente e com mais consequências. Veja o modelo na **Figura 27**.

FIGURA 27 – Modelo ilustrativo dos fatores de impacto do microambiente

(Figura: diagrama circular com ORGANIZAÇÃO ao centro e, ao redor, COMPETIDORES, OUTROS STAKEHOLDERS, FORNECEDORES, DISTRIBUIDORES, CLIENTES — todos dentro do MICROAMBIENTE.)

Para a análise do microambiente, você precisará resgatar e utilizar três grandes insumos, todos já levantados previamente no momento preliminar – Definição do Objeto do PEMD –, que servirão de pontos focais para seus estudos do microambiente de Marketing, a saber: principais públicos, principais concorrentes e principais canais digitais.

Desenvolvendo a Análise do Microambiente de Marketing na Era Digital

Depois de alguns bons anos de experiência prática e acadêmica, cheguei a uma abordagem que facilita muito a consecução do diagnóstico do microambiente de Marketing Digital. Basicamente, utilizando os elementos definidos como **Objetos do PEMD,** divido os estudos a serem desenvolvidos em seis grandes blocos:

FIGURA 28 – Seis blocos de auditorias para análise do microambiente de Marketing Digital

Metodologia NC em 6 Passos

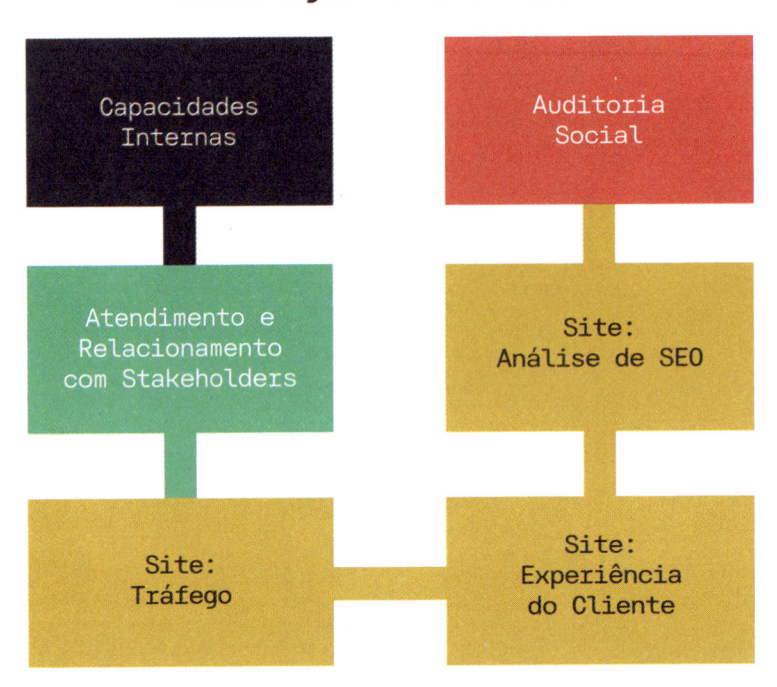

- Capacidades Internas
- Auditoria Social
- Atendimento e Relacionamento com Stakeholders
- Site: Análise de SEO
- Site: Tráfego
- Site: Experiência do Cliente

Essa abordagem visa facilitar e organizar, de forma lógica, didática e prática, os esforços que o estrategista deverá empreender ao longo de seus estudos acerca do Microambiente de Marketing na Era Digital. Eventualmente, devido a contingências em sua organização ou à sua facilidade em cada uma das etapas, pode ser possível conduzir as análises em outra ordem, apesar de eu achar que a ordenação aqui proposta tornará seu trabalho mais fluido e natural. Particularmente, não recomendo que inicie com qualquer auditoria que não a de Capacidades Internas. As demais, se preferir e conforme se familiarizar com a Metodologia PEMD, poderá reordenar.

Em algumas situações, pode ser relevante incluir outras análises, se forem importantes para seu caso particular. Por exemplo, pode haver empresas em que o trabalho com campanhas de mídia paga é vital para a organização e todos os *players* do mercado investem fortemente em diferentes iniciativas e formatos de publicidade online. Nesse caso, é cabível que você conduza, adicionalmente ao que proponho aqui, uma Auditoria de Mídia Paga, por exemplo. Por outro lado, se estiver trabalhando para uma microempresa, pode reduzir o escopo das auditorias, de maneira a "caber no bolso" da empresa.

De todo modo, o objetivo das análises sugeridas é atender à maior parte das organizações, nos pontos mais estruturais e essenciais das atividades de marketing. Com raras exceções, todas as marcas que são atuantes e querem ser ainda mais competitivas se beneficiarão com essa metodologia.

Após essa breve introdução, vamos à descrição de cada um dos passos, que você pode conferir no **Quadro 32**.

QUADRO 32 – Passos para Análise do Microambiente

Passo 1 > Auditoria das Capacidades Internas	No primeiro bloco, serão estudadas a estrutura da organização (no que tange às atividades digitais), a equipe, os processos e fluxos internos de comunicação e operacionalização de serviços digitais, bem como os relacionamentos interdepartamentais, e os fornecedores e parceiros de marketing da empresa.
Passo 2 > Auditoria do Atendimento e Relacionamento com os Stakeholders	Nesse momento, você irá compreender como as marcas estudadas utilizam os diferentes canais digitais para atendimento e relacionamento com seus diferentes públicos. Aqui entrarão os segmentos de clientes, mas também outros stakeholders relevantes.
Passo 3 > Auditoria do Site > Tráfego	Aqui o estrategista irá aplicar estudos de tráfego (e outras variáveis correlatas) do site, buscando entender os pontos fortes e fracos dos sites dos *players* contemplados.
Passo 4 > Auditoria do Site > Experiência do Cliente	Esse passo diz respeito à usabilidade, arquitetura da informação, acessibilidade, performance e todos os demais itens que afetam a experiência dos seus clientes ao interagirem com sua marca por intermédio do website.
Passo 5 > Auditoria do Site > Análise de SEO	No quinto passo, o estrategista deverá estudar como o site está estruturado em termos de otimização para os mecanismos de busca, tanto sob os aspectos internos (*on site*), quanto externos (*off site*).
Passo 6 > Auditoria Social	O último passo visa entender como as diferentes marcas utilizam e são percebidas nas mídias sociais, em termos quantitativos e qualitativos, tanto do ponto de vista do conteúdo gerado pelo usuário, quanto da produção por parte de cada *player*. Nesse ponto você também perceberá quais os canais e atores sociais são mais relevantes e influentes para seu negócio.

Com raras variações ou inclusões, esses seis blocos de estudos são suficientes para munir o estrategista com as informações necessárias para o desenvolvimento de um sólido Planejamento Estratégico de Marketing na Era Digital.

Nos capítulos seguintes, veremos cada um dos seis passos detalhadamente.

CAPÍTULO 27
Passo 1 > Auditoria das Capacidades Internas

Esta etapa consiste em **compreender as capacidades internas da área e da equipe de marketing da organização,** identificando os pontos fortes e fracos, para que, mais adiante (durante o Plano Tático, Etapa 3 do PEMD), o estrategista possa sugerir o que deve ser feito para sanar as deficiências, otimizar os resultados e garantir a qualidade nos processos internos e externos.

Em linhas gerais, o que o estrategista deve procurar levantar nesta parte da análise do microambiente é *se* e *como* a organização está, no momento, preparada para gerenciar suas atividades de marketing no ambiente digital.

Para tanto, busque entender os seguintes pontos que a Análise das Capacidades Internas contemplará:

- **Estrutura:** como a área de Marketing é vista pela alta gestão da empresa? Em que local se encontra a equipe no organograma? O que está sendo terceirizado? O que é contratado de forma *ad hoc*[71]? A área de Marketing se encontra sob qual diretoria? Existe um gestor liderando a área? Marketing é separado de Digital? Qual a maturidade da empresa no que diz respeito ao Marketing?

  Note que, no caso de organismos públicos, como destaca Rezende (2018), é importante entender os impactos da legislação que rege a instituição (regimento, atos normativos, estatuto, entre outros), pois essa documentação pode afetar demasiadamente a estrutura organizacional. Fora da área pública, é possível que alguns institutos e fundações também sejam particularmente afetados por legislações específicas e é provável que o responsável pela contabilidade ou pela situação legal da organização consiga orientar corretamente os trabalhos do estrategista nesse sentido.

- **Equipe:** de quantos profissionais é composta a equipe de Marketing? Como os recursos são distribuídos dentro do departamento? Existe um gestor de alta patente (um diretor ou gerente geral da área)? Quais as

---

71 *Ad hoc*, segundo definição da Wikipédia, "é uma expressão latina cuja tradução literal é 'para isto' ou 'para esta finalidade'. (...) geralmente empregada (...) no sentido de 'para um fim específico'". Disponível em: http://pt.wikipedia.org/wiki/Ad_hoc. Acesso em: 27 mar. 2023.

competências internas? Quais competências faltam ou são deficientes? Tente coletar informações do currículo (ou, como chamam atualmente, "minibiografias profissionais") dos principais quadros da instituição.

Yanaze *et al.* (2013) apontam que as áreas de Comunicação das empresas são enxutas e apresentam muitos gaps prejudiciais ao cumprimento das atividades de comunicação da organização. Ainda segundo os pesquisadores, dificuldades com equipe reduzida (ou com muitos profissionais juniores) para o atendimento das demandas internas da empresa são observadas muito comumente. Outro problema comum é a falta de conhecimento de tecnologia, seja por parte do próprio time que irá lidar com o Digital, seja de outras pessoas da empresa. A construção de relacionamento entre a organização e seus públicos está diretamente ligada à habilidade de a empresa conseguir lidar bem com as tecnologias digitais.

- **Orçamento:** qual é o orçamento de Marketing? E qual a porcentagem do orçamento de marketing é destinada ao Digital? Como a verba de Digital é dividida (quanto vai para equipe, para mídias sociais, para publicidade, contratação de fornecedores etc.)? Quanto está alocado para inovações e experimentos? Quanto representa o *budget* de Marketing no total da organização?

Por vezes, a redução orçamentária nas organizações irá afetar diretamente a área de Marketing, seja com perda de poder político, seja por falta de profissionais ou cancelamento de contratos com fornecedores. Ademais, em momentos de privações financeiras, não raro o primeiro departamento a sofrer sanções é o de Marketing. Ironicamente, como destaca Fifer (2012), um super guru admirado por marcas do mercado Financeiro, as empresas líderes tendem a ser aquelas que, nos tempos bons e ruins, investem mais em Marketing do que seus competidores.

- **Processos de trabalho:** de acordo com uma pesquisa do *Content Marketing Institute*, os profissionais de marketing que documentam a estratégia são mais eficientes do que os que não o fazem.

Assim, nesse ponto você deve refletir acerca de questões tais como os fluxos de conteúdo (apuração, redação, edição, revisão, aprovações, publicação...), como é a escopagem de novas soluções, quais os fluxos de atendimento nas mídias sociais, como é feita a mensuração e apresentação de resultados, como é a interação com outras áreas ou departamentos organizacionais e como é o fluxo de contato com fornecedores, entre outros fatores.

Novamente vale citar sobre a importância da integração da área de Marketing com seus clientes internos. É comum os profissionais de Marketing afirmarem que raramente recebem os insumos necessários de seus clientes, enquanto estes sempre dizem que entregam o material demandado.

Esse tipo de falha diz respeito aos processos e, como resultado, os profissionais de Marketing sempre têm a sensação de estarem à deriva, tendo papéis e responsabilidades minimizados e com pouco foco estratégico, já que sempre estão a apagar incêndios.

O esquema a seguir ilustra um processo simples da área de Conteúdo.

FIGURA 29 – Exemplo de Processo de Gestão de Conteúdo, indicando os responsáveis[72] por cada momento

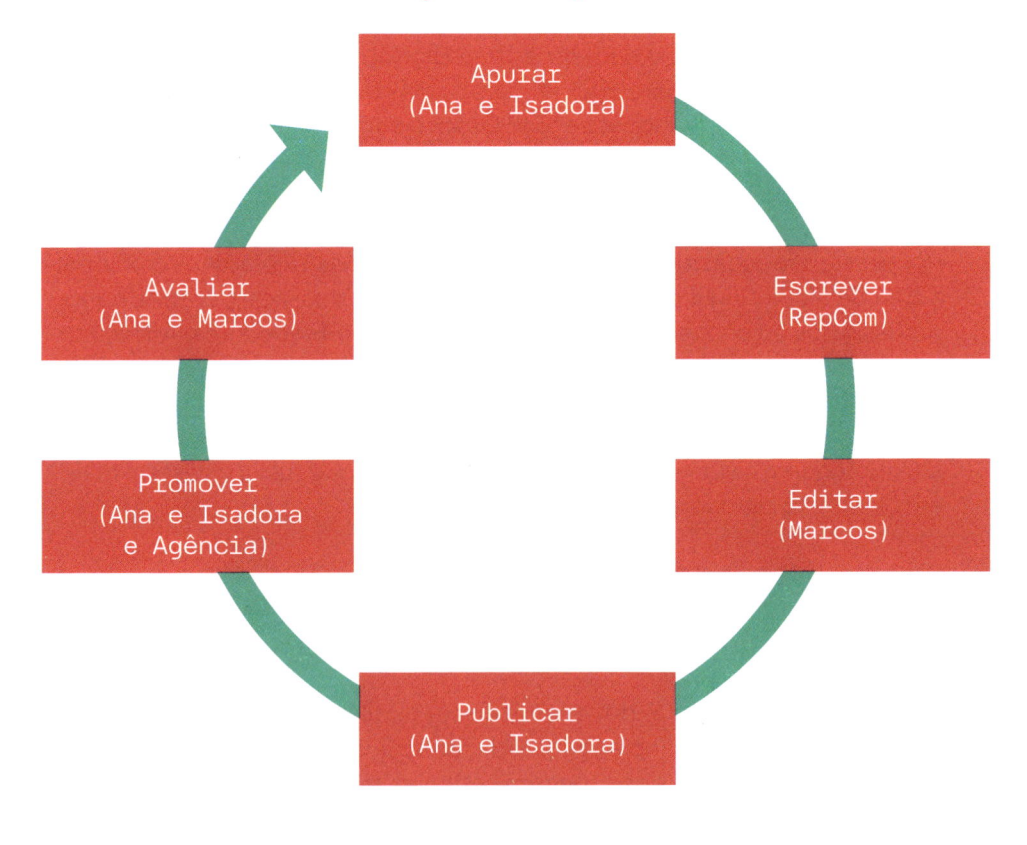

- Apurar (Ana e Isadora)
- Escrever (RepCom)
- Editar (Marcos)
- Publicar (Ana e Isadora)
- Promover (Ana e Isadora e Agência)
- Avaliar (Ana e Marcos)

---

72 RepCom é como são chamados os Representantes de Comunicação das diferentes áreas que contribuem na confecção de conteúdo.

Coleta e análise de informações

Para chegar às informações necessárias à Análise das Capacidades Internas, o estrategista pode lançar mão de uma variedade de metodologias. Particularmente, acho que este momento do PEMD costuma render excelentes frutos quando os levantamentos das capacidades internas são feitos por intermédio de entrevistas e imersões na cultura da organização.

Recomendo que você reflita sobre as seguintes abordagens de coleta de informações e orientações sobre a condução desta análise:

- **Faça uma lista de suas necessidades**

    Inicie elencando quais são exatamente os pontos que você deverá levantar para sua Análise das Capacidades Internas. Pense no que precisa saber dentro das quatro áreas (Estrutura, Equipe, Orçamento, Processos de Trabalho). Faça um checklist para cada elemento. Você pode usar o **Quadro 33** a seguir como modelo.

QUADRO 33 – Modelo com alguns exemplos para seu checklist

Estrutura	Equipe	Orçamento	Processos
Como é a estrutura da organização? (organograma da empresa mostrando onde está o Marketing)	Quantos profissionais há na equipe de Marketing?	Qual é a verba de Marketing?	Existem processos bem definidos na empresa?
Quais são as interfaces e a estrutura da área de Digital? (desenhe)	Qual o perfil (competências e deficiências)?	Qual % é dedicado ao Digital?	Quais processos existem na área de Marketing?
Quem são os parceiros da empresa (ligados às atividades de Marketing)?	Existe um gestor de alta patente? Qual sua influência na liderança?	Quanto é investido em cada atividade do Digital?	Desenhe os processos e identifique falhas ou oportunidades de melhorias.
Quem são os fornecedores (ligados à área de Marketing)?	Como é a estrutura específica de Marketing? (organograma da equipe)	Qual é a verba destinada a experimentos ou testes?	Como é o processo de inteligência > ação? (desenhe)

- **Identifique os atores que lhe darão as respostas**

  Com o checklist de necessidades em mãos, liste quem são as pessoas (dentro ou fora da organização) que vão te ajudar com as respostas: estas serão as suas **fontes**. A seguir, usando alguns exemplos que você deve investigar, veja o modelo de Relação de Fontes no **Quadro 34** a seguir:

  QUADRO 34 – Modelo de Relação de Fontes
  para Análise de Capacidades Internas

Informação a ser coletada	Área auditada	Exemplos de Fontes
Como é a estrutura da organização?	Estrutura	Intranet, Plano Diretor, Site Corporativo, WebDrive da empresa
Quem são os fornecedores?	Estrutura	Gestor de Marketing, Gestor de TI, BuiltWith[73]
Qual o perfil e quais são as competências da equipe?	Equipe	Entrevistas com a própria equipe, Gestor de RH, Gestor de Marketing, LinkedIn
Quanto é investido em cada atividade do Digital?	Orçamento	Gestor de Marketing, Gestor Comercial, Gestor de TI
Qual é o processo para criação de conteúdo?	Processos	Gestor de Marketing e profissionais envolvidos na concepção do conteúdo (tanto dentro quanto fora da equipe de Marketing).

- **Entrevistas individuais em profundidade**

  Costumam levar entre 1h30 e 2h e são mais produtivas e indicadas com altos-executivos e com gestores das principais áreas tratadas. Esses executivos preferem expor de modo mais livre e individualizado as suas ideias acerca do papel e futuro da organização e do Marketing Digital para a instituição.

  Use também entrevistas individuais para ouvir e conhecer melhor o que pensam certos atores organizacionais relevantes para a consecução direta das atividades de Marketing (como o Coordenador de Conteúdo, por

---

[73] O BuiltWith é uma ferramenta online, gratuita, que ajudará a identificar alguns fornecedores de Digital, seus e dos seus competidores. Disponível em: http://www.builtwith.com.

exemplo). Outro exemplo do bom uso dessa técnica de entrevistas é para situações nas quais existam profissionais problemáticos ou insatisfeitos dentro da empresa (como um Analista de Mídias Sociais que tenha sido citado por seu gestor como uma "laranja podre" dentro da equipe), uma vez que esses extremos negativos podem passar muitas informações relevantes acerca de dificuldades, desafios ou obstáculos internos.

- **Entrevistas em grupo**

Recomendadas para pequenos grupos de coordenadores e analistas (de cinco a oito participantes) que conheçam bem as nuances operacionais da organização. Dadas as interações e o volume dos participantes, considere investir cerca de 2h em cada reunião coletiva.

É importante que você entreviste as equipes sem a presença dos chefes. Normalmente, se o superior estiver presente, a tendência é que os subordinados ou fiquem mais quietos ou mudem seu discurso para os ouvidos do chefe.

- **Workshops**

Muito úteis para desenhar, analisar e discutir fluxos, formas de trabalho e processos específicos da organização. Por exemplo, um workshop para desenhar, em conjunto com a área de comunicação ou marketing, os fluxos de trabalho da área Digital e suas interfaces internas com outros departamentos pode ser a maneira mais fácil e certeira de chegar a um resultado sólido e válido. Os workshops devem ter um objetivo específico e bem definido e você deve convidar somente pessoas-chave para participar das discussões. Estime que, entre debates, desenhos e resultados finais, o grupo precisará de algo em torno de 3h ou 4h de trabalho.

- **Ferramentas online**

Muitos sites abertos e gratuitos poderão oferecer valiosas informações tanto sobre sua organização quanto acerca dos concorrentes. O BuiltWith irá mostrar um pouco do que a empresa usa em termos de Digital (veja o exemplo na **Figura 30**), enquanto o LinkedIn o ajudará a ver detalhes do perfil e cargos dos integrantes da equipe de Marketing.

Uma das ferramentas que gosto de usar é o Glassdoor. Ao consultar sua empresa e os competidores no site, o Glassdoor dará informações sobre salários e benefícios trabalhistas praticados, além de opiniões sobre como é trabalhar na empresa, redigidas por seus funcionários e ex-funcionários. Em alguns casos, há até mesmo informações sobre quais perguntas costumam ser feitas em processos seletivos da organização.

FIGURA 30 – Exemplo de fornecedores e ferramentas digitais utilizados pela empresa de seguros Fidelidade, em Portugal, em março de 2023

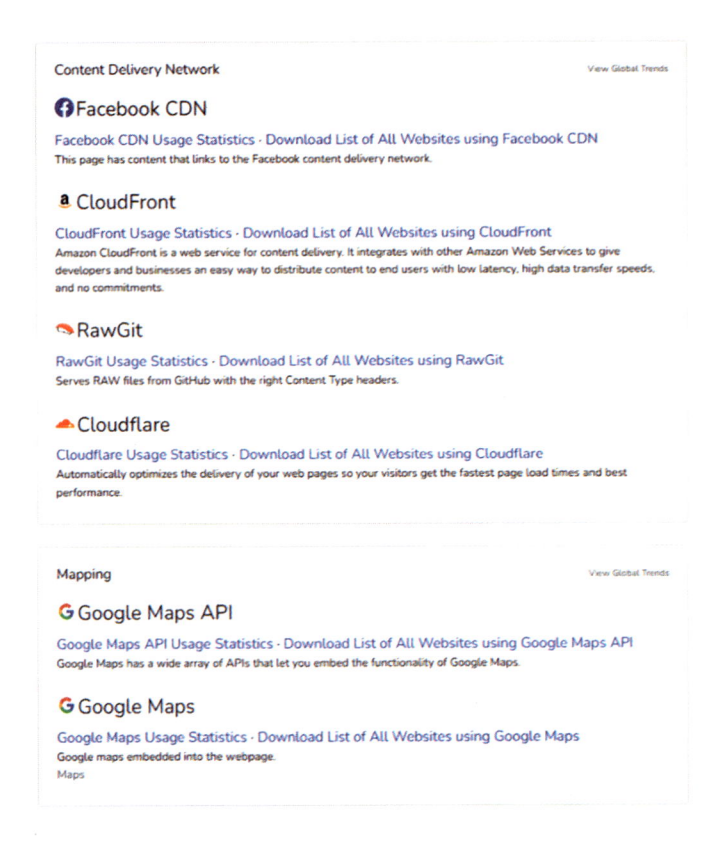

Utilizando o BuiltWith, é possível perceber, por exemplo, que a Fidelidade utiliza CDN (Rede de Entrega de Conteúdo – do inglês, *Content Delivery Network* – serve para agilizar a performance do site e melhorar a experiência do usuário) e tem o site feito em Sharepoint (um gerenciador de conteúdo da Microsoft).

Aliás, o exemplo da Fidelidade é ilustrativo pois mostra como é possível ir complementando seu conhecimento sobre as empresas estudadas conforme for coletando os dados. Neste caso, a empresa usa o Sharepoint para gerenciar o site. Trata-se de um software pago, e bem caro, da Microsoft. Além disso, o suporte técnico ao Sharepoint também costuma ser especializado e custoso. A maior parte das empresas tende a usar o

WordPress, gratuito. Assim, o fato de a Fidelidade usar o Sharepoint pode querer dizer que a empresa investe um bom dinheiro no Digital.

- **Análises de documentos da organização**

Esses estudos irão exigir uma boa dedicação sua e de sua equipe. Imagine que, em um PEMD típico, a etapa de Diagnóstico Estratégico tomará de um a quatro meses de trabalho, em média, dependendo do porte da organização e escopo do PEMD. Pois bem, você terá uma pequena parcela desse tempo para se inteirar sobre as particularidades da organização, suas formas de trabalho, histórico, organograma, cultura, desafios, planos anuais, relatórios diversos, orçamentos da área de Marketing/Digital e outras questões afins. Sendo assim, é importante ter uma vasta sorte de documentos e arquivos que o ajudarão nesse processo. Separe alguns bons dias para estudar tudo com muita calma e atenção.

Em uma pesquisa (Yanaze *et al.*, 2013) sobre os pontos positivos e negativos dos serviços de comunicação aos seus clientes internos em diversas empresas, os seguintes itens foram levantados, nessa ordem de prioridade:

QUADRO 35 – Percepções dos serviços de comunicação

Pontos Positivos	Pontos Negativos
Informalidade	Inexistência de processos
Dinamismo	Falta de clareza por parte dos clientes
Visão estratégica	Grande demanda de pedidos
Trabalho em equipe	Falta de estrutura
Bom relacionamento	Muita burocracia
Qualidade dos profissionais	Falta de rapidez
Cumprimento de prazos	Falta de proatividade
Proatividade	

Fonte: Adaptado de Yanaze et al. (2013)

Vale ressaltar que, para toda e qualquer entrevista ou workshop (basicamente, toda e qualquer interação com membros da organização ou seus stakeholders) prepare sempre um *script* (roteiro) prévio de perguntas abordando as principais informações que você precisa ter. Recomendo, ainda, que você use um software para ajudar na coleta de informações durante as reuniões, preferencialmente um com o qual você consiga gravar, em áudio, as discussões. Uma boa recomendação é o Evernote (que tem versões gratuitas e pagas), que também permite adicionar fotos/imagens às notas[74]. Também uso o Nebo (app para dispositivos móveis) em meu Surface, por permitir que possa escrever e desenhar à mão livre, e facilmente converter em um arquivo para o Word ou PowerPoint. Naturalmente, o próprio gravador de áudio de seu celular ou tablet já será útil. Para as dinâmicas em grupo (tais como workshops e *brainstormings*), sugiro que você utilize quadro branco e/ou *flipchart* para guiar e otimizar os debates.

Desafio: identificar as capacidades internas dos concorrentes e benchmarks

Um ponto muito comum de dúvidas em meus alunos e clientes é como podemos fazer o estudo das Capacidades Internas com outras organizações. Apesar de ser mais difícil e menos automático, o acesso às informações sobre as demais marcas estudadas, necessárias à Análise das Capacidades Internas, não é impossível. Talvez desenhar os fluxos seja um pouco mais complicado, mas é importante buscar informações, investir tempo refletindo sobre a concorrência e, a despeito das dificuldades, fazer o possível para aprimorar sua compreensão acerca da competição.

Você deverá recorrer a alguns artifícios para alcançar suas respostas, dentre os quais:

- **Informações abertas nos canais da empresa**

    A primeira coisa que qualquer marca deve fazer em seu primeiro minuto de vida é espalhar que existe para que comece a receber clientes. Assim, nos canais oficiais da empresa (site, perfis sociais, newsletter – fora todo rol de canais físicos aos quais você pode recorrer, caso necessário) sempre haverá muita informação sobre a organização, seus últimos desenvolvimentos, quem são os principais executivos, entre outros dados. Não raro você conseguirá ter acesso a relatórios financeiros e até organogramas – principalmente nas empresas de capital aberto e nas organizações públicas, que, talvez por motivos diferentes, seguem normas que exigem padrões mínimos de transparência e de acesso à informação.

    O site da RTP, por exemplo, um dos principais grupos de mídia de Portugal, traz o organograma da empresa (começando bem lá do topo mesmo, partindo do Conselho de Administração da instituição), além de informações sobre governança, identidade, modelo de gestão, prêmios, entre outras.

---

74 Apesar de já ter sido mais popular, vale dizer que a ferramenta evoluiu muito e, em 2023, já oferecia integrações com importantes plataformas, drive virtual e possibilidade de trabalho remoto em equipe, entre outras novidades.

FIGURA 31 – Organograma da empresa RTP (Rádio e Televisão Portugal)

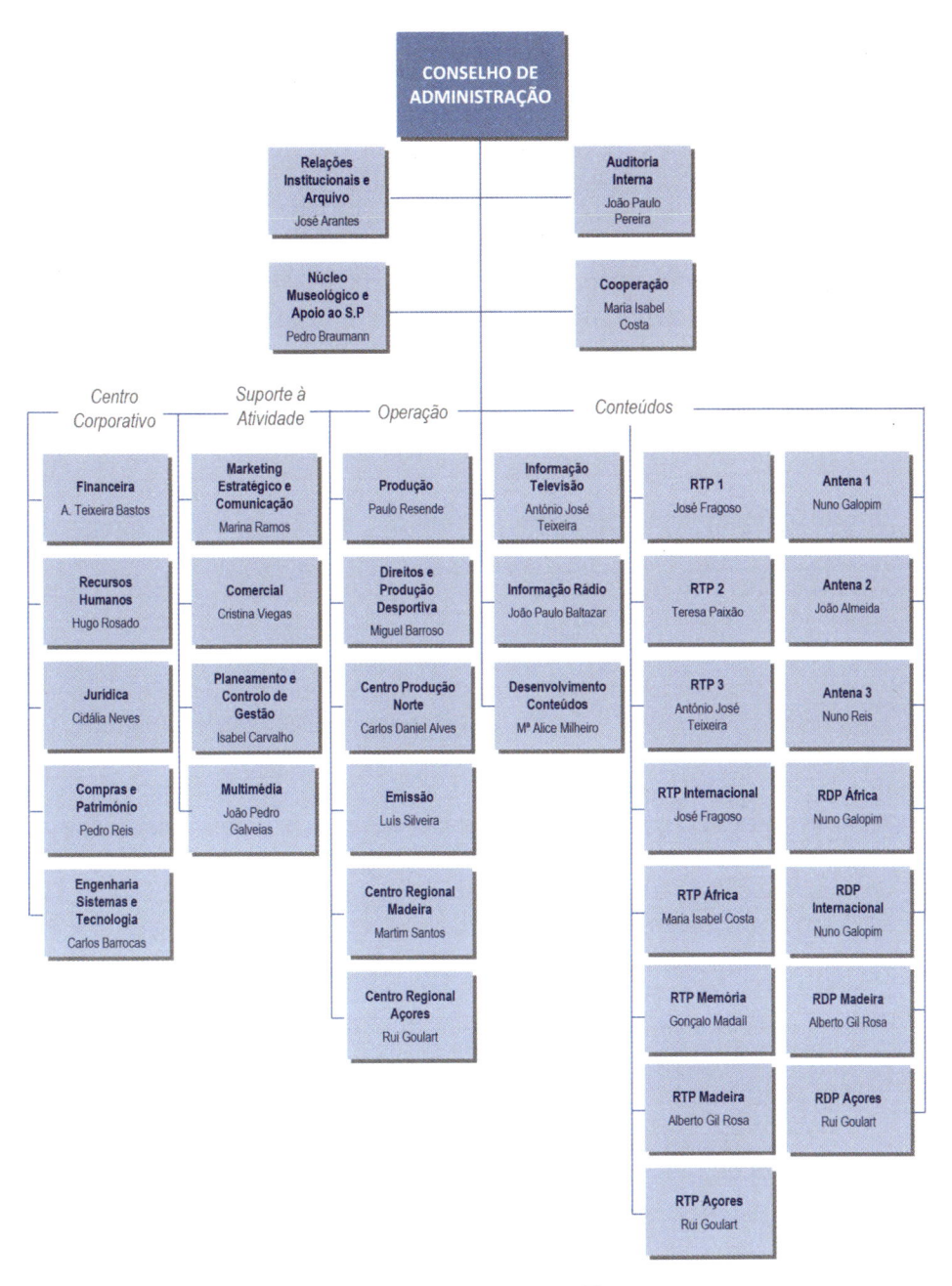

- **CONSELHO DE ADMINISTRAÇÃO**
  - Relações Institucionais e Arquivo — José Arantes
  - Auditoria Interna — João Paulo Pereira
  - Núcleo Museológico e Apoio ao S.P — Pedro Braumann
  - Cooperação — Maria Isabel Costa

Centro Corporativo
- Financeira — A. Teixeira Bastos
- Recursos Humanos — Hugo Rosado
- Jurídica — Cidália Neves
- Compras e Património — Pedro Reis
- Engenharia Sistemas e Tecnologia — Carlos Barrocas

Suporte à Atividade
- Marketing Estratégico e Comunicação — Marina Ramos
- Comercial — Cristina Viegas
- Planeamento e Controlo de Gestão — Isabel Carvalho
- Multimédia — João Pedro Galveias

Operação
- Produção — Paulo Resende
- Direitos e Produção Desportiva — Miguel Barroso
- Centro Produção Norte — Carlos Daniel Alves
- Emissão — Luis Silveira
- Centro Regional Madeira — Martim Santos
- Centro Regional Açores — Rui Goulart

Conteúdos
- Informação Televisão — António José Teixeira
- Informação Rádio — João Paulo Baltazar
- Desenvolvimento Conteúdos — Mª Alice Milheiro
- RTP 1 — José Fragoso
- RTP 2 — Teresa Paixão
- RTP 3 — António José Teixeira
- RTP Internacional — José Fragoso
- RTP África — Maria Isabel Costa
- RTP Memória — Gonçalo Madail
- RTP Madeira — Alberto Gil Rosa
- RTP Açores — Rui Goulart
- Antena 1 — Nuno Galopim
- Antena 2 — João Almeida
- Antena 3 — Nuno Reis
- RDP África — Nuno Galopim
- RDP Internacional — Nuno Galopim
- RDP Madeira — Alberto Gil Rosa
- RDP Açores — Rui Goulart

Fonte: Site da RTP (2023)[75]

---

75 Disponível em: https://media.rtp.pt/empresa/rtp/organograma-2/. Acesso em: 4 abr. 2023.

■ **Informações abertas na mídia (geral e segmentada)**

Boa parte das empresas privadas e uma parcela ainda maior das instituições públicas mantêm áreas (ou fornecedores) focados no relacionamento com a imprensa. A função dessa área é, naturalmente, difundir informações sobre a organização para a mídia, que irá publicar o conteúdo em veículos de comunicação (online e offline), tais como jornais, revistas, colunas, blogs etc. Quando a informação não chega diretamente à mídia, outro caminho pode ocorrer: os profissionais de veículos de informação também buscam notícias de forma proativa – em geral, isso acontece em casos negativos, tais como desastres, escândalos etc., ou em eventos de grande repercussão e interesse de uma fatia mais larga da sociedade. Nesses casos, buscando no próprio Google ou em veículos especializados em seu setor (os chamados "veículos verticais") será possível conhecer mais sobre outros *players* que atuam em seu segmento.

■ **Informações abertas nas redes sociais**

Por mais que não tenhamos isso o tempo inteiro na nossa cabeça, quase todos nós compartilhamos informações sobre nossas vidas em demasia nas redes sociais. Em plataformas como o Instagram e o LinkedIn você poderá ter muitos dados relevantes para seu estudo das Capacidades Internas da concorrência. Em 2015 orientei um PEMD sobre a marca Sempre Livre[76], da Unilever, feito por meus alunos. Talvez tenha sido um dos trabalhos de PEMD mais completos que já vi em toda minha carreira como professor. O grupo de alunos conseguiu traçar, com altíssimo grau de realismo e atualidade, todo o organograma da área do principal competidor apenas recorrendo a estudos dos perfis do LinkedIn. Utilizando a rede social, eles buscaram desde o principal executivo de Marketing global da marca concorrente e foram descendo até identificar os analistas da área Digital no Brasil. Absolutamente impressionante e fantástico o quanto conseguimos derivar de informações relevantes acerca da concorrência por meio das plataformas sociais online. Outro site que pode ajudá-lo a levantar informações sobre a cultura da empresa e os valores pagos aos funcionários é o Glassdoor. Procurando por uma organização, é possível ter *reviews* da empresa e o salário médio de diversos cargos[77].

---

[76] Os alunos responsáveis pelo PEMD da Sempre Livre, que sempre uso como modelo para todas as minhas turmas desde então, merecem meu constante reconhecimento: Alexsandra Bentemuller, Ana Shinyashiki, Fernanda Strazzacappa Nogueira, Isabel Camargo Rebouças e Leander Quadros Moreira.

[77] Faça você mesmo um teste procurando por qualquer organização em http://www.glassdoor.com.

- **Conversas com pessoas bem relacionadas no mercado**

    Um dos pontos que mais reforço com meus alunos é para que construam e nutram sólidos laços com outros profissionais do mercado, estabelecendo um forte networking durante toda a sua carreira. Quanto mais o tempo passa, mais percebo que ter um bom networking é essencial para o sucesso do profissional e de seus trabalhos. Para entender melhor sobre como está a situação atual de seu mercado e como seus competidores atuam, você pode acionar sua rede. Você poderá trocar informações mesmo com os concorrentes. Naturalmente, nenhuma das partes irá passar confidências ou revelar grandes segredos, mas ambos irão se beneficiar em ter uma "temperatura" do ambiente na visão do outro. Converse sobre como as duas organizações estão resolvendo problemas de falta de mão-de-obra, sobre o que seu colega acha das ferramentas de monitoramento social, a opinião acerca das agências em voga, ou quais as expectativas da organização para o próximo ano.

    Acima de tudo, tente fazer disso um hábito regular. Com muita frequência gosto de tomar um café com meus contatos para me manter bem-informado sobre como o mercado anda. Converso com alunos, clientes, ex-clientes, professores, profissionais de agências, acadêmicos. Literalmente, invista em seu networking e acredite que seus laços com pessoas-chave do mercado serão fundamentais para sua carreira em diversos momentos ao longo dos anos.

Como vê, graças à necessidade de comunicação das marcas (gerando volume de informações que disseminam de si mesmas), aos conteúdos produzidos por terceiros sobre a organização, aos poderosos elos de networking do estrategista, e com um pouco de paciência, é bem viável traçar uma imagem relevante sobre como estão as Capacidades Internas de seus concorrentes e benchmarks.

Uma vez levantados e compreendidos esses pontos, o estrategista estará pronto para ajustar eventuais dificuldades internas de comunicação, recomendar a contratação de mais profissionais para a equipe (ou capacitar o time atual), sugerir o novo orçamento de Marketing Digital, entre outros pontos. Todos os achados da Análise das Capacidades Internas serão, portanto, insumos relevantes para a etapa do Plano Tático Digital, além de alimentarem a Matriz SWOT (em termos de forças e fraquezas).

CAPÍTULO 28
Passo 2 > Auditoria do Atendimento e do Relacionamento com os Stakeholders

Para além de uma análise essencial de atendimento ao consumidor (cliente), você também poderá estudar como é o relacionamento com os demais públicos-chave (tais como imprensa, prospects, investidores, influenciadores, entre outros).

Dado que o foco mais contemplado pela maioria das organizações é o cliente (no caso do Setor Público, esse alvo máximo pode ser considerado o cidadão), a metodologia focal contemplará esse stakeholder. Claro que você poderá adaptar e aplicar a mesma metodologia para outros públicos adicionais relevantes, de acordo com as características e prioridades de sua organização.

Como tudo que temos falado sobre o desenvolvimento das análises e estudos, lembre-se que você tem objetivos a cumprir e recursos limitados (particularmente de orçamento, pessoas e prazo de tempo do PEMD). Por isso, não se preocupe em querer tratar de muitos públicos ao mesmo tempo. Isso não é realista e, certamente, não é recomendado, dadas as dificuldades de viabilização e de gestão no caso de planos que tentam tratar de muitos públicos distintos.

Ao discorrer em seu Planejamento Estratégico de Marketing na Era Digital, você precisa reconhecer que há diversos stakeholders para sua organização; no entanto, devido às várias limitações, destaque de três a cinco públicos para um plano de 12 a 18 meses. Você já fez essa reflexão na Etapa 0, quando definiu os públicos que seriam contemplados ao longo do PEMD.

De todo modo, reforço minha recomendação para que você trabalhe com foco obrigatório nos seguintes públicos: clientes (quem de fato já compra com sua empresa) e prospects (potenciais clientes). Em adição a esses públicos fundamentais, sempre que necessário, selecione outros que sejam relevantes para sua realidade específica ou, ainda, desdobre-os em subgrupos.

Canais digitais atuam como fontes geradoras de promessas para os públicos

Independentemente de quais são os principais stakeholders a serem contemplados por sua organização, os canais digitais são cada vez mais explorados para contato com a empresa, seja para questionar sobre o processo de adesão a um serviço, seja sobre como utilizar certo produto, reclamar sobre problemas diversos, entre outras razões.

Sendo assim, uma das análises mais importantes do microambiente visa entender como os canais digitais da sua organização estão sendo utilizados para atender e relacionar-se com os diferentes públicos. Vale reforçar que, mesmo que sua organização não objetive utilizar as mídias digitais com o fim de relacionamento com o público, todo e qualquer canal online potencialmente poderá ser buscado para esse fim por parte dos diferentes stakeholders.

Segundo as teorias de Marketing de Serviços, podemos entender que, por definição, os canais online são percebidos como promessas de interação com a marca. Isso quer dizer que o mero fato de sua empresa ter um perfil no Twitter, uma fanpage no Facebook ou mesmo disponibilizar um e-mail em seu site, tudo isso é interpretado como promessas de interação. Em outras palavras, se sua organização não tem condições de interagir e responder às demandas dos internautas, ou se a pretensão da organização é meramente promover e divulgar seus produtos e serviços, a recomendação é que não tenha nenhum perfil em qualquer rede social, não abra um blog e reveja com muito critério se estão disponíveis quaisquer formas de contato pelo site (tais como e-mails, telefones ou formulários em seções do tipo "Fale Conosco").

É muito comum observar organizações públicas e privadas que exibem os e-mails de seus executivos nas páginas do site institucional. Essa é uma das principais falhas observadas em relação ao atendimento a usuários na internet. Os executivos, principalmente de grandes organizações, muitas vezes mal têm tempo de se reunir com sua equipe, estão sempre viajando e com a agenda lotada. Assim, é irreal esperar que, de fato, consigam responder aos e-mails enviados pelo site. Nesse caso, a organização está, simplesmente, criando mais possibilidades de frustração no seu trato com os diversos stakeholders.

Veja, por exemplo, o site do Fundo Nacional de Desenvolvimento da Educação (FNDE), que disponibiliza os e-mails de executivos de diversas áreas, além do endereço do próprio Gabinete da Presidência.

FIGURA 32 – Estrutura da presidência do FNDE, com e-mails diretos de executivos de diversas áreas da organização (abril de 2023)

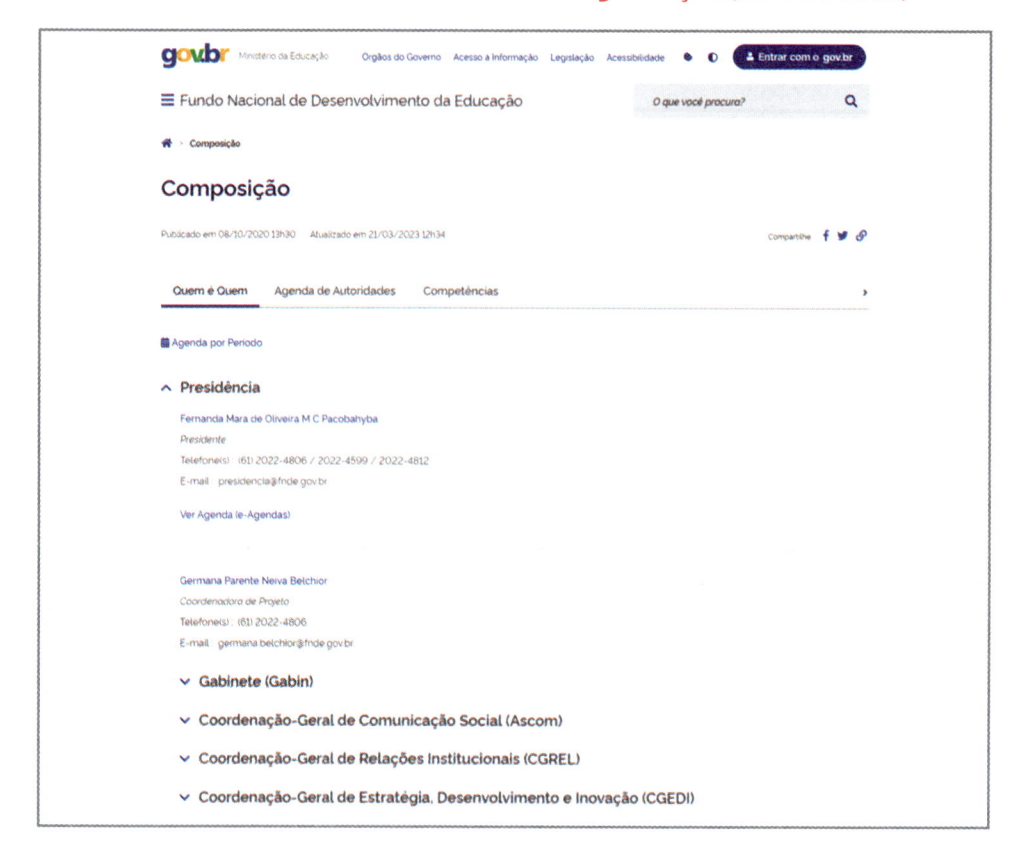

Fonte: Site do FNDE (2023)[78]

Nessa e em outras organizações, exceto aqueles profissionais cuja responsabilidade é diretamente voltada ao atendimento ao público, os executivos não possuem competências (e sequer tempo!) para responder devidamente às questões do público em geral. Portanto, deixar esse canal aberto significa apenas uma coisa: problemas, deterioração da imagem da marca, perda de tempo e de clientes.

Pegando o caso do FNDE, é ingênuo imaginar que apenas jornalistas e profissionais de veículos de comunicação enviarão e-mails para a Assessora de Comunicação. É provável que um cidadão que queira informações sobre vagas em escolas públicas para seu filho mande uma mensagem para a área de Comunicação, bem como para todos os e-mails listados em busca de uma

---

78 Disponível em: https://www.gov.br/fnde/pt-br/composicao/Presidente. Acesso em: 4 abr. 2023.

resposta (independentemente de essa ser a atribuição de qualquer um desses setores da organização). Ambos os lados (empresa e cliente) sairão frustrados dessa situação.

Com base nesses pensamentos iniciais, a análise do atendimento e do relacionamento com os stakeholders no ambiente online mostra-se como um dos momentos mais relevantes dentro da estratégia de marketing da organização.

Metodologia e-Consumidor Fantasma

No estudo dos stakeholders, certamente você considerou seus clientes como um dos públicos prioritários. Você os descreveu, detalhou e talvez até tenha desenhado alguns segmentos distintos de clientes. Agora é a hora de testar se sua organização e as marcas concorrentes estão aptas para forjar e nutrir bons relacionamentos online, que, via de regra, ou iniciam ou passam por interações ("atendimentos") nos canais digitais.

A metodologia utilizada nesta etapa não é nova, nem exclusiva da Era Digital. Assim como em diversas outras atividades, iremos adaptar um consagrado framework do marketing tradicional para o mundo digital. Nesse caso, trata-se da metodologia de pesquisa **Ghost Customer**[79] (do inglês, Consumidor Fantasma), amplamente adotada em uma infinidade de empresas há muitos anos, especialmente no varejo.

Acredito ter aplicado essa pesquisa de maneira pioneira no mercado digital brasileiro (já o fazia no início da década de 2000) e, desde o primeiro momento, adotei o nome de *e-Consumidor Fantasma* para me referir à aplicação da metodologia em diagnósticos focados no ambiente digital. Portanto, o que você verá nas próximas páginas é tão somente a customização da metodologia tradicional ao mundo online, com algumas adaptações que venho desenvolvendo ao longo dos últimos anos, estudando, ensinando e praticando o Planejamento Estratégico de Marketing na Era Digital em diversas marcas públicas e privadas.

O desenvolvimento e implantação da pesquisa de e-Consumidor Fantasma é tão simples quanto relevante. Você precisará seguir alguns passos e espere gastar algo como 8 a 12 dias desde o desenho da pesquisa até a compilação dos dados. Naturalmente, você não deve avisar às equipes de atendimento ou de mídias sociais que o teste está sendo feito, pois isso certamente afetará a validade do estudo.

---

[79] A metodologia de *Ghost Customer* também é conhecida como *Mistery Shopping, Mistery Shopper* ou, em suas traduções, Consumidor Fantasma, Consumidor Misterioso ou Cliente Oculto.

QUADRO 36 – Cinco passos para aplicar a metodologia de e-Consumidor Fantasma

1.	Identificar quais canais de atendimento serão estudados	Apenas faça uma lista de quais são os canais que serão considerados na auditoria.
2.	Montar script para pesquisa	Vale trabalhar a várias mãos (você, a equipe e outros convidados relevantes) para conceber e aprovar um guia útil para a pesquisa.
3.	Definir "perfis" para ativação das perguntas	É importante fazer os testes sempre com base em pessoas que façam parte de seus segmentos focais.
4.	Envio e acompanhamento de resultados	Para ser bem-feita, essa auditoria pode demandar algum tempo e paciência. É preciso calma, atenção e controle de tudo.
5.	Fazer as análises (quantitativa e qualitativa) pertinentes	Com os dados em mãos, você irá estudá-los para orientar futuras propostas de eventuais cursos de ação.

A seguir, você verá detalhadamente como executar cada um dos passos da metodologia de e-Consumidor Fantasma. Observe que essa abordagem de pesquisa pode também ser adaptada para qualquer stakeholder da organização. Nosso foco aqui (e, em geral, em todas as empresas privadas) será no cliente/potencial cliente, mas você pode usar a mesma metodologia para compreender como sua organização atende e se relaciona com outros públicos relevantes.

1. Identificar quais canais de atendimento serão estudados

Aqui você irá listar quais são os possíveis ambientes em que sua empresa oferece canais de contato (com base no estudo de Portfólio de Canais, feito durante a fase preliminar de **Definição do Objeto do PEMD**). Alguns dos casos mais comuns incluem: formulário no site, e-mail, perfis nas diversas redes sociais da empresa, chat (ferramenta de bate-papo no site ou via aplicativo) e telefone (desde que disponível no site), entre outros. Mais recentemente, particularmente devido à entrada de muitas empresas no ambiente digital por pressão da pandemia de Covid-19, outros meios online passaram a ser muito comuns para o contato público-empresa, em especial o TikTok, o LinkedIn, o Instagram e o WhatsApp. No entanto, parta do princípio de que, se há uma forma de contato por intermédio dos canais digitais, você deverá, idealmente, testá-la.

Saiba um pouco mais sobre alguns dos canais mais comumente utilizados por marcas brasileiras:

- O **Fale Conosco**, ou envio de **e-mail**, tem por característica o sigilo, já que a empresa não tem acesso fácil e direto a características pessoais do consumidor e as mensagens são restritas e particulares, ou seja, ninguém além do consumidor e do atendimento terá acesso ao conteúdo das mensagens. Normalmente trata-se de mensagens mais longas e detalhadas, utilizadas por usuários mais maduros e que se importam em manter uma formalidade, bem como assegurar um histórico documental das interações com a empresa.

- No **TikTok, Facebook ou Instagram**, as mensagens podem ser enviadas basicamente de duas formas, a depender das configurações de cada perfil: aberta (através de mural ou comentário em um post) ou fechada (via mensagem privada). As opções abertas pedem perguntas um pouco mais coloquiais. Como outros usuários podem ter acesso à interação, a resposta da empresa deve ser mais cuidadosa. As mensagens diretas, por outro lado, permitem à empresa agir com mais profundidade, calma e personalização. Não se esqueça que todo o histórico das mensagens ficará sempre guardado por ambas as partes.

- O **Twitter**, por ser uma rede de mensagens curtas e rápidas, exige mais agilidade da equipe de comunicação e habilidade para responder sucintamente. Também é possível que qualquer usuário tenha acesso a tais mensagens, se a pergunta for enviada de maneira aberta. A forma fechada do Twitter, similarmente à do Facebook, é do tipo mensagem direta. Você perceberá que os usuários do Twitter costumam ser menos formais e parecem sempre ter um senso de urgência, aguardando uma resposta célere da outra parte. Bancos e companhias aéreas são alguns exemplos de organizações que gostam de usar o Twitter para atendimento ao cliente.

- O **Chat Online** (ou chatbots) vai nos afirmar que a empresa está disponível e pronta para atender o cliente a qualquer momento, de forma rápida e espontânea. Acreditamos ser o canal que melhor classifique o atendimento online, pois há pouco tempo para o atendente pensar no que responder e a demanda por respostas simples, curtas e ágeis é grande. É um canal sujeito a erros, tendo em vista que, normalmente, um atendente dá conta de cinco ou mais interações ao mesmo tempo. Costuma ser usado para auxílios ligados a tarefas específicas (por exemplo: onde achar tal produto no site, como concluir uma compra, como gerar um novo boleto para pagamento, entre outras possibilidades). Quando gerido de forma automática, os bots podem dar mais agilidade e tratar melhor do volume, mas irão pecar na empatia e no aprendizado do trato com o cliente.

2. **Montar *script* para pesquisa**

Agora que você sabe quais são as opções de atendimento pela internet, você precisará de três opções de perguntas que serão enviadas para cada canal identificado: uma positiva (um pedido de compra, por exemplo), uma negativa (uma reclamação) e uma incomum (algo fora do normal, para testar a reação da equipe em uma situação peculiar e de exceção).

Adicionei exemplos retirados de um PEMD feito por meus alunos da FGV[80], para marcas do segmento de Moda e Acessórios na internet:

- **Positivas**
  Perguntas que demonstram interesse do usuário em transacionar com você. Pode ser uma tentativa de compra, de participar em uma promoção sua ou mesmo um elogio sobre um produto que foi comprado.

  Exemplo positivo: *"Quanto tempo as peças demoram para chegar à minha casa (moro em Petrópolis, RJ)?"*

- **Negativas**
  Aqui cabem perguntas ou comentários que tragam críticas ou reclamações de um consumidor contrariado ou mesmo insatisfeito. O objetivo é entender a capacidade da equipe de lidar com problemas e traçar eventuais soluções.

  Exemplo negativo: *"Comprei um vestido para minha filha ir a um casamento. O botão do vestido caiu e ela não pôde usar quando pretendia. O vestido é novo, ela experimentou e o botão caiu. Inaceitável! Quero meu dinheiro de volta!"*.

- **Incomuns** (também chamadas de "inusitadas" ou, como gosto de tratar nos bastidores, uma forma de quebrar o gelo e estimular a criatividade na formulação das questões, "perguntas bizarras"). São questões fora do lugar comum, mais raras. O foco aqui é entender como sua equipe lida com as exceções, se atende aos stakeholders com seriedade, profissionalismo e presteza.

  Exemplo inusitado: *"Comprei um vestido de vocês e fui chamada de oferecida. Voltei para casa chorando. Odeio vocês e nunca mais compro nada da loja!"*

---

80 Exemplos adaptados do PEMD desenvolvido por Luiza Sobral, Bruna Rebello, Bruno Santa Maria, Joana Medina e Stefano Taranto (Mercado de Moda e Acessórios), como parte do trabalho final da disciplina de Planejamento Estratégico de Marketing Digital no curso de MBA em Marketing Digital da Fundação Getúlio Vargas (FGV) no Rio de Janeiro, em maio de 2014.

Perceba que os exemplos refletem exatamente a ideia de que o teste deve simular, de forma perfeita, interações reais de possíveis clientes. Lembre-se de que o foco central de toda a Análise do Relacionamento com o e-Cliente é compreender como e se sua marca (e a dos demais *players* estudados) está interagindo com o cliente. Você deve tentar observar, identificar e analisar não somente o resultado final (ou seja, a resposta da marca, em si), mas refletir acerca de todo o processo: como a pergunta foi tratada, por quais áreas passou, quem respondeu, em quanto tempo, com qual grau de seriedade, comprometimento, presteza e assim por diante.

Os próximos passos ajudarão na compreensão sobre o que deve ser feito para uma correta condução da Análise do Relacionamento com o e-Cliente.

Uma vez que tiver definido quais perguntas serão feitas, aprove esse *script* com os gestores da empresa. Naturalmente, as pessoas que respondem aos clientes não devem saber da pesquisa, mas os responsáveis finais pelo trabalho, sim. É importante validar com os gestores, principalmente para não causar qualquer inconveniente, nem abrir a possibilidade de riscos para a organização.

3. Definir quem irá ativar as perguntas

Nesta etapa você irá definir qual o perfil de público que irá enviar cada pergunta. Para que a pesquisa seja bem-feita e gere bons insumos, é recomendável que uma pessoa real e que tenha as características do público-alvo da organização faça as perguntas.

Jamais use perfis falsos (*fake*) nas mídias sociais para fazer as perguntas. Você está testando como sua organização e seus concorrentes atendem, interagem e se relacionam com os principais públicos. Se utilizar um perfil falso para fazer um questionamento, há grandes chances de a equipe de atendimento identificar isso e sequer responder, dado que o perfil não é de alguém real. Similarmente, se o perfil questionador for muito diferente do público-alvo da marca testada, há também o risco de prejudicar sua pesquisa.

Se você optar pela contratação de um fornecedor especializado para conduzir a pesquisa (uma agência, por exemplo) é possível que ele já trabalhe com um rol de entrevistadores, ou seja, o fornecedor já deve ter uma equipe para conduzir as perguntas simulando públicos em linha com as características que você precisa. O perigo, aqui, seria a repetição. Por outro lado, se optar por conduzir a pesquisa internamente, pode utilizar outros colegas funcionários da empresa, ou até mesmo amigos e familiares, desde que também reflitam as características dos seus stakeholders.

É essencial que você teste, no mínimo, seus clientes. Idealmente, no entanto, tente testar como a organização se relaciona com outros públicos relevantes, tais como a imprensa, influenciadores, fornecedores, agentes públicos e investidores, entre outros.

4. **Envio e acompanhamento de resultados**

Com tudo até aqui pronto, você pode agora enviar suas perguntas. Registre as seguintes informações:

- Quem (qual perfil) enviou a pergunta?
- Qual pergunta foi enviada?
- Para qual canal?
- De qual marca?
- Quando?

Após enviar as perguntas você deverá esperar um máximo de 72h úteis para a resposta. Esse prazo poderá ser levemente menor ou maior, dependendo do perfil do seu público e do setor de atuação de sua empresa. Se seu produto ou serviço for direcionado para stakeholders mais jovens e conectados, dê um prazo máximo de 48h corridas para que o questionamento seja respondido. Se vender instrumentos para consultórios médicos, pode aguardar quatro ou cinco dias úteis. Aliás, em setores muito regulamentados já há prazos máximos pré-definidos para respostas aos clientes. Por exemplo, a Agência Nacional de Saúde Suplementar (ANS) e a Agência Nacional de Telecomunicações (Anatel) estipulam que as organizações de seu setor respondam em, no máximo, cinco dias úteis.

Seja qual for o prazo estipulado como boa prática no seu mercado, o importante é que seja algo que esteja em linha com as expectativas do cliente (e não de acordo com as possibilidades atuais de sua equipe, as quais, oportunamente, serão ajustadas). Ou seja, se você entender que, dado o contexto de sua organização, o tempo aceitável de resposta é de 6h, então esse será o limite que guiará seus estudos. Na dúvida, trabalhe com algo não inferior a 48h corridas e não superior a 72h úteis.

Qualquer resposta após o prazo deve ser ignorada e contabilizada em suas análises como "Não Respondida". Na prática, dadas as expectativas e o dinamismo do mundo digital, entende-se que o internauta não esperará por mais tempo para ter uma resposta da organização. Além disso, lembre-se que seus competidores potencialmente também serão consultados, de maneira que você precisa ser mais ágil e mais útil do que uma eventual reação da concorrência.

Se você chegou até aqui, será capaz de desenhar um esquema tal como o do **Quadro 37**. Utilize este modelo para organizar sua análise do Atendimento ao e-Cliente:

QUADRO 37 – Modelo para organização da análise de Atendimento ao e-Cliente

Público	Canal	Tipo de Pergunta	Quem enviou?	Quando?	Prazo para resposta
Público 1	Facebook	Positiva	Maria	21/dez	23/dez
		Negativa	Maria	22/dez	24/dez
		Incomum	João	23/dez	25/dez
	Twitter	Positiva	Huguinho	26/dez	28/dez
		Negativa	Maria	22/dez	24/dez
		Incomum	Huguinho	22/dez	24/dez
	Instagram	Positiva	João	22/dez	24/dez
		Negativa	Maria	23/dez	25/dez
		Incomum	Maria	26/dez	28/dez
Público 2	Facebook	Positiva	Maria	22/dez	24/dez
		Negativa	João	22/dez	24/dez
		Incomum	Zezinho	23/dez	25/dez
	E-mail	Positiva	Maria	23/dez	25/dez
		Negativa	Maria	28/dez	30/dez
		Incomum	João	22/dez	24/dez
	Fale Conosco	Positiva	Luisinho	23/dez	25/dez
		Negativa	Luisinho	26/dez	28/dez
		Incomum	Maria	22/dez	24/dez

Naturalmente, a tabela acima é um mero exemplo e você deve fazer uma semelhante, colocando os stakeholders e canais que você identificou (tantos quantos forem necessários), atribuindo as pessoas que farão as perguntas nos respectivos canais e lembrando-se que o prazo limite para respostas irá depender de cada organização, do mercado em que está inserida e, principalmente, do comportamento online de seu público.

Mantenha sempre em mente quais são consideradas as melhores práticas em termos de tempo de resposta especificamente em seu segmento de atuação. É possível saber como as marcas têm respondido aos usuários pela ferramenta Socially Devoted[81], do Social Bakers, atualizada mensal ou trimestralmente, a depender da informação. A ferramenta fornece dados de interações de centenas de marcas, e é possível filtrar sua pesquisa por país (incluindo Brasil ou Portugal) ou por setores da indústria (há quase 20 opções disponíveis). Lembre-se, ainda, de que há setores que têm regulamentações muito claras no que diz respeito ao tempo máximo de resposta ao consumidor.

5. Fazer as análises (quantitativa e qualitativa) pertinentes

Depois de receber as respostas a cada pergunta no prazo determinado, o estrategista terá que analisar as respostas, com base, no mínimo, nas seguintes variáveis:

- Se foi feito atendimento ou não (quem atendeu, quem deixou de atender)

- Qual o tempo de resposta (em quanto tempo o atendimento foi feito)

- Qualidade do atendimento (avaliar se a resposta foi satisfatória ou não)

Note que a "qualidade" não é satisfatória exclusivamente quando o problema do público não foi resolvido. É comum haver questões que merecem mais tempo e envolvem mais pessoas em sua solução. O importante, portanto, é manter o atendimento vivo, para que o cliente se sinta bem tratado e, portanto, satisfeito (ainda que temporariamente). Não é preciso mensurar aqui se o caso chegou a um final, necessariamente. O usuário se sentirá bem atendido se receber uma resposta que reconheça o recebimento da questão e esclareça que a organização está envidando esforços para atendê-lo.

---

81 Você poderá acessar, de forma gratuita, os dados sempre atualizados em http://www.socialbakers.com/socially-devoted.

Em situações como essas, você pode enviar uma resposta mais ou menos assim:

> "Oi Fulano, recebemos seu pedido de troca do produto por causa de um defeito em um box de colecionador da Trilogia do Poderoso Chefão. Já estamos em contato com nosso Setor de Operações para pedir a uma loja perto de você que envie um novo produto o mais breve possível. Por favor, me dê mais três dias e voltaremos a nos falar. Se precisar, fique à vontade para entrar em contato pelo telefone abaixo."
>
> *Texto adaptado de um e-mail que recebi de uma empresa de e-commerce de pequeno porte no interior de Minas Gerais.

No exemplo acima, a empresa acalmou o cliente, dizendo que está ciente e sensível ao problema, que já está conduzindo as atividades para solução e que pede um pequeno prazo para retorno. Em casos assim o cliente, ao menos pelo momento, deve ficar satisfeito com o atendimento. Naturalmente, após o terceiro ou quarto contato junto ao cliente é possível que ele retribua a mensagem de maneira nada carinhosa!

Bem, agora que você já sabe quais são os passos para colocar a pesquisa de e-Consumidor Fantasma em prática, veja alguns exemplos que poderão inspirar seu processo de entrega de dados e agilizar suas análises, produção de relatório e, posteriormente, o desenvolvimento de recomendações de cursos de ação para seu **Plano Tático de Ações**.

As figuras a seguir são adaptações de uma pesquisa na qual foi aplicada a metodologia do e-Consumidor Fantasma em alguns dos principais bancos públicos do país, conduzida pela Nino Carvalho Consultoria[82].

---

82 A pesquisa *Análise de Atendimento ao Cliente Online: Case de Bancos Públicos Selecionados* contou com perguntas desenvolvidas e aplicadas aos sites e aos perfis sociais das marcas pesquisadas entre os dias 13 e 20 de novembro de 2013, em horário comercial. A equipe aguardou um prazo máximo de sete dias corridos para recebimento das respostas (bem mais tempo do que ditam as melhores práticas do mercado, mas prazo permitido pelo Banco Central, que regula o setor).

FIGURA 33 – Análise quantitativa de mensagens respondidas pelo canal "Fale Conosco/E-mail" em pesquisa sobre o Atendimento Online de Bancos Públicos Brasileiros Selecionados

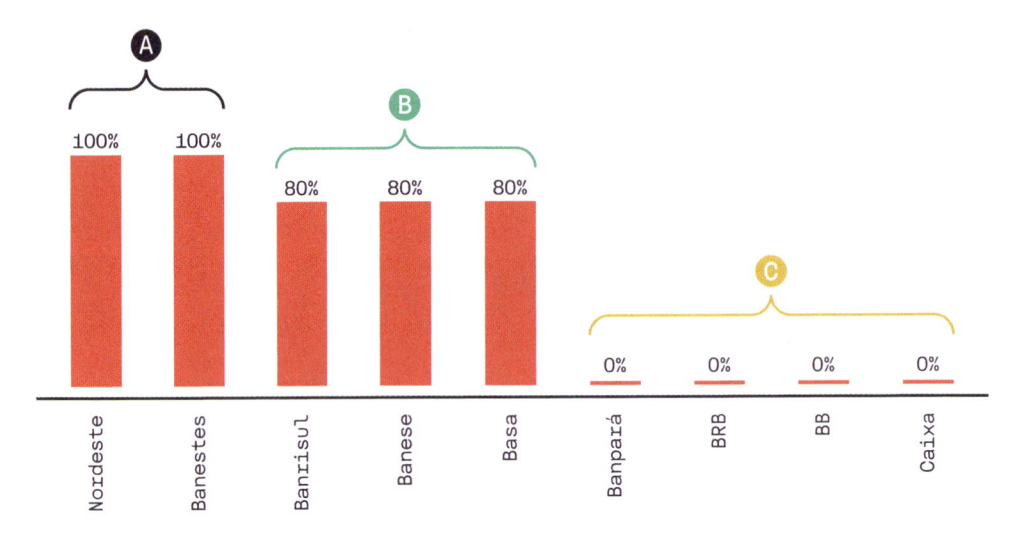

	Nordeste	Banestes	Banrisul	Banese	Basa	Banpará	BRB	BB	Caixa
	100% (A)	100% (A)	80% (B)	80% (B)	80% (B)	0% (C)	0% (C)	0% (C)	0% (C)

A Banco do Nordeste e Banestes foram os únicos que responderam a todas as mensagens enviadas

B A maioria dos bancos deixou de responder a 20% das perguntas enviadas: como foi o caso de Banrisul, Banese e Banco da Amazônia. Embora não tenha respondido sua dúvida por email, o Banrisul entrou em contato por telefone com um dos analistas, para tratar sobre a solução do problema apresentado

C Não recebemos respostas do Banpará e do Banco de Brasília. Banco do Brasil e Caixa não disponibilizam formulário de contato em seus portais

Fonte: Nino Carvalho Consultoria (2013)

A **Figura 33** ilustra o que deve ser o primeiro gráfico de seu relatório para os resultados da análise de Atendimento ao e-Cliente. Aqui basicamente estão sendo examinados os bancos que responderam ou não às perguntas enviadas. Note que, além da apresentação dos dados em formato de gráfico, acredito ser útil oferecer um breve descritivo (uma leitura) sobre os gráficos, para benefício do leitor.

FIGURA 34 – Análise quantitativa do tempo de resposta no canal Facebook (em pesquisa sobre o Atendimento Online dos Bancos Públicos Brasileiros)

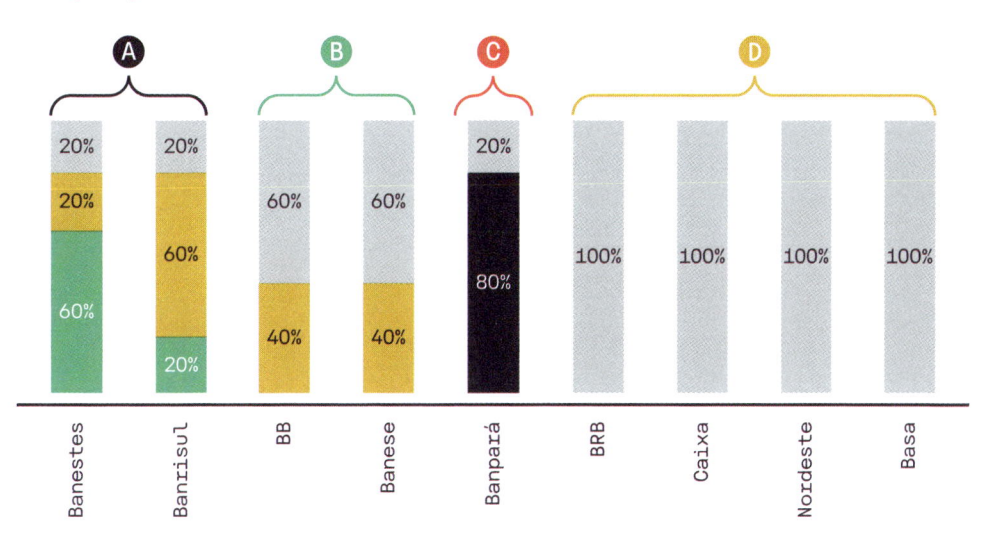

	Banestes	Banrisul	BB	Banese	Banpará	BRB	Caixa	Nordeste	Basa
Grupo	A	A	B	B	C	D	D	D	D
Mesmo dia	60%								
Dia seguinte	20%	20%	40%	40%					
Até 3 dias		60%			80%				
Mais de 3 dias									
Não responderam	20%	20%	60%	60%	20%	100%	100%	100%	100%

A Banestes e Banrisul destacam-se pela rapidez nas respostas: todas até o dia seguinte. Entretanto, deixaram de responder a 20%

B Banco do Brasil e Banese também responderam a todas até o dia seguinte, mas deixaram 60% sem respostas

C Banpará respondeu todas em até três dias e deixou 20% sem resposta

D Os demais bancos não responderam ou não usam o Facebook

Fonte: Nino Carvalho Consultoria (2013)

Para tratar os resultados na variável Tempo de Resposta, gosto de trabalhar com gráficos como o ilustrado aqui, separando as respostas por grupos (minha sugestão é que você comece avaliando os retornos assim: Mesmo Dia, Dia Seguinte, Até 3 Dias, Mais de 3 Dias, Não Responderam). Você pode alterar esses grupos de acordo com as particularidades de seu setor. Há casos, como empresas privadas de segmentos muito competitivos e focados em bens de consumo para jovens, em que talvez faça sentido mensurar o tempo de resposta em intervalos de duas horas ao longo de dois dias, por exemplo.

FIGURA 35 – Análise qualitativa das respostas no canal Twitter (em pesquisa sobre o Atendimento Online dos Bancos Públicos Brasileiros)

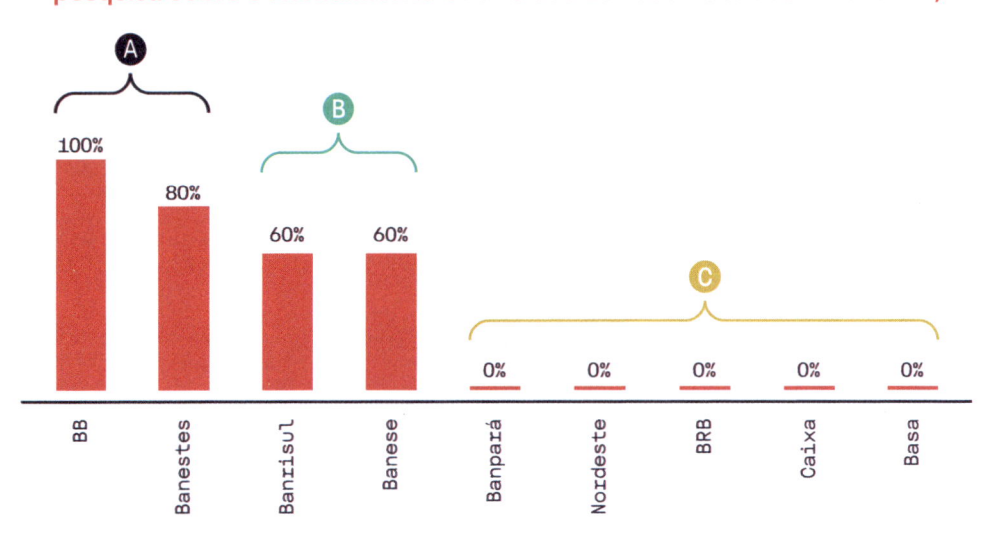

- **A** O perfil do Banco do Brasil (através do @MaisBB) foi o que melhor interagiu com os seguidores. Todas as respostas foram classificadas como satisfatórias

- **B** Em seguida, as melhores respostas foram do Banestes (80% das respostas satisfatórias), Banrisul e Banese (60%)

- **C** Conforme já dito no slide anterior, os demais bancos não responderam nossos questionamentos no Twitter

Fonte: Nino Carvalho Consultoria (2013)

Como você deve ter percebido, em todas as imagens ilustrativas, as análises devem ser quantitativas e qualitativas, tratando de todos os possíveis canais de atendimento do setor estudado. Os principais pontos devem ser destacados e comentados, preferencialmente com um mix de apelos visuais (gráficos) e textuais.

CAPÍTULO 29
As Auditorias do Site: Passos 3, 4 e 5 da Análise do Microambiente

Percorridos os Passos 1 e 2 da Análise do Microambiente, você já terá avaliado as Capacidades Internas e o Atendimento e Relacionamento com os Stakeholders. Vale agora fazermos algumas observações antes de avançarmos para os Passos 3, 4 e 5, referentes às Auditorias do Site e, na sequência, para o Passo 6, Auditoria Social.

Certamente, o site da organização deve ser considerado seu principal canal digital – o núcleo de toda sua presença online. A maior e mais relevante razão que embasa essa assertiva é que o site é o único ambiente totalmente de propriedade da organização. É um território 100% da empresa. Aqui vale lembrar o que mencionei no Capítulo 17 sobre mídia proprietária e mídia paga. As mídias sociais não são mídias proprietárias, tendo em vista que sua empresa não é dona de um perfil social. Ela somente utiliza um espaço no território de outra empresa.

Mais do que em qualquer outro canal, as regras do site pendem totalmente (e de maneira positiva) para a organização. Isso quer dizer que, ao passo que em outros canais online (redes sociais em particular) a organização possui pouca influência de ação (pessoas podem comentar, compartilhar, falar o que pensam), no site o controle sobre o que é publicado, quem interage, de que forma as interações acontecem e quem pode ou não participar das ações é total e irrestritamente de responsabilidade da instituição. Adicionalmente, todos os dados que tramitam no site são da organização (e só dela). Essa inteligência, coletada com base nos hábitos e comportamentos de uso do site, são de vital importância para guiar sua empresa nos processos decisórios. Em outros ambientes, ao contrário, a empresa irá depender das políticas de terceiros e, por vezes, sequer vai ter acesso a qualquer informação de seu público ou da performance de suas iniciativas.

Se, por um lado, é importante que você tenha um olhar todo especial para o site de sua organização e que caiba somente a você (e às limitações de recurso impostas pela empresa) assegurar um site de qualidade e em linha com os objetivos pretendidos, por outro lado, infelizmente, não é tão fácil analisar algumas variáveis importantes sobre os sites dos concorrentes, dadas as limitações de acesso a algumas informações relevantes, mesmo que você tenha a seu dispor sofisticadas ferramentas pagas de análise da competição (tais como a *Compete* ou a *ComScore*).

Ainda assim, as linhas de análise propostas a seguir devem avaliar tanto o site da sua organização como os de concorrentes ou benchmarks. Como falamos anteriormente, nada que você analise e proponha será suficientemente relevante a não ser que seja sempre contrastado em relação à concorrência. Portanto, nessa etapa (bem como em todas as outras!) não se esqueça de estudar, além das páginas de sua própria empresa, os sites de ao menos 2 ou 3 marcas concorrentes e/ou benchmarks.

Conforme já listado, as Auditorias do Site são empreendidas em três frentes: Tráfego do Site (Passo 3), Experiência do Cliente (Passo 4) e Análise de SEO (Passo 5). Cada um desses passos está detalhadamente descrito nos próximos capítulos.

Você deve conduzir esses estudos em duas etapas distintas (isso serve para os três estudos das Auditorias do Site, bem como para a Auditoria Social). Primeiramente você irá focar na **sua marca** e a estudará a fundo (não só por ser a sua própria organização, como também pelo fato de você ter muito mais acesso a informações, tanto em volume, quanto em qualidade).

Em seguida, você irá estudar os **concorrentes ou benchmarks** previamente selecionados (aqueles mesmos que você identificou na Etapa 0 do PEMD). Para a análise da competição há um vasto rol de ferramentas disponíveis e, para efeitos educacionais, sempre usarei os exemplos e explicações com base em soluções gratuitas. De todo modo, para poder comparar "banana com banana", nesta segunda etapa de estudos dos competidores/benchmarks, você precisará voltar a incluir sua marca nas pesquisas realizadas com as ferramentas. Assim, quando for estudar o tráfego dos sites dos demais *players* contemplados no PEMD utilizando, por exemplo, a solução do SimilarWeb, deverá empreender os estudos para sua marca e a de todas as demais organizações.

Dessa forma, o estrategista terá certeza de ter dados extremamente precisos, detalhados e vastos acerca de sua própria marca, bem como uma visão clara sobre como sua organização se posiciona em relação às demais companhias estudadas.

Outra orientação importante diz respeito ao intervalo de tempo que deve ser contemplado em suas Auditorias do Site. Idealmente, é recomendado que o estrategista faça um apanhado histórico (abrangendo um mínimo de 6 a 12 meses no passado) e uma análise de curto prazo (os últimos 3 meses). Assim, você estará seguro de que olhará para algumas sazonalidades e tendências de comportamento (com a abordagem histórica), bem como a situação atual do mercado (enxergando o trimestre corrente).

Uma questão importante a se observar é que o que você irá aprender sobre as auditorias do site servirá não apenas para o site corporativo (seu site principal, tipo "suaempresa.com"), mas também para landing pages, blogs ou para qualquer página web.

Entretanto, aqui também cabe uma breve ressalva. Os exemplos que vou dar e a maneira que lhe ensinarei a conduzir as auditorias são baseados em **sites institucionais**. Isso quer dizer que haverá outros, digamos, padrões, a depender da natureza do site. Ou seja, os sites de empresas tendem a ter similaridades entre si. Já sites de notícias ou de comércio eletrônico apresentarão outros padrões. Por exemplo, enquanto em um site corporativo pode ser importante ter uma área falando da história da empresa e sua equipe, essas informações talvez não sejam tão relevantes em outros tipos de site. Por outro lado, embora espere-se que em um site de *e-commerce* haja grande peso na apresentação de produtos (portfólio oferecido, preços, formas de pagamentos, vídeos e imagens do produto, *reviews* de usuários, recomendações de produtos similares), os usuários não terão a mesma expectativa em um site de notícias ou de um aplicativo exclusivamente mobile, como o site do Spotfy, por exemplo.

Assim, fica uma dica importante, que já mencionei e reforço uma vez mais: para compreender o que é importante e recomendado no seu segmento específico, o melhor é sempre comparar suas páginas online com as de concorrentes e benchmarks. Dessa forma, estará mais seguro de que sua abordagem para o site é mais coerente para o segmento e atende melhor os públicos relevantes.

CAPÍTULO 30
Passo 3 > Auditoria do Site > Tráfego

Analisar o tráfego de seu site e o dos demais *players* do mercado é um dos momentos mais relevantes em seu PEMD, principalmente devido à importância do site como consolidador oficial de conteúdo da marca, além de ser, provavelmente, o maior responsável por conversões em praticamente qualquer segmento da indústria. Por fim, seu site é o único[83] ambiente online cuja propriedade é única e exclusiva da sua organização, diferentemente das mídias sociais, que são ambientes privados nos quais, no máximo, "alugamos" um espaço momentaneamente. Os sites são canais em que as organizações podem promover informações sem filtros, o que não acontece, em parte de 100% dos casos, quando o conteúdo passa por intermediários, sejam da mídia online ou offline.

Escolha suas Ferramentas de Análise

Há uma vasta gama de possibilidades para análises de tráfego do site, seja no que tange à sorte de ferramentas disponíveis, seja quanto às variáveis que podem ser estudadas. Assim, a seguir faço recomendações das ferramentas e das métricas que, minimamente, devem ser contempladas ao estudar tanto seu site quanto o das demais marcas contidas em seu PEMD. Se quiser ser mais profundo, entretanto, vá em frente.

Para fazer o levantamento de sua organização, você irá utilizar o software de métricas de seu próprio site. O Google Analytics é o mais comum, mas existem alternativas igualmente interessantes, tais como o Adobe Analytics, Webtrends, IBM Coremetrics, Matomo. No entanto, é provável que tenha dificuldades em acessar os dados dos concorrentes. Duas das principais ferramentas para estudos de tráfego de sites de competidores são a Comscore, amplamente utilizada no mercado nacional e internacional, e a Compete, uma segunda opção, mas similarmente relevante e incluída entre as melhores alternativas no mercado mundial (os planos da Compete iniciam em pouco menos de mil reais por mês).

As opções para mensuração de tráfego da concorrência quase sempre são muito custosas e inviabilizam a adoção por boa parte das empresas. Em alguns casos, sua agência (digital ou de publicidade) pode já ter acesso à ferramenta e você pode checar o que é necessário para utilizá-la em seu PEMD. Alternativamente,

---

83 Suas landing pages, blogs e base de e-mail são outros exemplos relevantes.

você poderá optar por ferramentas gratuitas (ou as versões gratuitas de soluções pagas) que, apesar de algumas limitações, talvez sejam a única forma de você conhecer um pouco mais do site de seus concorrentes a custo zero. Na lista de opções gratuitas (ou com versões gratuitas), uso e recomendo SimilarWeb, Semrush, Ubersuggest, SpyFu, Website Grader, Nibbler e Sitechecker, para citar algumas.

De todo modo, fique tranquilo, pois as opções aqui recomendadas também são muito conhecidas e respeitadas no mercado, sendo utilizadas por organizações de diversos portes, além das principais agências do país.

Vale ressaltar que todas apresentam algum grau de imprecisão dos dados. Isso é comum, aceitável e inevitável. Esses softwares trabalham com **amostras** e dados que não são atualizados em tempo real, nem contemplam 100% dos acessos aos sites. Essa falha inerente às ferramentas não chega a ser um problema, pois os dados referentes à sua marca você já tem de forma extremamente precisa (pois irá coletá-los diretamente no analytics de sua empresa). Assim, o mais relevante é entender qual a posição relativa de seu site em relação à concorrência.

Imagine que você e três amigos estão medindo quem é o mais pesado do grupo. Vocês entram em uma farmácia e usam a balança. Você é o primeiro a subir: 100kg. "Opa!", você pensa, "eu não tenho 100kg! Eu peso 91kg". Você logo percebe que a balança está com algum defeito e mostra o peso cerca de 10% superior à realidade. Seus amigos vão em seguida: 90kg o primeiro, 80kg o segundo e 70kg o terceiro. Como a balança está quebrada, o peso real de todos pode ter sido incorreto, mas o importante é que a ordem de grandeza e a diferença entre você e seus amigos, proporcionalmente, continua sendo válida. Em outras palavras, mesmo que você não pese 100kg e o segundo amigo não pese 80kg, você continua sendo 25% mais gordo (ou melhor, mais pesado…) do que ele.

São exatamente essas as utilidades e as funções das ferramentas de análise competitivas. Não se preocupe em ter os números exatos, mas sim em compreender como sua marca está em relação à concorrência.

Feita essa breve explicação acerca das alternativas de análise competitivas, duas recomendações muito adotadas no mercado são o SimilarWeb e o Semrush; esse último oferece outras informações, além do site, que também podem ser úteis[84]. Das diversas opções, tendo a preferir, sempre, o SimilarWeb. Por vezes

---

84 Todas essas ferramentas possuem versões gratuitas, mas, caso o estrategista queira, elas também oferecem opções mais completas no modo pago. Elas podem ser especialmente úteis para ter maior acesso às táticas utilizadas por concorrentes – informação essa que costuma ser especialmente valorizada pela empresa.

utilizo o WooRank para complementação de dados (comentarei mais sobre essa ferramenta durante a explanação sobre a Auditoria de SEO) e percebo que meus alunos gostam do Nibbler e do Website Grader, talvez por ambos serem mais simples e pegarem dados mesmo de sites novos ou com muito pouco tráfego (o que não acontece, por exemplo, com o SimilarWeb, que ignora páginas pouco visitadas ou de microempresas). A conclusão aqui é: escolha a solução que (a) mostre informações sobre os sites estudados e (b) deixe você confortável e seguro na coleta e análise dos dados.

Vale dizer que há outras ferramentas e que outros profissionais podem ter visões diferentes. Por exemplo, há quem use o Google Trends para comparação de audiência de sites, embora eu julgue que a ferramenta não seja interessante para esse fim – mesmo que ela se mostre essencial para as análises de SEO.

O que você deve analisar

Bem, agora que já falei sobre algumas das ferramentas que estão à disposição do estrategista para as auditorias do site, vou lhe apresentar o que considero as informações minimamente essenciais para seus estudos. Com isso, quero dizer que, a depender dos seus recursos e das necessidades da empresa, naturalmente você poderá ser mais abrangente e profundo nas auditorias. Entretanto, mesmo que esteja a trabalhar com uma pequena empresa, as sugestões feitas aqui são aquelas que considero realmente relevantes para incluir no seu PEMD.

Para efeito dos exemplos que se seguirão, irei adotar o Google Analytics para orientar como deve ser feita a análise de sua própria marca, em adição à versão gratuita da ferramenta SimilarWeb para os estudos das demais marcas (concorrentes e benchmarks). A SimilarWeb é a ferramenta que uso em minhas consultorias e que recomendo como primeira opção aos meus alunos. Se você tentar encontrar o site no SimilarWeb e não encontrar, sem problemas, passe para uma das alternativas que sugeri anteriormente. O que é vital é: sempre compare "banana com banana". Use a mesma "balança". Se for estudar o concorrente "XPTO" pelo Nibbler, não pode depois analisar a marca "ABC" pelo Site Checker. Deverá sempre manter a consistência das ferramentas escolhidas (ah, e essa lógica será a mesma em qualquer auditoria, seja de tráfego, seja de SEO, das redes sociais, não importa – a solução escolhida deve ser igual para todos os *players* estudados).

De qualquer maneira, seja qual for a ferramenta adotada, tente focar, no mínimo, em estudar as seguintes métricas essenciais:

- **Visitas** (poderá também ser referenciado como "sessões"), Visitantes (ou "utilizadores") e **Page Views** (Páginas Vistas) – e suas relações (visitas por visitante, páginas vistas por visita, páginas vistas por visitante)

- Páginas e seções **mais e menos acessadas**

- Tempo no site / Duração média das visitas

- Taxa de **rejeição** (*bounce rate*)

- Tecnologia (navegadores, sistemas operacionais, resoluções de tela)

- **Localização** geográfica dos visitantes

- **Origem** do tráfego (*Referrals*)

- **Demografia** (cidade e faixa etária dos visitantes)

Como já expusemos em outros momentos, se houver alguma outra métrica que seja muito valorizada por sua empresa, pode incluí-la nesse rol. De qualquer forma, essas seriam as variáveis mais relevantes que você deveria observar, ainda que se foque somente nelas, para todas as marcas contempladas em seu PEMD.

Lembre-se: você deve sempre iniciar fazendo a análise pelo seu próprio site e gerar insights a partir de sua leitura dos dados. *A posteriori*, quando tiver as informações dos concorrentes, retorne aos dados e reveja suas análises, que, sob uma ótica comparativa, podem revelar percepções distintas e mais apuradas. Note que não necessariamente sua análise inicial (olhando somente para sua marca) estava errada. Os dados e insights percebidos no momento de comparar as marcas podem ser adicionais à análise de marca única.

CAPÍTULO 31
Passo 4 > Auditoria do Site > Experiência do Cliente

Para facilitar os estudos do estrategista, bem como o próprio desenvolvimento do PEMD, incluí, em um guarda-chuva sobre Experiência do Cliente (também comumente referida como Experiência do Usuário), algumas áreas específicas que afetarão, do momento da busca inicial pela organização até as interações no site, a percepção de qualidade e a satisfação do usuário quando ele se relacionar com sua marca, seus produtos e serviços por intermédio da sua página. Assim, veremos agora, de um ponto de vista gerencial, não-técnico e sempre com foco em seu público-alvo, as áreas de Usabilidade, Arquitetura da Informação e Acessibilidade – o tripé fundamental da área de Experiência do Usuário.

O consultor e professor Leonardo Viana, referência em Experiência do Usuário, destaca que a área de UX (do inglês, *User Experience*) é o estudo da gestão das necessidades humanas nas relações de adaptação emocional, psicológica e ergonômica para com sites, aplicativos, celulares, dentre outros *devices* digitais e suas melhorias. Assim, ao proporcionar melhor percepção sobre o produto utilizado, também é possível oferecer ao usuário melhor experiência no uso e no alcance de seus objetivos.

Antes de começar a fazer suas análises, vale a pena destacar as duas palavras centrais desse passo do diagnóstico: *experiência* e *cliente*. O segundo termo, *cliente*, deve sempre ser o foco de tudo que sua organização faz. Se há algo de comum acordo entre praticantes e estudiosos de Marketing ao longo da história é que o cliente é o foco. A mero título de curiosidade, a mais antiga referência que encontrei é de 1920 (mais de um século atrás!), de Percival White, que dizia que toda organização deveria ser centrada no cliente. O que mais me deixa extasiado nesse caso é que o White era um engenheiro, em um momento em que nascia a Administração como ciência, além dele próprio ser contemporâneo (e colega!) de Henry Ford e Frederick Taylor. Em uma época em que o foco era "produzir, produzir, produzir", White foi visionário – e corajoso – por defender o *cliente*.

Bem, se por um lado, e sem nenhum exagero, o *cliente* é a razão de sua marca ter nascido, existir e continuar existindo no futuro, a *experiência* também tem, cada vez mais, se consolidado com um conceito vital em Marketing. Apesar de se falar de *experiência*, dentro do contexto de Marketing, há algumas décadas, o mundo online, as novas tecnologias e a disseminação da automação, big data e inteligência artificial contribuíram enormemente para as organizações passarem a dar tanta atenção à experiência de seus clientes.

Em um dos textos que mais contribuíram para minha formação como profissional e acadêmico, *Breaking free from product marketing*[85], de Lynn Shostack (1977), a autora coloca que **serviços são experiências** e esse fato muda completamente a maneira de pensar e de praticar Marketing. Na internet, tudo o que oferecemos para nossos públicos – sites, canais sociais, conteúdo, atendimento, entre outros – são serviços e, portanto, devemos todo o tempo estar preocupados em transformar quaisquer microinterações em experiências memoráveis.

Sendo assim, para assegurar uma boa análise da Experiência do Cliente em seu PEMD, mantenha sempre em mente a pergunta: como essa seção, esse botão, aquele clique, aquela imagem irão afetar a experiência dos meus stakeholders?

Como fazer a Análise de Experiência do Cliente

A primeira recomendação é que você divida o site em diferentes partes para facilitar tanto as suas análises quanto a compreensão do que você está fazendo por parte de outros membros de sua equipe. Tipicamente os sites corporativos[86] costumam estar estruturados em uma dentre quatro possíveis configurações, conforme ilustrado na **Figura 36**. Uma nota que poderá ser útil é que você verá comumente no mercado o uso de outros termos para Topo (cabeçalho ou, em inglês, *header*) e Rodapé (em inglês, *footer*).

Tente identificar qual modelo mais se assemelha ao site que você está analisando e, a partir de então, faça suas considerações em partes: comece pelo topo e depois pelo rodapé (raramente essas duas partes mudam; costumam ser as mesmas em todas as páginas do site), siga pelas colunas (a coluna da esquerda também tende a ser mais estática, principalmente quando carrega o único menu de determinado site) e finalize com o miolo (essa será sempre a parte mais mutável, variando a cada troca de página).

---

85 Em uma tradução livre, o título do artigo em português poderia ser algo como "Libertando-se das amarras do marketing (de produto)".

86 Sites de empresas de mídia (jornais, revistas, blogs, entre outros) e de *e-commerce* normalmente podem ter formatos levemente distintos. De todo modo, essas quatro possibilidades podem ser adotadas em larga escala em websites de organizações de diferentes segmentos e portes.

FIGURA 36 – As quatro mais comuns estruturas em sites corporativos

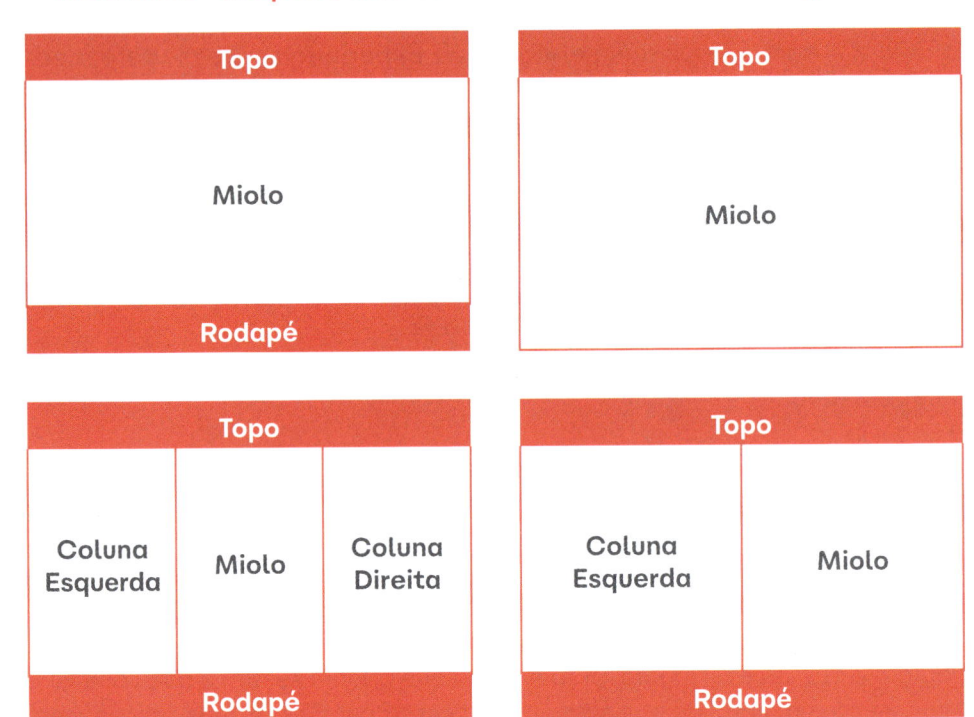

Na eventualidade de você se deparar com algum outro formato de site, o que aconselho é que tente identificar se há algum padrão entre os sites do mesmo setor (de empresas similares à sua) e/ou que busque conhecer mais sites semelhantes à "nova" estrutura que você encontrou. Isso servirá para ajudá-lo a também fatiar o novo formato e, portanto, facilitar seu trabalho de análise e interpretação dos dados coletados.

Em adição à compartimentalização do site para facilitar suas análises, a segunda dica é relacionada a dois pontos que devem sempre estar em sua mente durante toda a etapa relativa à Experiência do Cliente:

- **Linha Editorial**

    Fique atento ao fato de a Linha Editorial do site estar ou não em harmonia com as mensagens-chave da organização, ou seja, confira se itens tais como tom de voz, data e frequência de atualização do conteúdo, formatos de conteúdo (texto, áudio, vídeo, imagens, infográficos) e a autorreferência utilizada (a empresa usa "nós", "a gente" ou "A empresa XPTO..."?) estão em harmonia com o que prega a instituição.

- **Segmentação**

    Verifique se o site está bem segmentado (particularmente se os menus e o conteúdo refletem distinções de segmentos) e se as ofertas de comunicação da organização estão claras e bem direcionadas para os diferentes segmentos da empresa.

    Um bom exemplo de segmentação são sites de universidades, que muitas vezes dispõem sua oferta de forma segmentada por produtos, como em cursos de Graduação, Pós-Graduação, Mestrado e Doutorado, Cursos Livres. Em outro caso, o banco Bradesco permite a segmentação por público, como empresas e indivíduos, sendo que ambos também são subsegmentados (como "Exclusive" ou "Prime", por exemplo).

FIGURA 37 – Homepage do site do Bradesco com menu segmentado por público (abril de 2023)

Por fim, a terceira e última dica para a correta condução de toda a auditoria de Experiência do Cliente diz respeito às formas de preparação e de apresentação de suas análises. A maneira como irá preparar e apresentar suas auditorias, para seu chefe ou cliente, irá impactar a percepção acerca da qualidade do seu trabalho (e, em última análise, sobre sua própria reputação). Portanto, é muito importante que se preocupe com seu entregável (normalmente será um PPT com muitos slides e prints).

Naturalmente, não há nenhum direcionamento imutável e você pode utilizar qualquer abordagem que seja compreendida e utilizada em seu contexto profissional, mas gosto de sugerir que tente apresentar seus estudos sobre o site na maneira mais didática possível, conforme as quatro opções que ilustro a seguir:

Opção 1 – Utilização de números para referenciar pontos positivos e negativos

Neste primeiro exemplo, o estrategista irá utilizar **números e cores** para destacar áreas que merecem comentários (positivos, negativos ou alertas). Minha recomendação é que você use como padrão sempre deixar tudo o que for positivo na cor verde, enquanto o que for negativo, em vermelho. Em casos de pontos que não são erros, mas merecem um alerta ou reflexão, gosto de usar o amarelo ou o laranja. Na análise a seguir, do IBP, ilustrei como utilizar esse formato na prática; primeiro com destaques na página analisada, seguido dos comentários sobre cada ponto.

FIGURA 38 – Exemplo de análise do site do Instituto Brasileiro de Petróleo, Gás e Biocombustíveis (abril de 2023)

Após ilustrar os destaques, você irá detalhar o que quer demonstrar. Não é necessário discorrer longas linhas para cada ponto. Basta que explique o que é o ponto destacado e qual sua relevância (positivo, negativo ou alerta). Veja o **Quadro 38** a seguir:

QUADRO 38 – Exemplo de breves análises dos pontos relevantes da homepage do site do IBP

1. **Alerta** – Itens como links para as redes sociais e FAQ costumam vir no rodapé de sites. Não é um erro, mas idealmente deveríamos levar esses dois elementos para o rodapé, para estarmos em linha com as convenções e padrões mais comuns de sites.

2. **Negativo** – É ruim usar imagens de bandeiras para mudar o idioma da página. Sob uma ótica ortodoxa de SEO, usar imagens em detrimento de texto é negativo, seja pelo seu peso (o tamanho do arquivo de imagem) ou por questões de respeito e inclusão. Por mais que soe exagerado, cabe-se perguntar: por que não a bandeira de Portugal ou Angola para o português e a da Austrália ou Jamaica para o inglês? Portanto, prefira alternativas como PT e EN para as opções de idioma.

3. **Positivo** – Oferecer opções de acessibilidade (nesse caso, deixar a fonte do site em tamanho maior ou menor) é sempre recomendável, tanto por questões de SEO quanto de acessibilidade e inclusão.

4. **Negativo** - Um importante call-to-action ("Saiba Mais") está encoberto pela metade, por conta da falhas de estruturação dos elementos da página. Além disso, o botão está em cor apagada (cinzenta) em vez de com óbvio destaque, de forma a chamar o clique do usuário. Em mais uma consideração, a análise foi realizada a 14 de abril de 2023, embora o evento em destaque já tivesse passado.

5. **Negativo** – Provavelmente por conta do mesmo erro do ponto (4), importantes botões estão pouco compreensíveis. É preciso deixar toda essa área com mais respiro, de forma a ter mais clareza sobre o conteúdo e que os links e botões sejam mais óbvios e convidativos aos cliques.

Opção 2 – Tabela comparativa dos sites analisados

Uma segunda possibilidade para apresentar seus estudos é meramente apontar em uma **listagem** os pontos fortes e fracos de cada *player* analisado. Após avaliar os websites, destaque o que possuem de positivo e de negativo de modo mais completo e detalhado e finalize com um resumo comparativo, conforme ilustrado no **Quadro 39** a seguir:

QUADRO 39 – Exemplo de listagem resumindo e comparando pontos fortes e fracos dos sites das marcas estudadas[87]

Canais Online	LENNY NIEMEYER	ANIMALE	VIX	NET-A-PORTER
+	- Peso das páginas - Grau de velocidade da página - Bounce (mais relevância para os visitantes) - Tráfego de busca	- Duração da visita no site - Page views - Tráfego direto - Tráfego de referência - Tráfego a partir das redes sociais	- Peso das páginas - Tempo de carregamento das páginas - Page views - Tráfego de busca - Tráfego direto	- Tempo de carregamento das páginas - Duração da visita no site - Page views - Bounce (mais relevância para os visitantes) - Tráfego direto - Tráfego de relevância - Tráfego de busca
−	- Tempo de carregamento das páginas - Duração da visita no site - Page views - Tráfego a partir das redes sociais - Tráfego de referência - Tráfego direto	- Peso das páginas - Tempo de carregamento das páginas - Page views - Grau de velocidade da página - Bounce - Tráfego de busca	- Grau de velocidade da página - Duração da visita no site - Bounce - Tráfego a partir das redes sociais - Tráfego de referência	- Tráfego a partir das redes sociais - Grau de velocidade da página - Tempo de carregamento das páginas

---

87 Exemplo retirado do PEMD desenvolvido e apresentado por Alan Piazzi, Bianca Barros, Leandro Andrade e Luiza Valente sobre a empresa Lenny Niemer, como parte do trabalho final da disciplina de Planejamento Estratégico de Marketing Digital no curso de MBA em Marketing Digital da Fundação Getúlio Vargas (FGV) no Rio de Janeiro, em agosto de 2014.

Essa opção é muito útil, principalmente para os executivos ou clientes mais leigos no Digital, por apontar claramente uma fotografia de como cada marca estudada está situada em comparação às demais. O ponto contra dessa abordagem é que o curto espaço pode ser um limitador para análises mais detalhadas.

Opção 3 – Exemplos visuais dos pontos pró e contra

A terceira forma recomendada para apresentação de suas análises é primeiro **ilustrar graficamente** os problemas do site e, na sequência, apontar como deveria ser o formato correto/ideal. Essa maneira de apresentação é bastante didática e é particularmente recomendada para audiências leigas em Digital.

Sempre tenha em mente que o "outro lado" (seu chefe, o dono da empresa, um cliente) não faz parte do nosso mundo e provavelmente conhece muito pouco de Marketing. Pior, pode ser que ele ache que sabe alguma coisa por já ter lido blogs de charlatões. Por conta disso – e lembrando que é nosso papel, como profissionais de Marketing, educar o tal "outro lado" – apresentar exemplos visuais irá facilitar muito a sua comunicação e deixará mais claras suas análises e recomendações.

Além disso, essa forma de apresentar informações como "errado" e "certo" é muito familiar às pessoas. É comum ver reportagens na mídia falando, por exemplo, sobre o que é correto ou não ao se usar máscara de proteção facial; ou ainda, certos e errados nas escolhas da roupa e combinações a vestir em diferentes ocasiões... Os exemplos são diversos e é por isso que essa abordagem de apresentação das análises pode ser tão poderosa.

Gosto dessa abordagem por tangibilizar melhor o que esta correto e incorreto nos sites. Pode ser um pouco mais trabalhosa, mas irá funcionar muito bem para algumas pessoas que, por características pessoais ou por desconhecimento técnico, não consigam abstrair o que o estrategista esta querendo transmitir caso não seja algo bastante claro e óbvio.

FIGURA 39 – Exemplo de forma comparativa de apresentação das análises

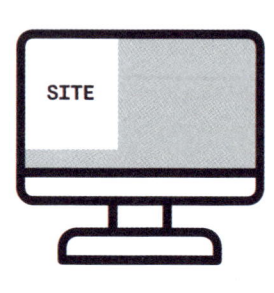

✗ INCORRETO
Situação atual: a resolução é bem baixa. A largura da página é de 790 pixels (fora das melhores práticas do mercado). Esse modelo se aplicava há alguns anos, quando a tendência era que os usuários tivessem monitores menores.

✓ CORRETO
Solução: atualmente, os monitores têm, no mínimo, a resolução de 1024px x 768px, o que já é maior do que a do site atual. O ideal é que a página seja estruturada para que se adapte a qualquer tamanho de tela, tendo um melhor aproveitamento para fornecer uma experiência mais prazerosa ao usuário.

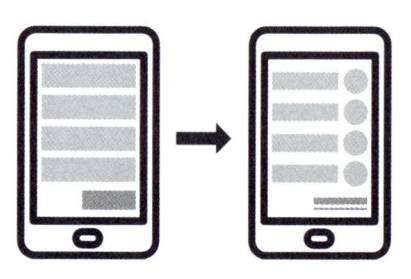

✗ INCORRETO
Situação atual: em diversas situações, nos deparamos com inconsistência. Uma página tem uma estrutura e estilo e, ao clicar em outra, notamos uma grande diferença da anterior. Isso faz o usuário perder tempo e se frustrar ao demandar que ele "aprenda" a como usar o site da organização a cada tela.

✓ CORRETO
Solução: quando há similaridade de conteúdo, apresenta-se o mesmo estilo/estrutura. A consistência ajuda na aprendizagem do usuário que está conhecendo o sistema. Vale lembrar que "consistência de navegação" é um dos princípios mais importantes da usabilidade.

Opção 4 – Exemplos visuais dos pontos pró e contra

Por fim, a quarta e última possibilidade é também a que **mais comumente utilizo** em meus trabalhos. Veja a **Figura 40**:

FIGURA 40 – Exemplo de Auditoria da Experiência do Usuário do site da corretora de investimentos Vinci

Texto e vídeo ressaltando a forma de pensar e agir da empresa no que tange a investimentos.

Números que geram credibilidade na empresa.

Como botão em destaque, no topo do site, temos uma chamada para o usuário saber como comprar da empresa.

Um botão leva a pessoa para se cadastrar em plataforma parceira de investimentos (Órama).

Os fundos imobiliários não estão listados, sendo necessário entrar em contato para mais informações.

Fonte: Nino Carvalho Consultoria (2021)

O que faço é pesar a mão no apelo visual, destacando partes do site que merecem alguma avaliação e escrevendo uma breve análise de cada ponto, sempre utilizando o código de cores: em verde são os pontos positivos usados no site da empresa e, em vermelho, partes que pedem alguma observação negativa. Quando há um ponto de alerta, destaque em cinza ou amarelo. Essa abordagem, acredito, fica bem clara e didática mesmo para o leigo. Isso facilita a compreensão do cliente e ajuda a estreitar a confiança em seus trabalhos como estrategista.

Provavelmente, você irá se adequar mais a uma ou a outra opção de acordo não apenas com suas habilidades profissionais, mas também com sua audiência (alguns executivos/clientes irão preferir um formato, outros optarão por outro e assim por diante). É possível também que você adote um mix das três opções, como eu tendo a preferir fazer para a maior parte das organizações com as quais trabalho.

Após essa breve explanação sobre como o estrategista deve fazer seus relatórios e apresentar os resultados para os stakeholders do PEMD, vamos agora discorrer nos próximos capítulos sobre o que deve ser incluído nas fases que compõem a Auditoria de Experiência do Cliente, iniciando com a Arquitetura da Informação, seguida das análises sobre Acessibilidade e Usabilidade.

CAPÍTULO 32
Experiência do Cliente > Arquitetura da Informação

O Instituto de Arquitetura da Informação (*The Information Architecture Institute*) define a área como sendo a arte e a ciência de organizar websites, intranets, blogs, comunidades virtuais e softwares, com vistas a dar suporte à usabilidade e à encontrabilidade. A Arquitetura da Informação, portanto, trata sobre como você deverá estruturar seus canais digitais (aqui iremos focar no website, mas os conceitos servirão para intranets, blogs, landing pages, entre outros) de maneira a ajudar na entrega de uma melhor experiência para seus e-Clientes.

Nesse ponto iremos analisar como seu site está estruturado em termos de seções, páginas e disposição do conteúdo, para assegurar que sua organização esteja maximizando as chances de que, ao fornecer uma experiência mais fácil e prazerosa, consiga atingir os objetivos do seu PEMD.

Bem como em outras áreas ao longo do Diagnóstico Estratégico, a Arquitetura da Informação conta com profissionais especializados, chamados Arquitetos da Informação. Nosso foco aqui, portanto, é no papel do gestor e do estrategista, de maneira que não iremos entrar em questões demasiadamente específicas ou técnicas (seja nesta parte, seja em diversas outras, principalmente nas análises da área de Experiência do Usuário).

Para o seu PEMD, o principal é compreender e saber desenhar como o site está estruturado e, a *posteriori*, no Plano Tático de Ações, recomendar o que pode ser aprimorado para que sua marca se mantenha à frente da concorrência. Ou seja, nosso objetivo aqui é avaliar e, posteriormente, propor melhorias ao que podemos chamar de Mapa do Site, que é justamente a estrutura básica da organização do site.

O trabalho que você deverá fazer, portanto, é bastante similar ao que convencionalmente se chama de Mapa do Site, com a diferença de que o que é esperado de você seja levemente mais abrangente e complexo em comparação à maioria dos mapas comumente exibidos no rodapé dos sites.

A **Figura 41** a seguir mostra o exemplo de mapa do site da Vix Logística, uma empresa de soluções customizadas de logística, baseada no Espírito Santo:

FIGURA 41 – Exemplo de estrutura do site da Vix Logística (abril de 2023)

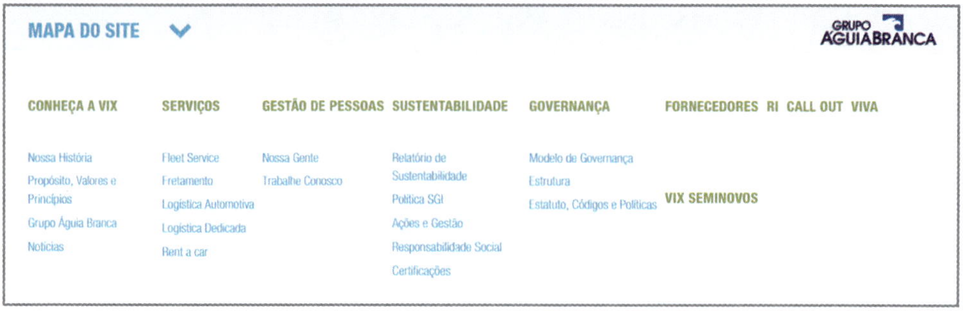

MAPA DO SITE

GRUPO ÁGUIA BRANCA

CONHEÇA A VIX	SERVIÇOS	GESTÃO DE PESSOAS	SUSTENTABILIDADE	GOVERNANÇA	FORNECEDORES	RI	CALL OUT	VIVA
Nossa História	Fleet Service	Nossa Gente	Relatório de Sustentabilidade	Modelo de Governança		VIX SEMINOVOS		
Propósito, Valores e Princípios	Fretamento	Trabalhe Conosco	Política SGI	Estrutura				
Grupo Águia Branca	Logística Automotiva		Ações e Gestão	Estatuto, Códigos e Políticas				
Notícias	Logística Dedicada		Responsabilidade Social					
	Rent a car		Certificações					

Como fazer a Análise de Arquitetura da Informação

O primeiro passo é identificar como seu site está atualmente estruturado. Existem softwares específicos para desenhar o mapa estrutural de websites, mas recomendo que faça esse desenho você mesmo, não apenas para assegurar a consistência das informações e mantê-las atualizadas quanto a cada pormenor de seu site, mas também pelo fato de que, como estrategista, você tem um foco mais específico, que não demanda a confecção de um complexo e profundo mapa de arquitetura. Ou seja, nossa preocupação, no papel de planejadores e estrategistas, é mais direcionada e menos técnica, em qualquer auditoria que iremos conduzir ao longo do PEMD. Assim, o foco é buscar os pontos mais relevantes e deixar pormenores técnicos para os especialistas, caso seja relevante aprofundar as análises em seu caso específico.

Antes de arrancar os cabelos – caso tenha que analisar um site muito grande e complexo – saiba que não será mandatório (embora seja altamente recomendado) que você liste centenas e centenas de páginas internas. Por exemplo, não se preocupe em identificar todas as páginas que tratam de notícias sobre sua organização (muito comum em marcas públicas) ou os posts de um blog, caso eventualmente sua empresa o possua.

Como responsável pelo sucesso do PEMD, o importante é estar seguro de que seus stakeholders estão vendo o que é importante para eles. As melhores práticas pregam que os usuários não dão mais do que dois cliques para encontrar as informações de que precisam. Por conta disso, você deverá desenhar a arquitetura de seu site até o segundo clique de navegação. Se perceber que há algum conteúdo importante que não está ao alcance de dois cliques, então algo está errado: ou a informação não é tão relevante assim ou o site precisa ser melhorado.

Assim, costumo dizer a meus alunos e clientes que eles devem ir até o ponto "1.1.1", como ilustrado no breve exemplo do site de Relacionamento com Investidores da empresa Méliuz, representado na **Figura 42** a seguir:

FIGURA 42 – Exemplo do site da Méliuz (abril de 2023)

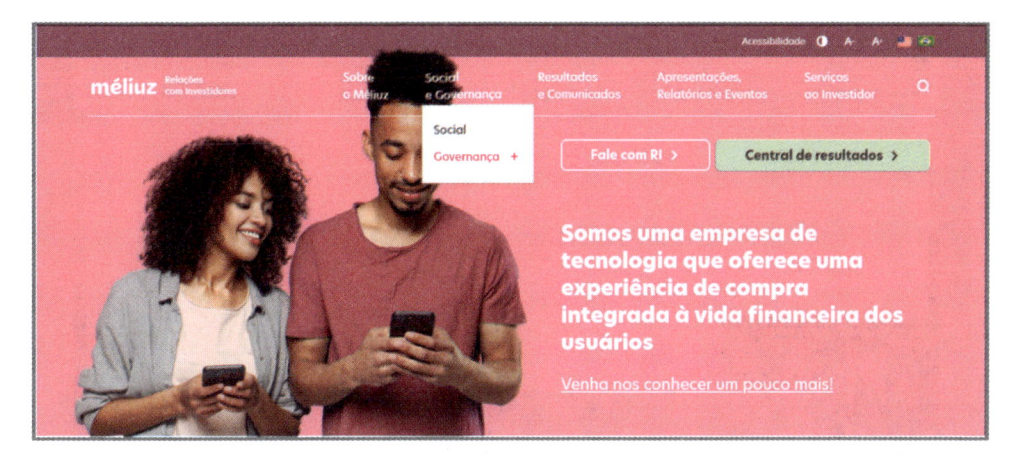

Repare, no caso apresentado, que é necessário um clique a mais se eu quiser me aprofundar no item "Governança" do menu (já dentro do "Social e Governança"). Ou seja, pegando especificamente esse grupo do menu como exemplo, teríamos:

1. Social e Governança
    1.1. Social
    1.2. Governança
        1.2.1. Composição acionária & estrutura societária
        1.2.2. Administração
        1.2.3. Estatuto, políticas e regimentos
        1.2.4. Assembleias e reuniões
        1.2.5. Informe de Governança

Veja que apenas a seção "Governança" desce até o terceiro nível, com cinco links/páginas. Isso quer dizer que, se o usuário estiver procurando algo sobre as atas das últimas reuniões de investidores, por exemplo, provavelmente não irá se aprofundar mais, de acordo com a regra dos dois cliques. Em outras palavras, esse internauta poderá entender que a informação buscada não existe no site da Méliuz e provavelmente irá buscá-la em outra fonte. Ainda que o conteúdo esteja lá, se não for facilmente acessível, pode passar em branco, como sequer existisse.

Naturalmente, há uma forma fácil de "burlar" essa limitação de navegação, que é oferecer o conteúdo profundo diretamente acessível da homepage por meio de menus expansíveis, muito comuns hoje em dia.

FIGURA 43 – Exemplo de menu expansível no site da John Deere (abril de 2023)

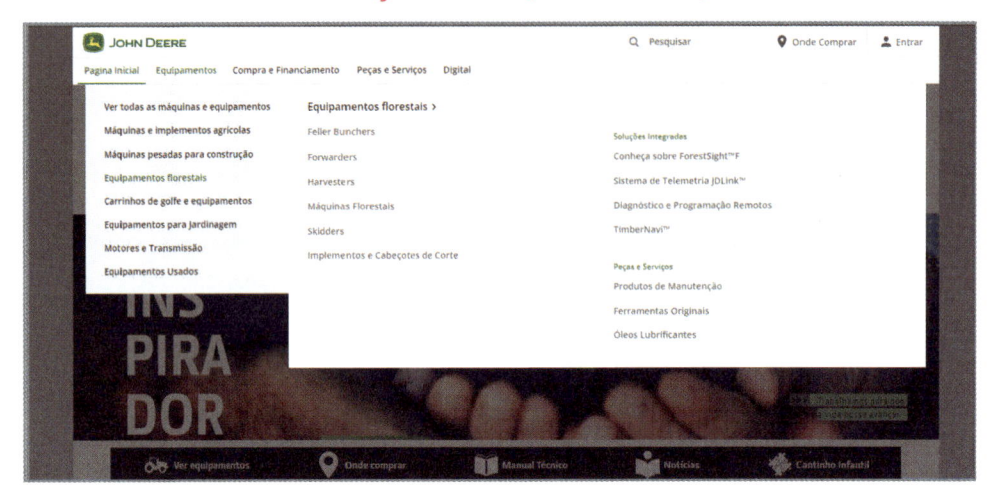

O website da John Deere Brasil não apenas expande seu menu de produtos, trazendo à superfície do site (logo na homepage) itens que demandariam ao menos dois cliques para acessar, mas também conseguindo utilizar o espaço para segmentar o público (por Setor, Principais Produtos e Produtos Específicos), o que melhora muito o acesso ao conteúdo.

Desenhando a estrutura de seu website

Para desenhar a arquitetura de seu site e dos de seus competidores ou benchmarks, não há mistério: basta ir aos sites e, utilizando a abordagem dos três cliques, escrever como cada marca desenha seu site. Lembre-se: vá somente ao nível "1.1.1".

Recomendo que você use primeiramente o Word para montar, de forma hierárquica, a árvore estrutural de cada site. Depois, passe para o Excel, pois será mais útil nos próximos passos, quando você deverá comparar seu site com os demais estudados e, no Plano Tático, propor eventuais formas de melhorar sua arquitetura.

Para ilustrar, utilizei três organizações sem fins lucrativos: Médico Sem Fronteiras (MSF), Sociedade Viva Cazuza (SVC) e Cruz Vermelha Brasileira (CVB). Veja, a seguir, a estrutura de cada uma, exposta em arquivo Excel:

FIGURA 44 – Comparativo da Arquitetura da Informação de sites selecionados de organizações sem fins lucrativos

Médico Sem Fronteiras	Sociedade Viva Cazuza	Cruz Vermelha Brasileira
1. MSF	1. Ações	1. Institucional
1.1. Quem Somos	1.1. Casa de Apoio	1.1. História da CVB
1.1.1. Transparência e prestação de contas	1.2. Assistência Social	1.2. Missão
1.1.2. Carta de princípios	1.3. Projeto Cazuza	1.3. Departamentos Nacionais
1.2. O que fazemos	1.4. Prevenção e Treinamento	1.4. Filiais
1.2.1. Manifestando-se publicamente	2. Quem Somos	2. Movimento
1.2.2. No que atuamos	2.1. Missão	2.1. Origens
1.2.3. Atividades médicas	2.2. Histórico	2.2. Movimento Internacional
1.2.4. Campanhas de acesso	2.3. Bases Legais	2.3. CICV
1.3. Princípios	2.4. Resultados financeiros	2.4. FICV
1.4. Nossa estrutura	3. Notícias	2.5. Estrutura Internacional
1.4.1. Operação colaborativa	4. Fotos	2.6. Princípios Fundamentais
1.5. Nossa história	5. Bazar	2.7. Emblemas Humanitários
1.6. MSF no Brasil	6. Carrinho de Compras (imagem)	2.8. Direito Internacional Humanitário
1.6.1. Unidade médica no Brasil	7. Contato	2.9. Sociedades Nacionais
2. Ações	8. Entrar	3. Notícias
3. Acontece		3.1. Nacionais
3.1. Notícias		3.2. Internacionais
3.2. Diário de Bordo		4. Transparência
3.3. Fotos		5. Frente Parlamentar
3.4. Vídeos		6. Contato
3.5. Na mídia		(Links na homepage, mas fora de seções)
3.6. Eventos		7. Faça sua Doação
4. Trabalhe		
4.1. Em Projetos no exterior		
4.2. No escritório do Brasil		
5. Como Ajudar		
6. Doe Agora		
(Links na home, mas fora de seções)		
7. Fale Conosco		
8. Imprensa		
9. FAQ		
10. Biblioteca		
11. Sou doador		

Fonte: Nino Carvalho Consultoria (2015)

Uma vez que você montou essa tabela comparativa, deve iniciar suas análises. Você deve se preocupar em perceber, principalmente: **similaridades** (o que é comum a todas ou à maioria das marcas), **disparidades** (quais as diferenças), **posicionamento e ordenação** dos links (o que pode estar refletindo o peso dado a cada seção e página) e a **nomenclatura** escolhida para os links (o que pode ser importante para estar mais próximo da linguagem de seu segmento de atuação).

Posicionamento e ordenação dos links

O local de cada seção de um site diz muito sobre como a empresa enxerga as prioridades e sobre como trata os diferentes segmentos de stakeholders. Em outras palavras, conseguimos ter uma pista sobre o que exatamente é mais importante para cada marca.

Costumo dizer que, sempre que um internauta visita seu site, em pouquíssimos segundos ele deve estar apto a responder três questões:

- **O que essa empresa me oferece?**
  (o que sua empresa faz, quais os seus serviços ou produtos – ou ainda, "o que você está vendendo?")

- **Por que devo me relacionar/comprar com ela?**
  (seus diferenciais e benefícios)

- **OK, então como posso comprar?**
  (formas e locais para efetuar a transação com sua marca)

Toda e qualquer organização, privada ou não, disponibiliza um rol de produtos para seus públicos, que são a forma com que conseguem atingir seus principais resultados. Para uma empresa privada, são seus produtos ou serviços. Para uma organização do terceiro setor ou pública, podem ser formas de se engajar em causas ou conteúdos acerca de seus projetos e iniciativas.

Uma das maneiras de deixar tudo isso muito claro é oferecer uma navegação focada em seus públicos externos e priorizar os entregáveis da empresa (as respostas à primeira pergunta).

Para desenhar suas páginas que precisam ser eficientes em angariar negócios (doações, vendas, cadastramentos etc.), espelhe-se em landing pages de marcas privadas, que costumam estar mais bem evoluídas na arte de seduzir o interesse pelo clique, tal como ilustrado na **Figura 45** a seguir:

FIGURA 45 – Exemplo de landing page com boa arquitetura da informação

CAPÍTULO 32 | EXPERIÊNCIA DO CLIENTE > ARQUITETURA DA INFORMAÇÃO

O exemplo da página do curso de inglês American & British Academy, em Portugal, faz com que rapidamente se percebam suas mensagens principais, aparecendo logo as três respostas àquelas perguntas que mencionei há algumas páginas:

- **O que essa empresa me oferece?**
  Cursos de inglês (e, mais especificamente, um teste de nivelamento).

- **Por que devo me relacionar/comprar com a empresa?**
  Método único, baseado em vídeos e aulas de conversação ao vivo ilimitadas. Posso também começar meu curso agora.

- **OK, então como posso comprar?**
  É fácil e até posso me cadastrar rápida e gratuitamente com meu Facebook ou Google.

Cada página sua deve ser pensada dessa forma: como você pode converter o internauta (a se cadastrar em uma promoção, a ler mais sobre seus projetos, a aderir a um novo serviço). Cada uma delas deve conter um "*call to action*" (uma chamada para ação), também conhecido como seu acrônimo CTA, que nada mais é do que um botão ou um link que incite uma ação do usuário com foco em algum tipo de conversão (no caso da American & British Academy, a conversão seria angariar cadastrados para testar o curso). Tente, portanto, ter menus simples, claros, com uma página bem hierarquizada e de fácil compreensão. Para ajudá-lo nessa tarefa, vamos agora analisar o último ponto da Auditoria de Arquitetura da Informação: a nomenclatura das seções de seu website.

Nomenclatura das seções

Um dos pontos mais relevantes em sua arquitetura é como você nomeia cada seção (e, mais do que isso, cada página, cada link). Em uma pesquisa que conduzi com Jorge Duarte (à época, executivo da Secretaria de Comunicação da Presidência da República) nos sites das maiores empresas da América Latina, em busca de compreender como elas tratavam a seção de Imprensa em seus websites, identificamos diversas formas que as organizações usam para nomear a área voltada para esse público. Os termos mais comuns foram Sala de Imprensa (39% da amostra), Imprensa (35%) e Notícias (5%). Os três termos somam 79%, de forma que os 21% restantes foram ainda mais "criativos" em como chamar sua seção (Carvalho e Duarte, 2017).

Esse tipo de variação pode confundir muito o internauta e deixá-lo frustrado, o que, em último caso, levaria à desistência de navegar ou mesmo de retornar ao site. Por isso, uma vantagem de fazer essa análise comparativa, dentro da

Auditoria de Arquitetura da Informação, é se assegurar de que você está em linha com o mercado e que a navegação em seu site é simples e direta. Uma vez mais, reforço: não faça o usuário pensar, não o faça ter esforços desnecessários e tente usar e abusar das convenções.

Outras orientações úteis

Em uma de minhas primeiras consultorias, lembro de ter tido contato com um estudo internacional que propunha o que chamavam de Regra dos Oito. Basicamente, o que esse estudo revela é que você deve oferecer, no máximo, oito opções nos links de menus para os internautas. Tenha, no máximo, até oito itens no menu principal, cada seção desse menu também não podendo ter mais de oito links.

O que a pesquisa apontava é que menus com mais de oito opções ou são totalmente ignorados pelo usuário (ele bate o olho, acha aquilo grande e confuso e desiste da navegação), ou fazem com que a atenção do internauta fique comprometida, resultando em que ele passe por um elemento importante sem notar. Você deve checar se seu site atende a essa regra e ajustá-lo em caso contrário. Se você achar que é necessário utilizar mais de oito links no menu e seus desdobramentos, ainda citando a pesquisa, é porque você não está conseguindo organizar e estruturar seu site corretamente. Pare, volte e tente de novo.

Ao chegar até aqui, você cumpriu a Auditoria de Arquitetura da Informação. Portanto, antes de fechar este momento do livro, decidi trazer um excelente exemplo ilustrando o que não deve ser feito, nunca, por um bom estrategista de Marketing no ambiente digital conforme **Figura 46** a seguir:

FIGURA 46 – Homepage do site do Ministério do Desenvolvimento, Indústria e Comércio Exterior (2015)

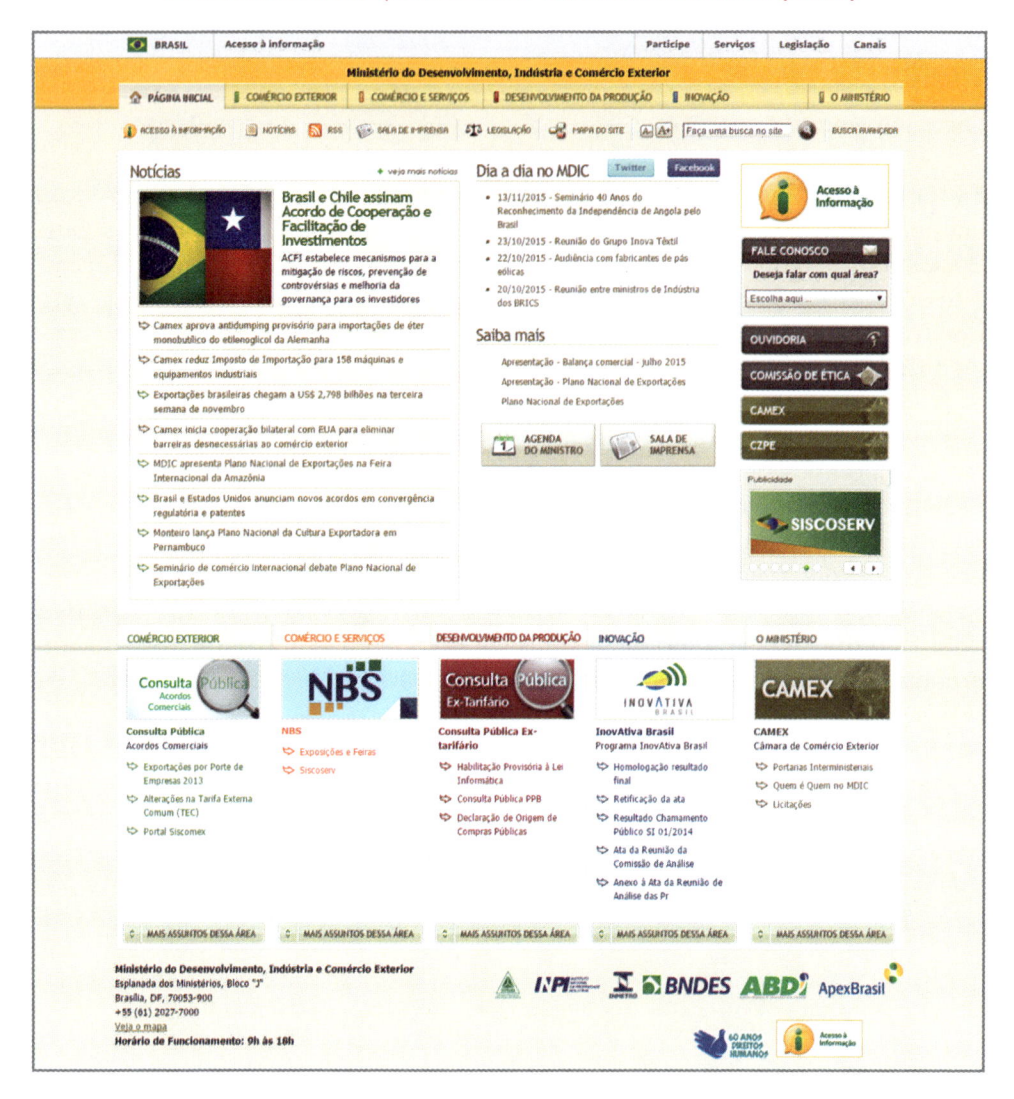

O Ministério do Desenvolvimento, Indústria e Comércio Exterior (MDic) foi extinto em 2019. Entretanto, o exemplo é particularmente ilustrativo de uma verdadeira salada de informações e, por isso, decidi utilizá-lo a título didático. Você rapidamente perceberá que tudo é muito confuso, mal organizado, difícil perceber o que é mais relevante, quais são as prioridades... Até mesmo decidir por onde começar podia ser um exercício de paciência.

Contei quatro menus: a barra do topo, em cinza; as abas que parecem conter o menu principal (Página Inicial, Comércio Exterior, Comércio e Serviços, Desenvolvimento da Produção, O Ministério); um menu logo abaixo, com algumas funcionalidades (ironicamente, duas delas se referem à acessibilidade e uma à arquitetura); e um último menu, em uma coluna à direita (que inicia com o banner de Acesso à Informação). Cheguei a procurar se a confusão era generalizada entre os Ministérios, mas, apesar de não haver um padrão entre eles (o que é ruim, já que o usuário precisará aprender a como navegar a cada site ministerial), todos são muito mais bem pensados.

Outro problema do antigo site do MDic é que a fonte escolhida é demasiadamente pequena. Cliquei, portanto, no botão de aumentar a fonte (ao lado do campo de busca há um A-, indicando para diminuir a fonte e um A+, caso queira aumentar o tamanho da fonte), mas nada aconteceu. O site de qualquer instituição pública deve ser, acima de tudo, bem estruturado e acessível, já que era voltado para públicos muito diversos. Os visitantes do site do Ministério, no entanto, tinham que se esforçar para ler o conteúdo da homepage.

O site é dividido em três colunas, algo muito pouco utilizado atualmente, principalmente em websites corporativos. Em geral, os sites que possuem três colunas costumam ter áreas mais bem definidas, como a coluna da esquerda para um menu de navegação, o miolo para o conteúdo dinâmico e uma coluna à direita com links complementares, relacionados à informação exposta no miolo, de forma a enriquecer a entrega de conteúdo.

São diversas as falhas do site do MDic, não apenas em Arquitetura, que é o foco dessa seção do livro, mas também em acessibilidade e usabilidade, entre outros problemas. Assim, fecharei a análise deste site com uma última crítica dentro do guarda-chuva de Arquitetura da Informação, particularmente sobre a disposição dos links.

Como já mencionado anteriormente, a meta é "não fazer o internauta pensar", como prega Steve Krug, ícone da área de Experiência do Usuário. Para ajudar nesse sentido, é preciso manter certos links em locais em que, convencionalmente, eles estão dispostos na larga maioria dos sites.

Por convenção, o Mapa do Site costuma vir no rodapé da página (preferencialmente já aberto, caso o site não seja muito extenso e profundo). Links de acessibilidade e busca, por sua vez, tendem a estar no topo superior direito (e não se costuma ter um link na home para "Busca Avançada"). Veja na **Figura 47** a seguir um exemplo de um rodapé bem pensado, com elementos que costumeiramente vemos em diversos websites, de maneira que a navegação do internauta é facilitada e ele não precisa gastar tempo procurando esse ou aquele item – ao contrário, o usuário poderá usar esse precioso tempo a fazer ações mais relevantes, como procurando por informações de serviços, ou lendo uma notícia no blog da organização.

FIGURA 47 – Rodapé do site do Governo de Portugal (abril de 2023)

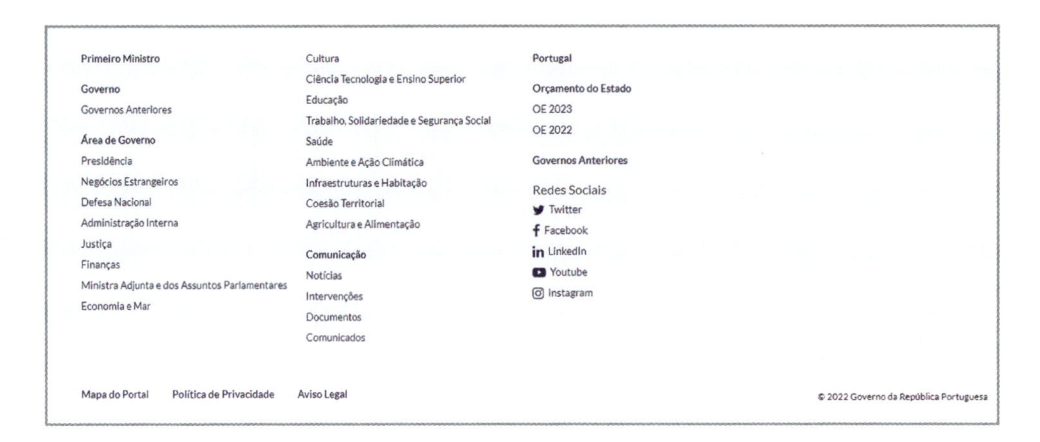

Primeiro Ministro	Cultura	Portugal
Governo	Ciência Tecnologia e Ensino Superior	Orçamento do Estado
Governos Anteriores	Educação	OE 2023
	Trabalho, Solidariedade e Segurança Social	OE 2022
Área de Governo	Saúde	
Presidência	Ambiente e Ação Climática	Governos Anteriores
Negócios Estrangeiros	Infraestruturas e Habitação	
Defesa Nacional	Coesão Territorial	Redes Sociais
Administração Interna	Agricultura e Alimentação	Twitter
Justiça		Facebook
Finanças	Comunicação	LinkedIn
Ministra Adjunta e dos Assuntos Parlamentares	Notícias	Youtube
Economia e Mar	Intervenções	Instagram
	Documentos	
	Comunicados	

Mapa do Portal   Política de Privacidade   Aviso Legal   © 2022 Governo da República Portuguesa

Perceba que há blocos de conteúdo bem definidos:

- Um momento institucional com as seções Primeiro Ministro, Governo, e Área de Governo (e respectivos desdobramentos)

- Um segundo momento com as diversas áreas de atuação, como Cultura, Educação, Saúde, Coesão Territorial e Comunicação (também com as subpáginas relacionadas)

- Em terceiro, podemos ver links para informações gerais, na seção de Comunicação, e incluindo Notícias, Intervenções, Documentos e Comunicados

- E, em quarto, há uma listagem da presença oficial do Governo nas redes sociais, utilizadas como ferramenta para comunicar sobre as atividades, campanhas, ações e políticas públicas, além de manter algum relacionamento com os diversos públicos de interesse

Ainda no exemplo do site do Governo de Portugal, repare outras quatro informações ao final de tudo: Mapa do Portal, Política de Privacidade, Aviso Legal e uma declaração de direitos ("2022 Governo da República Portuguesa").

Os elementos ligados a questões legais (Privacidade, Termos de Uso etc) por vezes são mandatórios, como no caso de empresas do setor financeiro, de saúde ou de organismos públicos. Entretanto, ainda que você seja uma microempresa, caso tenha alguma forma de captar dados pessoais do internauta (como um formulário em uma landing page, ou na seção "Fale Conosco", por exemplo), também precisará respeitar as diretrizes da legislação de proteção de dados.

Uma dica interessante para acrescentar no rodapé do seu site é adicionar o endereço de sua empresa, com o logradouro, cidade, estado e código postal. Além de ser uma informação útil para seus clientes e prospects, você também ganhará alguns pontos no ranqueamento local do Google. Ou seja, se tiver um endereço de "Recife, PE", por exemplo, seu site terá mais chances de aparecer em resultados de buscas naquela cidade. Esse artifício é muito válido particularmente para os que atuam com negócios locais.

Feitas as análises sobre como sua marca e a de seus concorrentes se encontram em termos de Arquitetura da Informação, é o momento para seguirmos ao segundo passo que compõe a área de Experiência do Cliente: a Usabilidade. Teremos oportunidades de estudar, sob a ótica da usabilidade, outros exemplos positivos e negativos de diversos sites.

CAPÍTULO 33
Experiência do Cliente > Usabilidade

Dentro do guarda-chuva de UX (*User Experience* ou Experiência do Usuário), já vimos a Arquitetura da Informação e agora passaremos a analisar itens dentro de Usabilidade, para depois seguirmos ao último passo: Acessibilidade.

Cuidar da usabilidade do site é de fundamental importância, pois isso assegurará que o internauta irá conseguir navegar pelas páginas do site, clicar nos lugares certos, interagir sem frustrações e ter uma experiência agradável, o que maximizará as chances de impactos positivos à marca, diminuirá percepções negativas e até mesmo multiplicará as possibilidades de conversão (Carvalho, 2006).

Essas são as premissas elementares. No entanto, em se tratando de um campo tão dinâmico, com tendências despontando o tempo todo, é importante se manter sempre atualizado. Não sei, por exemplo, quando este livro chegará até você. Mas é bem possível que muita coisa já tenha sido atualizada no momento da sua leitura, tendo em vista a rapidez com que surgem novas práticas, soluções e ferramentas nesse mercado.

Os nomes mais interessantes para você se aprofundar na área, ao menos no primeiro momento, certamente são Jakob Nielsen (que mantém o excelente site NNGroup.com) e Steve Krug (autor dos obrigatórios "Não Me Faça Pensar" e "Simplificando Coisas Que Parecem Complicadas"). Ler os livros e acompanhar os dois autores deixará você muito mais calejado não apenas nos temas específicos de usabilidade ou de experiência do usuário, mas o ajudará também a ser um melhor profissional de Marketing na Era Digital, com uma visão muito mais holística e estrutural para sua carreira. Outra sugestão de referência é Peep Laja, criador do Conversion XL (CXL.com) e tido como o "pai" do CRO (sigla, em inglês, para Otimização da Conversão). Laja e o CXL se fundamentam nas mesmas bases propostas por Nielsen e Krug.

Como fazer a Análise da Usabilidade

Existem centenas de itens que você pode olhar ao empreender sua análise de usabilidade. Assim, nas próximas páginas irei utilizar alguns sites para exemplificar os principais pontos que devem ser analisados e de que forma você deve fazê-lo.

Para facilitar seu estudo, vou adotar a metodologia de dividir o site em partes e analisar uma a uma. Portanto, relembro o modelo das estruturas mais comuns em sites de organizações:

FIGURA 48 – As quatro mais comuns estruturas em sites corporativos

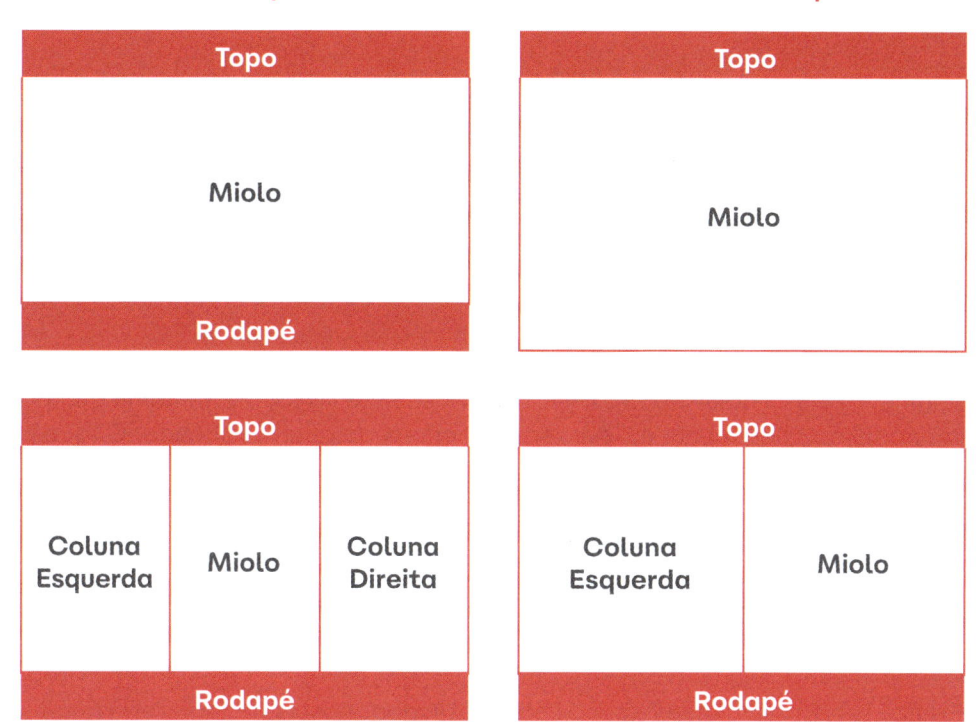

Para iniciar os estudos de casos, tomemos o site de uma das maiores empresas do Brasil e uma das líderes em seu setor – a Klabin, maior produtora e exportadora de papel do Brasil e uma das 50 maiores empresas do país (segundo o ranking do Estadão, com as 1500 maiores empresas do Brasil[88]). É interessante trabalhar com marcas desse porte por dois motivos: primeiro porque se imagina que são justamente as empresas mais ricas que terão acesso aos melhores fornecedores, bem como os maiores orçamentos para investir em uma área tão relevante quanto Marketing Digital e em profissionais de qualidade para gerir suas atividades online. Segundo, porque é importante notar que mesmo essas empresas no topo de *rankings* estão lutando para fazer um bom papel na internet, o que nos mostra que ainda há muito campo para evolução e, portanto, muitas oportunidades para você, estrategista de Marketing da Era Digital.

---

[88] Você pode acessar o Ranking 1500 do Estadão, em constante atualização. Disponível em: https://publicacoes.estadao.com.br/empresasmais/ranking-1500/. Acesso em: 29 mar. 2023.

Assim, vamos ver o site da Klabin, guardando-se a ressalva de que o exemplo foi analisado no início de 2019, de maneira que, como era de se esperar, o site da empresa passou por diversas modificações posteriormente. O relevante é você entender alguns dos pontos positivos e negativos e, para isso, iniciaremos pelo topo, ou cabeçalho:

FIGURA 49 – Cabeçalho do site da Klabin (2019)

A primeira coisa a olhar é o logo. Ele deve vir sempre no topo superior esquerdo (tal como no *print* acima) e deve levar à homepage quando clicado. O logo é muito importante para qualquer organização e, por isso, não deve ter ruídos. No caso da Klabin, perceba que ele está disputando a atenção com outras duas imagens (as bandeiras dos Estados Unidos e da Espanha), o que é ruim.

Além de não ser bom colocar nada perto do logo, as bandeirinhas também não são recomendáveis por diversos motivos:

É difícil saber qual bandeira usar: Estados Unidos? Austrália? Inglaterra? África do Sul? Jamaica? Todos são países de língua inglesa. Optar por um em detrimento do outro não cai bem. Idem para Espanha, Argentina, Chile, entre outros, para espanhol, ou mesmo Brasil ou Portugal para português).

Em função de evitar peso no site, acarretando lentidão, evite imagens desnecessárias, que não agregam. Nesse caso, escrever (em texto mesmo – não em imagem) *English* e *Español* seria mais aconselhável.

Outro problema dessas imagens é que, para o Google, ter os idiomas em texto daria "mais pontos" no ranqueamento.

Continuando, vamos agora para o outro lado, para o canto direito, onde temos três imagens e o campo de busca, conforme **Figura 50** a seguir:

FIGURA 50 – Destaque das três imagens e da caixa de pesquisa do antigo site da Klabin

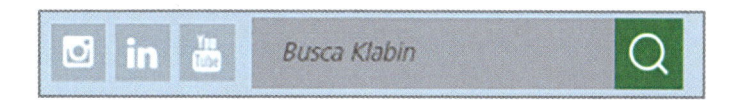

Bem, eu sei o que são essas três imagens e você provavelmente também (Instagram, LinkedIn e YouTube). Mas será que todos os internautas saberiam? A resposta é "não". O usuário médio brasileiro (e certamente boa parte dos stakeholders de uma empresa da indústria de Papel e Celulose) não tem a mesma destreza e conhecimento em internet dos profissionais que criaram o site ou daqueles que o aprovaram. Para muitos, essas imagens não querem dizer nada. Além disso, cada vez mais se tem convencionado que os links para redes sociais devem vir no rodapé, no canto inferior direito, ou, se sua empresa atuar em um setor em que os canais sociais são realmente importantes e conhecidos pelo público, aí vai bem manter no canto superior direito.

Note, ainda, que você só deve dar tanto destaque para suas redes sociais se forem realmente canais bem geridos e com conteúdo relevante e atual. No caso da Klabin, os links para os canais sociais estão praticamente centralizados no topo da página, quase que na altura dos olhos, em um local altamente privilegiado.

Sobre o campo de busca, as melhores práticas pregam que é recomendável ter um campo bem visível (como normalmente verá em sites de *e-commerce*) ou o ícone/imagem de uma lupa (no site da Klabin, em verde, logo ao lado do campo de pesquisa).

Vale tecer uma ressalva importante sobre a área de busca em sites corporativos. Se fizer sentido, sim, é uma parte importante do site. Entretanto, se seu site não for muito extenso (não tiver muitas páginas, sem área de artigos/notícias etc), o mais recomendado é não ter campo de pesquisa.

Outro momento relevante no cabeçalho dos websites é o menu (veja a **Figura 51**). O menu do site é tão relevante que, em adição ao que está escrito nesta seção de Auditoria do Site, há um momento dedicado exclusivamente ao tema na parte do Plano Tático de Ações.

FIGURA 51 – Destaque do menu no antigo site da Klabin

A linguagem iconográfica é algo interessante e que pode ser muito útil em diversos momentos. No entanto, os ícones usados para representar algo devem ser compreensíveis. No caso do website da Klabin eu interpretaria as imagens da seguinte forma – na ordem em que aparecem e já tentando fazer alusões, com muito boa vontade, ao que poderiam significar dentro do contexto da empresa –: Indústria; Sustentabilidade; Ideias ou Conteúdo; Pessoas ou Carreira; Microfone, talvez uma área de *podcasts* ou conteúdo multimídia; Dados Financeiros.

Dos seis itens do menu, eu teria acertado um na mosca (Gente e Gestão) e chegaria perto em dois (Imprensa e Investidores). A área de sustentabilidade está muito equivocada, assim como a de produtos: mostrar árvores em uma empresa que as corta para fazer papel chega a ser humor de mau gosto. Se for usar imagens para representar áreas de seu site, esteja certo de que todos compreenderão seu significado. Além disso, lembre-se: tudo em que puder usar texto simples, melhor para seu site, para o Google e, por consequência, para você e seu internauta.

O site da empresa agora pode ser considerado um exemplo em termos de menu. A Klabin adotou o megamenu, trazendo conteúdo à superfície, e adicionou imagens para destacar certas seções de seu site. As seções também mudaram e, em mais um destaque positivo, todo o site está acessível em libras[89], além de ser responsivo (ou seja, se adapta para entregar experiências semelhantes via diferentes telas e dispositivos).

Findas as análises do topo do site, passemos agora para o rodapé. Veja exemplo na **Figura 52** a seguir:

---

89 Libras é um acrônimo para a Linguagem Brasileira de Sinais, a língua oficial da comunidade surda no país. Em outros exemplos de países lusófonos, em Portugal, adota-se a LGP (Língua Gestual Portuguesa), em Angola, a LGA e, em Moçambique, a LSM.

FIGURA 52 – Rodapé do antigo site da Klabin

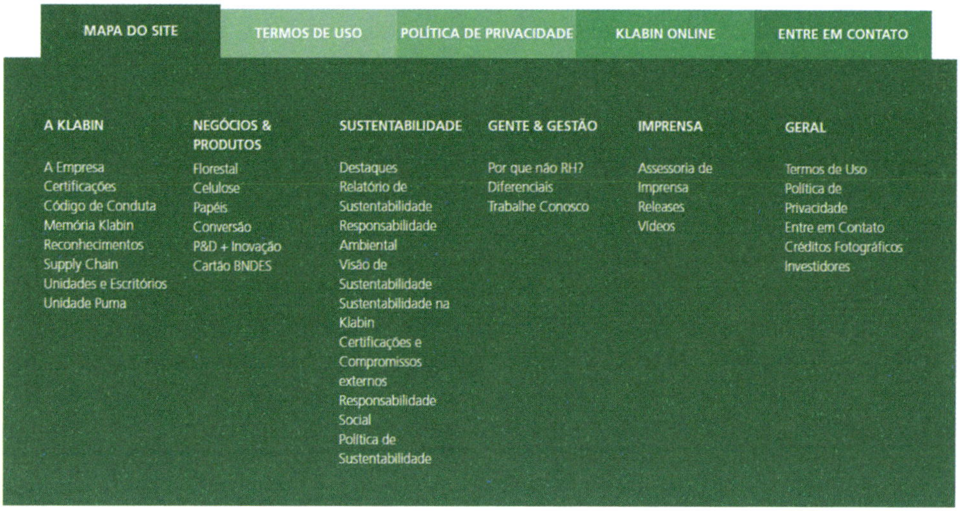

MAPA DO SITE	TERMOS DE USO	POLÍTICA DE PRIVACIDADE	KLABIN ONLINE	ENTRE EM CONTATO

A KLABIN	NEGÓCIOS & PRODUTOS	SUSTENTABILIDADE	GENTE & GESTÃO	IMPRENSA	GERAL
A Empresa	Florestal	Destaques	Por que não RH?	Assessoria de Imprensa	Termos de Uso
Certificações	Celulose	Relatório de Sustentabilidade	Diferenciais	Releases	Política de Privacidade
Código de Conduta	Papéis	Responsabilidade Ambiental	Trabalhe Conosco	Vídeos	Entre em Contato
Memória Klabin	Conversão	Visão de Sustentabilidade			Créditos Fotográficos
Reconhecimentos	P&D + Inovação	Sustentabilidade na Klabin			Investidores
Supply Chain	Cartão BNDES	Certificações e Compromissos externos			
Unidades e Escritórios		Responsabilidade Social			
Unidade Puma		Política de Sustentabilidade			

O rodapé de websites é cheio de convenções. Tipicamente você encontrará itens tais como política de privacidade e termos de uso, contatos (endereço, telefone, e-mail), links para redes sociais, mapa do site, selos de qualidade ou segurança, avisos legais, entre outros.

O website da Klabin traz a maioria desses itens e está em harmonia com as boas práticas de mercado. A navegação por abas no rodapé não é comum, mas pode ser uma saída interessante e os usuários tendem a compreender bem o conceito de abas.

O único item que talvez mereça observações é o link para "Comprar no Klabin Online". Trazer dinheiro para a empresa é vital para sua sobrevivência e é interessante que, mesmo sendo uma empresa B2B, a Klabin ofereça comércio eletrônico. A crítica aqui se deve ao fato de o link estar totalmente escondido, quase como se a empresa não quisesse que seus clientes utilizassem o *e-commerce*. Deveria haver um link muito mais destacado, seja com um espaço no menu, seja com login e senha para acesso direto no topo superior direito (já que, nesse caso, o site de *e-commerce* demanda acesso validado exclusivamente para seus clientes).

Passaremos agora à parte final da análise de usabilidade, estudando o miolo do site. Iniciarei dando destaque ao carrossel, aquelas imagens que ficam mudando, indo de um lado para outro, correndo na homepage, também comumente chamadas de *sliders*. Isso ainda é visto em inúmeros sites, já que ficou muito na moda há alguns anos. No entanto, as pessoas (particularmente os profissionais que desenvolvem sites, incluindo os *designers*) vão repetindo as modas sem refletir se são boas ou ruins (muito menos fazem pesquisas sistemáticas sobre o uso e comportamento de seus internautas). Pois bem, aqui vai uma notícia chocante: o carrossel prejudica suas conversões!

Há anos já existem pesquisas mostrando que objetos animados em geral (gifs, banners, textos piscando etc.) são altamente ineficientes, pois confundem o internauta e pesam negativamente em relação à percepção e performance do site. Os sites que dizem ter sucesso com carrossel não vão a fundo no estudo de suas métricas.

Uma pesquisa emblemática e amplamente conhecida pelos profissionais da área Digital, feita em 2013 com o site da University of Notre Dame, nos Estados Unidos, revelou que, de mais de três milhões de visitantes ao site, apenas 1% (cerca de 30 mil pessoas somente) clicou em algum item das imagens rotativas. Desses, 89% foram acessar a primeira posição, o que demonstra que bastaria ter um único destaque por vez no site para conseguir cliques (menos confuso para o internauta e gastando menos tempo da equipe para criar quatro ou cinco imagens por vez, com certa regularidade).

O mesmo estudo mostrou que o resultado patético do carrossel varia um pouco em sites de notícias. Quando as imagens rotativas foram colocadas na área de notícias da universidade, a primeira posição teve 55% dos cliques, a segunda 18% e da terceira à quinta os números continuaram caindo progressivamente.

Em outro estudo, dessa vez do Nielsen Norman Group, os pesquisadores também concluíram que não se deve usar imagens automáticas rotativas no website de sua organização. Segundo eles, algumas das razões que tornam o carrossel tão ineficiente podem ser destacadas como:

- A automação das imagens tira o controle do internauta. Um dos grandes "baratos" da internet é permitir que os usuários façam o que desejam, cliquem onde quiserem e naveguem da forma que julguem melhor. O carrossel prejudica essa navegação.

- Boa parte dos usuários não entende o conceito de carrossel. Não sabem (realmente, não é intuitivo) que há aquelas "bolinhas", setas ou os números que estão relacionados com diferentes imagens. Ou seja, não percebem que podem clicar nas bolinhas/setinhas/números e ir para outro destaque.

- Pessoas com dificuldades motoras têm muita dificuldade em usar o carrossel.

- Muitas pessoas têm dificuldade de ler o que está escrito nas imagens. Você não consegue saber qual o tempo necessário para cada pessoa ler o que seu site está querendo dizer. Por isso, o risco de ser muito lento para alguns e muito rápido para outros é enorme.

- Atualmente, o carrossel já está caindo no problema da cegueira de banner, como tende a acontecer com qualquer área animada do site, tais como textos piscando, gifs animados, entre outros, o que tira o foco do visitante. Por não ser útil e ser irritante, as pessoas sequer prestam atenção e o espaço em destaque é quase que uma tela cinza, que não desperta qualquer interesse.

Bem, espero que esteja claro que usar carrossel é uma das piores coisas que você pode fazer no seu site e que você já esteja indo encontrar sua equipe imediatamente para pedir que tirem a rotação e mantenham o destaque com um único foco. Só continue usando essa abordagem se você estiver muito bem respaldado por suas métricas, apontando que, no seu caso particular, é realmente válido e eficiente o uso dos *sliders*.

Sendo assim, passemos então ao restante do miolo do antigo website da Klabin:

FIGURA 53 – Miolo do antigo site da Klabin

As duas primeiras colunas são interessantes, trazendo conteúdo atual e pertinente sobre a marca, e que também tem relevância para públicos igualmente interessantes: o box de Carreiras, mostrando que a empresa é um excelente local para trabalhar; e o box do Projeto Puma, de tal magnitude que a empresa alega que irá dobrar seu tamanho.

No entanto, o terceiro box (Reservatório) é pouco útil por não significar muita coisa. Não há informações que deixem claro do que trata o conteúdo, de forma que dificilmente o usuário irá clicar, simplesmente por não saber do que se trata. Ademais, sequer há um apelo sedutor que justifique o suspense.

O destaque negativo vai para o box laranja. Por sua cor e por estar no miolo central do website, aparentemente seria algo de extremo interesse dos principais públicos da empresa. Todavia, como é muito comum em sites de empresas tradicionais, há um peso muito grande em conteúdo jornalístico. Normalmente isso acontece pela força que a área de imprensa costuma ter nesse tipo de organização, ou porque o site foi pensado (ou é gerido) por jornalistas, o que não costuma resultar em nada muito diferente.

É claro que a imprensa é um público importante para qualquer organização. Para algumas, é essencial ter um bom relacionamento com esse stakeholder. No entanto, a não ser que a empresa tenha um volume gigantesco de conteúdo original e relevante, além de uma equipe numerosa e competente em gestão de conteúdo digital, normalmente não valerá a pena deixar um espaço tão nobre do site dedicado apenas a notícias.

Por curiosidade, cliquei para ver mais releases. Em uma análise superficial, a empresa solta em média um release por semana. Alguns deles talvez sejam de interesse do ego dos gestores, mas não dos públicos externos. O raciocínio é fácil: a Klabin está gastando um importante espaço em sua homepage para colocar uma novidade por semana que potencialmente não despertará muito interesse externo.

CAPÍTULO 34
Experiência do Cliente > Acessibilidade

Este é, sem dúvidas, um tema tão importante quanto complexo, embora pouco valorizado. Lembro de uma conversa informal com o professor Horácio Soares, após darmos uma palestra no Rio de Janeiro, quando lhe perguntei se, de fato, valia a pena uma empresa investir em acessibilidade. Espantado, ele me perguntou o porquê da minha dúvida. Muito tranquilamente eu retruquei: "Horácio, honestamente, qual a percentagem de pessoas que tem problemas de acessibilidade no Brasil?". A resposta dele não poderia ser melhor: "100%"!

Muitas pessoas acham que acessibilidade é um conjunto de técnicas para conceber sites para pessoas cegas – na verdade, era comum ouvir isso quando se começou a falar de acessibilidade no Brasil. Muito além disso, no entanto, um site acessível é aquele que entregará uma boa experiência para pessoas com diversos tipos de deficiências (visuais e motoras, principalmente), bem como para usuários de diferentes tipos de navegadores, computadores, telefones, TVs, sistemas operacionais, velocidades de conexão à internet. Ter um site acessível significa, então, assegurar que a maior quantidade de pessoas terá uma experiência satisfatória ao utilizar os serviços online que sua empresa oferece. Idealmente, os sites devem ser projetados para todo e qualquer perfil de usuário e um site acessível ganha muitos pontos nos quesitos de *ranking* dos mecanismos de busca.

Segundo o *World Wide Web Consortium* (W3C), os princípios básicos de acessibilidade indicam que seu site deve ser:

- **Perceptível** = as informações e outros componentes do site devem ser de fáceis de se notar e compreender

- **Operável** = as funcionalidades e a navegação (como o menu, formulários, links) devem ser de fácil utilização e sem erros técnicos

- **Compreensível** = as informações e a interface do website precisam ser entendidas

- **Robusto** = o site deve ser bem interpretado (lido) independente de tecnologia, navegador, tela, plataforma ou aparelho

No ambiente de hoje – com quase todos os usuários de Digital utilizando os mais diversos tipos de dispositivos móveis, cerca de 80%[90] da população, tanto do Brasil quanto de Portugal (Banco Mundial, 2023[91]), com algum acesso à internet (por vezes a partir de LAN houses em cidades do interior, com desktops antigos e conexões bem lentas) e públicos de todas as classes, graus de instrução e faixas etárias navegando online – é de suma relevância que você se preocupe em ter um site acessível.

Como fazer a Análise de Acessibilidade

Para fazer análises de acessibilidade, o estrategista pode contar com um vasto rol de ferramentas (muitas gratuitas) que varrerão seu site automaticamente e irão gerar relatórios apontando erros de diversas naturezas. As ferramentas automáticas detectam quase todos os problemas de acessibilidade de um site e, por isso, podemos tranquilamente contar com o suporte de algumas delas em nossos estudos.

A seguir, listo algumas relevantes ferramentas de testes de acessibilidade que irão auxiliar na avaliação de seu site:

1. **GTmetrix – medindo a performance do site (https://gtmetrix.com)**

Uma das principais ferramentas utilizadas no mercado é o GTmetrix, que mede a performance de seu site. É essencial que seu website seja otimizado com foco em velocidade. Para tanto, o estrategista deve fugir de páginas cheias de animação, com muita comunicação entre o browser e o servidor, muitos acessos ao banco de dados, por conta de seu carregamento lento. É importante compactar seus arquivos de mídia (particularmente, mas não apenas, as imagens) e usá-los somente quando realmente for preciso, bem como fornecer transcrições acessíveis de arquivos de vídeo e de áudio.

London (2016) vai além, afirmando que, se o usuário precisar esperar cinco segundos para que o site carregue, é provável que ele vá embora e jamais retorne. Cinco segundos! É muito pouco tempo para você cativar o internauta e estimulá-lo a continuar navegando em suas páginas. Estudos do Google mostram que

---

90 Em Angola são 36%, em Moçambique 17%, Guiné Bissau 23%, Timor-Leste 29% e impressionantes 65% em Cabo Verde (Banco Mundial, 2023).

91 Disponível em: https://data.worldbank.org/indicator/IT.NET.USER.ZS?locations=BR e https://data.worldbank.org/indicator/IT.NET.USER.ZS?locations=PT, respectivamente. Acesso em: 29 mar. 2023.

um acréscimo de meio segundo no carregamento da página pode ocasionar em uma queda de 20% no tráfego do site.

O GTmetrix é uma ferramenta com versão gratuita que se baseia na metodologia Lighthouse para testar a velocidade e a eficiência técnica de seu website. Com base na combinação entre a nota de desempenho e a nota de estrutura do site, o GTmetrix fornece uma nota de A (a melhor) a F (a pior) conforme suas páginas estiverem desempenhando.

Como você irá perceber ao utilizar a ferramenta, ela analisa a página que está sendo buscada, não o site todo. Normalmente analisa-se a homepage, mas você poderá investigar quantas páginas julgar necessário, caso existam partes específicas do site relevantes para seu diagnóstico – como páginas de produtos, de cadastramento ou de fechamento de uma compra (checkout).

O que você precisa analisar no GTmetrix

Há três pontos focais de análise, todos ilustrados na **Figura 54**, após teste do site da Universidade Federal do Rio Grande do Sul (UFRGS):

FIGURA 54 – Exemplo de relatório do GTmetrix com o site da UFRGS (2022)

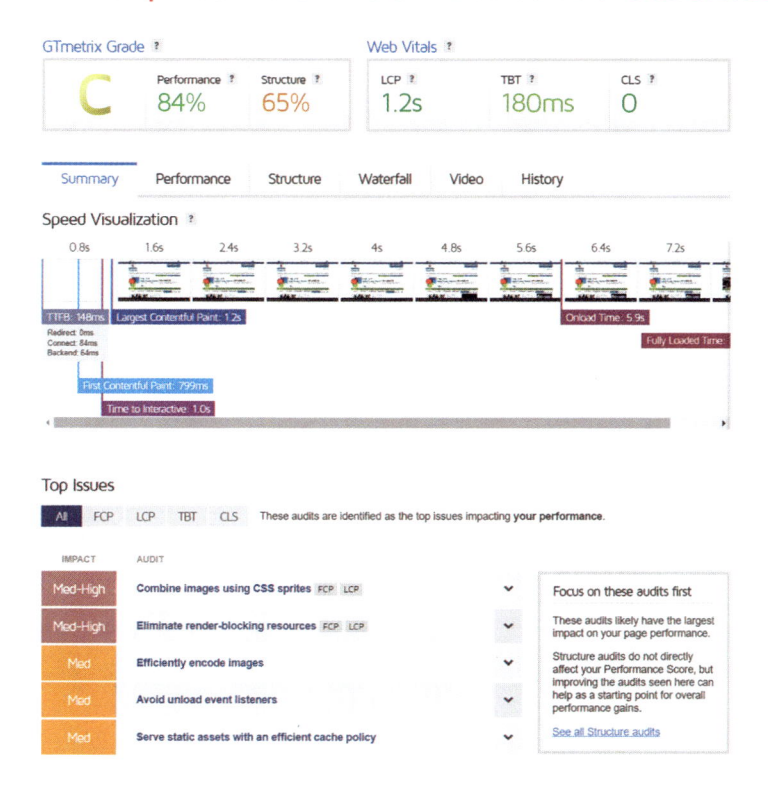

O primeiro grupo de informações a destacar é a Nota do GTmetrix (*GTmetrix Grade*), no topo da imagem, à esquerda. Nesse bloco você verá que notas seu site recebeu para Desempenho (*Performance*) e Estrutura (*Structure*). A métrica de Desempenho mostra o quão bem a página realmente desempenhou em termos de carregamento visual, interatividade e estabilidade visual. A métrica de Estrutura mostra o quão bem a página segue as melhores práticas do Google referentes ao campo de desempenho web. Com a combinação dessas duas métricas temos a Nota do GTmetrix, que vai de A (a melhor) a F (a pior). No caso da UFRGS, o site da instituição ficou com nota geral "C".

Em seguida, veja o bloco à direita, no topo, *Web Vitals* (Principais Métricas da Web), que traz outras três informações relevantes: *LCP – Largest Contentful Paint* (tempo de carregamento do maior elemento do topo da página), *TBT - Total Blocking Time* (Tempo total de bloqueio para interação) e *CLS - Cumulative Layout Shift* (que representa o quanto a página é estável durante o carregamento). Essas métricas nos ajudam a analisar as principais métricas de performance avaliadas e valorizadas pelo Google, conhecidas como *Core Web Vitals* (Principais Métricas da Web).

Leia a seguir algumas dicas sobre como você deve entender e interpretar os números. Note, no entanto, que é importante que você una as informações do GTmetrix com as demais que coletar dos estudos sobre seu site e o dos concorrentes, de maneira a ter uma ideia mais holística do cenário analisado. Para as ilustrações que descrevo nessa etapa, vou me ater a olhar exclusivamente para o que vejo no GTmetrix.

- **Carregamento: LCP – Largest Contentful Paint (1,2s)**

    Essa métrica mede o tempo de carregamento do maior elemento visível assim que se entra em uma página. O ideal é que esse tempo seja igual ou menor a 2,5 segundos, de acordo com o Google (o GTmetrix recomenda que seja igual ou menor que 1,2 segundos). Ela é uma métrica centrada no usuário, medindo a velocidade de carregamento percebida por ele, já que, ao carregar rapidamente o maior elemento visível do topo da página, o usuário terá a percepção de que o site é rápido. Vale reforçar que este ponto (ter o maior elemento de sua página visível rapidamente) é particularmente relevante para a experiência mobile. Tanto o usuário quanto o Google irão lhe "penalizar" caso você falhe em entregar uma boa pontuação no LCP.

    No caso da UFRGS, o LCP está em 1,2 segundos, proporcionando uma ótima experiência para o usuário, que tem a percepção de que a página tem um carregamento bastante rápido.

- **Interatividade:** *TBT – Total Blocking Time* **(180ms)**

    Essa métrica mede o tempo total em que a página fica bloqueada por *scripts* durante seu carregamento, não permitindo a interação por parte do usuário. É uma métrica sobre primeiras impressões. Se o site tiver muitos recursos a carregar, o usuário vai dar o primeiro clique e ter que esperar o fim do carregamento desses recursos para começar o processamento do seu clique, o que causa uma primeira impressão ruim. O tempo ótimo dessa métrica é de até 150 milissegundos, de acordo com o GTmetrix. De 150 a 224 milissegundos é considerado ok, mas podendo melhorar. De 224 a 350 é considerado acima do recomendado, e acima de 350 milissegundos é considerado muito acima do recomendado.

    No caso da UFRGS, esse tempo é de 180 milissegundos, que é um bom número, mas passível de melhoria. Quanto menor for esse número, mais rapidamente o site começará a processar as interações do usuário (como clique em um botão ou link).

    Nota: ao avaliar a interatividade de um site, o Google utiliza uma métrica chamada *Time to Interactive* (*TTI*). Essa métrica baseia-se em acessos reais de usuários à página. No GTmetrix e diversas outras ferramentas, utilizamos acessos simulados (dados de laboratório). Por isso, utilizamos a métrica *TBT*, que é o correspondente mais próximo ao *TTI*.

- **Estabilidade Visual:** *CLS – Cumulative Layout Shift* **(0)**

    Essa métrica mede o quanto o conteúdo de uma página é instável, com base em mudanças após 500 milissegundos do início do carregamento da página ou ação do usuário. Essa métrica olha para quanto conteúdo visível se movimentou de sua posição original de forma inesperada (ou seja, quanto conteúdo visível na tela do usuário foi impactado pela mudança, em % de conteúdo visível) e em quanta distância isso ocorreu (também em % da área visível).

    Imagine que você entra numa página e começa a ler um artigo. De repente, um anúncio ou imagem é carregado acima do conteúdo. O que vai ocorrer com o artigo que você está lendo? Vai se mover para baixo. Isso causa uma experiência ruim, porque você vai ter que rolar para baixo à procura de onde estava lendo. Quantos % da sua tela mudou? E essa mudança foi na distância de quantos % da tela visível? A métrica de CLS é a multiplicação desses dois dados, sendo o máximo de 0,100 para ser considerado bom.

No caso da UFRGS, não há nenhum movimento de conteúdo durante o carregamento da página, resultando no melhor CLS possível, de 0 (zero).

No terceiro e último bloco de informações encontram-se os detalhes sobre as variáveis analisadas pela ferramenta. Você perceberá que há seis abas: *Summary* (Resumo), *Performance* (Desempenho), *Structure* (Estrutura), *Waterfall* (Cascata), *Video* e *History* (Histórico). As análises de *Waterfall* e de *Video* não serão comentadas, pois a primeira é demasiadamente específica e técnica, e a segunda é simplesmente um vídeo mostrando como a página foi carregada pelo GTmetrix, sem exibição de nenhuma métrica adicional.

Assim, cada uma das outras quatro abas é descrita a seguir, utilizando ainda os exemplos das universidades federais brasileiras.

- ***Summary* (Resumo)**

    Nessa aba, você verá uma linha do tempo chamada *Speed Visualization* (Visualização da Velocidade). Ela mostra como o conteúdo do site é carregado no decorrer do tempo junto de métricas importantes, apresentando uma clara visualização das principais métricas de desempenho.

    Abaixo, temos os principais problemas que estão afetando o desempenho do site, com os problemas de maior impacto sendo exibidos acima. Esses problemas estão listados de forma completa na aba *Structure* e podem ser filtrados de acordo com as métricas que eles afetam.

- ***Performance* (Desempenho)**

    Aqui encontramos as métricas de desempenho analisadas (*Performance Metrics*) e os tempos reportados pelo navegador (*Browser Timings*). Para cada métrica analisada, temos uma avaliação com uma escala de cores (com verde escuro sendo a melhor nota e vermelho sendo a pior), bem como explicações sobre cada métrica (passando o *mouse* no ponto de interrogação). Replico a seguir, na **Figura 55**, a imagem da UFRGS para continuarmos nosso exemplo:

FIGURA 55 – Detalhe da aba Performance do GTmetrix (2022)

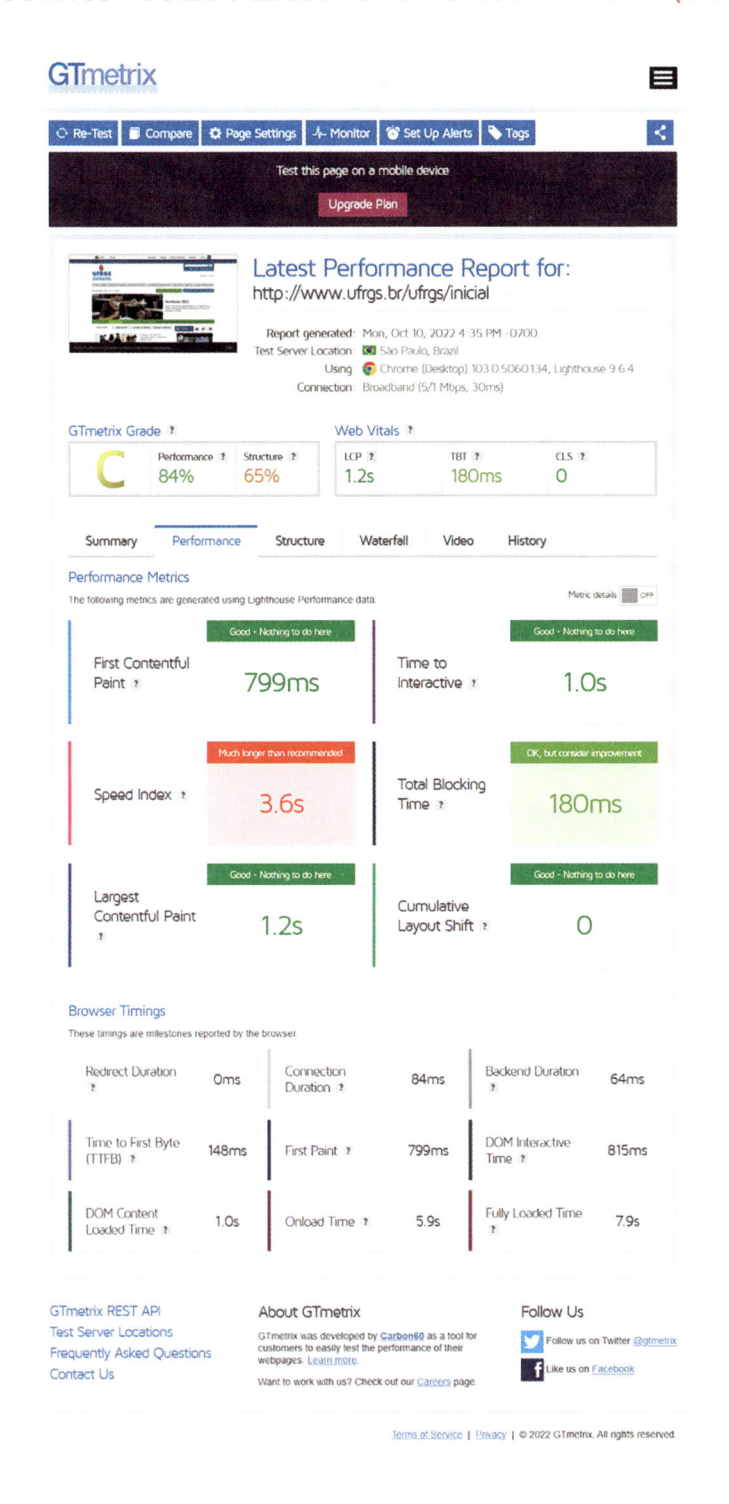

■ **Structure (Estrutura)**
Nessa aba, temos a listagem completa dos principais problemas que estão afetando o desempenho do site, com base na auditoria feita pela ferramenta considerando as melhores práticas sugeridas pelo Google. Não se preocupe com o jargão técnico. Eu também não sou técnico e não saberia ir a fundo na maioria dos pontos. Você é um estrategista e deve saber apenas o que quer dizer essa análise e como tratar os pontos necessários. Ademais, o GTmetrix já te dá tudo mastigado, como você verá em um instante.

A primeira coluna (*Impact*) traz o impacto de cada recomendação. A segunda coluna (*Audit*) aponta a recomendação. A ideia é priorizarmos as recomendações com maior impacto, que trarão maiores resultados se seguidas. A seguir temos um detalhamento da recomendação, em alguns casos apontando quanto pode ser reduzido no tamanho ou tempo de carregamento da página.

Ao clicar em cada recomendação você verá que o GTmetrix já te mostra exatamente onde se encontra o problema (literalmente, em qual arquivo ou em qual linha de código está o erro) e muitas vezes apontará qual deveria ser a forma correta de se tratar a questão. Veja na **Figura 56** a seguir o exemplo ao clicar em *Combine images using CSS sprites* (Combine imagens usando sprites no CSS):

FIGURA 56 – Detalhe dos erros ao expandir a recomendação de combinar imagens no CSS

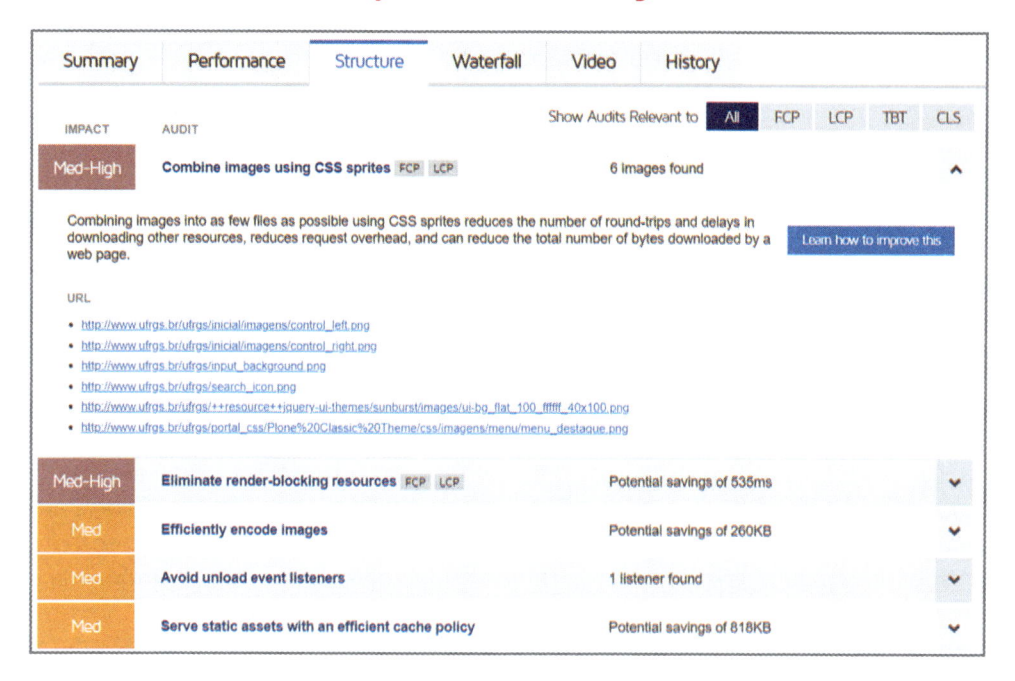

Note que, além de apontar precisamente o endereço das imagens afetadas pela recomendação, há um botão azul (*Learn how to improve this*, do inglês, Aprenda como melhorar isso) para ver uma explicação detalhada sobre como seguir a recomendação.

- **History**

    Como o nome diz, essa aba irá mostrar a evolução histórica da performance de seu site. Conforme for fazendo os testes, o GTmetrix guarda as informações e exibe um gráfico indicando como seu site está evoluindo ao longo do tempo. Parte do histórico está disponível gratuitamente para usuários cadastrados no GTmetrix.

Como deve ter percebido, o GTmetrix não só é uma ferramenta excepcional e de muita credibilidade no mercado como ainda explica o que são os problemas, detalha exatamente o que está errado, sugere como corrigir e lhe permite exportar o relatório na íntegra para PDF (há um link no canto superior direito da página). Com isso, basta rodar o GTmetrix em seu site, ver quais são os problemas prioritários e passar a lista para sua equipe de programação corrigir. Lembre-se de também analisar os sites dos competidores e benchmarks, para compreender como você está em comparação aos demais *players* de seu mercado.

O GTmetrix é tão relevante que, entre 2015 e 2023, auxiliei diversos clientes do setor privado que colocaram para as agências competidoras – como condição em seu processo de licitação de novo site – que o novo site a ser desenvolvido pela vencedora deveria ser o mais rápido do mercado em que os clientes atuavam, com base na pontuação das métricas do GTmetrix.

2. **HTML Validator (https://validator.w3.org)**

Essa ferramenta é, digamos, a "oficial" para auditar a validação de HTML e derivados em seu site. Usei entre aspas a palavra oficial por se tratar de uma ferramenta do W3C (*World Wide Web Consortium*), que é o órgão internacional para desenvolvimentos de padrões para a web, liderado por ninguém mais, ninguém menos que Tim Berners-Lee, o inventor da internet.

O *HTML Validator* irá varrer sua página para buscar erros e irá gerar um relatório muito útil e simples que, similarmente ao GTmetrix, mostrará precisamente o que está acontecendo (qual o problema) e onde se encontra (a linha exata em que está o erro de programação). Para, além disso, por vezes a ferramenta irá propor soluções ou explicar em detalhes onde você pode estar errando.

Vamos ver o exemplo a seguir, dessa vez utilizando o site da Universidade Federal de Juiz de Fora (UFJF), em Minas Gerais:

FIGURA 57 – Exemplo do resumo de relatório do site da UFJF apresentado pelo HTML Validator (2019)

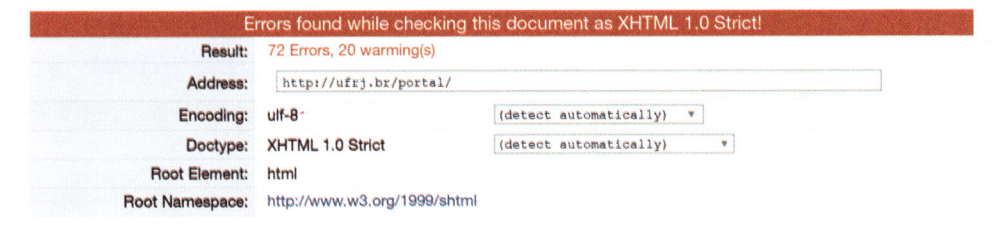

Esse é o quadro que resume a situação do site. No caso da UFJF há 72 erros e 20 alertas. Os erros são, de fato, problemas no HTML que devem ser prontamente corrigidos, enquanto os alertas mostram HTMLs válidos, mas potencialmente prejudiciais para o site, de forma que devem ser avaliados caso a caso por um especialista.

Em seguida, na **Figura 58**, você verá a lista de problemas:

FIGURA 58 – Exemplo de parte dos erros e alertas apontados pelo HTML Validator

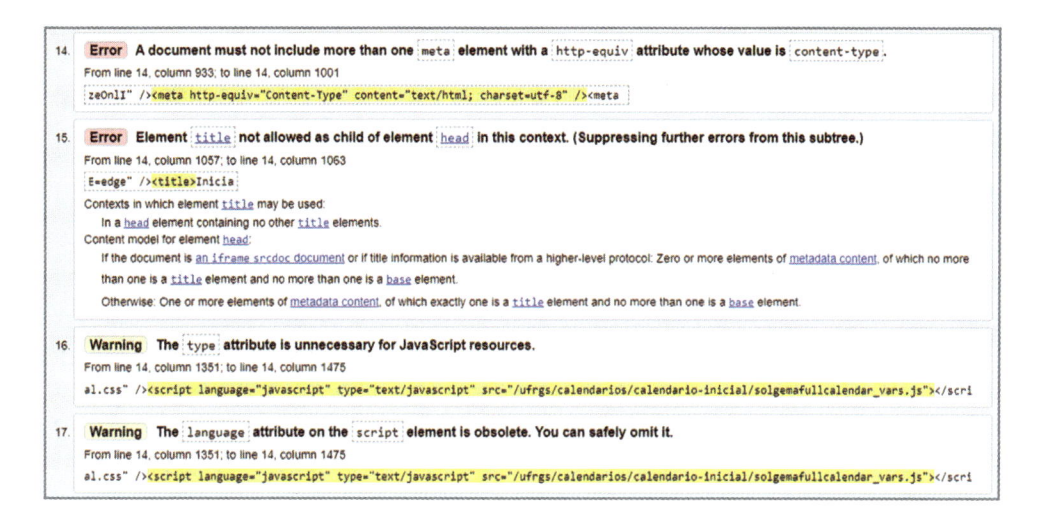

As informações marcadas como "Error", em vermelho, são os erros que você deve corrigir o quanto antes. As que estão com "Warning", em amarelo, se referem aos alertas. Normalmente o formato será esse: linha e coluna em que se encontra o problema, seguido da descrição do erro; logo abaixo vem, destacado em amarelo forte, uma cópia da programação e do erro, seguido pela explicação sobre o que pode estar acontecendo (às vezes, com possíveis soluções).

Fazer o comparativo de validação do HTML de seu site com o dos concorrentes e benchmarks pode ser útil não apenas para te dar uma noção clara sobre como você está frente aos demais *players* de seu mercado, mas também – assim como pode ocorrer com outras análises comparativas – é um excelente suporte para pleitear mais recursos junto à alta gestão para investimentos na área Digital.

3. **CSS Validator (https://jigsaw.w3.org/css-validator)**

À semelhança da ferramenta anterior, o CSS Validator também é validado pelo W3C e sua função é analisar as folhas de estilo em cascata (CSS) e os documentos de HTML que contêm folhas de estilo. Assim, é uma ferramenta complementar ao HTML Validator, que também exibirá um relatório dividido entre erros e alertas. Veja a **Figura 59** a seguir:

FIGURA 59 – Exemplo de relatório do CSS Validator, com análise do site da UFJF (2019)

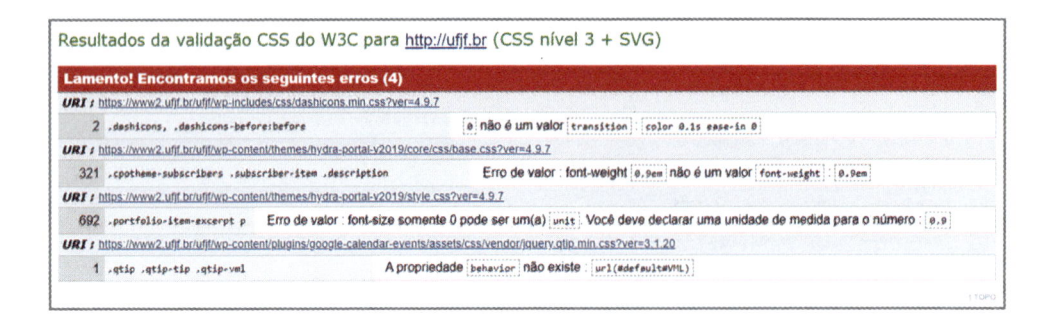

```
Resultados da validação CSS do W3C para http://ufjf.br (CSS nível 3 + SVG)

Lamento! Encontramos os seguintes erros (4)
URI: https://www2.ufjf.br/ufjf/wp-includes/css/dashicons.min.css?ver=4.9.7
    2  .dashicons, .dashicons-before:before          0 não é um valor  transition   color 0.1s ease-in 0
URI: https://www2.ufjf.br/ufjf/wp-content/themes/hydra-portal-v2019/core/css/base.css?ver=4.9.7
    321  .cptheme-subscribers .subscriber-item .description   Erro de valor: font-weight  0.9em  não é um valor  font-weight   0.9em
URI: https://www2.ufjf.br/ufjf/wp-content/themes/hydra-portal-v2019/style.css?ver=4.9.7
    692  .portfolio-item-excerpt p   Erro de valor: font-size somente 0 pode ser um(a)  unit . Você deve declarar uma unidade de medida para o número : 0.9
URI: https://www2.ufjf.br/ufjf/wp-content/plugins/google-calendar-events/assets/css/vendor/jquery.qtip.min.css?ver=3.1.20
    1  .qtip .qtip-tip .qtip-vml          A propriedade  behavior  não existe  : url(#default#VML)
```

Esse relatório é ainda mais simples, mostrando as seguintes informações: a página em questão (URL), a linha de código em que se encontra o problema (por exemplo, linha "692"), bem como detalhes e comentários acerca dos problemas.

Uma vez gerados os relatórios de validação de HTML e CSS, você saberá como seu site está e poderá passar a listagem para ser corrigida (ou analisada, a depender do grau e tipo de problema) por sua equipe.

Como deve ter percebido, a Análise de Acessibilidade é um dos pontos mais simples e gostosos de executar no Diagnóstico Estratégico, não apenas por haver muitas ferramentas úteis e gratuitas para o auxiliarem, mas também porque o feedback é muito palpável e imediato – a cada análise, já há um relatório com problemas a serem corrigidos.

Para seu relatório final de Diagnóstico, ainda que você já oriente sua equipe a consertar os problemas, você deverá preparar uma tabela resumindo e ilustrando como cada marca estudada – tanto a sua quanto a dos concorrentes – se apresenta de acordo com cada ferramenta, destacando os pontos positivos e negativos de cada organização, para que fique claro como a sua marca em particular se encontra frente ao mercado estudado.

CAPÍTULO 35
Passo 5 > Auditoria do Site > Análise de SEO

Seja pela importância do site para as organizações, seja pelo peso que os mecanismos de busca têm, a Análise de *Search Engine Optimization* (SEO) é bastante relevante para seu Diagnóstico Estratégico.

Quando falamos em SEO, quase sempre a preocupação do estrategista deve ser com estar bem-posicionado no Google. Segundo dados do StatCounter (em um intervalo de fevereiro de 2022 a fevereiro de 2023[92]), o site está disparado em primeiro lugar nas preferências de buscas. No Brasil, o Google responde por 96,83% do *market share*. Em outros países lusófonos, o cenário também favorece o Google: Portugal (94,94%), Angola (97,1%), Moçambique (96,71%), Cabo Verde (95,65%), Guiné-Bissau (95,62%), São Tome e Príncipe (95,39%), Timor Leste (96,31%) e Guiné Equatorial (98,96%). Em todos os países, o Bing vem em segundo lugar e, apesar de ter ganhado um pouco de terreno após o lançamento do Edge e, mais recentemente, a inclusão de chat com inteligência artificial, ainda é correto dizer que o Google segue confortável com quase o monopólio das buscas online em todo o planeta.

Naturalmente, a ideia deste livro não é torná-lo um especialista em Google, mesmo porque a área de Marketing de Busca (SEM, do inglês, *Search Engine Marketing*) é um mundo à parte, em que os profissionais se dedicam exclusivamente ao estudo das nuances do Google para deixar os sites mais bem preparados para um bom ranking nos resultados de busca. Assim, seu objetivo como estrategista de marketing será compreender a relevância da área e saber conduzir algumas das principais análises de forma a assegurar um diagnóstico robusto, que será utilizado como norte em seu Plano Tático de Ações.

Dependendo do seu negócio, você pode ser mais ou menos profundo na sua análise de SEO. Naturalmente, ter um site otimizado e relevante é importante (provavelmente caberia até mesmo dizer "vital") para qualquer marca. No entanto, em alguns segmentos muito específicos e pouco familiarizados com o Digital, talvez você consiga fazer uma análise mais básica e simples. Entretanto, independentemente do setor de atuação, não se engane: o principal método de encontrar informação sobre marcas, produtos e serviços é por meio de buscas via mecanismos de pesquisas.

---

92 Você mesmo pode consultar diversos dados atualizados sobre o ambiente digital no StatCounter. Disponível em: https://gs.statcounter.com/. Acesso em: 27 mar. 2023.

Dada a rápida evolução do mercado de busca, os profissionais dessa área são altamente especializados e estudam regularmente os algoritmos dos principais mecanismos, bem como as variáveis que mais importam para uma boa posição nos resultados de pesquisas.

Assim, a recomendação para seu PEMD é que você ao menos se atenha a algumas análises básicas que, segundo Paulo Rodrigo Teixeira, Presidente da Agência Marketing de Busca, professor do IPOG, da FGV, e, de longe, um dos ícones em SEO do país, podem ser classificadas em fatores *On Page* e *Off Page*:

- **On Page:** são os fatores que envolvem as páginas do site, como o título da página, sua descrição, a URL e seu conteúdo como um todo (qualidade, quantidade, frequência, uso de palavras-chaves). Por isso, produzir conteúdo que responda às perguntas ou inquietações dos usuários é muito importante, não apenas pelo tráfego, mas pela lembrança de marca que pode ser gerada.

- **Off Page:** é a relação de um site ou das suas páginas com o restante da internet. Um dos fatores que o Google usa para definir a relevância de uma página em relação às outras são os links que apontam para ela. É importante ser relevante para conseguir que, de forma natural, orgânica, sejam feitas menções e incluído o link para seu site em outros sites.

Como fazer a Análise de SEO

A Auditoria de SEO, assim como outros momentos do Diagnóstico Estratégico, sempre deve ser tratada e analisada em relação à sua organização e aos seus concorrentes. Além disso, recomendo que você faça ao menos dois recortes em seus estudos, como já sugeri anteriormente: últimos 3 meses (para entender o que está acontecendo em seu mercado em um passado recente) e últimos 12 ou 24 meses (para saber mais sobre o histórico e as tendências do mercado).

A fim de empreender seus estudos de SEO, recomendo o uso de ao menos estas ferramentas principais: Google Trends, Ubersuggest, Semrush, Woorank, MOZ e Keyword Tool, entre diversas outras. O comparativo dos resultados fornecidos em cada uma delas fornecerá um bom mapa para seu diagnóstico.

Em todos os casos, colete o máximo de informações que puder e note que essas ferramentas (bem como tantas outras usadas ao longo do Diagnóstico Estratégico) são verdadeiras dádivas: quase todas são parcial ou totalmente gratuitas, oferecem relatórios de erros e recomendações sobre como consertá-los, oferecem possibilidade de compartilhar as análises ou exportá-las (em Excel ou PDF, por exemplo), entre outras facilidades. Dessa maneira, ficará simples e fácil você avaliar como a sua marca e as marcas dos competidores estão evoluindo no ambiente digital, em relação a SEO ou a qualquer outra auditoria que precisar fazer.

Selecionei três das ferramentas indicadas para detalhar um pouco como elas podem ser úteis na sua análise:

1. **Keyword Tool (https://keywordtool.io/pt)**

Essa ferramenta pode ser uma mão na roda, tanto para entender melhor o que sua audiência está pesquisando para alimentar a Auditoria de SEO, quanto para o Plano Tático, já que a Keyword Tool fornece sugestões de palavras-chaves a utilizar em suas estratégias de busca. Existem outras ferramentas similares e a forma de usá-las será muito parecida.

O que você precisa fazer é digitar um termo de busca e a ferramenta irá te mostrar o que é mais buscado em relação ao termo. No exemplo a seguir, usando a versão gratuita (que ainda estava disponível em 2022), busquei por "marketing" e a ferramenta apontou que havia 590 palavras adicionais e relacionadas ao termo pesquisado.

FIGURA 60 – Exemplo de busca pelo termo "marketing" no Keyword Tool (2022)

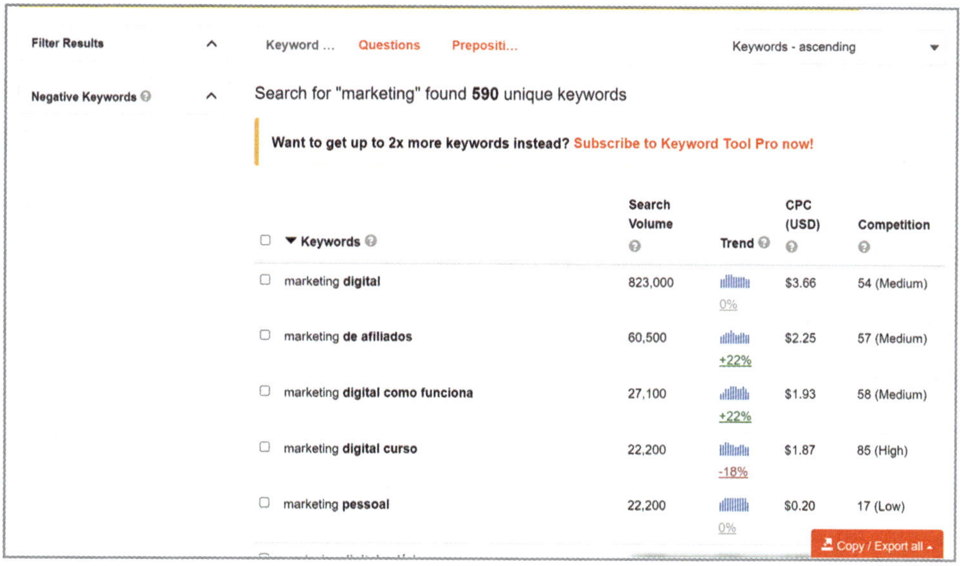

Keywords	Search Volume	Trend	CPC (USD)	Competition
marketing **digital**	823,000	0%	$3.66	54 (Medium)
marketing **de afiliados**	60,500	+22%	$2.25	57 (Medium)
marketing **digital como funciona**	27,100	+22%	$1.93	58 (Medium)
marketing **digital curso**	22,200	-18%	$1.87	85 (High)
marketing **pessoal**	22,200	0%	$0.20	17 (Low)

Como irá perceber, no entanto, bem como em alguns casos pelos quais já passamos e outros que ainda iremos ver, a versão gratuita tem limites e os dados que estão "nublados" ou "desfocados" (faça o teste, role a tela e veja as quatro colunas da direita) só podem ser acessados com a versão paga. De todo modo, é possível perceber que, se você tem um site ou um blog que trata desse assunto, dos termos atrelados a "marketing", os que parecem despertar mais interesse estão, principalmente, nas áreas Digital e de Afiliados. Essas informações podem ser úteis na concepção de suas seções, em ofertas de conteúdo e em relação a quais palavras-chaves você deve utilizar para aumentar sua relevância no Google.

É possível, também, explorar quais são as expressões ligadas à marca da sua organização. No exemplo a seguir[93], procurei por termos relacionados à empresa Cacau Show. A pesquisa ocorreu no primeiro semestre de 2022.

FIGURA 61 – Exemplos de termos de busca ligados à marca Cacau Show (2022)

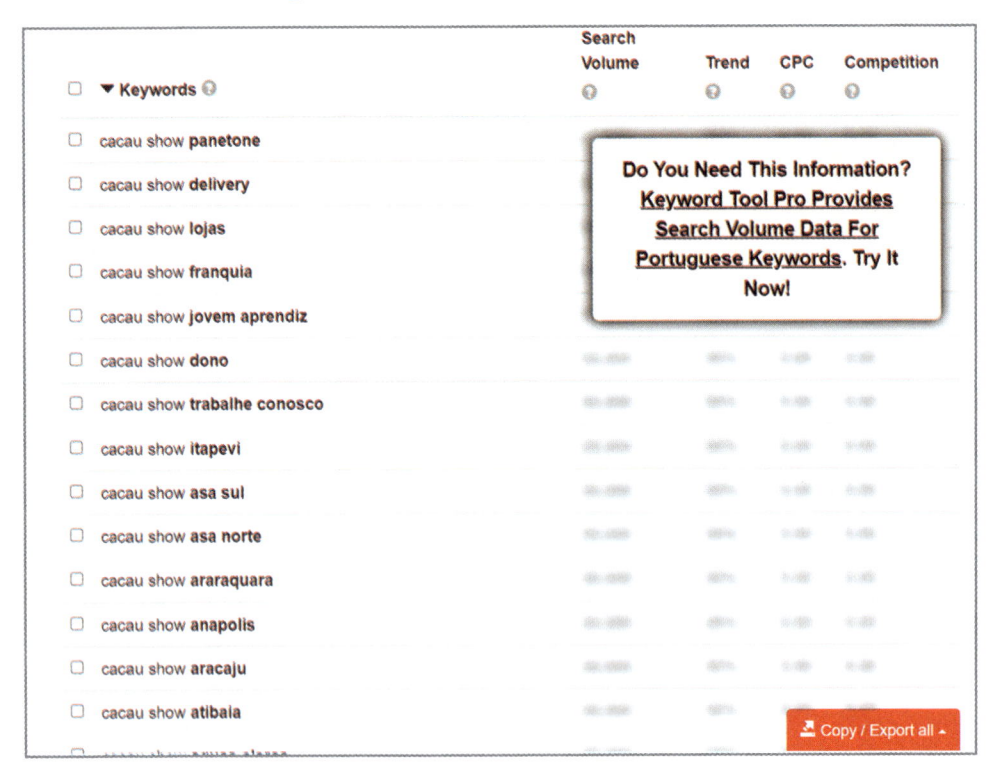

---

[93] Note que, a depender da localidade do pesquisador e da época do ano, haverá variações nos resultados das pesquisas.

Ao ver a lista da Keyword Tool, é possível notar que há muito interesse por franquias, panetone, trabalho na empresa, além de buscas pela Cacau Show em localidades específicas, tais como Araraquara, Anápolis, Aracaju, Brasília. Essas informações deveriam guiar a oferta de conteúdo do site da empresa. Para avaliar se a Cacau Show de fato aproveita bem o potencial do SEO em seu site, vamos dar uma olhada na marca:

FIGURA 62 – Página principal do site da Cacau Show (2023)[94]

Para empresas privadas que trabalham com franquias, é muito importante oferecer um tratamento especial para esse público, pois são uma fonte direta e de longo prazo para geração de receita. No caso da Cacau Show, o interesse de possíveis franqueados é nítido e, sendo assim, a primeira coisa que tentei procurar foi sobre como eu poderia me tornar um franqueado da marca.

Existe um link na homepage, embora tímido e de difícil leitura, no topo da página à esquerda. Ao entrar na área "Seja um Franqueado", a empresa foi bem-sucedida, criando uma página clara e objetiva, inclusive disponibilizando um vídeo muito bem-feito sobre algumas das razões para se tornar um franqueado.

Quanto aos produtos, a página traz, no menu principal, um rol de produtos oferecidos, classificados para presentear em cada ocasião (Amigos, aniversário, amor, infantil etc.), por categoria, por tipo de chocolate, além de um link para

---

94 A ilustração foi atualizada após a pesquisa, mantendo, no entanto, a essência da análise realizada no segundo semestre de 2022.

todos os produtos. Muito bem pensado, pois diferentes públicos podem querer pesquisar e acessar os produtos de formas distintas.

Por fim, tentei ver onde poderia comprar os chocolates, já que boa parte dos principais termos de interesse de buscas se refere a pesquisas sobre a marca e determinadas cidades. Uma vez mais, a Cacau Show marcou pontos. Também no menu principal há um link para "Encontre uma loja", que leva a um mapa para que o usuário escreva sua cidade ou CEP e veja quais lojas estão próximas a ele, conforme ilustrado na **Figura 63** a seguir:

FIGURA 63 – Mapa para busca de lojas da Cacau Show em todo o Brasil (2023)

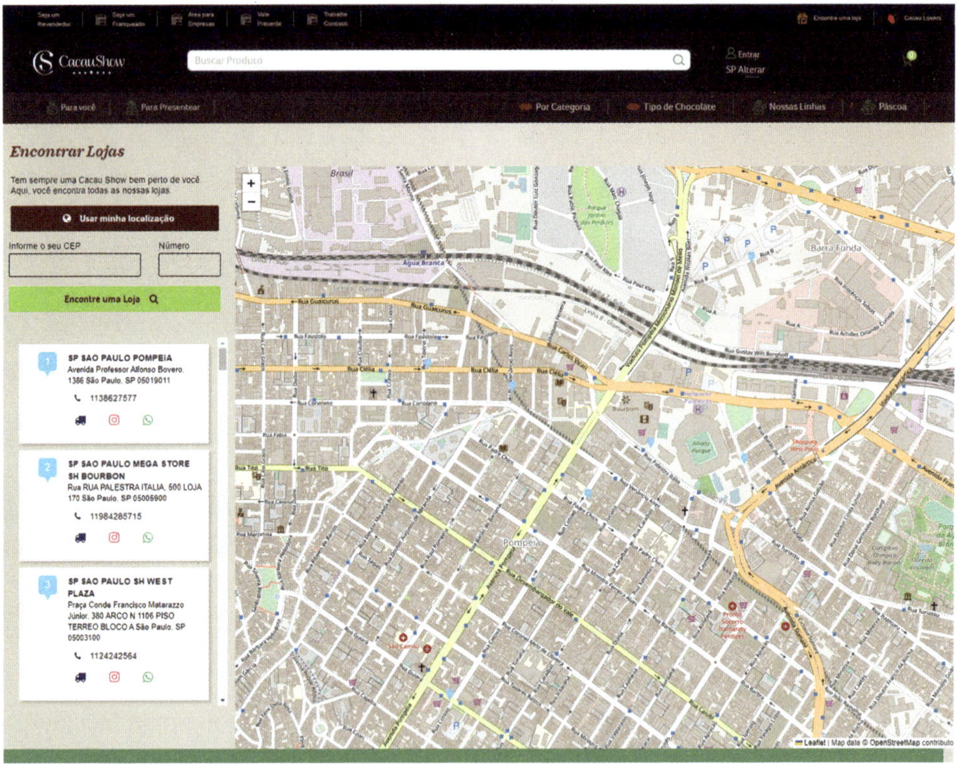

É interessante ver como a utilização de ferramentas simples e gratuitas já podem fornecer excelentes insights para melhorias no site. Lembre-se, no entanto, que nesse momento seu foco não é descrever soluções, mas analisar pontos fortes e fracos para orientar seu Plano Tático. O que recomendo a meus alunos e clientes é que, ao longo das auditorias, sempre que tiver ideias interessantes, vá anotando em um caderno à parte (ou no Docs, OneNote, Evernote, como preferir) para utilizar mais à frente, quando for desenhar as táticas para sua organização.

2. Semrush (https://pt.semrush.com)

A Semrush é considerada uma das ferramentas mais completas do mercado, embora tenha limitado recentemente à versão paga boa parte de suas funcionalidades. Ainda assim, é possível levantar vários dados úteis na versão gratuita, bastando fazer um breve cadastro. Veja o exemplo a seguir, oferecido pela própria ferramenta, sobre o site do eBay:

FIGURA 64 – Exemplo de análise de pesquisa orgânica do site eBay utilizando a Semrush (março de 2023)

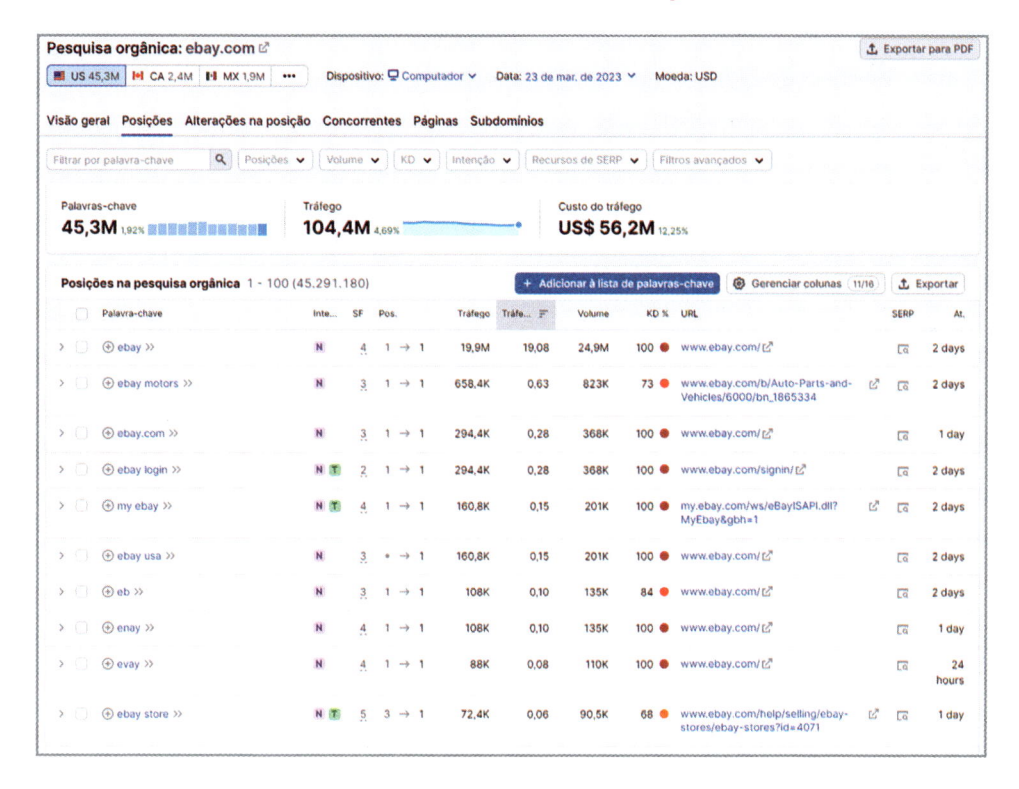

Da mesma forma que pesquisei sobre o site do eBay, você pode pesquisar sobre seu site e o site dos concorrentes/benchmarks para descobrir quais as palavras-chave que mais geram tráfego orgânico a cada site (a coluna "Tráfego %" indica quanto do tráfego orgânico do site aquela palavra corresponde). Isso, inclusive, pode gerar uma lista de palavras-chave em que os concorrentes estão obtendo tráfego orgânico e que você poderá indicar como oportunidades ao criar o Plano Tático.

É possível também dar um zoom nos *backlinks* do site. *Backlinks* são outras páginas web que possuem links que levam até você. Assim, se seu conteúdo for realmente interessante, outros sites e blogs irão citar sua marca e colocar links para seu conteúdo. Esse é um dos principais fatores de relevância para o Google, que entende que, quanto mais sites (e quanto mais relevantes eles forem) disponibilizarem links para suas páginas, mais importante ou confiável sua marca deve ser. A **Figura 65** a seguir, também com o caso do eBay, mostra diversas informações sobre os *backlinks* da marca utilizando a Semrush.

FIGURA 65 – Exemplo da análise de backlinks do eBay, feita com a Semrush (março de 2023)

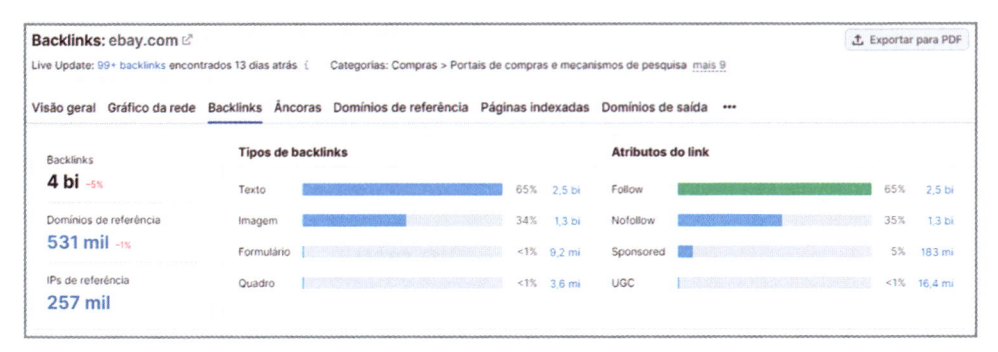

Backlinks		Tipos de backlinks				Atributos do link			
4 bi	-5%	Texto		65%	2,5 bi	Follow		65%	2,5 bi
Domínios de referência		Imagem		34%	1,3 bi	Nofollow		35%	1,3 bi
531 mil	-1%	Formulário		<1%	9,2 mi	Sponsored		5%	183 mi
IPs de referência		Quadro		<1%	3,6 mi	UGC		<1%	16,4 mi
257 mil									

Aqui você viu uns poucos exemplos, para ilustrar algumas das possibilidades que terá à sua disposição, inclusive na versão gratuita. Minha recomendação é que você explore um pouco o potencial e veja o que pode ser relevante para seu caso particular. Não se prenda demais às questões demasiadamente técnicas ou muito específicas. Lembre-se de que seu foco é o entendimento sobre como sua marca e a dos concorrentes estão em termos de SEO. Para um aprofundamento mais técnico, além de solucionar eventuais problemas, você terá espaço no Plano Tático, quando possivelmente contará com um profissional ou fornecedor específico de SEO.

Tenha calma em sua auditoria de SEO (e certamente em todas as demais) para apontar o que podem ser áreas problemáticas, pontos de atenção e mesmo oportunidades. Será somente após ter completado todo o Diagnóstico Estratégico e definido os objetivos e KPIs que você irá propor as táticas. Isso quer dizer que agora não é o momento de pensar em remodelar seu site ou sair trocando links com terceiros, por exemplo, mas estar atento ao fato de quais poderão ser as questões relevantes a serem consideradas durante o Plano Tático.

A Semrush é uma ferramenta muito completa, mesmo em sua versão gratuita, mas também complexa e, por vezes, técnica demais. São tantas informações que você poderá se sentir perdido. Sempre que der aquela ansiedade ou caso tenha dúvidas sobre como/onde buscar algum dado, lembre-se de que, ainda que não encontre informações importantes sobre SEO mesmo utilizando ferramentas de ponta, como a Semrush, você poderá fazer testes indo diretamente ao Google. Veja exemplo a seguir, com o site da prefeitura de Petrópolis, uma cidade da região serrana do Rio de Janeiro, analisado em fevereiro de 2022:

FIGURA 66 – Destaque de como o site da Prefeitura de Petrópolis aparece nos resultados de busca (2022)

Home
petropolis.rj.gov.br/
Portal Oficial da Prefeitura Municipal de Petrópolis, informações e serviços disponíveis para a população.

Ao analisar esse tópico em particular, você deverá prestar atenção na expressão linkada (no exemplo da Prefeitura de Petrópolis seria o "Home") que deve ser compreensível e conter o nome de sua organização e em qual página do site o link se encontra. Essa expressão deve ser configurada no título da página (na metatag "Title", dentro da programação da página) e irá aparecer não apenas nos resultados de busca, mas também no topo do navegador.

No exemplo acima, "Home" não quer dizer praticamente nada e talvez o mais indicado seria ter algo como "Página Principal – Prefeitura de Petrópolis – RJ – Site Oficial". O problema se mantém ao navegar pelas páginas internas do site. Por exemplo, ao buscar informações sobre serviços de iluminação na cidade, o internauta veria apenas "Iluminação Pública", o que não está claramente vinculado nem à cidade, nem à prestação de serviços na área.

As melhores práticas indicam que você deve configurar os títulos da página em forma crescente de abrangência – indo do mais específico (a página em questão) até o mais abrangente (a organização em que a página está inserida). Sendo assim, o correto poderia ser algo na linha de "Iluminação Pública – Serviços ao Cidadão – Prefeitura de Petrópolis – RJ". Nesse caso, estaria claro para qualquer internauta que a página se refere a conteúdo sobre iluminação pública (a página especificamente buscada), dentro do rol de serviços oferecidos ao cidadão (a seção em que a página se encontra), da Prefeitura de Petrópolis, do Estado do Rio de Janeiro. Em outras palavras, seu título deve refletir a estrutura lógica da arquitetura da informação do site e, seguindo as melhores práticas, ter entre 55 a 60 caracteres, de acordo com o Semrush[95].

---

95 *"Como escrever Title Tags: um guia passo a passo para o melhor Título SEO"*. Disponível em: https://pt.semrush.com/blog/como-escrever-title-tags/. Acesso em: 30 mar. 2023.

O outro ponto a ser observado na análise sobre como seu site irá aparecer nos resultados dos mecanismos de pesquisa é a descrição da página. No exemplo da Prefeitura de Petrópolis, esse texto seria o que diz "Portal Oficial da Prefeitura Municipal de Petrópolis, informações e serviços disponíveis para a população". O Google irá contrastar o que está listado aqui (que também é configurável na *metatag* "Description" em sua programação) com o que você expõe no conteúdo de seu site.

Apesar de não estar tão ruim quanto o título da página, há espaço para melhorar. Primeiro porque não existe somente uma cidade chamada "Petrópolis" no Brasil, de forma que seria interessante explicitar qual é o estado em que o município se encontra. Segundo, porque a Prefeitura poderia dar mais informações sobre o que faz e o que oferece em seu site, não apenas deixar algo tão genérico quanto "informações e serviços para a população".

Similarmente às melhores práticas do título, também há recomendação do tamanho que a descrição do seu site deve ter: entre 140 e 160 caracteres, segundo o Semrush.

No **Quadro 40**, alguns exemplos interessantes, embora naturalmente sempre seja possível melhorar:

QUADRO 40 – Exemplos de descrições dos sites de algumas prefeituras brasileiras (2022)

Prefeitura	Descrição	Comentários
Vitória – ES	O portal reúne informações e serviços para quem mora, visita ou exerce atividade econômica na cidade, com consulta de dados, emissão de documentos etc.	**Positivo:** A descrição mostra que no site há informações para diferentes públicos e dá exemplos de serviços oferecidos. **Negativo:** no caso das prefeituras, sempre é importante deixar claro que se trata do site oficial. Além disso, "etc." demonstra preguiça, além de não querer dizer nada para ninguém.
Joinville – SC	Prefeitura de Joinville Av. Hermann August Lepper, 10, Saguaçu 89221-005, Joinville, SC - (47) 3431-3233. Relatar problema · Serviços ·	**Positivo:** está claro que é o site oficial, a cidade e o estado. Também há informações sobre contatos. **Negativo:** Não há informações úteis, mas simplesmente um endereço. Isso não ajuda em nada a entender o que será encontrado no site.

Prefeitura	Descrição	Comentários
Guarulhos – SP	A Prefeitura de Guarulhos transferiu para 2023 a renovação da isenção do Imposto Predial e Territorial Urbano (IPTU) para aposentados e pensionistas por meio do...	**Positivo**: O órgão optou por destacar a notícia mais atual. No caso, estava trazendo um aviso relevante à sua população, alertando sobre mudanças no IPTU. **Negativo**: poderia ter falado dos segmentos tratados e reforçar a cidade e estado. Além disso, quando puxa a notícia, a descrição fica muito longa (nesses casos, o Google colocará "..." ao final e não é possível ver a informação na íntegra).
João Pessoa – PB	Prefeitura de João Pessoa	**Positivo**: está claro que se trata do site oficial da prefeitura da capital paraibana. **Negativo**: não há qualquer informação sobre nenhuma das atividades do órgão. Por ter apenas quatro palavras, pode-se mesmo desconfiar se trata-se realmente do site oficial.
Cuiabá – MT	A prefeitura · Prefeito · Primeira-dama · Vice-prefeito · Camara Municipal de Cuiabá · Equipe de Governo · Telefones.	Não há o que destacar de positivo. A Prefeitura de Cuiabá optou por utilizar títulos de páginas (aparentemente, pois sequer é possível afirmar isso!) na descrição da homepage de seu site oficial. Lamentável.
Naviraí – MS	Portal Prefeitura de Naviraí: serviços, notícias e informações para o cidadão de Naviraí.	**Positivo**: está claro que é o portal oficial da prefeitura e aponta um foco no cidadão. **Negativo**: é muito genérico e não contempla outros públicos (como turistas ou investidores).
Ribeirão Bonito – SP	Prefeitura Municipal de Ribeirão Bonito. (16) 3355-9900. Praça dos Três Poderes, S/N - Centro - CEP: 13580-000; De segunda à sexta, das 08:00 às 17:00..	É similar ao de Joinville (e muitos municípios vão nessa linha) – aponta ser o site da prefeitura e dá dados básicos de contato. Falta qualquer informação sobre o que faz/pode ser feito pela prefeitura.
Miguel Pereira – RJ	Site oficial da Prefeitura Municipal de Miguel Pereira.	Talvez esse seja o formato mais comum, dentre os diversos municípios que pesquisamos: apenas traz "Site oficial da Prefeitura Municipal de...". Não há nada positivo aqui, é algo pobre e sem informações úteis para os usuários.

Como deve ter percebido, ainda que use boas ferramentas, ir ao Google, fazer testes, analisar benchmarks e complementar seus dados será sempre importante. Tenho como prática ir "checar" no Google as informações que coleto nas ferramentas. Particularmente, ao usar as versões gratuitas, pode ser que algum dado esteja desatualizado, portanto, o mais indicado é ir ao Google e assegurar que tudo que encontrou está correto e recente.

3. **Google Trends (https://trends.google.com.br)**

É bem possível que o Trends talvez seja uma das ferramentas mais interessantes para a Auditoria de SEO, pois permite entender o interesse dos usuários por determinados termos de busca, com a possibilidade de utilizar diversos filtros, tais como período de tempo, país, estados, entre outros. Os mecanismos de pesquisa (como o Google, Yahoo! ou Bing) são o ponto de partida da maior parte das pessoas que navegam online e, por isso, estudar o que o Google Trends pode revelar sobre sua marca e seu mercado é fundamental (Kaushik, 2010).

Em uma consultoria que fiz para a divisão da América do Sul em uma empresa da área de aços inoxidáveis baseada em Luxemburgo, precisava entender mais sobre o interesse dos usuários em diferentes terminologias para orientar a empresa em diversas frentes, tais como compra de domínios e foco da produção de textos para web.

Um dos testes que fiz, e que você também pode replicar para sua marca, foi procurar pelas formas utilizadas nas buscas por sua empresa e pelos concorrentes. Nosso cliente, a Aperam South America, ainda carregava o legado de antigas marcas que haviam sido incorporadas (Acesita e ArcelorMittal) e trazia como concorrente a Usiminas, localizada em uma cidade bem próxima da sede da Aperam no Brasil, no interior do estado de Minas Gerais. Assim, o primeiro teste era entender como as pessoas pesquisavam ao tentar encontrar a empresa.

Na **Figura 67** a seguir, veja como diferentes termos de pesquisa se desempenham em relação ao volume de buscas feitas pelos usuários. O período analisado foi de janeiro de 2004 a março de 2023, em pesquisas realizadas por internautas de todo o Brasil:

FIGURA 67 – Comparativo de busca entre diversas marcas do setor de aço inoxidável

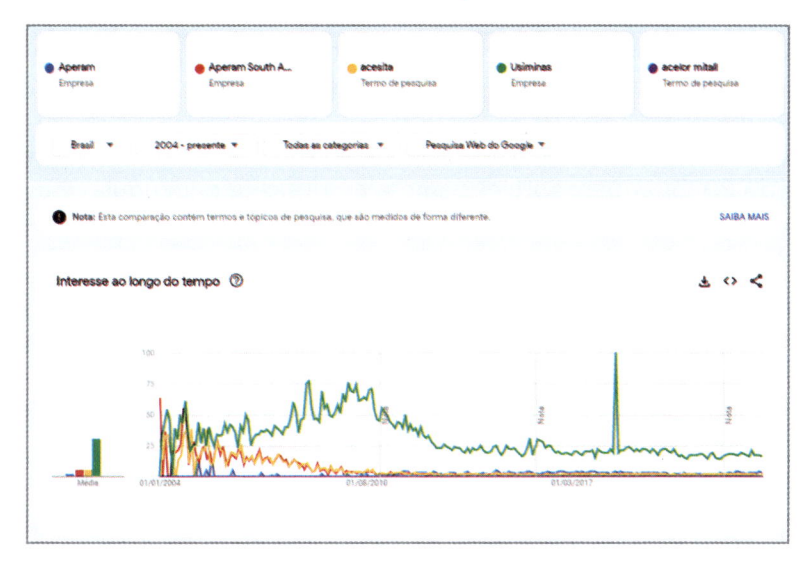

Veja como a Usiminas (em verde) era tão mais demandada nas buscas que chegava a deixar os resultados dos demais termos quase imperceptíveis. Quando isso ocorrer com você, é recomendável que faça uma segunda busca, eliminando o termo que distorce sua análise, conforme ilustrado na **Figura 68**:

FIGURA 68 – Comparativo de termos ligados à Aperam South America

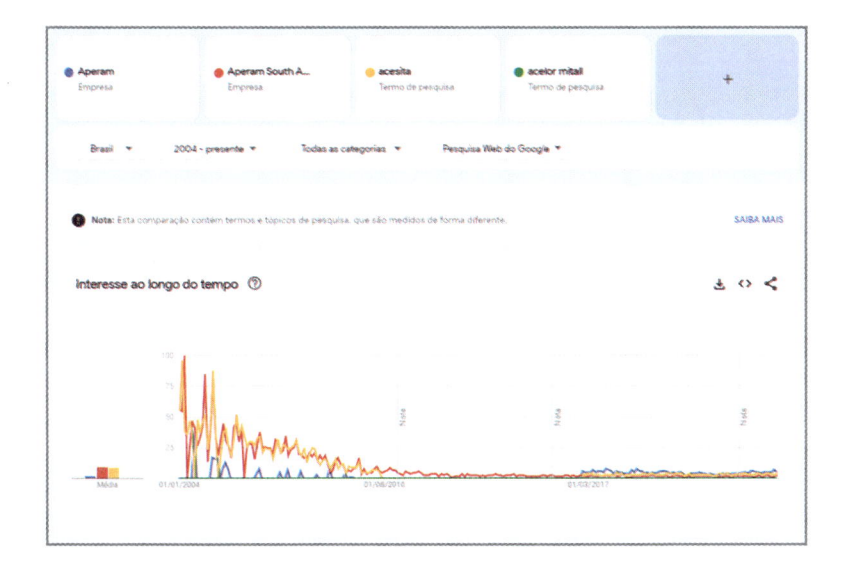

Agora já conseguimos perceber melhor as nuances que podem ser relevantes para a empresa. Os termos Aperam South America e Acesita são mais pesquisados, apesar de um enorme decréscimo de ambos, desde o início de 2010. No entanto, em um passado mais recente, o termo Aperam parece ter ganhado leve vantagem sobre os demais, particularmente a partir de finais de 2015.

Se olharmos mais especificamente para o período dos últimos três meses (janeiro a março de 2023), é perceptível como a empresa já conseguia estabelecer melhor a marca Aperam em detrimento do legado da Acesita, além de o termo Acelor Mittal já nem aparecer no mapa.

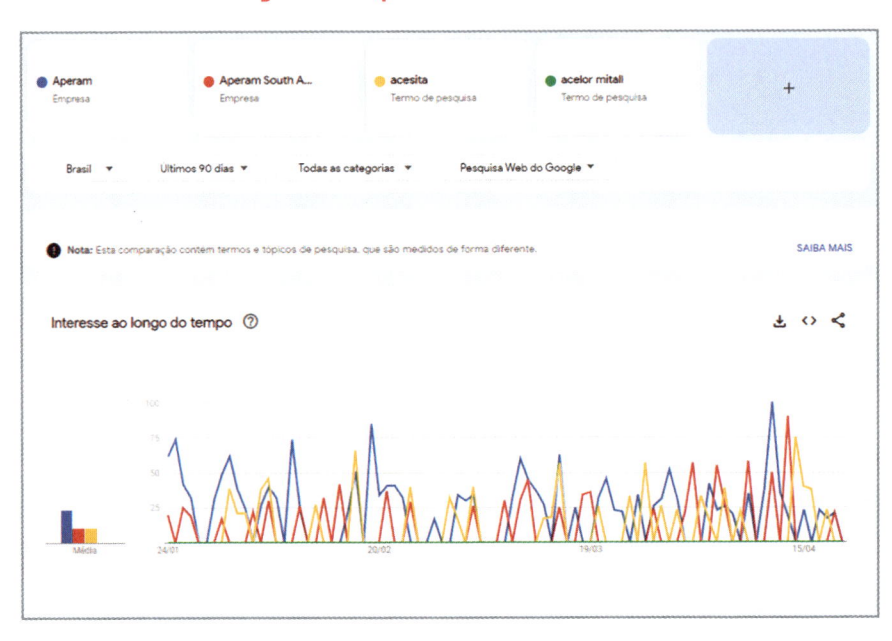

FIGURA 69 – Foco de três meses para termos ligados à Aperam South America

O Google Trends ainda oferece outras possibilidades, tais como o detalhamento das buscas feitas para cada marca. Isso pode ajudar sua organização a compreender como os internautas pesquisam por sua empresa no Google. Veja o exemplo a seguir, focando apenas no termo Aperam:

FIGURA 70 – Termos de buscas ligados à Aperam

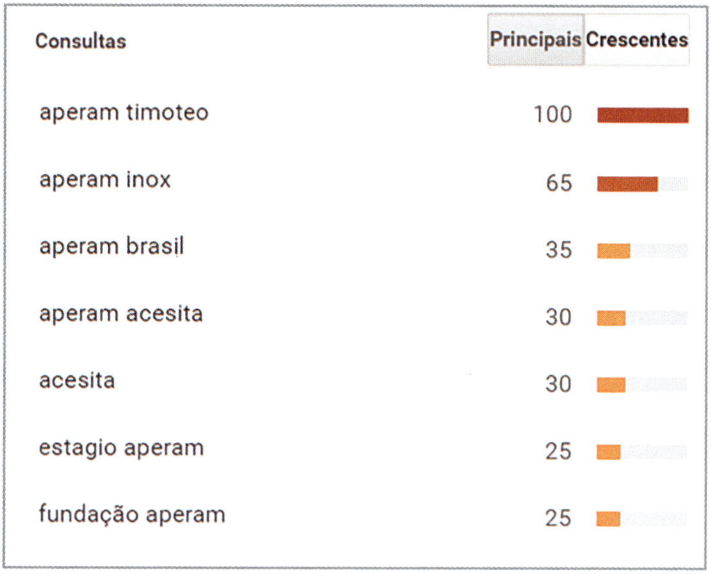

Consultas	Principais	Crescentes
aperam timoteo	100	
aperam inox	65	
aperam brasil	35	
aperam acesita	30	
acesita	30	
estagio aperam	25	
fundação aperam	25	

O fato de ainda haver interesse relevante pela marca Acesita mostrava à empresa que ela deveria fazer um trabalho estruturado de branding para reforçar a marca Aperam South America e deixar o passado para trás. Outro ponto interessante é que havia muitas consultas por estágio e pela Fundação Aperam, de maneira que essas eram duas áreas em que a empresa poderia investir para atrair ainda mais tráfego e potencializar seus esforços no ambiente virtual.

Bem, agora você terminou sua Auditoria de SEO e poderá passar para o sexto e último passo do Diagnóstico Estratégico, que trata do estudo das redes sociais. Antes de continuar, assegure-se de que fez as análises não apenas para sua marca, mas para todos os concorrentes e benchmarks também. Além disso, como já foi destacado e mencionado em diversos pontos ao longo do Diagnóstico Estratégico, é recomendável que você não se limite às orientações que exponho aqui para desenhar seus estudos, mas que invista tempo em conhecer mais sobre cada ferramenta, veja com quais se sente mais confortável, quais são as mais úteis para sua organização e não hesite em pedir auxílio a um especialista ao se deparar com alguma dificuldade. Você é um estrategista de Marketing Digital, não um técnico ou um especialista em Facebook, Acessibilidade ou em Google.

CAPÍTULO 36
Passo 6 > Auditoria Social

As redes sociais têm sido fundamentais para que as organizações consigam usar técnicas para influenciar seus stakeholders, dar notoriedade aos seus produtos e serviços, acompanhar o comportamento do público e dos competidores e mensurar suas ações no ambiente digital. Isso as torna canais essenciais à oferta de canais online adotada por praticamente qualquer marca.

Diversos autores e praticantes de Marketing atestam que a mensuração é um dos componentes mais importantes de qualquer estratégia e que, por seu potencial de geração de inteligência competitiva, a internet representou uma incrível transformação no cenário de Marketing. Dentro do guarda-chuva de mensuração, as redes sociais são os canais ou plataformas que contam com as ferramentas mais recentes, potentes e úteis para as empresas conhecerem seus públicos: o que pensam da marca, dos seus concorrentes, dos seus produtos, quais frustrações e desejos, além de conhecer quem são seus fãs e detratores (Zeithaml et al., 2017). Nesse sentido, a Auditoria Social busca entender como sua marca e as de seus concorrentes estão utilizando os canais sociais, além de perceber como interagem com os públicos e o que as pessoas comentam sobre as empresas.

O estrategista deverá preocupar-se em entender, no mínimo, os seguintes pontos:

- Quem fala da marca

- Onde falam (em quais canais)

- O que dizem (quais temáticas e sentimentos do público acerca dos assuntos relacionados à sua marca)

Uma dica para que você se lembre mais fácil desses três pontos:

quem fala → o quê → onde?

É importante também mensurar algumas métricas mais voltadas à performance de cada rede social, como o número de seguidores, de seguidos, taxa de engajamento, quantidade de posts feitos e a qualidade dos posts (sobre o que, qual formato, quais posts mais/menos vistos e assim por diante.). Essas variáveis são bem fáceis de se monitorar – normalmente basta uma visita aos perfis ou o uso de algumas ferramentas gratuitas para identificá-las. Há quem as entenda como "métricas de vaidade", uma vez que ter muitos seguidores não necessariamente significa qualidade, sucesso ou clientes satisfeitos. Entretanto, é importante, sim, mensurá-las, pois irão compor seu melhor entendimento sobre a performance geral das redes sociais (suas e da concorrência) e, portanto, ajudarão o estrategista a tecer melhores saídas táticas.

A ciência e a compreensão de todas essas variáveis irão permitir que você, posteriormente, proponha novas e melhores formas de utilizar as redes sociais, em horários e dias mais propícios para postagem, sabendo quais são as redes prioritárias, quais são os influenciadores (positivos, ou advogados, e negativos, ou detratores) e que assuntos poderão ter mais chances de impactos positivos nos diferentes canais sociais.

Como fazer a Auditoria Social

O primeiro passo para a Auditoria Social é um levantamento inicial quantitativo das principais métricas de cada rede social, tomando como base o portfólio de canais digitais identificados na etapa de **Definição do Objeto do PEMD**. Essa parte é meramente mecânica e tomará pouco tempo. Costumo brincar com meus alunos dizendo que podem passar essa tarefa para seu estagiário sem medo de haver problemas!

Em seguida, você irá fazer uma análise qualitativa, utilizando ferramentas específicas, para entender melhor o teor das conversas sobre sua marca. Por fim, deverá tratar da análise de sentimento, que obrigatoriamente será feita com ferramentas pagas (não há opções gratuitas de qualidade) e que terá um pouco menos de atenção neste livro justamente por essa limitação.

Em todos os casos, de forma similar ao que fez para o site, você deverá inicialmente analisar a sua marca, pois terá acesso mais completo às informações. Depois, pode partir para coleta de dados das demais organizações estudadas, para efeitos de comparação.

Como havia dito, o passo inicial deve ser tão somente desenhar uma tabela, como a ilustrada no **Quadro 41**, a seguir, para ter uma noção de como você se encontra no mercado que está estudando, em termos meramente quantitativos.

QUADRO 41 – Exemplo[96] de levantamento quantitativo das principais métricas das redes sociais previamente identificadas em sua definição de portfólio de canais digitais

		FISIO QI	FISIOVIDA
Facebook	Gostos	2.580	12.818
	Seguidores	2.651	12.961
	Publicações Abril	8	0
	Engagement Rate	0,45%	N/D
Instagram	Publicações Abril	6	0
	Seguidores	376	2.094
	Seguindo	54	108
	Engagement Rate	1,44%	2,50%

Em virtude de o exemplo ter trazido apenas métricas do Facebook e do Instagram, o **Quadro 41** é meramente ilustrativo, de forma que, na prática, você deve listar todas as marcas estudadas (a de sua organização e as dos competidores ou benchmarks) e todas as redes sociais identificadas em seu levantamento inicial do Portfólio de Canais Digitais – que você fez no Setup do PEMD (Etapa 0), logo no início dos trabalhos, ao definir o escopo do Planejamento Estratégico de Marketing na Era Digital.

O importante é deixar claro, nessa tabela-resumo, exatamente como se encontram os *players* estudados em cada canal utilizado. Destaque os melhores números em verde e os piores em vermelho, para que fique ainda mais nítido quais marcas se desempenham melhor (verde), assim como as que estão deixando a desejar (vermelho).

Passaremos agora para algumas métricas específicas de algumas redes sociais populares no Brasil e em Portugal, utilizando exemplos de ferramentas que serão extremamente úteis para sua coleta de dados. Como em outros casos,

---

96 PEMD da empresa Fisio QI, feito por alunos do curso de licenciatura em Marketing do Instituto Português de Administração de Marketing (IPAM, 2022). Alunos: Ana Santos, Diogo Victorino, José Fontes, Rafaela Barroca, Sara Onofre.

as ferramentas aqui expostas, normalmente, irão possuir parte do conteúdo totalmente aberto, outra parte acessível via cadastramento e alguns dados somente para usuários pagantes. Lembre-se de sempre fazer uma análise inicial e mais minuciosa de sua própria organização (mesmo porque algumas ferramentas darão muito mais profundidade e volume de dados em sua própria conta – por exemplo, o Meta Business Suite), e depois parta para a coleta das informações dos concorrentes e benchmarks para poder fazer suas análises comparativas.

Veremos a seguir quais dados você precisa, minimamente, coletar. O foco será as principais redes sociais utilizadas por brasileiros e portugueses, nomeadamente: Twitter, Facebook, LinkedIn, YouTube e Instagram.

1. Twitter

Talvez por ter sido a primeira rede social a realmente tornar-se uma febre global e por ter demorado a desenhar sua estratégia de captação de recursos (como abrir seu site para publicidade, por exemplo), o Twitter é, de longe, a rede que mais conta com ferramentas gratuitas para análises.

Quase todas essas ferramentas são muito fáceis de usar e se complementam de tal forma que, ao final de seu estudo, você terá uma verdadeira "radiografia" do mercado em que sua organização está inserida em termos de Twitter. Vejamos, a seguir, algumas dessas ferramentas.

1.1. Twitter Analytics

Essa é a ferramenta oficial de mensuração do Twitter e você terá acesso somente à sua marca, tal como acontece no Google Analytics ou no Meta Business Suite. Similarmente ao processo que você empreendeu com a auditoria do site, após a análise de seu perfil no Twitter por meio do Twitter Analytics, mais detalhada, você deverá partir para outras ferramentas abertas para traçar comparativos com as demais marcas estudadas em seu PEMD.

1.2. Social Bakers: Twitter

O Social Bakers será útil para fazer um benchmark amplo em diversas redes sociais. Dadas as limitações da ferramenta, talvez não contemple detalhes de sua marca (particularmente se for uma organização com pouco volume nas redes sociais), mas poderá passar uma boa ideia de como as principais marcas brasileiras estão utilizando o Twitter, o que pode ser interessante em termos comparativos.

No Social Bakers é possível categorizar sua pesquisa por segmento da indústria, por rede social e por país (vamos usar a ferramenta para outras redes sociais também) e você ainda poderá ver um ranking (baseado em número de seguidores).

1.3. Tweriod

Essa é uma das ferramentas que eu mais uso, dada sua utilidade tática, pois ela revela qual é o período (horários e dias da semana) em que seus seguidores estão online. Essa informação é vital para orientá-lo sobre quando você deve postar. O Tweriod passa detalhes com destaques específicos para dias da semana e finais de semana.

FIGURA 71 – Destaque do Tweriod de quando os seguidores de uma determinada marca estudada estão online, nos dias de semana

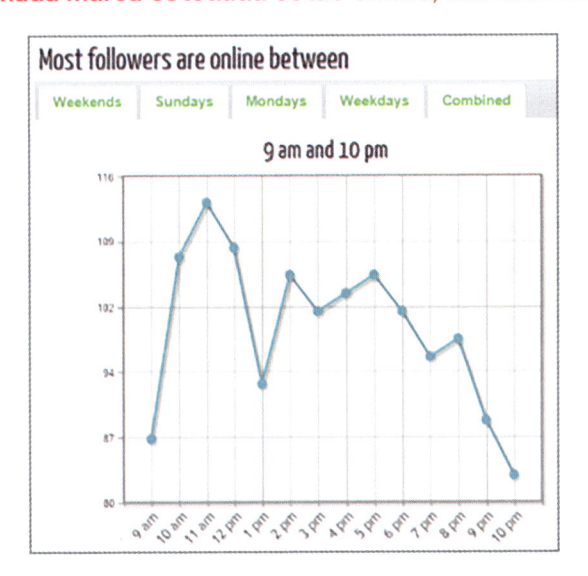

Naturalmente, acima do que prega o padrão generalista (os "horários nobres"), é vital que você esteja seguro acerca de quando o **seu** público está online. Pode ser que não siga à risca esses momentos tradicionais de pico, de maneira que você deverá estar muito atento para maximizar seus esforços de comunicação tanto no Twitter quanto em outros canais sociais online.

Em termos de desdobramentos táticos, há profissionais que sustentam que marcas menores (ou menos relevantes no Twitter ou em qualquer rede social) deveriam evitar os momentos comuns de pico, pois será nesses intervalos que muitas organizações estarão disputando atenção para atingir seus próprios públicos de interesse – e muitas delas investirão em posts pagos para alcançar mais usuários, o que deixaria seus esforços afogados em um gigantesco mar de conteúdo de centenas e centenas de outras marcas.

Agora, observe o gráfico a seguir, que mostra em quais momentos, também durante os dias de semana, a marca estudada é mais mencionada pelos seguidores:

FIGURA 72 – Destaque dos horários em que determinada marca estudada é mais mencionada no Twitter

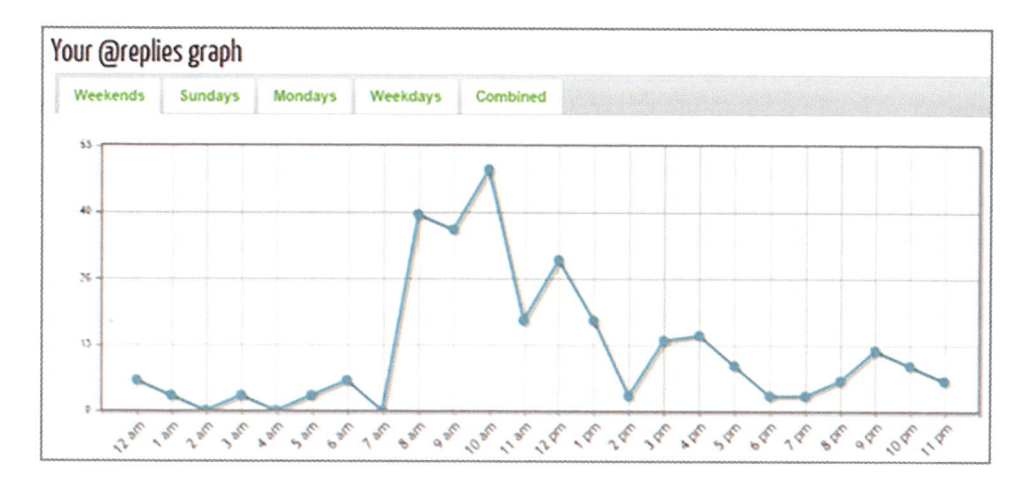

Veja que, apesar de os seguidores da marca estarem online no período entre 10h e meio-dia, a maior quantidade de menções parece estar entre 8h e 10h, embora haja um bom volume ao meio-dia. Curiosamente, às 11h, apesar de haver um pico de seguidores online, não ocorre o momento que concentra maior número de menções. Essa informação pode querer dizer que os seguidores mais interessados costumam interagir com a marca cedo pela manhã, talvez antes de irem para o trabalho, durante o percurso até lá, ou logo quando chegam ao escritório, quando podem estar com mais tempo livre, disposição e/ou menos focados nas atividades de um demandante dia de trabalho.

2. **Facebook**

Bem como no caso do Twitter, também há uma ferramenta específica de análise para a sua organização no próprio Facebook – o Meta Business Suite – em adição a outras possibilidades, abertas e pagas, para analisar seus concorrentes e benchmarks.

Assim, começaremos com o Business, no qual você precisará se aprofundar sobre seus próprios dados, depois partiremos para algumas das principais ferramentas do mercado para estudos de marcas no Facebook, quando será possível contextualizar o desempenho de sua organização em relação às demais marcas estudadas no PEMD.

2.1. Meta Business Suite

A rápida e vasta popularidade do Facebook afetou muito a maneira como as marcas utilizam as redes sociais e mensuram os resultados de suas iniciativas em plataformas semelhantes. Logo nos primeiros momentos de advento do Facebook, muitas organizações passaram a usar a rede como maneira de se comunicar e se relacionar com seus públicos. Muitas foram as marcas que chegaram a deixar tudo para trás (inclusive cortando seus sites para estar somente no Face) e as agências digitais e de publicidade que também entraram rapidamente na mesma onda.

Por conta de toda essa importância que o Facebook recebeu, mensurar as curtidas, fãs e comentários virou algo obrigatório nos relatórios de métricas nas empresas. Essa prática (monitorar e dar importância para as métricas do Facebook) acabou virando uma espécie de padrão, de maneira que até hoje seguimos monitorando e nos preocupando com o crescimento de seguidores e likes.

Naturalmente, essas métricas mais básicas e familiares são importantes, mas também é relevante que o estrategista saiba entender seus significados e diferenças, para que não se limite à superfície dos dados. O lado bom é que o analytics da Meta (e aí incluo o Face e o Insta) é bem fácil de compreender, navegar e encontrar o que você precisa.

Na área de estatísticas do Facebook, você conseguirá ver qual é o número total de curtidores de sua página, o alcance das publicações no período (e o crescimento em relação à semana anterior) e a quantidade de interações (curtidas, comentários, compartilhamentos e cliques).

Na mentalidade "1.0", tradicional, os números absolutos de audiência seriam o mais importante (ou seja, a quantidade de seguidores, por exemplo). No Facebook, acredito que as métricas devem ser observadas com a seguinte perspectiva de importância, indo do menos para o mais relevante:

QUADRO 42 – Métricas a serem observadas no Meta Business Suite/Facebook (da menos para a mais relevante)

Curtidas	As curtidas querem dizer que o usuário achou interessante seu post, nada além disso. Sim, claro que é importante ter curtidas, mas não deveria ser seu foco principal (seja o foco de resultados, seja de preocupações!). Imagine que a curtida se assemelha a algo como "Bacana, achei interessante".
	Sim, as curtidas podem causar uma impressão positiva. Por exemplo, quando você vai a um perfil com mil likes, talvez –ainda que em um primeiro momento – pense que aquela marca é melhor do que outro perfil com apenas 13 curtidas. Entretanto, isso não pode desfocá-lo da qualidade do conteúdo, bem como do seu alinhamento estratégico com o restante do PEMD. Então, fique menos preocupado em colecionar likes, e se assegure de que, aqueles que curtirem (sejam quantos forem) realmente percebam valor no seu perfil.
Comentários	Os comentários já refletem que o fã tem algo a dizer sobre o post. Por algum motivo (pode ser positivo ou negativo), ele sentiu vontade de expressar o que pensa. Essa métrica é muito importante, pois você deve sempre tentar aumentar o número de comentários totais, subindo a quantidade de positivos e mitigando a de negativos. Por se tratar de uma plataforma social de alto grau de interação, os comentários devem ser valorizados e respondidos sempre que fizer sentido. Ao comentar, é como se o usuário estivesse pensando algo como "Eu quero expressar algo sobre esse assunto".
	No calor do dia a dia, muitas organizações se preocupam mais com os likes e poucas são as que monitoram a qualidade (do teor) dos comentários. Precisamos lembrar da teoria de Marketing de Pesquisa que diz que, quando um cliente/potencial cliente dá um feedback espontâneo, qualquer feedback deve ser levado em conta. Ou seja, não é preciso uma validação estatística para dar ouvidos e refletir acerca dos comentários espontâneos dos seguidores. Receba cada um de braços abertos e reflita detidamente sobre o que seu público está falando para você.

Cliques	Os cliques são importantes para trazer pessoas para outros ambientes seus, principalmente para o seu site. Não é uma regra, mas, em geral, quem clica nos posts está demonstrando um interesse maior do que as curtidas (pois muitos curtem sem sequer clicar ou se aprofundar no tema). Classifico os cliques como algo mais relevante do que os comentários por entender que, para "fechar negócio", ou seja, para converter os usuários (em compradores, cadastrados, seguidores de outros canais sociais, participantes de uma promoção...), é preciso que eles cliquem, demonstrando que estão inclinados a saber mais sobre o que você quer falar. Trazer os usuários para o site, segundo a perspectiva de muitos autores e pesquisadores, deveria ser o objetivo principal das atividades em redes sociais (exceto quando for possível concretizar o foco de conversão já dentro do próprio canal social). Lembre-se: o único ambiente totalmente de propriedade (e controle) da sua organização na internet é seu website. É válido assinalar que muitas organizações vão classificar os comentários como mais valiosos do que os cliques. Pode ser que isso faça sentido para elas (ou para sua marca) e de modo algum eu poderia afirmar de forma irrefutável que é melhor buscar cliques do que comentários. O Facebook é, sim, uma plataforma de engajamento e relacionamento. Entretanto, nunca tire da mente que o objetivo de sua organização (pública, privada ou do terceiro setor) é e será sempre a conversão – embora, como já falamos em diversos outros pontos ao longo do livro, "conversão" pode querer dizer coisas distintas para diferentes tipos de empresas.
Compartilhamento	Mesmo dada a importância dos cliques para conversão e para manter o internauta junto de sua marca, o compartilhamento, tal como mostram algumas pesquisas, reflete a crença de que aquele conteúdo de seu post, de alguma forma, representa os interesses, desejos ou anseios do usuário. Em outras palavras, quando ele compartilha um conteúdo, está dizendo "esse post me representa" e mandando essa mensagem para sua própria rede de contatos, maximizando a exposição da sua marca no Facebook. Ele está fazendo o papel de captação em sua própria rede, elevando o reconhecimento de sua marca e angariando mais interações junto a terceiros. É como se, de forma praticamente gratuita, você estivesse com um "representante" de sua marca divulgando seu conteúdo a muitas mais pessoas no Facebook.

No Meta Business Suite, você também terá diversos outros detalhes, seja sobre seus conteúdos (alcance, interações, engajamento, entre outros), seja sobre o perfil de seu público. Esse segundo ponto é comumente ignorado (ou menos valorizado) pelas empresas do que os números sobre o conteúdo. É de suma importância que você saiba muito bem quem é / qual é o perfil de seu público.

Tanto no Facebook quanto em qualquer outro canal de Marketing (on ou offline), tente sempre traçar o perfil de quem é seu público principal e faça comparações entre os ambientes. Por exemplo, será que seu público no Face é o mesmo do Insta? Ou de sua loja física? Tente analisar com regularidade variáveis como sexo, idade, país e cidade de origem, idioma.

FIGURA 73 – Exemplo de faixa etária dos fãs da página da Nino Carvalho Consultoria, segundo resultado do Meta Business Suite (2022)

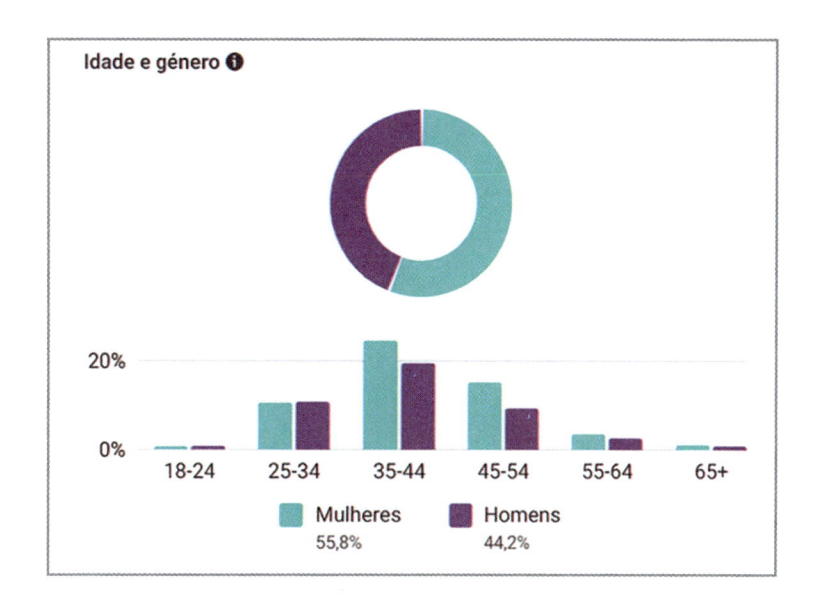

Use essas informações para refletir sobre se está atingindo o público que você quer, bem como para desenhar melhores conteúdos adaptados para diferentes perfis. Esses dados também serão úteis para sua organização montar peças publicitárias no Facebook. Por vezes, mesmo informações simples como as oferecidas pelos analytics de cada ferramenta podem ser realmente proveitosas para essas finalidades.

No caso da **Figura 73**, por exemplo, a maior parte dos fãs está entre 35 e 54 anos, sendo que a maioria fica entre 35-44 anos. A participação de pessoas com 45-54 é significativa, e há, aproximadamente, tantos usuários mais jovens (18-24) quanto mais velhos (65+). A distribuição de gênero entre os fãs da fanpage está equilibrada: homens e mulheres praticamente empatados, com leve maioria feminina (cerca de 56%).

É interessante perceber, nesse exemplo da fanpage da Nino Carvalho Consultoria, que os dados demográficos refletem o foco que tenho buscado: atrair mais mulheres, bem como uma parcela maior de pessoas entre 35-54 anos, por entender que ambas as variáveis estão em linha com meus segmentos focais e, por isso, podem afetar positivamente os resultados da marca. Até 2020, a maioria do meu público nas redes sociais já era de mulheres, mas a faixa etária era maior entre usuários mais jovens (entre 25 e 34 anos). Os dados desse exemplo apontam que estamos tendo êxito: seguimos com a maioria feminina e conseguimos atingir uma faixa etária em linha com o perfil dos meus alunos e clientes.

FIGURA 74 – Perfil dos fãs da empresa analisada, em 2020, no resultado do Facebook Analytics[97]

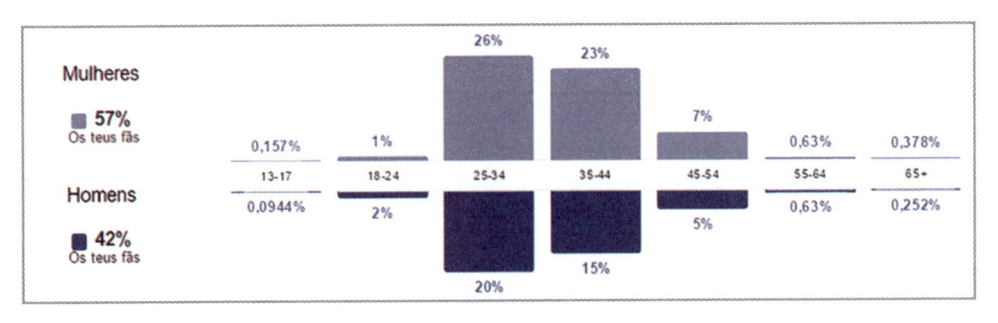

	13-17	18-24	25-34	35-44	45-54	55-64	65+
Mulheres 57% Os teus fãs	0,157%	1%	26%	23%	7%	0,63%	0,378%
Homens 42% Os teus fãs	0,0944%	2%	20%	15%	5%	0,63%	0,252%

Veja que, há cerca de três anos, as mulheres chegavam a quase 60% do total de fãs. Adicionalmente, a maior parte do público era formado por pessoas de 25-34 anos, seguido pelo grupo de 35-54 anos, e havia mais jovens (24 anos ou menos) do que fãs de 55 anos ou mais. Para os produtos que vendo, os principais compradores de fato ficam na faixa de 35-54, de maneira que a mudança no perfil foi muito importante para o impacto nas vendas. Na verdade, as pessoas abaixo de 30 anos raramente são meus compradores, de maneira que, sistematicamente, tento manter meus conteúdos abertos mais direcionados a um público mais amadurecido.

Com esse breve exemplo, podemos ver a relevância e o impacto de um diagnóstico simples, mas bem-feito, para a evolução estratégica das empresas.

Findas as análises com o Meta Business Suite, é o momento de estudar sua marca e as dos concorrentes com uma ferramenta muito adotada no mercado, mesmo em sua versão gratuita: Fanpage Karma.

2.2. Fanpage Karma

Essa ferramenta é muito completa e dará vários insights sobre sua organização e as demais marcas estudadas. Inicialmente, o Fanpage Karma fornecerá informações básicas sobre número de curtidores, taxa de crescimento semanal, tempo que a marca leva para responder os fãs, posts por dia, taxa de engajamento, alcance diário, entre outras. A ferramenta dará, ainda, informações úteis para compreender como sua página é gerida e o que está tendo sucesso ou não.

---

[97] A ferramenta foi descontinuada em julho de 2021 e a empresa passou a recomendar o Meta Business Suite para gerenciar as contas do Facebook e do Instagram.

Veja na **Figura 75** a seguir o exemplo da American Marketing Association (AMA), uma das principais organizações de Marketing do planeta, analisado em fevereiro de 2022:

FIGURA 75 – Tipos de posts e volumes de postagens diárias da American Marketing Association (AMA) segundo a ferramenta Fanpage Karma (2022)

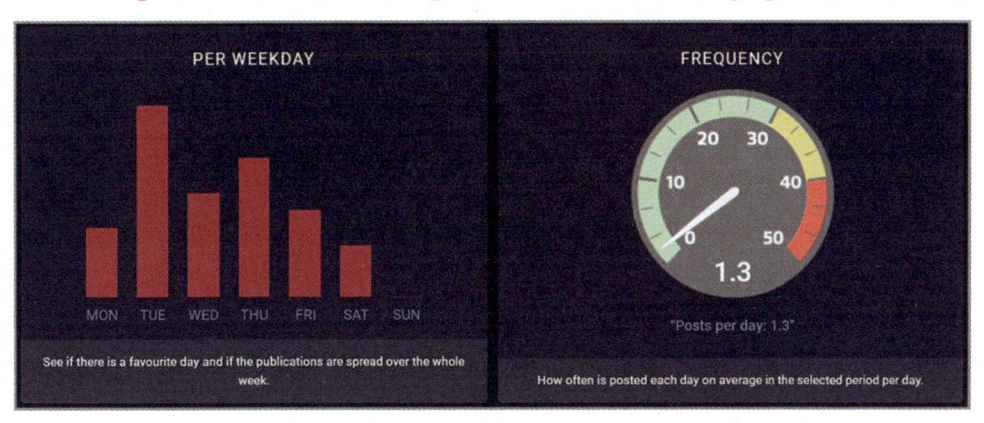

Podemos notar que a AMA publica, em média, pouco mais de um post por dia (à direita na imagem), sendo que é mais ativa às terças e quintas. A organização praticamente ignora o domingo – o que é curioso, pois, para muitas marcas, o final de semana no Facebook pode ser um período bem ativo.

Com o Fanpage Karma, é possível também identificar quais foram os posts que renderam mais interações da marca estudada. No caso da AMA, os principais posts são um tanto genéricos (similares aos de outras organizações ligadas a Marketing) e tratam de dicas curtas de Marketing para profissionais, no meu entendimento, iniciantes: "18 ferramentas para Instagram", "sugestões de livros de 3 executivos de Marketing", "vale a pena ter afiliados", entre outros.

Nessa listagem de "top posts", que você verá na ferramenta, é possível clicar para ver detalhes das principais postagens. O post[98] com maior engajamento da AMA durante o mês de janeiro de 2022 foi uma espécie de definição de Marketing de Conteúdo:

---

98 Post disponível em: https://www.facebook.com/AmericanMarketing/photos/a.392930835204/10158644559960205/?type=3. Acesso em: 4 fev. 2022.

FIGURA 76 – Exemplo do post da AMA que gerou maior engajamento (com 42 curtidas e 5 compartilhamentos) em janeiro de 2022, segundo a ferramenta Fanpage Karma

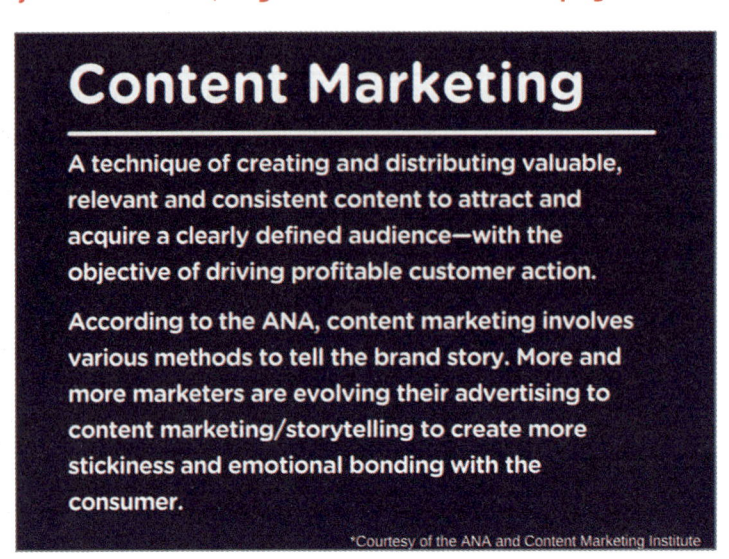

Content Marketing

A technique of creating and distributing valuable, relevant and consistent content to attract and acquire a clearly defined audience—with the objective of driving profitable customer action.

According to the ANA, content marketing involves various methods to tell the brand story. More and more marketers are evolving their advertising to content marketing/storytelling to create more stickiness and emotional bonding with the consumer.

*Courtesy of the ANA and Content Marketing Institute

A parte que julgo a mais interessante do Fanpage Karma diz respeito a poder conhecer como a organização gerencia seu conteúdo e quais resultados consegue alcançar. Quando for navegar pela ferramenta, clique na aba *"Analysis"* e você poderá ver, entre outras informações interessantes, quais são os dias e horários em que a marca mais publica, além de alguns cruzamentos de informações que o ajudarão a tomar decisões importantes na confecção de seu Plano Tático de Ações.

Utilizando novamente o exemplo da American Marketing Association, veja como algumas análises simples com o Fanpage Karma podem render mudanças significativas na forma como a organização está gerindo seu canal no Facebook.

Observe o gráfico a seguir, na **Figura 77**:

FIGURA 77 – Dias da semana mais utilizados para publicações e as interações dos fãs da AMA, segundo resultado do Fanpage Karma (2022)

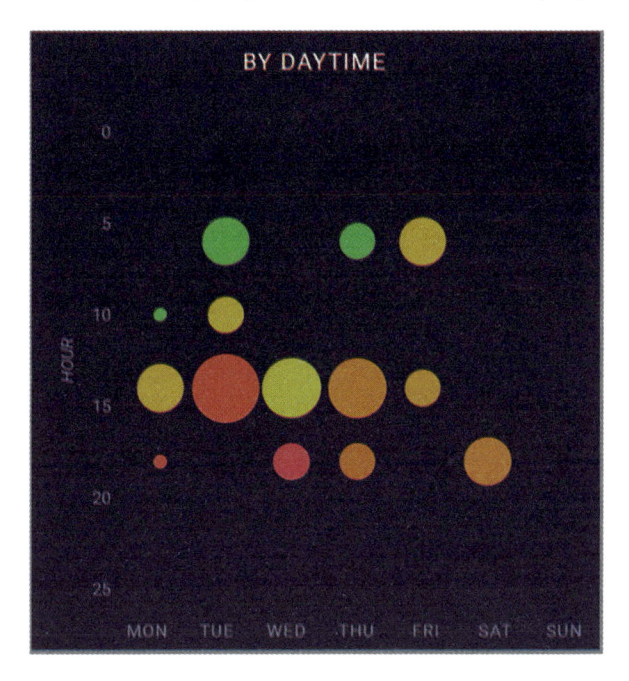

Nesse gráfico, quanto maior o círculo, mais a marca postou, e, quanto menor, menos postou (por exemplo, a AMA publica muito às terças-feiras por volta de 14h-15h). Adicionalmente, quanto mais verde é o círculo, mais interações houve, e quanto mais vermelho, menos interações. Ou seja, o que você **mais quer** para sua marca é ter grandes círculos verdes (você posta muito naquele dia/horário e consegue muitas interações), enquanto o que você **menos quer** são os grandes círculos vermelhos (você posta muito, mas não tem retorno...).

Analisando esse exemplo da American Marketing Association, podemos inferir que pode valer a pena a empresa repensar se é interessante postar tanto no início das tardes de terça, uma vez que há resultados ruins. Na segunda e na quinta pela manhã, vemos círculos verdes (muita interação), mas a AMA poderia postar com mais frequência e aproveitar melhor esses períodos. Os posts de sábado não parecem surtir um bom efeito. Talvez valha experimentar outros horários (por exemplo, sábado pela manhã) ou mesmo analisar como são os resultados se a marca publicar aos domingos.

Com essa breve análise, pode-se dizer que a AMA precisa distribuir melhor seus posts, testando novos horários nos finais de semana de modo a averiguar se consegue alcançar o sucesso que está tendo em outros períodos. Precisa também investir mais nos dois períodos de muita interação, mas com poucos posts, e diminuir drasticamente os esforços nos demais dias e horários ou, alternativamente, tentar publicar conteúdo com outros teores e analisar se o problema é o dia e horário, ou se é o tema trabalhado.

Há mais outras variáveis interessantes oferecidas pelo Fanpage Karma e recomendo que invista um pouco de tempo conhecendo a ferramenta para tirar ainda mais proveito dela. Por exemplo, nessa mesma aba de "*Analysis*" é possível conhecer quais foram os links mais clicados, as palavras e hashtags mais usadas, bem como quais são as que geram melhor interação.

As demais redes sociais possuem nenhuma ou poucas ferramentas eficientes para monitoramento de marcas que não a sua própria (em termos de soluções gratuitas de qualidade). Sendo assim, nas próximas páginas listarei quais são as principais métricas a observar em cada uma delas, sempre pelo analytics oferecido pelas próprias redes.

3. LinkedIn

Bem como no caso de outras redes sociais, a tela inicial das estatísticas do LinkedIn lhe dará as informações básicas da rede, tais como datas das publicações, perfil do público, números de impressões, de cliques e de interações, entre outras.

O interessante é ver alguns detalhes do perfil de seus seguidores, como no caso a seguir, de uma empresa de pequeno porte no ramo de serviços profissionais, com dados de janeiro de 2019:

FIGURA 78 – Demografia dos seguidores de uma empresa de pequeno porte no ramo de serviços profissionais no LinkedIn (2019)

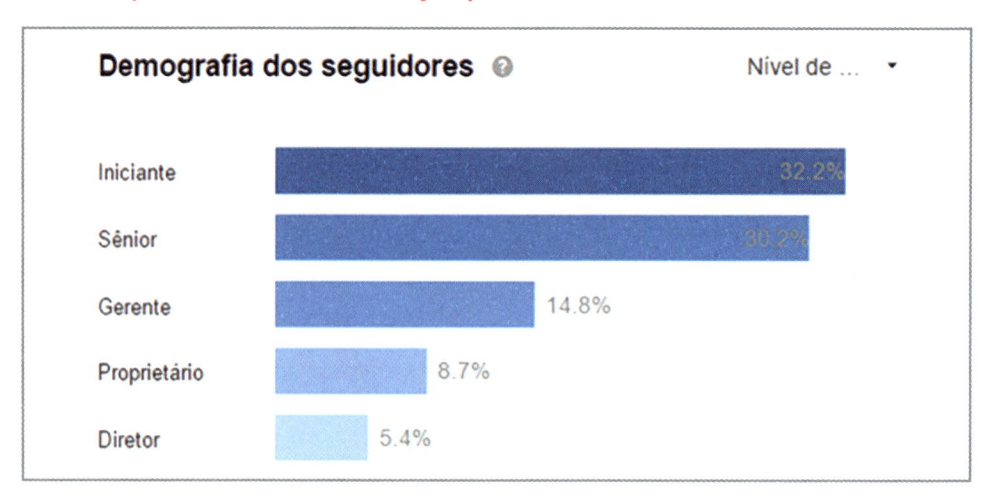

Demografia dos seguidores — Nível de ...

- Iniciante: 32,2%
- Sênior: 30,2%
- Gerente: 14,8%
- Proprietário: 8,7%
- Diretor: 5,4%

No exemplo, a maior parte (quase 32%) dos seguidores é iniciante na carreira, seguida de profissionais seniores, gerentes, donos de empresas e diretores. Esses dados ajudarão a saber se está conseguindo atrair o público correto ou se precisa de ajustes em sua abordagem.

É importante contrastar essas informações com a demografia dos visitantes, ou seja, sobre quem visita sua página, mas não necessariamente o segue:

FIGURA 79 – Demografia dos usuários que visitam a página da empresa (2019)

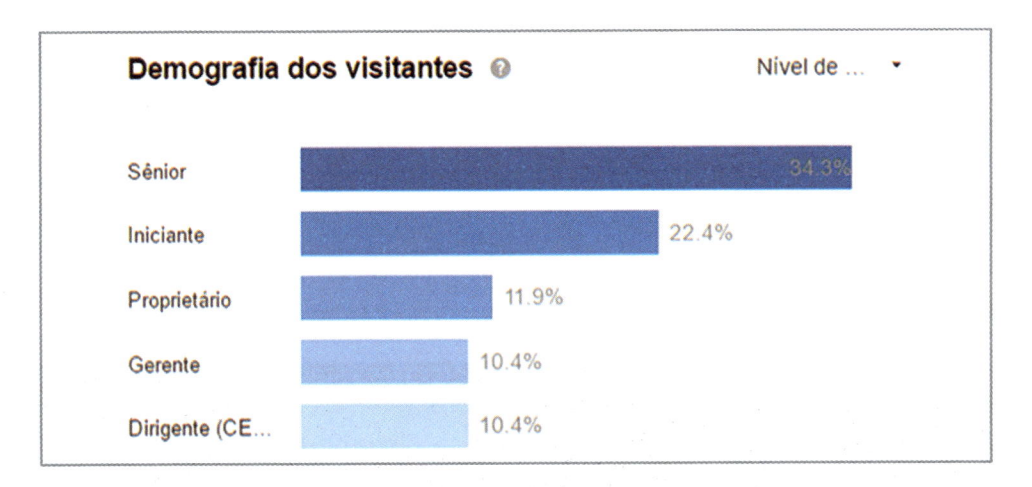

Demografia dos visitantes	Nível de ...
Sênior	34,3%
Iniciante	22,4%
Proprietário	11,9%
Gerente	10,4%
Dirigente (CE...	10,4%

Veja como há espaço para converter mais profissionais seniores, proprietários e diretores. Se esses públicos mais qualificados forem o alvo da marca, no exemplo, talvez uma abordagem de conteúdo mais direcionado para eles ajude na conversão desses visitantes em seguidores.

A ferramenta de estatísticas também fornece dados detalhados da repercussão dos posts da organização e, bem como deverá fazer ao analisar qualquer outra rede, você deverá utilizar seus insights para corrigir o que for necessário, investir naquilo que já está funcionando e também fazer testes, para seguir aprimorando suas entregas e os resultados nos perfis sociais.

4. YouTube

As marcas do Google sempre são muito bem servidas em termos de analytics e o YouTube não é diferente. Em adição às métricas básicas (por exemplo, quantidade de interações, assinantes, vídeos e visualizações), você precisará coletar ao menos os seguintes dados sobre seu canal: Tempo de Visualização, Dados Demográficos, Localização de Reproduções, Origem do Tráfego e Dispositivos.

Similarmente a outros casos nas auditorias de redes sociais, você perceberá que as ferramentas de analytics são muito completas, de maneira que sempre poderá aprofundar seu trabalho, caso precise ou faça sentido. De todo modo, as orientações passadas aqui sobre o diagnóstico das redes sociais (suas e a dos concorrentes) sempre tentam recomendar o mínimo que você deve coletar e monitorar em relação à performance da sua empresa nos diferentes canais.

Para orientá-lo e ilustrar esse rol de métricas essenciais, utilizo exemplo de uma microempresa do interior da Bahia, com foco em Educação para jovens carentes:

- **Tempo de visualização** – normalmente os usuários ficam poucos segundos assistindo aos vídeos. Quanto mais tempo seus vídeos estiverem sendo vistos, mais certeiro está sendo seu conteúdo em termos de interesse da audiência. Conhecer o tempo que o usuário fica conectado em seu vídeo o ajudará a traçar melhores definições dos limites de tempo de seu conteúdo para diferentes públicos.

FIGURA 80 – Dados relacionados ao tempo de visualização no analytics do YouTube

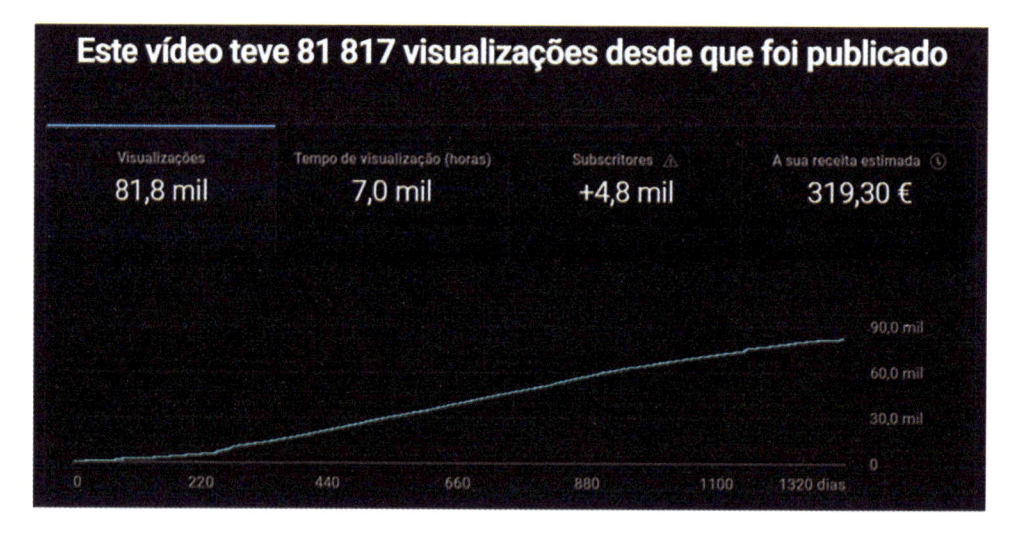

- **Dados demográficos** – permitem que você conheça mais sobre o perfil do público e faça ajustes em suas estratégias se não estiver atingindo quem realmente importa. O YouTube o ajudará a conhecer mais sobre a idade, gênero e localização. A seguir, algumas imagens irão ilustrar exemplos das métricas que você deverá incluir em suas análises.

FIGURA 81 – Métricas do YouTube: Idade x Gênero

FIGURA 82 – Métricas do YouTube: Plataforma de visualização

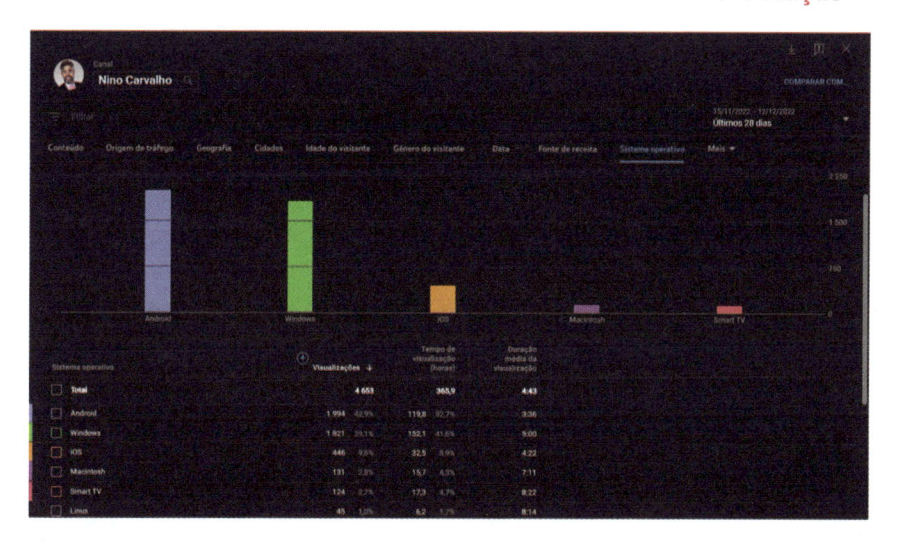

- **Origens de tráfego –** para saber de onde os usuários vêm antes de chegar ao seu canal, de forma que possa traçar melhores táticas para publicar seus posts (ou anúncios) nas fontes mais eficazes.

Figura 83 – Métricas do YouTube: Origem do tráfego (para o canal ou seus vídeos)

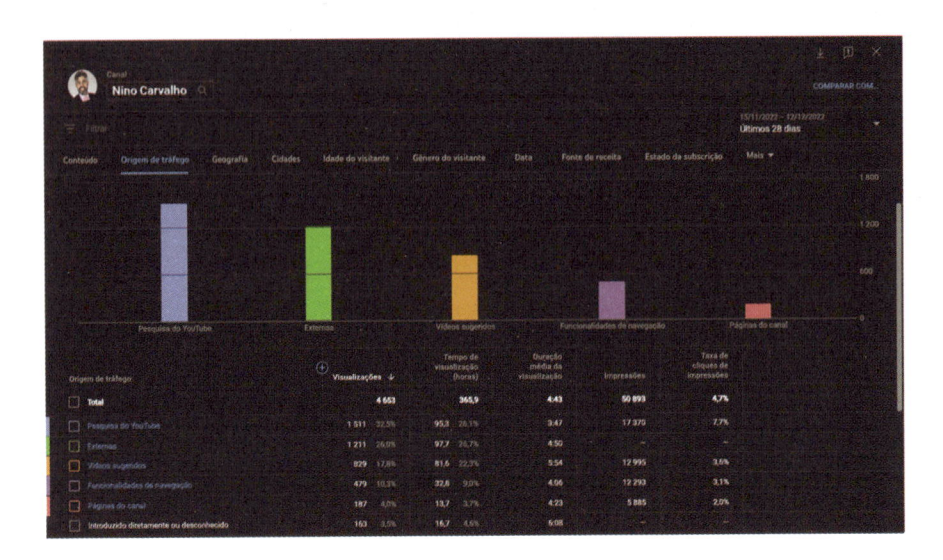

Você também conseguirá acessar alguma parte das métricas básicas dos concorrentes e benchmarks apenas visitando os canais deles. Em certos casos, quando não há muitos vídeos, você poderá ir além, buscando informações sobre as interações por vídeo e totais (embora isso demande algum trabalho manual).

Normalmente, as informações quantitativas – número de vídeos, inscritos, vídeos mais e menos visualizados, frequência de postagem, entre outros dados – estão disponíveis à vontade. Basta acessar o canal de seu competidor e navegar com paciência pelos links e filtros que qualquer canal no YouTube oferece.

FIGURA 84 – Canal do Postmodern Jukebox no YouTube (2022)

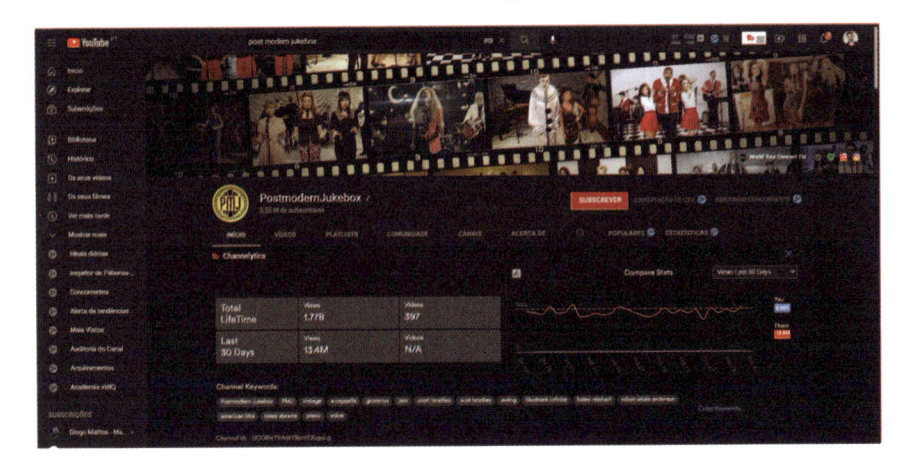

Pela **Figura 84**, você pode notar que há algumas métricas a mais (como na tabela em cinza, por exemplo). Essas informações complementares estão disponíveis gratuitamente, bastando usar um plugin como o vidIQ (o que estou a usar no caso ilustrado) ou o TubeBuddy. Esses plugins são gratuitos e você precisa adicioná-los ao seu navegador. Poderá, com eles, ver dados relevantes sobre o canal e os vídeos seus e dos competidores.

Assim, o que você precisará minimamente auferir/responder para as marcas de competidores ou benchmarks pode ser dividido em alguns blocos de informação:

I. **Sobre o Canal**
   (informações gerais sobre o canal e a página inicial)

- Quantos inscritos?

- Quantas visualizações?

- Quantos vídeos já publicados?

- Qual a frequência de publicação de vídeos?

- Qual a data de publicação do último vídeo (o mais recente)?

- O *header* é personalizado (cabeçalho/seção no topo do canal com imagem de capa e links)?

- Estão aproveitando para divulgar o site e as redes sociais no *header*?

- Qual é o vídeo inicial do canal? (recomenda-se usar um vídeo padrão, institucional, para não-inscritos, e deixar o vídeo mais recente para os já inscritos no canal)

- Como estão categorizados os vídeos?

- A marca está inscrita em algum canal de terceiros? (se sim, quais?)

- A marca possui outros canais? (se sim, quais?)

- A área sobre a empresa ("Acerca de" ou "Sobre", no menu de navegação do canal) está bem customizada?

II. **Sobre os Vídeos e as Listas**
   (informações específicas sobre os conteúdos postados)

- Quais são os vídeos mais vistos (tema, tom de voz, visualizações, data, quantos likes/dislikes, quantos comentários)?

- Quantos foram os vídeos ao vivo e os sob demanda?

- Veja os vídeos mais recentes para avaliar a estética, o uso de vinhetas, créditos, legendas, qualidade de imagem e som.

- Verifique se a empresa costuma interagir com os usuários (curtindo, comentando, respondendo).

- Quantas (e quais) listas de reprodução existem?

- As listas estão bem selecionadas e descritas?

Como já dito, essas informações não apenas são fáceis de encontrar no canal de qualquer marca, como também já fornecerão uma excelente fotografia de como se comportam as organizações que você está estudando em seu PEMD e, por consequência, você será capaz de descrever como o YouTube está sendo aproveitado pelas marcas do mercado como um canal de marketing, relacionamento e vendas.

5. Instagram

O Instagram é uma rede social simples e suas métricas mais relevantes não vão além do que é recomendável analisar em qualquer outro canal social online. Entretanto, são poucas as ferramentas gratuitas que o ajudarão a monitorar os perfis de concorrentes.

Portanto, adicionalmente aos dados básicos (volume de posts, quantidade de interações, tipo de post mais bem-sucedido, conteúdos mais valorizados, perfil do público), as variáveis que o estrategista deve buscar, essencialmente, são:

- **Crescimento de seguidores –** compare períodos mensais (a não ser que sua organização seja extremamente ativa no Instagram, quando fará sentido preparar relatórios semanais ou quinzenais) para ver o quanto a empresa está crescendo (ou regredindo) em termos de números de seguidores.

- **Engajamento por total de seguidores** – veja a quantidade de interações que tem e divida pelo número de seguidores do perfil para saber sua taxa de engajamento.

- **Engajamento por post** – divida o número de interações totais pelo número de publicações que fez.

- **Crescimento das hashtags** – é de bom tom que você adote hashtags para marcar suas publicações (alguns exemplos podem ser: #nomedoproduto, #promoçãoXPTO, entre outros). É interessante saber se os seus usuários estão gerando conteúdo utilizando as hashtags que foram criadas por sua marca. Monitore também a evolução das hashtags utilizadas pela concorrência.

- **Melhores dias e horários para postar** – bem como vimos no caso do Twitter e do Facebook, trata-se de uma métrica relevante também para o Instagram.

Boa parte dessas métricas já são entregues de bandeja pelo analytics do Instagram, mas em alguns casos você precisará criar seus próprios vínculos e gráficos à parte.

Quando for investigar a sua marca, poderá utilizar o analytics da própria rede, mas, para complementar informações sobre você, bem como estudar como está o Instagram dos demais *players*, uma boa recomendação é usar o Social Blade. Mesmo na versão gratuita, o Social Blade dará informações valiosas sobre você e os concorrentes não apenas no Insta, mas em diversas outras redes como o Twitch e o TikTok, entre outros.

Logo, quando procurar pelo perfil do Instagram no Social Blade, verá dados como os da **Figura 85** a seguir:

- Quantos posts foram feitos – Media Uploads = 202

- Quantos seguidores – Followers = 2905

- Seguindo – Following = 320

- Taxa de Engajamento – Engagement Rate = 1,78%

- Média de likes – Avg. Likes = 47.81

- Média de comentários – Avg. Comments = 4.00

FIGURA 85 – Análise do Social Blade do perfil no Instagram da @ninocarvalhoconsultoria (2022)

![Social Blade - Nino Carvalho @ninocarvalhoconsultoria - MEDIA UPLOADS 202, FOLLOWERS 2.904, FOLLOWING 320, ENGAGEMENT RATE 1.78%, AVG LIKES 47.81, AVG COMMENTS 4.00]

Outra informação bem útil revelada pelo Social Blade diz respeito ao padrão de seguidores da marca. A ferramenta irá mostrar dados acerca dos últimos 14 ou 28 dias (veja a primeira coluna, na **Figura 86** a seguir, em exemplo um período de 14 dias):

FIGURA 86 – Estatísticas do perfil no Instagram @ninocarvalhoconsultoria pelo Social Blade (2022)

INSTAGRAM STATS SUMMARY / USER STATISTICS FOR NINOCARVALHOCONSULTORIA (2022-02-08 - 2022-02-21)

DATE		FOLLOWERS		FOLLOWING		MEDIA
2022-02-08	Tue	-	1,881	-	214	169
2022-02-09	Wed	+3	1,884	+1	215	169
2022-02-10	Thu	+2	1,886	-	215	169
2022-02-11	Fri	+1	1,887	-	215	169
2022-02-12	Sat	+4	1,891	-	215	169
2022-02-13	Sun	-1	1,890	-	215	169
2022-02-14	Mon	-	1,890	-	215	169
2022-02-15	Tue	+5	1,895	-	215	169
2022-02-16	Wed	+1	1,896	-	215	169
2022-02-17	Thu	+8	1,904	-	215	169
2022-02-18	Fri	-	1,904	-	215	169
2022-02-19	Sat	-	1,904	-	215	169
2022-02-20	Sun	-3	1,901	+1	216	169
2022-02-21	Mon	-3	1,898	-	216	169
Daily Averages		+2				
Last 30 days		+60				

O interessante é perceber quando os números fogem muito do padrão. Para o meu perfil no Insta, em média ganho dois seguidores por dia. Veja, entretanto, que no dia 17, uma quinta-feira, eu ganhei oito (quatro vezes acima do normal), enquanto perdi três nos dias 21 e 22 de fevereiro (também variando anormalmente, para baixo). Nesses casos, as perguntas que o estrategista deve fazer são: o que aconteceu – o que foi postado – nesses dias para me fazer fugir tanto da média? O que acertei (para ganhar quatro vezes mais seguidores) e o que errei (para perder três)?

Vale muito a pena criar um login gratuitamente no Social Blade, explorar a ferramenta com calma e passar a adotá-la em seus PEMDs, tanto complementando as informações sobre sua organização, bem como estudando os movimentos dos concorrentes.

CAPÍTULO 37
Auditoria Social > Análise de Sentimento

Conforme proposto por Sterne (um dos autores há mais tempo produzindo livros de qualidade no que tange ao Marketing Digital), há algumas questões que devem ser observadas em termos qualitativos nas redes sociais. Apesar de as ferramentas de monitoramento ajudarem muito nesse aspecto, é preciso que o estrategista faça parte ativa dos canais sociais de sua organização para que consiga compreender os seguintes pontos:

- **Classificação de seu conteúdo** – relembre a Cadeia Alimentar do Engajamento, que falamos lá atrás, em Marketing de Relacionamento, para estar sensível ao momento da Cadeia em que se encontra o relacionamento entre seu público e sua marca.

FIGURA 87 – A Cadeia Alimentar do Engajamento

- Recomendado
- Comprado
- Interagido
- Clicado
- Comentado
- Repetido
- Classificado
- Gravado
- Visto

Fonte: Adaptado de Sterne (2010)

- **Elogios** – pode ser estimulante, prazeroso e até mesmo viciante receber muitos elogios. Há profissionais que se acostumam com os feedbacks positivos (o que é ótimo!) e, ao perceberem alguma variação para baixo na quantidade de elogios – por exemplo, em vez dos 80 que recebia, em certo dia foram somente 30 –, ficam desanimados e acham que algo está errado. Não se preocupe com as reduções nos números absolutos, mas sim em variações percentuais ao longo de dado período de tempo. Se houver grandes mudanças nessa tendência, reveja as interações e tente perceber o que pode estar havendo.

- **Comentários** – as pessoas acreditam mais em seus amigos do que em anúncios ou em conteúdos divulgados por empresas. Analisar os comentários negativos também pode ser muito útil, pois eles ajudam a identificar falhas na comunicação e nos processos. Leve muito a sério os feedbacks ruins para continuar sempre progredindo.

- **Recomendações** – há um índice chamado *Net Promoter Score*, cada vez mais adotado em atividades de Marketing, que se preocupa com uma simples pergunta: de 0 a 10, quais as chances de você recomendar essa marca (ou produto, serviço) a um amigo? Muitos acreditam que essa única questão, aparentemente trivial, é o principal indicador para saber se seu público está satisfeito e se é fiel ou não. Assim, como já foi tratado na análise do Facebook, considere essa variável de "Recomendações" como algo a ser cultivado e comemorado.

Somando-se a essas diretrizes propostas por Sterne, a **Análise de Sentimento** irá ajudá-lo a entender quem são os principais influenciadores da marca, bem como quais assuntos são tratados de forma positiva, negativa ou neutra pelos internautas. Os principais insights que devem ser extraídos dessa análise são:

- *Share of voice*: é o número de pessoas que mencionam sua organização (produto ou serviço) em comparação aos demais *players* do mercado. Deve-se considerar o número total de menções às marcas monitoradas do mercado e quanto deste universo se refere à sua marca.

- **Nível de satisfação:** do total de usuários que falam de sua marca, quantos estão satisfeitos e insatisfeitos, e qual o teor de seus depoimentos.

- **Possíveis Oportunidades e Ameaças:** busque identificar aberturas para geração de negócio ou indícios de eventuais falhas ou perigos no mercado. Por exemplo, a Meo (em Portugal) poderia monitorar quem está falando negativamente de outras operadoras (como alguém que diz no

Facebook algo como "A Vodafone não funciona, odeio a Vodafone!") e abordar o usuário com uma oferta para captá-lo como cliente.

- **Influenciadores e Detratores:** com o monitoramento você conseguirá identificar quem são os principais atores sociais a falar bem ou a defender sua marca (influenciadores) e os que criticam (detratores). Os influenciadores são aqueles que conseguem atingir, impactar muitos outros usuários e influenciar a tomada de decisão deles.

- **Melhores e Piores Canais:** a decisão sobre o que fazer em qual rede, ou mesmo em qual rede sua organização deve estar presente, não pode ser baseada em suposições ou em "achismos". O monitoramento correto irá dar segurança à sua marca sobre quais são os canais sociais em que você deve estar presente, bem como os que deve evitar.

- **Sucesso de ações de comunicação:** com as possibilidades de mensuração que a internet oferece, você conseguirá não apenas medir o impacto de suas campanhas online, mas também poderá criar formas de rastrear o feedback do público acerca de suas iniciativas de comunicação offline.

- **Movimentos dos concorrentes:** como destacado em tantas outras ocasiões, o correto monitoramento de redes sociais deve prever que sua organização também esteja a par dos movimentos da competição.

Para conduzir esses estudos, o estrategista dispõe de imensa variedade de ferramentas e softwares de monitoramento, disponíveis no mercado, tanto pagos, quanto gratuitos, brasileiros e estrangeiros.

As ferramentas de monitoramento rastreiam os diferentes ambientes digitais e redes sociais em busca de depoimentos que contenham os assuntos-chaves configurados para a pesquisa. Essas plataformas também oferecem opções de tratamento dos resultados, tais como a possibilidade de adição de tags e categorias relacionadas ao conteúdo da menção, bem como a classificação do sentimento e o tom da mensagem. Em alguns casos, a ferramenta também disponibiliza funcionalidades para o gerenciamento de canais e perfis sociais. No entanto, com as dezenas de opções disponíveis e tantas diferenças entre as funcionalidades oferecidas pelos softwares, é natural que as empresas se confundam na hora de definir a melhor escolha.

Para auxiliar o estrategista na tomada de decisão pela solução mais interessante e adequada à sua realidade, proponho as seguintes diretrizes que você deverá entender:

- **Qual o orçamento disponível para a contratação do serviço**
  As licenças de uso dos diferentes softwares disponíveis no mercado variam muito de valor, indo de opções simples e nacionais de R$ 400 mensais a alternativas robustas que podem ultrapassar facilmente os R$ 20 mil mensais, com foco em grandes marcas.

- **Quais redes são cobertas pela busca e como elas são varridas**
  Existem ferramentas que prometem monitorar "todas as redes sociais" ou "as principais redes do Brasil". É importante que você entenda exatamente que alternativas são, de fato, oferecidas pelo software que irá contratar.

- **Como são inseridas as palavras-chaves para orientar a busca**
  Algumas ferramentas não oferecem independência para o cliente inserir as palavras-chaves e controlar o *input* dos dados para iniciar a busca. Isso quer dizer que cada vez que você quiser alterar algum parâmetro na ferramenta, precisará de um terceiro (que, em geral, irá cobrar extra por esse serviço).

- **Se há inteligência para Evolução da Busca**
  Muitas ferramentas não oferecem inteligência de autoaprendizagem conforme a utilização. Ao aprender com as informações oferecidas pelo administrador, o software pode bloquear automaticamente spams e resultados fora do escopo. É importante contar com uma solução confiável em termos de Inteligência Artificial nesse sentido.

- **Como são apresentados os resultados da busca**
  Menos importante do que a disponibilização de gráficos pela própria ferramenta é a apresentação da listagem completa dos resultados, com todas as informações relacionadas a eles – link, rede de origem, autor, conteúdo, comentários etc. Essas informações, idealmente, devem ser exportáveis para tratamento *a posteriori*. Não se engane com os maravilhosos *dashboards* nativos das próprias ferramentas. Os lindos gráficos de nada adiantarão se forem baseados em resultados questionáveis.

- **Exportação de resultados**
  Como os resultados encontrados pelas ferramentas são brutos, ou seja, mesmo com filtro precisam de tratamento para excluir spams e lixo em geral, a exportação em Excel (ou em algum formato semelhante, como CSV[99]) ou outras ferramentas (Tableau, Power BI) é fundamental para gerar gráficos e cruzamentos confiáveis, após um estudo mais detalhado por sua equipe de inteligência competitiva.

---

99 Dados em formato CSV (*Comma Separeted Value,* ou Valores Separados por Vírgula) são informações brutas, em arquivos de texto ou de Excel, exportáveis, que podem ser tratadas posteriormente por um analista.

- **Envio automático de alertas**
  Fundamental para eventuais casos de crises e monitoramento contínuo da presença social. Cheque se a solução que irá adotar permite que você (ou o Comitê de Crises, equipe de plantão etc.) receba alertas pré-programados e configuráveis via e-mail, WhatsApp ou SMS.

- **Possibilidades de integração com outras plataformas**
  É importante considerar quão fácil e rápido seria integrar sua ferramenta de monitoramento com outras soluções da organização (tais como plataformas de SAP, CRM, ERP, sistemas de atendimento ao cliente, ferramentas de e-mail marketing, entre outros).

Terceirizar ou não o trabalho de monitoramento?

Normalmente o trabalho de monitoramento é feito por agências, talvez devido ao grau de especialização demandado ou pela variedade de profissionais envolvidos. Em adição ao software de monitoramento, você idealmente precisará contar com analistas (para fazer a filtragem e a classificação dos resultados, além da análise dos dados) e estatísticos (que irão se certificar da validade dos resultados, para que você saiba que a organização tomará decisões com base em informações críveis). Esse conjunto de fatores costuma levar as organizações a terceirizar o serviço de monitoramento.

Entretanto, não acredito que esse seja o caminho mais indicado. Compreendo as razões para terceirizar diversos serviços, incluindo esse. Porém, percebo o monitoramento como algo muito sensível e muito ligado ao núcleo estratégico da empresa. Passar para agências a gestão de rede social pode ser algo mais trivial, braçal, mas quando falamos de dados sobre comportamento dos stakeholders, dos concorrentes, sobre informações envolvendo sucesso e fracasso das campanhas da marca, eventualmente sobre dados financeiros, entre outras informações sensíveis, não considero inteligente passar toda essa riqueza para um terceiro.

Naturalmente, existem proteções via contratos de confidencialidade, multas altas etc., mas por inúmeras vezes vi esse conhecimento sobre clientes antigos ser levado para a concorrência ou mesmo para o dia a dia de um novo cliente. Empresas como Nestlé, Coca-Cola, Redbull, Farfetch, Gatorade, NFL, entre tantas outras, já possuem, de maneira integral ou parcial, a área de Marketing Digital dentro de casa (incluindo as atividades ligadas à inteligência competitiva). Se for algo impensável, no momento, para sua organização, não se desespere. Pense em um plano de contingência para, quem sabe, em seis meses ou um ano você poder caminhar com suas próprias pernas.

CAPÍTULO 38
Matriz SWOT: Organizando e Priorizando o Diagnóstico Estratégico

A SWOT é, provavelmente, um dos principais instrumentos estratégicos utilizados em todo o mundo. Infelizmente – talvez justamente por se tratar de um framework simples, de fácil aplicação e amplamente disseminado – é demasiadamente comum ver profissionais aplicando a SWOT com frequência e, invariavelmente, de forma errada. Você poderá ter acesso a referências, *cases* aplicados e mais detalhes sobre o tema no **Espaço aPEMDiz**.

Diferentemente do entendimento comum, a Matriz SWOT não é um fim por si só ou um modelo suficiente para direcionar as ações estratégicas da empresa. Muito menos é o início dos trabalhos de Planejamento Estratégico, como praticado equivocadamente por tantos profissionais. Na verdade, a SWOT é **um** dos diversos possíveis modelos para organização e estruturação de determinadas etapas no processo de Planejamento Estratégico Organizacional ou de Marketing. Trata-se de uma ferramenta importante para permitir que as empresas filtrem os achados do diagnóstico em um modelo mais sucinto e palatável (Beamish e Ashford, 2007). Se gerenciada corretamente e sendo desenhada em contraste com a concorrência, a SWOT pode ser uma forte base para a vantagem competitiva da organização.

O que é SWOT?

SWOT é um acrônimo do inglês para *Strenghts*, *Weaknesses*, *Opportunities* e *Threats* – ou Forças, Fraquezas, Oportunidades e Ameaças. Assim, você também poderá ver alguns autores brasileiros se referindo à matriz como FOFA (Forças, Oportunidades, Fraquezas e Ameaças), denominando também "Forças" de "Fortalezas", entre outras variações.

A data e a autoria da criação da Matriz SWOT são um tanto nebulosas. Alguns autores afirmam que Albert Humphrey, na década de 1960, nos EUA, foi o primeiro a aplicar a metodologia. Outra linha diz que dois professores de Harvard, Kenneth Andrews e Roland Christensen, foram os verdadeiros criadores da SWOT, também nos anos 1960. É possível ainda, para outros pesquisadores, que tenha sido Kotler o responsável, já na década de 1970, por formalizar a matriz como sendo aplicável a diferentes contextos.

FIGURA 88 – Matriz SWOT

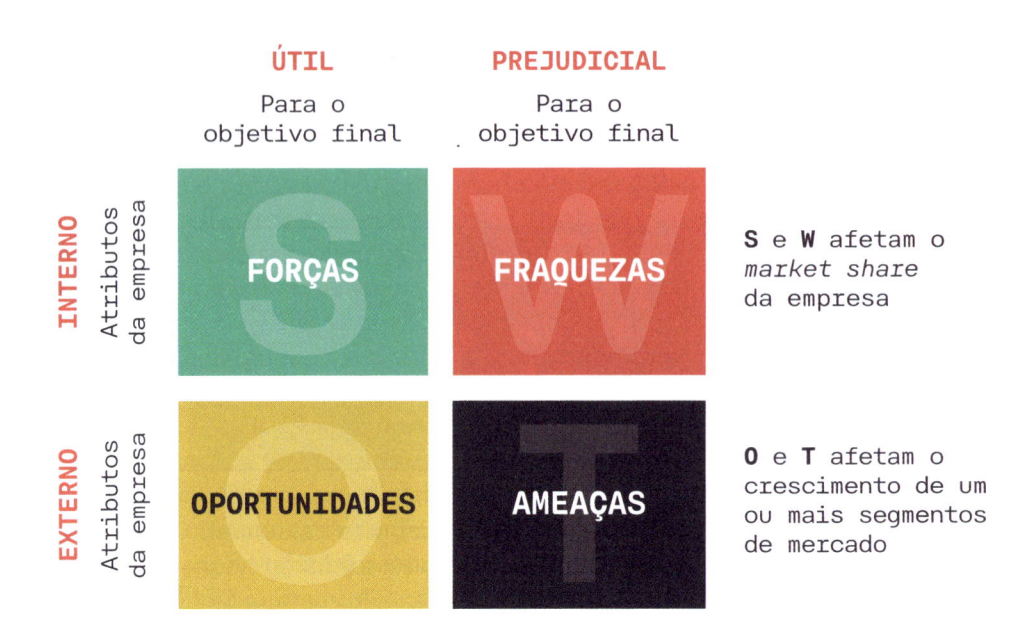

	ÚTIL Para o objetivo final	PREJUDICIAL Para o objetivo final	
INTERNO Atributos da empresa	FORÇAS	FRAQUEZAS	S e W afetam o *market share* da empresa
EXTERNO Atributos da empresa	OPORTUNIDADES	AMEAÇAS	O e T afetam o crescimento de um ou mais segmentos de mercado

Independentemente dessa breve lembrança histórica, o que importa é saber para que a SWOT serve e como utilizá-la. A SWOT é uma ferramenta simples e poderosa e tem mais valor quando é usada não somente para análises de sua situação atual, mas também a dos concorrentes, além de orientar o estrategista na formulação do Plano Tático.

Pontos de atenção na aplicação da Matriz SWOT

Como mencionei no início desta seção sobre SWOT, a vasta disseminação da Matriz e a enorme variedade de maneiras como o conhecimento sobre sua aplicação é passado de pessoa para pessoa são alguns dos fatores que levam uma larga parcela de profissionais a utilizar (e ensinar!) a Matriz SWOT sem perceber que podem estar incorrendo em erros triviais e de simples solução.

Para ajudá-lo a desenhar a SWOT de maneira correta e sólida, apresento a seguir alguns dos itens mais comuns de dificuldades (e mesmo erros) na aplicação da SWOT. Vamos usar esses itens como ponto de partida para ilustrar o que você deverá evitar e, sabendo disso, como deve montar uma Matriz SWOT consistente, robusta e eficiente.

Equilíbrio e Racionalidade

Existe um caráter inevitável de subjetividade que irá, invariavelmente, enviesar o desenho da matriz de acordo com a visão do estrategista e/ou do grupo de profissionais que estiver montando a SWOT.

Por exemplo, em minhas consultorias é muito comum e muito fácil perceber se há alguém satisfeito ou decepcionado com a organização, com o chefe ou com o departamento em que atua. Um recém entrante na empresa, ou alguém que acabou de ser promovido, costuma estar feliz e cheio de expectativas positivas acerca do futuro. Essa pessoa tende a identificar mais oportunidades e forças na SWOT. Por outro lado, se há alguém que, por qualquer razão, está desmotivado, irritado com o caminhar das coisas ou decepcionado com sua posição ou a da empresa, normalmente tenderá a observar muitas fraquezas e ameaças.

Sendo assim, para minimizar os impactos desses e de outros vieses, o segredo é tão somente manter um equilíbrio entre os elementos da SWOT; ou seja, tente evitar listar 6 Forças e 18 Fraquezas. Faça esforço para chegar a um número mais equilibrado, por exemplo, 10 para um lado e 12 ou 13 para outro.

Outro conselho é que o estrategista busque traçar um primeiro esboço da SWOT em conjunto com um grupo variado de membros da organização. Eu tendo a convidar um mix entre executivos de média patente (gerentes ou coordenadores, a depender do porte da empresa) e profissionais em cargo de analistas, talvez até um ou outro estagiário mais antenado e motivado. Essas pessoas devem representar as áreas mais próximas das atividades de Marketing, incluindo o Digital, e compor um grupo diverso, de cinco a dez membros. Logicamente, é essencial que todos os participantes estejam familiarizados com os pontos principais do Diagnóstico Estratégico, de forma que possam contribuir de maneira mais focada e objetiva. Você irá, portanto, agir como um facilitador para co-construção do desenho preliminar da Matriz e, posteriormente, será sua responsabilidade conceber a versão final da SWOT que integrará o PEMD.

Recheie bem com os insights do Diagnóstico Estratégico

A tendência do ser-humano é se dar por satisfeito à primeira resposta certa que encontra para um problema. Sim, a resposta pode estar correta, mas isso não significa que ela é a **única** resposta correta, ou mesmo a **melhor** resposta.

O que mais vejo são SWOTs que trazem dois ou três elementos para cada fator. Claramente é um SWOT raso, míope e preguiçoso. Em vez disso, você deve, em um primeiro momento, escrever todos os elementos relevantes que tenha encontrado em seu Diagnóstico Estratégico. Não se acanhe, faça uma longa lista. Os insights coletados na análise do ambiente externo (tudo do Macroambiente/PESTEL e dados relevantes sobre concorrentes) deverão preencher as Oportunidades e Ameaças; enquanto o que você identificou no ambiente interno (dentro dos estudos do microambiente, como tudo relacionado ao site, equipe, orçamento etc.) irá alimentar as Forças e Fraquezas na Matriz.

Como seu Diagnóstico traz uma enormidade de informações relevantes, você precisará utilizar a SWOT para organizar esses insights e priorizá-los. Dito isso, é fácil imaginar que não há como sua SWOT ter poucos elementos para cada fator. Uma SWOT com cinco ou menos elementos invariavelmente estará ou incorreta ou incompleta.

Será então somente em um segundo momento (após preencher inicialmente a SWOT com um grande volume de informações) que você deverá se preocupar em organizar melhor as informações (categorizá-las, agrupá-las), filtrar e priorizar os itens.

- **Vincule as Oportunidades com as Forças**

Os autores e praticantes mais fiéis à SWOT dizem que não pode haver uma oportunidade se a organização não tiver alguma força para aproveitá-la. Isso é bem correto e lógico. De fato, imagine que há uma aparente oportunidade que aponta que as tarifas de internet móvel praticadas pelas principais operadoras irão baixar em 15%. Parece algo incrível, muitas pessoas utilizarão mais a internet em dispositivos móveis e outras tantas poderão aderir ao serviço pela primeira vez. No entanto, para aproveitar essa potencial oportunidade, sua marca precisaria estar atuando junto ao público beneficiado, ter orçamento para investir em mobile, ter expertise na área, possuir equipe capacitada, entre tantos outros fatores. Se nada disso ocorrer (ou seja, se sua organização não possuir essas **forças**), simplesmente não há oportunidade concreta a ser aproveitada. Os celulares e o acesso à internet móvel poderiam até ser gratuitos e ainda assim você não teria como aproveitar o momento. Em suma, não existe uma oportunidade concreta – talvez, ironicamente, haja mesmo uma **ameaça**, caso nesse cenário hipotético existam competidores que tenham as forças requeridas e possam, portanto, aproveitar o momento.

- **Seja sólido na apresentação das informações**

   Segundo Gilligan, Wilson e Hines (2019), um dos principais fatores que levam a falhas na SWOT é apresentar elementos que não são específicos o suficiente. Infelizmente, mesmo em alguns bons livros, você vai ver, dentro da SWOT, exemplos de elementos dispostos como "globalização" ou "internet" ou "nova classe média". A não ser que itens assim estejam extremamente claros no Diagnóstico, a ponto de não merecerem qualquer apresentação ou explicação mais apuradas, o correto seria ter um pouco mais de informações em cada ponto dentro da SWOT, de forma a comunicar melhor sua matriz, deixando claro e explícito para os stakeholders do PEMD (seu gerente, os sócios, board de diretores, equipe de comunicação etc.) o que você está querendo transmitir em sua Matriz SWOT. Se julgar necessário, pode ser válido utilizar referências – tais como as fontes dos dados ou a página do PEMD em que o leitor irá encontrar mais informações sobre aquele tema.

- **Seja coerente (coerência com o Diagnóstico Estratégico)**

   A SWOT não é momento para inventar nada. Como foi mencionado no início desta parte do livro sobre a matriz, a SWOT é uma espécie de clímax de toda a etapa inicial do PEMD, ou seja, o Diagnóstico Estratégico. Ela não deve anteceder nenhuma análise ambiental e não deve requerer nenhuma informação nova, inédita, uma vez que tudo de que você precisa para chegar a uma SWOT robusta já foi identificado e analisado ao longo de seu Diagnóstico.

   É provável que você tenha aprendido a fazer planejamentos estratégicos iniciando os trabalhos com uma SWOT. Esqueça isso. É completamente irracional e despropositado. Ao começar um processo de planejamento, você não possui nenhuma informação concreta, tangível – no máximo, a depender de seus conhecimentos e experiência, poderá ter bons *feelings*, ou seja, algumas noções e sensações do que pode ser importante para seu plano. Por isso, utilize a SWOT como um desdobramento resumitivo que irá concluir a Etapa 1 – Diagnóstico Estratégico – de seu PEMD.

   Essa última recomendação, portanto, sugere que o estrategista revisite todas as análises ambientais, e vá encaixando os achados em cada um dos quatro quadrantes da SWOT. Se, por qualquer acaso, você chegar à SWOT e perceber que há algo a ser listado aqui e que não foi identificado previamente, tenha certeza de que você falhou em algum momento nas análises ambientais. Recomendo que volte e reveja o Diagnóstico Estratégico do seu PEMD.

As **Forças** mostrarão os principais ativos do marketing da organização. As **Fraquezas** indicarão as prioridades de melhorias e o que deverá ser evitado no PEMD. As **Ameaças** elevam os riscos da estratégia, mitigam o sucesso da implementação do plano e aumentam os recursos que deverão ser utilizados pela organização. As **Oportunidades** apontarão as áreas que devem ser exploradas como novas fontes de vantagens competitivas.

Agora, veja a seguir, na **Figura 89**, um bom exemplo de Matriz SWOT de um dos principais sites de compra e venda de veículos no Brasil, o Webmotors. Repare que são seguidas as recomendações dos bullet points anteriores. Por exemplo, as informações estão claras (algo que profissionais de outras áreas da empresa entenderiam). Percebe-se, também, que se tentou deixar os elementos equilibrados, embora talvez pudesse haver um pouco mais de reflexão acerca das potenciais ameaças.

A SWOT do Webmotors, portanto, cumpre seu papel em apresentar uma espécie de resumo dos principais insights do Diagnóstico.

FIGURA 89 – Exemplo de SWOT do site Webmotors[100]

EXTERNO

FORÇAS
- Marca forte (Top Of Mind) no setor de auto
- Site Webmotors com maior número de acessos no setor
- Presença consolidada nas redes sociais
- Conteúdo editorial próprio
- Direcionamento já existente para novas iniciativas e canais (mobile, app)
- Direcionamento já existente para melhorias em SEO e SEM
- Orçamento de marketing totalmente voltado ao digital

FRAQUEZAS
- Processo de internalização em andamento / equipe interna em processo de formação
- Webmotors ainda não é reconhecido como fonte editorial
- Alta dependência de parceiros e fornecedores externos
- Pouco investimento em publicidade em comparação com concorrentes
- Backlog de TI - melhorias requerem implantações ainda não finalizadas

INTERNO

OPORTUNIDADES
- Internet como fonte sedimentada de pesquisas no setor automobilístico
- Crescimento do mercado digital
- Mobile desponta como fonte de pesquisa no setor automobilístico
- Internet está entre as preferências de mídia
- Crescimento do uso de mobile para acesso à internet e leitura de notícias
- Disponibilidade para pagar pelo consumo de conteúdo
- Crescimento do consumo de entretenimento e informação
- Aumento de acesso à internet em momentos de desaceleração econômica
- Inovações tecnológicas como fonte de sustentabilidade

AMEAÇAS
- Baixa credibilidade do conteúdo na internet
- Aumento de players, levando à necessidade de diferenciação de conteúdo
- Pressão de sindicatos para legislação trabalhista de jornalistas
- Incertezas do cenário econômico podem afetar receitas com anúncios ou mesmo para consumo de conteúdo pago

Fonte: PEMD de alunos do MBA em Marketing Digital da FGV (2015)

Uma vez que sua SWOT estiver redonda e finalizada, você deverá fazer um exercício preliminar ao Plano Tático de Ações, já traçando reflexões acerca de quais abordagens táticas poderá adotar, de forma a aproveitar os itens positivos já identificados, bem como se preparar para eventuais dificuldades. Para tanto, deverá desenvolver a Matriz TOWS.

---

100 Exemplo retirado do PEMD desenvolvido para a Webmotors por Anna Carolina Esposito, Diogo Dantas Silva, Regina Célia Fazolare Maurano, Letícia Di Lallo, Mariel Ogata Lapos, como parte do trabalho final da disciplina de Planejamento Estratégico de Marketing Digital no curso de MBA em Marketing Digital da Fundação Getúlio Vargas (FGV), em São Paulo, 2015.

Matriz TOWS: maximizando a utilidade da SWOT

O objetivo principal da SWOT é auxiliar na definição de **estratégias** para manter pontos fortes, reduzir a intensidade de pontos fracos, aproveitando oportunidades e protegendo-se de ameaças. Muitas vezes, no entanto, a SWOT pode passar despercebida em sua apresentação do PEMD para os executivos da organização, ou mesmo não lhe ajudar tanto a desdobrar as Forças, Fraquezas, Oportunidades e Ameaças em ações concretas (o que, afinal, é a função esperada da SWOT).

Assim, quando estou desenhando minha SWOT e me preparando para refletir acerca das potenciais táticas digitais, acho muito útil utilizar o apoio da Matriz TOWS (que você poderá ver ser referenciada também como SWOT Móvel, SWOT Invertida, SWOT Cruzada ou SWOT Dinâmica). Essa matriz permite que você faça uma checagem em sua SWOT, além de criar estratégias iniciais. A bem da verdade, é provável que, uma vez se acostumando com a TOWS, você perceba que não há como ou por que fazer a Matriz SWOT se não complementar com o esforço de refletir sobre os cruzamentos das variáveis dentro da lógica da TOWS, conforme podemos ver no exemplo ilustrativo da **Figura 90** a seguir:

FIGURA 90 – Esquema básico da Matriz TOWS e orientações estratégicas derivadas

	OPORTUNIDADES	AMEAÇAS
FORÇAS	Potencialidades de Ação Ofensiva	Capacidade Defensiva
FRAQUEZAS	Debilidades	Vulnerabilidades

O que a Matriz TOWS propõe, basicamente, é o cruzamento entre os elementos da SWOT para gerar uma reflexão acerca das possíveis abordagens táticas que o estrategista poderá utilizar. O modelo a seguir está pronto para você completar e adotar em seu PEMD:

FIGURA 91 – Modelo para aplicação da Matriz TOWS

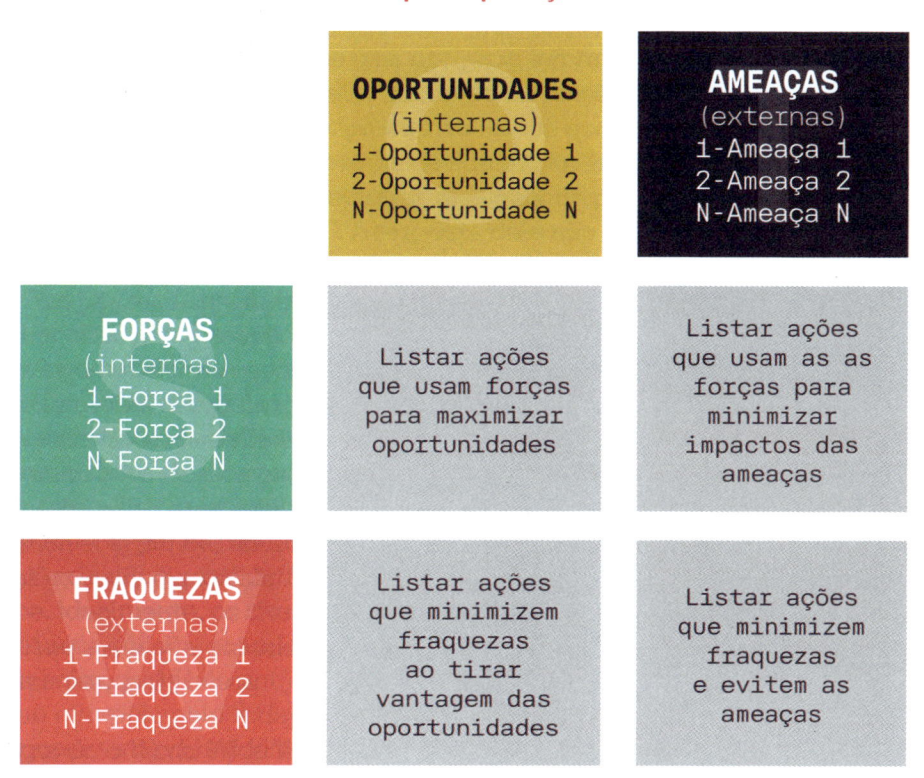

	OPORTUNIDADES (internas) 1-Oportunidade 1 2-Oportunidade 2 N-Oportunidade N	AMEAÇAS (externas) 1-Ameaça 1 2-Ameaça 2 N-Ameaça N
FORÇAS (internas) 1-Força 1 2-Força 2 N-Força N	Listar ações que usam forças para maximizar oportunidades	Listar ações que usam as as forças para minimizar impactos das ameaças
FRAQUEZAS (externas) 1-Fraqueza 1 2-Fraqueza 2 N-Fraqueza N	Listar ações que minimizem fraquezas ao tirar vantagem das oportunidades	Listar ações que minimizem fraquezas e evitem as ameaças

As Forças e Fraquezas são, sempre, relativas ao ambiente interno da organização: equipe, acesso a recursos financeiros, relacionamento com parceiros, marca, portfólio de produtos, experiência do usuário, oferta de canais digitais, facilidade de compras no *e-commerce*, utilização das mídias sociais, impacto das campanhas, rol de fornecedores, atendimento ao cliente, oferta de conteúdo etc.

As Oportunidades e Ameaças, por sua vez, sempre se referem aos fatores externos à organização e, nesse ponto, será fundamental utilizar as variáveis que você destacou na análise do macroambiente ao aplicar o modelo PESTE.

A seguir, um exemplo de Matriz TOWS para uma renomada discoteca de São Paulo, a The History, mostrando como associar os principais pontos obtidos na SWOT a possíveis cursos de ação:

FIGURA 92 – Exemplo de TOWS da The History [101]

	OPORTUNIDADES EXTERNAS 1. Aumento de compra online 2. Novo comportamento conjugal 3. Resgatar público 4. Turistas	**AMEAÇAS EXTERNAS** 1. Concorrência acirrada 2. Reinauguração Over Night 3. Recessão
FORÇAS INTERNAS 1. Marca consolidada 2. Alto engajamento no Facebook 3. Referências, guias e sites	1. Estratégias de conversão 2. PR, SEO e SEM 3. Comunicação para estrangeiros 4. Embaixadores de marca	1. Fidelizar clientes 2. Retenção e engajamento 3. Estratégia de PR, SEO e mídia paga 4. Parcerias estratégicas e promoções
FRAQUEZAS INTERNAS 1. Venda online condicionada e fraca 2. UX 3. Social só Facebook 4. Comunicação não estratégica	1. Reforçar a conversão online 2. Ampliar target 3. Ampliar portfolio de canais 4. Reforçar atendimento 2.0	1. Estruturar venda online 2. Reestruturar site 3. Estratégia de comunicação online e SAC 2.0 4. Ampliar atuação nas redes

Fonte: PEMD de alunos do MBA em Marketing Digital da FGV (2015)

Como você deve ter percebido, a SWOT está sendo utilizada **no final do processo** de análise do Macro e Microambientes de Marketing. Assim solucionamos talvez o primeiro, mais comum e maior dos erros que os estrategistas cometem ao adotar a matriz: **você não deve começar seu Planejamento com a SWOT**. Ao contrário, a SWOT é uma matriz para ajudá-lo na organização e priorização dos fatores ambientais. Você somente terá insumos para montar uma SWOT de verdade **após** ter feito todas as coletas e análises do macro e microambientes.

---

[101] Exemplo retirado do PEMD desenvolvido para The History por Jennifer Queen, Fernanda Cerboncini, Guilherme Vitullo, Liz Frigeri e Clécio Ribeiro, como parte do trabalho final da disciplina de Planejamento Estratégico de Marketing Digital no curso de MBA em Marketing Digital da Fundação Getúlio Vargas (FGV), em São Paulo, 2015.

Aprimorando os insights da SWOT

Uma vez que tenha montado sua Matriz SWOT, há outras **duas matrizes** muito úteis que o ajudarão a compreender melhor quais são os fatores do **macroambiente** (ou seja, os que você identificou como **Oportunidades** ou **Ameaças**) mais relevantes para o seu caso particular. Ambas são muito simples de compreender e de aplicar, e mostram-se altamente úteis.

A referência para esses desdobramentos da SWOT (a **Matriz de Oportunidades** e a **Matriz de Ameaças**) tem origem no livro *"Strategic Marketing Planning"* (Gilligan, Wilson e Hines, 2019), que considero "**o**" livro essencial para quem trabalha com Planejamento e Estratégia de Marketing, tanto no mundo digital quanto no ambiente offline.

Matriz de Oportunidades

Essa matriz, ilustrada na **Figura 93** a seguir, irá ajudá-lo a entender e priorizar melhor as **Oportunidades** que você identificou durante a Etapa 1 do PEMD (Diagnóstico Estratégico) como sendo possíveis **oportunidades** para a organização.

FIGURA 93 – Modelo da Matriz de Oportunidades

	PROBABILIDADE DE SUCESSO	
	ALTA	**BAIXA**
ATRATIVIDADE ALTA	Melhores oportunidades: empresa deve focar aqui!	Algum interesse: é necessário que a empresa examine possibilidades com cuidado
ATRATIVIDADE BAIXA	Algum interesse: é necessário que a empresa examine possibilidades com cuidado	Oportunidades pequenas ou com poucas chances de sucesso

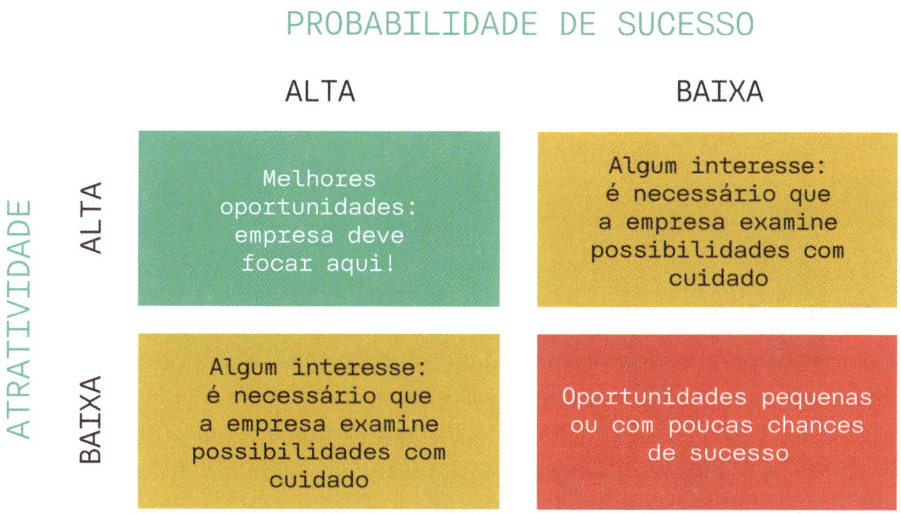

Fonte: Traduzido e adaptado livremente de Gilligan, Wilson e Hines (2019)

Você deverá revisar todas as oportunidades que identificou e classificá-las de modo a encaixar cada uma delas em um dos quadrantes dessa matriz.

A **Atratividade** se refere a quão interessante é a oportunidade para a empresa durante o período proposto para o PEMD. Imagine que seu Planejamento contemplará 12 meses. Se há uma excelente oportunidade, mas ela não poderá ser aproveitada nesse período (por qualquer motivo que seja – não há forças suficientes para apoiá-la, ou ela só acontecerá após um período maior, por exemplo), infelizmente essa não será uma oportunidade atrativa (ou "efetiva").

A **Probabilidade de Sucesso** dá conta de quanto sua empresa de fato conseguirá transformar aquela oportunidade em resultados, em retornos para a instituição. Em outras palavras, quais as chances reais de sua organização conseguir tirar resultados de determinado fator.

Matriz de Ameaças

Conforme exemplificado na **Figura 94** a seguir, essa matriz irá ajudá-lo a entender e priorizar melhor as **Ameaças** que você identificou durante essa primeira etapa do PEMD, para que consiga desenhar melhores ações de defesa e prevenção.

FIGURA 94 – Modelo da Matriz de Oportunidades

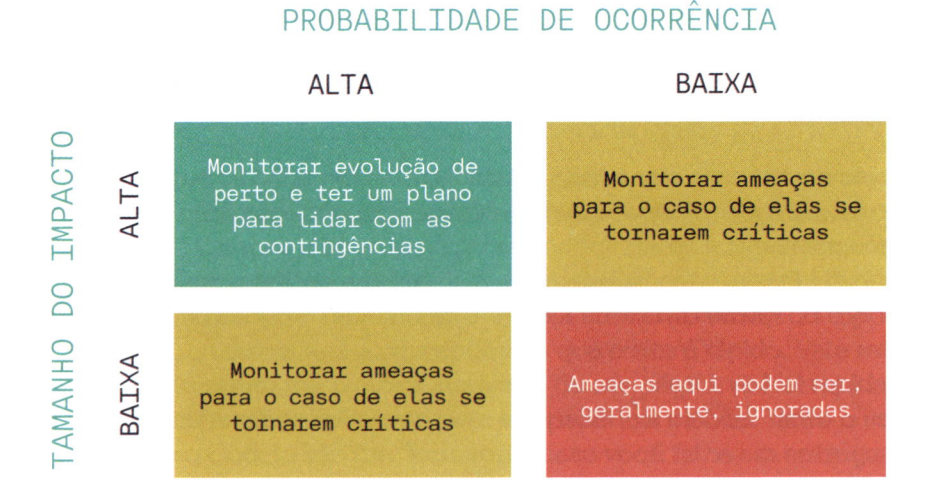

PROBABILIDADE DE OCORRÊNCIA

	ALTA	BAIXA
ALTA (TAMANHO DO IMPACTO)	Monitorar evolução de perto e ter um plano para lidar com as contingências	Monitorar ameaças para o caso de elas se tornarem críticas
BAIXA (TAMANHO DO IMPACTO)	Monitorar ameaças para o caso de elas se tornarem críticas	Ameaças aqui podem ser, geralmente, ignoradas

Fonte: Traduzido e adaptado livremente de Gilligan, Wilson e Hines (2019)

A mecânica da Matriz de Ameaças é similar à da Matriz de Oportunidades: é preciso revisitar cada item que foi disposto no rol de Ameaças da SWOT e classificá-lo quanto à Probabilidade de Ocorrência (Alta = muito provável de ocorrer ou Baixa = pouco provável que aconteça) e quanto ao Tamanho do Impacto (Alto = impacto forte e devastador ou Baixo = menor impacto, com menos gravidade).

Chegando a este ponto, seu Diagnóstico Estratégico (Etapa 1 do PEMD) estará concluído e é o momento de seguir em frente, primeiro traçando os objetivos que irá utilizar, seguidos pelos indicadores de mensuração de seu sucesso e, enfim, o desenho do planejamento tático. Vamos à Etapas 2 – Direcionamento Estratégico e 3 – Definição do Plano Tático de Ações Digitais.

PARTE V

METODOLOGIA PEMD – ETAPA 2: PARA ONDE VAMOS?

DIRECIONAMENTO ESTRATÉGICO

Definição dos Objetivos Organizacionais e dos Indicadores-chave de Performance (KPIs)

VOCÊ ESTÁ AQUI ▼

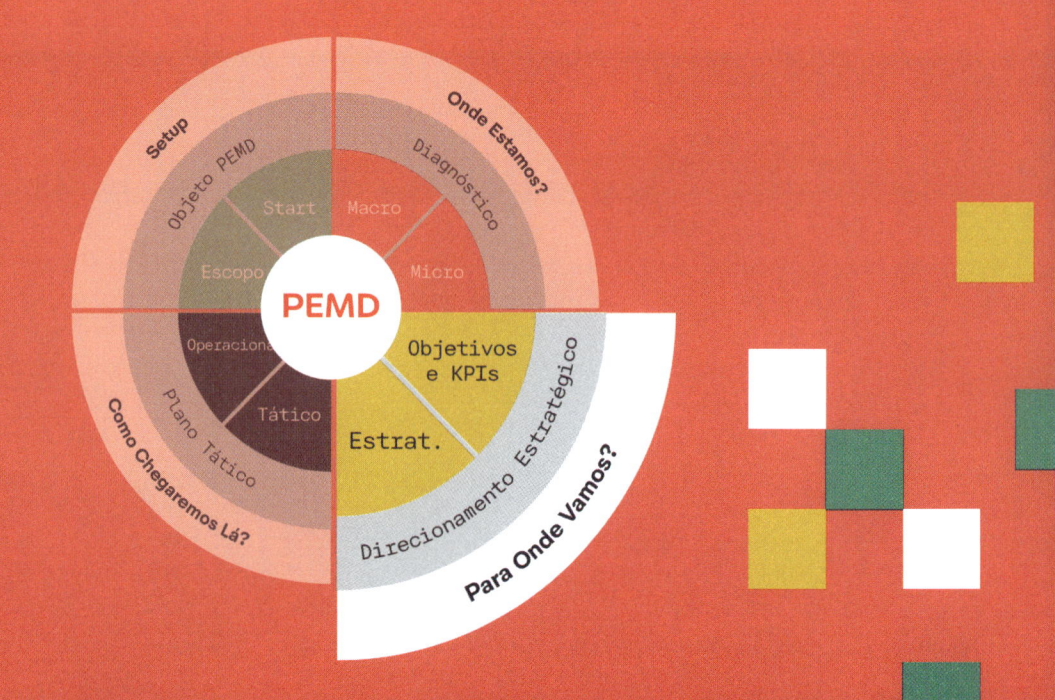

CAPÍTULO 39
Direcionamento: Traçando a Rota do seu PEMD

Uma vez que você tem em mãos o **Diagnóstico Estratégico** já concluído, ou seja, o cenário em que sua organização está inserida, com insights sobre como os públicos percebem e interagem com sua marca e sobre como os competidores exploram o ambiente digital, chegou a hora de definir os nortes que guiarão seu Plano Tático de Ações para a internet.

Essa segunda etapa do PEMD, o **Direcionamento Estratégico**, consiste em traçar os objetivos que se pretende atingir com as atividades de Marketing na Era Digital e apontar os indicadores-chave de performance que irão orientar suas ações.

Para que a organização consiga desenhar táticas que vão de encontro aos seus objetivos e assegure que as ações são realmente úteis e eficazes, o estrategista precisa ter indicadores que funcionem como uma espécie de âncora no elo entre objetivos e ações. Por conta disso, após tratarmos dos objetivos estratégicos, será dedicada uma seção específica, pouco mais à frente, aos KPIs (do inglês, *Key Performance Indicators*).

Objetivos da organização e o papel do Marketing Digital

Os objetivos do ambiente digital não nascem ou existem isoladamente. Não se trata de uma lista de desejos sobre o que a marca quer fazer na internet, sem qualquer integração com o restante da organização. Muito pelo contrário. Sua empresa certamente possui objetivos corporativos, que se desdobram em objetivos distintos para cada área ou unidade de negócios da instituição, dentre os quais poderá haver os objetivos de marketing. Pois bem, as atividades que você fará dentro da "caixinha" de Marketing Digital devem ajudar, facilitar e potencializar as entregas dos objetivos de marketing, que, por sua vez, irão alimentar os macro objetivos organizacionais.

Veja o esquema do pensamento tradicional para a definição de objetivos, ilustrado na **Figura 95** a seguir:

FIGURA 95 – Relacionamento entre os objetivos organizacionais, de Marketing e de Marketing Digital

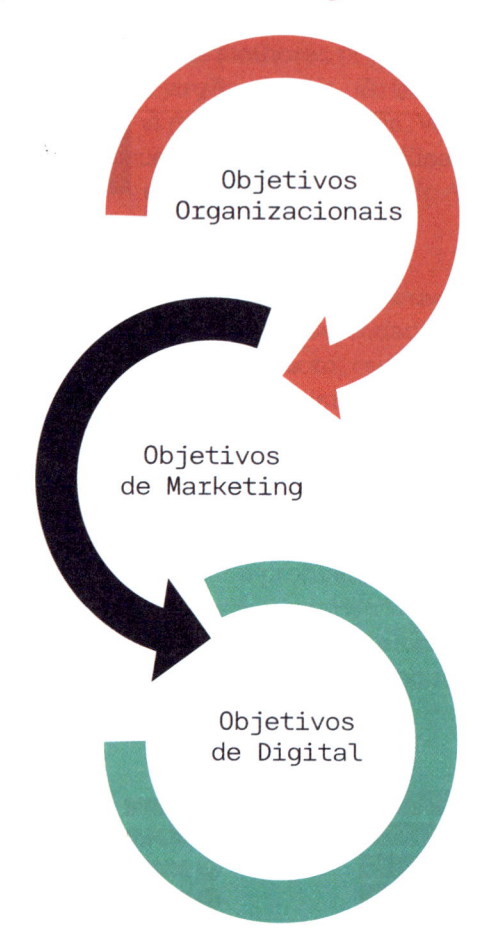

- Objetivos Organizacionais
- Objetivos de Marketing
- Objetivos de Digital

Ilustrando dessa forma, fica claro compreender que você precisa conhecer muito bem quais são os objetivos organizacionais norteadores para que consiga derivar objetivos de Marketing Digital que sejam úteis e valiosos para sua empresa.

Entretanto, esse modelo tradicional passou a ser questionado, talvez por burocratizar muito um processo tão relevante – quanto o de definição dos objetivos da organização – e também por dificultar a adoção prática nas pontas operacionais (como nas ações de Marketing Digital). Sob a ótica tradicional, após a definição dos objetivos centrais da empresa, cada departamento deveria pensar em seus próprios objetivos. Posteriormente, dentro dos departamentos, as subáreas também deveriam ter seus objetivos específicos. Naturalmente, como você irá rapidamente perceber, de acordo com essa abordagem, são criadas diversas camadas diferentes de objetivos.

Essa quebra em muitas camadas pode se aprofundar e a empresa acabará por descobrir que há dezenas e dezenas de objetivos sendo perseguidos por diversos departamentos. Certamente essa abordagem tende a criar, desnecessariamente, confusão e complexidade em algo que deveria ser facilmente disseminado e conhecido por todos os colaboradores da organização.

Pegando o exemplo do departamento de Marketing, teríamos algo mais ou menos assim:

1. Objetivos Organizacionais

    1.1. Objetivos de Marketing

        1.1.1. Objetivos de Comunicação Institucional

        1.1.2. Objetivos de Comunicação Interna

        1.1.3. Objetivos de Marketing Digital

            1.1.3.1. Objetivos de Facebook

            1.1.3.2. Objetivos de E-mail Marketing

        1.1.4. Objetivos de Relações Públicas

        1.1.5. Entre outros.

Essa forma de pensar provavelmente fazia muito sentido há alguns anos, e certamente era muito adotada, particularmente em empresas maiores e mais complexas. Porém, com a dinâmica do mercado em que vivemos atualmente e com a pressão inerente às atividades de internet e com mais necessidade de soluções ágeis, torna-se necessário um modelo mais simples, flexível, óbvio e de fácil comunicação, compreensão, implantação e gestão.

Acredito que o Digital seja apenas um dos possíveis canais em que a organização irá entregar uma série de atividades com vistas a alcançar seus macro objetivos. Essa visão, de que o Digital trata de uma estratégia de canal, é corroborada por muitos autores e profissionais da área, de forma bastante firme e vasta. Sob esse prisma, a única coisa que importa é entender quais são esses objetivos centrais de sua empresa e depois refletir sobre quais devem ser as **entregas** de Marketing Digital para que se assegure o alcance do que a organização almeja. Observe a revisão do modelo tradicional na **Figura 96** a seguir:

FIGURA 96 – Papel do Marketing Digital na contribuição aos macro objetivos da organização

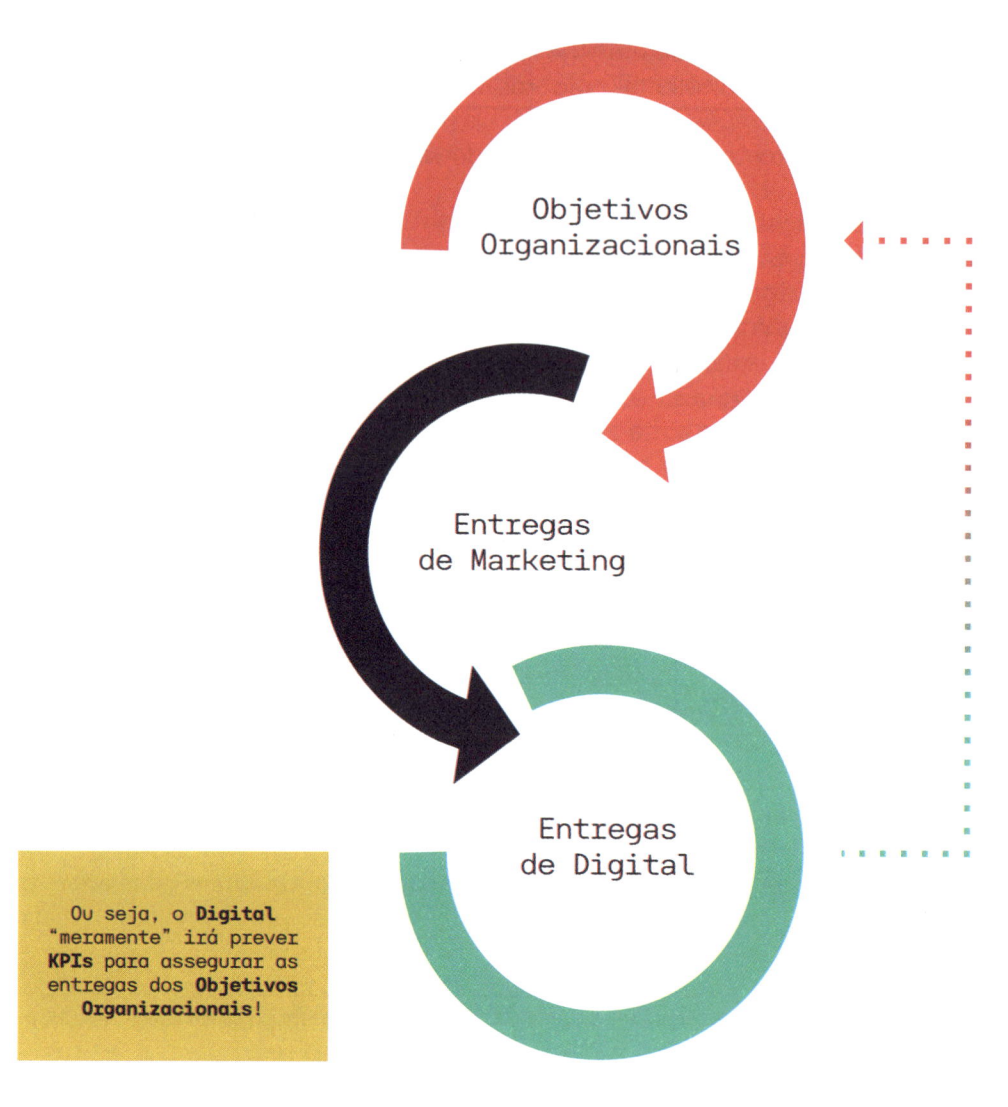

Objetivos Organizacionais

Entregas de Marketing

Entregas de Digital

> Ou seja, o **Digital** "meramente" irá prever **KPIs** para assegurar as entregas dos **Objetivos Organizacionais**!

Perceba que, nessa "releitura" da relação do Marketing Digital com os objetivos organizacionais, proponho ao estrategista tentar enxergar o processo de definição dos objetivos digitais de maneira simplificada e objetiva. Em vez de seguir a linha tradicional – que prega que existem objetivos da empresa, depois objetivos dos diversos departamentos, depois objetivos para cada área dentro de cada departamento –, pense que só há um foco: aquilo que a organização almeja em última instância.

Ou seja, o importante são os objetivos da empresa e todos devem contribuir para alcançá-los. Sob esse prisma, o Digital deverá ter determinadas entregas, que contribuirão para as **entregas** globais da área de Marketing como um todo e que, por consequência, irão ajudar a organização a atingir seus macro objetivos.

O mero fato de substituirmos a palavra "objetivo" por "entrega" já tira um peso tremendo do que parecia ser o processo e facilita o raciocínio do estrategista. Não pode haver dúvidas: a organização tem seus objetivos centrais e toda e qualquer área, equipe ou profissional da empresa deve trabalhar para ajudar na conquista desses objetivos. Não há outro propósito; todos devem saber como suas ações (independentemente de ser tirar cópia de documentos ou dirigir o departamento de logística) contribuem para atingir os macro objetivos organizacionais.

Na prática, isso quer dizer que cada post no blog, cada frase no Instagram, cada webinar oferecido, cada newsletter enviada... em qualquer caso você precisa saber responder como aquela atividade ou iniciativa está contribuindo para alcançar os objetivos da empresa. Se você não souber responder como uma foto no Facebook irá contribuir para os objetivos centrais, não coloque. Se não souber como determinada campanha junto a influenciadores irá ajudá-lo a atingir o que a empresa quer, não a faça. Simples assim.

Costumo dizer a meus alunos e clientes que o trabalho de marketing, incluindo as atividades do Digital, é tão somente um rol de estratégias e ações com vistas exclusivas a auxiliar a organização na consecução de seus objetivos. Não há um "Objetivo Digital", mas sim objetivos organizacionais. A área de Marketing (e, se for algo separado em seu caso, a área de Digital), bem como qualquer outro departamento ou setor da empresa, deveria existir simplesmente para entrega dos macro objetivos da instituição.

Qual é o DNA de sua organização?

Um primeiro passo muito importante no exercício de compreender como iniciativas no ambiente online podem ser úteis no alcance dos objetivos organizacionais é conhecer o DNA de sua empresa. Nas próximas páginas, proponho duas metodologias (que podem ser utilizadas em conjunto) para auxiliá-lo a compreender melhor a cultura e a mentalidade de sua empresa.

A primeira sugestão, representada na **Figura 97** a seguir, é uma matriz simples, similar a outras que você já utilizou na Etapa 1 – Diagnóstico Estratégico do PEMD. Você irá identificar em qual quadrante sua instituição se encaixa melhor.

FIGURA 97 – Matriz de Foco Competitivo

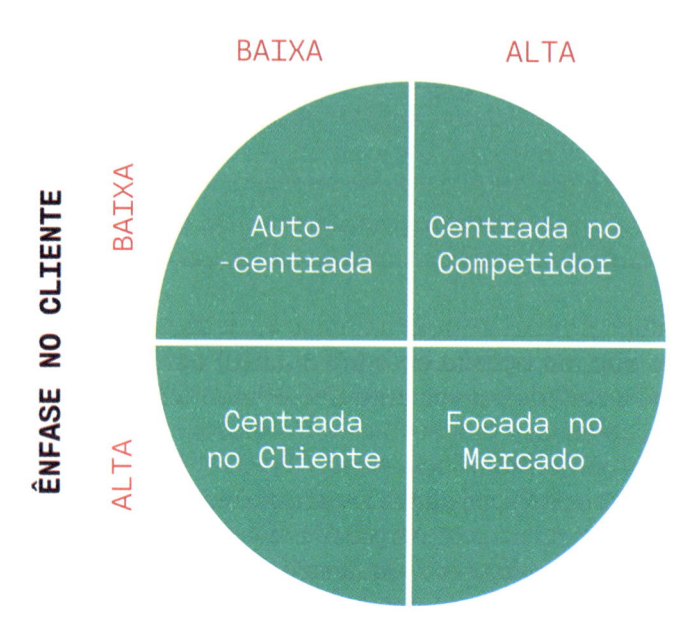

ÊNFASE NA CONCORRÊNCIA

	BAIXA	ALTA
ÊNFASE NO CLIENTE — BAIXA	Auto-centrada	Centrada no Competidor
ÊNFASE NO CLIENTE — ALTA	Centrada no Cliente	Focada no Mercado

Fonte: Adaptado e traduzido livremente de Baker (2003)

É muito comum ouvir de empresas que são (ou se dizem!) focadas no cliente ou focadas no mercado. Normalmente não há uma devida consciência do que realmente significa estar focado no cliente ou no mercado. Por vezes, a frase se torna um mantra na empresa e todos a repetem e passam à frente sem de fato refletir sobre o que querem dizer.

Portanto, é importante você compreender melhor o que são os tipos de organizações e ser frio na avaliação da sua própria empresa ou cliente. É algo difícil ser "focado no mercado". Ter real compreensão de quem são seus competidores, o que fazem, e sistematicamente monitorá-los, além de verdadeiramente trabalhar de forma estrategicamente segmentada, de maneira que as decisões da empresa estejam em linha com os direcionamentos de Marketing, é uma conquista muito especial para qualquer organização.

Bem, propostas essas reflexões iniciais, vamos voltar ao modelo e seus quadrantes. De acordo com a Matriz de Foco Competitivo, podem existir quatro tipos principais de organizações, apontados no **Quadro 43** a seguir:

QUADRO 43 – Definições e características das possíveis ênfases organizacionais

Ênfases	Categoria	Características
Baixa (Cliente) + Baixa (Concorrência)	Autocentrada	Certamente este é o pior tipo possível! Em geral, organizações públicas e empresas familiares se encaixam neste quadrante. São instituições que olham apenas para o próprio umbigo, como se o mundo exterior não existisse ou tivesse menor importância. São míopes e estão altamente sujeitas a desastres gigantescos em Marketing Digital. O site dessas empresas, por exemplo, costuma priorizar itens como: Quem Somos, Palavra do Presidente, Nossos Prêmios, além de notícias sobre a empresa e seus executivos.
Baixa (Cliente) + Alta (Concorrência)	Centrada no Competidor	O principal problema para organizações neste quadrante é que estão muito sujeitas aos movimentos da competição. Se os concorrentes estão indo para o lado errado, provavelmente a empresa seguirá, cegamente, o mesmo rumo. Mercados com pouca tradição em marketing (como o Setor Financeiro ou o Setor de Construção Civil, por exemplo), em geral se encontram neste quadrante. Há muitas marcas que têm focado seus apelos digitais em constantes comparativos com os concorrentes. Boa parte das empresas que vendem produtos ou serviços virtuais (como aplicativos, antivírus, assinatura de conteúdo especializado, entre outros) tem utilizado artifícios muito voltados para a concorrência.
Alta (Cliente) + Baixa (Concorrência)	Centrada no Cliente	Aqui se encontram organizações de serviços em grande parte. É bom estar focado no cliente, mas sem manter um olho firme na competição a empresa deste quadrante pode sofrer algum ataque da concorrência ou mesmo demorar a perceber e a reagir às ações dos competidores, o que, não raro, pode trazer consequências bem desagradáveis.
Alta (Cliente) + Alta (Concorrência)	Focada no Mercado	As melhores organizações estão focadas no mercado. Sistematicamente estudam os movimentos da competição, bem como conhecem bem o comportamento e tendências dos seus clientes e do ambiente no qual estão inseridas. Empresas evoluídas em atividades de marketing, de setores altamente competitivos ou que disputam segmentos grandes e fragmentados costumam se encontrar neste quadrante. Não raro são empresas desta categoria que inovam em sua presença digital e que investem mais em pesquisas e iniciativas de Marketing na Internet.

Outra ferramenta que pode ser muito útil para compreender melhor qual o DNA de sua organização é o *Org DNA Profiler*[102]. Trata-se de um questionário amplamente utilizado, mesmo globalmente, que irá, por meio de diversas perguntas, apontar qual o perfil de cultura e gestão em que sua empresa se encontra. Costumo utilizar ambos os questionários junto a meus clientes. É bem útil para compreender mais sobre a organização, bem como gerar reflexões bastante frutíferas com os executivos da empresa.

Para complementar eventuais lacunas de entendimento sobre o DNA de sua organização, você pode, ainda, fazer perguntas aos gerentes e à alta-gestão de sua empresa. Tente questionar sobre itens tais como:

- Os funcionários podem utilizar mídias sociais no trabalho?
- Como a internet e as ferramentas / canais digitais são vistos pela alta-gestão?
- Há políticas, diretrizes ou melhores práticas formalizadas para o ambiente digital?
- Como os canais digitais são incorporados na rotina diária dos departamentos?
- Como a empresa lida com negatividade e críticas de seus diversos stakeholders?
- A organização está disposta a correr riscos? Quanto?
- Marketing é percebido como custo ou como investimento?
- Como são medidos os resultados de atividades de marketing e comunicação?

Essas são apenas algumas perguntas norteadoras que podem ser úteis para que o estrategista entenda melhor o terreno em que terá de caminhar com o PEMD. Mais do que isso, as respostas a esses questionamentos serão valiosas mesmo para desenhar eventuais ações de educação, conscientização e capacitação internas.

Bem, agora que você entendeu o que são os Objetivos Organizacionais e qual o papel do Digital na sustentação e no alcance do que é almejado pela organização, vamos então passar a uma parte mais prática, na qual você irá aprender a como definir os Objetivos para seu Planejamento Estratégico de Marketing na Era Digital.

---

102 O modelo e o teste de qual é o DNA de sua organização podem ser acessados gratuitamente no site Strategy&, da PwC. Disponível em http://pwc.to/1GHnqTz. Acesso em: 27 mar. 2023.

CAPÍTULO 40
Definindo os Objetivos Organizacionais para o PEMD

Agora que você compreende melhor o DNA de sua organização e já conhece quais os objetivos corporativos da marca, você está pronto para alinhar exatamente como será o vínculo dos esforços de marketing com vistas a ajudar a empresa a entregar seus macro objetivos estratégicos. Isso é importante porque, por motivos óbvios, a área de Marketing não deve e não pode (nem que assim o desejasse!) ser útil para todo e qualquer objetivo organizacional, ao passo que haverá pontos específicos em que a internet se revelará como instrumento vital para o sucesso da empresa. Em outras palavras, dentre todos os objetivos propostos por sua empresa, é necessário que o estrategista faça um filtro consciente, selecionando aqueles pontos em relação aos quais o Marketing nos canais digitais poderá concretamente ser valioso, útil.

Gosto de sugerir que, sejam quais forem os objetivos da instituição, nunca se engane sobre como funciona o pensamento dos gestores e acionistas da empresa. Sempre, independentemente de qual é a sua área de atividade econômica, o objetivo final de qualquer marca privada invariavelmente será lucrar. Para lucrar será preciso vender e trazer clientes e receita para a empresa, ou então diminuir (ou mesmo eliminar) custos. Não há mistério.

Por mais que soe um tanto quanto óbvio, a verdade é que a maior parte das empresas (e, mais ainda, das sugestões passadas por agências digitais e de publicidade) pensa que os objetivos do Marketing são ligados a questões como alcance e awareness (por exemplo, crescer volume de seguidores) ou até de produtividade da equipe (por exemplo, postar no mínimo X posts por dia). Ambas as linhas talvez possam fazer algum sentido como parte dos objetivos da empresa em alguns casos específicos, mas certamente são muitíssimo pouco importantes face à necessidade de crescimento (maior lucro, mais receita, aumentar base de clientes etc.).

McDonald e Wilson (2016) propõem uma matriz que associa de forma muito útil e coerente os objetivos de lucro da empresa com o processo de planejamento e, a partir daí, os autores derivam possíveis futuros para a marca.

Com base na **Figura 98** a seguir, reflita sobre o momento atual de sua empresa e onde você pretende estar ao final de seu PEMD:

FIGURA 98 – Relação entre os resultados financeiros e o comprometimento com o PEMD

	PLANEJAMENTO DE MARKETING NA ERA DIGITAL	
	RUIM	**BOM**
RESULTADO DA EMPRESA (Lucro) — BOM	Morrer Lentamente	Prosperar e Evoluir
RESULTADO DA EMPRESA (Lucro) — RUIM	Morrer Rapidamente	Sobreviver a Duras Penas

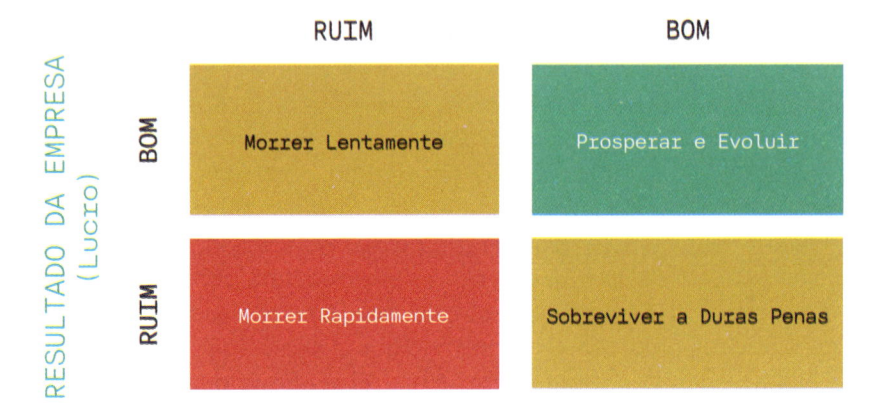

Fonte: Adaptado de McDonald e Wilson (2016)

No caso de organizações públicas ou sem-fins-lucrativos, imagine que o "lucro" é a conversão final que a instituição almeja. Pode ser, por exemplo, uma mudança de atitude do cidadão, a adoção de determinado serviço público ou a contribuição com algum movimento ou causa. O Ministério Público Federal tem, dentre suas diversas iniciativas, algumas voltadas à questão dos casamentos homoafetivos. Nessa linha, um possível objetivo da organização seria, por exemplo, fazer com que mais pessoas no país respeitem e apoiem a decisão de pessoas do mesmo sexo de casar e constituir uma vida juntas, com os mesmos direitos, possibilidades e oportunidades de que os chamados "casais tradicionais" gozam atualmente no Brasil.

Tendo essas premissas como base, é útil ter sempre um norte em seus objetivos, de forma que eles busquem entregar (ou auxiliar na entrega) o fim principal de conversão (guardadas as diferenças das empresas privadas para outras organizações).

Bob Fifer, tido como "guru" de diversas personalidades no mundo executivo, publicou um livro cujo título soa um tanto como literatura de autoajuda, mas, acredite, é bem interessante! No livro "Dobre seus lucros: 78 maneiras de reduzir os custos, aumentar as vendas e melhorar drasticamente os resultados de sua empresa, em seis meses ou menos" (2012), o autor propõe que o gestor direcione seus esforços para três áreas principais, em ordem decrescente de importância, da esquerda para direita, conforme ilustrado na **Figura 99** a seguir:

FIGURA 99 – Conceito norteador dos objetivos organizacionais

PRIORIDADES FIFER

Trazem + receita ou reduzem custos	Necessário para manter a roda girando	(o resto...)

Fonte: Bob Fifer (2012)

Esse direcionamento pode ser muito útil para testar tanto os focos de Marketing que você tem em mente, quanto os desdobramentos táticos que serão desenhados *a posteriori*. Seus esforços devem estar na primeira área: ações que, diretamente, trazem mais receita ou que reduzem custos. Uma vez que tenha esgotado as possibilidades nesse sentido, pense em outras atividades que podem não agregar diretamente ao incremento do lucro, mas que são essenciais para assegurar o bom funcionamento do PEMD ("manter a roda girando"). Por fim, se você ainda tiver tempo, dinheiro e equipe (acredite, será quase impossível que isso ocorra), fique à vontade para trabalhar outras ações.

Para Sterne (2010), existem apenas três pontos que devem ser observados pelo estrategista de Marketing na Era Digital: aumentar a receita, diminuir custos e melhorar a satisfação do cliente. O autor sustenta que é esse conjunto de variáveis que realmente importa em longo prazo e que, se a organização não estiver trabalhando com esse foco, estará tão somente perdendo tempo e dinheiro.

Já Miceli e Salvador (2017) indicam que o Planejamento Estratégico de Marketing na Era Digital deve ser feito não apenas em subordinação aos objetivos organizacionais, mas particularmente sob os nortes financeiros das empresas. Também em harmonia com as propostas de Fifer (2012) e de Sterne (2010), os autores apontam uma recomendação de framework para as perspectivas financeiras da organização no contexto do planejamento, conforme a **Figura 100** a seguir.

Gosto muito da visão de Sterne, embora prefira simplificar ainda mais e recomendar meus clientes a focarem em objetivos para aumentar a receita, e para diminuir custos. Entendo que o "melhorar a satisfação do cliente" esteja embutido, implícito. Entretanto, também entendo o prisma de que, apesar de ser claro, para muitos de nós, que devamos buscar a satisfação do cliente (afinal, há até definição do Kotler falando sobre isso!), talvez valha deixar claro e bem explícito para que ninguém da empresa tenha qualquer dúvida sobre a importância do cliente para toda a organização.

FIGURA 100 – Desdobramentos de Objetivos Financeiros Organizacionais

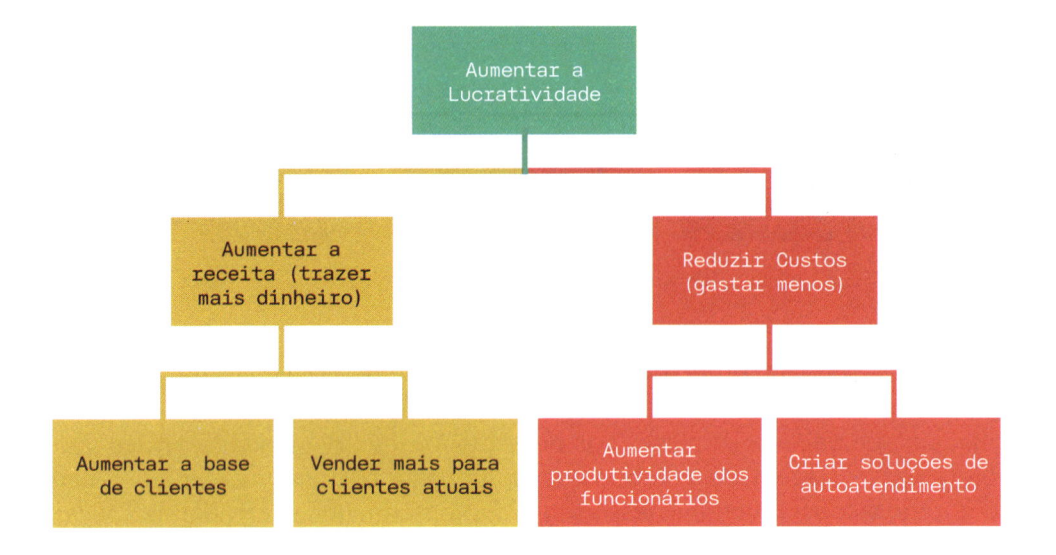

```
                    Aumentar a
                   Lucratividade
                   /            \
          Aumentar a           Reduzir Custos
        receita (trazer         (gastar menos)
         mais dinheiro)
          /        \              /         \
  Aumentar a    Vender mais    Aumentar      Criar soluções de
   base de      para clientes  produtividade  autoatendimento
   clientes       atuais       dos funcionários
```

Fonte: Miceli e Salvador (2017)

Repare que em todos os casos existe uma verdade em comum: o marketing precisa ajudar a empresa a aumentar seus lucros. Ironicamente, o que tenho visto sendo praticado por agências e consultores, mesmo quando atuando junto a grandes organizações em mercados competitivos, é um foco demasiadamente direcionado ao uso do Digital para ações de branding, falta de mensuração de resultados, esforços dedicados a volume (aumentar base de fãs, ter mais curtidas, elevar grau de engajamento) e uso de recursos sem visar retornos financeiros. Ademais, o Digital é tratado de forma desconexa, à parte, de outras atividades de Marketing. Parece que fornecedores e contratantes esqueceram que a empresa deve lucrar e que a internet deve agir como uma **ferramenta** para a consecução desse fim.

Resumindo: faça o possível para conseguir trabalhar seu PEMD focalizando os objetivos organizacionais e, se você estiver trabalhando com uma empresa privada, recomendo que utilize obrigatoriamente como base os objetivos financeiros e de crescimento da instituição. Se seu caso estiver no Setor Público ou em uma Organização Sem Fins Lucrativos, junte a equipe e reflita sobre o que seria esse horizonte a ser alcançado, similar ao aumento de lucro para o mundo privado, mas que esteja em consonância com o DNA e os propósitos de sua organização.

Objetivos SMART

É comum vermos planos digitais com objetivos tais como "aumentar o número de seguidores", "fazer um blog", "enviar uma newsletter por semana" ou "melhorar a reputação da marca". Sequer podemos considerar esses exemplos como objetivos! Como você irá orientar sua equipe a direcionar esforços para alto tão abrangente e subjetivo como "nosso objetivo é melhorar o site"? Pior do que isso, como você irá mostrar para seus diretores se alcançou ou não esse "objetivo"? Como mensurar algo tão subjetivo? Como alocar recursos? Como medir tempo de execução?

Ao contrário dessa abordagem pouco tangível e clara, é preciso que seus objetivos sejam **SMART**:

Specific = específico
Measurable = mensurável
Aspirational = desafiador (há quem use o termo "aspiracional")
Realistic = realista
Timebound = limitado por um prazo de tempo

Comumente, atribui-se a Peter Drucker a técnica de definir os objetivos com base no formato SMART. Embora haja a possibilidade de o guru ser o pai da ideia de Gestão por Objetivos (Drucker, 1954), é mais provável que os Objetivos SMART tenham sido originalmente propostos pelo trio Doran, Miller e Cunningham, em 1981. Não consegui encontrar nada muito confiável sobre o nascimento da ideia (quando tiver mais dados, prometo que publico!). Entretanto, o importante é que você entenda que o framework de Objetivos SMART é amplamente conhecido tanto na academia quanto no mundo executivo. Assim, nessa parte do PEMD, seu principal desafio será o de descrever (por vezes, interpretar) os objetivos organizacionais sob a ótica SMART.

O Senac-SP pode ter como objetivo algo como "Aumentar o número de matriculados em cursos de culinária via internet em Campinas nos próximos seis meses". A Toshiba, visando um novo posicionamento no mercado brasileiro, pode traçar como objetivo "Diminuir em 10% as menções negativas em relação aos produtos eletrônicos a cada trimestre de 2020". Esses exemplos ilustrativos são SMART e, portanto, terão mais chances de serem comunicados, compreendidos, implementados, mensurados e, se e quando necessário, ajustados.

Vale ter atenção a alguns modismos que estão infectando nosso mercado, no entanto. Em seu marcante artigo "*The 2015 Detox Plan That Marketers Need to Follow"*[103] (algo como "O Plano de Desintoxicação que os Profissionais de Marketing Precisam Seguir em 2015"), Helen Edwards, doutora pela London Business School, já alertava para que o estrategista de Marketing esquecesse o objetivo de "engajamento" ou "conversação", que se popularizou com as agências e contaminou o mundo corporativo. Segundo a autora, o link entre marketing e resultados de negócios está se tornando mais claro com a internet e é preciso que as organizações se questionem se, de fato, o "engajamento" é útil ou afeta positivamente os resultados da empresa. É válido acrescentar que a influência está muito mais relacionada a focar em um único tema (tal como "Cinema Europeu", "Energia Sustentável" ou "Educação à Distância", por exemplo) e postar conteúdo estimulante e criativo, que seja percebido como valioso pela audiência, do que simplesmente conversar com os usuários.

A seguir, listo alguns exemplos comuns de objetivos (na verdade, os tirei de diversos exercícios de alunos nos últimos dois anos) e aponto tanto a versão não-SMART quanto a versão correta.

QUADRO 44 – Comparativo entre objetivos comuns e a versão SMART

Objetivos comuns	Como deveria ser em formato SMART	Observações
Melhorar a reputação da marca no Instagram.	Ser percebido como autoridade em XYZ pelo público ABC até o prazo 123.	"Melhorar a reputação" é algo extremamente vago. Na verdade, o que a empresa quer é que seus públicos (ou parte deles) a vejam como "expert no tema" ou "confiável" ou "com entregas de qualidade".
Aumentar o faturamento.	Aumentar em X% o faturamento (da empresa? do produto ABC?) até o prazo 123.	Ao deixar sem especificação, no limite, a equipe poderia entender que aumentar o faturamento em R$ 1 ao longo de dois anos é o suficiente. É essencial deixar bem claro o que se espera.
Criar um novo site até o final do ano.	Lançar novo site até a data x.	Não basta criar um site, a empresa quer lançar o site ao seus públicos. Além disso, normalmente eu encaro esse tipo de objetivo como algo tático (uma possível ação para se alcançar o real objetivo). Entretanto, caso a empresa não tenha site ou ele seja mesmo muito ruim, pode-se "elevar" algumas táticas a status de objetivo, desde que com foco no curto prazo.

---

103 *"The 2015 Detox Plan That Marketers Need to Follow"*. Disponível em: https://www.campaignlive.co.uk/article/2015-detox-plan-marketers-need-follow/1327045. Acesso em: 27 mar. 2023.

Objetivos são diferentes de táticas

É importante destacar uma breve nota de cautela. Ao longo dos PEMDs que tenho orientado desde 2008, percebo um erro sistemático: confundir objetivos com táticas. É natural que você se perca nas primeiras tentativas de desenhar os objetivos de sua organização, mas há duas dicas que podem ser muito úteis para ajudá-lo a não cair na armadilha de propor táticas no lugar de objetivos:

- **Não se preocupe com o "como"**

    Sempre que você se perceber escrevendo em seu objetivo algo que contenha "por meio de…", "via ações nos canais…", "por intermédio…", entre outras variações, você está caindo no erro de adicionar ações táticas aos objetivos.

    Exemplo: *"Elevar as vendas utilizando melhor as parcerias com influenciadoras"*.

    Veja que "utilizando melhor…" já é a **forma** como você pretende atingir os objetivos. Isso não deve ser tratado agora. O objetivo é "elevar as vendas". Deveria ser até mais SMART, como "Elevar as vendas de roupas femininas em 12% até o final de 2023".

    Neste momento do PEMD – em que você está traçando os Objetivos Estratégicos – você sequer tem como saber se vai usar Twitter, TikTok, mídia paga, blog, se precisa criar um novo site, promover eventos etc. Isso será "descoberto", ou seja, pensado e definido, durante a concepção do Plano Tático de Ações de Marketing na Era Digital. O "como", portanto, não é preocupação para este momento.

- **Identificar corretamente seu foco final**

    Esse ponto, que combate um erro muito comum, serve para garantir que o estrategista perceba que, o que ele acha que é o objetivo, é, na verdade, uma forma de alcançar o que realmente é almejado pela organização.

    Exemplo: *"Estreitar o relacionamento com jornalistas"*.

    Nenhuma organização tem como fim principal melhorar o relacionamento com nenhum público. Isso é um meio, não um fim. As empresas se interessam em construir, nutrir e investir em relacionamentos com públicos-chave para que, dessa maneira, consigam atingir seus reais objetivos. Não há nada de maquiavélico aqui. A questão é que o relacionamento com jornalistas, influenciadores, funcionários, ou o público que for, é um meio para permitir que a empresa chegue ao que realmente busca: resultados financeiros para os acionistas. Relacionamento é primordial, mas sempre instrumental.

Sua marca se relaciona com seus públicos para atingir alguma coisa. Os jornalistas irão fazer matérias sobre sua empresa, ou os influenciadores escreverão sobre seu produto, para contagiar mais pessoas e, como consequência, você irá vender mais – que é seu objetivo real. Uma das possíveis formas de atingi-lo é estreitar laços com influenciadores. Em outras palavras, no exemplo dado, você está tratando de um possível caminho tático, não de um objetivo final.

Talvez o conselho fundamental aqui seja reforçar o que já recomendei no início da seção sobre objetivos: lembre-se sempre das orientações de Bob Fifer. Primeiro, foque no que irá ser mais lucrativo para sua marca – o que irá diretamente trazer dinheiro ou reduzir custos. Depois, busque o que irá trazer resultados de maneira mais indireta, que é importante para a roda continuar a girar, e, por fim, se der, faça o resto. Com isso em mente, não se iluda com o discurso de algumas organizações que pregam querer o bem do planeta ou melhorar a vida de dado segmento da sociedade. Tudo isso são formas, meios, caminhos para trazer lucro para a empresa. Naturalmente, em instituições públicas e nas organizações sem fins lucrativos a ideia é diferente, mas, por definição, as empresas existem para trazer lucros para seus acionistas.

CAPÍTULO 41
Orientações Estratégicas para Marketing na Era Digital

Quando falamos de Estratégias de Marketing não há muito para onde fugir. Já existem potenciais alternativas estratégicas previstas na ciência de Marketing – e vou tratar delas logo a seguir. Entretanto, vou optar por um foco levemente distinto neste capítulo do livro. Tomarei outro caminho em virtude de preferências e limitações que percebi no "mundo real", ou seja, quando comecei a trabalhar em consultorias de Marketing desenhando e implementando estratégias para grandes empresas e multinacionais.

Nos meus primeiros trabalhos de consultoria, ainda no final de 2008, quando buscava discutir as alternativas estratégicas seguindo o que prega a literatura (ou seja, fazendo exatamente "como manda o figurino"), percebi que a abordagem não era bem recebida, e a explicação é simples e bem conhecida: no entendimento da maior parte das organizações, o papel do Marketing se restringe basicamente às funções operacionais de Comunicação. Em outras palavras, os profissionais de Marketing ficam restritos a uma pequena parte do P de Promoção, sendo responsáveis por atividades como a gestão das redes sociais, conteúdo para sites, blogs e e-mail, publicidade, eventos, entre outras. É aquela história que você já deve ter ouvido por aí: "O Marketing faz PowerPoint bonitinho" ou "é o pessoal que faz posts no Instagram".

Em razão dessa posição desprivilegiada do Marketing dentro das empresas, as decisões estratégicas sobre os elementos gerenciais do Mix de Marketing (acerca não apenas da Comunicação, mas também da Distribuição, Precificação, Produto, Pessoas, Processos e Tangíveis) cabem a outros departamentos e executivos. Portanto, quando nós de Marketing propomos caminhos estratégicos que orientem ou façam interfaces com outras áreas (como deveria ser!), comumente não somos bem recebidos por agentes de outros departamentos da organização. Por exemplo, as decisões sobre qual produto deve ser lançado ou qual deve ser descontinuado, quais serão as condições de preço da nossa oferta, como será a logística, as garantias, os padrões de qualidade, entre tantas outras que deveriam ao menos envolver a visão do Marketing, geralmente são tratadas sem qualquer participação da equipe de Marketing da empresa.

Devido a essa dinâmica, em vez de entrar em batalhas vãs ao insistir que o Marketing é quem deveria guiar a estratégia da empresa, adaptei as consagradas alternativas estratégicas de Marketing para um formato mais didático, mais palatável e que tem sido muitíssimo bem recebido nas diversas organizações pelas quais passei, sejam as da área privada, da pública ou do terceiro setor.

Então, aqui neste capítulo caminharei da seguinte forma: primeiro, vou apresentar brevemente as tais possíveis Estratégias de Marketing de acordo com a ciência. Em seguida, vou apresentar algumas abordagens que tendo a compartilhar com meus clientes e que são muito bem aceitas.

As alternativas estratégicas segundo a ciência de Marketing

Talvez os principais estudos que deram origem às Estratégias de Marketing adotadas atualmente tenham sido as propostas de Wendell Smith e de Igor Ansoff, em trabalhos separados, ambos da década de 1950. A despeito da idade, seguem sendo o Norte para as empresas, ainda que elas não tenham sempre consciência disso. Nos dois casos, assume-se a premissa de que o sucesso de Marketing (e da organização) depende de uma boa segmentação e um sólido trabalho de diferenciação. Implícito nas abordagens está a necessidade de um coerente posicionamento (do produto, da marca, da empresa).

As duas sugestões, tanto de Smith quanto de Ansoff, foram publicadas com meses de diferença. A primeira, de Smith (1956), é intitulada "Diferenciação de Produto e Segmentação de Mercado como Alternativas Estratégicas de Marketing". Nesse trabalho, o autor faz uma crítica à influência da Teoria Econômica no Marketing, que se baseava em mercados homogêneos. Smith apontou que, na verdade, os mercados são cada vez mais heterogêneos, distintos, de forma que o Marketing precisava se adaptar às particularidades de cada fatia de mercado de maneira específica para aquele segmento em particular.

O foco em diferenciação de produto diz respeito a adequar a demanda dos consumidores à oferta da organização. Naturalmente, à época o foco era em produtos, e os serviços (como objeto de interesse de Marketing) ainda estavam dando os primeiros passos na ciência de Marketing. Mais recentemente, Vargo e Lusch (2010) propuseram uma mudança de paradigma em nosso campo, sugerindo que a diferenciação de produto cada vez mais tem menos validade, uma vez que é muito fácil copiar produtos atualmente. Basta pensar em um produto lançado hoje e que, por mais inovador que seja, em pouco tempo já lutará com uma vasta sorte de cópias e similares no mercado. Portanto, a diferenciação passa a ser focada em dimensões de serviços, como o atendimento e os laços de relacionamento com o cliente, ou a expertise da equipe de vendas, por exemplo.

Voltando ao trabalho de Smith, a estratégia focada em segmentação trata de adaptar o produto e as atividades de Marketing às necessidades de uso ou consumo. É aqui, no processo de segmentação, que muitas organizações falham. Tratamos brevemente de Segmentação anteriormente neste livro, no Capítulo 7.

Na sequência do trabalho realizado por Smith, Igor Ansoff, um matemático russo-americano, propôs quatro alternativas estratégicas de Marketing, todas com foco em crescimento. Essa visão simples passa pela seguinte lógica: as empresas precisam e querem crescer – é algo, digamos, inerente à sua natureza. E, para alcançar o crescimento, Ansoff (no clássico "Estratégias para Diversificação", de 1957) recomenda quatro possibilidades: Penetração de Mercado, Expansão de Segmento, Expansão da Marca, e Diferenciação[104].

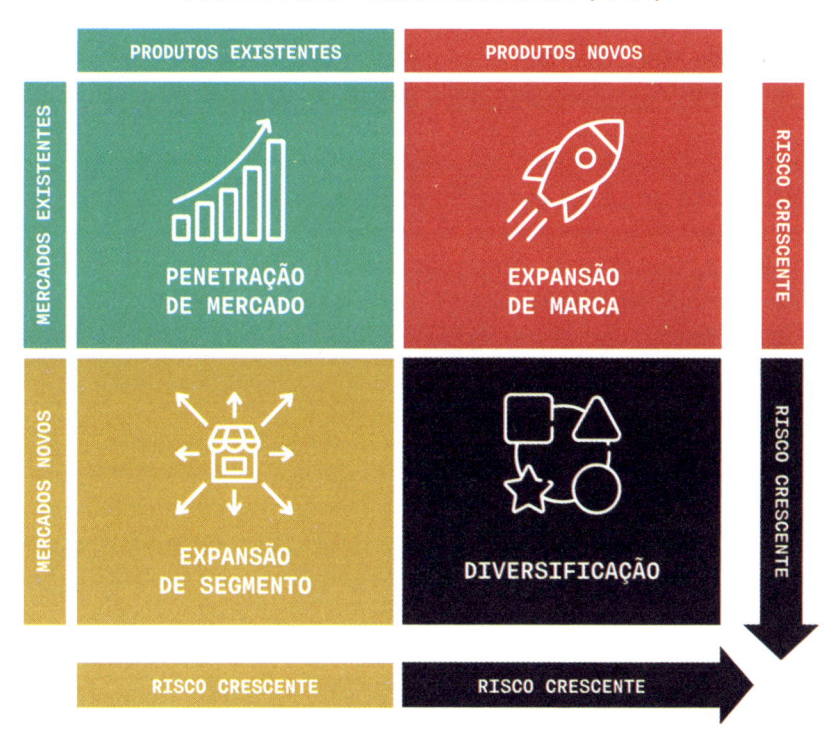

FIGURA 101 – Matriz de Ansoff (1957)

	PRODUTOS EXISTENTES	PRODUTOS NOVOS	
MERCADOS EXISTENTES	PENETRAÇÃO DE MERCADO	EXPANSÃO DE MARCA	RISCO CRESCENTE
MERCADOS NOVOS	EXPANSÃO DE SEGMENTO	DIVERSIFICAÇÃO	RISCO CRESCENTE
	RISCO CRESCENTE	RISCO CRESCENTE	

Aqui não tem muito mistério: para crescer, a organização deverá escolher a melhor estratégia dentro das quatro possibilidades que veremos a seguir.

---

104 Em português, você poderá ver nomenclaturas levemente distintas, tais como: Desenvolvimento de Segmento e Desenvolvimento da Produtos; Extensão de Segmento e Extensão de Produtos (em vez de Marca), ou Desenvolvimento de Mercado (em vez de Segmento). Todas as formas estão corretas, mas prefiro usar Expansão da Marca (e não de Produtos), pois acho que o termo mais abrangente é mais cabível nos dias de hoje, particularmente dado ao vasto rol de marcas, produtos e serviços oferecidos pelas organizações.

- **Penetração de Mercado** – quando você leva seus atuais produtos a mais pessoas de um segmento que você já atende. Por exemplo, quando precisei angariar mais alunos mais meu curso de Formação de Consultores, utilizei essa estratégia. Para levar e vender o meu atual produto para mais compradores do mesmo segmento, fiz mais investimentos em publicidade, de maneira a alcançar um maior público.

- **Expansão de Segmento** (ou Desenvolvimento de Mercado) – aqui é o caso de levar o atual produto para novos segmentos. Uma possibilidade é a expansão geográfica. Por exemplo, após ter uma turma do curso presencialmente em São Paulo, decidi abrir um grupo no Porto e em Lisboa, em Portugal.

- **Expansão de Marca** (ou Desenvolvimento de Produto) – nesse caso, eu já atendo a um dado mercado, mas percebo que há ali necessidades e carências que eu poderia suprir. Dessa forma, vou desenvolver uma nova solução (por exemplo, um produto que eu ainda não tenho) para aquele mesmo grupo de pessoas que já são atendidas por mim, mas com outro produto. Olhando para o segmento de compradores e potenciais compradores do curso de Formação de Consultores, percebi que muitos se interessavam em conhecer e vender planejamentos estratégicos de marketing. Assim, criei o curso de PEMD; um novo produto, mas com foco no mesmo mercado.

- **Diversificação** – essa é tida como a estratégia mais arriscada de todas, pois você irá criar um novo produto para um novo mercado. Ou seja, tudo é novo e os riscos aumentam. Um exemplo seria eu desenvolver um curso de técnicas de docência. Não tenho esse produto e não atendo ao segmento de professores. Certamente seria um baita desafio, sendo um novo entrante em um mercado com *players* já estabelecidos.

Há muito mais a se conhecer tanto do trabalho de Smith quanto do de Ansoff. Entretanto, como disse e você terá percebido, essas abordagens estratégicas extrapolam o que normalmente entende-se como função do Marketing. Assim, a partir de agora vou focar nas minhas recomendações para você abordar o direcionamento estratégico de seu PEMD.

Estratégias para seu PEMD

Como sabe, nesta fase o estrategista poderá propor o direcionamento estratégico que deverá ser seguido como um pilar, uma espinha dorsal, pela organização. Muitas empresas passam muito rápido por esse momento do PEMD (e talvez não haja uma justificativa infalível para que você também não o faça!), mas, nas centenas de PEMDs que conduzi ou orientei, percebi o quão válido é descrever conceitos norteadores, tanto para os principais executivos da alta gestão da empresa quanto para a equipe operacional, que irá aplicar e gerir o Planejamento Estratégico de Marketing na Era Digital.

Muitas são as possibilidades de trabalho e, naturalmente, como tudo em Marketing, a resposta certa sempre será "depende". Desse modo, após uma breve introdução de conceitos, apontarei alguns modelos existentes, destacando um modelo específico de minha preferência para que você reflita sobre qual poderia ser o direcionador-mestre de suas estratégias digitais.

Opção 1 – Pirâmide Invertida

Outro modelo interessante é o de Pirâmide Invertida, que represento abaixo em uma adaptação livre de algumas orientações estratégicas comuns em organizações de serviços avançadas (como Disney, Amazon, Virgin, Best Buy, Nordstrom, entre outras). A ideia aqui é começar tudo com foco no cliente e estruturar a organização de forma que todos os demais departamentos trabalhem com vistas a melhorar a experiência e as entregas ao cliente. As decisões organizacionais, em vez de virem "de cima para baixo" na hierarquia, começam a partir do cliente – suas preferências, expectativas, necessidades, perfil e comportamento em geral.

FIGURA 102 – Framework Estratégico da Pirâmide Invertida

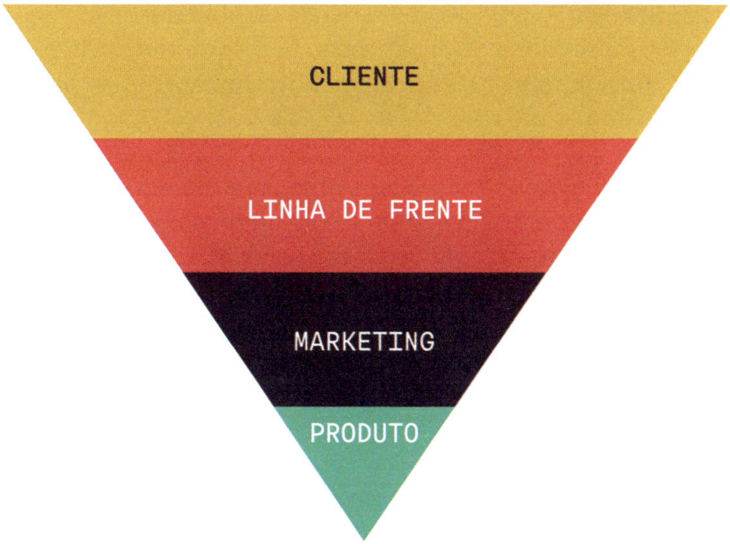

Fonte: Adaptado por Nino Carvalho

A ideia trazida por esse modelo é de que as áreas mais relevantes da organização são as que têm contato imediato e/ou direto com o público final (cliente ou cidadão, por exemplo). Todos devem trabalhar com esse foco, pensando em suas entregas sempre com o cliente em mente. Em linhas gerais, os seguintes núcleos são contemplados:

- **Cliente / consumidor / cidadão** – estes são os públicos finais da organização. Deve-se pensar em entregar mais e melhores soluções, considerando que são o início e o fim do propósito da instituição. Toda a empresa – sem restrições entre seus departamentos, funções e portfólios – deveria trabalhar com foco nos clientes finais.

- **Linha de frente** – esta é a área que faz interface direta com o público final. Os membros das equipes de linha de frente são os que atuam respondendo às interações e comentários nas mídias sociais, e-mail (Fale Conosco), ferramentas de SAC (chats, bots etc.), além de outros canais de marketing – tradicionais ou online. Os demais atores organizacionais devem assegurar que os profissionais da linha de frente estejam sempre bem respaldados e sejam tratados com prioridade na organização.

- **Marketing / Comunicação** – a equipe de marketing, sob a ótica desse *framework*, deve agir como ponte entre a linha de frente e os demais departamentos da organização, bem como agir como catalizador de informações e oportunidades de comunicação direta com o cliente.

- **Produto / Serviço** – esta área é responsável pelo desenvolvimento do rol de produtos ou serviços da organização. É o setor que irá implementar melhorias, corrigir falhas, desenvolver novas ofertas e, naturalmente, assegurar entregas satisfatórias ao público final.

Como exemplo, imagine que um cliente fez uma reclamação sobre determinadas falhas de um produto no Instagram da empresa. A equipe de marketing deve ter ações imediatas e/ou movimentos padronizados e pré-estabelecidos para orientar a atuação da linha de frente. Por sua vez, os profissionais da linha de frente (por exemplo, analistas de relacionamento que atuam na área de mídias sociais ou *customer service*) irão aplicar as ações ditadas pelo marketing. Por exemplo, enviar uma mensagem direta ao usuário, com texto padronizado, agradecendo as críticas, respondendo ao comentário e coletando os dados da reclamação, bem como as informações demográficas do usuário para alimentar a inteligência da empresa. O feedback da interação é passado de volta ao Marketing que, após analisar e categorizar a informação, irá orientar a área de produto sobre quais recomendações, pedidos, críticas ou sugestões estão sendo sistematicamente feitas pelos consumidores. No exemplo, quando a área de produto tiver resolvido as falhas reclamadas, a área de marketing vai orientar a linha de frente para enviar uma mensagem personalizada comunicando a solução específica ao reclamante.

Opção 2 – Framework dos Três Momentos Críticos

Trago aqui para você, leitor, o que considero, após alguns anos de experiências práticas e acadêmicas, o modelo estratégico mais útil e recomendável para praticamente todo e qualquer tipo de organização.

O modelo do **Três Momentos Críticos** é simples e direto: trata-se de três etapas que se complementam e podem atender a diferentes públicos em diferentes momentos do PEMD (curto, médio ou longo prazos), conforme ilustrado na **Figura 103**:

FIGURA 103 – Modelo estratégico dos Três Momentos Críticos

Captação e Awareness | Engajamento e Retenção | Conversão

INTELIGÊNCIA

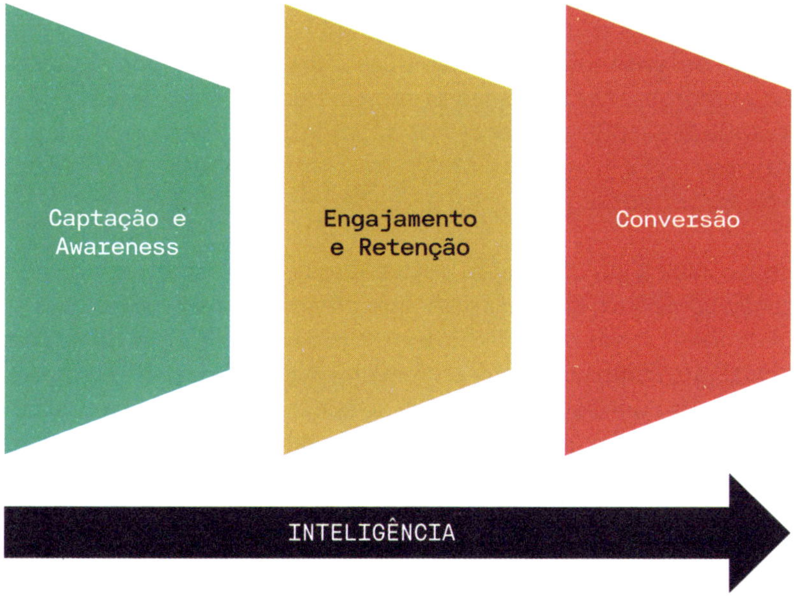

Esse framework foi pela primeira vez proposto e adotado pela Nino Carvalho Consultoria em 2010, para uma das maiores organizações do mundo na área de Telecomunicações. O direcionamento estratégico dos Três Momentos Críticos categoriza as atividades digitais da organização em três pilares orientadores das ações táticas no ambiente competitivo, seja online ou não, em uma sequência evolutiva. Isso quer dizer que, para cada momento, o estrategista guiará seu plano tático de maneira a atender àquela orientação.

Apesar de já trabalhar assim há mais de dez anos, o leitor encontrará modelos muito semelhantes, como os chamados funis. Tenho várias críticas aos funis e é capaz de você já ter ouvido algumas nos meus vídeos e lives. Em ambos os casos, seja na minha proposta de 2010, seja nos funis, certamente a base de inspiração é o modelo de Processo de Decisão de Compra, sustentado por diversas referências de Comportamento do Consumidor (como Sheth e Solomon, por exemplo).

Aqueles que acompanham os conteúdos mais rasos e populares, talvez tenham lembrado do modelo AIDA (acrônimo de Atenção, Interesse, Desejo e Ação). Curiosamente, o AIDA vem influenciando o Marketing há mais de um século, e provavelmente surgiu com algum dos pioneiros da publicidade inspirado pelo pai da psicologia norte-americana, William James, que focou boa parte de suas pesquisas nos processos de Atenção das pessoas.

Também sou crítico do modelo AIDA (por diversos motivos, como a premissa de que a decisão de compra segue um caminho linear e sequencial), mas o framework da teoria de Comportamento do Consumidor é bem feliz graças à facilidade de entendimento e de comunicação do modelo pelos leigos dentro da empresa. Dadas essas breves ressalvas, penso que de fato a opção do modelo estratégico dos Três Momentos pode ajudá-lo a transmitir e traduzir bem as estratégias de Marketing ao paladar do cliente, chefe, equipe ou fornecedores.

O momento inicial, de **Captação e *Awareness*,** diz respeito às atividades da organização para atrair, informar e gerar *awareness*, conscientizar seus públicos. Eventuais ações táticas nessa linha podem incluir desde entrega de conteúdos institucionais até campanhas para promover um novo serviço da empresa. O foco aqui é gerar mais conhecimento acerca de sua marca (ou seus produtos) e fazer uma primeira captação, trazendo para perto um potencial cliente. Atualmente, por exemplo, muitas pequenas e médias empresas têm desenvolvido landing pages visando a captação de leads (contatos com potencial para eventual conversão em clientes). Essa abordagem é um bom exemplo para o primeiro momento desse framework.

As ações de **Engajamento e Retenção** se referem àquelas que visam manter o público próximo, envolvendo-o com a marca, bem como instigá-lo a retornar a interagir com a marca. Esse momento pode abranger táticas para trazer o visitante de volta ao site, para estimular compartilhamentos, para um cliente comprar mais em seu *e-commerce*, ou para aumentar as curtidas em um post no site da empresa.

Lembre-se do que afirmamos no início deste livro, particularmente na seção sobre Marketing de Relacionamento: manter clientes é sempre melhor (mais rentável, menos custoso) do que atrair novos clientes. Em uma pesquisa sobre a captação de recursos financeiros em organizações sem fins lucrativos, Wiencek (2014) mostrou que parece existir uma relação direta entre a retenção de usuários no site (mantê-los mais tempo navegando e fazê-los retornar ao website com frequência) e o volume de dinheiro arrecadado.

Em alguns casos você poderá ver profissionais e pesquisadores que entendem novos curtidores no TikTok, novos cadastrados da newsletter, mais seguidores no Vimeo, entre outros, como "conversões". Sim, não deixam de ser uma forma de conversão: por exemplo, a empresa pode converter internautas passageiros em cadastrados no site. No entanto, cada vez mais percebo que esses e outros casos são, no máximo, conversões "intermediárias", pois, seja qual for o segmento de atuação da sua marca, a conversão final será sempre a conclusão do negócio, conforme destacamos na seção sobre os Objetivos de Marketing na Era Digital.

Nesse sentido, o terceiro e último momento crítico, chamado de **Conversão**, se refere a atividades que provoquem a conversão final do negócio. No setor privado a principal conversão é um tanto quanto óbvia: gerar mais lucro, comumente por intermédio de aumento de vendas ou de redução de custos. Já no mundo público, ou em boa parte das organizações do Terceiro Setor, essa conversão pode ser, por exemplo, uma mudança de atitude do público-alvo (tal como fazer com que certo segmento de cidadãos mude seu ponto de vista a respeito dos direitos indígenas).

Por fim, perceba que há uma interseção constante que permeia todos os Três Momentos Críticos: **Inteligência Competitiva**. A Inteligência Competitiva serve para sempre manter – tanto na mente do estrategista, quanto na dos clientes de sua estratégia (se você estiver atuando como uma consultoria ou agência, prestando serviços para uma empresa) ou na mente da alta gestão da instituição em que você atua – a ideia do tamanho da importância de nunca tirar o foco da geração de inteligência (sobre suas próprias marcas, as dos concorrentes, o comportamento do cliente etc.).

Em suma, você poderá utilizar esses mesmos três pilares (sem esquecer da importância de constante foco em inteligência competitiva) para nortear as ações táticas de sua organização. Essas ações serão detalhadas logo mais, durante a proposição do Plano Tático de Ações de Marketing na Era Digital.

CAPÍTULO 42
Fatores Críticos de Sucesso

Pense nos objetivos que você propôs para sua organização e como eles se desdobram nas atividades de Marketing e nas iniciativas online. Lembre-se do DNA, da cultura de marketing da sua empresa. Provavelmente você irá identificar diversos desafios, possíveis problemas, hiatos de expectativas etc. É justamente para tentar alinhar os diferentes pensamentos e jogar limpo em relação ao que é esperado dos gestores da organização (bem como o que eles podem esperar de você e do PEMD) que os Fatores Críticos de Sucesso (FCS) são um ponto tão importante nessa etapa do seu Planejamento Estratégico de Marketing na Era Digital. Em breves palavras, pense no que responderia se questionado sobre "quais os elementos vitais para que seu PEMD dê certo? O que é essencial para alcançarmos nossos objetivos? Quais pré-requisitos para o sucesso do Plano?".

Trata-se de definir as condições necessárias para que sua marca possa competir em seu setor. Quanto melhor sua empresa estiver em relação a esses fatores críticos, mais chances terá de alcançar os resultados almejados. Em sentido oposto, trabalhar os FCS de forma insatisfatória, segundo Maróstica e outros (2021) pode contribuir para o insucesso da organização e representar uma fraqueza a ser explorada pela competição.

Como propõe Bryson (2018), o estrategista deve pensar nos Fatores Críticos de Sucesso tanto da perspectiva da organização (o que é necessário fazer para assegurar o sucesso do PEMD), quanto dos stakeholders (o que seus públicos esperam de suas entregas, hoje e no futuro). Já Chaffey *et al.* (2019) recomenda alguns FCS essenciais para Pequenas e Médias Empresas que também podem ser relevantes para organizações maiores e mesmo para marcas fora do Setor Privado, dos quais destaco no **Quadro 45** após breve adaptação.

QUADRO 45 – Exemplos de Fatores Críticos de Sucesso Essenciais para Pequenas e Médias Empresas

Conteúdo	Apresentação certeira de produtos, serviços, diferenciais e benefícios.
Conveniência	Toda a experiência do e-Cliente ao interagir ou se relacionar com sua marca no ambiente digital.
Marca	A competência de criar, nutrir e gerir uma marca com credibilidade para geração de transações e negócios na internet.
Processos	Capacidade da organização de mudar, otimizar e automatizar processos que influenciam o marketing e os negócios da marca.
Integração	A habilidade da organização de integrar seus processos, canais, bem como áreas-chave (TI, marketing, vendas) para o sucesso da empresa na internet.

Fonte: Adaptado de Chaffey et al. (2019)

Algumas pesquisas conduzidas nos últimos anos também chegaram a conclusões interessantes acerca de quais seriam os Fatores Críticos de Sucesso em iniciativas de governo eletrônico. Os dados são bastante convergentes com o que é observado em empresas privadas, de maneira que mesmo estrategistas de setores com fins lucrativos podem beneficiar-se ao refletir sobre os pontos listados a seguir, buscando fazer pontes com a realidade vivida em sua organização:

QUADRO 46 – Framework de Fatores Críticos de Sucesso para Organizações Públicas

Organizacionais	Tecnológicos	Políticos	Sociais	Culturais	Demográficos
Estratégia	Padrões de TI	Suporte da alta gestão	Foco no cidadão	Hábitos de uso da internet	Faixa etária
Estrutura	Integração de sistemas	Financiamento	Treinamento e educação	Laços familiares	Escolaridade
Priorização	Segurança e privacidade	Liderança	Conhecimento	Religião	Segmentação da sociedade

Organizacionais	Tecnológicos	Políticos	Sociais	Culturais	Demográficos
Distribuição de poder	Portal/site	Regulamentação e legislação	Inclusão digital	Atitudes frente à tecnologia	Taxa de estrangeiros
Cultura organizacional	Sistemas de pagamento			Heranças culturais	

Fonte: Adaptado de Franke et al. (2015)

O sucesso de seu PEMD claramente tem muita dependência para com diversos fatores. Ter uma organização preparada, com a equipe de Marketing (ou de Digital, caso seja separado) gozando de autonomia e com suporte da alta gestão é essencial. Educar o cidadão/cliente, além de comunicar bem suas ações, também irá afetar em demasia as atividades digitais de sua organização.

Há dois pontos bem peculiares que merecem nota. Primeiro, o impacto da religião em iniciativas de comunicação ou vendas no ambiente virtual. Alguns dados apontam que certas crenças e práticas religiosas podem influenciar a adoção da internet. Há relatos de líderes religiosos pregando para que os fiéis não usem a internet ou não usem determinados sites para não serem expostos ou terem acesso a certas informações que podem afetar negativamente sua religião. De forma diametralmente oposta, logo no início da pandemia do coronavírus em 2020, vi um líder religioso no Brasil, em um programa de TV, tão avançado no uso das novas tecnologias que ele afirmava conduzir exorcismos por Zoom!

O segundo ponto relevante diz respeito ao impacto de estrangeiros (sejam expatriados ou turistas) circulando em diferentes países, especificamente naqueles menos desenvolvidos. A pesquisa de Du e colaboradores (2015) mostrou que os estrangeiros trazem hábitos e tecnologias mais comuns em seus países de origem, influenciando consumidores, profissionais e organizações na eventual adoção dessas novas práticas.

Em um país de dimensões continentais, como o Brasil, podemos abstrair esse conceito para as diferentes culturas, como a nordestina ou a gaúcha. Em linha semelhante, em Portugal, muitas empresas estão adaptando suas campanhas para o crescente número de estrangeiros – sejam brasileiros (a maior parcela, com quase um milhão de pessoas) ou ingleses e franceses (que buscam o país como uma segunda moradia ou para turismo).

Em linhas gerais, a ideia central deste momento em seu PEMD é listar de três a cinco fatores que determinarão o sucesso da organização. Esses serão os seus FCS. São, portanto, os elementos-chave que definem o sucesso ou o fracasso dos objetivos propostos pelo seu PEMD. Em outras palavras, são exatamente os tópicos que se mostram como condições vitais, essenciais, para o bom andamento do PEMD e seu consequente sucesso.

Para traçar esses três a cinco pontos, imagine-se em uma conversa com seus diretores. Você está apresentando o Planejamento Estratégico e eles parecem estar gostando. Os Fatores Críticos de Sucesso são os pontos em que você diria algo mais ou menos nesta linha: "Senhores diretores, para entregar todo esse plano lindo que vocês estão adorando, precisamos atender às seguintes condições (ou premissas)...".

Recomendo que o estrategista inicie suas reflexões acerca dos FCS respondendo duas questões: "do que os clientes precisam?" e "do que a empresa precisa para continuar viva no mercado?".

Por exemplo, quando a Amazon foi concebida por Jeff Bezos, em meados da década de 1990, um dos Fatores Críticos de Sucesso apontado pelo visionário foi a logística. Bezos acreditava, muito corretamente, que se a Amazon não tivesse uma estrutura logística extremamente sólida, jamais seria a loja perfeita para seus clientes. Assim, ficou claro, desde o momento zero, que, se a empresa não conseguisse arcar com um sólido investimento nessa área, já nasceria com sérias dificuldades e altamente propensa ao insucesso. Portanto, logo nos primórdios da empresa, Bezos contratou o vice-presidente de Logística do Walmart para assegurar que, o mais breve possível, a Amazon contaria com quatro centros de distribuição nos EUA (Norte, Sul, Leste e Oeste), de maneira a entregar qualquer produto, em qualquer parte do país, em até 24 horas.

O departamento de logística é tão essencial para a perpetuidade da organização que, em 2012, a Amazon deu mais um passo inovador ao passar a adotar experimentalmente – e de forma pioneira – robôs[105] em suas tarefas logísticas, embora tenha sido somente no Natal de 2014 que a notícia ganhou larga repercussão, pelo fato de a empresa utilizar mais de 10 mil robôs para gerenciar a logística.

Desde 2013 a empresa trabalha com drones e os avanços na área não pararam por aí. Por exemplo, em 2018 a Amazon passou a fazer entregas diretamente no porta-malas dos carros de seus clientes. Basta ter o carro estacionado em

---

[105] Assista vídeo da Amazon sobre o uso de robôs nos Centros de Distribuição. Disponível em: http://time.com/3605924/amazon-robots. Acesso em: 27 mar. 2023.

uma via pública e configurar a entrega no site. A revista Forbes[106], em 2021, chegou mesmo a atestar que "a logística da Amazon continua a ser uma das mais inovadoras do mundo; talvez a mais inovadora".

Para quem tem curiosidade de saber como funciona a logística da empresa e as tecnologias utilizadas para esto,car e vender as mercadorias, a Amazon oferece a oportunidade de realizar uma visita técnica aos Centros de Distribuição. A visitação ficou suspensa durante a pandemia da Covid de Covid-19, quando passou a realizar virtualmente os Fullfilment Centers Tours. Atualmente é possível agendar a visita pessoalmente em vários pontos ao redor do mundo ou optar por acessar o tour virtual ao vivo ou ainda assistir ao vídeo sobre o dia de um funcionário da empresa no Centro de Distribuição[107].

FIGURA 104 – Centros de Distribuição da Amazon disponível à visitação (tours)

Sugiro que você reflita sobre um ponto específico, já mencionado como um dos desafios ao sucesso do PEMD no início do livro e que é comumente apontado por muitos profissionais e acadêmicos como um dos mais relevantes fatores que influenciam a adoção, criação e implantação de qualquer Planejamento: o suporte da alta gestão da organização.

---

106 *"Amazon Supply Chain Innovation Continues"*. Disponível em: https://www.forbes.com/sites/stevebanker/2021/04/01/amazon-supply-chain-innovation-continues/?sh=22f693d477e6. Acesso em: 27 mar. 2023.

107 Link para Amazon Tours disponível em: https://amazonfctours.com.

Muitos colegas de mercado – executivos, professores ou consultores – chegam a propor que o estrategista não conte apenas com um único "patrocinador" de alta patente, mas com um grupo de apoiadores, que deve ser cuidadosa e racionalmente identificado, estimulado e nutrido pelo responsável do PEMD. Em minhas consultorias, uma das condições que coloco para assegurar o bom andamento dos trabalhos é que a alta-gestão da organização precisa estar diretamente envolvida (normalmente, trata-se do grupo de diretores ou o C-level) e que o gestor máximo de marketing precisa ser o responsável pelas atividades do PEMD dentro da empresa (normalmente, o CMO, VP ou Diretor de Marketing). Adicionalmente, uma vez por mês envio (e, ocasionalmente, apresento presencialmente) um relatório com o andamento da consultoria para todos os líderes.

Outra visão bem útil aponta quais são os fatores que influenciam a adoção e o sucesso de atividades digitais de empresas (Lynn *et al.*, 2002). Os autores entrevistaram mais de cem gestores de marketing e concluíram que há quatro itens que devem ser bem tratados para que a organização maximize suas chances de bons retornos com o marketing online:

1. Capacitar (oferecer treinamento formal) os profissionais das áreas de Marketing e correlatas

2. Estimular a integração entre os setores e atividades de Marketing, Comunicação, Comercial, Sistemas de Informação e Tecnologia

3. Demonstrar para toda a organização a utilidade e os resultados atingidos com as ações de Marketing, especificamente as traçadas com foco particular no online

4. Aproveitar profissionais mais jovens (que, por definição, trarão mais novidades, inovações e energia para a organização) nas atividades de Marketing no ambiente digital.

Para o seu Planejamento, tente, portanto, elencar quais seriam os FCS para seu caso particular. Que pré-requisitos são fundamentais para que o PEMD seja entregue a contento? Apoio político da alta-gestão? Investimentos regulares em inovação? Algum treinamento técnico específico para a equipe? Logística? Uma ruptura na mentalidade organizacional?

Sejam quais forem os três ou cinco pontos mais críticos para sua organização, tenha sempre em mente que, se essas condições não forem atendidas, você precisa rever muito criteriosamente até que ponto é realista (tanto para os estrategistas quanto para os gestores e acionistas) esperar que sua organização verdadeiramente consiga alcançar o sucesso na Era Digital.

CAPÍTULO 43
Indicadores-chave de Performance (KPIs)

Para finalizar a Etapa 2 – Para Onde Vamos, é preciso derivar, dos objetivos organizacionais que serão trabalhados pelas iniciativas de Marketing, os indicadores-chave de performance, amplamente conhecidos no mercado como **KPI** (do inglês, *Key Performance Indicator*).

Qualquer métrica que for indicativa de valor para sua organização pode ser considerada um KPI. É importante ter mensuradores claros. Se a marca não possui metas precisas, sequer deve continuar seus trabalhos na internet. Os mensuradores servirão para dar clareza e foco aos envolvidos no PEMD, além de motivar a equipe de implementação e servir de instrumento para controle e ajustes para a alta-gestão.

Os indicadores-chave de performance devem ser **variáveis claras e mensuráveis** que o ajudarão a entender como você está caminhando em relação a seu **objetivo**. Eles devem ser tantos quantos forem necessários para guiar suas futuras ações táticas. De forma bem direta, serão **guias norteadores, concretos e mensuráveis sobre o que você precisa fazer taticamente para alcançar seus objetivos de Marketing.** Devem estar, via de regra, conectados a cada Objetivo Organizacional e precisam medir seu sucesso em termos **quantitativos e qualitativos.**

É muito comum ver pesquisas de grandes institutos (Deloitte, MIT, Marketer, Forrester, entre outros) apontando uma correlação entre o sucesso da empresa com a maturidade e profissionalismo com que a organização encara a mensuração das iniciativas de Marketing. Por exemplo, um artigo do Gartner[108], de Susan Moore, recomenda que a empresa selecione apenas de 5 a 9 indicadores de performance para controlar e levar em conta em suas ações.

A **Figura 105** a seguir mostra que as empresas maduras digitalmente tendem a ser as que têm a melhor performance financeira. Em um estudo da Deloitte[109], Gurumurthy e Schatsky apontam que isso se dá pelo fato de que as empresas

---

[108] "*How to Measure Digital Transformation Progress*". Disponível em: https://www.gartner.com/smarterwithgartner/how-to-measure-digital-transformation-progress. Acesso em: 27 mar. 2023.

[109] "*Pivoting to digital maturity: seven capabilities central to digital transformation*". Disponível em: https://www2.deloitte.com/us/en/insights/focus/digital-maturity/digital-maturity-pivot-model.html. Acesso em: 27 mar. 2023.

mais maduras conseguem identificar e aproveitar oportunidades, desenvolver novos caminhos de receita, responder às demandas de clientes e do mercado com mais eficiência, além de operar de maneira muito mais otimizada, quando comparadas a organizações com baixo índice de maturidade digital.

FIGURA 105 – Correlação da maturidade digital e a performance financeira de empresas

- Significantly above industry average annual revenue growth
- Significantly above industry average net profit margin growth

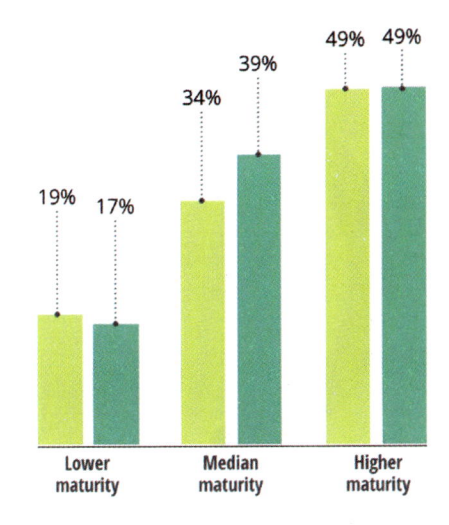

	Lower maturity	Median maturity	Higher maturity
Annual revenue growth	19%	34%	49%
Net profit margin growth	17%	39%	49%

Fonte: Deloitte Digital Transformation Executive Survey 2018

É lamentável constatar que nos mercados lusófonos nos quais atuo (Brasil, Portugal, Angola, Moçambique e Cabo Verde) pouco têm se trabalhado as ações de Marketing (seja on ou offline) com base em KPIs. Nos diversos PEMDs em que trabalhei, comumente as organizações ou ignoram os indicadores, ou não têm capacidade de defini-los ou medi-los. Basicamente, se saciam em monitorar mensalmente (quando muito) indicadores quantitativos simples, tais como curtidores no Facebook, seguidores no Twitter ou tráfego no site. KPIs ligados a objetivos financeiros são tão raros que temo dizer que devo ter participado talvez de dois ou três PEMDs que os incluíam. Algumas exceções são empresas mais evoluídas em termos de comércio eletrônico ou grandes grupos internacionais, que devem entregar resultados mais palpáveis à matriz. Se sua empresa trabalha de maneira mais estruturada e abrangente, parabéns, você já está à frente do mercado.

Veja a **Figura 106** a seguir e relembre qual deve ser o papel do Digital em sua organização:

FIGURA 106 – Os KPIs deverão estar atrelados e subjugados aos objetivos organizacionais

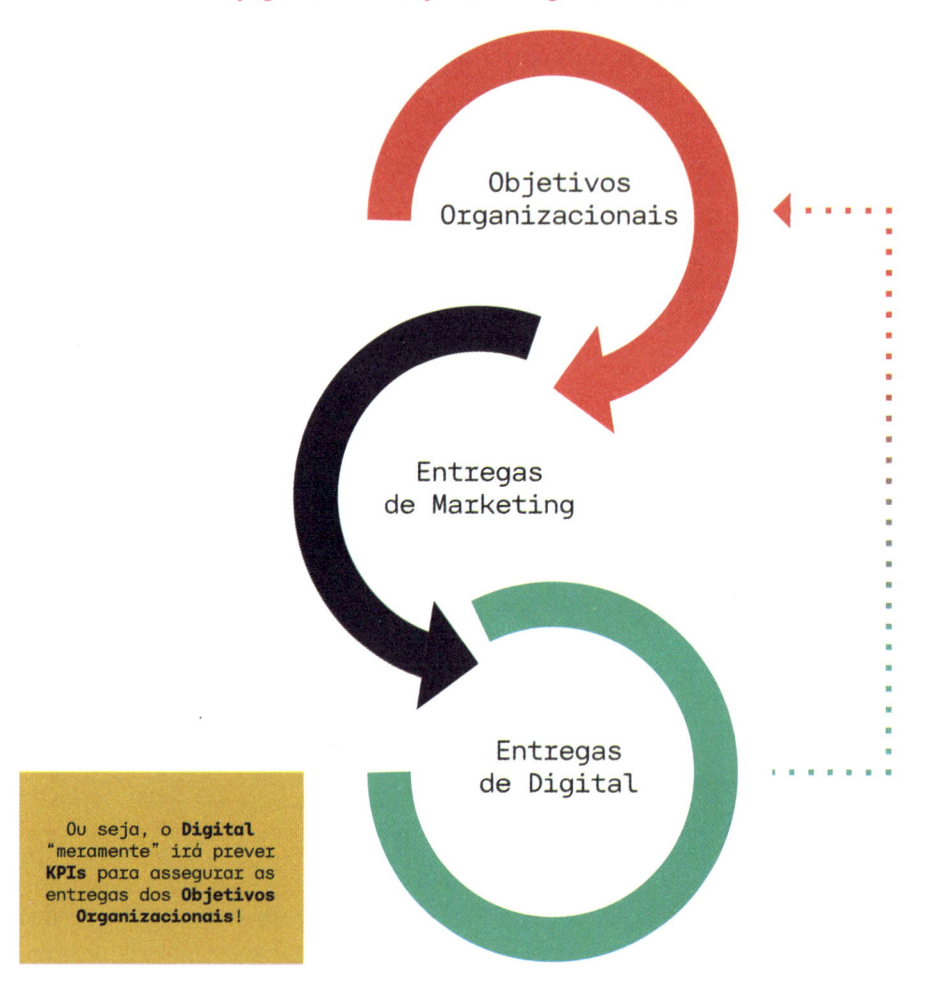

- Objetivos Organizacionais
- Entregas de Marketing
- Entregas de Digital

Ou seja, o **Digital** "meramente" irá prever **KPIs** para assegurar as entregas dos **Objetivos Organizacionais**!

Optei por utilizar propositalmente a terminologia "Entregas de Digital" para que você não esqueça de que nada dentro da área de Marketing pode ou deve existir se não for para contribuir direta ou indiretamente com o alcance dos objetivos da organização, e comumente o Digital é tratado/gerido de forma separada. Essas "entregas" são precisamente o que estará contido no Plano Tático de Ações, o que significa, em última análise, que cada post, cada foto, cada link ou ação que você utilizar em suas táticas deve sempre ter a capacidade de responder acerca de sua própria contribuição para a consecução dos objetivos da instituição.

Como propor seus KPIs

Um dos principais erros do mercado, propagado talvez pelas agências fornecedoras de serviços de comunicação, publicidade ou marketing, é pensar nos KPIs *após* o desenho do Plano Tático. Em outras palavras, esse formato prioriza as táticas e atrela a elas (e não aos objetivos) os indicadores de performance. É quase como se precisasse justificar as ações, em vez de transformá-las em derivados racionais do Planejamento Estratégico de Marketing, e em elemento vital para que a marca consiga atingir os objetivos aos quais se propõe.

Portanto, para que os KPIs sejam relevantes e coerentes, você precisa pensar sobre quais indicadores precisará listar de forma a mostrar, de maneira tangível, que será possível (ou não) apontar se suas táticas estão, de fato, sendo úteis na entrega dos objetivos organizacionais.

Assim, a forma correta de pensar está ilustrada na **Figura 107**:

FIGURA 107 – Linha de raciocínio para definição dos KPIs

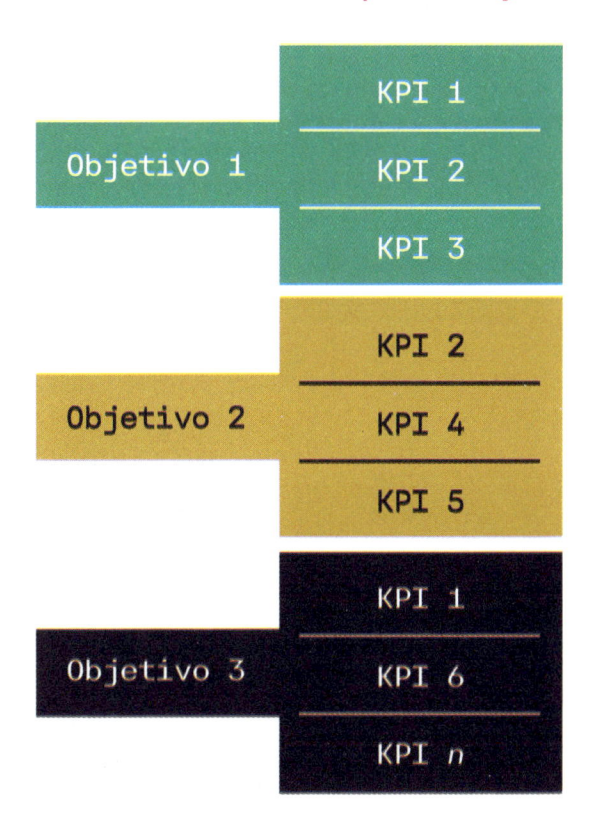

Objetivo 1	KPI 1, KPI 2, KPI 3
Objetivo 2	KPI 2, KPI 4, KPI 5
Objetivo 3	KPI 1, KPI 6, KPI n

Para cada objetivo organizacional você deverá pensar em indicadores que irão mensurar se e como você está conseguindo entregar os objetivos propostos. Note que é possível ter KPIs que servirão a vários objetivos diferentes. Por fim, perceba que a menção ao "enésimo KPI" (o KPI *n*) pretende dar a noção de que é possível sempre pensar em vários KPIs para cada objetivo. Assim, não se limite a três para cada objetivo – foi apenas um exemplo. Defina tantos indicadores quanto necessário para que esteja certo de que você terá a capacidade de avaliar corretamente se as ações de marketing estão ou não sendo úteis à organização.

Depois de ter uma lista grande, priorize e lembre-se do conselho da revista Forbes que mencionei há pouco: selecione de cinco a nove indicadores-chave para ser seu foco no PEMD. De modo a ajudá-lo a pensar em KPIs relevantes para sua organização, confira uma lista de sugestões de indicadores que disponibilizei na **Espaço aPEMDiz**.

Para que compreenda como isso será útil no Plano Tático de Ações (o próximo passo em seu PEMD), me adiantei um pouco e adicionei a imagem abaixo que mostra como será o desdobramento racional de sua estratégia: cada objetivo terá vários indicadores, que, por sua vez, irão contar com várias ações táticas:

FIGURA 108 – Exemplo do desdobramento lógico dos Objetivos em KPIs e destes em ações táticas do PEMD

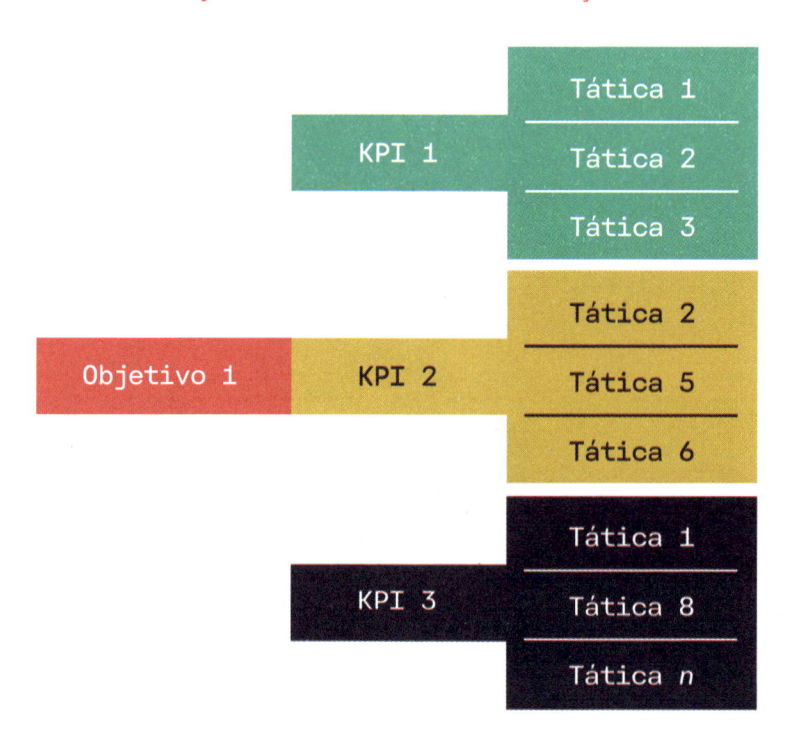

Esse quadro será repetido e propriamente explicado na próxima parte do livro. Neste momento, é necessário apenas que você entenda o racional, ou seja, o motivo pelo qual proponho essa forma de pensar, fazendo com que, de certa maneira, as táticas sejam tão somente elementos subservientes aos objetivos, atendendo a mensuradores tangíveis que o ajudarão a controlar o sucesso de seu PEMD.

Antes de seguir em seus estudos, cabe tecer duas ressalvas quanto à minha abordagem acerca dos KPIs. O primeiro ponto é que há outras formas de se trabalhar, diferentes da minha proposta **Objetivos > KPIs > Táticas**. Um exemplo que talvez valha destaque é o uso de OKRs (do inglês, *Objectives and Key Results*, ou Objetivos e Resultados-chave). Essa metodologia, criada por Andrew Grove para a Intel, também é adotada, por exemplo, pelo Google. Portanto, para seu benefício, leitor, pedi ao Zoroastro Alves, consultor de referência nacional em OKRs, para apresentar a metodologia na **Dica PEMD #12**.

A segunda ressalva diz respeito ao uso de indicadores e metas. Conceitualmente, o correto seria, primeiramente, pensar em quais são os indicadores mais relevantes para seus objetivos (definir seus KPIs) e, em seguida, para cada KPI, você deveria pensar em metas referentes a cada indicador.

Um exemplo, nessa linha de pensamento seria ter "Taxa de rejeição" como indicador e "reduzir em 20%" como uma meta. O que faço (e o que lhe ensinarei neste livro) é pensar nos dois, KPIs e respectivas metas, de forma mais direta e fluida, além de sempre buscar ter KPIs propostos da maneira mais SMART possível (similarmente aos objetivos, prefira ter KPIs específicos, mensuráveis, aspiracionais, realistas e limitados por um prazo de tempo). Usando o mesmo exemplo anterior, vamos adotar "Reduzir a taxa de rejeição em 20% nos próximos seis meses".

Agora que você já está seguro sobre os KPIs e, especialmente, sobre como é minha abordagem acerca do tema, é hora de iniciarmos uma nova etapa do PEMD: a definição do Plano Tático. Lembre-se: para se chegar a táticas eficientes, as propostas devem estar conectadas aos indicadores-chave de performance (ou seja, os KPIs) que, por sua vez, irão ajudar a controlar a distância dos objetivos da empresa.

Dica PEMD #12

OKRs: transformando estratégias em resultados

Andrew Grove, autor do livro 'High output management' (Gestão de alta Performance, 1983) e CEO da Intel nos anos 1970, inspirado pelo método do Peter Drucker, MBO (gerenciamento por objetivos), desenvolveu e implantou na empresa de processadores os Objetivos e Resultados-chave para simplificar a comunicação para todos o que era estrategicamente prioritário para a corporação.

Andy, como era conhecido, tinha uma visão gerencial focado totalmente em resultados (*output*), não em atividades. O autor destaca: "é melhor avaliar um vendedor com base nas vendas (*output*) do que com base nos telefonemas ou nas visitas que ele faz (atividades)".

E eu realmente acredito nisso. Uma empresa 'tarefeira" não foca o que realmente pode gerar impacto ao negócio. Acaba dando ênfase a 'indicadores de esforço', o que não serve como métrica para qualificar a produtividade das equipes.

Antes de conceituarmos OKRs (*Objectives and Key-results*, do inglês, Objetivos e Resultados-chave), vale resgatar que Andy Grove tinha um funcionário com muito potencial, um engenheiro, seu nome era John Doerr.

O acrônimo OKR, foi criado/promovido por John Doerr, e foi com essa sigla que ele condicionou sua entrada como sócio de uma jovem empresa chamada Google. O ano era 1999. Segundo o investidor-autor, Larry Page e Sergey Brin, eram fundadores visionários e empreendedores fora da curva, faltava experiencia em gestão. Eles precisariam aprender "a fazer escolhas difíceis" para avaliar o que importa, aliás, título do livro lançado anos mais tarde por Doerr.

Christina Wodtke em seu livro "Radical Focus", complementa a importância deste tema: "Não é importante proteger uma ideia. Importante é proteger o tempo para torná-la real."

Trilhando por este caminho de foco e execução, OKR pode ser conceituado da seguinte maneira: "Uma metodologia de gestão que ajuda a garantir que a empresa concentre esforços nas mesmas questões importantes em toda a organização." Tradução prática: não deixar a empresa olhar demais para os lados quando existe um objetivo claro a ser alcançado.

Um **Objetivo** é **o que** deve ser alcançado. Deve ser significativo, concreto, orientado por ações e inspiradores. Os **Resultados-chave** (KRs), monitoram **como** alcançaremos o objetivo. São específicos, temporais, desafiadores, mas realistas. Obrigatoriamente precisam ser mensuráveis e verificáveis.

E aqui, o método contribui diretamente com um grande problema de muitas organizações: comunicar adequadamente o prioritário a todos os níveis: estratégico, tático e operacional.

Devo formular quantos OKRs?

Bom, de fato existem alguns posicionamentos sobre a questão. O próprio John Doerr, pensando na importância dos ciclos curtos de medição, indica até cinco objetivos e quatro KRs por objetivo. Considero um exagero neste contexto de agilidade estratégica (não confundir com método ágil). Resumidamente, a minha prática e boas reflexões do Dan Montgomery apontam para um caminho bem funcional:

» Concentração em um pequeno número de OKRs (1 ou 2);

» Check-in semanal conduzido pelo líder ou pela líder de OKR focando não apenas o progresso dos KRs, mas principalmente, o grau de confiança do time para alcançar o previsto;

» É preciso que os OKRs sejam formulados pelas equipes a partir do direcionamento estratégico do período. Uma metodologia de gestão 70% *bottom-up*.

» Nem todas as áreas precisarão formular OKRs dependendo do direcionamento do *quarter*;

» Não é obrigatório o OKR chegar ao nível do indivíduo;

» Conversas frequentes com clientes-chave;

» E ciclos rápidos de experimentação, feedback e aprendizado.

Importante: Implantar OKRs não substitui, em nenhuma hipótese, a Estratégia da empresa. E isso tem sido uma confusão comum "tenho OKRs, estou no caminho certo". Longe disso.

O que não é OKR

Toda metodologia relativamente nova acaba caindo em algumas ciladas em sua execução. O caso aqui é a formulação de KRs como tarefas. Vamos pensar em um exemplo para o time de vendas:

Objetivo: 'Ser um *dream time* em vendas'

KR 1: Agendar 15 reuniões

KR 2: Realizar 100 ligações

KR 3: Enviar 200 e-mails

Onde está o erro? Tarefas, atividades no lugar de resultados. Veja como ficaria mais adequado:

Objetivo: 'Ser um *dream time* em vendas'

KR 1: Fechar 3 contratos com valor mínimo U$ 10.000

KR 2: Faturar U$ 80.000 com novos clientes

KR 3: Realizar U$ 30.000 em *upsell* com clientes da carteira

Sinceramente, não importa quantas ligações serão feitas, reuniões realizadas ou e-mails enviados. O 'output' é o que realmente importa, resgatando Andy Grove. Resumindo: OKR não é e nunca será uma "*to do list*". Existem métodos e sistemas melhores para cumprir esse objetivo.

Quais as vantagens de um sistema de OKRs

Sem dúvida, o principal ganho do método é fazer com que toda a organização tenha um único senso de direção (foco e compromisso com o prioritário). Vamos imaginar de no próximo *quarter* a prioridade seja aumentar a base de clientes recorrentes em U$ 120.000. Qual comunicação gerará mais impacto? Falar para as lideranças a prioridade acima ou também falar de ticket médio, margem de contribuição e um segmento-alvo? Neste momento e colocar cliente novo recorrente no negócio e, a partir daí, os times formularem seus OKRs para contribuir com o direcionamento. Um segundo ganho do método trata da conexão e envolvimento nas equipes e entre elas. Um alívio para redução de feudos organizacionais.

Bar Den Haak, autor e importante especialista em OKR, relata que o foco extremo exige procurar constante o resultado-chave que realmente vai impactar o negócio. O Youtube levou quatro anos para conseguir isso: "1 bilhão de horas de tempo de exibição/dia". E o objetivo não poderia ser outro: "Liderança de mercado em streaming de vídeo online."

Zoroastro Esteves, *mestre em Economia, Administrador de Empresas e especialista em Gestão para Resultados pela Fundação Dom Cabral, ex-aluno do pesquisador e consultor Neil Rackham (Spin Selling e Vendas B2B). Foi executivo de grandes empresas brasileiras na formulação e implantação de OKRs, BSC, vendas B2B e estratégia corporativa. Palestrante e consultor convidado em programas da ABDI - Associação Brasileira de Desenvolvimento Industrial, UERJ-FINEP-CNPQ para Arranjos Produtivos Locais; Sebrae - ENDEAVOR - BABSON COLLEGE para negócios Scaleup e Incubadora de empresas da COPPE-UFRJ.*

PARTE VI

METODOLOGIA PEMD – ETAPA 3: COMO CHEGAREMOS LÁ?

DEFINIÇÃO DO PLANO TÁTICO DE AÇÕES DIGITAIS

VOCÊ ESTÁ AQUI ▼

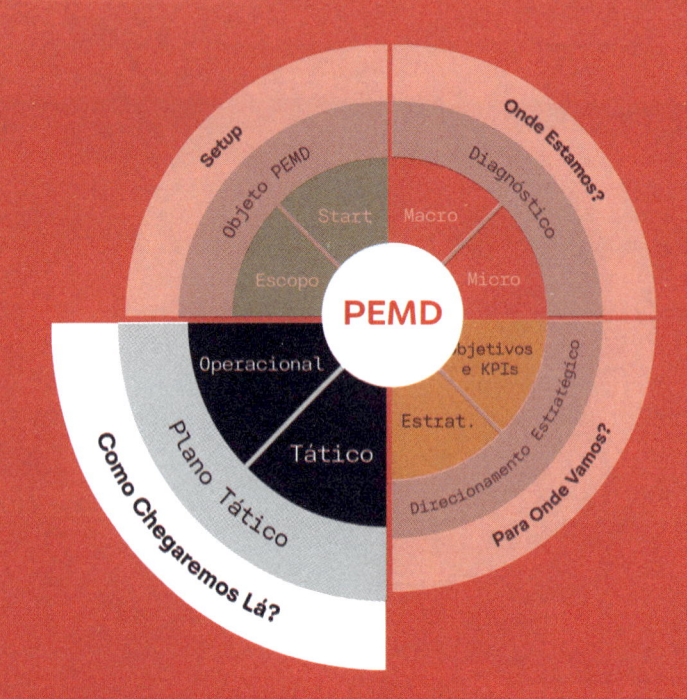

CAPÍTULO 44
Plano Tático: a Última Etapa do PEMD, não a Primeira (ou Única)

É comum ver, dentro do processo de planejamento, que boa parte dos profissionais de comunicação e de marketing executa somente a etapa do Plano Tático, ou então que passem direto a ela antes mesmo de desenhar a estratégia da empresa. Ambas as direções estão tremendamente equivocadas.

Não é por acaso que a etapa "**Como chegaremos lá**", ou seja, o Plano Tático de Ações em Marketing na Era Digital, se encontra ao final do processo de seu PEMD.

Raciocine: como podemos afirmar que a empresa precisa de uma landing page assim ou assado se não fizemos o dever de casa anterior, que seria entender como é o mercado em que ela está inserida, o que os concorrentes fazem, como seus públicos consomem seus serviços, quais os objetivos da organização etc.? Como conseguirei indicar quais os pontos de melhoria, novos caminhos, áreas de atenção, entre outros, se simplesmente ignorei o Diagnóstico Estratégico? É impossível desenhar qualquer plano tático sem ter, antes, passado pelas etapas de estudo do cenário e de definição de objetivos e metas.

É importante ressaltar que não é tarefa deste livro (ainda que isso fosse remotamente possível!) esgotar as possibilidades de ações táticas de marketing, nem tratar sobre como usar cada ferramenta ou canal disponíveis no ambiente digital. Não é isso que queremos e não acreditamos que isso seja o mais importante.

Basicamente, temos pelo menos duas grandes defesas para não abordar uma vastidão de táticas para dezenas de canais digitais nesta obra: há opções literalmente infinitas que podem ser utilizadas pelas marcas e cada organização é um mundo à parte, com particularidades bem distintas. Discorro brevemente sobre as duas questões a seguir.

a. **As opções de ações digitais são infinitas (ou bem perto disso!)**

Para ter ideia da vastidão do universo digital, perceba que, no primeiro semestre de 2022, havia mais de 160 milhões de usuários de redes sociais no Brasil e 84%

deles acessam alguma rede social todos os dias, segundo dados da Statista[110]. Ainda conforme as informações da mesma fonte, em 2025 estima-se que o Facebook terá mais de 150 milhões de usuários brasileiros, o YouTube terá 167 milhões, o WhatsApp chegará a 148m, o Instagram a 136m, LinkedIn a 48 milhões e o Twitter a 18 milhões. Já de acordo com o DataPortal[111], o Tiktok é a rede social que mais cresce no país e conta atualmente com mais de 82 milhões de usuários (no mundo, já passam de um bilhão).

O cargo de líder nessa área já foi ocupado pelo Orkut (falecido em setembro de 2014). O Pinterest, perdeu espaço sem fazer qualquer barulho, enquanto o Twitter vem caindo em números absolutos, mas ainda goza de lugar privilegiado no compartilhamento de notícias. Por outro lado, o aumento do consumo de vídeos curtos (inferiores a um minuto) fez redes como Instagram (por conta dos Stories e do Reels) e o TikTok explodirem em preferência nos últimos anos. Claramente trata-se de um ambiente muito dinâmico, com mudanças frequentes e frenéticas. As diferentes gerações de usuários utilizam o Digital de forma distinta. Tudo muda muito rápido, novas opções surgem, outras padecem, as tendências estão em constante mutação... é tudo bastante volátil e, por isso, as opções à frente do estrategista são tão complexas quanto incomensuráveis.

A depender do seu foco e limitações (particularmente de orçamento e de competências na equipe), entre tantas outras variáveis, as táticas adotadas podem vir em uma sorte extremamente diversa.

Sendo assim, é recomendado que você se preocupe em ter alguns nortes principais de possíveis ações, orientações genéricas para guiá-lo na neblina, mas desenvolva você mesmo quais são os desdobramentos táticos que fazem sentido para seu mercado no corte de tempo em que seu PEMD irá ser desenhado.

b. As organizações são diferentes

Cada organização, independentemente de setor ou mercado, tem particularidades e características que a distinguem de qualquer outra. Sim, pode ser que empresas de um mesmo ramo de atuação tenham similaridades entre si, porém, quando olhar para o íntimo de suas estruturas, culturas e mindset, irá perceber que são organismos muito distintos.

---

110 *"Social media usage in Brazil – statistics & facts"*. Disponível em: https://www.statista.com/topics/6949/social-media-usage-in-brazil/#dossierKeyfigures. Acesso em: 29 mar. 2023.

111 *"TikTok statistics and trends"*. Disponível em: https://datareportal.com/essential-tiktok-stats. Acesso em: 29 mar. 2023.

Dessa forma, é extremamente importante que o estrategista tenha a capacidade de entender os conceitos, frameworks e melhores práticas de Marketing na Era Digital, mas que consiga transpor essas orientações para as particularidades de sua organização (estrutura, equipes, forma de trabalho, crenças, visão, entre outros fatores).

Como você deve ter percebido, com base no racional proposto e em respeito às características de cada contingência, sequer tentaremos apontar quais são os melhores ou piores canais, sugerir fórmulas mágicas de sucesso... nada disso. É um esforço hercúleo e vão. Portanto, a ideia aqui é que você entenda as mais fundamentais e essenciais possibilidades dos canais digitais e, com seu plano em mãos (o "Onde Estamos" e o "Para Onde Vamos"), trace você mesmo a melhor rota para sair do ponto A e chegar ao ponto B de maneira rápida, menos custosa e mais eficiente. Não há fórmula mágica ou modelos prontos que sirvam para diferentes contingências. É preciso estar seguro de seu conhecimento do mercado e seus agentes para, então, decidir qual é o melhor caminho especificamente **no seu caso** em particular.

Como já mencionado, o foco do livro é na Metodologia PEMD e, neste momento da obra, tentarei orientar o estrategista acerca de algumas iniciativas táticas que podem servir de inspiração para o desenho de suas ações online.

Acima de tudo, o Plano Tático de Ações deve ser totalmente focado nos segmentos de público que serão tratados. É aquela máxima de **foco no cliente**. Assim, é necessário que você se assegure de que seu Plano Tático atenda ao seguinte:

- **Seja segmentado**
  Lembre-se que um trabalho mais eficiente e realista será focado em algumas áreas ou produtos específicos de sua organização, bem como também estará direcionado especificamente a alguns grupos de clientes.

  Não tente resolver todos os problemas de sua empresa em um primeiro momento, já tratando de todo o portfólio de produtos da organização, de todas as marcas, e querendo falar com todos os stakeholders. Isso não é factível e certamente não é necessário, e não deve dar certo!

  Foque em três a cinco produtos/serviços/marcas e de cinco a oito públicos de interesse, em um horizonte de tempo de 12 a 24 meses, como já havia recomendado nas etapas anteriores. Se você conseguir atingir todos os objetivos propostos com essa gama de produtos/públicos, considere seu trabalho um sucesso.

  Similarmente, não faça tudo (ou qualquer coisa) em muitos canais. Comece com menos canais, defina quais são os dois ou três prioritários e foque nesses.

- **Ofereça uma experiência para o cliente realmente relevante**
Para qualquer ação funcionar no mundo atual é preciso que a Experiência do Cliente seja a mais suave e envolvente possível. Não raro (e, talvez, de forma desejável), é importante avaliar se faz sentido e se sua organização está preparada para entregar uma experiência *omnichannel*. Para isso, você deverá atentar a itens tais como:

QUADRO 47 – Pontos relevantes para uma boa Experiência do Cliente

Tom de voz adequado	Qual será o tom dos conteúdos no site, nas mídias sociais, nos blogs, e-mails, sites e nas respostas ao internauta? É importante que o tom de voz seja consistente, de forma a assegurar uma experiência mais suave e similar nas diferentes redes e canais.
Layout	O apelo visual de tudo que fizer na internet também deve ser focado no cliente e contribuir para uma melhor experiência. Lembre-se de que é um dos principais tópicos de evidências tangíveis na entrega de seus e-serviços. Mesmo elementos que não costumam ser considerados com muita atenção pela empresa, como as cores de suas peças de Marketing, podem ter um grande impacto nas decisões dos clientes (Solomon, 2020).
Estrutura e Arquitetura da Informação	É preciso organizar, distribuir e entregar sua oferta digital tendo em mente como seus públicos irão interagir, usar, pesquisar etc. A estrutura do site, landing pages, bem como a maneira como você disponibiliza o conteúdo por e-mail ou nas redes sociais, entre outros fatores, serão fundamentais para estabelecer um elo forte com seu stakeholder.
Performance e Tecnologia	A velocidade de entrega dos e-serviços, uso de vídeos, áudio, *scripts* e outras funcionalidades, acessibilidade por meio de qualquer aparelho, resolução de tela, entre outros, são itens que devem ser considerados – sempre sob a perspectiva do cliente, de maneira a assegurar o sucesso de suas entregas. Não existe tecnologia melhor ou pior, mas sim aquela que mais cabe às necessidades de sua organização para determinada situação.
Integração on/offline	Certifique-se de que sua abordagem na internet esteja sempre em linha com as ações e Experiências do Cliente entregues no ambiente físico (ou offline). Lembre-se de que o mundo está cada vez mais *omnichannel* e, portanto, integrar as ações de Marketing, bem como os departamentos da organização, para que foquem sempre nos públicos-alvo é um dos maiores desafios de sua empresa, como já havíamos discutido no início do livro (quando abordamos os chamados "Desafios dos Quatro Ecossistemas de Marketing Digital" que influenciam o trabalho do estrategista).

- **Diferenciado frente à concorrência**
  Como temos argumentado em vários momentos ao longo do livro, qualquer coisa só será válida em um PEMD se feita ou pensada em comparação/relação aos competidores. Nesse sentido, é importante que seu Plano sempre tenha diferenciais frente à concorrência. Pense em quais são os motivos pelos quais o cliente irá ir até você – comprar na sua empresa, cadastrar-se em sua newsletter, ou seja, lá o que for relevante no seu caso – em vez de buscar o competidor. Tente se colocar nos sapatos de seu público e responder à seguinte questão: por que o cliente deve comprar com sua empresa e não com a da concorrência? Além disso, não se esqueça: **os diferenciais têm de ser percebidos como tal**, o que coloca mais um amplo desafio de comunicação. Pode ser que você veja alguma vantagem em sua empresa, mas que esta não seja percebida ou valorizada pelo cliente. Assim, de nada adianta. As vantagens e diferenciais precisam ser reconhecidos e valorizados por seus stakeholders.

- **Simples – claro, objetivo, direto**
  Um dos principais pontos genéricos para assegurar o sucesso do Plano Tático é que ele seja simples. Isso quer dizer que ele precisa ser compreensível, didático, para que todos os que serão impactados ou que participarão do Plano entendam perfeitamente o que é esperado pela organização, bem como as expectativas da empresa em relação a cada ator envolvido (tanto de dentro, quanto de fora da empresa). Precisa ser fácil e pouco demandante comunicar e entender o Plano Tático. Para tanto, mesmo que seu Plano seja extenso, com muitas etapas etc., crie uma versão simplificada (um .DOC de 10 páginas ou uma apresentação de não mais de 20 slides) para facilitar a comunicação das ações.

Após esse breve preâmbulo sobre o que você e sua organização podem esperar do Plano Tático de Ações em seu PEMD, vamos nos aprofundar um pouco mais em como chegar a um documento certeiro e alinhado com as necessidades e particularidades de sua empresa.

CAPÍTULO 45
Desenvolvimento do Plano Tático de Ações de Marketing na Era Digital

Na Etapa 2 – Diagnóstico Estratégico, você traçou alguns nortes que ajudarão bastante a comunicação do Plano Tático para seus diferentes stakeholders: Diretoria/Alta Gestão (os responsáveis por aprovar o PEMD), sua equipe e outros colaboradores envolvidos (atores de dentro da organização que terão interfaces quaisquer com o PEMD) e os fornecedores (que ajudarão a desenvolver e entregar partes das ações, tais como agências de gestão de mídias sociais, desenvolvimento de sites, publicidade, performance etc.).

Para avançar na proposição do Plano Tático você precisará, portanto, de três ingredientes:

- **Objetivos organizacionais que serão tratados pelo Marketing –** os objetivos são, naturalmente, o ponto final em que você deve estar ao encerrar o período de vigência do PEMD.

    [Você identificou seus objetivos na Etapa 2 – Direcionamento Estratégico]

- **Públicos que serão contemplados –** quais os segmentos focais e os stakeholders principais com os quais você irá trabalhar no PEMD.

    [Você identificou e priorizou os públicos na Etapa 0 – Definição do Objeto do PEMD]

- **Canais que serão utilizados –** aqui você irá apontar quais canais do Digital (sites, e-mail, landing pages, redes sociais etc.) irão ser adotados nas ações táticas do PEMD.

    [Você identificou, inicialmente, o portfólio de canais digitais da sua empresa e dos competidores na fase de "Objeto do PEMD", durante a Etapa 0 – Definição do Objeto do PEMD. Posteriormente, na Etapa 1, com o estudo do microambiente durante o Diagnóstico Estratégico, você priorizou e selecionou que canais serão, de fato, utilizados]

Naturalmente, espera-se que as respostas sobre quais públicos serão priorizados e em quais canais estejam firmemente baseadas nos estudos do Macro e Microambientes de Marketing, que o estrategista empreendeu durante toda a etapa de Diagnóstico Estratégico, analisando sua própria organização, concorrentes e benchmarks. Como afirmamos bem no início deste livro, o Plano Tático nada mais é do que um desdobramento lógico e racional de um diagnóstico bem-feito.

Uma vez que todos os ingredientes estejam bem amarrados, podemos passar para as recomendações táticas. Ao longo dos diversos planejamentos estratégicos que tenho desenvolvido para organizações públicas e privadas, eventualmente cheguei a um modelo que ajuda, de forma muito clara e simples, a gerenciar e comunicar melhor quais canais digitais serão trabalhados para quais públicos específicos. Esse modelo, a Matriz de Canal x Público está ilustrado na **no Quadro 48** a seguir:

QUADRO 48 – Exemplo de quais canais serão trabalhados para cada público (Matriz de Canal x Público)

Permanente dedicação em CONVERSÃO →

CANAL	Talentos	Imprensa e Influenciador	Colaboradores	Clientes	Prospects	RI
Portal	●	●	●	●	●	●
Newsletter		●	●	●		●
Facebook	●			●	●	
Twitter	●			●	●	
Pinterest					●	
LinkedIn	●		●			
Mobile				●		●
Fóruns e Blogs		●			●	
Publicidade e Performance		●			●	

Permanente investimento em INTELIGÊNCIA →

Fonte: Nino Carvalho Consultoria

Quando chegar nesse ponto do PEMD, você já terá vencido os principais desafios do seu trabalho: já definiu os limites do Planejamento Estratégico de Marketing na Era Digital (marca-alvo, públicos, competidores), decidiu quais são seus objetivos, a orientação estratégica e em quais canais online sua organização irá atuar, de acordo com cada stakeholder.

Nos próximos capítulos, você terá algumas sugestões de ações concretas para rechear e fortalecer seu Plano Tático de Ações, tendo sempre em mente as ressalvas que foram expostas no início desta parte do livro. Para tentar atender aos diferentes tipos de organizações, separei as recomendações em dois grupos, já que algumas marcas preferem direcionar suas táticas partindo dos públicos-alvo, enquanto outras sentem mais facilidade ordenando as ações do ponto de vista dos canais digitais.

Saiba quais caminhos evitar

Quer você escolha ter como ponto de partida os públicos de interesse de sua marca ou os canais selecionados, vale destacar algumas **táticas que você deve evitar seguir**. Um dos líderes globais em marketing de conteúdo e performance, a HubSpot, tem feito recomendações aos profissionais com atuação na área Digital elencando atividades que deveriam ser eliminadas das estratégias de marketing. Comento a seguir algumas delas:

Ações de Marketing em tempo real: a Oreo é um exemplo de marca que investe muito em ações em tempo real, principalmente durante o Super Bowl (a final do campeonato de Futebol Americano, nos EUA) e de outros megaeventos. Muitos profissionais pensaram (ou pensam) que essa seria a nova onda no Marketing na Era Digital. Ledo engano. Os esforços são demasiados e o impacto é muito curto e raso. Em raras ocasiões vemos grandes *cases* (tal como um ou outro da Oreo) mas, na maior parte das vezes, é apenas desgastante para a equipe e para a marca.

Insistir em redes sociais que não estão funcionando: em média, as empresas B2B nos EUA postam seu conteúdo em seis redes sociais. No Brasil, as redes sociais mais usadas pelas empresas são, nesta ordem[112]: Facebook, Instagram, LinkedIn, Twitter e YouTube. É importante questionar se sua empresa deve estar em alguma rede social e, se a resposta for "sim", especificamente em quais. Lembre-se que o foco de seus esforços deve sempre gerar negócios (as empresas precisam gerar lucros para os acionistas). Avalie quais são as redes

---

[112] Leia mais sobre as pesquisas Content Trends 2019 e Social Media Trends 2019 em "O que disse o cenário de tendências de conteúdo em 2019". Disponível em: https://rockcontent.com/br/blog/cenario-tendencias-conteudo/. Acesso em: 28 abr. 2023.

que estão convertendo bem e quais estão apenas consumindo seu tempo e dinheiro. Nos recentes clientes que tive na área privada, boa parte seguia quase que um padrão: tinham Facebook, Twitter, Instagram, YouTube e LinkedIn (fora blog, comum a muitas marcas também). Será que todas essas são, de fato, relevantes para sua organização? E orçamentariamente viáveis? Você tem equipe suficiente para gerir tudo isso?

Esperar que as pessoas descubram seu conteúdo ("porque ele é demais!"): as marcas estão investindo cada vez mais em conteúdo (e, por vezes, de qualidade). No entanto, pense sobre o quanto você atualmente investe em disseminação e otimização desse material. A competição (mesmo para marcas públicas) está cada vez maior, o volume de conteúdo disponível não para de crescer. Assim, faça menos, mas que valha por mais. Não pense em simplesmente fazer bons conteúdos, mas em onde (e como) ele será entregue.

Gerar relatórios de dados que não são relevantes: a febre do monitoramento – big data, analytics, data-driven, entre outros – já está causando pânico entre empresas e profissionais. Parece que há uma necessidade de coletar muitos dados e gerar muitos relatórios à toa. Uma empresa multinacional de Energia com a qual trabalhei, auxiliando suas atividades no ambiente digital, exigia relatórios semanais sobre sua marca no Facebook e no Twitter. À época, a presença da marca era muito incipiente e o tempo despendido nesse afã de relatórios poderia ser mais bem empregado em fazer com que a empresa ganhasse mais relevância no ambiente social. Isso vale para qualquer relatório, seja ele de performance, seja de tráfego em seu site, ou blog. O importante é focar nos elementos que irão ajudá-lo a avaliar se você está ou não conseguindo se aproximar dos KPIs que definiu na Etapa 2 do PEMD e, consequentemente, chegando mais próximo de atingir os objetivos organizacionais.

Independente do setor em que você atua, veja com calma o que é possível aprender mesmo com experiências bem diferentes (e, talvez, aparentemente distantes) de sua realidade. Quando iniciei meus trabalhos de consultoria para o Instituto Brasileiro de Petróleo, Gás e Biocombustíveis (IBP), li algo, inicialmente voltado para o Setor Público, que me inspirou bastante. No livro "*Social Media in The Public Sector: Field Guide*", os autores argumentam que o real valor do Governo 2.0 está em sua capacidade de guiar uma organização para transformar sua cultura, adotar as ferramentas de mídias digitais e interagir de forma abrangente e inclusiva com diversas audiências (Mergel e Greeves, 2012).

Hoje, cerca de uma década depois, vemos como os autores estavam corretos, ao observarmos como muitos órgãos públicos se modernizaram para utilizar o potencial do Digital para estreitar laços com a sociedade. Um exemplo pode ser a consultoria que dei para o Ministério da Economia do Brasil, em um projeto financiado pelo Banco Interamericano de Desenvolvimento (BID), em 2021 e 2022. Nossa ajuda como consultores era auxiliar a organização a comunicar melhor e a gerar mais engajamento com públicos-chave, nas ações que dizem respeito à avaliação de políticas públicas.

Acredito que esse "real valor" pode ser ampliado e adaptado a organizações de todos os setores e em qualquer mercado. Assim, estou certo de que você ganhará muito investindo um pouco de tempo fazendo pontes e abstrações nos exemplos e casos a seguir, e constantemente se perguntando como poderia aplicar essa ou aquela tática em sua contingência particular.

Agora, passadas essas orientações gerais, vou guiar você por alguns pontos relevantes e recomendações gerais para conduzir seu Plano Tático com foco nos diferentes públicos que você irá contemplar no PEMD. Começarei, como sempre deve ser em Marketing, nas táticas focadas para o Cliente.

CAPÍTULO 46
Recomendações Táticas por Stakeholder – Cliente

Como comentado no início do livro, estamos lidando com um novo perfil de consumidor na Era Digital. Esse e-Cidadão ou e-Cliente deixou de ser passivo e, agora, determina o que, quando e como irá consumir em termos de mídia, passando de mero espectador a produtor, distribuidor e crítico.

Um dos maiores estudiosos da área de Comportamento do Consumidor no mundo, Michael Solomon, diz que o advento da internet e as consequências para o Marketing no ambiente online motivaram mudanças sociais jamais vistas e, com isso, o comportamento do consumidor também mudou radicalmente (Solomon, 2020). É importante, portanto, ter essa visão ativa do novo cidadão/consumidor para poder pensar com mais solidez sobre quais serão as ações táticas a utilizar no seu ambiente.

Naturalmente, sabemos que existem muitos públicos relevantes para a organização, e a lista dos principais stakeholders irá variar de empresa para empresa, e de momento para momento (há de se considerar a atual situação da organização, seus recursos, objetivos etc.).

Em primeiro lugar, portanto, irei tratar das recomendações táticas do Planejamento Estratégico de Marketing na Era Digital da maneira que acho mais correta e coerente, ou seja, com foco nos públicos mais relevantes para a empresa. Apontarei algumas possibilidades táticas para Clientes (atuais clientes), Prospects (potenciais clientes), Imprensa e Influenciadores, Colaboradores e Novos Talentos. Depois de olharmos para o Plano Tático com foco nos stakeholders, abordarei ações focadas em canais (site, redes sociais etc.).

Como resumir suas Táticas de acordo com os Públicos

Já que todo trabalho da empresa ou é dependente ou dedicado a diversos tipos de públicos, julgo mais sensato, mais fácil e mais natural pensar nas ações táticas tendo como base os diversos stakeholders que você elencou como prioritários para seu PEMD.

Se optar por essa linha de trabalho, você deverá organizar suas táticas conforme ilustrado no exemplo a seguir:

QUADRO 49 – Ações Táticas — Parceiros e Fornecedores

Canal	Curto prazo (3 meses)	Médio prazo (6 meses)	Longo prazo (12 meses)
Portal	*Listar ações aqui, de acordo com os públicos e os prazos*		
TikTok			
Instagram			
Twitter			
Blog			
E-mail Marketing			

Olhando para o exemplo, perceba que eu dei o título de "Ações Táticas – Parceiros e Fornecedores" à tabela. Depois, usando o público como âncora, você irá apontar quais canais irá utilizar para cada um dos stakeholders contemplados e as ações que sugere ao longo do tempo, nos diferentes canais utilizados. Essa tabela ilustra uma solução simples para seu produto final do Plano Tático, com o rol de ações táticas para cada stakeholders. Aqui, o foco é o público.

Agora, iremos seguir esse modelo e vou compartilhar, nas próximas páginas, algumas recomendações de potenciais cursos de ação para os principais públicos. Vamos começar com o que deveria ser o foco e centro de toda organização: o Cliente.

Ações Táticas para Clientes

Aqui, estou a tratar de seus atuais clientes (e não dos clientes em potencial, chamados de prospects – falaremos disso no próximo capítulo). Seus clientes são o principal público de sua organização, independentemente de qual seja seu setor de atuação, seu rol de produtos ou qualquer outra variável. A sabedoria "popular-executiva" prega que manter clientes fiéis é mais rentável do que atrair novos clientes[113]. Os clientes são o início e o fim dos propósitos de suas marcas. Partindo dessa premissa, algumas abordagens táticas são de grande relevância, como veremos a seguir.

---

[113] Você poderá encontrar mais sobre o assunto em referências na área de Marketing de Serviços, tais como Zeithaml *et al.* (2017), e Wirtz e Lovelock (2021), e na área de Marketing de Relacionamento, dos quais destaco Marques (2012), Gummesson (2009) e McKenna (1993).

Área Exclusiva para o Cliente

Uma das táticas mais recomendadas é oferecer uma área exclusiva para o cliente, que comporte informações sobre o histórico de relacionamento com a empresa, produtos e ofertas exclusivas; conteúdo informativo ou promocional personalizado; acesso via atalhos às principais funcionalidades utilizadas ou acessadas pelo cliente; contato rápido das interfaces do cliente junto à organização; customização da navegação, entre outros.

Acredito que as empresas que já conseguem trabalhar a área exclusiva do cliente de maneira mais correta são algumas do segmento de comércio eletrônico (com destaque para a Amazon e o AliExpress) e boa parte dos bancos públicos e privados (gosto das áreas de clientes dos bancos Itaú, no Brasil, e Millennium BCP, em Portugal). É válido, também, personalizar a navegação para diferentes stakeholders, caso você não tenha condições técnicas ou financeiras para desenvolver uma área mais completa e complexa de exclusividade para seus clientes.

O conceito que você deve ter em mente é oferecer um espaço exclusivo, próprio e diferenciado para seus clientes. Esse espaço deve ser altamente personalizado (informações, ofertas, produtos e mesmo a arquitetura e exposição do conteúdo em geral), transparente e, acima de tudo, de fato oferecer valor agregado para o cliente, de forma que ele perceba real valor no serviço.

Newsletters e outras peças de e-mail para clientes

As newsletters e os e-mails marketing são poderosas ferramentas de Marketing Direto, com vastas possibilidades (de campanhas, de entendimento da base de clientes etc.), de baixo custo e fácil operação. Por essas questões ligadas ao potencial do e-mail para o Marketing e a facilidade de uso, as ações aqui podem ser bem relevantes para sua empresa.

Quando bem utilizadas (base de clientes própria, foco em mensuração e em segmentação), diversos estudos apontam que os resultados podem ser profundamente favoráveis e ajudar muito em suas metas, desde alavancar vendas até resgatar para o site o tráfego de usuários que há muito não o visitavam.

QUADRO 50 – Principais razões para investir em ações de Marketing via e-mail

Mensuração e Controle	É muito fácil, mesmo com ferramentas gratuitas, mensurar cada item das peças de e-mail, bem como suas interações com a performance do site ou de outras ações de Marketing que fizer.
Aumento da confiança	O relacionamento pode ser nutrido por e-mail, o que elevaria a confiança do usuário com a marca.
Maximização da Conversão	A frequência regular e o conteúdo focado no perfil de seus públicos tendem a ampliar as chances de conversão e minimizar a probabilidade de feedbacks negativos. Além disso, o e-mail contribui muito para uma experiência satisfatória que, por sua vez, também estimula novas compras e retenção do público.
Facilidade de Acesso	Todos possuem e-mail e, mesmo que as redes sociais tomem muito tempo dos usuários (o brasileiro fica mais de 3h por dia conectados nas redes), ainda é verdade que as pessoas também acessam o e-mail muitas vezes ao dia. Qualquer software leitor de e-mails (tais como o Outlook, Gmail, Hotmail, UOL Mail, entre outros) tende a aceitar bem as peças de e-mail de organizações, a despeito das múltiplas possibilidades de formatos e tecnologias. Ademais, o usuário normalmente está conectado ao e-mail todo o tempo – além do período de "escritório", irá checar as mensagens em seu telefone quando acorda, no almoço, na volta para casa...

Para efeito do que será sugerido como tática de e-mail marketing neste livro, iremos tratar das campanhas enviadas com permissão do usuário, ignorando qualquer abordagem estratégica ou tática via spams. Se estiver na dúvida se o que sua organização está fazendo é ou não spam, basta pensar que **spam é toda e qualquer mensagem enviada em massa e não solicitada**. Assim, se sua empresa manda e-mails para as pessoas sem a permissão delas, você está mandando spams.

Incluí, ao final do capítulo, um breve box sobre o tema spam (**Dica PEMD #13**), escrito pelo Marcello Perongini, Digital Advisor da Shell para América do Sul. Recomendo fortemente a leitura se você já faz ou pretende fazer uso do e-mail como ferramenta de comunicação, de relacionamento e de vendas com seus stakeholders.

Ao trazer um plano para e-mails em seu PEMD é importante ter em mente algumas das principais possibilidades à disponibilidade do estrategista. Recolhi recomendações compartilhadas tanto por Dave Chaffey, fundador do Smart Insights, professor do Chartered Institute of Marketing (no Reino Unido), quanto por diversos profissionais de referência em língua portuguesa. Apesar de atuarem com focos diferentes e em mercados distintos, ambos concordam sobre algumas orientações relevantes para campanhas e formatos de e-mail:

- **Campanhas Frias**
  São aquelas enviadas para listas compradas. Nesses casos, a empresa adquire uma vasta listagem de nomes e dispara indiscriminadamente o e-mail. Em praticamente todos os casos as campanhas frias são sinônimo de spam e você jamais deve praticá-las, em hipótese alguma. Ademais, as chances e o impacto de enviar algo aleatório para quem não o conhece sempre pesarão contra você. Vale ressaltar, entretanto, que esse tipo de abordagem é algo bastante incomum atualmente, principalmente com o aumento de legislações de proteção da privacidade dos usuários.

- **Banco de Dados Próprio**
  Aqui se encaixam os e-mails que são disparados para contatos pertencentes à base de stakeholders da organização. São os contatos que você coletou por meio de formulários no site e em landing pages, por exemplo.

  Seja qual for o formato ou conteúdo de sua campanha, os resultados de e-mail marketing enviados para bases próprias são incrivelmente superiores aos de outras opções (tais como *co-branded* e em bases de terceiros, ambas tratadas a seguir). Os e-mails próprios podem ser mais focados em conteúdo (nesse caso, regularmente conhecidos como "Newsletters"), em produtos específicos ou em promoções da empresa, com foco em vendas, tal como faz muito bem a Disney, com base no comportamento de compra de seus cadastrados:

FIGURA 109 – Exemplo de e-mails segmentados enviados pela Disney a seus clientes

- **Co-branded**
  Nesse caso, o cliente recebe uma mensagem de marcas com as quais ele se relaciona com frequência e das quais também já é cliente. Por exemplo, a empresa de cartões American Express, no Brasil, regularmente envia peças em conjunto com empresas parceiras, tais como hotéis e companhia aéreas, por exemplo, oferendo pacotes turísticos especiais para seus membros Platinum. No Setor Público, é possível que eu seja cadastrado para receber as novidades do Ministério da Educação (MEC) e eventualmente veja uma campanha falando do Programa de Alimentação Escolar, do Fundo Nacional de Desenvolvimento da Educação (FNDE), ou da importância da vacinação de crianças, de responsabilidade do Ministério da Saúde.

Essas campanhas costumam ser fruto mais de contratos de parcerias do que de natureza publicitária, embora possa haver iniciativas de e-mails *co-branded* que tratam tão somente de propaganda tradicional paga, ou que tenham fim específico de vendas.

- **E-mail Marketing via Terceiros**
  São os e-mails pagos em forma de campanhas de publicidade. É um caso bem comum para empresas. Aqui se encaixam as peças de uma organização que paga para ter um espaço no e-mail de um terceiro (por exemplo, uma publicidade do Mercado Livre em uma newsletter do Portal Terra), bem como e-mails associados a uma peça que a empresa envia para a base de um parceiro comercial (por exemplo, quando a XP Investimentos envia uma promoção sua para a base de clientes do site InfoMoney, que oferece conteúdo sobre o mercado financeiro).

- **E-mails de Conversão em Funil**
  Ocorrem quando o usuário visita o site de uma empresa e se cadastra para receber mais informações sobre um produto ou serviço. A empresa, então, envia e-mails automáticos para fazer *follow up* (acompanhamento), estimular um contato pessoal ou telefônico, ou provocar mais uma ação do usuário com vistas a aproximá-lo da possibilidade de fazer negócios com a organização. Muitas empresas de serviços profissionais (consultoria, agências, escritórios de contabilidade ou advocacia, firmas de arquitetura, entre outros) estão trabalhando nessa linha, como nos lembra Rez (2018). Comumente elas criam uma landing page, oferecem algum conteúdo valioso (tal como download de um relatório ou de uma pesquisa sobre certo setor, por exemplo) e pedem os dados do usuário. Na sequência, de forma automática, o internauta recebe um e-mail agradecendo o download. Três ou cinco dias depois é enviado outro e-mail, recomendando mais um conteúdo ou sugerindo que o usuário entre em contato com a empresa para conhecer mais sobre seus serviços. Por vezes, a compra pode ser estimulada diretamente via e-mail, dentro de uma jornada de contatos pré-definida.

- **E-mails Regulares**
  Este tipo de e-mail é o que normalmente se conhece como newsletter. São peças de caráter informativo, enviadas com regularidade para os usuários cadastrados na base de dados da organização. Boa parte das marcas, sejam elas públicas ou privadas, costumam oferecer newsletters para seus internautas. O Ministério de Turismo de Portugal, por exemplo, permite que qualquer cidadão se cadastre em seu site e receba informações semanais acerca dos projetos da instituição por todo o país. Do lado privado, a H&M recompensa internautas que se cadastram:

FIGURA 110 – Página de cadastro para recebimento de newsletter da H&M

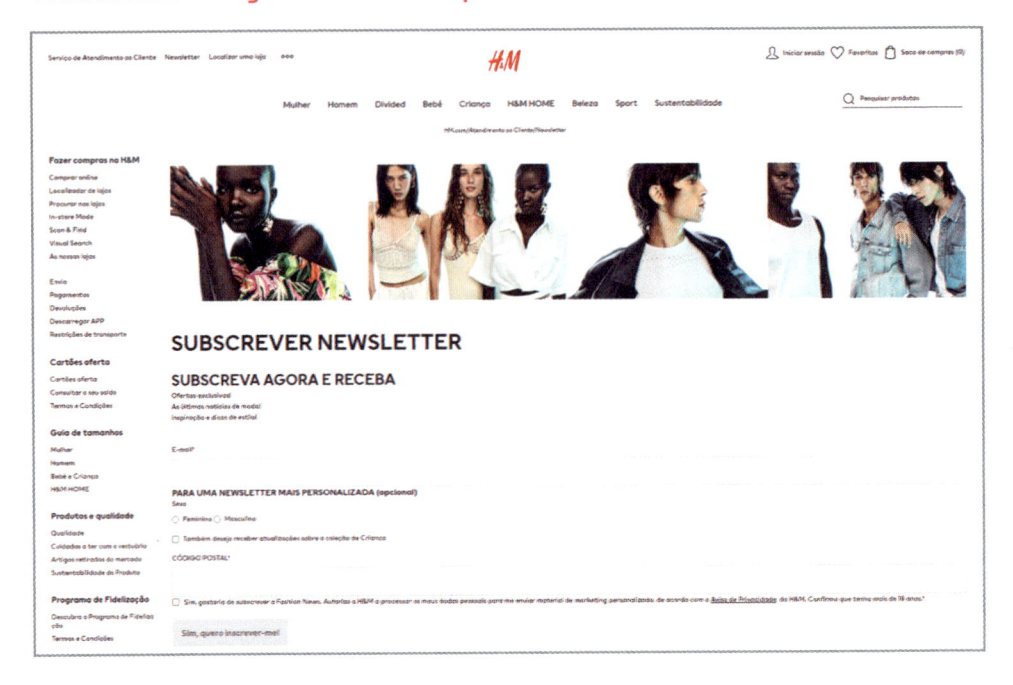

- **E-mails de Eventos**
  Acredito que essas campanhas sejam extremamente eficientes. São e-mails enviados aos usuários cadastrados no banco de dados da organização para promover eventos e atividades da marca. O IPOG, uma universidade brasileira de atuação nacional, regularmente envia novidades sobre cursos e palestras para sua base de alunos, ex-alunos e futuros alunos. O Conversion XL (ou CXL), um dos melhores portais de conteúdo sobre Marketing Digital do mundo, promove diversas atividades (tais como *webinars* e divulgação de resultados de pesquisas exclusivas) via e-mail para seus cadastrados.

  Outro exemplo muito interessante é o da Focus Têxtil, líder no segmento B2B do mercado têxtil na América Latina. A empresa envia diferentes versões do e-mail de seu evento anual para os diversos públicos: clientes, funcionários, representantes de vendas, imprensa, academia, entre outros. Mudanças sutis na comunicação (textual e visual) fazem com que o apelo comunicacional fixe com mais força em cada público.

FIGURA 111 – E-mail enviado pela Focus Têxtil com foco em clientes

Os e-mails com chamadas para eventos costumam ser realmente muito eficientes, desde que você se preocupe em criar alternativas (sejam eventos físicos/presenciais, *webinars* ou qualquer outro modelo virtual) que estejam em linha com as necessidades de seu público. Por exemplo, para meus cadastrados, promovo regularmente seminários ou aulas online, gratuitos, com temas relacionados ao PEMD, ao Marketing ou à Carreira de Consultoria. Os resultados sempre são muito bons, não raro beirando os 40% de taxa de abertura e 20% em taxa de cliques em segmentos mais fiéis.

- **E-mails Automáticos de Relacionamento**
    É importante que você tente automatizar ao máximo seus processos e comunicações com os clientes. Há mensagens padronizadas que devem ser configuradas para envio automático à sua base, tais como e-mails de Boas Vindas, Feliz Aniversário, Confirmação de Compra, Confirmação de Recebimento de Mensagens, Confirmação de Participação (em eventos ou outras atividades), entre outros.

    No exemplo a seguir, a TelePizza – talvez a líder em pizzaria delivery em boa parte da península Ibérica – envia um e-mail automático para o usuário que pede uma pizza pelo aplicativo. A empresa recebia um grande volume de reclamações de clientes dizendo que não sabiam se o pedido via mobile app tinha sido computado ou não. Assim, ao concluir a compra, o usuário passou a receber uma confirmação em sua caixa de e-mail:

FIGURA 112 – Exemplo de e-mail de confirmação de pedido da TelePizza

Esses momentos podem ser excelentes oportunidades para mostrar que você continua por perto e para tentar estreitar os laços, além de transacionar com o usuário. A Fastshop aproveita o aniversário do cliente para presenteá-lo com cupom de desconto especial, conforme exemplo ilustrado na **Figura 113**, a seguir:

FIGURA 113 – E-mail automático da FastShop com cupom de desconto para cliente em seu aniversário

Uma vez que já estejam claros os tipos de e-mails que você pretende utilizar, é importante estar seguro de ter condições de manter uma frequência de envio de conteúdo, saber segmentar bem as mensagens, apresentar temas realmente afins com as demandas do seu público e finalmente metrificar tudo: quem abriu, quando abriu, onde clicou etc. A seguir, irei ajudá-lo com algumas dicas úteis para maximizar seu sucesso no uso do e-mail marketing.

Observações sobre os e-mails enviados aos clientes

Para assegurar que suas iniciativas serão bem desenvolvidas, é importante contar com a ajuda de uma plataforma específica de gestão de campanhas de e-mail. Acredito que valha recomendar o uso do gerenciador de e-mails Mail Chimp, adotado pela grande maioria das agências e profissionais do cenário nacional, particularmente por representar a melhor relação custo-benefício do mercado. Já usei o Mail Chimp e, depois de ter aproveitado bem tudo o que a ferramenta oferece, migrei para o Active Campaign, por achar que permite melhor a gestão das informações acerca dos cadastrados. No Brasil, ouço muitas críticas de alunos acerca das ferramentas mais populares (como o RD Station), em grande parte por conta da falta de atualização, integrações e suporte técnico. Em Portugal há uma ferramenta muito conhecida e bem falada, a eGoi.

Outro ponto fundamental é pensar na produção das peças, ou seja, como será a abordagem do **conteúdo** dos e-mails. Para ajudá-lo nesse sentido, recomendo que sua peça de e-mail conte com quatro elementos bem distintos, de forma a maximizar suas probabilidades de sucesso.

FIGURA 114 – Elementos essenciais para o sucesso de peças de e-mail marketing

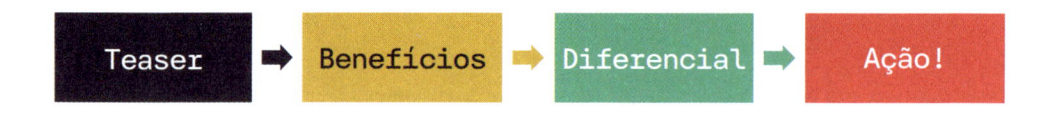

Teaser → Benefícios → Diferencial → Ação!

A proposta contempla:

- **Teaser**[114] – algo para capturar a atenção do usuário (uma boa imagem de destaque ou uma frase de efeito)

- **Benefícios** – mostre quais são as vantagens reais e diretas para o target

- **Diferencial** – deixe claro o que o separa do concorrente

- **Ação** (*call to action*)[115] – chamada (um botão, por exemplo) para a reação desejada à sua comunicação

O sucesso das newsletters para clientes está diretamente ligado ao tratamento correto da base de clientes (dados atualizados, campanhas bem segmentadas) e a constantemente rever, adaptar e melhorar o conteúdo, dias e horários de envio, de acordo com os resultados de cada peça enviada.

---

114 *Teaser*, em inglês, poderia ser traduzido nesse contexto como algo para estimular, provocar ou seduzir o internauta.

115 O termo "*call to action*" (do inglês, chamada para ação) se refere a botões, links ou outros apelos estimulando cliques do internauta para gerar ações, como cadastramento, compra, participação em um concurso cultural, em uma promoção, entre outros.

Vale dizer que a newsletter não necessariamente precisa ter um foco exclusivamente informativo, tal como alguns acreditam. Qualquer atividade regular por e-mail com foco nos atuais clientes de sua base configuram uma newsletter, ainda que seja majoritariamente trabalhada com imagens ou que tenha cunho mais promocional.

Sou muito fã de como a marca Nespresso trabalha bem sua comunicação. No exemplo das newsletters enviadas pela empresa, além de acertarem na frequência e na segmentação, as peças refletem muito bem os atributos da marca (tais como sofisticação, exclusividade, alto padrão, simplicidade) e conceitualmente são bem corretas, com bons *teasers*, benefícios atraentes e diferenciais claros (degustação exclusiva para membros do Nespresso Club, por exemplo), além do *call to action*.

FIGURA 115 – Newsletter da Nespresso, com os elementos essenciais: teaser, benefícios, diferencial e ação

Na peça ilustrada na **Figura 115**, podemos ver como os elementos sugeridos anteriormente são abordados pela Nespresso. Em adição ao apelo visual, que serve para capturar a atenção do leitor (*teaser*), há um claro destaque para o crédito de R$ 100,00 (benefício – embora também um ótimo fator para captura de atenção). A oferta tem tempo limitado e é exclusiva para quem faz parte do NespressoClub (diferencial da exclusividade) e convida a uma ação (*call to action*) que está claramente destacada com um botão branco em fundo escuro: "Aproveite essa oferta".

Avinash Kaushik, ex-Google e um dos maiores nomes de inteligência competitiva digital do mundo, salienta o valor do e-mail como ferramenta tanto de branding quanto de conversão, além de apontar três aspectos que devem sempre estar na mente do estrategista ao trabalhar com Marketing via e-mail: utilizar métricas específicas do e-mail (dadas as particularidades do canal), não tentar monitorar tudo (o que, além de consumir muita energia, é uma tarefa virtualmente impossível), e pensar nos objetivos organizacionais (em vez de achar que o e-mail é uma ferramenta que tem seus próprios objetivos).

O executivo comenta, ainda, que se deve utilizar o e-mail marketing como meio para a conversão final, ou seja, o e-mail é uma das possíveis formas de entregar os objetivos organizacionais. Nesse sentido, talvez pelas possibilidades de mensuração e controle, ou pela flexibilidade, o e-mail é um dos principais aliados do estrategista em seu Plano Tático.

Dica PEMD #13

O que é spam e como pode afetar sua vida

O spam é toda e qualquer mensagem enviada em massa e de forma indesejada. São, geralmente, mensagens comerciais ou ofensivas. Pode ser realizado por meio de qualquer sistema de comunicação, embora o termo seja associado com mais frequência à internet e às plataformas de comunicação nela disponíveis. Na rede mundial de computadores, o spam pode ser encontrado sobretudo em e-mails, aplicações de mensagens instantâneas (IM e chat), tag boards, fóruns e redes sociais.

A palavra refere-se a um esquete do grupo britânico de comédia Monty Python, transmitido em 15 de dezembro de 1970, que ilustrava os clientes de uma lanchonete que podiam escolher apenas entre pratos que continham SPAM, um produto alimentício enlatado, à base de presunto temperado (*spiced-ham*), produzido pela companhia norte-americana Hormel Foods Corporation. No esquete, o alimento apresuntado é alvo da sátira dos comediantes britânico por ser um dos poucos alimentos disponíveis no mercado inglês logo após a Segunda Guerra Mundial e, portanto, sem que o público pudesse escolher produtos alternativos.

O primeiro spam a ser realizado em um meio de comunicação digital foi uma mensagem enviada, no dia 1 de maio de 1978, para 393 endereços de e-mail da rede ARPANet. A mensagem foi idealizada e enviada por Gary Thuerk, o então diretor de Marketing da Digital Equipment Corp., com o convite para uma demonstração da nova linha de computadores da companhia. As reações àquela primeira mensagem foram em máxima parte negativas, sobretudo devido ao fato que a ARPANet era utilizada, até então, para a troca de mensagens entre acadêmicos e para outras finalidades ligadas à esfera militar da segurança nacional.

Atualmente, o spam representa em torno de 47% de todas as mensagens eletrônicas enviadas por ano no mundo, embora a tendência seja de franco decrescimento, há pelo menos uma década.

O escopo principal do spam é a publicidade para todo tipo de produtos, incluindo ofertas comerciais, material pornográfico ou ilegal (softwares, medicamentos, drogas, armas), fraudes financeiras, correntes de mensagens, códigos maliciosos, ameaças e até simples brincadeiras. Para isso, um *spammer* (agente que pratica o spam) envia mensagens, idênticas ou com alguma personalização, para um elevado número de destinatários que não acordaram seu consenso ao recebimento da mensagem.

O spam tem um forte impacto negativo, por exemplo, sobre os valores dos contratos de conexão estipulados entre os provedores de acesso à internet (ISP) e seus clientes.

O ato de enviar mensagens de spam (em inglês *spamming*) é um comportamento considerado inaceitável por grande parte dos provedores de serviços internet e, normalmente, é classificado como uma violação dos Termos de Uso ou da Política de Uso do provedor. Em geral, a consequência desse tipo de violações é a exclusão da conta do remetente, por parte do ISP (fornecedor de acesso à internet, em inglês, *Interent Service Provider*). Em função disso, muitos *spammers* têm à disposição um grande número de contas, criadas utilizando informações pessoais falsas ou roubadas.

As consequências do spam são variadas e podem afetar os usuários de serviços de comunicação em termos de produtividade, segurança e custos, em particular se o spam recebido é veículo de vírus ou de esquemas de fraude projetados para roubar dados financeiros e pessoais. Nesse último caso, o spam é chamado de *phishing* ou *scam*.

Referido às mensagens enviadas através de correio eletrônico, o spam é genericamente definido como "mensagem indesejada, enviada em grande quantidade" (da expressão em inglês: *unsolicited bulk e-mail* ou UBE). Quando o argumento da mensagem é de tipo comercial, utiliza-se a expressão "mensagem comercial indesejada" (em inglês: *unsolicited commercial e-mail* ou UCE).

A partir dessas definições, uma mensagem se classifica como spam se tiver sido enviada, ao mesmo tempo, sem a permissão do usuário e em grande quantidade. Há, todavia, mensagens que não são spam, mesmo apresentando ambas as características: mensagens enviadas a listas de usuários podem ser regularmente assinadas (newsletters, listas de discussões etc.), e uma mensagem de primeiro contato de uma empresa é um meio de prospecção perfeitamente legítimo, mesmo que não solicitado pelo usuário.

O debate mais atual sobre o spam aponta para a necessidade de centrar o assunto em torno da permissão, isto é, da autorização do usuário em receber mensagens. Mesmo com essa mudança de foco, no entanto, não foi possível ainda se garantir uma compreensão unívoca sobre o tema, em particular do ponto de vista jurídico.

Além do spam que afeta os sistemas de comunicação e-mail (e-mail spam) existem outras categorias de comunicação indesejada, entre as quais:

» **Spim**: Acrônimo de *spam over instant messaging*, é a prática de enviar comunicações indesejadas (geralmente de tipo comercial) para o perfil de um usuário em um serviço de mensagens instantâneas.

» **Spit**: Se o envio de spam acontece através de sistemas de comunicação de voz que utilizam protocolos internet, como no caso de propaganda social, política ou comercial, fala-se em *spam over internet telephone*, ou *spit*.

» **Fóruns e blogues**: Nessas plataformas, o spam acontece sobretudo por meio das ferramentas de comunicação próprias do canal, como mensagens e comentários.

» **Redes sociais**: Nas redes e mídias sociais, o spam é comumente enviado por meio de mensagens diretas e comentários em posts e mídias. Nesses casos, é preciso observar que o spam, ainda que enviado em grandes quantidades pelo *spammer*, pode ser percebido pelos usuários como uma mensagem única, enviada apenas para seus perfis pessoais.

Marcello Maria Perongini, *especialista em Marketing Digital e em Gestão de Projetos, ambos pela Fundação Getulio Vargas. Atua como Digital and Social Media Excellence Advisor South America para a Shell, dando suporte ao crescimento da marca na região da América do Sul. Nascido e criado na Itália, mora no Rio de Janeiro.*

CAPÍTULO 47
Recomendações Táticas por Stakeholder – Prospects

Toda empresa precisa de prospects, que nada mais são do que potenciais clientes. Os prospects são aqueles que têm o perfil para serem clientes de sua organização, mas que, no momento, ainda não são, de forma que você precisa e deve utilizar o potencial das ferramentas do mundo online para atrair e se relacionar com esse stakeholders. Para ser considerado um prospect, não basta ter um perfil interessante para a empresa ou que o fulano tenha se cadastrado na sua base. O prospect precisa cumprir os pré-requisitos necessários para ser seu cliente. No caso de um curso de mestrado, um dos pré-requisitos é ter uma licenciatura ou bacharelado completo. No caso de cerveja ou caipirinha, seria a maioridade.

Vale complementar: é possível que você veja o termo leads ser usado como sinônimo de prospects no mercado e em textos voltados para executivos. Isso está potencialmente errado e eu prefiro separar as coisas, principalmente porque nem todo lead é, de fato, um prospect.

Em geral, mesmo sendo amplamente reconhecida a importância de manter laços com os atuais clientes, as organizações tendem a investir a maior parte de seu orçamento de Marketing para atrair prospects. Sendo assim, há uma vasta sorte de ações possíveis a empreender no mundo digital com foco em atração e conversão de prospects em clientes, das quais destacarei quatro.

Tornando a experiência tangível: tours virtuais

A tão falada "Experiência do Cliente" certamente é algo muitíssimo relevante, mas amplamente mal compreendido. Um dos pontos de crítica diz respeito à dificuldade de tangibilizar (deixar mais concreto, palpável) algo tão abstrato e subjetivo quanto "experiência". Portanto, ser capaz de deixar a experiência mais tangível é um fator crítico para o sucesso de seu PEMD.

Apesar dos desafios, podemos ver muitas empresas que já estão utilizando o potencial da internet para tangibilizar seus serviços e as experiências que oferecem a seus públicos. Os *tours* de serviços na internet são um excelente exemplo de como tornar as experiências mais concretas, sedutoras e, com isso, maximizar as chances de conversão de prospects. Zeithaml e outros (2017) sustentam que os *tours* permitem que a audiência tenha um gostinho das experiências, por meio da internet, e constate as evidências tangíveis oferecidas, sem, de fato, estar no local.

O setor de viagens e turismo utiliza muito essa abordagem ao permitir que os internautas naveguem pelas atrações turísticas, vejam o mapa da cidade, fotos dos quartos dos hotéis, entre outros – tudo isso antes de comprar a viagem ou passeio. Mais recentemente, a competição acirrada vivenciada por empresas do Setor de Imóveis fez com que as empresas desse segmento incrementassem muito a experiência de seus públicos por meio dos sites. Nas páginas da corretora de imóveis de alto padrão HomeHub, por exemplo, é possível fazer *tours* virtuais navegando em imagens de 360°, conforme ilustrado na **Figura 116** a seguir.

FIGURA 116 – Navegação 360° no Tour Virtual por Imóveis no site da HomeHub

Um bom norte para o estrategista pensar sobre como montar um tour virtual realmente envolvente e como tornar a experiência do internauta verdadeiramente marcante é tentar guiar o usuário como se ele estivesse vivenciando uma estória de fato com sua marca. Não é tarefa simples – existem mesmo profissionais e agências especializados em envolver os stakeholders de determinada organização com a sua marca, por meio de narrativas realmente criativas. Na **Dica PEMD #14**, sobre *Storytelling*, Vanessa Cesário, professora e investigadora de pós-doutoramento do *Madeira Interactive Technologies Institute* (Madeira, Portugal), explica um pouco mais sobre o tema e suas possibilidades.

É provável que o potencial de se trabalhar os *virtual tours* seja ampliado conforme a tecnologia de realidade virtual e realidade aumentada se desenvolvam e se popularizem. A capacidade de potenciar uma experiência imersiva aumenta muito com as novas possibilidades tecnológicas. Lembro que em 2017, quando fui ao Adobe Summit, em Las Vegas, visitei um stand de uma empresa israelense e me deram os óculos para apresentar como seria o novo avião de luxo deles. Tenho que confessar que a sensação foi a de estar mesmo a andar pelo corredor do avião!

Algumas marcas já estão traçando experimentos diversos para tentar oferecer uma experiência muito próxima da real. A Porsche, em 2016, fez uma campanha pioneira que integrava mídia tradicional com hologramas. Mais recentemente, em 2022, a Clínica Mayo divulgou estar utilizando a realidade virtual para casos de pacientes com Alzheimer. Alternativas com óculos de realidade aumentada ou experiências hologramas vão se tornar mais comuns em breve.

Campanhas de performance

Trata-se de quaisquer campanhas com foco em conversão direta em negócios, usualmente com o suporte dos canais online. Em geral, encontramos aqui as atividades publicitárias na internet e, ainda mais especificamente, investimento em links patrocinados no Google (incluindo a rede de conteúdo do Google e as técnicas de remarketing) e em Social Ads. Entenda, no entanto, "negócios" como tudo aquilo que puder ser considerado conversão final para sua organização. Como já vimos em outras partes do livro, no caso de empresas privadas, o foco é a conversão financeira (geração de lucro), enquanto, para marcas públicas, as conversões tendem a ser mais voltadas à conscientização do cidadão ou à adesão de certo segmento da sociedade a determinada causa.

Apesar de ser um assunto demasiadamente vasto e que conta com uma linha de estudos e atividades particular, é importante que você entenda como seu público utiliza os ambientes online para buscar produtos e serviços que você e outros *players* de seu mercado oferecem. Note, no entanto, que nem toda campanha publicitária online é focada em performance. Algumas possuem outros fins, por exemplo, gerar mais *awareness* da marca.

Promoções ou concursos culturais

Uma das formas mais empregadas para atrair novos usuários para as propriedades online de sua marca são as promoções de toda sorte. Nessa linha, há que se ter algum cuidado, principalmente por dois motivos:

- **Regulamentação e aspectos legais**

    No Brasil, o Ministério da Economia é o órgão responsável por regulamentar e validar concursos na internet e, em Portugal, ao menos em parte dos casos o responsável é o Ministério de Administração Interna.

Existe uma série de diretrizes legais[116] que devem ser observadas (e comumente não são) para assegurar que sua promoção ou concurso ande bem. Além disso, você precisa sempre oferecer um claro regulamento de participação que exponha as regras do jogo.

- **O efeito colateral da "compra" de público**

O Chief Marketing Officer (CMO) da Fundação Getúlio Vargas, Marcos Facó, usa uma metáfora brilhante para ilustrar os perigos por trás de promoções com foco em gerar volume de tráfego (ou curtidores, seguidores etc.) na internet. Ele diz que oferecer brindes, prêmios ou descontos exorbitantes em troca de público trará o mesmo resultado que, hipoteticamente, convidar alguém para jantar pela primeira vez com você em troca de uma joia de diamante.

A moral dessa estorinha é que, ao dizer que sua empresa dará um livro para quem curtir sua página, por exemplo, você irá atrair uma grande quantidade de pessoas que talvez não tenham qualquer interesse real nas atividades de sua organização, mas querem ganhar o brinde. Sua base de e-Clientes poderá aumentar, mas potencialmente você só estará elevando a quantidade de lixo à sua volta, em vez de deixar a cena limpa de modo a realmente atrair prospects qualificados.

Um exemplo de marca que abdicou sabiamente do volume em detrimento da qualidade de sua base de clientes é o Burger King da Noruega. Em 2013, a empresa de fast food ofereceu um sanduíche do McDonald's gratuitamente para todos que quisessem deixar de curtir sua fanpage no Facebook (a fanpage do Burger King). A ideia era manter ali somente aqueles que realmente gostam da marca e se identificam verdadeiramente com ela. Em poucos dias, dos 38.000 seguidores da página (na época), apenas 8.481 pessoas permaneceram fiéis. Vale dizer que o BK comumente provoca seus competidores, particularmente o McDonald's, e eu, particularmente, gosto dessa abordagem mais direta da empresa (e, diga-se, sempre bem-humorada e inteligente)[117].

---

116 Desde o início da internet, os interessados em realizar algum tipo de concurso cultural, sorteios e afins deveriam ter autorização da Caixa. Entretanto, a partir de 2018 o organismo responsável pela regulamentação passou a ser a Secretaria de Avaliação, Planejamento, Energia e Loteria (SECAP), parte do Ministério da Economia.

117 No site da Agência Contato você verá diversos exemplos de publicidade provocativa entre as empresas: "Burger King vs McDonald's: como irritar o concorrente no Marketing". Disponível em: https://www.agenciacontato.com.br/blog/publicidade/burguer-king-e-marketing-agressivo/. Acesso em: 28 mar. 2023.

FIGURA 117 – Ação publicitária do Burger King na Noruega para testar lealdade de seus fãs[118]

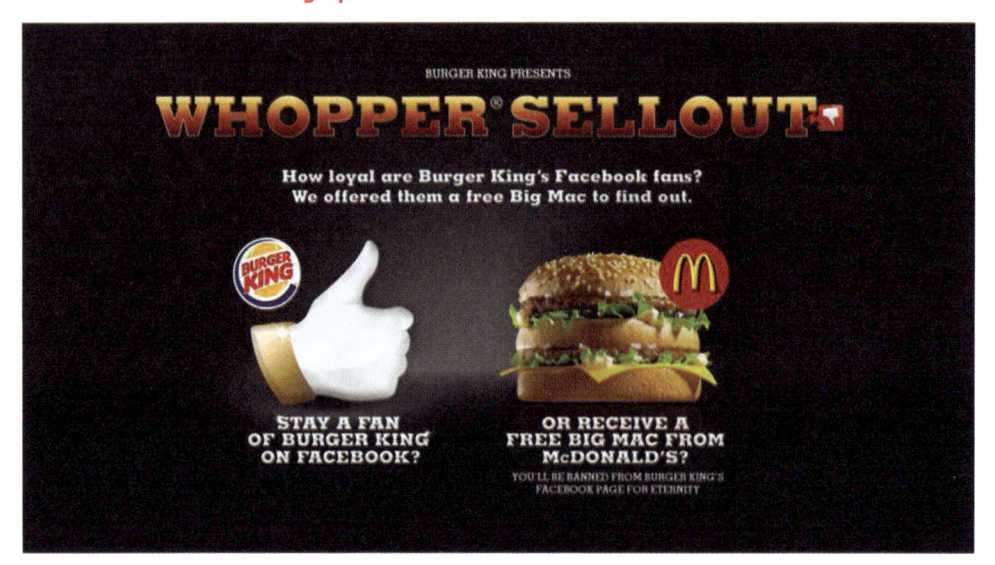

Dados esses desafios, é recomendável que você use com muita sabedoria ações com o viés de trocar possíveis prospects (costumo chamá-los de "suspects"!) por brindes, promoções, presentes etc. Lembre-se de que você não quer (ou não deveria querer!) volume, mas sim, qualidade.

Um possível caminho é oferecer algo que seja diretamente ligado ao negócio de sua empresa (o download de uma pesquisa, por exemplo) e já ter, tal como a Amazon prega em sua estratégia *Get Big Fast*, do inglês, "Fique Grande Rápido" ou "Cresça Rápido" (Spector, 2000), outras ações táticas focadas em manter o volume qualificado e em filtrar os reais prospects e clientes (após cada ação com intuito de gerar mais volume de público).

Áreas específicas dos produtos no site

Ironicamente, acredito que uma das maneiras mais simples de atrair e reter possíveis clientes é fazendo, bem, o básico! O estrategista precisa planejar uma área de produtos que seja fácil de encontrar e de entender, além de oferecer claramente informações e diferenciais do produto ou serviço.

---

118 Saiba mais na matéria da revista Exame "Burger King testa lealdade de fãs dando McDonald's de graça". Disponível em: https://exame.com/marketing/burger-king-testa-lealdade-de-fas-dando-mcdonalds-de-graca/. Acesso em: 27 mar. 2023.

Bons benchmarks costumam ser empresas experientes em comércio eletrônico, por exemplo, Amazon, AliExpress ou Farfetch. No entanto, empresas de serviços também podem explorar bem seus sites para comunicar o que vendem a seus possíveis clientes, como é o caso do Ibope Inteligência. Note, na **Figura 118** a seguir, que o primeiro scroll da home já oferece opções interessantes: um link no menu para o rol de ofertas da empresa (Produtos e Serviços) e as imagens de destaque no *slider*, que também levam o usuário para produtos específicos (no exemplo do print a seguir, a pesquisa Marcas Varejistas).

FIGURA 118 – Homepage do Ibope, ilustrando claros links para o portfólio de serviços

O website das Lojas Renner (que, aliás, também oferece um tour virtual[119]) é outro exemplo muito certeiro e feliz na comunicação de seu portfólio de produtos pela internet. Basta posicionar o mouse nos links de cada categoria de produtos para ver em detalhes a gama de serviços ofertados pela loja online, com um belo megamenu. Melhor ainda: a empresa segmenta seu portfólio para facilitar ainda mais o entendimento pelo prospect e a eventual compra dos produtos (tal como Masculino, Feminino, Infantil, Calçados, entre outros).

---

119 Confira o tour virtual da Renner Riosul em https://www.lojasrenner.com.br/tour-virtual-riosul?s_icid=20211030_HOME_CARROSEL_INST_TOURVIRTUALRIOSUL_GERAL_DESK. Acesso em: 28 mar. 2023.

FIGURA 119 – Exemplo de detalhamento do portfólio de produtos das Lojas Renner (note como é clara a segmentação e comunicação dos produtos, mesmo dentro de cada categoria)

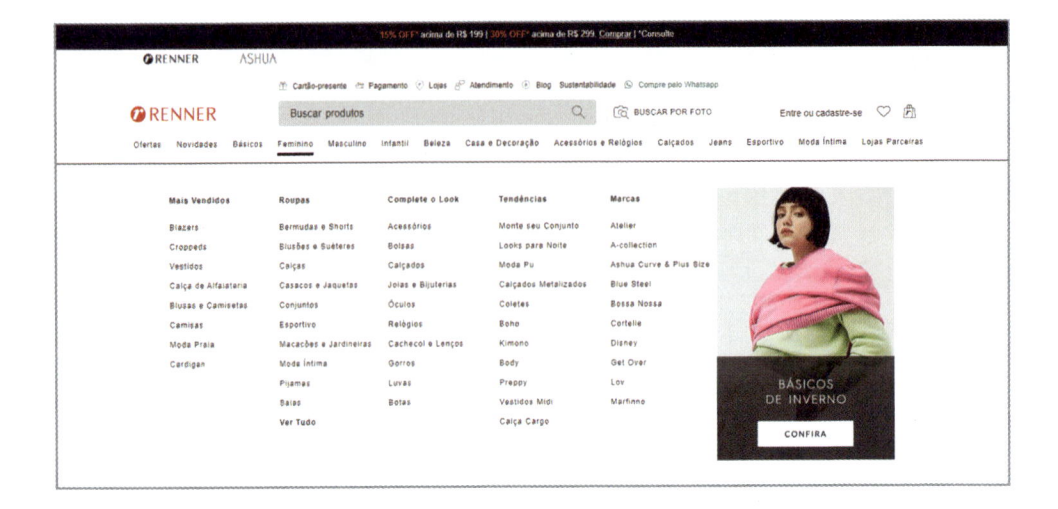

Em sentido oposto, temos *cases* negativos, ou seja, exemplos de organizações que não comunicam bem os produtos ou serviços que vendem, o que são, como funcionam, o que fazem, por que o cliente deve comprá-los, entre outros atributos. Nesse rol de marcas que não trabalham bem essa questão, de forma um tanto quanto surpreendente, está boa parte das agências de comunicação, de publicidade e digitais do Brasil. Um bom número dos *players* desses segmentos prefere ter um olhar mais autocentrado – focando o site em premiações e nos hábitos pessoais dos sócios – do que comunicar o que vendem.

Esse tipo de falha grave pode levar a muita confusão na cabeça de um potencial cliente. Lembro-me de um debate acalorado que tivemos em uma turma do Pós-MBA em Marketing Digital da FGV em Vitória, no Espírito Santo. Discutíamos sobre como era o site das principais agências do Estado e os alunos compartilhavam suas dificuldades quando navegavam nas páginas e tentavam interagir com as agências. Houve um aluno que afirmou que, com exceção de um caso, não conseguiu saber se as agências capixabas pelas quais navegou desenvolviam aplicativos móveis e websites, pois simplesmente não conseguia encontrar tal informação online, no site oficial de cada empresa.

Note que um possível cliente que procura algum serviço da agência para contratar, simplesmente não consegue ter ideia concreta sobre quais as possibilidades de atuação oferecidas pela empresa. Talvez, somente com boa dose de paciência e alguns cliques, um prospect atento e que conheça bem o mercado possa perceber, de maneira leve e superficial, alguma dica sobre o que a agência faz mesmo ao investir bons minutos lendo parte do conteúdo do site.

A seguir, no exemplo de outra agência – a 5ERA – há tanta criatividade que também parece ser exigida uma boa dose de abstração e flexibilidade cognitiva dos internautas para decifrar o que a empresa faz ou vende. O site começa com duas palavras ("Human First"), um botão ("Saiba Mais") e um vídeo em looping de um robô. Isso você verá após alguma paciência, já que há um tempo de carregamento inaceitavelmente alto para a homepage. Somente no rodapé do site há um menu, e, ao clicar em "Serviços", aí sim fica um pouco mais claro quais são as ofertas da empresa.

FIGURA 120 – Homepage da 5ERA, sem menu ou qualquer referência na tela inicial sobre o que a empresa faz ou vende (2022)

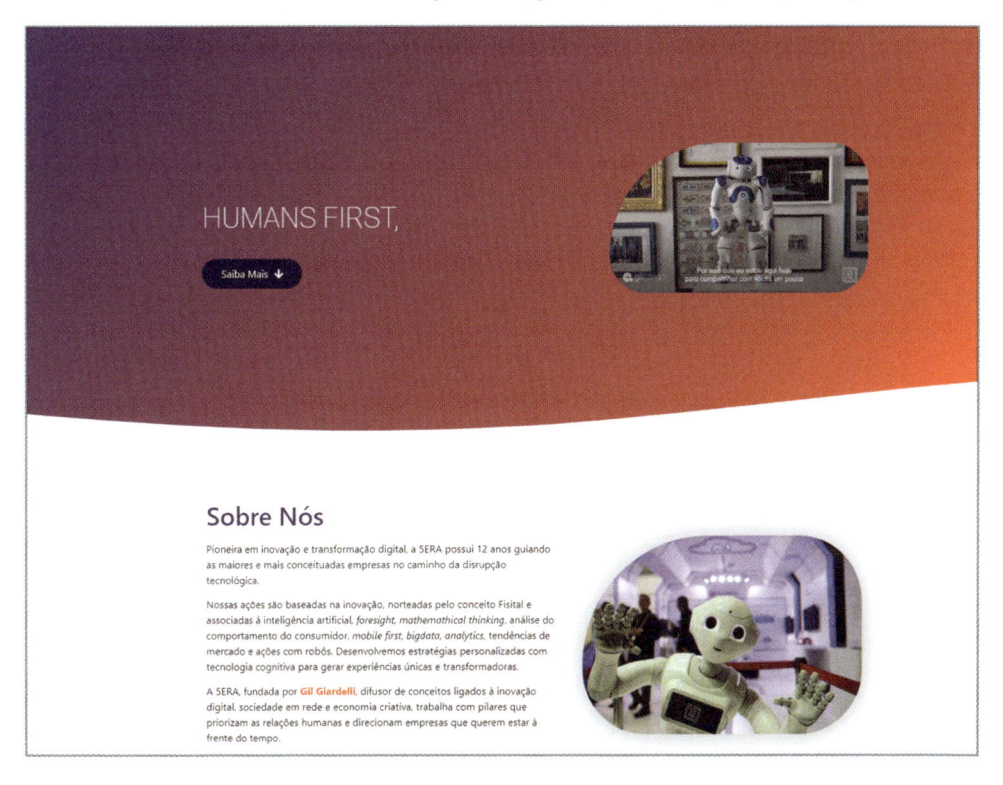

Em organizações fora do ramo privado, as premissas valem igualmente. Seja uma ONG, seja um ministério, qualquer instituição entrega produtos ou serviços para seus públicos. A **Figura 121**, a seguir, mostra um bom exemplo sobre como é possível deixar clara a oferta de serviços de uma organização, ainda que esses serviços não visem retorno financeiro.

FIGURA 121 – Homepage do portal de Serviços ao Cidadão, do Governo Federal do Brasil

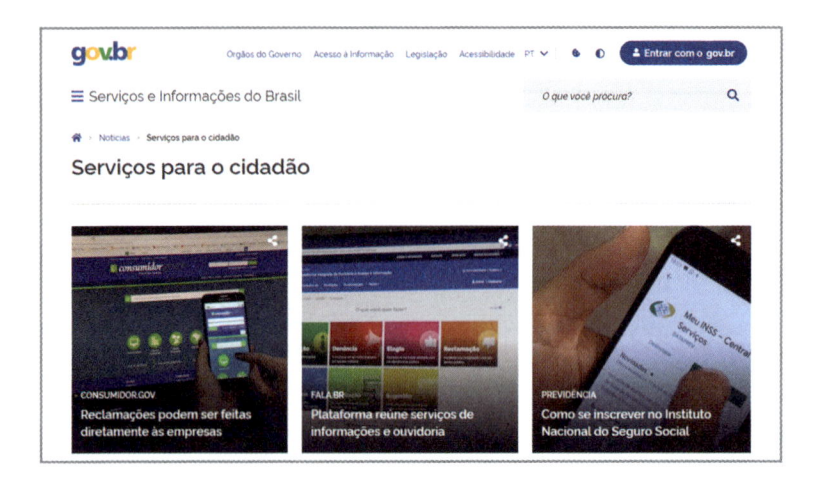

Note como é perceptível, em vários momentos da home, as diversas ofertas de serviços para o cidadão. Além de um link de "Previdência" (à direita), orientando a como se inscrever no INSS, a página ainda traz informações sobre checagem de Covid, como conseguir documentos (de Carteira de Identidade a Certidão de Antecedentes Criminais), quais os direitos dos cidadãos, entre outros temas úteis, adicionalmente a uma barra de busca muito visível e uma navegação fácil, intuitiva e adaptada para dispositivos móveis.

É importante que o estrategista sempre tenha em mente que, ao entrar no site de uma organização, o internauta deve ser capaz de, rapidamente e sem dificuldades, responder a três perguntas:

O que essa empresa me oferece? (quais os seus serviços ou produtos – ou ainda, "o que você está vendendo?")

Por que devo me relacionar/comprar com ela? (seus diferenciais e benefícios em relação à concorrência)

OK, então como posso comprar? (formas e locais para efetuar a transação e adquirir seus produtos ou serviços)

Faça uma pausa agora e teste o website da empresa em que trabalha ou as páginas de seus clientes. Observe se os três pontos acima estão bem atendidos, claros, óbvios, fáceis de serem compreendidos por seu usuário. Se achar que não está tudo muito simples e direto, reflita sobre potenciais ajustes – principalmente se o problema for constatado em sua homepage.

Dica PEMD #14

Entenda o *storytelling* e sua influência para organizações

O *storytelling* (*story*=história, *telling*=ato de contar) exercita as nossas emoções, abre novas janelas para a imaginação e enriquece a nossa experiência de vida. As histórias sempre existiram, são a base da comunicação humana e da identidade cultural. É por meio delas que nos foram apresentados os mistérios e histórias do mundo, assim como o legado cultural para gerações futuras. Para os que associam essa arte de contar histórias apenas como um passatempo de infância, agora é o momento certo para reavaliar esse conceito. As histórias são as experiências e imagens que são usadas para comunicar os nossos pontos de vista e a nossa imaginação para um público específico: quer para um amigo ou um familiar, quer para consumidores específicos de um produto ou outros stakeholders de uma organização. *Storytelling* é a transformação do pensamento analítico, nos leva para um nível mais imaginativo, numa expressão mais completa da nossa experiência e das nossas perspectivas.

Nas conversas diárias criamos e reforçamos sentimentos e suposições sobre um determinado conceito. A crítica de outros muda a história que escolhemos contar, alterando a nossa própria experiência. Qualquer problema ou desafio no local de trabalho pode ser visto sob uma nova perspectiva quando transformado numa história. Algumas das maneiras que as organizações estão hoje usando o *storytelling* são relativas à comunicação de ideais e de valores organizacionais; à adaptação à mudança; à definição e melhor compreensão da cultura organizacional; à comunicação de mensagens complexas; ao desenvolvimento e exploração de estilos de liderança; à comunicação e apresentação de habilidades; ao envolvimento de colaboradores em relação a um produto ou mesmo em relação à organização.

Em pleno século XXI, e com a tecnologia ocupando o nosso quotidiano, somos transportados para viagens virtuais que nos contam histórias de reconhecimento e de valorização de organizações. Quando estamos em casa com família e amigos, ou mesmo quando estamos a andar pela rua em trabalho ou em lazer, a maioria das nossas atividades são mediadas através da tecnologia. Ficamos então envolvidos de tal forma que não temos noção de que vemos/ouvimos histórias que foram literalmente arquitetadas para nos fazerem deduzir uma opinião sobre um assunto, uma organização, um produto... E no final, queremos falar sobre aquele assunto, queremos fazer parte daquela organização, queremos comprar aquele produto. (Neste preciso momento, aposto que você deve estar a relacionar isto que acabou de ler com os influencers de Instagram que você segue!)

Somos todos contadores de histórias e qualquer organização pode contar a sua aos clientes através de múltiplas plataformas (Twitter, Pinterest, Facebook, Instagram, YouTube). O ato de contar histórias transformou-se para os grandes conglomerados de mídia uma de suas principais estratégias do entretenimento em múltipla plataforma. As redes sociais permitem organizações de qualquer porte contar histórias todos os dias sem gastar tanto dinheiro como gastariam num anúncio na televisão ou no rádio. O Facebook, por exemplo, vem cada vez mais sugerindo que as marcas utilizem histórias na sua gestão de Marketing através de publicações patrocinadas nas quais é possível escolher qual o público que se deseja atingir. Poderemos, portanto, ter várias narrativas para diferentes públicos.

Construir uma marca é uma forma de fazer com que os colaboradores e clientes conheçam melhor a história da organização e até onde ela pretende chegar. Com base nisso, já vimos que pequenas histórias podem ser contadas em formatos e canais variados. As histórias que contamos têm um efeito poderoso sobre a realidade que vivemos e, nesse sentido, as histórias que uma organização passa para fora (mesmo as que se desenrolam lá dentro), caracterizam a cultura da organização. Podemos simplificar temas complexos através de histórias apelativas para que sejam mais facilmente compreendidos, criando um significado da organização que é distribuído pelos consumidores através das múltiplas plataformas de comunicação. O *storytelling*, enquanto Marketing de Conteúdo é a construção da identidade da marca através da identificação de valores no seu público, que passa de consumidor a audiência. Trabalhar com *storytelling* é, portanto, uma forma eficaz para facilitar a comunicação interna e externa, o desenvolvimento de grupos de trabalho e de liderança, para envolver a atenção dos clientes.

Vanessa Cesário, *professora e doutorada em Mídias Digitais em programa conjunto da Universidade do Porto (Portugal) e da University of Texas - Austin (Estados Unidos), atuando atualmente como investigadora de pós-doutorado no Instituto de Tecnologias Interativas (ITI/LARSyS) da Universidade de Lisboa (Portugal), focada na investigação em Interação Humano-Computador em locais de patrimônio cultural e métodos de design participativo através de métodos de storytelling e gamification.*

CAPÍTULO 48
Recomendações Táticas por Stakeholder – Imprensa e Influenciadores

No mundo online você irá ver alguns profissionais e pesquisadores separando esses dois públicos e trabalhando de maneira distinta a imprensa tradicional e os influenciadores. Pode fazer sentido, dependendo da organização, de maneira que você pode trabalhar com eles separadamente. Entretanto, tenho tentado cada vez mais deixar esses dois stakeholders como partes do mesmo bolo, embora respeitando suas características diferentes. Isso porque tenho sentido uma dificuldade cultural nas organizações para compreender a importância tanto da imprensa tradicional (com quem a marca já se relaciona há tempos), quanto dos novos influenciadores do mundo digital (novos para as organizações).

O crescimento dos chamados influenciadores tem feito muitas empresas focarem mais nesses agentes em detrimento de manter um bom relacionamento com jornalistas e veículos noticiosos. Particularmente no Brasil (penso que também nos EUA e em Portugal), a repentina ascensão da extrema direita ajudou a proliferar ideias de que jornalistas e a chamada "grande mídia" são um mal à sociedade e deveriam ser excluídos do contexto social.

Para agravar a confusão e deixar uma barreira ainda maior entre agentes da mídia tradicional e os influenciadores, passou a correr no mercado, desde 2016, o termo "Marketing de Influenciadores", com a pretensão de classificar uma nova estirpe de marketing, com foco em influenciadores digitais de marcas. Certamente estudiosos e praticantes de Marketing, Marketing de Relacionamento e Branding lamentaram a tentativa de cunhar (mais) um novo modismo por conta do Digital e, por isso, espero que o leitor entenda que os influenciadores nada mais são do que públicos, stakeholders da organização (não necessariamente mais ou menos importantes do que outros públicos). Assim, se você acreditar que há um "Marketing de Influenciadores", precisará acreditar que também há "Marketing de Consumidores", "Marketing de Órgãos Governamentais", "Marketing de Funcionários" e "Marketing..." de todo e qualquer público importante para sua marca.

Como se não fosse o bastante, em 2017 vimos uma explosão dos influenciadores digitais e uma tendência a exagerar o peso de algumas dessas figuras. A pandemia de coronavírus foi outro motivador para o crescimento da casta de influencers. Surgiram e prosperaram cursos ensinando – a qualquer um – como se tornar um influenciador. Em suma, esqueceu-se ou foi ignorado que há décadas de estudos em Marketing sobre o relacionamento de organizações e seus diferentes públicos e, a exemplo do que houve em outras áreas (também de Marketing, Comunicação, Tecnologia e outras), a "nova" área de identificar, filtrar e trabalhar com influenciadores passou a estar na mão de profissionais que talvez sejam competentes em pilotar ferramentas, mas pouco ou nada sabem acerca de como trabalhar com stakeholders do ponto de vista estratégico, visando a nutrir relacionamentos mutuamente benéficos entre a organização e seus públicos, em longo prazo.

Meu racional para unir, portanto, a imprensa tradicional (aqui entram os veículos e profissionais de mídia tradicional, veículos jornalísticos/noticiosos em geral) e os influenciadores se dá pelo fato de que ambos têm o papel-fim (ou "utilidade instrumental") muito similar, do ponto de vista da organização): irão ajudar a disseminar mensagens da organização e a influenciar o processo de tomada de decisão do público final. Vale salientar, entretanto, que, especialmente no caso dos influenciadores digitais, muitas vezes o trabalho de vendas/comunicação de produto é predominante, enquanto o foco nos demais *players* tende a ser mais de caráter informativo (em contraste com a veia mais comercial).

Dada essa característica fundamental em comum, prefiro colocá-los no papel de um único stakeholders e separar as ações táticas, dependendo das particularidades de cada um. De todo modo, esteja certo de que mesmo usuários comuns podem tornar-se extremamente relevantes e verdadeiros influenciadores ao focarem em um tópico específico, publicando conteúdo criativo e robusto, agregando valor a outros usuários.

Por fim, se você preferir enxergar esses públicos de forma mais separada, não há problema, mas tente pensar em ações institucionais e de relações públicas junto à "imprensa" e em ações comerciais (vendas, promoção de produtos) para influenciadores.

Invista nos Relacionamentos

Algumas marcas têm-se mostrado receosas ao explorar o ambiente online justamente pelo fato de as pessoas (e, particularmente, os chamados influenciadores online, tais como blogueiros, tiktokers, youtubers, instagramers, líderes de comunidades ou grupos de discussão, entre outros) disseminarem muito rápida e abertamente suas opiniões a um volume potencialmente gigantesco de outros atores sociais. Parte significativa das marcas online evitam discussões, debates ou interações de qualquer natureza que não aquelas muito bem estruturadas e relativamente controladas por elas.

No entanto, Solomon (2020) alerta que os consumidores muito envolvidos com um produto, um serviço ou uma marca, e que desejam compartilhar suas experiências e opiniões, constituem uma fonte inestimável (e, quase sempre, sem custos) de percepções que poderão eventualmente contribuir para as decisões estratégicas da organização. Por esse prisma, o movimento das marcas, especialmente com esses dois stakeholders – imprensa e influenciadores – tão relevantes, deveria ser o oposto, ou seja, estimular as interações e compartilhamentos, em vez de evitá-los.

A maneira mais comum (e, acredito, a mais efetiva) de trabalhar com esses dois públicos é por meio de uma sólida e verdadeira estratégia de forjar, fortalecer e nutrir relacionamentos com foco mutuamente benéfico em longo prazo. Será tarefa vã querer ativar os influenciadores ou os agentes da mídia para uma campanha se não tiver investido em um robusto relacionamento. Se o foco for exclusivamente comercial, aí os influenciadores estarão no papel de um canal de mídia, portanto mais próximos do investimento em Social Ads do que em relacionamento com stakeholders.

Para tanto, um desdobramento tático bastante eficiente é, por exemplo, a Sala de Imprensa Online, aliada a um plano de otimização para mecanismos de busca (SEO). David Meerman Scott, autor de um dos livros mais vendidos na Amazon na área de Marketing Digital ("The new rules of marketing and PR"), afirma que os profissionais – jornalistas, editores, blogueiros, colunistas – estão cada vez mais repudiando o uso de press releases tradicionais e migrando para releases que utilizam bem ferramentas do tipo Google News ou Twitter, por exemplo. O autor ainda afirma que não apenas a mídia tradicional, mas influenciadores online em geral, estão buscando proativamente informações nos websites das organizações, principalmente por meio da seção voltada para a "imprensa".

Contudo, a despeito da alta relevância desses dois públicos – imprensa tradicional e influenciadores online – ainda existe uma vasta gama de marcas de porte que sequer possuem área específica (uma "Sala de Imprensa", "Relacionamento com Influenciadores" ou similar) em seus websites. Há uns bons anos, uma pesquisa em Salas de Imprensa Online de empresas brasileiras presentes no ranking das Top 500 empresas globais (do Financial Times) já apontava que havia um déficit no relacionamento das organizações do Brasil e a imprensa, incluindo problemas ligados à falta ou demora na resposta a jornalistas e até mesmo um abandono das Salas de Imprensa na internet por parte das empresas (Oliva, 2007). No ano seguinte, foi feita pesquisa similar, dessa vez tentando avaliar as Salas de Imprensa Online das principais universidades paulistas. Resultado: nenhuma das instituições de ensino sequer apresentava qualquer área dedicada à imprensa em seus websites (Oliva, 2008). É realmente espantoso e lamentável, embora possa também ser encarado como uma oportunidade para o estrategista atento.

As coisas não mudaram tanto em mais de 10 anos. Em pesquisa que fiz juntamente com o professor Jorge Duarte (à época, executivo da seleta equipe da Secretaria de Comunicação da Presidência da República), analisamos como ocorria a adoção de Salas de Imprensa Online dentre as 500 Maiores e Melhores Empresas da América Latina. Observamos que somente 56% (representando 280 organizações) das empresas pesquisadas apresentavam algum tipo de "sala de imprensa" em seus sites corporativos. Dentre as brasileiras, o número também era tímido: das 225 empresas do Brasil, apenas 66% possuíam uma área específica para esses stakeholders (Carvalho e Duarte, 2017).

Jackob Nielsen, um dos papas da área de Experiência do Usuário, mantém algumas pesquisas sobre o relacionamento entre organizações e a mídia. O autor comenta sobre as cinco razões que levam jornalistas e influenciadores a visitar sites de empresas:

- Localizar o contato da Assessoria de Imprensa (nome e telefone)

- Encontrar fatos básicos, essenciais, sobre a companhia (tais como a grafia correta do nome dos principais executivos da empresa, onde ficam os escritórios e a central)

- Discernir corretamente qual a posição da instituição acerca de eventos relevantes no mercado

- Consultar informações financeiras (o que é particularmente importante para órgãos públicos, dadas as exigências da LAI – Lei de Acesso à Informação[120])

- Fazer download de materiais para utilizar em suas matérias e posts (gráficos, relatórios etc.)

Apesar da relevância dos stakeholders e do fato de que as razões principais de acesso aos sites das empresas são bem básicas e de simples resposta, ainda há muitas organizações de reputação internacional que apresentam áreas para imprensa de forma rudimentar.

Em exemplos de casos negativos, há organizações que travam todo o conteúdo da sala de imprensa. Eu compreendo que há alguns poucos racionais para pedir cadastro à mídia (por exemplo, para criar uma base de dados a ser explorada *a posteriori*), mas vetar o acesso a "não-jornalistas"? Isso eu não entendo e certamente não apoio.

---

[120] Para saber mais sobre a LAI, procure o hotsite de Acesso à Informação, do Governo Federal. Disponível em: http://acessoainformacao.gov.br.

Em consultoria para uma empresa líder mundial em seu segmento de atuação, e também uma das maiores organizações do planeta, ocorreu uma discussão sobre como a Sala de Imprensa deveria ser e a diretora responsável pela área de Relacionamento com a Imprensa disse de peito estufado: "eu não quero que ninguém acesse nosso conteúdo! Só quem pode é a imprensa!"... Por fim, a filtragem e aceitação de quem é ou não passível de se cadastrar também é questionável.

Permita-me por um momento passar outro exemplo próprio. Para um bom punhado de marcas eu me considero um influenciador relevante, seja por ser eu mesmo um consumidor compulsivo, seja por dar aulas e palestrar para alguns milhares de profissionais anualmente, em diversos países, ou ainda por produzir conteúdo frequente nos meus canais, ou mesmo pelo relacionamento regular com tantos influenciadores de ambientes on e offline (meus próprios alunos, clientes, professores e minha rede de relacionamento com o mercado). Ah... vale dizer, também sou graduado em Jornalismo! Ainda assim, até hoje jamais consegui me cadastrar em nenhum site de qualquer empresa, nem na área privada, nem na pública, que exigisse um processo de cadastramento específico para "jornalistas" acessarem sua seção de imprensa.

As figuras a seguir mostram como eram os sites de imprensa da Peugeot e do SBT (esse último, um gigante da área de Comunicação no Brasil!):

FIGURA 122 – Sala de Imprensa da Peugeot, sequer mostrava do que se tratava o conteúdo, partindo direto para pedido de cadastro ou login

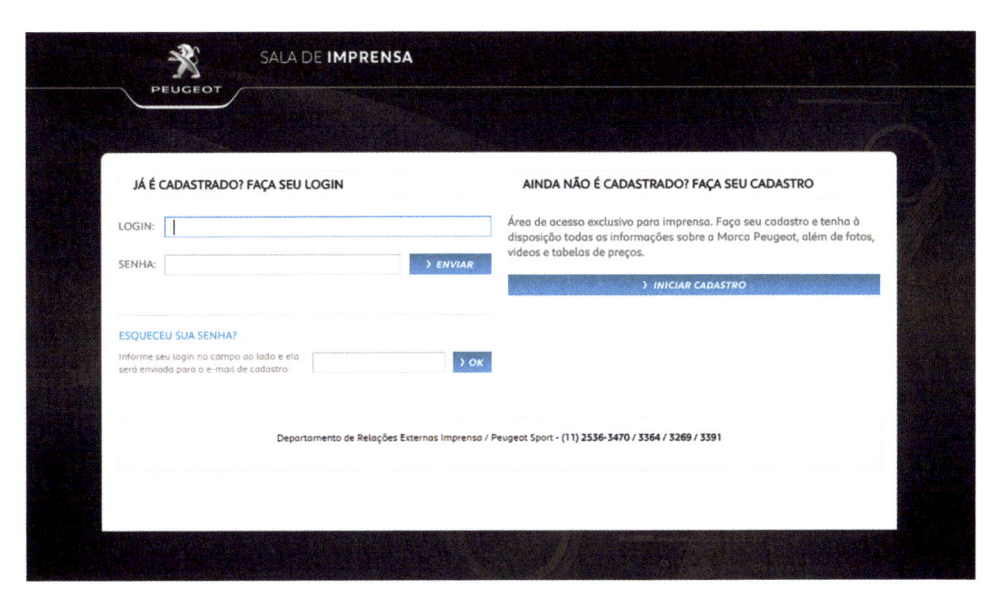

FIGURA 123 – A Sala de Imprensa do SBT era muito similar à da Peugeot, mas possuía uma linguagem ainda mais formal e fria

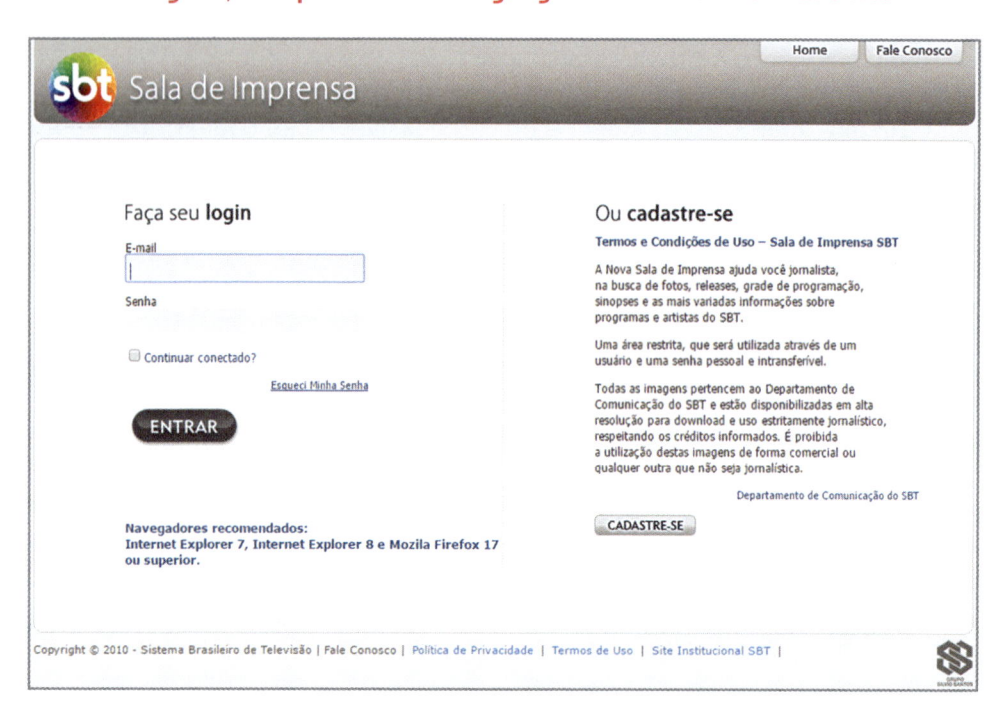

Por outro lado, há muito *cases* interessantes a destacar, tanto no Brasil quanto fora. Há organizações que claramente demonstram o quanto consideram importantes os públicos influenciadores ao oferecerem sites inteiros dedicados a eles, com personalização e ricas áreas de conteúdo multimídia. Alguns dos *cases* mais interessantes são os das marcas Petrobras, Embrapa, IBM, Facebook, Toyota e NFL.

A IBM e a Toyota (ambas nos EUA) mantêm áreas simples, mas bem concebidas. Oferecem press releases, datas de eventos, links para sites em outros países, destaques, contatos e dados relevantes da empresa (biografia dos principais executivos, galeria multimídia, história da empresa). Em uma linha mais leve, o Meta (controladora do Facebook) opta por menos volume de informações, conteúdo mais segmentado e com mais apelos visuais.

FIGURA 124 – Sala de Imprensa da empresa Meta, com menos volume de informações, conteúdo mais segmentado e mais apelos visuais

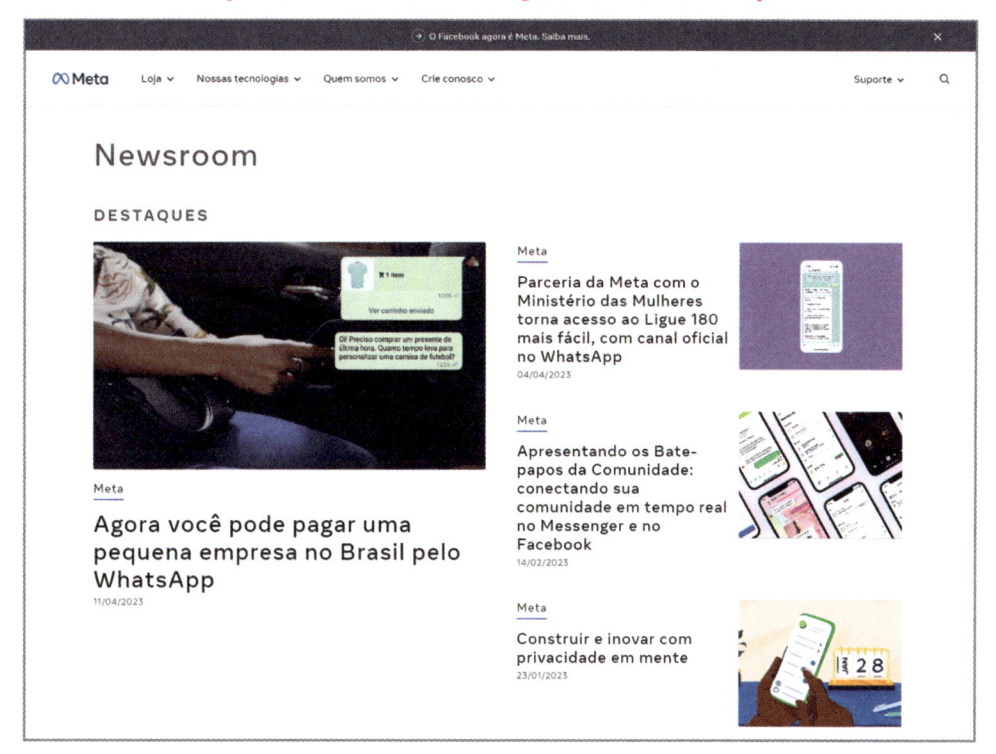

Seja qual for seu segmento, é preciso reconhecer que muitos pesquisadores têm opiniões convergentes acerca de alguns pontos essenciais a considerar quando for desenhar suas táticas focadas em influenciadores, sejam eles da imprensa tradicional ou não. Itens tais como acesso rápido às principais áreas do website, informações de contato, press releases, dados essenciais sobre a empresa, pesquisas e relatórios são alguns dos elementos de imensa importância para garantir um bom relacionamento com esse público tão relevante.

Eventos para influenciadores

Outra abordagem muito comum no trato tanto com os novos influenciadores digitais quanto com os jornalistas tradicionais é a realização de eventos, que podem ir desde visitas técnicas a uma fábrica até a participação em um congresso internacional, ou mesmo um evento exclusivo para um grupo seleto de influenciadores. Essa tática não é invenção do mundo pós-internet e muitas organizações já trabalhavam dessa forma há décadas. Naturalmente, com o aumento dos influenciadores e a mudança em seu perfil, os eventos também tiveram que se adequar.

Em 2011, participei de um evento exclusivo na TV Globo – uma palestra de Henry Jenkins, livre pensador e autor do *best seller* "A Cultura da Convergência" (de 2006, mas lançada no Brasil somente em 2009) – juntamente com alguns nomes fortes do mercado digital nacional, tais como Luli Radfaher, Manoel Fernandes, Tiago Baeta e Roney Belhasoff. Além do networking e da palestra incrível, conhecemos os bastidores de alguns programas e novelas. Confesso que, apesar de sequer saber que programas eram aqueles e de não ter qualquer predileção pela TV Globo (na verdade, a última novela que vi foi Vereda Tropical, exibida na década de 1980...), a experiência me causou grande impacto positivo e até hoje volta e meia me surpreendo compartilhando algumas das sensações vividas à época.

Anos depois, no início de 2017, a Adobe convidou a mim e outros dois profissionais, classificados pela empresa como "Top Influenciadores em Marketing Digital da América Latina", para o Adobe Summit, em Las Vegas (EUA). Após ser tão mimado e exposto a tantas coisas bacanas (até o momento, foi de longe o melhor e mais produtivo evento que já participei), certamente me vejo como mais aberto e simpático à marca e seus produtos. Mesmo porque, nesse evento em particular, ocorreu o lançamento do Adobe Sensei, um pacote megacompleto para o profissional de Marketing, com tecnologia avançadíssima e baseada em Inteligência Artificial.

Essas atividades podem servir para estreitar laços com públicos-chave, para multiplicar as chances de a companhia ter bons conteúdos compartilhados no ambiente virtual por meio de influenciadores de peso, ou mesmo para mitigar eventuais impressões negativas acerca de marcas ou produtos. Em última análise, a intenção seria pegar grandes detratores da marca e transformá-los em defensores (na verdade, se as ações de Marketing conseguirem neutralizar os detratores mais vorazes, já as considere um sucesso!).

Em outro exemplo, durante um carnaval no Rio de Janeiro, fui convidado para o concorrido Camarote da Brahma por meio da agência de relações públicas da marca. O que talvez fosse considerado uma incrível oportunidade para alguns, para mim era tão somente um compromisso profissional que, educadamente, eu deveria atender. Ficaria por ali uns minutos, daria uns sorrisos e uns apertos de mão e pronto, poderia voltar para casa e dormir (não gosto de carnaval – carnaval para mim sempre foi sinônimo de "fugir e descansar"!). No entanto, a experiência foi tão marcante em tantos sentidos que, mesmo sem tomar uma gota de álcool, saí dali com o dia raiando e me prometendo que, quando fosse tomar uma cerveja, seria Brahma! À época, o caso chegou a gerar um dos posts mais lidos em meu blog, tendo sido compartilhado por algumas centenas de pessoas e utilizado em um bom número de aulas.

Vale dizer que essas abordagens também cabem muito bem fora do Setor Privado. O Senado Federal, o Exército Brasileiro e o Ministério de Relações Exteriores (MRE), por exemplo, mantêm competentes equipes destinadas a organizar excursões e visitas internas de estudantes, profissionais e até mesmo comitivas internacionais.

Existem algumas diretrizes para conceber eventos e atividades com influenciadores que gerem resultados benéficos à marca a baixos custos. O especialista em criação, planejamento e estratégias Leandro Bravo esteve à frente de iniciativas com influenciadores de marcas tais como Orloff, Dove, Qualcomm, LG, IBM, entre tantas outras. Fazendo recomendações sobre a realização de eventos de sucesso junto a influenciadores, ele assina a **Dica PEMD #15**, cuja leitura é altamente aconselhável e pode dar um bom norte a você sobre como desenhar atividades para esses públicos tão relevantes.

Dica PEMD #15

Dicas para eventos de sucesso para influenciadores de sua marca

A tão utilizada coletiva de imprensa é, desde sempre, o meio mais importante de se divulgar assuntos de interesse da sociedade em geral. Hoje, as marcas se apropriaram dessa ferramenta como uma estratégia para lançar um produto ou comunicar o que elas julguem relevante.

Essa ação chegou a funcionar por um bom tempo para as organizações, mas o cenário mudou. Com os veículos de comunicação tendo redações cada vez mais enxutas, com a diminuição de custos operacionais e com profissionais fazendo jornadas duplas ou expedientes estendidos, as coletivas tiveram seu público e, consequentemente, sua eficácia diminuídos.

No entanto, com a força e importância que as redes sociais e os novos influenciadores ganharam, eventos que reúnem a mídia especializada se tornam uma estratégia de sucesso, desde que sejam planejados de forma correta e respeitem seus públicos.

Partindo desse ponto, elenco algumas dicas que devem facilitar o Planejamento Estratégico do seu evento:

1. Diferentes públicos (mas nem tanto)

Um dos problemas mais recorrentes que tenho observado ao longo de tantos anos na área Digital é o fato de muitas empresas não entenderem que a mídia "tradicional" e a "online" devem ser trabalhadas de forma um pouco diferente, guardando suas particularidades.

Uma das principais diferenças é a forma como cada público lida com o conteúdo recebido. Enquanto a imprensa tradicional deve passar a informação de forma mais imparcial, os influenciadores online costumam fazê-lo expressando abertamente suas opiniões.

O mesmo vale para eventos e, por isso, a forma como a informação será divulgada precisa ser bem planejada, para garantir uma comunicação eficaz com os dois públicos e maximizar os resultados.

2. Influenciadores

Antes de mais nada, pense que o propósito do seu evento é impactar o maior número de pessoas qualificadas dentro do seu público-alvo. Portanto, sempre dedique um tempo para estudar e analisar os influenciadores que serão convidados e que potencialmente o ajudarão a alcançar esse objetivo. Os nomes devem ser selecionados a dedo.

O que define o grau de influência é o engajamento que o influenciador mantém com seu público, e não o número de seguidores. Por isso, ao fazer sua lista, leve as seguintes métricas em consideração: compartilhamento de posts, vezes em que foram marcados pelos seguidores, número de comentários e respostas recebidas. Pense naqueles que realmente podem impactar os stakeholders de sua marca dentro do nicho do seu produto ou empresa.

Se seu produto for de âmbito nacional, influenciadores locais, além de ávidos e carentes de conteúdo, são de extrema utilidade para a divulgação descentralizada. Não se prenda às "celebridades" e valorize o conteúdo local.

3. Diferencial

Seu produto ou marca talvez não seja o mais inovador, o mais diferente ou ainda aquele que possui algum atributo unânime que todas as pessoas precisam ter. Quando não há um diferencial evidente ou uma característica que seja absurdamente inovadora ou relevante, é muito comum os eventos ficarem focados apenas em propagandas, com um foco claramente comercial. Isso é um erro grave, pois, além de ter grandes chances de fracasso, sua organização ainda corre o risco de ter um resultado negativo na forma de críticas postadas nas redes sociais, em canais, perfis e sites, escalonando uma crise de imagem.

Para contornar essa possibilidade, transforme seu evento em uma experiência. Algo que envolva os influenciadores com sua marca. A experiência pode estar ligada ao formato, ao conteúdo apresentado ou à forma como seu produto será demonstrado. A criatividade, nesse momento, deve ser explorada ao máximo, principalmente para criar situações que facilitem a distribuição do conteúdo de forma instantânea (gerar interações ao vivo) e constante (gerar posts futuros) por parte dos influenciadores.

4. Relacionamento

Este é certamente um dos pontos mais importantes para determinar o sucesso de um evento. Nutrir um bom relacionamento com os influenciadores é crucial. Não pense que um simples convite automaticamente renderá um post de divulgação, como forma de agradecimento. Os *creators* e influenciadores, principalmente, estão cada vez mais seletivos e exigentes.

Se você já fez o dever de casa com as dicas que listei até aqui, o último ponto que vai potencializar as menções à sua marca é o relacionamento entre os influenciadores e a organização.

Tente criar uma relação verdadeira de parceria. Defina quem são os influenciadores que mais se identificaram com o seu produto ou marca e traga-os mais para perto. Isso pode levar a ganhos de curto e de longo prazo, além de potencialmente a convites futuros para que eles participem do desenvolvimento de novas iniciativas.

5. Pós-evento

Tenha sempre um material pronto com todo o conteúdo que foi comunicado aos seus influenciadores; incluindo também, sempre que possível, as fotos que foram tiradas e os vídeos feitos no evento. Envie aos convidados assim que terminar o encontro.

Faça uma pesquisa individual sem compromisso, perguntando o que cada um achou, o que poderia melhorar, se gostaria de receber mais material ou alguma explicação adicional.

Cabe aqui um lembrete: não envie e-mails contando como foi o evento aos influenciadores e veículos que não foram convidados. Como estamos falando de um segmento, normalmente as pessoas se conhecem e trocam figurinhas entre si, e isso pode gerar comentários negativos entre elas sobre sua marca. Fique atento!

__Leandro Bravo__, com 25 anos de experiência em Marketing Digital, é especialista em criação, planejamento e estratégia com passagens por diversas agências de comunicação e publicidade. Em 2016, fundou a Cely, uma startup especializada em tecnologia e serviços de marketing de influência e atuou como CMO até 2022. Atualmente é CPO (Chief Product Officer) na unidade de negócios Cely Tech. Atua também como palestrante em eventos do universo online e digital e fala sobre tendências de consumo e comunicação na era digital, marketing digital e mídia e crescimento e histórico da Creator Economy.

CAPÍTULO 49
Recomendações Táticas por Stakeholder – Colaboradores

Infelizmente uma das primeiras áreas a ter seu orçamento cortado em momentos de dificuldades é a de Comunicação Interna (ou investimentos em funcionários, de forma geral, como compra de novos equipamentos, treinamentos, programas de desenvolvimento, entro outros). Acredito que essa miopia pode ser fatal para muitas empresas – afinal, a capacidade dos funcionários de compartilhar e disseminar informação e conhecimento sobre a empresa em que atuam é uma das atividades que mais podem ajudar a organização a atingir o sucesso. Adicionalmente, como aponta Marcelo Chamusca, profissional de atuação internacional em Relações Públicas, os públicos internos são vitais e com maior potencial para multiplicar o discurso organizacional.

Esse problema (de as empresas cortarem recursos do interno, para focarem nas ações externas) é conhecido e tratado na literatura de Marketing de Serviços há cerca de três décadas, e há algumas reflexões na teoria que poderão ser úteis para que você aplique na prática.

Veja, na **Figura 125**, o modelo do Triângulo de Servicos (Zeithaml et al., 2017). EsSe famoso modelo traz os seguintes elementos em cada um de seus vértices: a "Direção/Gerência", que representa o grupo que toma as decisões mais importantes da empresa; os "Clientes", que representam os clientes e prospects; e os "Funcionários", que podem ser qualquer pessoa que esteja representando a empresa.

Agora, olhando os lados do Triângulo, percebemos que quando a empresa fala com o cliente, ela está praticando o Marketing Externo (por exemplo, sites e anúncios em revista, rádio, digital). Ao ser impactado, o cliente vai buscar interagir com a empresa, no Marketing Interativo (como conversar no chat, ou ser atendido no balcão da loja etc.). Para que os funcionários/representantes entreguem o que o cliente espera, é preciso que o último lado, Marketing Interno, funcione bem (por exemplo, por intermédio de empoderamento, treinamento e equipamentos corretos).

Como nos mostra o modelo, o que ocorre na prática é que a empresa investe quase tudo no Marketing Externo, gasta um pouco no Marketing Interativo, e nada ou quase nada em iniciativas de Marketing Interno. Por esse prisma, podemos dizer que é no Marketing Interno que estão os verdadeiros (e menos claros!) desafios à organização.

FIGURA 125 – Triângulo de Serviços

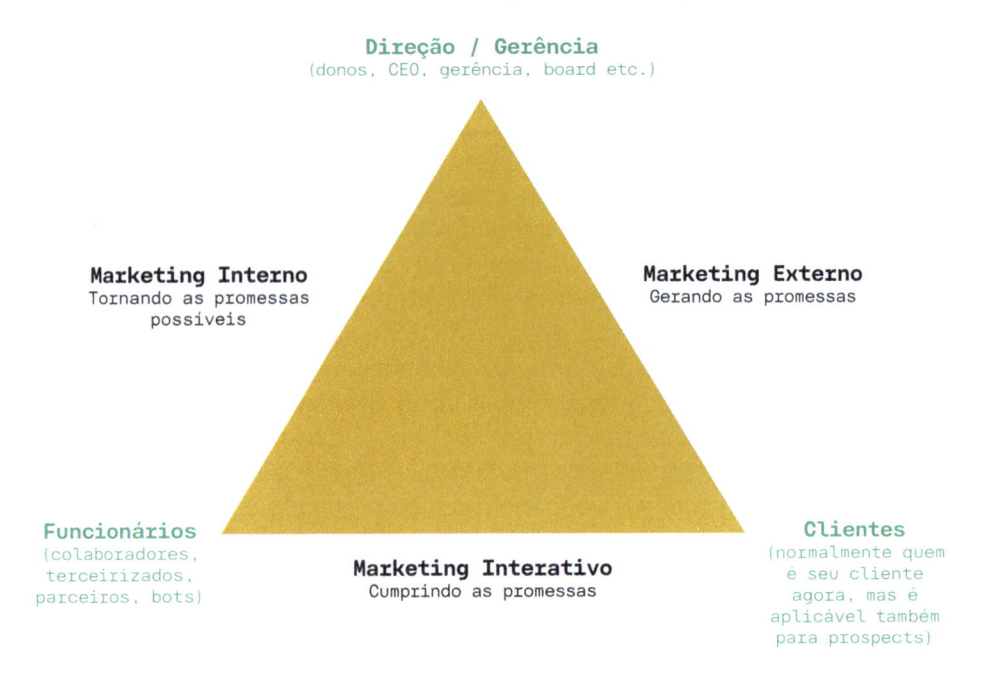

Direção / Gerência
(donos, CEO, gerência, board etc.)

Marketing Interno
Tornando as promessas possíveis

Marketing Externo
Gerando as promessas

Funcionários
(colaboradores, terceirizados, parceiros, bots)

Marketing Interativo
Cumprindo as promessas

Clientes
(normalmente quem é seu cliente agora, mas é aplicável também para prospects)

Fonte: Adaptado de Zeithaml et al. (2017)

O que percebemos, infelizmente, é que, quando o braço interno é falho, os funcionários não estão bem capacitados para interações com os clientes e, por vezes, sequer conhecem as promoções e campanhas que foram levadas ao público por meio dos esforços de comunicação externa. O resultado, que sentimos na pele como consumidores, é desastroso: atendimento ruim, respostas inexistentes ou vazias, falhas nas entregas, descumprimento de prazos, entre outros problemas.

Com isso em mente, é de suma importância que as atividades de Marketing sempre sejam muito bem comunicadas dentro da empresa, mesmo antes de serem levadas ao público. Para tanto, algumas atividades podem ser úteis, tais como:

Diretrizes e Manuais

Quando focamos no público interno, uma das principais ações de qualquer organização é fornecer insumos para que os colaboradores atuem de forma unificada e harmônica, representando de forma correta a marca no ambiente digital. Para isso, algumas empresas têm desenvolvido excelentes iniciativas no sentido de criar diretrizes, manuais ou políticas com melhores práticas para conduta dos funcionários na internet.

Há, basicamente, dois diferentes tipos de documentos que podem ser desenvolvidos:

- **Como a marca se mostra (ou se posiciona) na internet**

Os documentos nessa linha são, em geral, conhecidos como **Políticas de Mídias Digitais** (ou variações dessa nomenclatura) e visam apontar o direcionamento que a marca da organização deve adotar ao empreender iniciativas no ambiente online.

O "Documento Orientador para as Mídias Sociais" da Embrapa (2012[121]) foi um marco relevante no Setor Público brasileiro, reconhecido como tal até mesmo pelo próprio Governo Federal e por outros organismos públicos. Nesse documento a instituição explica que incentiva o uso das tecnologias para ampliar a comunicação e a troca de informações que contribuam com a concretização da missão da Embrapa. A organização ainda salienta que suas políticas na área Digital seguem as práticas profissionais e éticas já adotadas pela Embrapa e que o documento visa oferecer orientações relativas à participação oficial da marca no ambiente digital. Mais recentemente, empresas como Unimed, Grupo Ultra e a Tigre investiram em orientações aos colaboradores. A Tigre inclusive publicou, em 2017, um vídeo bem lúdico que está aberto no YouTube[122].

- **Como deve ser o comportamento dos colaboradores na internet**

Em complemento às políticas que norteiam sobre como a marca deve apresentar-se na internet, muitas empresas optam por desenvolver um manual que guie seus funcionários e outros representantes da marca acerca de como devem comportar-se ao representarem a organização na internet. Você irá encontrar esse tipo de documento principalmente referenciado como "Manual de Conduta" de colaboradores nos ambientes online[123].

Nessa linha, há três exemplos muito positivos e que atuam globalmente: IBM, Intel e SAP. Na tabela abaixo, tento destacar alguns dos pontos mais significativos nas diretrizes de conduta de funcionários dessas três empresas:

---

[121] Tive a felicidade de ter sido o consultor a liderar o desenvolvimento do "Documento Orientador para a Embrapa nas Mídias Sociais", da Embrapa, está disponível no **Espaço aPEMDiz**.

[122] Acesso o vídeo "Boas práticas para usar as redes sociais na internet", disponível no **Espaço aPEMDiz**.

[123] Veja o "Manual de Conduta em Mídias Sociais da Embrapa", disponível no **Espaço aPEMDiz**.

QUADRO 51 – Destaques das diretrizes da IBM, BBC e Intel

Empresa	Pontos de Destaque
IBM (IBM Social Computing Guidelines)	» Não entre em brigas » Seja o primeiro a admitir seus erros » Agregue valor às discussões » O que você publica tem reflexo na marca IBM. Pense sobre o que está dizendo
Intel (Intel Social Media Guidelines)	» Transparência: seja honesto, seja você mesmo e esteja atualizado » Proteção: fique atento e proteja a você mesmo e à Intel » Use o bom senso: a comunicação profissional, direta e coerente são sempre a melhor alternativa
SAP (SAP Social Media Participation Guidelines)	» Separe opiniões de fatos » Vise a qualidade e não quantidade » Forneça referências e torne seu conteúdo rico e relevante a outras pessoas

Esses três exemplos são muito ilustrativos, mas separei para você alguns *cases* atuais e em português de exemplos positivos de políticas digitais e de manuais de conduta de funcionários, além de alguns outros documentos correlatos. Vá ao **Espaço aPEMDiz** e estude os casos para que perceba melhor e mais profundamente, e consiga fazer você mesmo em sua organização.

Por fim, lembre-se de que um dos pontos mais importantes para assegurar que suas orientações sejam compreendidas e adotadas é saber comunicar corretamente para os públicos certos. Temos no Brasil o exemplo da Vale e na Austrália do Departamento de Justiça do Governo do Estado de Victoria, que comunicam suas diretrizes em vídeos[124] extremamente simples e didáticos.

---

124 Assista aos vídeos "Guia de Boas Práticas em Redes Sociais", da Vale, e "*Social media policy*", do *Department of Justice of the State Government of Victoria*, disponíveis no **Espaço aPEMDiz**.

Intranet

Não raro, as intranets são ignoradas ou decreta-se que não funcionam. Boa parte de meus clientes e ex-clientes, seja no setor público ou privado, não possui intranet ou o canal é pouco/nada utilizado pelos funcionários. É verdade que talvez as intranets tenham falhado em acompanhar o perfil, comportamento e preferências dos usuários (empresas e seus funcionários) e é possível que a razão principal para isso seja o fato de que não basta meramente ter um conteúdo interessante, atualizado, e uma boa solução tecnológica para gestão da intranet (muitas empresas privadas possuem o SharePoint, da Microsoft, para essa gestão, enquanto é comum ver o uso de alternativas ultrapassadas, como o Joomla ou LifeRay, como sistemas de gestão de conteúdo em organizações governamentais.

Atualmente, as empresas trabalham com novos formatos de intranet. O que antes tendia a ser um site ou um portal, normalmente com pouco apelo visual e experiência ruim, agora é um ecossistema de ferramentas, canais e apps. Em muitos casos, o funcionário sequer percebe que ele está usando uma intranet – e é possível que mesmo o termo varie de organização para organização, muitas chamando de "nosso sistema", "portal dos funcionários" ou "plataforma interna". É importante que as intranets cumpram a função de ser um "hub" para os colaboradores, ou seja, um espaço que contenha informações e ferramentas para tornar a vida do funcionário mais fácil, produtiva e mais integrada à organização e aos demais membros da equipe.

Uma intranet de sucesso deve oferecer suporte para que os profissionais conduzam suas atividades individuais (como gestor de tarefas e acesso a documentos) e em grupos (agendamento de reuniões ou produção de relatórios coletivamente, por exemplo); otimizem o tempo dos funcionários (com acesso ágil a suporte técnico, a outros departamentos, a políticas organizacionais etc.) e, acima de tudo, entreguem conveniência (devem ser fáceis de usar, oferecer boa experiência e estar acessíveis em diferentes plataformas).

Bruno Rodrigues, um dos pioneiros no Brasil em *Webwriting* e Gestão de Conteúdo Corporativo, nos lembra que a intranet tem um atributo muito particular e único: trata-se de um ambiente de limites demarcados, dentro do qual você já sabe o número de usuários e seu perfil, de maneira que você já tem uma noção muito boa sobre quem irá navegar e consumir o conteúdo (Rodrigues, 2014).

Durante o período de pandemia de Covid-19 (a partir de 2020, aproximadamente), o isolamento social relevou o quão útil poderia ser uma boa intranet. Em uma pesquisa do Gallup Institute, do final de 2020, quase 70% dos empregados não estavam ou não se sentiam engajados no trabalho ou com seus colegas. Ainda segundo a mesma fonte[125], foram os gerentes que sentiram mais o impacto do distanciamento de seus times, quando comparados com a alta gestão e com os funcionários de menor escalão.

Vale ressaltar que, conforme os empregados passam a trabalhar mais de casa (uma tendência que ficou, mesmo com a redução da gravidade do coronavírus) e novas ocupações do estilo "nômades digitais" ganham espaço, a função da intranet (independentemente do formato que tome) ganha ainda mais protagonismo.

O que fazer para minha intranet?

Além de pensar em ter um site com seções realmente úteis – tais como notícias atualizadas sobre a organização e seu mercado, políticas e melhores práticas, material de referência para download, acesso aos sistemas da empresa (ERP, CRM, SAP, entre outros), contatos dos colegas, parceiros e fornecedores, acesso a aplicações (documentos colaborativos, reuniões online etc.), opções de compartilhamento e de integração com outras plataformas – também é preciso oferecer áreas mais *soft,* mas que estimulem a interação e o uso da intranet, tais como aniversariantes do mês, chats e redes sociais internas, fóruns de discussão sobre projetos, blogs do presidente e principais executivos, entre outras seções e funcionalidades.

Não há problema em não usar um único "site" como canal. Se você prefere uma combinação de plataformas (do Google ou da Microsoft, por exemplo) e apps (de Gestão de Tarefas, por exemplo), fique à vontade. Como disse, a ideia moderna de intranet não é ter um site tradicional para colaboradores, mas um ecossistema que cumpra os objetivos de atender com excelência o seu público interno.

Independentemente do formato que escolher, tenha em mente que, para assegurar que o conteúdo de fato será acessado constantemente, é necessário que o estrategista faça ações promocionais e campanhas – isso mesmo, da mesma forma como é feito no "mundo externo" para estimular a interação e o uso por clientes e prospects – e também trabalhe paralelamente a cultura organizacional, para que o uso da intranet se torne, acima de tudo, um hábito saudável e enriquecedor.

Tive um aluno do curso de PEMD, Maurício Faganelo, CEO da Moka 21 Consultoria, que investiu em uma solução da Microsoft no início de 2022. Conversamos em algumas ocasiões a respeito e ele me mostrou parte do que tinha feito quanto

---

125 *"U.S. Employee Engagement Reverts Back to Pre-COVID-19 Levels".* Disponível em: https://www.gallup.com/workplace/321965/employee-engagement-reverts-back-pre-covid-levels.aspx. Acesso em: 28 abr. 2023.

à intranet da empresa. Fiquei bastante impactado, percebendo que ele claramente conseguia trabalhar com sua equipe de forma totalmente remota, com uma aplicação de gestão de projetos (similar a um Trello), todos os documentos e arquivos bem taggeados, compartilhados e disponíveis na nuvem, além de oferecer interfaces também com seus clientes. O melhor: tudo muito fácil de se configurar, com custo acessível e experiência de uso impecável.

Com base em diversas pesquisas, pode-se destacar alguns pontos comuns que tendem a ser adotados em intranets de empresas de diferentes portes e segmentos. Uns podem soar óbvios, outros simples, mas penso que vale a pena considerá-los em sua intranet:

- Empregados de empresas multinacionais querem ter acesso a informações básicas (por exemplo, condições do clima, feriados locais e fuso horário) sobre os países em que exista escritório de sua firma.

- Diretório sobre os colaboradores, contendo minimamente: nome, cargo, departamento, telefone e e-mail.

- Área para comunicação do/com o Presidente ou CEO da organização. Preferencialmente, um canal aberto e acessível a todo corpo diretor (a liderança da empresa).

- Atualizações sobre os desenvolvimentos da empresa – principais decisões, norte estratégico, projetos focais, aparições na grande mídia, pilares estratégicos (visão, missão e valores), entre outros.

É preciso, no entanto, usar a intranet com parcimônia. Sim, a intranet tem vários benefícios, mas, acima de tudo, deve tornar o trabalho mais leve, fácil e produtivo. Pense em eliminar dados e adicionar mais informação. Seja sensível ao fato de que o ser humano, quando exposto a grandes quantidades de conteúdo e pressionado a tomar decisões de maneira rápida, facilmente será acometido de estresse e improdutividade.

Newsletters

De modo semelhante ao uso do e-mail como ferramenta estratégica de Marketing para seu público externo, é possível (e recomendável) implementar newsletters regulares para comunicação das atividades da organização com seus colaboradores.

A grande vantagem aqui é que você tem mais controle sobre sua base de cadastrados, já que todos os funcionários, por definição, já fazem parte do banco de dados e estão (deveriam estar!) abertos a receber informações oportunas sobre os projetos e serviços da empresa. Com sorte, também será fácil segmentá-los (por seu departamento, background, projeto vinculado, demografia, necessidades específicas de uma equipe ou departamento).

Durante os Jogos Olímpicos de 2016, no Rio de Janeiro, a agência Effect Sport, com foco em Marketing Esportivo e com marcas de peso no portifólio (NFL, NBA, Nike, Gatorade, entre diversas outras), circulava para seus colaboradores um e-mail consolidado com as principais notícias sobre tudo relacionado às Olimpíadas. Os funcionários recebiam, semanalmente, novidades e *updates* que iam desde como determinado país estava usando as mídias sociais para promover seus atletas até detalhes sobre as tecnologias de ponta adotadas nas diferentes modalidades olímpicas.

Em outro exemplo, no IPAM, a principal escola de Marketing de Portugal, mensalmente eu e os demais professores recebemos updates das atividades (como palestrantes convidados à instituição), orientações relevantes (acerca dos protocolos durante a pandemia de coronavírus, por exemplo), novidades internas (como mudanças em departamentos ou lançamentos de novos cursos) e notificações das novas aquisições da biblioteca. Em outro exemplo, no caso do IPOG, onde coordeno e leciono cursos no Brasil, os gestores preferem adotar o WhatsApp como canal junto a coordenadores e professores.

Para além de atender ao que prega o Marketing Interno (dar suporte aos colaboradores para que façam bem suas funções), por vezes me gera um senso maior, uma sensação de pertencimento a uma organização – algo que não é comum em outras escolas, onde meramente eu (e outros professores) vamos dar a aula e pronto. O mais comum é não haver uma preocupação em fazer esse stakeholders tão importante (o docente, nos dois casos acima) sentir-se como parte integrante de uma empresa de educação.

Lembre-se sempre de que suas newsletters devem ser regulares, segmentadas (envie somente o que for de utilidade ou interesse de cada grupo de funcionários) e, sempre, mensuradas. Com os resultados coletados após cada envio (principalmente taxas de abertura e cliques), melhore suas newsletters seguintes. Idealmente, utilize alguma ferramenta, como a que você usa para os clientes externos (MailChimp ou ActiveCampaign, por exemplo), de maneira a mensurar melhor os resultados e poder aprimorar suas entregas com base em métricas tangíveis. Já se preferir canais como WhatsApp, atente-se para não comunicar coisas irrelevantes ou em demasia, de forma a manter o canal com uma boa percepção por parte do colaborador.

CAPÍTULO 50
Recomendações Táticas por Stakeholder – Talentos

Gosto de chamar de "talentos" os públicos que a organização deseja atrair para integrar seu quadro de colaboradores. É comum que as empresas tenham áreas sobre carreiras profissionais, principalmente voltadas para os programas de estágio e de *trainees*, mas, infelizmente, pecam na comunicação com outros possíveis colaboradores em momentos mais avançados da carreira ou com profissionais mais segmentados, tais como portadores de necessidades especiais ou de terceira idade.

Mais recentemente, vemos surgir polêmicas quando as empresas usam o Digital para promover oportunidades de carreira a minorias. A Magalu, por exemplo, foi alvo de muitas discussões quando promoveu seu programa de *trainees* específico para jovens negros – a primeira iniciativa do tipo no Brasil[126]. O próprio LinkedIn, a principal rede profissional do mundo, foi e voltou atrás de uma decisão de remover de seu site vagas que privilegiavam minorias. Em 2021, apenas dois dias após remover anúncios que davam preferência a candidatos negros e indígenas, a plataforma reviu suas políticas e passou a permitir as publicações das vagas[127].

Muitas organizações talvez sintam alguma dificuldade em alcançar e interagir com públicos de minorias. Se sua empresa não estiver familiarizada, seja extra cauteloso, pois é comum que marcas errem a mão ao buscar aproximação com esses públicos.

De todo modo, é importante que você entenda que, no ambiente de negócios (ou seja, mesmo que você tenha opinião diferente em sua vida pessoal), cada vez mais há pressão para que as organizações sejam mais plurais e abertas à diversidade. Por isso, considero fundamental que esteja bem informado sobre a temática e que possa ajudar sua empresa a colaborar com estas importantes questões sociais.

---

[126] "Magazine Luiza: dar vagas só para negros é 'racismo reverso'?". Disponível em: https://www.bbc.com/portuguese/brasil-54252093. Acesso em: 28 abr. 2023.

[127] "LinkedIn retira veto e passa a permitir anúncios de vagas voltadas para negros e indígenas". Disponível em: https://valor.globo.com/carreira/noticia/2022/03/29/linkedin-retira-veto-a-anuncios-de-vagas-afirmativas.ghtml. Acesso em: 28 abr. 2023.

FIGURA 126 – Programa de trainees da Magalu específico para jovens negros — a primeira iniciativa do tipo no Brasil

A BAT Brasil, anteriormente conhecida como Souza Cruz, possui uma seção em seu site institucional voltada para atração de talentos de diversos segmentos: Estágio Superior, Estágio Técnico, *Trainees* (também em dois segmentos) e outras vagas abertas. A **Figura 127**, a seguir, ilustra a área de jovens talentos (chamada de "Carreira") da multinacional.

FIGURA 127 – Seção "Carreira" da BAT Brasil, com conteúdo segmentado para diferentes tipos de talentos

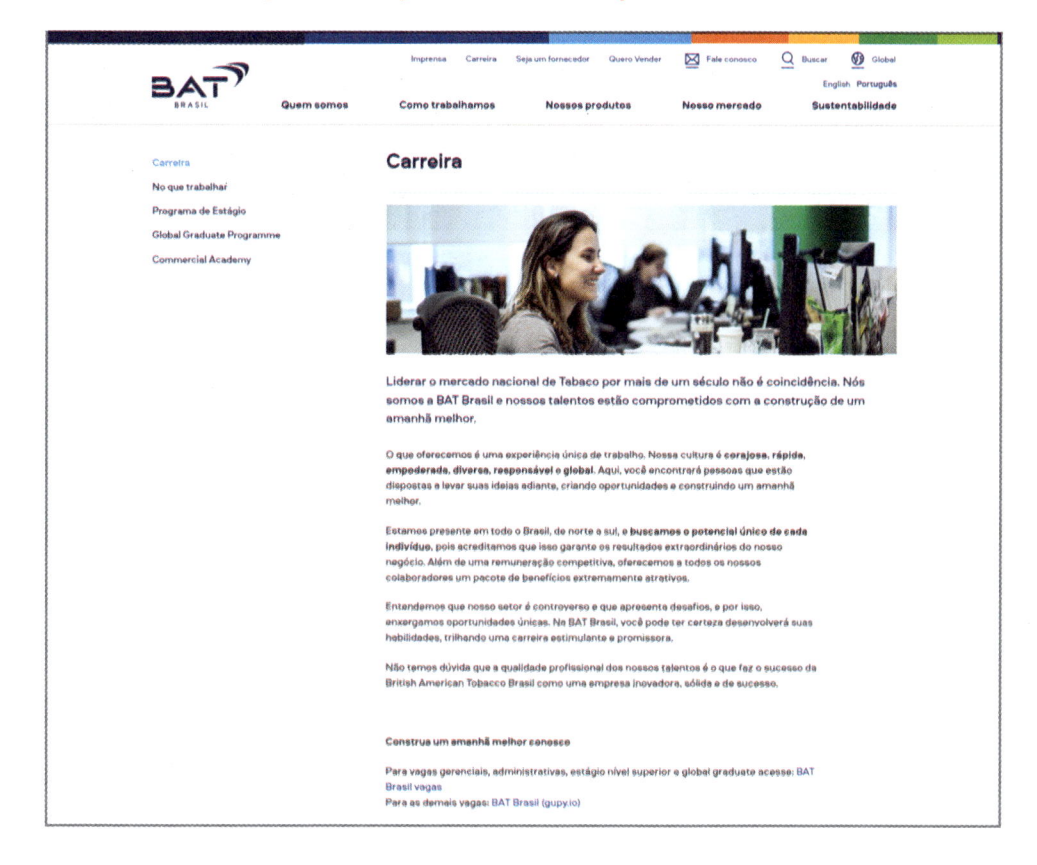

O mercado está cada vez mais concorrido e todas as empresas têm demonstrado dificuldades na captação e retenção de jovens talentos. Acima de tudo, desde o primeiro momento, é preciso demonstrar respeito e atenção a esse público tão importante.

Em mais um exemplo, a Amazon mantém um site[128] e perfis sociais (no Facebook, Twitter, LinkedIn e YouTube) dedicados exclusivamente à atração de colaboradores para sua área de logística e correlatos. A **Figura 128**, a seguir, mostra a homepage do site Amazon Jobs.

---

[128] Navegar no *Amazon Jobs* é uma experiência relevante e inspiradora. Disponível em: https://hiring.amazon.com.

FIGURA 128 – Site de carreiras da Amazon, com interatividade, depoimentos, quiz, vídeos e outros apelos

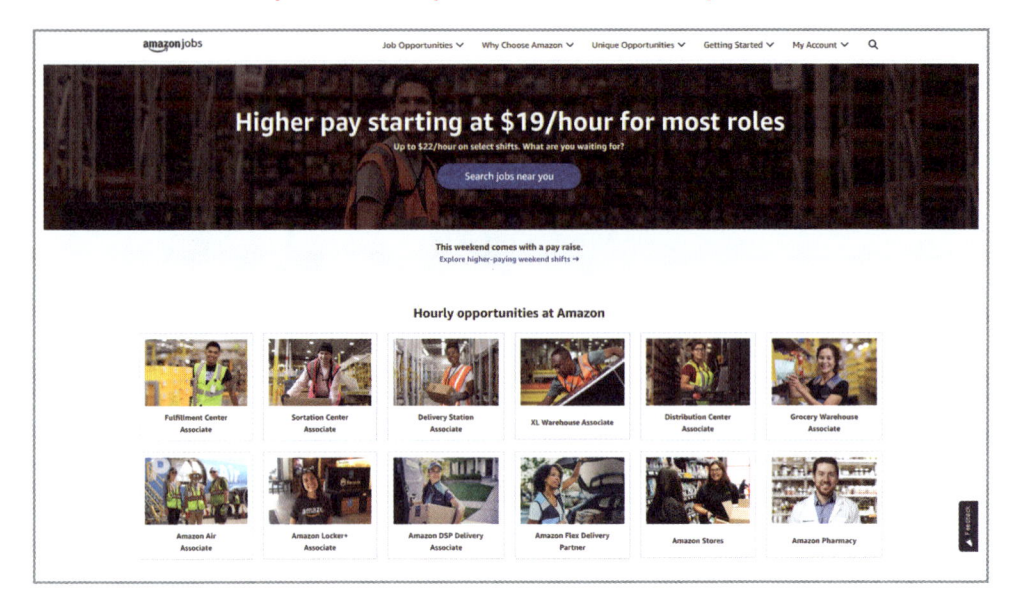

O site traz diversas seções e funcionalidades para estimular possíveis profissionais que queiram candidatar-se a trabalhar na empresa. Logo na homepage já é possível ver os depoimentos de membros de diversos departamentos. O candidato também pode cadastrar seu telefone para receber alertas com vagas relacionadas ao seu perfil, além de ter um passo-a-passo sobre o processo de recrutamento, incluindo vídeos e depoimentos de atuais funcionários.

Há, ainda, uma seção inteira dedicada às razões pelas quais o profissional poderia juntar-se à equipe da empresa: *Why Choose Amazon* (do inglês, Por que escolher Amazon).

Além de uma seção (ou um site dedicado) bem desenhado e com foco nos talentos, há algumas outras ações que costumam ser bem eficazes na comunicação com esse stakeholders, incluindo iniciativas que mesclam o online e o offline, conforme veremos a seguir.

Fortalecendo laços com o mundo acadêmico

Em vez de esperar que os melhores profissionais caiam no seu colo, levar os diferenciais de sua empresa até os talentos que deseja atrair é uma forma muito eficiente de aproximar-se desse público e de captar força de trabalho qualificada e com potencial. Muitas empresas utilizam essa técnica e a internet pode ser útil na divulgação de eventos, de inscrições e até mesmo para transmissão ao vivo de palestras, debates e participações de executivos junto a segmentos-chave. O público pode interagir, mesmo a distância, o que torna essa possibilidade ainda mais atraente para organizações que atuam em vários estados ou mesmo em outros países.

Ericsson, Focus Têxtil e a BAT Brasil (antiga Souza Cruz) são bons exemplos de empresas privadas que regularmente promovem esses encontros, no Brasil. Em Portugal, o IPAM com regularidade recebe empresas para atividades junto aos alunos, tendo marcas tais como Comic Com, L'Óreal ou Google como parceiros em trabalhos e simulações acadêmicas. Em uma disciplina que ministrei em 2019, propus uma simulação de consultoria, na qual os alunos eram os consultores e o cliente era a Lexus. O próprio diretor executivo da empresa em Portugal participou gentil e ativamente dos projetos.

Na área pública, o British Council costuma oferecer atividades frequentes em instituições de ensino ou até mesmo em empresas para difundir a marca para jovens talentos, não só com o foco em angariar futuros colaboradores da organização, mas também para atrair esses talentos a tentarem experiências acadêmicas e de mercado no Reino Unido.

Oferecer conteúdo online para o público acadêmico, particularmente em formatos de vídeos, pesquisas e relatórios, pode ser bem interessante também, pois trata-se de materiais que podem servir de matéria prima para aulas ou mesmo investigações científicas. Sua organização pode ter uma landing page para promover encontros ao vivo com personalidades interessantes para jovens de cursos de graduação e pós-graduação, capturando leads, estreitando o relacionamento com um público importante e potencialmente atraindo boa mídia espontânea com a iniciativa.

Além disso, muitas instituições acadêmicas mantêm eventuais anuais do tipo "Feira de Carreiras" para aproximar empresas e a comunidade estudantil. Por exemplo, a feira anual da renomada Faculdade de Engenharia da Universidade do Porto (FEUP, em Portugal) é o local certo para captar potenciais estagiários e *trainees*. A inscrição dos participantes e empresas é online e há atividades complementares por meio virtual, como simulações de entrevistas, conversas com gestores de empresas e apresentações institucionais das organizações participantes.

Conteúdo destacando as possibilidades de crescimento

Um dos principais motivos para sua organização ter dificuldades de comunicar-se e de atrair talentos para o quadro de profissionais provavelmente é a incapacidade de transmitir de maneira correta e atraente as possibilidades de crescimento para quem trabalha na empresa, bem como os diferenciais mais relevantes. Lembre-se de que o público interno é, na opinião de muitos autores – e desde há muito! – talvez o principal stakeholders de qualquer organização (veja, por exemplo: Hannah, 1943; Gummesson, 2009; Strack et al., 2017; Hiller, 2019; Kotler e Keller, 2019).

Utilize tanto o site quanto as redes sociais para promover o que há de melhor para quem faz parte do quadro de colaboradores de sua organização. Destaque as possibilidades de carreira, migração de áreas, aprendizados estimulantes, eventuais opções de trabalho ou intercâmbio em outros países, entre outros.

Em um último exemplo, destaco o site do Exército Brasileiro permite a seus quadros um vasto aprendizado em diferentes áreas, a possibilidade de experiências em diversos estados e cidades do país, além de estimular que o colaborador faça mestrado ou doutorado fora do Brasil, com possibilidades de manter sua remuneração durante o período de licença. Certamente alguns desses fatores são excelentes atrativos para captação de profissionais qualificados.

Depoimentos de colaboradores

As campanhas testemunhais são muito eficientes para vários tipos de stakeholders, tanto em organizações privadas quanto em públicas. Você certamente vê com frequência empresas de varejo utilizando celebridades em suas peças publicitárias online e offline. Esse tipo de abordagem é igualmente válido e bem-sucedido quando o foco é a atração de novos colaboradores (embora usualmente não seja explorada com esse fim).

Aplicativos para recrutamento de talentos

Já há algumas marcas trabalhando bem com aplicativos visando a incentivar os talentos a se interessarem por trabalhar na empresa. Não estou falando aqui apenas de ter um site responsivo, que funcione bem no mobile (isso é trivial e obrigatório), mas sim de pensar criativamente sobre como utilizar a febre dos aplicativos, bem como táticas de gamificação (uma adaptação livre do termo inglês *gamification*) para atração de jovens talentos. Quem já está trabalhando muito bem nessa linha é a Accenture, cujo *case* está brevemente exposto na **Dica PEMD #16**.

Um ponto importante a ressalvar, entretanto, é sobre a mudança de hábitos no uso do "mobile". Seja por conta da evolução dos aparelhos (mais opções, mais capacidade etc.), da popularização dos híbridos (como o Surface, da Microsoft), ou mesmo com a ampliação da oferta de apps para plataformas alternativas (como TVs e consoles de videogames), o mercado de aplicativos e as possibilidades para organizações continuarão a crescer e já fazem parte da oferta regular de canais de comunicação de muitas marcas públicas e privadas.

Dica PEMD #16

Gamification: brincadeira é coisa séria

O papel do lúdico na história humana é tão vasto e remoto, quanto profundo e objetivo. Desde muito tempo, os grandes artífices da matéria-prima lúdica vêm-se mostrando decisivos para o desenvolvimento das ciências, especialmente quando o assunto é tecnologia. Ao lendário Arthur C. Clarke – o famoso autor de *Encontro com Rama*, *2001: Uma Odisseia no Espaço* e *O Fim da Infância* – é creditado o poderoso e definitivo insight que mais tarde daria origem aos nossos satélites de comunicações em órbita geoestacionária (também conhecida como Órbita Clarke).

A atividade lúdica – do latim *ludus*, brinquedo ou divertimento – é um sério objeto de estudos acadêmicos. De acordo com Johan Huizinga, a brincadeira ou o jogo são mais antigos do que a própria cultura. Nosso impulso em direção ao lazer, provavelmente anterior a nós mesmos, é um traço irrenunciável do nosso caráter, e molda o nosso desenvolvimento cognitivo desde a infância.

Ainda que o nosso tempo não seja o seu berço, a ludicidade é tida como característica própria e marcante dos séculos XX e XXI, especialmente a partir do desenvolvimento dos jogos eletrônicos. Seu princípio fundamental envolve a oferta de uma experiência prazerosa e, ao mesmo tempo, realística e fantástica. A indústria de jogos eletrônicos que hoje movimenta bilhões através de plataformas capazes de processar muitas informações por ciclo teve seu início nos anos 1950.

Atualmente, empresas como a Sony e a Microsoft (e, até um passado recente, a Nintendo) dominam o mercado de games: o faturamento da indústria de jogos eletrônicos foi de mais de US$ 200 bilhões de dólares em 2021 (o Brasil é o quarto maior mercado do mundo), com previsão de chegar a US$ 400 bi em 2027, segundo a Mordor Intelligence[129].

---

[129] "GAMING MARKET - GROWTH, TRENDS, COVID-19 IMPACT, AND FORECASTS (2022-2027)". Disponível em: https://www.mordorintelligence.com/industry-reports/global-gaming-market.

Uma projeção da Newzoo indica que o futuro tem como destino os dispositivos móveis, que vê nos *gadgets* muitas oportunidades para organizações e empreendedores. Diante desse cenário, é possível compreender a ascensão da técnica conhecida como *gamification*.

Gamification e o Mundo dos Negócios

Gamification representa o processo de aplicação de jogos visando soluções atualizadas para problemas de negócios, explorando fundamentalmente o engajamento do público. Trata-se de um modelo caracterizado pela promoção de competições, desafios, recompensas e progressões de níveis para determinados públicos, com base em habilidades de desempenho ou sorte, em contextos que circulam para além de um simples jogo.

Em geral, o processo é acompanhado de métricas de controle e andamento, tendo como objetivo envolver os usuários e influenciar seus comportamentos, de acordo com a intenção da marca criadora. A *gamification* ganhou força nos últimos anos graças à lacuna deixada pela obsolescência dos processos de avaliação tradicionais do mercado, ainda muito pautados em métricas de valores da sociedade industrial.

A gama extremamente ampla e crescente de jogos oferecidos no mercado tem sido empregada com sucesso nos últimos anos. A partir daí, *a gamification* é utilizada para atingir objetivos estratégicos variados:

» O exército estadunidense utiliza jogos para treinar soldados e recentemente aplicou a metodologia para atrair novos recrutas.

» A Jillian Michaels incentiva os usuários a permanecer na meta com seus programas de fitness usando técnicas de *gamification* para uma série de desafios de vigor físico.

» O *Mint.com* torna o processo normalmente doloroso de desmistificação de temas como "finanças" e "planejamento para o futuro" mais simples e divertido através da *gamification*.

» O RecycleBank recompensa seus usuários de acordo com ações sustentáveis para o meio ambiente, tais como aprender a reduzir o consumo de água ou a compra de produtos mais ecológicos – especificamente, aqueles com o logotipo RecycleBank.

- » A Biblioteca do Condado de Pierce faz uso da *gamification* para incentivar adolescentes a ler durante as férias. Com uma série de desafios projetados para conduzi-los em "uma jornada épica", jovens leitores podem selecionar categorias e emblemas que parecem interessantes para eles.

- » A Step2 produz uma variedade de produtos infantis, incentivando os pais a se envolverem com a criação de *buzz* sobre a marca através de um programa de fidelidade.

Case de sucesso: a solução da Accenture

Para seleção de novos talentos para o seu programa de *trainee*, a Accenture, líder global de tecnologia, criou o Accenture Campus Challenge, competição universitária que ocorreu pela terceira vez no Brasil, em 2014, e há 10 anos em países como Alemanha, Suíça, Áustria, entre outros. A proposta do desafio é embasada no estudo e na resolução de casos desenvolvidos pela empresa, com acompanhamento de profissionais, por grupos de alunos em períodos avançados de diversas faculdades.

Para atualizar a proposta através de um processo seletivo mais dinâmico, eficaz e atual, a Accenture, em conjunto com a agência brasileira de Marketing Digital Infobase Interativa, desenvolveu um novo processo para o desafio, deixando-o com formato de um aplicativo de game, tornando todo o processo ao alcance das mãos dos usuários. O aplicativo é voltado para estudantes matriculados nos dois últimos anos dos cursos de administração, economia, engenharias e informática que pleiteiem vaga na Accenture.

Em sua primeira etapa, o participante do Accenture Campus Challenge assume o papel de um consultor Accenture. Lidando com clientes fictícios, ele responde a perguntas e toma decisões, dentro de um limite de tempo. O usuário recebe uma notificação nova em seu celular sempre que existir um caso novo disponível, tendo três dias para responder a cada caso, de forma ininterrupta. Ou seja, ao iniciar as respostas dentro da simulação, o candidato deve seguir nele até ter respondido da primeira à última pergunta. São oito casos com seis perguntas, com cada pergunta contendo cinco respostas (e mais de uma correta). Cada resposta é classificada conforme sua adequação ao formato da Accenture.

Além disso, o tempo de resposta também desempenha um papel influente na pontuação final. Ao longo do processo, o participante recebe moedas virtuais e selos de reconhecimento, incentivando-o a prosseguir no desafio e compartilhar seus feitos nas redes sociais, ao mesmo tempo em que o gratifica com bônus no próprio jogo.

O teste conta, ainda, com uma pergunta extra sobre a Accenture, fomentando nos participantes a pesquisa sobre a empresa. Os dez melhores colocados avançam da primeira fase para a seguinte e o vencedor é contratado como *trainee*, sendo preparado no Centro de Treinamento da empresa em Chicago. O novo formato do Accenture Campus Challenge ultrapassou os 2.400 candidatos inscritos na sua edição anterior, além de posicionar a marca de forma ainda mais prestigiosa dentre um público tão relevante.

André Miceli, *mestre em Administração pelo IBMEC, com MBAs em Gestão de Negócios e em Marketing, também pelo IBMEC. Pós-graduado no Advanced Executive Certificate Program in Management, Innovation & Technology, do Massachusetts Institute of Technology (MIT), e cursou o programa de Negociação da Harvard Law School. Graduado em Tecnologia em Processamento de Dados pela PUC-RJ. Atualmente, é CEO e editor-chefe da MIT Technology Review Brasil. Presidente do conselho da Infobase. Já ganhou mais de 20 prêmios de internet e tecnologia, incluindo, o melhor aplicativo móvel desenvolvido no Brasil em 2014. Autor dos livros "Startups: nos mares dos dragões", "Planejamento de Marketing Digital", "Estratégia Digital: vantagens competitivas na internet" e "UML Aplicada: da teoria à implementação".*

CAPÍTULO 51
Recomendações Táticas por Canal

Uma vez que tratamos brevemente de algumas possibilidades de abordagens de ações táticas baseadas nos diferentes públicos da organização, agora vamos abordar o Plano Tático por um outro foco: iremos pensar as ações táticas com base nos **canais**. Neste livro, nosso foco será em canais digitais, mas lembre-se que a chamada abordagem *omnichannel* nos provoca a refletir sobre entregar as ofertas da organização aos seus públicos tanto no online quanto no offline, assegurando, assim, uma experiência mais eficiente para os stakeholders.

Há pesquisadores que enxergam a estratégia de internet como sendo, fundamentalmente, uma estratégia de canais. Além disso, por suas particularidades, é comum ver Planos Táticos de Ações de Marketing tomando por base focal os diversos canais da empresa. Isso quer dizer que comumente você irá ver no mercado (ou mesmo precisará fazer!) "Plano Tático de Redes Sociais" ou "Estratégia de Facebook", por exemplo.

Fiquei muito decepcionado ao ouvir de diversos alunos e colegas de agências, ao longo de muitos anos, que suas organizações ou clientes têm colocado os canais à frente dos consumidores. Por exemplo, uma aluna que atua em uma grande empresa do varejo online brasileiro me disse que, quando há uma reclamação nas redes sociais, esse reclamante passa à frente de outras pessoas que estão se expressando por canais tradicionais (telefone, ouvidoria ou mesmo e-mail) pelo mero fato de estar em uma rede social. Isso significa nada mais do que dizer que o Twitter, o TikTok ou qualquer rede social que seja é mais importante do que seus stakeholders. Inaceitável! Como provoca Sterne (2010), é preciso ouvir, depois ouvir, então ouvir um pouco mais, com muita atenção, para decidir se e como irá responder, e isso está acima de qualquer canal, seja ele na internet ou não.

Há uns anos, prestando consultoria para uma das dez maiores marcas do mundo, testemunhei a mesma abordagem: se a demanda de um stakeholder viesse pelas mídias sociais, a equipe de atendimento deveria dar prioridade em comparação a demandantes que entraram em contato por outros canais. Ou seja, se um cliente bom, antigo, que gastasse muito com a empresa, ligasse para o SAC, ele mereceria menos foco que um potencial "zé ninguém" que abordasse a empresa pelo Insta. Esse exemplo revela que mesmo as grandes marcas, mais evoluídas em Marketing e com mais acesso a recursos, também estão cometendo erros triviais e grosseiros na Era Digital.

Apesar de não concordar com essa visão que prioriza os canais em detrimento dos públicos – ou mesmo colocando, por exemplo, as redes sociais acima das principais atividades estratégicas de Marketing – reconheço que o mercado comumente demanda uma abordagem que tem como ponto de partida (bem como foco central) os canais digitais.

Sendo assim, julgo que também pode ser válido abordarmos essa linha de raciocínio neste livro. De qualquer maneira, faço coro com o depoimento que ouvi do vice-presidente do Grupo Marriott que, certa vez, disse, em relação à sua empresa, que ela não tem estratégias de Instagram ou YouTube, mas estratégias focadas no cliente, em relacionamento, em branding, e os canais digitais são meros desdobramentos tático-operacionais do macrodirecionamento estratégico.

Se você ou a empresa com a qual trabalha preferirem usar como ponto de partida os canais, para desdobrar seu Plano Tático de Ações Digitais, você poderá resumir suas táticas conforme ilustrado no **Quadro 52** a seguir:

QUADRO 52 – Ações Táticas — Site

Canal	Curto prazo (3 meses)	Médio prazo (6 meses)	Longo prazo (12 meses)
Clientes (Segmento A)			
Clientes (Segmento *n*)			
Investidores			
Fornecedores			
Trainees			
Imprensa			

No quadro acima, note que a âncora é o canal (no exemplo, "Site") e o que o estrategista deve fazer é listar quais ações serão feitas no site (no canal) para os clientes, investidores, fornecedores etc. (seguindo o exemplo dado). Então, você precisará criar um quadro similar para cada canal que for usar e apontar como vai usar/o que vai fazer dentro de cada um dos diversos canais escolhidos.

Uma vez identificados os canais utilizados atualmente pela organização e os demais *players* do mercado, tenho adotado e refletido sobre a Matriz de Avaliação do Portfólio de Canais para facilitar a avaliação corrente, bem como orientar a abordagem tática que você empreenderá a *posteriori* em seu PEMD:

FIGURA 129 – Exemplo da Matriz de Avaliação do Portfólio de Canais aplicada em uma empresa de serviços profissionais de médio porte

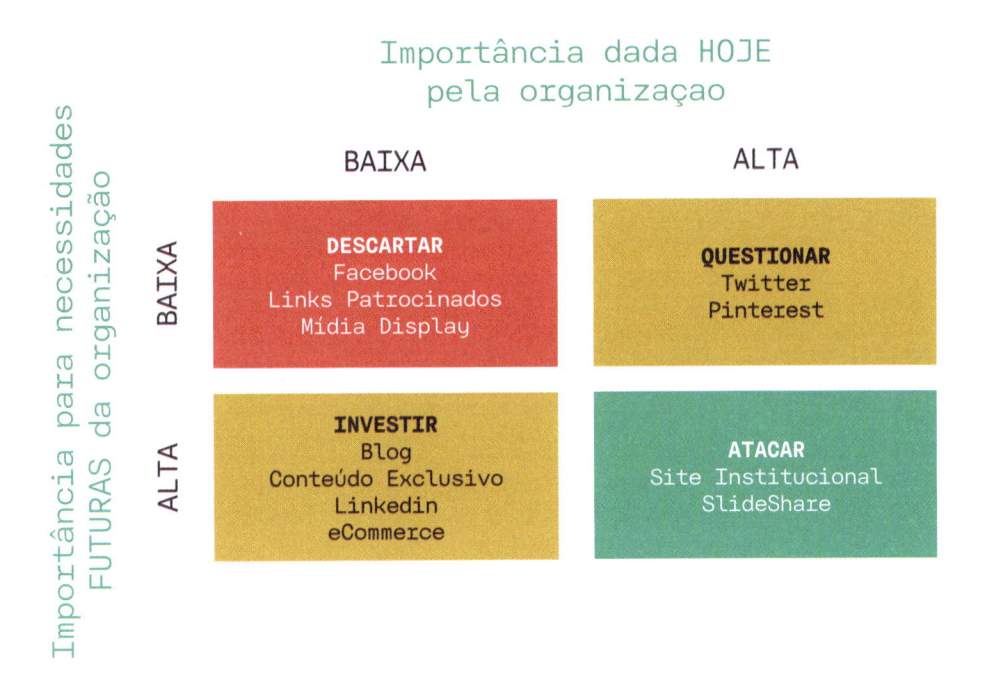

Importância dada HOJE pela organizaçao

Importância para necessidades FUTURAS da organização

	BAIXA	ALTA
BAIXA	DESCARTAR Facebook Links Patrocinados Mídia Display	QUESTIONAR Twitter Pinterest
ALTA	INVESTIR Blog Conteúdo Exclusivo Linkedin eCommerce	ATACAR Site Institucional SlideShare

Para utilizar a Matriz de Avaliação do Portfólio de Canais, liste os canais que você já identificou previamente (na Etapa 0 – Setup) e alinhe um a um de acordo com sua relevância atual e possível relevância futura. Você pode expandir um pouco o contexto e também incluir na matriz atividades online diversas, ainda que não sejam especificamente canais ou plataformas (tais como uso de SMS, WhatsApp, Webinars, entre outros).

É interessante acentuar que, ainda que seu foco seja o Digital, o conceito da matriz pode ser também aplicado a outros canais e ferramentas de comunicação, mesmo que fora do mundo online, de forma que se torna possível propor itens tais como Assessoria de Imprensa, Eventos, Atendimento ao Cliente, Mídia Offline (e suas diversas possibilidades), entre outros.

Os quadrantes são explicados no **Quadro 53**, a seguir, de acordo com as orientações da matriz:

QUADRO 53 – Detalhamento da Matriz de Avaliação do Portfólio de Canais

Baixa-Baixa: DESCARTAR	Os canais que foram avaliados e ficaram nesse quadrante, de maneira muito direta e fria, tendem a ser eliminados. Os recursos humanos e financeiros de qualquer organização são sempre limitados e você não deve insistir em opções que não são relevantes para seus trabalhos. Se estiver em dúvidas, em vez de descartar, ignore, por um momento, esses canais e volte a avaliar depois de alguns meses como eles se comportam. Os que continuarem sendo classificados nesse quadrante devem, então, ser descartados sem dó.
Atual Alta e Futura Baixa: QUESTIONAR	Esse quadrante representa os canais que precisam ser mais bem avaliados. O que você precisa fazer aqui é preparar táticas específicas para testar a real eficiência do canal em termos da consecução de seus objetivos. Se o canal funcionar bem, mantenha-o. Se os resultados forem ruins, avalie a possibilidade de eliminá-lo.
Futura Alta e Atual Baixa: INVESTIR	Alguns canais podem estar sendo subutilizados, ganhando pouca atenção da empresa no momento. No entanto, talvez representem boas oportunidades futuras, de forma que a recomendação é que você invista neles para que o ajudem a melhorar seus resultados e a atingir os objetivos organizacionais.
Alta-Alta: ATACAR	Os canais que figurarem nesse quadrante são suas melhores alternativas e devem ser ainda mais utilizados para atacar a concorrência, captar ou reter clientes, disseminar mensagens positivas da sua marca e fortalecer laços com seus principais stakeholders. Concentre suas ações e recursos majoritariamente nesses canais.

Acredito que uma das principais vantagens dessa matriz é permitir que, de forma muito rápida e simples, o estrategista consiga refletir sobre como estão os canais digitais atualmente utilizados pela organização e já apontar possíveis caminhos para o futuro. Você poderá compartilhar sua matriz com sua equipe e executivos da empresa e estimular discussões iniciais acerca das concepções atuais e futuras sobre os canais digitais da marca.

Uma vez que você já tenha identificado quais são os canais e tenha utilizado a Matriz de Avaliação do Portfólio de Canais para compreender a importância de cada um deles para a organização, você deverá usar as informações coletadas ao longo de diversos momentos do PEMD, particularmente nas pesquisas e análises referentes ao microambiente de Marketing. Acima disso, esse rol de canais é que dita e limita a amplitude do universo que será tratado por todo o processo do PEMD em sua organização.

CAPÍTULO 52
Recomendações Táticas por Canal – Site

Pela importância do site em seu portfólio de canais, iniciarei as explanações e dedicarei mais tempo, mais detalhes, *cases* e exemplos a este canal em específico. Não se esqueça de que, justamente devido ao peso que o site tem e terá, sempre, para o sucesso de seu PEMD, não apenas invista muito tempo em uma auditoria minuciosa, mas também aloque um bom pedaço de seu tempo e dinheiro para propor táticas que visem a potencializar o website de sua organização como ponto central em seu Plano Tático de Ações em Marketing na Era Digital.

O site é o espaço mais nobre de qualquer marca no ambiente digital. Trata-se do único canal (incluindo seus desdobramentos, tais como blogs, landing pages, microsites, intranets) que é de propriedade única e exclusiva da organização. Tudo que está no site é 100% seu e de mais ninguém. No site, quem dita as regras é a empresa e isso é um ponto muito relevante, principalmente no dinâmico e incontrolável universo social online em que as marcas e seus públicos se encontram. Em suma, não há nenhum outro canal na internet em que a organização tenha tantas vantagens quanto em seu website. Sendo assim, não investir para ter um site de ponta ou mesmo não ter site (sim, acredite, impressionantemente há marcas que insistem em sequer ter sites próprios!) é um erro gigantesco e de consequências altamente arriscadas.

Trabalhei em alguns projetos com um especialista internacionalmente renomado em Otimização de Sites (SEO), David Carralon. Em uma de nossas conversas, lembro de ele me alertar que, para ter um website de sucesso, o estrategista deve buscar conteúdo único e que esteja relacionado aos objetivos e aos valores da marca. Sites corporativos oferecem diversas vantagens em relação às mídias tradicionais, pois dão aos usuários fácil acesso a serviços da organização, acesso a conteúdo praticamente ilimitado, fóruns que podem agregar valor para o cliente, simulações, conteúdo rico, além de oportunidades de pesquisa sobre informações antigas, entre tantas outras possibilidades.

Com isso em mente, destaco alguns dos principais pontos que o estrategista precisa considerar ao pensar sobre o site de determinada marca, com apoio em diretrizes da HubSpot. Tomo por base, ainda, outras fontes selecionadas de modo a trazer orientações bem atuais e assertivas, como os conteúdos de Rafael Rez, Camila Renaux e Cássio Politi – todos especialistas de referência internacional em Marketing Digital.

QUADRO 54 – Principais pontos a considerar para o sucesso do site da sua empresa

1.	Otimize seu site para buscas – trabalhe bem o SEO, dentro e fora de seu site.
2.	Lembre-se da máxima de Steve Krug: "Não me faça pensar"[130].
3.	Tenha um design moderno, coerente, confiável e estimulante.
4.	Seja consistente – em termos de cores, fontes, tom de voz, formatação e templates das páginas.
5.	Use vídeos e imagens relevantes e que comuniquem bem as mensagens de sua marca.
6.	Tenha uma navegação simples, fluida e acessível.
7.	O conteúdo deve ser claro, direto e óbvio.
8.	Seu conteúdo deve ser social e compartilhável, nunca estático ou sem possibilidades de interação.
9.	Use landing pages – muitas, focadas (bem segmentadas) e coerentes (com os objetivos almejados).
10.	Ofereça formas de contato em abundância, fáceis e intuitivas – tente concentrar as diferentes opções de contato (telefones, endereço, e-mails, formulário) em uma única seção do site.
11.	Tenha calls to action inspiradores e sedutores – não somente para a venda de produtos ou serviços, mas também para estimular cadastros para sua newsletter, por exemplo.
12.	Seja sempre responsivo – seu site deve ser pensado para diferentes plataformas e navegadores.
13.	Mensure tudo – configure bem seu Google Analytics (ou o software de estatísticas de tráfego que utilizar), analise os resultados do site e melhore regularmente suas entregas.
14.	Utilize depoimentos de clientes e ex-clientes – os testemunhos são excelentes formas de minimizar risco e potencializar conversões, principalmente em transações de serviços ou produtos de alto risco percebido.

Fonte: Com adaptações de diretrizes da HubSpot, CXL e outras fontes.

---

130 Torno a recomendar que leia (ou releia) o livro de Krug (2014). Trata-se de perceber mais acerca da mentalidade dos usuários quando usam / interagem com serviços online, particularmente com websites.

Parecem ser muitos os pontos de atenção e acredito que sempre haverá como estender essa lista com recomendações relevantes. Mas o fundamental a salientar é que o site é realmente importante e não compreendo como há empresas querendo inventar moda em redes sociais ou fazer campanhas mirabolantes se seu site ainda deixa a desejar. É como querer sair por aí correndo e pulando sem conseguir ficar em pé direito... loucura sem sentido!

Seu site deve ser, sempre, focado em conversão. Todo ele precisa ser concebido sob a mentalidade de conversão. Isso não quer dizer que será obrigatoriamente um site somente de vendas, baseado em layouts e conteúdo utilizados por marcas de *e-commerce*. Não. O que quero dizer é que, conceitualmente, você deverá pensar que o site é o melhor e principal canal para ajudar sua organização a converter seus públicos em compradores, cadastrados, participantes de certa promoção, leitores fiéis ou voluntários para uma iniciativa da marca, entre outros. Tudo que lá estiver, portanto, deve ser focado em captar, converter e reter seu cliente.

É válido ressaltar que a maior parte do que estamos tratando nesta seção sobre as possibilidades táticas para o site de sua organização também vale para outros formatos derivados, tais como blogs. Naturalmente, cada derivação terá suas particularidades, mas, fundamentalmente, a razão essencial para desenvolver boas táticas pode ser invocada para uma vasta gama de contingências.

Blogs

Os blogs corporativos estão sendo cada vez mais adotados em organizações públicas e privadas. E por blog corporativo me refiro a qualquer blog gerido pela empresa. As marcas podem beneficiar-se do uso de blogs para fortalecer sua reputação frente aos stakeholders, assegurar melhores posições no ranking do Google, assim como para traçar tráfego qualificado para seu website e suas páginas de ofertas de produtos ou serviços. O blog deve ser sempre baseado em conteúdo frequente, o que não apenas ajudará a reter mais leitores, como também ajudará no ranqueamento nos mecanismos de busca, o que contribuirá para adesão de novos usuários e potenciais clientes.

Seja como mero canal de promoção de produtos, seja para o relacionamento com públicos específicos (como fornecedores ou investidores, por exemplo) ou como fonte de esclarecimento de informações institucionais, muitas marcas têm adotado essa forma de comunicação por suas características bem aderentes à cultura digital. Segundo Rodrigues (2014), a função dos blogs corporativos é, fundamentalmente, estreitar os laços do usuário com a marca, tornando-a mais próxima de seus públicos. Essa relação próxima ajudará, oportunamente, em conversões para a organização.

O blog, por definição, prevê que o conteúdo deve ser comentável e compartilhável, além de atualizado com grande frequência. Ter um blog e não permitir comentários dos usuários significa que você, na verdade, não tem um blog, mas um repositório unilateral de informações! Além disso, os blogs costumam ter um foco muito mais afunilado e específico se comparado à vastidão de possibilidades que o site da organização pode oferecer. O blog demanda uma linguagem mais leve, com tom conversacional, além de funcionalidades próprias, tais como campo de comentários, tags, categorias de assuntos (em adição às seções tradicionais), botões de compartilhamento de conteúdo, entre outros.

É compreensível que algumas organizações queiram bloquear funções de interação (particularmente comentários), por temerem *haters*, reclamações que podem viralizar ou mesmo por recear mensagens de cunho político ou com discriminações. Entretanto, se de fato sua marca é particularmente suscetível a ataques (como no caso de operadoras de telefones móveis, que têm altíssimo volume de reclamações), você pode usar filtros automáticos para impedir comentários com certas palavras, ou mesmo optar por moderar mais frequente e ativamente a participação dos usuários. Sugiro que faça uma pesquisa para entender as práticas de seu mercado de atuação, mas, para referência, vale destacar marcas como FIA, Dell, IPOG, Hyatt, TOTVS, além de todos os veículos noticiosos, que deixam seus comentários abertos, enquanto empresas como Natura, Consul e Conta Azul preferem bloquear a interação com seus públicos.

Os blogs são criados por diferentes motivos, que variam desde a necessidade de a empresa ter uma comunicação mais ágil e flexível com seus públicos (muito comum quando o software de gestão do site, o CMS, é engessado e permite poucas evoluções) até o uso como ferramenta para comunicação exclusiva e mais rica com um público-alvo relevante.

Confesso, porém, que não é fácil encontrar bons exemplos de blogs corporativos, que sejam bem-sucedidos. Acredito que a dificuldade de manter um blog e a dinâmica que ele exige são tarefas nada simples para a mentalidade de boa parte das empresas. Entretanto, há, sim, exemplos de cair o queixo. Todas as "big four" (as quatro grandes empresas de consultoria do mundo[131]) possuem blogs fantásticos, com vastíssimo material – os utilizo tanto para fins acadêmicos (em publicações e em aulas) quanto no papel de consultor (por exemplo, como fonte sobre tendências de mercado). Idem para renomados institutos de pesquisa (Forrester, Gallup, eMarketer, entre outros). Algumas empresas têm blogs de referência em seus segmentos e, não raro, chegam a oferecer mais de um blog, focados em diferentes públicos. A Dell manteve excelentes blogs,

---

[131] As *Big Four* (Quatro Grandes) são: Deloitte, Ernst & Young (EY), PricewaterhouseCooper (PWC) e a Klynveld Peat Marwick Goerdeler (KPMG).

por anos: Direct2Dell (voltado para clientes e prospects), Perspectives (com conteúdo sobre Transformação Digital, Inteligência Artificial e outros), além de blogs mantidos por alguns de seus principais executivos (há VPs e gestores globais que assinam seus próprios blogs). Com o sucesso destes canais, a empresa agora consolidou seus conteúdos em um único local, o Dell Technologies Blog.

A TOTVS, uma das marcas mais valiosas do Brasil, utiliza seu blog para captar e reter clientes publicando conteúdo relacionado aos seus serviços e aos resultados que a empresa pode trazer para quem emprega suas soluções. De maneira certeira, a TOTVS divide o conteúdo em seus principais segmentos de atuação: Agrícola, Serviços Financeiros, Indústria Hoteleira, FinTechs, entre outros.

Nos exemplos de sucesso de blogs que são atualizados por executivos da organização, como no caso da Dell, os executivos podem beneficiar-se ao "blogar" de diversas formas, que vão desde reduzir a carga de e-mails e mensagens em redes sociais até estimular o processo de *brainstorming* ao multiplicar as pessoas envolvidas nas discussões de ideias. Segundo alguns autores e blogueiros renomados, **blogar** significa:

- **Informação**: comunicar-se com os clientes sobre o que sua organização está fazendo e quais as visões da marca.

- **Relacionamento**: operar em mão-dupla e construir conjuntamente uma base sólida de experiências positivas com seus clientes, visando transformá-los em advogados da marca.

- **Gestão do Conhecimento:** manter um vasto e atualizado repositório de conhecimento para seus stakeholders e disponibilizá-lo para os públicos certos na hora certa.

Muitas marcas contam com altos quadros e até CEOs para publicar blogs e manter contato direto e frequente com o público: Bill Gates[132], Kevin Roberts[133] e Richard Branson[134] são apenas alguns exemplos. No Brasil, um dos casos mais relevantes é o blog do Mauro Segura[135], ex-CMO da IBM.

---

132 GatesNotes – The Blog of Bill Gates, disponível em: https://www.gatesnotes.com.

133 KR Connect Blog, disponível em: http://krconnect.blogspot.com.

134 Richard Branson's blog, disponível em: https://www.virgin.com/branson-family/richard-branson-blog.

135 Blog Mauro Segura, disponível em: https://www.maurosegura.com

Em adição à utilização de plataforma de blogs como ferramenta de comunicação corporativa, muitas empresas também estão utilizando os blogs como forma de publicidade. Um dos ramos mais evoluídos nesse aspecto, no Brasil, é o de Moda. O segmento conta com dezenas de blogueiros que influenciam, tanto positiva quanto negativamente, a tomada de decisão de compra de consumidores: por exemplo, ao publicarem conteúdo exclusivo ou de primeira mão, tal como fotos das peças e acessórios de uma nova coleção, podem gerar interesse pelos produtos, mas também influenciar negativamente as vendas se seus posts e os comentários relacionados forem críticos em relação a determinada marca (Medeiros *et al.*, 2014).

Landing Pages

Em tradução literal, landing page (também chamadas de LP) é uma "página de aterrissagem" e é exatamente essa a função esperada: atuar como um destino, um ponto de chegada para seus usuários, quase sempre com o objetivo único de gerar conversões de negócios. Trata-se da página que aparece quando o internauta clica em uma isca, um gancho para atraí-lo, como em uma mídia (banner, pop-up, ads, remarketing etc.), no resultado de busca (orgânico), um post orgânico ou via link em um e-mail marketing.

As landing pages têm sido usadas com muito sucesso em táticas com foco em conversão – seja conversão em leads (contatos para potenciais negócios), seja diretamente em vendas. Por isso, devem ser simples e diretas, trazendo de forma clara e objetiva os benefícios oferecidos ao cliente, os diferenciais da marca e a ação desejada (*call to action*). O interessado estará disposto a passar seus dados (que é o que você deseja, pois usará esses dados para ativar o prospect em um segundo momento – por e-mail ou telefone) para em troca receber um "prêmio" ou um benefício (em geral, um conteúdo relevante, tal como uma pesquisa, um artigo, um relatório exclusivo).

A seguir, vou compartilhar três exemplos de landing pages que foram bem concebidas e performaram bem. Para atender a esses dois quesitos, optei por trazer casos reais meus, que foram feitos seguindo as melhores práticas de mercado e que renderam ótimos resultados em termos de captação de leads qualificados.

FIGURA 130 – Exemplo da LP do e-book "58 Dicas Avançadas de Consultoria"[136], organizado por Nino Carvalho e por Rafael Rez, e com colaboradores de diversos países

Esse primeiro exemplo é propositalmente simples: a landing page pede apenas nome e e-mail do internauta, em troca de um e-book gratuito. O cadastrado passa a fazer parte da minha base de contatos e irá receber eventuais e-mails, seja com updates de novos vídeos, seja com chamadas para matrículas em meus cursos. Portanto, como terá percebido, as landing pages não são exclusivamente focadas em conversão financeira (ao menos não diretamente), nem mesmo destinadas apenas a empresas privadas. É possível (e muito recomendado e comum) fazer páginas de aterrissagem para converter público em inscritos no caso de uma newsletter, um concurso ou mesmo em um evento, por exemplo.

Agora, nesse segundo caso, a página trata de uma aula grátis (um evento), comigo e com Rafael Rez. Veja a **Figura 131** a seguir:

---

136 Para ter os links das landing pages, bem como acesso às aulas e aos materiais gratuitos, confira o **Espaço aPEMDiz**.

FIGURA 131 – LP "Mitos do Marketing"

As melhores práticas para confecção de uma landing page, de forma resumida, pregam que, após atrair o público correto para aterrissar na página.

Apesar de a LP ser mais longa do que está na imagem, é possível ver que trata-se de uma aula aberta, em que o benefício é ter conhecimento de qualidade por meio de dois renomados profissionais. Para acessar o conteúdo, basta "dar em troca" seu e-mail. Após o cadastramento, o interessado ainda recebe um e-mail de confirmação, link para grupo no WhatsApp, além de ser lembrado da data, hora e link para assistir ao evento.

Se o intuito da empresa for criar uma landing page com foco específico/direto em vendas, o tamanho, o conteúdo e o design poderão variar bastante. Produtos ou serviços com alto risco percebido tendem a demandar um apelo mais cuidadoso, com vasta oferta de evidências que ajudem a incutir mais credibilidade à marca, bem como a reduzir a percepção de risco. Para ajudar na boa performance das páginas, incluir prêmios, filiações ou depoimentos, são exemplos de elementos muito úteis (Rez, 2018). Como exemplo, tome o meu curso de Formação de Estrategistas de Marketing – um produto com alto preço, posicionamento premium, focado em um público mais seleto e maduro. Por conta dessas características, em nossos testes e experimentos ficou claro que seria importante ter uma página longa, com informações completas, pendendo mais para estímulos racionais (em contraste com emocionais). Veja a **Figura 132** a seguir:

FIGURA 132 – LP do curso de Formação de Estrategistas de Marketing

Perceba que, logo de cara na página, considerei importante dar peso nos logos de algumas das marcas com as quais trabalhei, além de uma foto do professor/consultor. No caso dos logos (NFL, Toyota, EDP, British Council, Embratel, Centrum e Advil) a ideia foi deixar claro que o curso é ministrado por alguém com experiência real, que de fato trabalhou com grandes marcas e já passou por crivos muito rigorosos. Já o racional da foto destacada era para embasar os anos de estrada (olha quanto cabelo branco...) e reforçar a imagem de professor, bem como dar um tom mais humano ao design (as pessoas sentem-se mais conectadas a imagens quando há outras pessoas ilustradas).

Vale lembrar que, apesar de o processo de captação de prospects, em geral, passar por apelos de mídia paga, as landing pages também devem ser otimizadas para que você consiga gerar conversões a custos menores, por intermédio dos resultados orgânicos nas buscas. Note que o botão de conversão, em verde, diz "Quero me inscrever". Ou seja, o foco aqui é conversão em vendas e toda a página objetiva orientar e dar segurança ao processo decisório do cliente.

A HubSpot, uma das líderes globais em captação e conversão de clientes na internet, recomenda algumas melhores práticas na concepção de landing pages com foco em geração de resultados:

QUADRO 55 – Destaque das melhores práticas na concepção de landing pages

Navegar ou não navegar	Em testes em landing pages de alto tráfego, descobriu-se que nas páginas sem barra de rolagem e com navegação rasa e simples a conversão é maior. Entretanto, lembre-se que diferentes produtos/serviços demandarão esforços também diferentes.
Imagens e vídeos	Apelos em imagens ou vídeos permitem que o usuário digira as informações mais rapidamente.
Evidências tangíveis	Depoimentos, vídeos com entrevistas, premiações, credenciais e afiliações são possibilidades de evidenciar, de forma concreta, o quão especial é sua marca. As pessoas tendem a fazer coisas que outras também fazem, bem como a comprar produtos/serviços que tenham bons testemunhos de outras pessoas.
Texto e cores de botões	É muito simples testar e mudar essas duas variáveis. Em uma consultoria para uma empresa do Setor Financeiro, fizemos algumas variações com as cores do botão de conversão (verde, azul, laranja e em tonalidades diferentes) e com os textos nesses botões ("cadastre-se", "seja um membro", "associe-se", "cadastre-se aqui"). A variação da combinação que menos converteu para a que mais converteu foi quase de 150%.
Campos do cadastro	Mais importante do que onde o cadastro estará localizado na página é o tamanho do formulário (*quantas* perguntas) e, acima de tudo, quais perguntas são feitas.
Follow Up	O tempo que você demora para ativar o prospect uma vez que ele passou os dados pelo formulário de sua landing page é diretamente proporcional às possibilidades de conversão. Em um cliente do setor educacional, um dos maiores *players* nacionais no mercado de Ensino a Distância (EAD), percebemos que, se a área de *call center* ativasse o prospect em até 60 minutos, as chances de conversão chegavam perto de 70%, quando comparada a uma ativação mais demorada. Uma taxa incrível! Chegamos a recomendar que o cliente colocasse atendentes 24h por dia para tentar maximizar as ativações.
Foco no mobile	Avalie qual o tamanho do tráfego de seu site que vem por meio de dispositivos móveis. Não raro, os acessos mobile já superaram em muito os feitos por computadores. Nunca se esqueça de testar como sua landing page está performando nos principais dispositivos. Isso quer dizer que não adianta apenas navegar e clicar na página mobile; você precisa testar e otimizar a performance utilizando um ferramenta, como o PageSpeed Insights, do Google. Para estressar a importância desse ponto, compartilho um case negativo meu! Em nossa primeira turma da Formação de Consultores em formato online, soubemos de ao menos três alunos que não conseguiam concluir a compra via iPhone (isso, fora os tantos que desistiram e não nos procuraram para falar do problema!).

Crie mais landing pages para gerar mais leads	Uma pesquisa da HubSpot mostrou que as empresas podem aumentar em 55% seus leads ao aumentar o número de landing pages de 10 para 15, cada página apresentando pequenas variações para tentar maximizar a possibilidade de comunicação mais eficiente com diferentes tipos de segmentos. Veja a **Figura 133**, que exemplifica diversas landing pages mudando apenas a chamada principal:
	FIGURA 133 – Crie mais landing pages com detalhes distintos para ampliar as chances de conversão eBook Whitepaper Webinar Free Trial *Fonte: HubSpot*

Passada essa breve alusão às similaridades entre conceitos de sites, blogs e landing pages, vale ressaltar que há outros pontos que o estrategista deve considerar ao propor evoluções táticas para o site de sua organização, nessa etapa final do processo de Planejamento Estratégico de Marketing na Era Digital.

Não irei me aprofundar em cada tópico, pois já vimos ao longo do livro as bases elementares e são temas que estão em constante atualização. Ou seja, vale explorar o que há de novo disponível por aí. Mas é importante lembrar: compare sempre seu site com aqueles que você tem como referência (benchmarks), com o dos competidores, e faça o melhor possível para potencializar o uso de seu site como ferramenta de geração de negócios, conversões, relacionamento e construção ou solidificação de sua marca.

Para finalizar seu aprendizado, leia com atenção a **Dica PEMD #17**, logo a seguir. Com base em algumas das principais recomendações das melhores práticas de mercado, trago um resumo de pontos-chave a se considerar na construção de seu site, particularmente se for contar com um terceiro externo (agência, produtora, freelancer).

Dica PEMD #17

Como explorar melhor o potencial do seu site

1. Modelo conceitual para seu website

Tenha uma meta conceitual ao pensar sobre como será o site de sua marca (e, particularmente, a sua homepage). Busque um modelo para ter como horizonte a ser almejado, ainda que seja necessário trabalhar com mais elementos na página. Seguindo a máxima de Krug ("Não Me Faça Pensar"), tenha em mente que, quando seu público entrar no site de sua organização, alguns pontos devem estar tão claros que não será necessário perder tempo tentando decifrar o que sua marca está tentando dizer.

Um bom exercício para chegar a essa forma conceitual é imaginar que, ao olhar para seu site, ainda que jamais tenha ouvido falar em sua organização, o internauta consiga seguramente responder a quatro questões básicas: "o que é essa empresa" (deixe claro seu ramo de atividade), "o que essa empresa pode fazer para mim" (fale de seus produtos), "por que é melhor opção do que as demais marcas do mercado" (fale de seus diferenciais e posicionamento) e "como posso comprar" (ofereça vastas oportunidades de canais de compra e de atendimento).

2. Segmentação

Um dos maiores desafios e, ao mesmo tempo, desejos de qualquer organização é segmentar bem sua comunicação e demais atividades de Marketing. Na verdade, esse processo começou bem lá atrás, quando você definiu seus principais públicos de interesse e elencou quais são seus segmentos focais, durante a Definição do Objeto do PEMD. Agora a tarefa é saber como explorar o potencial do site para forjar bons elos com seus principais públicos.

Existem diversas formas de segmentar seu site, seja com base nos stakeholders, seja em seus produtos e serviços. Vale dizer que o conceito de segmentação não afetará somente a forma pela qual você expõe as seções em um menu, por exemplo. Mais do que isso, o conteúdo (tom de voz, linha editorial, forma), os apelos visuais, as campanhas, tudo isso deve estar em linha com a maneira com que você segmenta seu website.

Quando for pensar sobre como será o site de sua organização, discuta, pesquise e reflita sobre como pode ser a melhor maneira de desenhar as seções e estrutura do site com base nas prioridades organizacionais e nas preferências dos públicos-chaves que você contemplará em seu PEMD. Não há mistério: basta voltar aos princípios básicos de Marketing e aplicá-los ao ambiente digital.

3. Experiência do Cliente

É preciso compreender que, para oferecer ao cliente uma experiência adequada, útil e prazerosa, é necessário conhecer seu público, segmentar sua oferta, refletir sobre a arquitetura/estrutura de informação do site, trabalhar com convenções e ser claro, direto, simples (ou seja, não fazer o cliente pensar e se frustrar). Seu site é uma ferramenta de Marketing e, portanto, deve estar em harmonia com os preceitos de Marketing. Vale ressaltar que inovação e criatividade devem ser sempre amparadas por fundamentos sólidos de Marketing e, mais especificamente no caso de websites, aqueles que tratam da Experiência do Cliente.

Aqui vale destacar algumas diretrizes que o estrategista de Marketing na Era Digital deve seguir ao conceber seu site:

» O propósito do site deve ser claro (invista em tagline, títulos e informações institucionais)

» Ajude os usuários a encontrar o que desejam (destaque as prioridades do site, ofereça opções de busca)

» Destaque seu conteúdo (escreva os links com palavras de ação, torne os destaques da empresa visíveis e de fácil compreensão na homepage).

4. Wireframe e arquitetura do site

O objetivo aqui é mostrar aos stakeholders do seu PEMD uma noção sobre qual parece ser o desdobramento racional de suas auditorias relativas ao website. Essas duas entregas não pretendem substituir o trabalho dos profissionais especialistas (por exemplo, do arquiteto de informação e do designer), mas sim transmitir a ideia daquilo que você, a diretoria, o dona da empresa ou o cliente podem nutrir em termos de expectativas. Isso pode economizar tempo e dinheiro.

Há muitas ferramentas disponíveis para ajudá-lo a desenhar uma proposta de site, como o Adobe XD, Miro, Lucidchart, Whimsical ou o Figma, mas eu faço ou um esquema em PowerPoint ou simplesmente desenho à mão mesmo (sim, literalmente faço desenhos com lápis e papel). Não se preocupe em aprender mais uma ferramenta, mas sim em comunicar bem sua ideia para os demais envolvidos no projeto.

5. Áreas de alta relevância em websites

Dê atenção especial a, ao menos, essas três áreas comuns e necessárias para qualquer organização ter em seu site:

» Homepage/página inicial

Quando entra em sua página principal, o internauta avalia o primeiro impacto, a proposta do site, a confiança e, por fim, toma sua ação. A primeira impressão é decidida em frações de segundos e é muito influenciada por fatores subjetivos e emocionais. Sua homepage deve conter links para as principais áreas do site, tais como informações acerca de produtos e serviços, relacionamento com o cliente e FAQ.

» Menu do site

O menu tende a ser a área mais clicada e, por isso, certamente é uma das mais importantes para o website de qualquer organização. É o menu que guiará a navegação. Atualmente, as opções de formatos, localização e tecnologias são extremamente vastas. Busque usar nomenclatura familiar para as seções, evite muitos itens no menu e priorize os itens.

» Campo de busca/pesquisa

É muito importante que você reconheça a relevância de tratar bem a área de busca de seu site. Essa é uma das partes mais acessadas pelo internauta e comumente é causa de frustrações. Se seu campo de buscas for eficiente, você não apenas irá prestar um bom atendimento ao seu cliente, mas também poderá colecionar valiosos insights sobre o comportamento de uso de seus stakeholders e transformar essa inteligência em incrementos e benefícios para ambas as partes.

6. Otimização do site para mecanismos de busca (SEO)

As táticas de SEO objetivam colocar sua marca no topo dos resultados de pesquisa. Trata-se de ações que visam deixar seu site organicamente bem-posicionado nos resultados de pesquisa nos principais mecanismos de buscas utilizados no Brasil, como Google, Bing e outros. Esse posicionamento irá depender de algoritmos desenvolvidos e em constante evolução, utilizados em cada site de pesquisa.

É importante estar atento às mudanças de comportamento de seus públicos e se manter sempre atualizado às novidades quanto a palavras-chaves, *metadescriptions*, conteúdo, avaliações/ratings/rankings e outras técnicas que devem ser utilizadas para adequar a marca às novas formas de busca e pesquisa.

Por ser uma área demasiadamente vasta, um trabalho correto de SEO exigirá que o estrategista tenha o auxílio de um especialista no tema. Acredito que, pelo grau de importância em curto e longo prazos para organizações de quaisquer setores e portes, o investimento nessa área deve complementar ou, quando a verba for muito limitada, ser priorizado em detrimento dos investimentos em links patrocinados ou em outras formas de publicidade digital paga.

CAPÍTULO 53
Recomendações Táticas por Canal – Redes sociais

Para finalizar, iremos abordar brevemente alguns pontos particularmente relevantes acerca do uso das redes sociais em seu Plano Tático. A razão de ser sucinto e de focar apenas em alguns tópicos mais relevantes é por conta de as atividades em redes sociais ser um tema muito dinâmico, que fica defasado rapidamente e, infelizmente, contamos com poucas pesquisas confiáveis na área, acerca, por exemplo, de quantas empresas no Brasil utilizam quais redes sociais com fins corporativos, e de que maneira trabalham naqueles canais digitais.

Entretanto, não há qualquer dúvida quanto à importância de sua marca estar presente nas mídias sociais. Independentemente do porte ou do setor, é extremamente válido que o estrategista reflita, durante o processo de Diagnóstico Estratégico, sobre quais são os ambientes mais recompensadores em que sua marca deve estar presente. O importante é que essa decisão seja tomada de forma fria, estruturada, com base em seus estudos ao longo do PEMD, de maneira que o momento de concepção das táticas digitais seja um mero reflexo racional para assegurar o sucesso de seus empreendimentos na internet.

Estar nas redes sociais significa, por definição, que sua marca irá conversar, interagir, com a audiência. Sequer cogite adotar qualquer um desses canais se sua organização não pode ou não está disposta a realmente engajar-se com os stakeholders. Sterne (2010) assegura que, se sua marca tem algo de relevante a dizer e que faça sentido para as expectativas dos usuários, as pessoas irão lhe ouvir e serão as primeiras a querer passar o conteúdo à frente.

Outro ponto de atenção é que gerir redes sociais é um trabalho muito mais demandante do que a sabedoria popular prega ser. Você precisa apurar e produzir conteúdos (por vezes com imagens e/ou vídeos), publicar, gerir a divulgação e interações, bem como controlar o impacto de seus posts. E deve pensar nisso tudo sempre em linha com os objetivos organizacionais. Assim, cabe também refletir se os recursos de sua organização (capacidades da equipe, tempo disponível, orçamento, ferramentas) são adequados para aquilo que você pretende fazer nas redes sociais. Não adianta querer "bombar" seus perfis nas redes, se não tiver os recursos necessários para tal.

Pelas oportunidades e experiências que tenho colecionado ao atender importantes marcas públicas e privadas desde 2004, acredito que, infelizmente, a escolha dos canais sociais raramente é fruto de um sólido planejamento (quiçá de um diagnóstico bem-feito). Assim, não é surpresa ver que boa parte das organizações opta por estar em redes "da moda", como recentemente é o caso, por exemplo, do Instagram e do TikTok. No entanto, é essencial refletir que algumas redes são demandantes, ou seja, exigem muitos recursos da organização – em termos de equipe, tempo para gestão, investimentos, entre outros. Entenda que, por mais atraente que eventualmente possa ser estar em diversos canais, é preciso avaliar a cultura de sua empresa, a estrutura (orçamento, equipe, competências) e as prioridades apontadas pela alta gestão.

Para fechar

Nessa etapa final do livro, a ideia foi passar diversas orientações para que você consiga derivar de seu PEMD um robusto Plano Tático de Ações Digitais, seja tendo como ponto de partida os públicos de interesse da sua organização, seja utilizando os canais digitais como foco.

Se tudo correu bem até aqui, seu Planejamento Estratégico de Marketing na Era Digital está finalizado. Você tem em mãos um documento orgânico, flexível, muito bem embasado e que oferece um direcionamento claro e racional sobre como e no que a sua organização irá atuar no ambiente online.

Agora, prepare uma apresentação resumida para compartilhar com os principais stakeholders do PEMD e tenha muito sucesso na aprovação e implantação de seu trabalho!

PARTE VII

REFLEXÕES FINAIS E CONTEÚDO COMPLEMENTAR

Reflexões e Perspectivas

Planejamento Estratégico de Marketing constitui uma das principais carências de nosso mercado já há algumas décadas. O advento da internet ajudou a ampliar essa deficiência, uma vez que os profissionais atuantes no Marketing Digital se especializaram em dominar ferramentas e a pilotá-las, tarefas majoritariamente táticas ou operacionais. É compreensível, pois as barreiras de entrada são quase nulas – qualquer um é capaz de lançar um site, criar uma landing page, fazer ads nas redes sociais e no Google, abrir um *e-commerce*... É um ambiente muito atraente e com ampla facilidade para entrada de leigos ou não-profissionais.

Adicionalmente, a parte tática é muito sedutora e "concreta", está ali online, é possível ver, clicar etc. Afinal, é normal que qualquer um queira logo seu perfil funcionando ou o site novo já no ar, pessoas curtindo seus posts e comentando os vídeos.

O Marketing vem sendo impactado pelos avanços tecnológicos há centenas de anos. Recentemente, esse casamento entre Marketing e Tecnologia tem sido chamado por alguns de Martech[137] (do inglês, *Marketing Technology*), mas não é realmente uma novidade. A famosa prensa, de Gutenberg (criada em meados do século XV), a criação do microscópio (final do século XVI) e o motor a vapor (final do século XVII) são apenas alguns exemplos de invenções tecnológicas que revolucionaram a sociedade. Há muitíssimos anos, portanto, o Marketing anda de mãos dadas com a tecnologia para entregar mais e melhores ofertas ao cliente.

Assim, se por um lado é importante acompanhar e utilizar as tecnologias a favor da empresa, também é verdade que é desnecessário e irreal a ideia de que se deve investir em toda novidade tecnológica, a despeito da sensação de urgência e relevância imposta pelos veículos especializados, pela grande mídia ou por falsos profetas do mercado.

Por exemplo, Sarma (2022)[138] faz um alerta acerca de uma das tecnologias mais faladas atualmente, a computação quântica, apontando que, embora seja uma

---

[137] Uma excelente fonte para aprender mais sobre Martech é a MIT Technology Review Brasil (mittechreview.com.br). Você poderá ver todos os artigos publicados pela revista sobre o tema em: https://mittechreview.com.br/?s=martech.

[138] "O alarde sobre a computação quântica é um problema". Disponível em: https://mittechreview.com.br/o-alarde-sobre-a-computacao-quantica-e-um-problema/?utm_source=Linkedin&utm_medium=Social&utm_campaign=artigo-o-alarde-sobre-a-computacao-quantica-e-um-problema. Acesso em: 30 mar. 2023.

das "meninas dos olhos" de startups e de grandes empresas, ainda não está claro como e se essa inovação tecnológica irá produzir algo útil às organizações em um futuro próximo.

Em outros dois exemplos peculiares, o Metaverso, que há pouco era um "caminho inevitável", ainda não vingou, a ponto de até os funcionários da Meta se recusarem a usar o ambiente (Lisboa, 2022)[139].

Em segundo, após sua vertiginosa popularidade, ferramentas de Inteligência Artificial (como o ChatGPT) passaram a merecer alertas apocalípticos de nomes como Bill Gates, Elon Musk, Yuval Harari, entre tantos outros (2023)[140].

Na verdade, em minhas experiências práticas e acadêmicas, sigo percebendo a mesma mensagem: para ter sucesso no PEMD ou em qualquer outro empreendimento de Marketing, a despeito da sedução da tecnologia, o mais importante é ter uma sólida estrutura nos conceitos mais basais de Marketing. Tecnologias vêm e vão. Umas ficam, algumas pouco percebemos, enquanto outras são mais impactantes. Desde que iniciei minha carreira (vão aí mais de duas décadas!), testemunho, na pele, que correr de forma desatinada rumo às novidades pode ser mais arriscado do que benéfico.

Essa corrida febril para estar no Digital imprimiu, e segue imprimindo, uma sensação de desespero em empresas, agências e profissionais. Ultimatos falaciosos como "se sua empresa não está no Instagram, você está perdendo dinheiro" ou "a pandemia mostrou que quem não está na internet está fadado ao fracasso" viraram mantras repetidos em eventos, blogs e discursos de venda de agências, dos gurus e seus asseclas. Adicionalmente, outras barbaridades são massificadas diariamente: "você não precisa conhecer de Marketing, vendas, e não precisa nem mesmo ter um produto; eu vou lhe ajudar a fazer 6 em 7[141]".

---

139 "Nem funcionários usam o Metaverso da Meta, afirma documento vazado". Disponível em: https://canaltech.com.br/rv-ra/nem-funcionarios-usam-o-metaverso-da-meta-afirma-documento-vazado-227010/. Acesso em: 30 mar. 2023.

140 "Musk e centenas de especialistas pedem pausa no avanço de sistemas com inteligência artificial". Disponível em: https://g1.globo.com/tecnologia/noticia/2023/03/29/musk-e-centenas-de-especialistas-pedem-pausa-no-avanco-de-sistemas-com-inteligencia-artificial.ghtml. Acesso em: 30 mar. 2023.

141 É comportamento padrão dos gurus vendedores de sonhos a promessa do que chamam "fazer 6 em 7", que significa realizar vendas de seis dígitos em sete dias (algo como vender 100.000 em uma semana).

Com toda essa pressão, é compreensível que as empresas partissem para uma resposta pouco refletida e passassem a fazer de tudo para não estar do lado errado desse novo mundo virtual.

O resultado de todo esse devaneio é a dedicação quase exclusiva à parte tática, tendo como parâmetros norteadores a eterna sensação de atraso ("se você não está na internet, está perdendo oportunidades"), o medo da obsolescência ("hoje, todo mundo fica online o tempo inteiro") e a aparente facilidade de sucesso ("com alguns passos simples, você também pode ter os retornos financeiros que sempre quis").

Os profissionais da área Digital talvez tenham alguma ideia sobre como planejar ações em redes sociais e campanhas de mídia, mas é comum ver equívocos estruturais quando se tenta fazer um PEMD de verdade, na íntegra, com toda a profundidade e abrangência necessárias. O processo do PEMD, como você percebeu em sua jornada por este livro, é demandante. É preciso pesquisar muito, estudar muito, fazer perguntas desagradáveis, questionar atuais práticas, investigar a fundo a concorrência, e ainda pegar tudo isso e refletir criticamente sobre possíveis cenários e as eventuais medidas necessárias para merecer o futuro almejado pela organização.

Sim, dá trabalho. Muito trabalho!

Erros na SWOT, ignorar o macroambiente, não conhecer bem os concorrentes, desconhecer os conceitos mais basais de Marketing, entre tantos outros, são alguns dos principais hiatos no conhecimento atual sobre Marketing e Marketing Digital nos três mercados em que atuo com mais frequência: brasileiro, português e africano[142].

Como você viu, leitor, temos que desenvolver um pensamento estratégico, ter a chamada "paranoia" em relação à concorrência e conhecer metodologias para nos guiar na neblina.

O mundo digital é cheio de novidades, inovações e falsas profecias ou promessas de milagres, tais como sucesso fácil ou fórmulas mágicas para lançamentos de produtos. Assim, será importante que você saiba avaliar as diversas possibilidades da internet e decidir, sempre racionalmente, sobre o caminho a seguir. Aproveite bem a capacidade única de inteligência competitiva que a internet proporciona e muna-se de instrumentos para tomar sempre decisões bem pensadas, evitando os palpites ou colocando todas as fichas meramente na criatividade, muitas vezes simples desculpa para improviso. Cada vez mais,

---

142 Nomeadamente: Angola, Cabo Verde e Moçambique.

as decisões de Marketing vão exigir argumentos e dados mais sólidos para serem aceitas pelo board de sua organização ou por seu cliente. É isso que é o Planejamento Estratégico de Marketing na Era Digital: trabalhar com racionalidade, inteligência, embasamento e coerência.

O PEMD é o resultado de muito tempo de trabalho, pesquisas e análises diversas, além de envolver atores multidisciplinares, de dentro e de fora da empresa. Valorize sua entrega com uma apresentação *clean*, sedutora, objetiva e fácil de compreender. Prepare um resumo executivo com os principais insights acerca do que o seu PEMD traz e apresente-o aos stakeholders-chave de sua jornada rumo ao Planejamento Estratégico. Disponibilize tempo e canais para contato, seja proativo na busca de feedback e, acima de tudo, assegure-se de que o PEMD foi adotado pela organização. Sempre acompanhe a implementação das ações, mensurando com cuidado e apresentando relatórios regulares sobre sua evolução.

Ao contar com um PEMD em seus trabalhos, você, sua equipe e os gestores irão estar mais seguros acerca do que deve ser feito, quando deve, de que maneira e das razões para essas escolhas. Se algo mudar pelo caminho – e, acredite, algo sempre muda – revisite seu Planejamento, levante novos dados sempre que preciso e torne a refletir sobre que solução seria mais eficiente para suas necessidades.

Tendências realmente factíveis e próximas

Todo final de ano, dezenas de especialistas tentam prever quais serão os grandes pontos de virada das áreas de Marketing e de Digital para o ano seguinte. Esses profissionais também comentam sobre como e por que determinada tecnologia, ferramenta, rede social ou metodologia devem ser observados como os próximos passos do mercado digital.

Por diversas ocasiões tive a oportunidade de compartilhar com veículos de comunicação minha visão sobre as tendências do ano seguinte para o Digital no Brasil. Sempre me preocupei em dizer que, antes de pensar em altos investimentos, a empresa deve ter certeza de que suas estruturas de Marketing estejam bem sólidas: atendimento ao cliente, comunicação interna, processos internos e externos, operações e logística, uso dos canais convencionais de comunicação e vendas, pesquisas de Marketing, uso dos dados das atuais fontes existentes de informação (SAC, ouvidoria, e-mails, CRM etc.), entre outros pilares essenciais de Marketing.

Dito isso, "para os próximos anos", há desde recomendações de influenciadores até matérias de autoria de conhecidos nomes da grande mídia, todos tentando pensar sobre o que irá ser relevante no mercado ao longo do período.

Big Data, Social CRM, Marketing de Conteúdo, Internet das Coisas, *Wearables*, Mobile, Realidade Virtual, Inteligência Artificial, Publicidade em Vídeo, Mobile, *Marketing Automation*, Metaverso, *Blockchain* são apenas alguns dos tópicos recorrentes. O curioso é que o "para os próximos anos" poderia, em muitas ocasiões, ser uma placa escrita em pedra, como "fiado só amanhã". O uso de vídeo, por exemplo, aparece como tendência para "o ano seguinte" sistematicamente ao menos desde 2014 [143].

Concordo que existe crescente espaço para alguns desses tópicos, enquanto uns me parecem já mais consolidados e outros se mantêm como eternas tendências que nunca vingaram de verdade. No entanto, preferi buscar inspiração em alguém que tem pesquisado de maneira mais fundamentada sobre a área de Marketing Digital e tem proposto teses que realmente fazem sempre e cada vez mais sentido.

Comentei, no início deste livro, que Kotler deu uma entrevista há não muito tempo afirmando que, se estivesse começando agora sua carreira na área de Marketing, investiria tudo em duas áreas específicas: Marketing Digital e Neuromarketing.

Todo este livro tem tratado de Marketing na Era Digital e, por conta disso, trago nesta etapa final um pouco sobre Neuromarketing. Para deixar o leitor bem atendido sobre essa nova área, a pesquisadora Karla Menezes, especialista em Neurociência do Consumidor, Neuromarketing e Psicologia do Consumidor, assina a **Dica PEMD #18** sobre o tema.

Note, entretanto, leitor, que essas e outras tendências devem sempre ser avaliadas racionalmente. Não saia por aí gastando dinheiro com novidades ou promessas, nem criando canais em novas redes sociais antes de saber as razões para suas ações.

---

143 "Confira 5 tendências de Marketing Digital para 2015". Disponível em: https://administradores.com.br/artigos/confira-5-tendencias-de-marketing-digital-para-2015. Acesso em: 28 abr. 2023..

Dica PEMD #18

Isso é Neuromarketing!

As pessoas falam o que sentem?

Qual o seu motivo para comprar?

Nossas decisões de compra são conscientes ou inconscientes? Racionais ou emocionais?

Será que nossos sentidos influenciam na decisão de compra?

Quais os efeitos dos estímulos de Marketing no comportamento de compra?

As escolhas que relatamos e nossas representações a nível neural contam a mesma história?

Essas e outras perguntas podem ser respondidas (ou não) pelo estudo do cérebro humano na hora de optar por um produto ou serviço. Ou seja, pelo Neuromarketing.

O termo "Neuromarketing" foi cunhado em 2002, por Ale Smidts, professor da Rotterdam School of Management, Erasmus University, e hoje diretor do Erasmus Center for Neuroeconomics na mesma universidade. Mas foi Gerald Zaltman, médico e professor Emérito da Harvard Business School, popularizou enquanto ciência, quando, na década de 1990, teve a ideia de usar aparelhos de ressonância magnética para fins de Marketing, e não estudos médicos. Por sua contribuição ao campo do Marketing, ele recebeu vários prêmios, inclusive da American Marketing Association. Pasmem! Um médico. Isso prova o match perfeito entre neurociência e Marketing (para o caso de restar alguma dúvida).

De forma direta, Neuromarketing é o estudo dos impulsos e desejos conscientes e inconscientes das pessoas enquanto consumidores. Ao estudar o comportamento humano de compra, mensura as nossas respostas a estímulos, identificando e traçando um perfil com vistas a prever possibilidades de comportamentos futuros. Essa mensuração acontece por meio de ferramentas da neurociência, como eletroencefalograma, ressonância magnética, técnicas de *eye tracking*, onde um óculos grava vídeos rastreando nosso olhar a vitrines, prateleira de supermercado, propaganda na TV, entre outras.

Grandes empresas e marcas renomadas a nível mundial utilizam pesquisas de Neuromarketing em suas estratégias, como a Coca-Cola, a Procter & Gamble, DuPont, General Motors, AT&T, que gastam milhões de dólares para compreender melhor as decisões de compra dos consumidores.

Notem que nosso cérebro é uma caixinha, a depender de nossas experiências pode até ser uma caixa de Pandora que guarda os mais profundos "mistérios" da nossa existência, além dos motivos sociais que nos impulsionam. Entre um impulso elétrico e outro, os neurônios criam uma verdadeira rede para receber, elaborar e transmitir informações ao nosso meio interior que se reflete no exterior, em nosso comportamento.

Ocorre que nosso cérebro é desenhado para ligações sociais, pois precisamos não apenas de água, oxigênio e minerais para seu bom funcionamento. Precisamos de outras pessoas (cada vez mais depois de passarmos por uma pandemia). Por meio da memória, inteligência, pensamento cognitivo e outros atributos, nos ligamos socialmente às pessoas e ao ambiente que nos rodeia, com uma boa ajuda de uma "colinha" chamada emoção. Se pensarmos na compra como um motivo social, percebemos a urgência em entender melhor o que se passa dentro da nossa "caixinha" na hora de momentos de decisão.

É aí que o Neuromarketing revela todo seu esplendor. A maioria das nossas decisões é tomada pelo cérebro que as executam sem informar a nossa consciência (ele faz de tudo para economizar energia). Mas não há mágica nisto. A nossa experiência dá o tom dos padrões que o cérebro estabelece para decidir. Como nossas decisões diárias costumam ser simples, o esforço mental é mínimo. O que vamos comer hoje no café da manhã? Que roupa iremos usar para aquele primeiro encontro? Mas, se a pergunta for: compro uma casa? Ou um carro? Aí a complexidade aumenta e o esforço é maior, exigindo que o sistema nervoso use seu mecanismo de filtragem para validar a escolha.

Parece complicado. E é! O Neuromarketing ajuda, mas não podemos deixar de considerar que, além de seres biológicos, somos construídos com base em educação, cultura, sociedade (e influenciados por isto em nossas escolhas).

Mas o que o Neuromarketing tem a ver com isto? Tudo. O Neuromarketing estuda nosso dia a dia, essa conexão social que estabelecemos através da compra, num processo em que o cérebro "decide" o que o consumidor vai fazer, depois essa decisão surge na consciência e transmite a sensação de que a está sendo tomada de forma racional e o faz agir conforme a decisão que tomou. Comprar ou não comprar, eis a questão? Publicar minha satisfação na rede social ou gritar aos 4 ventos que essa marca me decepcionou?

As técnicas de Neuromarketing, oriundas de pesquisas científicas, trouxeram sua aplicação também no meio digital. Um bom exemplo disso é o *storytelling*, que torna a conversa neurocompatível entre o consumidor e a marca, já que nascemos a ouvir histórias e nosso cérebro sente-se muito confortável com elas. Outro exemplo é a comunicação que nos faz sentir importantes. E sim! Estou falando daquele e-mail ou mensagem de texto que inicia com nosso nome (quando empregam corretamente o gênero do artigo).

Lembra da "colinha" que falei no início? As marcas precisam dela cada vez mais. Somos consumidores interconectados, heterogêneos, como um poder de pesquisa incrível, mas também muito exigentes, criteriosos e com acesso ilimitado a quase todas as informações sobre o que necessitamos e desejamos. Este é o maior desafio do Marketing e das marcas hoje em dia: descobrir como a emoção pode ser aprendida e posteriormente lembrada em nosso cérebro, para que, de forma quase automática, possamos decidir por elas.

Mas calma! Não irão nos transformar em zumbis e apertar o botãozinho de comprar em nosso cérebro (até porque até hoje não há um consenso de que ele existe). Nenhuma marca irá nos forçar a comprar algo que não temos uma predisposição antes, mesmo com técnicas de Neuromarketing. O que podem fazer é aplicar estas técnicas na construção da estratégia de preço (sim, o R$ 0,99 é melhor do que R$ 1,00), de concepção de produtos para aumentar sua aceitação no mercado, na decisão de qual o melhor lugar para um produto estar numa prateleira e usar a persuasão na publicidade para tentar influenciar a tomada de decisão antes mesmo de nos dirigirmos ao local de compra.

Termino este *overview* sobre Neuromarketing com mais uma pergunta: o Neuromarketing é ético? Esse é um questionamento que se responde da seguinte maneira: quem confere a ética é o uso e a forma de aplicação. Se o cientista social for ético, a pesquisa o será.

> **Karla Menezes** é pesquisadora e especialista em Neurociência do Consumidor, Neuromarketing e Psicologia do Consumidor. Hoje é Country Head da Kotler Impact no Brasil e em Portugal, diretora da Licenciatura em Marketing da Escola Superior de Ciências Empresariais e professora do Instituto Politécnico de Setúbal, além de reviewer no Springer Nature Group. Mestre em Marketing e Comportamento do Consumidor e doutoranda em Gestão de Empresas na Universidade de Coimbra. É autora de livro sobre a experiência de compra, e de diversos artigos científicos e capítulos de livros publicados internacionalmente. Como docente, recebeu vários prêmios por sua contribuição acadêmica e é keynote speaker do e-World Marketing Summit desde 2021, a convite de Philip Kotler.

O que podemos esperar do mercado brasileiro?

No momento em que tratamos da Análise do Macroambiente, durante o Diagnóstico Estratégico, apresentei alguns números e tentei montar uma espécie de fotografia do cenário atual. Em uma linha mais informal, baseando-me também nos frequentes contatos com alunos e professores, com executivos do mercado, na literatura e em cursos e eventos regulares no exterior, vejo que, a despeito dos diversos obstáculos, o Brasil agora parece ter boas possibilidades à frente e precisamos sempre ter um olhar positivo sobre as perspectivas para nosso mercado.

Sim! Sei que há muitas questões negativas no ar, inclusive no cenário internacional. A pandemia de Covid-19, o conflito na Ucrânia, os movimentos da Otan e dos Brics, recessão em diversos países, problemas climáticos... a lista é mesmo vasta. Entretanto, a despeito dessas relevantes questões, acredito, sim, que há espaço para se prosperar com Marketing e o uso do PEMD no Brasil.

As competências dos brasileiros têm atraído olhares de empresas e universidades tanto no mercado interno quanto no exterior. Por exemplo, desde 2013 cada vez mais tenho tido oportunidades de palestrar e de lecionar cursos em programas internacionais, com alunos dos EUA, França, Alemanha, Itália, Índia, Espanha, África do Sul, Tunísia e Egito, entre outros. Em mais um exemplo, ministrei cursos para organizações na América Latina, incluindo um projeto para a eConsultancy, para alunos dos EUA, França, Alemanha, Suíça, Itália, Índia, Portugal e outros países, bem como alguns cursos no Brasil, ao lado de Sandra Turchi, para a eConsultancy (uma organização do Reino Unido, tida como um dos maiores *players* da área digital no mundo) e para a Rutgers Business School (referência em Marketing nos Estados Unidos).

A Johnson & Johnson, a EDP e a Toyota (para citar algumas com as quais já trabalhei) operam em íntima harmonia em seus escritórios no Brasil e no mundo há anos. Agências brasileiras são cada vez mais protagonistas em fusões e aquisições junto a grandes grupos de mídia. A USP (Universidade de São Paulo), a ESPM (Escola Superior de Propaganda e Marketing), o IPOG (Instituto de Pós-Graduação e Graduação), a FGV (Fundação Getulio Vargas) e as Federais da Bahia e do Ceará também são mais alguns exemplos de instituições brasileiras com parcerias regulares com pares estrangeiros. Temos muitos profissionais que ministram regularmente cursos e palestras no exterior.

Alguns dos colaboradores deste livro com frequência são convidados como *keynote speakers* (palestrantes-chave) em eventos internacionais. Profissionais como Marcos Hiller, Rafael Rez e André Gildin atuam com clientes em diversos países. Em Portugal, onde resido desde 2015, há anos os profissionais brasileiros das áreas de Comunicação, Marketing e Publicidade são valorizadíssimos.

Adicionalmente, os brasileiros também ocupam posições de destaque em grandes empresas globais. Por exemplo, Fernando Machado foi o CMO do Burger King por alguns anos antes de migrar para CMO da gigante global de entretenimento Activision Blizzard. Karla Passeri (foi minha aluna!) passou pela Embellezze, como executiva de Marketing e *e-commerce* para as regiões da Europa, África e Oriente Médio, e, atualmente, é Marketing Manager da Amazon, em projetos para Reino Unido, Alemanha, França, Itália e Espanha. Eventos brasileiros também têm obtido relevância internacional. Por exemplo, o Digitalks, o principal evento de negócios digitais do Brasil, acontece em Portugal desde 2019 e é convidado especial em megaeventos na Espanha e Alemanha.

Em meio ao leque de possibilidades, não é difícil perceber que há ao menos duas lacunas a observar: falta de conhecimento em Marketing (incluindo o desenho correto de um PEMD) por parte dos profissionais de Digital, e excessivo foco nas questões operacionais. É preciso haver profissionais mais maduros, mais estruturados e completos, que utilizem o Digital para gerar negócios para a empresa, e não somente para arrecadação de seguidores em redes sociais.

Os profissionais que gerenciam redes sociais de marcas, que produzem conteúdo para web, que lideram campanhas de publicidade online, entre outros, continuam com muito campo para trabalho. No entanto, talvez seja na gestão estratégica das atividades de Marketing na Era Digital que exista maior necessidade de profissionais altamente qualificados, seja em organizações públicas, privadas, em agências ou em instituições de ensino. Isso também é indicativo do amadurecimento, não apenas do mercado brasileiro, mas da prática de Marketing, de Marketing Digital e outras subáreas do campo como um todo. Por conta disso, cargos de gerência e diretoria em Marketing com foco em Digital, bem como posições para consultores na área, estão cada vez mais em voga e pagando excelentes salários.

Adicionalmente, para consultores e agências, percebo que os clientes (empresas privadas, públicas e do terceiro setor) têm exigido melhores profissionais, que fujam das falácias massivamente propagada pelos populares gurus e seus assecals. Nos últimos dois anos, notei, seja com minha própria consultoria ou com as de alunos, um aumento no volume de pedidos de serviços qualificados. Nesse sentido, o PEMD revela-se uma confiável e eficaz ferramenta, e consultores e agências têm se beneficiado ao vender a aplicar a Metodologia junto a seus clientes.

Tudo isso demonstra o quanto você irá se beneficiar agora que tem nas mãos e na mente uma metodologia sólida de Planejamento Estratégico para a área de Marketing na Era Digital. A fábula do *horse sense* sugere que um cavalo não passa encilhado à sua frente por duas vezes. Sendo assim, fique atento às oportunidades e não tema investir de corpo e alma em seus sonhos.

Conteúdo Complementar

Chegamos ao fim deste livro, mas não concluímos o trabalho. Como já dito em vários momentos, sua formação precisa ser contínua e a busca por novos conhecimentos e atualização é fundamental. Vale lembrar que o Marketing é vivo, dinâmico e está sempre em movimento[144]. Os impactos da internet foram muitos e bastante severos no Marketing. Portanto, sempre haverá o que estudar. Em outras palavras, O que abordamos até aqui é o recorte de um dado momento, mas mudanças são prováveis (e, algumas, são mesmo esperadas).

No entanto, a essência e a base de nossa disciplina permanecem. Mesmo sem saber, frequentemente os profissionais e estudantes de Marketing estão a aplicar conceitos, modelos e teorias antigas em nossa área. Algumas das modas do momento têm décadas de idade, como o modelo AIDA (surgiu entre o final do século XIX e início do século XX), testes A/B (praticados pelo menos desde a segunda década do século passado), ou os funis (já havia representações dos funis utilizados hoje desde a década de 1910), entre tantos outros. Por isso, para ser bem-sucedido hoje, é preciso dominar as bases estruturais da disciplina e conhecer mais da história do Marketing.

A fim de lhe auxiliar nessa trajetória, primeiro o convido novamente a conhecer o **Espaco aPEMDiz** – uma página contendo materiais adicionais e muitas novidades, com um compilado de recomendações, artigos, sites e blogs, além de perfis de profissionais que considero muito relevantes dentro desse contexto de Marketing na Era Digital. E, a seguir, trago uma relação de obras e leituras que considero fundamentais, para além de todas as referências que deram suporte a este livro e estão na sequência.

Ademais, será um prazer encontrar você, leitor, em um dos meus cursos, eventos ou nas minhas redes sociais. Meus conteúdos são sempre focados em apenas duas linhas: Marketing ou Consultoria. Portanto, se quer saber mais sobre algum dos assuntos, certamente encontrará materiais relevantes para seus estudos.

Especificamente na área de Marketing, tendo a trazer vídeos e artigos que não apenas sejam úteis na sua prática profissional, mas também o ajude a expandir seus conhecimentos com uma visão crítica, holística e histórica.

---

[144] Curiosamente, a primeira definição de Marketing da história também ia nessa linha. Arch Shaw dizia que "Marketing é matéria em movimento" (Shaw, 1912).

Obras e leituras recomendadas

BALOG-WAY, D. et al. The Evolving Field of Risk Communication. **Risk Analysis**, v. 40, n. S1, 2020.

BARTELS, Robert. Influences on the development of marketing thought, 1900–1923. **Journal of Marketing**, v. 16, n. 1, p. 1-17, 1951.

BENÍTEZ-MARTÍNEZ, F. et al. A neural blockchain for a tokenizable e-Participation model. **Neurocomputing**, v. 423, p. 703-712, 2021.

BERRY, L.; PARASURAMAN, A. **Services marketing**. New York: The Free Press, 1998.

BISPO JUNIOR, J. P.; MORAIS, M. B. Participação comunitária no enfretamento da COVID-19: entre o utilitarismo e a justiça social. **Cadernos de Saúde Pública** [online]. v. 36, n. 8, 2020.

BYLINSKY, G.; MOORE, A. H. Invasion of the Service Robots. **Fortune**, p. 81-88, Sept. 14, 1987.

CORNELISSEN, J. Academic and practitioner theories of marketing. **Marketing Theory**, v. 2, n. 1, p. 133-143, 2002.

EL-ANSARY, A.; SHAW, E. H.; LAZER, W. Marketing's identity crisis: insights from the history of marketing thought. **AMS Rev**, v. 8, n. 1, p. 5-17, 2018.

FERNANDES, T; OLIVEIRA, E. Understanding consumers' acceptance of automated technologies in service encounters: Drivers of digital voice assistants adoption. **Journal of Business Research**, v. 122, p. 180-191, jan. 2021.

FERRELL, O. C.; HAIR JR., J. F.; MARSHALL, G. W.; TAMILIA, R. D. Understanding the History of Marketing Education to Improve Classroom Instruction. **Marketing Education Review**, v. 25:2, p. 159-175, 2015.

GAVETT, G. What you need to know about segmentation. **Harvard Business Review**, jun. 2014.

GIBBS, l. *et al*. Using Technology to Scale up Youth-Led Participatory Action Research: A Systematic Review. **Journal of Adolescent Health**, v. 67, n. 2, p. s14-s23, p. S14-S23, 2020.

GRAPENTINE, T. Practical theory. **Marketing Research**, v. 10, n. 2, p. 4-12, 1998.

GRÖNROOS, C.; GUMMERUS, J. The service revolution and its marketing implications: service logic vs service-dominant logic. **Managing service quality**, v. 24, 2014.

HERNANDEZ, R.; MIRANDA, C.; GOÑI, J. Empowering Sustainable Consumption by Giving Back to Consumers the 'Right to Repair'. **Sustainability**, v. 12, n.3, p. 850, jan. 2020.

HOMBURG, C.; VOMBERG, A.; ENKE, M.; GRIMM, P. The loss of the marketing department's influence: is it really happening? And why worry?. **Journal of the Academy of Marketing Science**, v. 43, n. 1, p. 1-13, 2015.

HOUSDEN, M. **CIM Coursebook Marketing Information and Research**. Routledge, 2012.

HUNT, S. D. **Marketing theory:** Foundations, controversy, strategy, and resource-advantage theory. Routledge, 2014.

JONES, D. G. B. **Pioneers in marketing:** a collection of biographical essays. Routledge, 2011.

JONES, D. G. B; TADAJEWSKI, M. Origins of marketing thought in Britain. **European Journal of Marketing**, v. 49, n. 7/8, p. 1016-1039, 2015.

KOTLER, P.; RACKHAM, N.; KRISHNASWAMY, S. Ending the War Between Sales and Marketing. **Harvard Business Review,** jul-ago. 2006

KUMAR, V. *et al*. **Marketing Research**, Thirteenth Edition. New York: John Wiley & Sons, 2018.

KRUG, S. **Simplificando Coisas que Parecem Complicadas**. Rio de Janeiro: Alta Books. 2010.

LAZER, W. Marketing Education and the Lexicon of Marketing. **Marketing Education Review**, v. 10:1, p. 17-24, 2000.

LEVITT, T. Exploit the Product Life Cycle. **Harvard Business Review,** v. 43, nov. 1965.

LEVITT, T. Marketing myopia. **Harvard Business Review**, v. 38, p. 45-56, 1960.

MALHOTRA, N. **Pesquisa de Marketing:** uma orientação aplicada. Porto Alegre: Bookman, 2019.

MAYNARD, H. H. Marketing courses prior to 1910. **Journal of Marketing**, v. 5, n. 4, p. 382-384, 1941.

MCKENNA, R. Marketing is Everything. **Harvard Business Review**. v. 69(1), p. 65-79, 1991

MCKENNA, R. **Marketing de relacionamento:** estratégias bem-sucedidas para a era do cliente. Rio de Janeiro: Campus, 1993.

NEVETT, T. Historical investigation and the practice of marketing. **Marketing History Conference Proceedings**, v. 7, p. 319-324, 1995.

REPSOLD, F. C.; HEMAIS, M. W. Divide in marketing between academics and practitioners. **BBR. Brazilian Business Review**, v. 15, n. 1, p. 68-87, 2018.

ROXAS, F.; RIVERA, J.; GUTIERREZ, E. Mapping stakeholders' roles in governing sustainable tourism destinations. **Journal of Hospitality and Tourism Management**, v. 45, p. 387-398, 2020.

SHI, X-S.; XU, W-J. Do Chinese brands culturally adapt their overseas websites: evidence from top Chinese brands' Sino-US websites?. **Asian Journal of Communication**, v. 30, n. 1, p. 58-78, 2020.

WILKIE, W. L.; MOORE, E. S. Scholarly Research in Marketing: Exploring the "4 Eras" of Thought Development. **Journal of Public Policy & Marketing**, v. 22(2), p. 116–146, 2003.

WILSON, A. **Marketing Research:** delivering customer insight. London: Red Globe Press, 2018.

WIRTZ, J.; LOVELOCK, C. **Services marketing: People, technology, strategy**. World Scientific, 2021.

ZEITHAML, V. *et al*. **Delivering quality service**. New York: The Free Press, 1990.

Referências Bibliográficas

OBRAS DO AUTOR:

CARVALHO, A. F. S. **Os componentes do mix promocional em websites**: um estudo empírico sobre empresas brasileiras selecionadas. 2006. 218 f. Dissertação (Mestrado em Administração) – Faculdades IBMEC-RJ, Rio de Janeiro, 2006.

CARVALHO, A.; SALGADO, L. Marketing e Crise. Qual a Ligação?. **Anuário IEL 200 Maiores Empresas no Espírito Santo 2015**. Vitória, Ano XIX, n. 19, p. 282-283, out. 2015.

CARVALHO, N.; DUARTE, J. Sala de imprensa online. *In:* DUARTE, J. (Org.). **Assessoria de imprensa e relacionamento com as mídias**. São Paulo: Atlas, 2017.

DE FARIA, M. D.; DE CARVALHO, A. F. S.; CARVALHO, J. L. F. O Consumidor em ambientes de varejo online e offline: similitudes, contrastes e influências recíprocas. **Anais do IX Simpósio em Excelência de Gestão e Tecnologia, Resende**, 2012.

OUTRAS REFERÊNCIAS:

AAKER, D. **Owning Game-Changing Subcategories:** Uncommon Growth in the Digital Age. New York: Morgan James Publishing, 2020.

ACKERMANN, F.; EDEN, C. Strategic Management of Stakeholders: theory and practice. **Long Range Planning**, v. 44, n. 3, p. 179-196, 2011.

ALMEIDA, S. *et al*. Os efeitos da participação em comunidades virtuais de marca no comportamento do consumidor: proposição e teste de um modelo teórico. **Revista de Administração Contemporânea**, Curitiba, v. 15, n.3, p. 366-391, maio/jun. 2011.

ALVES, C.; BANDEIRA, S. **Dicionário de Marketing**. Porto: IPAM, 2014.

ANSOFF, H. I. **Estratégia empresarial**. São Paulo: McGraw-Hill, 1977

ANSOFF, H. I. Strategies for diversification. **Harvard Business Review**, v. 35, n. 5, p. 113-124, 1957.

ARGENTI, P. **Comunicação empresarial**. Rio de Janeiro: Elsevier, 2014.

ARNSTEIN, S. A Ladder of Citizen Participation. **Journal of the American Institute of Planners**, [Cambridge, Mass.], v. 35, n. 4, p. 216-224, 1969.

BAKER, M. **The marketing book**. Oxford: Butterworth-Heinemann, 2002.

BARNEY, J. **Gaining and Sustaining Competitive Advantage**. 3. ed. Upper Saddle River: Pearson Prentice-Hall, 2007.

BARTELS, R. **The history of marketing thought**. 2d ed. Columbus, OH: Grid Pub. 1976.

BARTELS, R. The Identity Crisis in Marketing. **Journal of Marketing**, v. 38, n. 4, p. 73-76, out. 1974.

BEAMISH, K.; ASHFORD, R. **CIM Coursebook 07/08 Marketing Planning.** Oxford: Butterworth-Heinemann, 2007.

BEARD, F.; PETROTTA, B.; DISCHNER, L. A history of content marketing. **Journal of Historical Research in Marketing**, v 13 (2), p. 139-158, 2021.

BENETTI, R. Persona e público-alvo: entenda as principais diferenças. **Orgânica Natural Marketing**, 3 nov. 2021.

BENMAMOUN, M.; SOBH, R.; SINGH, N.; MOURA, F. Gulf Arab E-Business Environment: Localization Strategy Insights. **Thunderbird International Business Review**, v. 58, n. 5, p. 439-452, 2016.

BERBEGLIA, F. *et al*. Market segmentation in online platforms. **European Journal of Operational Research**, Ney York, v. 295, n. 3, p. 1025-1041, Dec. 16, 2021.

BERRY, L. L. Relationship marketing. *In*: BERRY L. L.; SHOSTACK G. L.; UPAH G. D., **Emerging Perspectives on Services Marketing**. Chicago, IL: American Marketing Association, p. 25-28, 1983.

BERRY, L. L.; HENSEL, J. S.; BURKE, M. C. Improving retailer capability for effective consumerism response. **Journal of Retailing**, v. 52, n. 3, p. 3-14, 1976.

BOOMS, B. H.; BITNER, M. J. Marketing strategies and organizational structures for service firms. *In:* DONNELLY, J. H.; GEORGE, W. R. (eds.). **Marketing of Services**. Chicago, IL: American Marketing Association, 1981.

BORDEN, N. H. The concept of the marketing mix. **Journal of Advertising Research**, v. 4 (2), p. 2-7, 1964.

BRADY, J.; DAVIS, I. Marketing's mid-life crisis. **McKinsey Quarterly**, v. 2, p. 17-28, 1993.

BRAGA, D. Qual a diferença entre público-alvo e persona? **Rockcontent**, 27 jan. 2018.

BRESCIANI, S. *et al*. Building a Digital Transformation Strategy. *In*: **Digital Transformation Management for Agile Organizations:** a compass to sail the digital world. Emerald Publishing Limited, p. 5-27, 2021.

BROWN, W. F., CASSIDY, R. Guild pricing in the service trades. **Quarterly Journal of Economics**, v. 61, n.2, p. 311-338, 1947.

BRYSON, J. M. **Strategic planning for public and nonprofit organizations:** A guide to strengthening and sustaining organizational achievement. John Wiley & Sons, 2018.

CAPRIOTI, P. *et al*. Corporate Communication Through Social Networks: The Identification of the Key Dimensions for Dialogic Communication. *In:* CAMILLERI, M. (ed.). **Strategic Corporate Communication in the Digital Age**. Bingley: Emerald Publishing Limited, Bingley, p. 33-51, 2021.

CARLZON, J. **Moments of Truth: new strategies for today's customer-driven economy**. HarperBusiness, 1987.

CHAFFEY, D. *et al*. **Digital business and e-commerce management.** 7. ed. Pearson UK, 2019.

CHAFFEY, D. **Gestão de e-business e e-commerce.** Rio de Janeiro: Elsevier, 2014.

CHAFFEY, D.; ELLIS-CHADWICK, F. **Digital marketing:** strategy, implementation & practice. Pearson UK, 2019.

CHAFFEY, D.; SMITH, P. **Digital marketing excellence:** planning and optimizing your online marketing. New York: Routledge, 2017.

COOPER, A. **The inmates are running the asylum**. Indianapolis: Sams Publishing, 1999.

COWAN, S. Cultural localization as a strategy to preserve the persuasive function in the translation of tourism websites from French into English. **Journal of Internationalization and Localization.** v. 6(2), p. 131-152, dez. 2019.

CULLITON, J. W. **The Management of Marketing Costs**. Boston: Division of Research, Graduate School of Business Administration, Harvard University, 1948.

DANIEL, A. L. Strategic planning – The role of the chief executive. **Long Range Planning**, v. 25, n. 2, p. 97-104, 1992.

DIXON, D. Retailing in ancient Rome: gleanings from contemporary literature, art and architecture. *In:* CONFERENCE ON HISTORICAL ANALYSIS AND RESEARCH IN MARKETING, 1995. **Proceedings** [...]. p. 179-197.

DOERR, J. **Avalie o que importa**: como o Google, Bono Vox, Fundação Gates sacudiram o mundo com os OKRs. Alta Books, 2019.

DORAN, G. T. There's a S.M.A.R.T. Way to Write Management's Goals and Objectives. **Management Review**, 70, p. 35-36, 1981.

DRANOVE, D.; MARCIANO, S. **Estratégia Kellogg**. São Paulo: Saraiva, 2017.

DRSKA, M.; MANZONI Jr., R. Quem tem medo de Uber, WhatsApp & Cia.? **IstoÉ Dinheiro**, São Paulo, ed. 933, 4 set. 2015.

DRUCKER, P. **Administração**: tarefas, responsabilidades e práticas. São Paulo: Pioneira, 1975.

DRUCKER, P. **Essenciais de Gestão**. Actual Editora, 2021.

DRUCKER, P. **The practice of management**. New York: Harper & Row, 1954.

DRUCKER, P. The theory of business. **Harvard Business Review**, v. 75, p. 95-105, Sept. -Oct. 1994.

DU, D.; LEW, A. A.; NG, P. T. Tourism and economic growth. **Journal of travel research**, v. 55, n. 4, p. 454-464, 2016.

DWIVEDI, Y. K. *et al*. Setting the future of digital and social media marketing research: Perspectives and research propositions. **International Journal of Information Management,** v. 59, p. 102168, 2021.

EDEN, C.; ACKERMANN, F. **Making Strategy**: The Journey of Strategic Management. London: Sage Publications, 1998.

EDWARDS, C.; BENDICKSON, J.; BAKER, B.; SOLOMON, S. Entrepreneurship within the history of marketing. **Journal of Business Research**, Elsevier, v. 108(C), p. 259-267, 2020.

FIFER, B. **Dobre seus lucros:** 78 maneiras de reduzir os custos, aumentar as vendas e melhorar drasticamente os resultados de sua empresa, em seis meses ou menos. Rio de Janeiro: Agir, 2012.

FILL, C.; TURNBULL, S. **Marketing communications:** touchpoints, sharing and disruption. Pearson, 2019.

FORNI, J. **Gestão de crises e comunicação**: o que os gestores e profissionais de Comunicação precisam saber para enfrentar crises corporativas. São Paulo: Atlas, 2019.

FRENCH, S. Critiquing the language of strategic management. **Journal of Management Development**, [Bradford], v. 28, n. 1, p. 6-17, 2009.

FRIEDMAN, H. H. Ancient Marketing Practices: The View from Talmudic Times. **Journal of Public Policy & Marketing**, p. 194-204, jan. 1984.

FULLERTON, R. A. The historical development of segmentation: the example of the German book trade 1800-1928. **Journal of Historical Research in Marketing**. v. 4, n. 1, p. 56-57, 2012.

GILLIGAN, C.; WILSON, R.; HINES T. **Strategic marketing planning**. Oxford: Routledge, 2019.

GRÖNROOS, C. **Marketing:** gerenciamento e serviços. Rio de Janeiro: Elsevier, 2009.

GRÖNROOS, C. **Service Management and Marketing:** Managing the Service Profit Logic. New Jersey: Wiley, 2016.

GROVE, A. **Gestão de Alta Performance:** tudo o que um gestor precisa saber para gerenciar equipes e manter o foco em resultados. Benvirá, 2020.

GUMMESSON, E. **Marketing de relacionamento total**. São Paulo: Bookman, 2009.

GUNAWONG, P. Open government and social media: A focus on transparency. **Social science computer review**, v. 33, n. 5, p. 587-598, 2015.

HANNAH T. C. Effect of Good Management on Employer and Employee Relationships. **Vital Speeches of the Day**, v. IX, p. 593-597, 1943.

HAWKING, S. **Breves respostas para grandes questões**. Rio de Janeiro: Intrínseca, 2018.

HAYTHORNTHWAITE, C. Crowds and communities: light and heavyweight models of peer production. *In:* 42ND HAWAII INTERNATIONAL CONFERENCE ON SYSTEM SCIENCES, 2009. **Proceedings** [...] Washington, DC: IEEE Computer Society, c2009. p. 1-10.

HILLER, M. **Branding:** a arte de construir relevância de marca. Marcos Hiller, 2019.

IOSIFIDIS, P. Pluralism, media mergers and European merger control. *In:* DONDERS, K.; PAUWELS, C.; LOISEN, J. (eds.). **The Palgrave handbook of European media policy**. Bastingstoke: Palgrave Macmillan, 2014.

KANNAN, P. K.; LI, H. A. Digital marketing: A framework, review and research agenda. **International Journal of Research in Marketing**, v. 34, n. 1, p. 22-45, 2017.

KENT, M. L.; THEUNISSEN, P. Strategic Rhetoric, Dialogue, and the Long Now: A Case Study of Long-Term Thinking. **The Handbook of Strategic Communication**, p. 31-44, 2021.

KHOA, B. The Antecedents of Relationship Marketing and Customer Loyalty: A Case of the Designed Fashion Product. **Journal of Asian Finance, Economics and Business**, v. 7, n. 2, p. 195-204, fev. 2020.

KIM, W.; MAUBORGNE, R. **A estratégia do oceano azul**. Rio de Janeiro: Sextante, 2019.

KLEPEK, M. *et al*. Buyer personas: its use and limitations in online marketing. **Marketing Identity**, v. 7, n. 1, p. 886-896, 2019.

KOTLER, P.; KARTAJAYA, H.; SETIAWAN, I. **Marketing 5.0:** tecnologia para a humanidade. Lisboa: Actual Editora, 2021.

KOTLER, P.; KELLER, K. **Administração de Marketing**. São Paulo: Pearson Universidades, 2019.

KOTLER, P.; LEE, N. **Marketing no setor público**. Porto Alegre: Bookman, 2008.

KOTLER, P.; PFOERTSCH, W. **Gestão de marcas em mercados B2B**. Porto Alegre: Bookman, 2007.

KOTLER, P.; RACKHAM, N.; KRISHNASWAMY, S. Ending the war between sales and marketing. **Harvard business review**, v. 84, n. 7/8, p. 68, 2006.

KRUG, S. **Não me faça pensar**. Rio de Janeiro: Alta Books, 2014.

LECINSKI, J. **ZMOT:** conquistando o momento zero da verdade. [S.l.]: Google, 2011.

LECOUNTE, J. F. Founder-CEOs: succession planning for the success, growth, and legacy of family firms. **Journal of Small Business Management**, v. 60, n. 3, p. 616-633, 2022.

LEVITT, T. **The marketing mode**. New York: McGraw-Hill, 1969.

LINDGREN, I.; MADSEN, C.; HOFMANN, S.; MELIN, U. Close encounters of the digital kind: A research agenda for the digitalization of public services. **Government information quarterly**, v. 36, n. 3, p. 427-436, 2019.

LITTLER, D. Market Segmentation. *In:* BAKER, M. J. (ed.). **Marketing Theory and Practice**. London: Palgrave, 1995. p. 90-103.

LONDON, C. How load times impact conversions. **Social Media Today**, [Washington], 6 jan. 2016.

LYNN, G. S. *et al*. Factors impacting the adoption and effectiveness of the world wide web in marketing. **Industrial marketing management**, [New York], v. 31, n. 1, p. 35-49, 2002.

MAÇÃES, M. **Marketing Estratégico**: as quatro etapas para criar vantagem competitiva e melhorar o desempenho. Actual Editora, 2019.

MARÓSTICA, N. (Org.) **Inteligência de mercado**. São Paulo: Cengage Learning, 2021.

MARQUES, A. **Marketing Relacional**: Como transformar a fidelização de clientes numa vantagem competitiva. Lisboa: Edições Sílabo, 2012.

MASLOW, A. H., A Theory of Human Motivation. **Psychological Review**, v. 50, p. 370-396, 1943.

MCCARTHY, J. **Basic Marketing**: a managerial approach. R.D. Irwin, 1960.

MCCARTHY, J.; PERREAULT, W. **Marketing essencial**. São Paulo: Atlas, 1997.

MCDONALD, M.; DUNBAR, I. **Market segmentation: how to do it and how to profit from it**. John Wiley & Sons, 2012.

MCDONALD, M.; WILSON, H. **Marketing Plans: how to prepare them, how to profit from them**. Hoboken: Wiley, 2016.

MEDEIROS, B., LADEIRA, R. LEMOS, M., BRASILEIRO, F. A influência das mídias sociais e blogs no consumo da moda feminina. *In:* SIMPÓSIO DE EXCELÊNCIA EM GESTÃO E TECNOLOGIA, 2014, Resende. **Anais** [...] Resende: Associação Educacional Dom Bosco, 2014.

MERGEL, I.; GREEVES, B. **Social media in the public sector:** field guide. San Francisco: John Wiley & Sons, 2012.

MICELI, A. L.; SALVADOR D. O. **Planejamento de Marketing Digital.** Rio de Janeiro: Brasport, 2017.

MINOWA, Y.; WITKOWSKI, T. Spectator consumption practices at the Roman games. **Journal of Historical Research in Marketing**, v. 4, n. 4, p. 510-531, nov. 2012.

MINTZBERG, H.; AHLSTRAND, B.; LAMPEL, J. **Safári da estratégia**: um roteiro pela selva do planejamento estratégico. Bookman, 2010.

MONTGOMERY, D. **Start Less, Fisnish More**. Agile Strategies Press, 2018.

MOTTA, P. **Gestão contemporânea**: a ciência e a arte de ser dirigente. 6. ed. Rio de Janeiro: Record, 1995.

NEVES, F.; SILVA, P. e-Government em Portais Públicos de Municípios: do visível para o invisível. **Revista Catarinense de Ciência Contábil**, v. 20, p. 1-22, 2021.

OLIVA, A. As salas de imprensa virtuais de universidades paulistas: um estudo de caso. In: CONGRESSO BRASILEIRO DE CIÊNCIAS DA COMUNICAÇÃO, 31., 2008, Natal. **Anais [...]** Natal: Intercom, 2008.

OLIVA, A. Sala de imprensa virtual: ferramenta ponderosa no relacionamento com a mídia. In: CONGRESSO BRASILEIRO DE CIÊNCIAS DA COMUNICAÇÃO, 30., 2007, Santos. **Anais...** Santos: Intercom, 2007.

PINHEIRO, D.; GULLO, J. Comunicação Integrada de Marketing: gestão dos elementos de comunicação. 5. ed. Atlas, 2014.

PORTER, M. **Competitive Strategy:** techniques for analyzing industries and competitors. New York: Free Press, 1980.

PORTER, M. What is strategy? **Harvard Business Review**, v. 74, n. 6, p. 61-78, 1996.

RANGNEKAR, A. The evolution of marketing and strategic thought. **Quest – Journal of Management Research**, v. IX, n. 1, p. 1-12, 2018.

REVELLA, A. **Buyer Personas**: How to Gain Insight Into Your Customer's Expectations, Align Your Marketing Strategies, and Win More Business. Wiley, 2015.

REZ, R. **Marketing de Conteúdo:** a moeda do século XXI. Lisboa: Marcador, 2018.

REZENDE, D. **Planejamento estratégico público ou privado com inteligência organizacional:** guia para projetos em organizações de governo ou de negócios. Curitiba: InterSaberes, 2018.

RIES, A.; TROUNT, J. **Posicionamento – a batalha por sua mente**. M.Books, 2009.

RODRIGUES, B. **Webwriting**: redação para a mídia digital. São Paulo: Atlas, 2014.

RUMELT, R. **Strategy, Structure, and Economic Performance**. Boston: Harvard University Press, 1974.

RUST, R. *et al*. **O valor do cliente**. Porto Alegre: Bookman, 2001.

SÁ, I. G. The uses of luxury: some examples from the Portuguese courts from 1480 to 1580. **Análise Social**, v. XLIV (192), p. 589-604, 2009.

SÁ, P.; HAIM, M.; CASTRO, R.; WAISSMAN, V. **Comunicação integrada de marketing**. Rio de Janeiro: Ed. FGV, 2014.

SCHAEFER, M. W. Companies in regulated industries can also do digital marketing. **Harvard Business Review**, [Boston], 15 jan. 2016.

SCHEINER, A.; MENEZES, J. D. **Gestão da marca e da reputação corporativa**. FGV Management, 2019.

SCHULTZ, D.; SCHULTZ, H. **IMC, the Next Generation:** Five Steps for Delivering Value and Measuring Returns Using Marketing Communication. USA: McGraw-Hill Education, 2003.

SCOTT, D. **The new rules of marketing and PR:** How to use content marketing, podcasting, social media, AI, live video, and newsjacking to reach buyers directly. John Wiley & Sons, 2022.

SHARMA, A.; SHETH. J. N. Web-based marketing: the coming revolution in marketing thought and strategy. **Journal of business research**, [Athens, GA], v. 57, n. 7, p. 696-702, 2004.

SHAW, A. W. Some problems in market distribution. **The Quarterly Journal of Economics**, v. 26, n. 4, p. 703-765, 1912.

SHAW, E. H. The First Dialogue on Macromarketing. **Journal of Macromarketing**, v. 15, n. 1, p. 7-20, mar. 1995.

SHAW, J. E. Retail, Monopoly, and Privilege: the Dissolution of the Fishmongers' Guild of Venice, 1599. **Journal of Early Modern History**, v. 6(4), p. 396-427, 2002.

SHETH, J.; MITTAL, B.; NEWMAN, B. **Comportamento do cliente**. São Paulo: Atlas, 2001.

SHETH, J.; PARVATIYAR, A. The evolution of relationship marketing. **International Business Review**. Elsevier, 1995.

SHOSTACK, G. L. Breaking free from product marketing. **Journal of Marketing**, [New York], v. 41, n. 2, p. 73-80, abr. 1977.

SINGER, J. Strategically thinking about the subject of strategy. **Business Strategy Series**, [Northampton], v. 9, n. 4, p. 211-212, 2008.

SINGH, N.; PARK, J.; KALLINY, M. A framework to localize international business to business web sites. **The Data Base for Advances in Information Systems**, v. 44(1), p. 56-77, 2012.

SINGH, N.; PEREIRA, A. **The culturally customized web site**. Routledge, 2005.

SKINNER, H. The emergence and development of place marketing's confused identity. **Journal of Marketing Management**, v. 24, n. 9-10, p. 915-928, 2008.

SMITH, S. David. Women's Admission to Guilds in Early-Modern England: The Case of the York Merchant Tailors' Company, 1693–1776. **Gender & History**, v. 17, n. 1, p. 99-126, 2005.

SMITH, W. Product Differentiation and Market Segmentation as Alternative Marketing Strategies. **Journal of Marketing**, v. 21, n. 1, p. 3-8, jul. 1956.

SOLOMON, M. R. **Consumer Behavior:** Buying, Having, and Being. Global Edition. 13. ed. Pearson, 2020.

SPECTOR, R. **Amazon.com:** Get Big Fast. London: Harper Business, 2000.

STERNE, J. **Social Media Metrics**: How to Measure and Optimize Your Marketing Investment (New Rules Social Media Series). New Jersey: Wiley, 2010.

STRACK, R.; DYRCHS, S.; KOTSIS, A.; MINGARDON, S. How to Gain and Develop Digital Talent and Skills: the new new way of working series. **BCG Focus**, 19 jul. 2017.

STRAUSS, J.; EL-ANSARY, A.; FROST, R. **E-Marketing**. New Jersey: Prentice Hall, 2006.

SUZUKI, S.; KANEMATSU, H.; BARRY, D.; OGAWAD, N.; YAJIMA, K.; NAKAHIRA, K. T.; SHIRAI, T.; KAWAGUCHI, M.; KOBAYASHI, T.; YOSHITAKE, M. Virtual Experiments in Metaverse and their Applications to Collaborative Projects: The framework and its significance. **Procedia Computer Science**, v. 176, p. 2125-2132, 2020.

TEIXEIRA, P. B. **Caiu na rede. E agora?**: gestão de crises nas redes sociais. São Paulo: Editora Évora, 2019.

TEIXEIRA, P. R. **SEO**: otimização de sites. Rio de Janeiro: Ed. do Autor, 2008.

TUEANRAT, Y.; PAPAGIANNIDIS, S.; ALAMANOS, E. Going on a journey: a review of the customer journey literature. **Journal of Business Research**, 125, p. 336-353, 2021.

VILJOEN, J. **Strategic Management**: planning and implementing successful corporate strategies. Melbourne: Longman Cheshire, 1994.

WESTON, M. Strategic Planning in an Age of Uncertainty: Creating Clarity in Uncertain Times. **Nurse Leader**, v. 18, n. 1, p. 54-58, fev. 2020.

WIENCEK, N. A. Raising money on the Web: relationship-building features that contribute to non-profit fundraising success. **PRism**, [Australia], v. 11, n. 2, 2014.

WODTKE, C. **Radical Focus**: Achieving Your Most Important Goals with Objectives and Key Results. Cucina Media, LLC, 2021.

WRIGHT, P.; KROLL, M.; PARNELL, L. **Administração estratégica:** conceitos. São Paulo: Atlas, 2000.

YANAZE, M.; FREIRE, O.; SENISE, D. **Retorno de investimentos em comunicação**: avaliação e mensuração. São Caetano do Sul: Difusão Ed., 2013.

ZEITHAML, V. et al. **Services Marketing:** Integrating Customer Focus Across the Firm. McGraw-Hill Companies, 2017.

Índice de Figuras

- 25 **FIGURA 1** – Modelo Mental da Metodologia PEMD
- 39 **FIGURA 2** – Modelo mental do processo de compra proposto pelo Google
- 69 **FIGURA 3** – Flywheel ("Roda Voadora"), o modelo de Inbound Marketing da HubSpot
- 71 **FIGURA 4** – Processo de tomada de decisão de compra
- 77 **FIGURA 5** – Modelo dos segmentos de atuação de consultores de Marketing
- 81 **FIGURA 6** – Escada de Participação Cidadã
- 84 **FIGURA 7** – Exemplo de Persona
- 101 **FIGURA 8** – A Cadeia Alimentar do Engajamento
- 103 **FIGURA 9** – Mudança dos 4Ps para os 3Rs: Relacionamentos, Rede e Interação
- 125 **FIGURA 10** – Plano de guardanapo: como a maior parte das empresas faz seus "planejamentos"
- 134 **FIGURA 11** – Sequência lógica das quatro etapas fundamentais da Metodologia PEMD
- 135 **FIGURA 12** – Desdobramento das quatro etapas da Metodologia PEMD detalhadas em subfases
- 138 **FIGURA 13** – Exemplo do framework das etapas do PEMD em um cronograma
- 159 **Figura 14** – Integração entre os canais pagos, proprietários e conquistados, nos ambientes on e offline
- 166 **FIGURA 15** – Exemplo de apresentação do PEMD, ilustrando a situação atual (incorreta) e apontando como deveria ser a abordagem correta
- 172 **FIGURA 16** – Alguns exemplos de possíveis stakeholders de uma empresa
- 175 **FIGURA 17** – Matriz de Poder x Interesse
- 198 **FIGURA 18** – Componentes essenciais do Diagnóstico Estratégico que resultarão em uma clara imagem da situação atual da organização
- 204 **FIGURA 19** – Exemplo de PEMD sobre o Senac-SP em slide que trata da apresentação dos dados
- 205 **FIGURA 20** – Perfil dos Governos Estaduais no Facebook
- 217 **FIGURA 21** – Modelo ilustrativo dos fatores de impacto do macroambiente
- 224 **FIGURA 22** – Exemplo do site do McDonald's no Brasil em março de 2023
- 225 **FIGURA 23** – Exemplo de área personalizada do site do McDonald's na Nova Zelândia em março de 2023
- 226 **FIGURA 24** – Site genérico da GAP para a União Europeia em 2023
- 227 **FIGURA 25** – Site genérico da GAP para usuários da América do Sul em 2023
- 230 **FIGURA 26** – Hype Cycle for Emerging Technologies
- 239 **FIGURA 27** – Modelo ilustrativo dos fatores de impacto do microambiente
- 240 **FIGURA 28** – Seis blocos de auditorias para análise do microambiente de Marketing Digital
- 244 **FIGURA 29** – Exemplo de Processo de Gestão de Conteúdo, indicando os responsáveis por cada momento
- 248 **FIGURA 30** – Exemplo de fornecedores e ferramentas digitais utilizados pela empresa de seguros Fidelidade, em Portugal, em março de 2023
- 251 **FIGURA 31** – Organograma da empresa RTP (Rádio e Televisão Portugal)
- 256 **FIGURA 32** – Estrutura da presidência do FNDE, com e-mails diretos de executivos de diversas áreas da organização (abril de 2023)
- 266 **FIGURA 33** – Análise quantitativa de mensagens respondidas pelo canal "Fale Conosco/E-mail" em pesquisa sobre o Atendimento Online de Bancos Públicos Brasileiros Selecionados
- 267 **FIGURA 34** – Análise quantitativa do tempo de resposta no canal Facebook (em pesquisa sobre o Atendimento Online dos Bancos Públicos Brasileiros)

268 **FIGURA 35** – Análise qualitativa das respostas no canal Twitter (em pesquisa sobre o Atendimento Online dos Bancos Públicos Brasileiros)

278 **FIGURA 36** – As quatro mais comuns estruturas em sites corporativos

279 **FIGURA 37** – Homepage do site do Bradesco com menu segmentado por público (abril de 2023)

280 **FIGURA 38** – Exemplo de análise do site do Instituto Brasileiro de Petróleo, Gás e Biocombustíveis (abril de 2023)

284 **FIGURA 39** – Exemplo de forma comparativa de apresentação das análises

285 **FIGURA 40** – Exemplo de Auditoria da Experiência do Usuário do site da corretora de investimentos Vinci

288 **FIGURA 41** – Exemplo de estrutura do site da Vix Logística (abril de 2023)

289 **FIGURA 42** – Exemplo do site da Méliuz (abril de 2023)

290 **FIGURA 43** – Exemplo de menu expansível no site da John Deere (abril de 2023)

291 **FIGURA 44** – Comparativo da Arquitetura da Informação de sites selecionados de organizações sem fins lucrativos

293 **FIGURA 45** – Exemplo de landing page com boa arquitetura da informação

296 **FIGURA 46** – Homepage do site do Ministério do Desenvolvimento, Indústria e Comércio Exterior (2015)

298 **FIGURA 47** – Rodapé do site do Governo de Portugal (abril de 2023)

301 **FIGURA 48** – As quatro mais comuns estruturas em sites corporativos

302 **FIGURA 49** – Cabeçalho do site da Klabin (2019)

303 **FIGURA 50** – Destaque das três imagens e da caixa de pesquisa do antigo site da Klabin

304 **FIGURA 51** – Destaque do menu no antigo site da Klabin

305 **FIGURA 52** – Rodapé do antigo site da Klabin

307 **FIGURA 53** – Miolo do antigo site da Klabin

311 **FIGURA 54** – Exemplo de relatório do GTmetrix com o site da UFRGS (2022)

315 **FIGURA 55** – Detalhe da aba Performance do GTmetrix (2022)

317 **FIGURA 56** – Detalhe dos erros ao expandir a recomendação de combinar imagens no CSS

318 **FIGURA 57** – Exemplo do resumo de relatório do site da UFJF apresentado pelo HTML Validator (2019)

319 **FIGURA 58** – Exemplo de parte dos erros e alertas apontados pelo HTML Validator

320 **FIGURA 59** – Exemplo de relatório do CSS Validator, com análise do site da UFJF (2019)

323 **FIGURA 60** – Exemplo de busca pelo termo "marketing" no Keyword Tool (2022)

324 **FIGURA 61** – Exemplos de termos de busca ligados à marca Cacau Show (2022)

325 **FIGURA 62** – Página principal do site da Cacau Show (2023)

326 **FIGURA 63** – Mapa para busca de lojas da Cacau Show em todo o Brasil (2023)

327 **FIGURA 64** – Exemplo de análise de pesquisa orgânica do site eBay utilizando a Semrush (março de 2023)

328 **FIGURA 65** – Exemplo da análise de backlinks do eBay, feita com a Semrush (março de 2023)

329 **FIGURA 66** – Destaque de como o site da Prefeitura de Petrópolis aparece nos resultados de busca (2022)

333 **FIGURA 67** – Comparativo de busca entre diversas marcas do setor de aço inoxidável

333 **FIGURA 68** – Comparativo de termos ligados à Aperam South America

334 **FIGURA 69** – Foco de três meses para termos ligados à Aperam South America

335 **FIGURA 70** – Termos de buscas ligados à Aperam

340 **FIGURA 71** – Destaque do Tweriod de quando os seguidores de uma determinada marca estudada estão online, nos dias de semana

341 **FIGURA 72** – Destaque dos horários em que determinada marca estudada é mais mencionada no Twitter

345 **FIGURA 73** – Exemplo de faixa etária dos fãs da página da Nino Carvalho Consultoria, segundo resultado do Meta Business Suite (2022)

346 **FIGURA 74** – Perfil dos fãs da empresa analisada, em 2020, no resultado do Facebook Analytics

347 **FIGURA 75** – Tipos de posts e volumes de postagens diárias da American Marketing Association (AMA) segundo a ferramenta Fanpage Karma (2022)

348 **FIGURA 76** – Exemplo do post da AMA que gerou maior engajamento (com 42 curtidas e 5 compartilhamentos) em janeiro de 2022, segundo a ferramenta Fanpage Karma

349 **FIGURA 77** – Dias da semana mais utilizados para publicações e as interações dos fãs da AMA, segundo resultado do Fanpage Karma (2022)

350 **FIGURA 78** – Demografia dos seguidores de uma empresa de pequeno porte no ramo de serviços profissionais no LinkedIn (2019)

351 **FIGURA 79** – Demografia dos usuários que visitam a página da empresa (2019)

352 **FIGURA 80** – Dados relacionados ao tempo de visualização no analytics do YouTube

353 **FIGURA 81** – Métricas do YouTube: Idade x Gênero

353 **FIGURA 82** – Métricas do YouTube: Plataforma de visualização

354 **Figura 83** – Métricas do YouTube: Origem do tráfego (para o canal ou seus vídeos)

354 **FIGURA 84** – Canal do Postmodern Jukebox no YouTube (2022)

358 **FIGURA 85** – Análise do Social Blade do perfil no Instagram da @ninocarvalhoconsultoria (2022)

358 **FIGURA 86** – Estatísticas do perfil no Instagram @ninocarvalhoconsultoria pelo Social Blade (2022)

360 **FIGURA 87** – A Cadeia Alimentar do Engajamento

366 **FIGURA 88** – Matriz SWOT

371 **FIGURA 89** – Exemplo de SWOT do site Webmotors

372 **FIGURA 90** – Esquema básico da Matriz TOWS e orientações estratégicas derivadas

373 **FIGURA 91** – Modelo para aplicação da Matriz TOWS

374 **FIGURA 92** – Exemplo de TOWS da The History

375 **FIGURA 93** – Modelo da Matriz de Oportunidades

376 **FIGURA 94** – Modelo da Matriz de Oportunidades

380 **FIGURA 95** – Relacionamento entre os objetivos organizacionais, de Marketing e de Marketing Digital

382 **FIGURA 96** – Papel do Marketing Digital na contribuição aos macro objetivos da organização

384 **FIGURA 97** – Matriz de Foco Competitivo

388 **FIGURA 98** – Relação entre os resultados financeiros e o comprometimento com o PEMD

389 **FIGURA 99** – Conceito norteador dos objetivos organizacionais

390 **FIGURA 100** – Desdobramentos de Objetivos Financeiros Organizacionais

397 **FIGURA 101** – Matriz de Ansoff (1957)

399 **FIGURA 102** – Framework Estratégico da Pirâmide Invertida

401 **FIGURA 103** – Modelo estratégico dos Três Momentos Críticos

408 **FIGURA 104** – Centros de Distribuição da Amazon disponível à visitação (tours)

411 **FIGURA 105** – Correlação da maturidade digital e a performance financeira de empresas

412 **FIGURA 106** – Os KPIs deverão estar atrelados e subjugados aos objetivos organizacionais

413 **FIGURA 107** – Linha de raciocínio para definição dos KPIs

414 **FIGURA 108** – Exemplo do desdobramento lógico dos Objetivos em KPIs e destes em ações táticas do PEMD

436 **FIGURA 109** – Exemplo de e-mails segmentados enviados pela Disney a seus clientes

438 **FIGURA 110** – Página de cadastro para recebimento de newsletter da H&M

439 **FIGURA 111** – E-mail enviado pela Focus Têxtil com foco em clientes

440 **FIGURA 112** – Exemplo de e-mail de confirmação de pedido da TelePizza
441 **FIGURA 113** – E-mail automático da FastShop com cupom de desconto para cliente em seu aniversário
442 **FIGURA 114** – Elementos essenciais para o sucesso de peças de e-mail marketing
443 **FIGURA 115** – Newsletter da Nespresso, com os elementos essenciais: teaser, benefícios, diferencial e ação
449 **FIGURA 116** – Navegação 360º no Tour Virtual por Imóveis no site da HomeHub
452 **FIGURA 117** – Ação publicitária do Burger King na Noruega para testar lealdade de seus fãs
453 **FIGURA 118** – Homepage do Ibope, ilustrando claros links para o portfólio de serviços
454 **FIGURA 119** – Exemplo de detalhamento do portfólio de produtos das Lojas Renner (note como é clara a segmentação e comunicação dos produtos, mesmo dentro de cada categoria)
455 **FIGURA 120** – Homepage da 5ERA, sem menu ou qualquer referência na tela inicial sobre o que a empresa faz ou vende (2022)
456 **FIGURA 121** – Homepage do portal de Serviços ao Cidadão, do Governo Federal do Brasil
463 **FIGURA 122** – Sala de Imprensa da Peugeot, sequer mostrava do que se tratava o conteúdo, partindo direto para pedido de cadastro ou login
464 **FIGURA 123** – A Sala de Imprensa do SBT era muito similar à da Peugeot, mas possuía uma linguagem ainda mais formal e fria
465 **FIGURA 124** – Sala de imprensa da empresa Meta, com menos volume de informações, conteúdo mais segmentado e mais apelos visuais
472 **FIGURA 125** – Triângulo de Serviços
480 **FIGURA 126** – Programa de trainees da Magalu específico para jovens negros — a primeira iniciativa do tipo no Brasil
481 **FIGURA 127** – Seção "Carreira" da BAT Brasil, com conteúdo segmentado para diferentes tipos de talentos
482 **FIGURA 128** – Site de carreiras da Amazon, com interatividade, depoimentos, quiz, vídeos e outros apelos
491 **FIGURA 129** – Exemplo da Matriz de Avaliação do Portfólio de Canais aplicada em uma empresa de serviços profissionais de médio porte
499 **FIGURA 130** – Exemplo da LP do e-book "58 Dicas Avançadas de Consultoria", organizado por Nino Carvalho e por Rafael Rez, e com colaboradores de diversos países
500 **FIGURA 131** – LP "Mitos do Marketing"
501 **FIGURA 132** – LP do curso de Formação de Estrategistas de Marketing
503 **FIGURA 133** – Crie mais landing pages com detalhes distintos para ampliar as chances de conversão

Índice de Quadros

25	**QUADRO 1** – Etapas da Metodologia PEMD	186	**QUADRO 21** – Matriz de Atributos Competitivos: resumo dos principais *players* do mercado de fast food no Brasil
55	**QUADRO 2** – Guia básico para os fundamentos de Marketing		
58	**QUADRO 3** – Mix de Marketing na Era Digital	188	**QUADRO 22** – Exemplos de Atributos Competitivos para organizações de diferentes naturezas
67	**QUADRO 4** – Seis exemplos de como adotar táticas digitais em sua empresa	189	**QUADRO 23** – Framework genérico de comparação de concorrentes diretos e indiretos no ambiente online
111	**QUADRO 5** – Quatro dimensões fundamentais para a Estratégia de Marketing	190	**QUADRO 24** – Exemplos de comparação entre os Atributos Competitivos
126	**QUADRO 6** – Quatro fatores que influenciam os resultados do Planejamento de Marketing	193	**QUADRO 25** – Exemplo de Portfólio de Canais
142	**QUADRO 7** – Quatro erros que poderão afetar seu PEMD	194	**QUADRO 26** – Exemplo de Portfólio de Canais
145	**QUADRO 8** – Matriz da Maturidade Digital	202	**QUADRO 27** – Parte do resumo da Auditoria de SEO de empresas do mercado financeiro
153	**QUADRO 9** – Barreiras que podem ser encontradas para o desenvolvimento e a implementação do PEMD	208	**QUADRO 28** – Alguns exemplos de marcas públicas e privadas que tendem a ser demasiadamente impactadas por fatores do macroambiente
159	**QUADRO 10** – Triângulo de Marketing Digital	210	**QUADRO 29** – Relação das agências reguladoras do Brasil e suas áreas de atuação
165	**QUADRO 11** – Quatro passos para apresentar seu PEMD		
167	**QUADRO 12** – Quatro pontos delimitadores do Objeto do PEMD	233	**QUADRO 30** – Orientação genérica sobre como priorizar e utilizar os insumos da Análise do Macroambiente de Marketing — PESTE
168	**QUADRO 13** – Exemplos de definição da marca-alvo para o PEMD		
169	**QUADRO 14** – Exemplos de diferentes Objetos para o foco do PEMD	234	**QUADRO 31** – Os três tipos básicos de cenários
173	**QUADRO 15** – Exemplos de diferentes stakeholders para vários tipos de organizações	241	**QUADRO 32** – Passos para Análise do Microambiente
176	**QUADRO 16** – Classificação de públicos segundo a Matriz de Poder x Interesse	245	**QUADRO 33** – Modelo com alguns exemplos para seu checklist
		246	**QUADRO 34** – Modelo de Relação de Fontes para Análise de Capacidades Internas
181	**QUADRO 17** – Exemplos de relacionamento competitivo entre as "Big Four" de Relações Públicas do Brasil	249	**QUADRO 35** – Percepções dos serviços de comunicação
182	**QUADRO 18** – Exemplos de empresas concorrentes das "Big Four" em linhas de serviços específicas	258	**QUADRO 36** – Cinco passos para aplicar a metodologia de e-Consumidor Fantasma
183	**QUADRO 19** – Exemplos de concorrentes diretos em diferentes segmentos	263	**QUADRO 37** – Modelo para organização da análise de Atendimento ao e-Cliente
184	**QUADRO 20** – Exemplos de concorrentes indiretos em diferentes segmentos	281	**QUADRO 38** – Exemplo de breves análises dos pontos relevantes da homepage do site do IBP

Página	Quadro	Descrição
282	QUADRO 39	Exemplo de listagem resumindo e comparando pontos fortes e fracos dos sites das marcas estudadas
330	QUADRO 40	Exemplos de descrições dos sites de algumas prefeituras brasileiras (2022)
338	QUADRO 41	Exemplo de levantamento quantitativo das principais métricas das redes sociais previamente identificadas em sua definição de portfólio de canais digitais
343	QUADRO 42	Métricas a serem observadas no Meta Business Suite/Facebook (da menos para a mais relevante)
385	QUADRO 43	Definições e características das possíveis ênfases organizacionais
392	QUADRO 44	Comparativo entre objetivos comuns e a versão SMART
405	QUADRO 45	Exemplos de Fatores Críticos de Sucesso Essenciais para Pequenas e Médias Empresas
405	QUADRO 46	Framework de Fatores Críticos de Sucesso para Organizações Públicas
424	QUADRO 47	Pontos relevantes para uma boa Experiência do Cliente
427	QUADRO 48	Exemplo de quais canais serão trabalhados para cada público (Matriz de Canal x Público)
432	QUADRO 49	Ações Táticas — Parceiros e Fornecedores
434	QUADRO 50	Principais razões para investir em ações de Marketing via e-mail
474	QUADRO 51	Destaques das diretrizes da IBM, BBC e Intel
490	QUADRO 52	Ações Táticas — Site
492	QUADRO 53	Detalhamento da Matriz de Avaliação do Portfólio de Canais
494	QUADRO 54	Principais pontos a considerar para o sucesso do site da sua empresa
502	QUADRO 55	Destaque das melhores práticas na concepção de landing pages

Índice de Dicas

49	**Dica PEMD #1** –	Guildas Medievais e lições de Marketing
58	**Dica PEMD #2** –	Elementos do Mix de Marketing e exemplos de aplicação no ambiente digital
98	**Dica PEMD #3** –	Lições essenciais para o branding no Digital *(por Marcos Hiller)*
105	**Dica PEMD #4** –	Conceitos fundamentais de CRM, eCRM e Social CRM *(por Andrei Scheiner)*
113	**Dica PEMD #5** –	A questão da estratégia *(por José Luis Felício dos Santos de Carvalho)*
121	**Dica PEMD #6** –	A Fábula da Neblina
129	**Dica PEMD #7** –	*Anticase* da Polícia de Nova Iorque — #MyNYPD *(por Rômulo Abdalla Teixeira Dias)*
150	**Dica PEMD #8** –	Cinco exemplos de empresas que desenvolveram uma mentalidade estratégica
210	**Dica PEMD #9** –	Conheça as principais agências reguladoras nacionais do Brasil *(por Ana Amelia Menna Barreto)*
220	**Dica PEMD #10** –	Impactos da nova Lei Geral de Proteção de Dados para o Marketing
235	**Dica PEMD #11** –	A evolução da tecnologia até a Internet das Coisas *(por Fábio Flatschart)*
416	**Dica PEMD #12** –	OKRs: transformando estratégias em resultados *(por Zoroastro Esteves)*
445	**Dica PEMD #13** –	O que é spam e como pode afetar sua vida *(por Marcello Maria Perongini)*
457	**Dica PEMD #14** –	Entenda o *storytelling* e sua influência para organizações *(por Vanessa Cesário)*
468	**Dica PEMD #15** –	Dicas para eventos de sucesso para influenciadores de sua marca *(por Landro Bravo)*
485	**Dica PEMD #16** –	*Gamification*: brincadeira é coisa séria *(por André Miceli)*
504	**Dica PEMD #17** –	Como explorar melhor o potencial do seu site
516	**Dica PEMD #18** –	Isso é Neuromarketing! *(por Karla Menezes)*

DVS EDITORA

Impressão e Acabamento | Gráfica Viena
Todo papel desta obra possui certificação FSC® do fabricante.
Produzido conforme melhores práticas de gestão ambiental (ISO 14001)
www.graficaviena.com.br